中共北京市委社会工作委员会
北京市社会建设工作办公室 编

北京社会建设年鉴 2015

北京出版集团公司
北 京 出 版 社

图书在版编目(CIP)数据

北京社会建设年鉴. 2015 / 中共北京市委社会工作委员会，北京市社会建设工作办公室编. — 北京 : 北京出版社，2015.11

ISBN 978-7-200-11657-1

Ⅰ. ①北… Ⅱ. ①中… ②北… Ⅲ. ①社会发展—北京市—2015—年鉴 Ⅳ. ①D671-54

中国版本图书馆 CIP 数据核字(2015)第 241468 号

北京社会建设年鉴 2015

BEIJING SHEHUI JIANSHE NIANJIAN 2015

中共北京市委社会工作委员会
北京市社会建设工作办公室 编

*

北京出版集团公司
北京出版社 出版

(北京北三环中路6号)

邮政编码:100120

网 址:www.bph.com.cn

北京出版集团公司总发行

北京京华虎彩印刷有限公司印刷

*

787毫米×1092毫米 16开本 32印张 60页彩插 800千字

2015年11月第1版 2015年11月第1次印刷

ISBN 978-7-200-11657-1

定价:100.00元

质量监督电话:010-58572393

加强社会建设　创新社会治理

北京市
社会建设工作巡礼

BEIJING SHI
SHEHUI JIANSHE GONGZUO XUNLI

加强社会建设 创新社会治理

认真学习习近平总书记重要讲话 坚持从严治党加强社会领域党建

★ 10月16日，北京市委社会工委与中国党史学会社会建设专委会、前线杂志社联合举办学习座谈会，认真学习习近平总书记在党的群众路线教育实践活动总结大会上的讲话

06 论苑 光明日报

人文情怀 社会责任

——大型纪录片《社会时代》观众座谈会发言摘要

讲述社会故事 反映时代声音

——大型纪录片《社会时代》创编体会

社工人员有一种受到尊重的幸福感

一部思想性和艺术性高度契合的纪录片

对观众全面了解城市化很有裨益

社区基层干部令人敬佩

唤起了公众对社会建设的关注和支持

要坚持公平正义的原则

是对社会主义核心价值观的弘扬

传递社会正能量

传递了人与人之间的关爱

为青少年提供社区公共服务的探索与实践

第一次从生活角度记录历史

片子是对社会工作人员的鼓励和鼓舞

理性的回归 写意的瞬间

需要这种正能量的榜样

激发了我们社工工作的激情

★ 9月22日至10月7日，大型纪录片《社会时代》在北京电视台及多家视频网站播出，受到社会各界广泛好评

理论研究
LI LUN YAN JIU

加强社会建设
创新社会治理

★ 11月14日至15日，“创新社会治理　加强社会建设”2014（贵阳）年会召开

★ 3月24日，由国家行政学院社会和文化教研部主办的“中国社会组织发展规划（2014—2020）研究成果研讨会”召开

★ 4月18日，第四届中国社会治理论坛暨《社会体制蓝皮书》新闻发布会举行

★ 5月18日，以“创新社会治理体制”为主题的第四届中国社会治理论坛在京举行

★ 6月19日，“推进社区服务体制改革”调研座谈会召开

加强社会建设 创新社会治理

★ 6月20日，国家行政学院社会和文化教研部“政府与文化治理现代化——现代公共文化服务体系建设”科学报告会召开

★ 11月14日，国家行政学院社会和文化教研部与中央党校报刊社联合主办“依法治国与推进社会治理现代化”研讨会召开

★ 4月18日，国家社会科学基金特别委托重大项目“中国社会管理创新研究信息库建设”之“当代中国社会大事典”编委会第一次会议召开

★ 12月13日，第三届“首都社会建设与社会诚信论坛”举办

★ 12月13日，全面建成小康社会新阶段社会建设系列调研座谈交流会召开

★ 3月28日，第七届“十大感动社区人物”评选活动举办

★ 3月28日，北京市委社会工委与公安部共同开展“百名青年干部进社区”志愿服务活动

★ 12月15日，2014京台社区发展论坛举办，北京海峡两岸社区发展研究中心揭牌成立

★ 举办社区邻里节活动，增进居民睦邻友好

★ 开办社区老年餐桌，为老年人提供就餐服务

★ 社区居民积极参与学习型社区建设

社区建设

SHE QU JIAN SHE

加强社会建设
创新社会治理

★ 社区居民文体生活丰富多彩

★ 社区居委会开展居民议事活动，推动社区民主自治

★ 社区居委会召开社区居民代表会议，献智献策推动社区建设

★ 推进“一刻钟社区服务圈”示范点建设，便利居民日常生活

★ 推进社区规范化示范点建设，社区服务站面貌一新

★ 医生、护士进社区，为居民提供医疗卫生服务

★ 1月5日，“公益星期六”在社区举办快乐文学知识竞赛

★ 2月27日，红十字蓝天救援队进行雪地救援演练

★ 3月4日，仁合公益法律援助活动进社区开展普法宣传

★ 3月20日，北京医疗器械商会开展“走进残疾人”关爱服务活动

★ 3月24日，市青少年法律与心理咨询服务中心举办“星光青春保护”活动

★ 4月26日，团市委举办寻找最美骑行路 3510主题活动

社会组织建设

SHE HUI ZU ZHI JIAN SHE

加强社会建设 创新社会治理

★ 5月8日，“公益编织节”受到社区居民欢迎

★ 8月27日，北京听力协会举办“咿呀总动员”培训活动

★ 9月8日，爱心传递热线开展失独老人草原疗伤活动

★ 10月15日，北京“巧娘”精品展在韩国首尔举行

★ 10月29日，心目影院开展“假如给我三天黑暗”体验活动

★ 11月16日，市法学会举办“首都青年普法志愿者基层公益行”活动

★ 1月15日，第五届（2014）中国社工年会召开

★ 4月15日，2014“国际社工日”暨首都社工风采展示活动举办

★ “北京市万名社区工作者培训”继续在各区县进行

★ 5月15日，2014年北京市高级社会管理服务人才培训班举办

★ 市委社会工委、市社会办出版《北京市社区工作者在职培训教材》，并制作《北京市社区工作者培训光盘》方便社区工作者学习

★ 8 月 14 日，市委社会工委书记、市社会办主任宋贵伦与北京超越青少年社工事务所座谈

★ 12 月 8 日，北京社会工作者协会专业社会工作机构委员会成立大会召开

★ 12 月 19 日，北京市社区工作者深化培训示范班举办

★ 木铎社工事务所举办“自闭症天使关爱”活动

★ “在行动”社工事务所开展“四进社区”活动

★ 专业社工带领社区残疾人开展团队拓展活动

★ 3月4日，《北京志愿服务指南2014》正式发布

★ “护花服务队”上下学高峰到小学门前义务指挥交通

★ “金色亲情”志愿服务队每月开展一次便民服务活动

★ “学雷锋”志愿服务活动蓬勃开展

★ 2月22日，第二届“寻找最美慈善义工”评选颁奖

★ “传播中医药　健康你我他”志愿服务活动进社区

★ 7月31日，2014年社会动员工作专题培训班举办

★ 8月21日，全市服务APEC会议社会动员工作暨志愿服务誓师大会召开

★ 青年志愿者定期开展志愿服务

★ 市民劝导队劝导小区门口无照摊商

★ 孙茂芳青年志愿服务总队开展国庆游园志愿服务活动

加强社会建设
创新社会治理

★ 1月23日，叶青大厦党委举办非公有制经济组织党组织负责人新春联谊会

★ 4月2日，市级“枢纽型”社会组织所属基层党组织负责人培训班举办

★ 4月23日，中组部老干部局到北京依文服饰股份有限公司调研离退休党员干部担任党建指导员工作情况

★ 4月30日，瑞华会计师事务所召开党的群众路线教育实践活动动员大会

★ 5月30日，市委社会工委、市老干部局联合对离退休党员干部非公党建指导员进行示范培训

★ 6月18日，北京市社会领域党建研究会非公有制经济组织党建专委会召开北京新经济组织党组织负责人庆“七一”座谈会

加强社会建设
创新社会治理

★ 8月28日，北京市社会领域党建研究会非公有制经济组织党建专委会成员参观苏宁集团总部

★ 七一前夕，城建大厦党支部党员到西柏坡举行重温入党誓词活动

★ 社区党支部组织开展志愿活动服务居民

★ 商务楼宇工作站开展心理沙盘活动为企业员工减压

★ 商务楼宇工作站组织楼宇党员进行乒乓球比赛

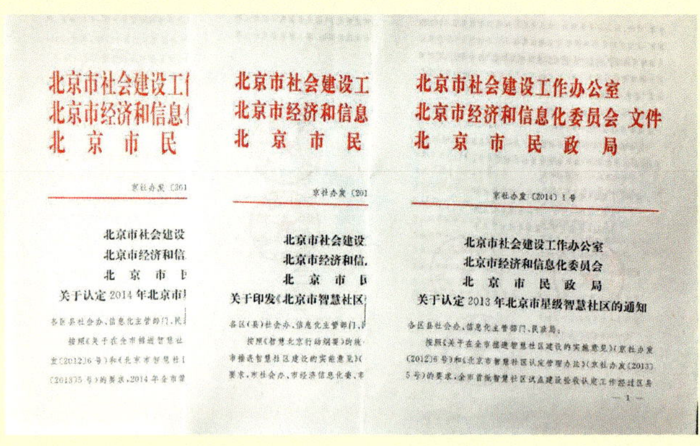

北京市社会建设工作办公室
北京市经济和信息化委员会 文件
北京市民政局

京社办发〔2014〕1号

北京市社会建设工作办公室
北京市经济和信息化委员会
北京市民政局
关于认定2013年北京市星级智慧社区的通知

各区县社会办、信息化主管部门、民政局：

按照《关于在全市推进智慧社区建设的实施意见》（京社办发〔2012〕6号）和《北京市智慧社区认定管理办法》（京社办发〔2013〕5号）的要求，全市首批智慧社区试点建设验收认定工作经过区县

— 1 —

★ 1月3日，北京市2014年智慧社区建设工作正式启动

★ 12月26日，2014年全市社会建设信息化工作会暨智慧社区建设推进会召开

★ 8月28日，学习考察上海市IPTV智慧社区频道建设情况

★ 11月25日，学习考察重庆市“三事分流”居民自治模式和“社区伙伴”APP建设情况

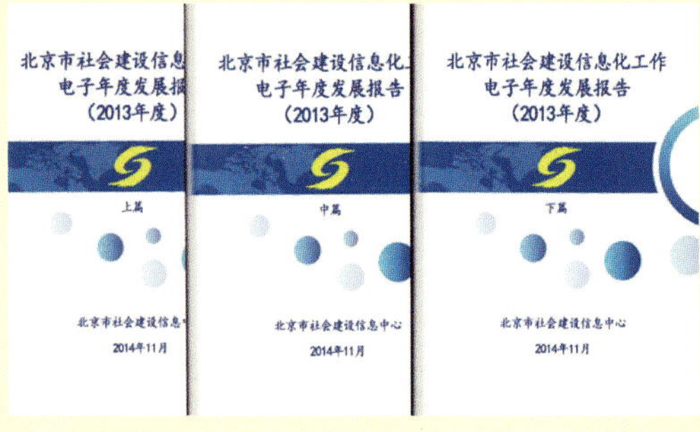

★ 12月19日，《北京市社会建设信息化工作电子年度发展报告（2013年度）》正式发布

★ 4月10日，北京社会建设手机报网上专栏开通

★ 8月20日，北京社会建设网视频之窗正式开通

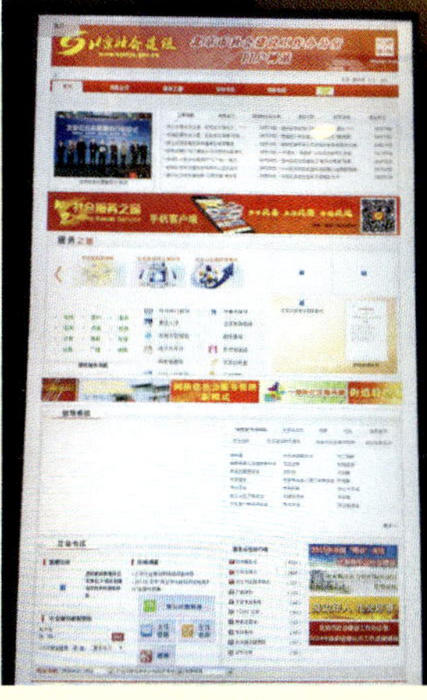
★ 12月31日，北京社会建设数字显示屏试运行

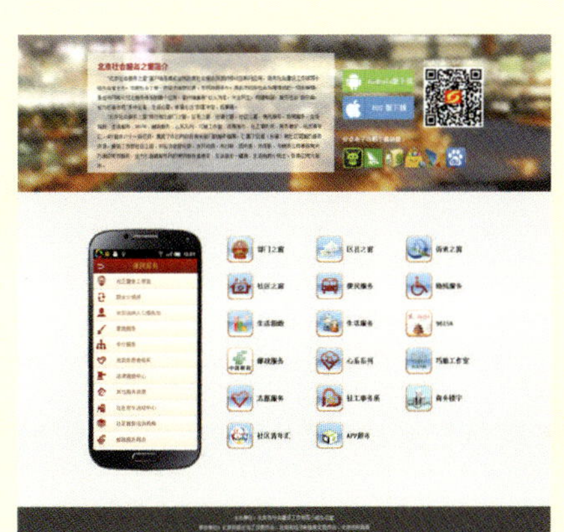
★ 北京社会建设网开设北京社会服务之窗

★ 北京社会服务之窗“便民服务”栏目

★ 北京社会服务之窗“商务楼宇”栏目

★ 4月1日，社区工作者压力管理培训班举办

★ 5月18日，2014年度心理咨询师心理干预技术培训班举办

★ 5月25日，“‘读书·分享·辩论会’和读书小组”主题活动深度研习培训会举办

★ 7月4日，首地集团“压力管理与调节”专题讲座举办

★ 7月9日，“快乐我心，健康成长”项目小学教师心理讲座举办

★ 9月3日，润心工程启动仪式暨首场报告会举办

★ 10月24日，公交集团开展职工心态调试培训

★ 9月3日，润心工程为首批特聘专家颁发聘书

★ 10月17日，中国教育学会“十二五”重点课题“现代学校制度中家长委员会研究”课题结题鉴定暨推介培训会召开

★ 11月26日，“心心向荣”项目开展心理拓展活动

★ 2月26日，机关党委、机关工会进行换届选举

★ 3月6日，机关庆“三八”妇女节讲座举办

★ 4月30日，机关干部“读书、荐书、评书”学习交流演讲比赛举办

★ 5月14日，机关青年干部参加五四运动95周年纪念活动

★ 10月7日，机关党支部代表交流学习习近平总书记在党的群众路线教育实践活动总结大会上的重要讲话体会

★ 10月10日，委办理论中心组认真学习贯彻习近平总书记在党的群众路线教育实践活动总结大会上的重要讲话

加强社会建设
创新社会治理

★ 7 月 18 日，委办领导深入教育实践活动联系点调研

★ 7 月 30 日，机关党员到东城区龙潭街道左安漪园社区进行组织报到

★ 8 月 1 日，机关干部参观中国人民抗日战争纪念馆

★ 6 月 12 日，机关干部参加北京市直系统第四届职工运动会

★ 6 月 23 日，机关干部开展主题党日活动

《北京社会建设年鉴2015》编纂委员会

《北京社会建设年鉴 2015》编辑部

主　　　编　宋贵伦

副　主　编　赵济贵

执行副主编　赵海英　龙斯钊　王　彤

编　　　辑　李　研　李占影　王　方　薛依群　马凤媛

张文文　王屾屾　张晓霞　李　薇　欧阳胜男

高玉冰　张　婷　王胜健　白　冰　董　欣

郭　克　郭依芬　郭军强　彭喜乐　栾德廷

杨　旭　李杰伟　王莎莎　安若然　宋　瑜

朱丽芳　赵英堂　尹相南　李　祥　卢　鑫

方海宇　朱　森　戴渊龙　赵丹欣

编辑说明

一、《北京社会建设年鉴》（以下简称《年鉴》），是一部反映北京社会建设领域工作的大型资料工具书和史料文献。在《年鉴》编纂委员会领导下，由《年鉴》编辑部组织编辑。

二、本《年鉴》以马克思列宁主义、毛泽东思想、邓小平理论、“三个代表”重要思想和科学发展观为指导，认真学习贯彻习近平总书记一系列重要讲话精神，按照协调推进“四个全面”战略布局及推动京津冀协同发展要求，坚持实事求是的原则，在编纂中力求科学性、客观性。

三、本《年鉴》从2008年开始逐年编纂出版。当年出版的年鉴，力求全面记载上一年度北京社会建设发展的基本情况，真实记录北京在社会建设领域改革创新的历史进程，系统反映北京市社会各界参与社会建设事业的新情况、新特点、新进展、新成就，以服务社会、存史资政。

四、本《年鉴》采用文章和条目两种体裁。设有特载、文件、专文、综述、大事记、理论文章与调研考察报告6个基本栏目及附录。

五、本《年鉴》收录的文章和条目，均通过各相关单位确定专人负责撰写或提供，并经单位主要负责人审核。

六、本《年鉴》收录的材料，以材料文体分别归属一级目录。

七、本《年鉴》反映2014年1月1日至12月31日期间情况（部分内容依据实际情况时限略有前后延伸），凡2014年事项，均直书月、日，不再写年份。

本《年鉴》在资料收集、整理过程中，得到了相关单位、部门的大力支持和配合，在此一并表示衷心感谢！

《北京社会建设年鉴》编辑部

2015年11月

目　录

·特　载·

·文　件·

·专　　文·

·综　　述·

·大 事 记·

·理论文章与调研考察报告·

·附　　录·

·特　　载·

中共中央关于全面推进依法治国若干重大问题的决定（摘录）

（2014年10月23日中国共产党第十八届中央委员会第四次全体会议通过）

增强全民法治观念，推进法治社会建设

法律的权威源自人民的内心拥护和真诚信仰。人民权益要靠法律保障，法律权威要靠人民维护。必须弘扬社会主义法治精神，建设社会主义法治文化，增强全社会厉行法治的积极性和主动性，形成守法光荣、违法可耻的社会氛围，使全体人民都成为社会主义法治的忠实崇尚者、自觉遵守者、坚定捍卫者。

（一）推动全社会树立法治意识

坚持把全民普法和守法作为依法治国的长期基础性工作，深入开展法治宣传教育，引导全民自觉守法、遇事找法、解决问题靠法。坚持把领导干部带头学法、模范守法作为树立法治意识的关键，完善国家工作人员学法用法制度，把宪法法律列入党委（党组）中心组学习内容，列为党校、行政学院、干部学院、社会主义学院必修课。把法治教育纳入国民教育体系，从青少年抓起，在中小学设立法治知识课程。

健全普法宣传教育机制，各级党委和政府要加强对普法工作的领导，宣传、文化、教育部门和人民团体要在普法教育中发挥职能作用。实行国家机关“谁执法谁普法”的普法责任制，建立法官、检察官、行政执法人员、律师等以案释法制度，加强普法讲师团、普法志愿者队伍建设。把法治教育纳入精神文明创建内容，开展群众性法治文化活动，健全媒体公益普法制度，加强新媒体新技术在普法中的运用，提高普法实效。

牢固树立有权力就有责任、有权利就有义务的观念。加强社会诚信建设，健全公民和组织守法信用记录，完善守法诚信褒奖机制和违法失信行为惩戒机制，使遵法守法成为全体人民共同追求和自觉行动。

加强公民道德建设，弘扬中华优秀传统文化，增强法治的道德底蕴，强化规则意识，倡导契约精神，弘扬公序良俗。发挥法治在解决道德领域突出问题中的作用，引导人们自觉履行法定义务、社会责任、家庭责任。

（二）推进多层次多领域依法治理

坚持系统治理、依法治理、综合治理、源头治理，提高社会治理法治化水平。深入开展多层次、多形式法治创建活动，深化基层组织和部门、行业依法治理，支持各类社会主体自我约束、自我管理。发挥市民公约、乡规民约、行业规章、团体章程等社会规范在社会治理中的积极作用。

发挥人民团体和社会组织在法治社会建设中的积极作用。建立健全社会组织参与社会事务、维护公共利益、救助困难群众、帮教特殊人群、预防违法犯罪的机制和制度化渠道。支持行业协会商会类社会组织发挥行业自律和专业服务功能。发挥社会组织对其成员的行为导引、规则约束、权益维护作用。加强在华境外非政府组织管理，引导和监督其依法开展活动。

高举民族大团结旗帜，依法妥善处置涉及民族、宗教等因素的社会问题，促进民族关系、宗教关系和谐发展。

（三）建设完备的法律服务体系

推进覆盖城乡居民的公共法律服务体系建设，加强民生领域法律服务。完善法律援助制度，扩大援助范围，健全司法救助体系，

保证人民群众在遇到法律问题或者权利受到侵害时获得及时有效的法律帮助。

发展律师、公证等法律服务业，统筹城乡、区域法律服务资源，发展涉外法律服务业。健全统一司法鉴定管理体制。

（四）健全依法维权和化解纠纷机制

强化法律在维护群众权益、化解社会矛盾中的权威地位，引导和支持人们理性表达诉求、依法维护权益，解决好群众最关心、最直接、最现实的利益问题。

构建对维护群众利益具有重大作用的制度体系，建立健全社会矛盾预警机制、利益表达机制、协商沟通机制、救济救助机制，畅通群众利益协调、权益保障法律渠道。把信访纳入法治化轨道，保障合理合法诉求依照法律规定和程序就能得到合理合法的结果。

健全社会矛盾纠纷预防化解机制，完善调解、仲裁、行政裁决、行政复议、诉讼等有机衔接、相互协调的多元化纠纷解决机制。加强行业性、专业性人民调解组织建设，完善人民调解、行政调解、司法调解联动工作体系。完善仲裁制度，提高仲裁公信力。健全行政裁决制度，强化行政机关解决同行政管理活动密切相关的民事纠纷功能。

深入推进社会治安综合治理，健全落实领导责任制。完善立体化社会治安防控体系，有效防范化解管控影响社会安定的问题，保障人民生命财产安全。依法严厉打击暴力恐怖、涉黑犯罪、邪教和黄赌毒等违法犯罪活动，绝不允许其形成气候。依法强化危害食品药品安全、影响安全生产、损害生态环境、破坏网络安全等重点问题治理。

（原载《人民日报》2014 年 10 月 29 日）

市委十一届三次全会工作报告（摘录）

郭金龙

对于治理“城市病”，要直面矛盾，有敢打敢拼的作风，敢于啃硬骨头，敢于涉险滩，坚定不移推动工作向纵深发展。要进一步聚焦工作重点，系统梳理、综合施策，不断取得新进展、新成效。各级党政一把手要亲自抓，切实做到守土有责、守土负责、守土尽责。明年还要结合总体规划 10 年评估，考虑总体规划修改，划定城市开发边界和生态红线，明确人口总量、城市规模、生态环境的控制目标，坚决遏制城市“摊大饼”式发展。

对于全面深化改革的各项工作，市委已经成立了全面深化改革的工作班子，要把握好中央的指导思想、总体思路、目标任务、重大原则。对于中央事权范围内的改革，我们不能抢跑，要争取有些改革措施在我市先行试点，对属于地方事权的领域，要积极主动地研究，做好顶层设计和具体实施方案。

对于维护首都和谐稳定，解决好民生问题，是从源头上实现和谐稳定的治本之策，要把解决群众关心的热点难点问题作为工作的出发点和落脚点，让发展成果更多更好地惠及全体人民。要时刻绷紧安全稳定这根弦，坚持下先手棋、打主动仗，深入推进“平安北京”建设，从源头上预防和减少矛盾发生。

做好明年经济社会发展和各项改革工作，需要进一步加强党的自身建设，保持和发扬优良作风。全市各级领导干部和广大党员要奋发图强、励精图治，努力创造经得起实践、历史和人民检验的业绩。要进一步强化群众观点和群众意识，始终把群众冷暖放在心上，尽心尽力为群众办实事、办好事、办难事。他还对做好亚太经合组织峰会准备工作和年底各项工作提出要求，强调要深入贯彻落实中央八项规定精神和市委实施意见，认真执行中纪委关于严禁公款购买印制寄送贺年卡、严禁元旦春节公款送礼、严禁公款大吃大喝的规定，加强自律。

（此文为中共中央政治局委员、北京市委书记郭金龙在2013年12月23日市委十一届三次全会上的工作报告摘录，标题为编者所加，原载《北京日报》2013年12月24日）

政府工作报告（摘录）

——在北京市第十四届人民代表大会第三次会议上

王安顺

（2015年1月23日）

不断加强城市精细化管理。深化城市管理体制改革，总结推广石景山试点经验，出台街道社区管理体制改革意见，推进城市管理重心下移、力量下沉。制定一批城市治理和建设发展方面的地方标准，新建500个智慧社区，加快推进社会服务、城市管理、社会治安三网融合，提高管理效率。保持“拆违打非”高压态势，拆除违法建设1500万平方米，确保新增违法建设零增长。集中力量整治城乡结合部环境，提升重点地区、重要大街环境质量，抓好痼疾顽症的专项整治与日常治理，让城市更加整洁有序。

做好就业和社会保障工作。以创业带动就业为重点，强化政策集成，落实大学生就业促进计划和创业引领计划，做好教育、培训、资金支持等服务，帮助更多青年实现创业梦想。研究制定城乡自谋职业、灵活就业社保补贴政策，加强专项帮扶，促进结构性失业人员、就业困难人员和农村转移劳动力就业。做好社会保障制度整合衔接，制定机关事业单位与企业职工养老保险并轨的具体办法，推进医疗保险付费方式改革，完善社保待遇标准联动调整机制。深入开展“救急难”工作，统一城乡低保标准，扩大社会福利覆盖面。积极应对老龄化社会带来的挑战，落实老年人权益保障法，出台居家养老服务条例相关配套措施，推动公办养老机构改革，支持社会力量兴办服务机构和企业，加快养老服务业和健康服务业发展，新建40个街乡镇养老照料中心。坚持男女平等基本国策，保障妇女儿童权益。加强无障碍设施建设，做好残疾人基本公共服务。支持慈善事业发展。

推进教育改革发展。制定实施教育综合改革意见，进一步巩固义务教育免试就近入学改革成果，坚持学区制、九年一贯制和教育集团等做法，实现三年新建、改扩建200所中小学的目标。加强教师队伍建设，落实义务教育学校校长和教师交流轮岗制度。实施第二期学前教育三年行动计划，新建、改扩建一批幼儿园。抓好城乡一体化高中建设，推动普通高中多样化发展。深化课程改革，支持中小学开展课外体育、艺术、科技活动，推进素质教育。加强残疾人融合教育。开展职业教育与普通高校联合办学试点，在高校实施高水平人才培养、高质量就业创业、“高精尖”创新中心建设三项计划，提升人才培养水平和创新服务能力。

提高人民群众健康水平。深化公立医院改革，全面推进医药分开，落实医师多点执业政策，鼓励和引导社会力量举办医疗机构。完善基层医疗卫生服务体系，增强基层医疗机构的康复功能，加强全科医生培养，健全分级诊疗制度，引导患者有序就医。加快区域医联体建设，基本建成郊区县10个区域医疗中心，推进北京国际医疗服务区建设，开展中医健康乡村建设试点，推动优质医疗资源均衡配置。健全传染病防控和救治机制，加强慢性病和重性精神疾病的管理，提升公共卫生安全水平。实施控制吸烟条例。做好计划生育服务管理工作。制订实施新一轮全民健身计划，不断提高市民身体素质。

改善群众住房条件。加大住房保障力度，通过新建、收购、租赁和货币补贴等多种方式，筹集各类保障房10.5万套，确保完成“十二五”期间新增100万套的任务。加强统筹联动，抓好资金保障、政策制定、对接安置等关键环节，分类推进棚户区改造，累计完成8万户搬迁任务。加快中心城棚户区和文保区改造，启动实施天坛周边简易楼、前门东区、菜园街和光源里等重点项目，务必取得突破性进展。实施1150万平方米老旧小区综合改造，完成8万户农宅抗震节能改造任务。

加强和创新社会治理。出台深化首都社会治理的若干意见，深化基层组织和部门、行业依法治理，支持各类社会主体自我约束、自我管理，发挥市民公约、乡规民约、行业规章和团体章程等社会规范作用。完成第九届社区居委会换届选举，全面推进社区民主协商。加强社区工作人员队伍建设，开展老旧小区自我服务管理和村级社会服务管理试点，完成200个“一刻钟社区服务圈”、100个社区规范化示范点建设任务。健全“枢纽型”社会组织工作体系，支持社会组织依法参与社会事务，推进行业协会、商会与行政机关脱钩，扩大政府购买社会组织服务规模。深化社会动员试点，推进志愿服务常态化、规范化。整合优化非紧急救助综合服务平台功能，健全社会监督评价体系，引导市民有序参与社会治理。

全力维护社会和谐稳定。实施安全发展战略，落实安全生产“一岗双责、党政同责”制度，做好消防、交通、生产经营等领域的隐患排查治理，抓好安全生产责任保险制度试点，加强人员密集场所和大型活动的安全管理，坚决防范遏制重特大事故。完善食品药品安全体系，强化全链条风险监测控制。加强突发事件信息预警和应急准备，提高机动处置能力。抓好社会矛盾源头治理，完善人民调解、行政调解、司法调解联动工作体系，健全重大决策社会稳定风险评估机制，畅通群众诉求表达渠道。全面实施“阳光信访”，提高初信初访化解率。健全网络安全监管机制，创新立体化社会治安防控体系，抓好治安重点地区和突出治安问题的常态化治理，提升反恐防恐能力，深化“平安北京”建设。贯彻落实中央民族工作会议精神，深入推进首都民族团结进步事业发展，发挥宗教界人士和信教群众在促进经济社会发展中的积极作用。支持国防和军队建设，完善军民科技深度融合机制，做好双拥共建和转业安置工作，形成维护首都和谐稳定的强大合力。

（原载《北京日报》2015年2月3日）

创新首都社会治理体制　提高首都社会治理能力

戴均良

推进首都治理现代化，必须以习近平总书记视察北京重要讲话精神为统领，深入贯彻落实党的十八届三中全会精神和中共北京市委的有关部署和工作安排，紧紧围绕建设国际一流和谐宜居之都的奋斗目标，全面深化改革，创新体制机制，完善政策规划，严格法规标准，提升管理服务水平，着力抓好以下几方面工作。

一、牢牢把握首都的功能定位，坚持和强化核心功能，调整疏解非核心功能

首都“四个中心”功能定位，决定了其在国家发展整体布局中的地位和作用。城市发展战略和发展模式必须与功能定位相适应、相一致、相协调。北京人口过度膨胀背后深层次原因是功能过于集中。北京地域空间有限，资源有限，不可能什么都搞，一定要有所为、有所不为。要根据新的功能定位调整完善城市规划、产业规划和经济社会发展总体规划，坚持“三规”衔接，在科学规划的基础上调整疏解城市功能。一方面，对不符合首都城市战略定位要求的产业要下决心“舍”，坚决把一般性产业特别是带有污染性质的产业清理出去。另一方面，调整疏解非首都核心功能，不是放弃经济发展、产业发展，而是从更好落实首都城市战略定位出发，深入实施创新驱动战略，更多地将精力投入到推动科技创新和经济转方式、调结构上来，发展“高精尖”经济和产业。通过优化三次产业结构，突出高端化、服务化、集聚化、融合化、低碳化，形成高端引领、创新驱动、绿色低碳的产业发展模式，不断提升首都经济发展的质量和水平，特别是从国家战略的高度提升首都科技创新能力和“高精尖”产业在国际市场上的竞争力。

二、积极推进法治北京建设，不断提高依法治市水平

落实依法治国方略是国家治理现代化的一条根本要求，推进首都治理体系和治理能力现代化，必须大力加强法治北京建设。要深入贯彻“科学立法、严格执法、公正司法、全民守法”的方针，按照“坚持依法治国、依法执政、依法行政共同推进，坚持法治国家、法治政府、法治社会一体建设”的要求，进一步健全和完善城市管理法律法规体系，为加强城市管理提供法治保障。要理顺行政执法体制机制，整合基层执法力量，健全执法监督机制，不断提高执法水平。要充分运用好规划、法规、政策、标准手段，推进城市管理硬件、软件和管理制度的标准化、规范化，确保城市管理的各环节都有标准规范、责任规定和考核办法。要加强法制宣传教育，形成全社会学法、知法、懂法、守法的良好氛围，夯实法治北京的社会基础。

三、深化城市治理体制改革，更好地发挥社会自治作用

城市治理是一项系统工程，包括法律规范、行政管理、司法刑罚、社会自治等众多领域，涉及方方面面。破解城市发展和治理难题，关键在改革创新。城市治理体制改革是全面深化改革的重要组成部分，对于落实新时期首都功能定位、建设国际一流的和谐宜居之都具有重要意义。深化城市治理体制改革要坚持以人为本，立足服务，特别是首都要按照为党、政、军首脑机关正常开展工作服务，为日益扩大的国际交往服务，为国家教育、科技和文化的发展服务，为市民的

工作和生活服务等“四个服务”的要求，调整理顺市、区、街的职能和机构人员配置，健全完善科学规范高效的运行机制，创新管理服务模式和方法手段，全面正确履行政府职能，在尊重市场决定性作用的基础上，更好地发挥政府作用。要动员社会力量参与城市管理，充分发挥社区、社会组织、企事业单位、志愿者的作用，培育壮大社会自治组织，发展基层民主自治，推进协商民主广泛多层制度化发展，更好地引导各种社会组织和城市居民进行自我管理、自我服务。充分运用信息化手段来构建智慧城市，推动城市精细化、标准化、网格化管理。要着力提高干部素质，把培养一批专家型的城市管理干部作为重要任务，用科学态度、先进理念、专业知识去建设和管理城市。

四、加强区域合作，推进京津冀协同发展

解决北京“城市病”问题，推进首都治理体系和治理能力现代化，必须跳出北京看北京，着力推动京津冀合作协同发展。要着眼于立足“国家首都、国内首善、国际城市”的发展要求，自觉从国家战略高度充分认识京津冀一体化发展的重大意义，谋划一体化发展的思路措施，坚持“错位发展、优势互补、合作共赢、利益共享”，立足现有园区和功能区，在共建科技产业园区、打造临空经济区、保持生态涵养区等方面，深入开展合作。要准确把握推动京津冀协同发展的关键点，加快研究涉及京津冀协同发展的重大项目，积极争取国家层面的政策支持，力求在规划编制、体制机制和政策创新等方面取得突破，力争在区域交通一体化、区域大气治理和水环境生态保护、绿色生态廊道规划、新机场及临空经济区规划建设等方面取得实质进展。

（此文为时任副市长戴均良2014年5月18日在第四届中国社会治理论坛上的致辞摘录，标题为编者所加）

·文　件·

关于认定新一批市级“枢纽型”社会组织的通知

从2009年起，市社会建设工作领导小组分三批认定了27家市级“枢纽型”社会组织。几年来，这27家单位积极探索实践，在联系、服务和管理本领域社会组织方面发挥了重要作用。按照市委十一届四次全会精神、《北京市“十二五”时期社会建设规划纲要》以及市委、市政府有关工作部署，为进一步健全“枢纽型”社会组织工作体系，经深入研究并报经市社会建设工作领导小组领导成员批准，决定认定新一批市级“枢纽型”社会组织。现就相关事宜通知如下：

一、新一批市级“枢纽型”社会组织名单（9家）

中关村社会组织联合会、北京市农民专业合作社联合会、北京人民调解员协会、北京社会工作者协会、北京外商投资企业协会、北京市社会心理工作联合会、北京市社会领域党建研究会、北京市慈善义工协会、北京人力资源服务行业协会。

二、新一批市级“枢纽型”社会组织的主要工作职责

以上单位作为市级“枢纽型”社会组织，其主要工作领域和职责分别为：

中关村社会组织联合会主要负责中关村国家自主创新示范区范围内社会组织的联系、服务和管理；北京市农民专业合作社联合会主要负责本市农民专业合作社及涉农领域相关社会组织的联系、服务和管理；北京人民调解员协会主要负责本市各级人民调解协会及相关社会组织的联系、服务和管理；北京社会工作者协会主要负责本市专业社工、专业社工机构及相关社会组织的联系、服务和管理；北京外商投资企业协会主要负责本市区域性、专业性外资企业协会及本领域相关社会组织的联系、服务和管理；北京市社会心理工作联合会主要负责本市社会心理工作领域相关社会组织的联系、服务和管理；北京市社会领域党建研究会主要负责搭建工作平台，对本市社会组织党建工作进行研究、指导和服务；北京市慈善义工协会主要负责本市大型非公有制企业志愿服务组织以及各级各界义工机构、个人的联系、服务和管理；北京人力资源服务行业协会主要负责本市人力资源领域相关社会组织的联系、服务和管理。

三、各市级“枢纽型”社会组织要紧密结合实际充分发挥作用

新一批市级“枢纽型”社会组织认定后，前后四批共36家单位将构建起市级“枢纽型”社会组织工作体系的基本框架。今后工作中，各市级“枢纽型”社会组织要按照《关于推进市级“枢纽型”社会组织规范化建设的意见（试行）》（京社领办发〔2012〕10号）及有关文件要求，进一步探索创新、完善机制，切实发挥好政治上的桥梁纽带作用、业务上的引领聚合作用和日常服务管理上的平台作用。新认定的9家单位要按照新的功能定位和职责要求，着力加强制度建设，夯实基础、发挥作用，有效推进工作开展。

四、各有关单位要积极支持“枢纽型”社会组织开展工作

构建“枢纽型”社会组织工作体系，是我市加强社会建设、创新社会治理的一项重要举措，是深化社会组织体制改革的核心内容。

市社会建设工作领导小组各成员单位及相关部门要充分认识这项工作的重要意义，通过转移职能、委托事项、购买服务等方式，积极支持“枢纽型”社会组织开展工作、发挥作用。市社会建设工作领导小组办公室要进一步加强协调、完善配套政策，为“枢纽型”社会组织更好地履行职责提供服务和支持。

（此文件2014年7月21日由市社会建设工作领导小组印发）

2013年北京市社会建设工作总结

2013年，是深入贯彻党的十八大精神开局之年，是实施“十二五”规划期中之年。在市委市政府领导下，全市社会建设工作有关部门和各区（县）共同努力，以党的十八大、十八届三中全会精神为指导，以深入开展党的群众路线教育实践活动为动力，按照年初确定的“巩固提高、拓展延伸、改革创新、务实高效”的工作思路，进一步加大工作力度，各项重点工作扎实推进，全市社会建设取得明显成效。

一、深入学习贯彻党的十八大、十八届三中全会精神取得新成果

一是深入学习党的十八大、十八届三中全会精神取得新成果。市委组织部、市委社会工委、市委党校共同举办全市局级领导干部专题研讨班、市级“枢纽型”社会组织负责人培训班、全市非公有制企业党组织负责人示范培训班、全市街道工委书记、街道办事处主任培训班、全市社区党委书记示范培训班，系统学习党的十八大、十八届三中全会精神，深入研讨社会体制改革、创新社会治理问题，不断提高理论水平和解决实际问题的能力。

二是深化社会体制改革调研取得新成果。一季度，结合学习贯彻党的十八大精神，启动深化社会体制改革专题调研活动，在此基础上，历时近一年，形成深化北京市社会体制改革系列调研报告和实施意见。二季度，联合上海、广东等地社会建设工作部门，与国家创新与发展战略研究会共建社会建设与社会治理研究中心，以社会建设、改革、治理为主题，共同举办首届中国社会建设论坛，并启动全国社会治理重大问题调研活动，历时八个多月，产生了一系列重要调研成果。三季度，与北京师范大学中国社会管理研究院、中国社会工作协会共同举办以“贯彻十八大精神加快社会体制改革”为主题的第三届中国社会管理论坛，与中科院心理所等合办“社会治理中社会心理工作实践与创新”学术年会，召开社会建设研究基地五周年座谈会，产生一批研讨成果。四季度，党的十八届三中全会闭幕后，与广东等地共同举办深化社会体制改革研讨会暨加强社会建设创新社会治理（广东）年会，深入交流研讨创新社会治理体制问题，产生一系列研究成果。

三是完善社会建设体系取得新成果。深入贯彻市十一次党代会精神，组织编写了《北京社会建设概论》、拍摄了电视专题片《我们的社会时代——北京社会建设纪实》，认真总结宣传了党的十七大以来北京社会建设的主要经验、工作成效。按照市政府要求，组织开展了《北京市“十二五”时期社会建设规划纲要》实施情况中期评估，全市社会建设工作43个成员单位参与，提交了高质量的自评系列报告和第三方评估报告，并与之相结合，委托上海华夏社会发展研究院研究制定《北京社会建设综合评价指标体系》，形成《2013北京社会建设报告》，对北京市五年社会建设状况进行了纵向分析，与全国31个省区市、13个千万人口以上特大城市、

部分世界城市及全市16个区（县）社会建设指数进行了横向比较。测评结果显示，党的十七大以来，北京社会建设发展势头良好，取得明显成效，走在了全国前列，充分说明北京社会建设体系科学有效、工作水平不断提高。与此同时，也找到了差距和不足，并对完善社会服务、社会管理、社会动员、社会环境、社会关系和社会领域党建等北京社会建设“六大体系”提出了对策建议。

二、扎实推进社会服务取得新进展

一是保障和改善民生工作取得新进展。市政府制定并实施《北京市基本公共服务体系行动计划（2013—2015）》。公共财政加大投入力度，全面完成32件市政府为民办实事任务。市社会建设领导小组各成员单位按照市委市政府要求和“十二五”社会建设规划折子工程，认真落实社会服务各项任务。进一步完善城乡就业政策，加大就业困难帮扶力度，提高社会保障相关待遇标准，出台加快养老服务业发展的意见。完成学前教育三年行动计划，新增城乡一体化中小学30所。扩大基本药物目录、社区药品医保报销范围，新增社会办医疗机构86家。大力推进公共文化服务体系建设，启动建设42个重点镇文体中心，群众文化体育蓬勃发展。超额完成保障性住房建设任务，建成16.2万套、竣工8.5万套，启动110项棚户区改造工程，完成1137万平方米老旧小区综合整治，完成6.2万户农宅抗震节能改造。加快推进轨道交通建设，投入运行4条段新线。完成道路微循环改造和疏堵工程139项，新增居住区和地下停车位4.1万个。

二是社区公共服务体系建设取得新进展。新建200个“一刻钟社区服务圈”示范点，总量达822个、覆盖55%社区，社区居民满意度达97%。东城区“一刻钟社区服务圈”覆盖率达90%，丰台区出台“一刻钟社区服务圈”建设量化标准，房山区启动“一刻钟社区服务圈”信息服务平台建设，通州区推动“六有一全”“6支队伍”服务圈建设，延庆县与400余家商户签约推出“入圈商家服务日”特色活动。在800个社区推进基本公共服务全覆盖试点建设，全市36个部门和各区（县）参与，经过4年的共同努力，基本实现城市社区基本公共服务试点全面覆盖。推进人防工程服务社区公益，用于社区公益便民的人防工程2674处1005万平方米，占用人防工程总面积的81.3%。以社区系列活动为载体，建立市民参与长效机制，开展第六届“魅力社区”评选活动，全市330个社区参与，评出十大“魅力社区”和10个“魅力社区单项奖”；会同市委宣传部、市社科联、市科委共同主办“周末社区大讲堂”和“系列科普讲座”活动，举办各类讲座2000多场次；会同市体育局等单位举办第九届全民健身体育节、第七届“和谐杯”乒乓球比赛，活动覆盖全市城市社区；会同新京报社开展“十大感动社区人物”评选活动，发现、总结、宣传了一批社区楷模。

三是社会组织服务水平不断提升。使用市社会建设专项资金购买社会组织服务体制进一步完善，申报服务项目2120个，购买515个，投入资金7571万元。成功举办“2013年北京社会组织公益行”系列活动，27家市级“枢纽型”社会组织和16个区（县）共举办公益活动3000余场次，1.2万家社会组织参与，累计服务居民超百万人次。市级“枢纽型”社会组织积极发挥作用，通过举办公益博览会、公益文化节、在京国际组织交流联谊会以及设立专项经费、成立服务机构等方式，支持和带动本领域社会组织服务经济社会发展。

四是社会公益服务常态化不断推进。志愿者实名注册超过220万人，提前完成市“十二五”社会建设规划目标。推进志愿服务长效机制建设，举办“让志愿服务走进生活”——北京志愿服务推动日活动，集中征集志愿服务项目12180个，756家志愿组织现场参加展示，发布推介110个创新性、示范性服务项目，首次实现全市志愿服务供需对接。朝阳区举办全市首个公益博览会，筹募社会资金440万元，围绕公益服务需求推动街道（乡镇）、社区与社会爱心单位和社会组织对接。建立22支专业志愿者队伍。启动全市志愿服务计时，开展志愿服务星级徽章评选工作。组织开展“12·5”国际志愿者日活动，召开2013中国志愿服务国际交流会，扩大北京志愿者工作影响力。密云县通过搭建平台、项目引领、延伸触角等方式，探索志愿服务融入网格化。

三、扎实推进社会治理取得新突破

一是社会服务管理精细化扎实推进。研究制定《北京市社会服务与城市管理精细化测评指标体系》和《“北京城市管理奖”评选表彰办法》。以街道（乡镇）为突破口，全面推进网格化社会服务管理体系建设，试点工作扩大到244个街道（乡镇）和4724个社区（村），覆盖率分别达到75.3%、70.4%。全市网格实名制工作人员13.79万人，全年上报事件692.4万件，处理615.9万件，解决率为88.9%。加快推进社会建设信息化，完成北京社会建设网升级改版，开办北京社会建设手机报，制定智慧社区建设指导标准和认定管理办法，全市星级智慧社区达524个，提供1600多项在线服务。西城区率先实现社会服务网格、城市管理网格、社会治安网格“三网融合”，海淀区大力推进“一网、一库、一平台”体系建设，怀柔区大力推进农村网格化系统建设，密云县制定的网格化标准体系被列为全国试点，都取得了良好成效。

加强社会矛盾多元调解体系衔接联动，建立行业性、专业性调解组织，共调解纠纷14.8万件，调解成功率达96.6%。深入推进消防隐患排查整治，整改火灾隐患14万余件，火灾死亡人数同比下降25%。加强流动人口、重点群体的服务管理，全市建成350个“社区青年汇”，为青年流动群体提供就业促进、创业帮扶等10余项服务；全面加强新疆驻京工作站和6个服务管理联系点建设，充分发挥其涉疆维稳工作平台作用；积极推动城市公共服务向新生代农民工延伸，促进流动人口二代群体的和谐融入。广泛动员开展交通、治安、环境三大秩序管理整治工作，查处各类违法行为为218.4万起，首都城市秩序得到明显改善。治理网络九大乱象，网络负面言论明显减少，网络社会共识明显增强。组织开展基层平安创建十大专项行动，全市社区可防性案件同比下降11.3%，零发案社区达629个，重点地区、繁华场所技防覆盖率近100%，城市社区技防达标率70%以上。

二是社区规范化建设再上新台阶。新建120个社区规范化示范点，累计达331个。社区办公服务用房完成第二批627个项目建设，全市81%的社区办公和服务用房达到350平方米以上标准，第三批200余个项目完成立项申报，在网上公示了首批400个建成项目。东城、怀柔等区制定示范点创建实施细则及指导标准，朝阳区在示范点推行“走动式工作法”、倡导错时工作，顺义区将规范化示范点、老旧小区治理和“一刻钟社区服务圈”打包整体推进。新建国际化社区试点8个，全市累计建成18个试点。创建全国安全社区39个、国际安全社区24个（占全国总数的35%）。创建82个老旧小区自我服务管理试点，累计达116个。石景山区试行老旧小区“五化”管理模式，平谷区探索街道办事处、社区居委会、业委会与物业公司联合治理新模式，延庆县结合物业改革按保障类、规范类、示范类对住宅小区实行分类扶持。推动社区服务管理向城乡结合部和农村延伸，新建100个村级社会服务试点，累计234个；继续推进城乡结合部重点村的回迁和社区建设工作。怀柔区228个行政村完成村级社会管理服务中心规范化建设，门头沟区采取一站式和上门式服务相结合方式满足村民需求，房山区初步形成“六站合一”农村服务管理模式，密云县把农村社会服务管理创新与网格化、基本公共服务全覆盖相结合打造“四合一”治理模式。

三是社会组织改革发展取得新成效。“枢纽型”社会组织工作体系进一步完善，27家市级“枢纽型”社会组织联系、服务和管理的社会组织，由认定之前的4367家增加到26236家，5年增长5倍多。市级“枢纽型”社会组织规范化建设得到加强，通过完善规章制度、提供专业服务、开展能力建设等方式，进一步提高服务管理水平。积极推动“枢纽型”社会组织工作体系建设向基层延伸，全市已认定208家区（县）级、143家街道级“枢纽型”社会组织，市、区（县）、街道（乡镇）三级工作网络初步形成。社会组织登记管理改革力度加大，行业协会商会类、科技类、公益慈善类、城乡社区服务类社会组织试行直接登记。社会组织培育力度进一步加大，制发使用市级社会建设专项资金购买社会组织管理岗位的暂行办法，为190家社会组织购买226个社会组织专职管理岗位。市社会组织孵化中心全年共孵化42家公益性组织，举办业务培训28期，培训2500人次；西城、朝阳等7个区（县）建立社会组织孵化（服务）基地，举办各类培训140余期，为500多家社会组织提供专业化服务；11个街道建立社会组织服务基地，“一中心、多基地”的社会组织服务网络初步形成。注重社区社会组织培育发展，引导其广泛参与社区治理、化解矛盾纠纷、提供便民服务，取得明显成效。目前，全市登记社会组织8438个、备案社区社会组织14653个，万人拥有登记备案社会组织11.1个。

“枢纽型”社会组织作用充分发挥。市总工会制定引导社会组织服务职工群众的工作方案、购买社会组织服务的暂行办法，设立500万元专项资金，与300多家职工服务类社会组织建立联系，向社会发布200多个服务职工项目。团市委分类建立10类青少年社会组织联盟，培育示范型青少年社会组织50个，形成共青团动员社会和“枢纽”管理的重要载体。市妇联举办“公益成就梦想”——2013北京妇女儿童公益服务博览会，50多家妇女社会组织提供200余场次服务，受惠18万人次。市科协推进“百强社团”创建工作，资助131家科技社团开展活动613项。市残联累计认定残疾人社会组织93家，当年投入扶持资金791万元。市侨联举办海外侨界高层次人才为国服务团活动，引领11个国家29位海外侨界高层次人才携33个高新技术项目与区（县）对接洽谈。市文联所属社团组织784名艺术家，深入60个社区开展170余场辅导培训，服务居民约4万人次。市社科联举办500余场周末社区大讲堂和400余场系列科普讲座，受众20余万人次。市红十字会主管的蓝天救援队、999紧急救援中心等，依托“红立方”积极参与社区服务。市法学会与顺义区合作开展“法律服务基层”活动，举办培训18场次，培训人员3000名。市工商联建立信息集成与共享工作机制，提升“枢纽型”社会组织服务效能。市社会心理工作联合会联合30多家社会组织举办“同心工程”——北京居民心理健康疏导爱心公益行动，开展活动50场。

四是扎实推进社会工作队伍专业化、职业化。有关部门共同组织2013年度社会工作职业水平考试，3706人通过考试，全市获证者累计达15429人。实施“万名社区工作者培训计划”，培训20415人。继续实施“社区工作者硕士研究生培养计划”，共有35名社区工作者攻读社会工作专业硕士学位。联合举办首届“高级社会管理服务人才培训班”，邀请新加坡知名专家学者授课，培训96名社会管理、社会服务人才。举办社区工作者心理服务培训班，共培训800人。社工队伍扶持力度进一步加大，制定社工事务所建设分类指导意见，新成立11家社工事务所，全市累计达61家，共吸纳社工704人，初步形成社工事务所专业化、特色化发展模式。按照“一街一社工”的标准，为全市145个街道购买145个专业社工岗位，引导其向“百姓急需、社工能为”倾斜，共开展服务近2万余次、服务近14.5万人次。与首都师范大学共同举办2013年“国际社工日”活动暨北京社工队伍建设论坛。开展第二届“最美社工”

评选，评出12名“最美社工”和38名“优秀社工”。各区（县）积极探索创新社会工作队伍建设，朝阳区引入社工事务所进驻保障房社区开展专业服务，房山区成立大学生社工艺术团，密云县对社区工作者实施编制化管理。

五是社会动员工作迈出新步伐。在全市22个街道35个社区开展第一批社会动员工作试点，探索社会动员体制机制、方式方法创新。丰台、门头沟区通过社会组织动员居民参与社区治安、维护环境、文明劝导、便民服务等，有效解决小区停车、文明养犬、物业矛盾等居民反映强烈的突出问题。建立应急领域社会动员机制，制发组织动员社会力量扫雪铲冰工作通知、社区扫雪铲冰应急预案。推进市民劝导队工作，全市劝导队2200多支、队员73500多人，参与交通、治安、环境三大秩序管理整治工作。扎实推进社会领域维稳工作，确保重大节日、重要活动、敏感时期和突发事件面前社会领域的安全稳定。积极推动青年流动人群服务管理、“平安北京”创建、社会矛盾调解、预防青少年违法犯罪等调研工作。协管员队伍统筹规范工作取得阶段性成果，联合有关部门研究起草统筹规范协管员队伍建设的意见，全市协管员共有72类近17万人。

四、扎实推进社会领域党建工作水平取得新提高

一是街道社区区域化党建工作有效推进。新建街道（乡镇）社会工作党委16个，实现全市街道（乡镇）社会工作党委全覆盖。市委社会工委会同市委组织部召开区域化党建工作研讨会，总结交流典型经验，研究部署阶段工作；会同市委组织部、市委农工委等联合开展城乡基层党建“三级联创”活动，对16个区（县）的44个街道114个社区基层党建进行集中检查。开展社区“六小门店”党建工作，在朝阳、石景山等区（县）确定25个首批试点。密云县所有街道社区建立商管协会党组织、乡镇成立社会组织联合会党组织，并取得成效。

二是社会组织党建工作覆盖面不断扩大。推进和完善“枢纽型”社会组织党建工作，召开10家市级“枢纽型”社会组织党建工作委员会成立大会，实现27家市级“枢纽型”社会组织党建工作“3+1”机制全覆盖。在现有208个区（县）级143个街道（乡镇）级“枢纽型”社会组织开展党建工作试点，建立党建工作示范点46个。与市委组织部联合举办民办非企业单位党建工作专题研讨，与市委宣传部、市交通委座谈研讨互联网、出租汽车行业党建工作，加大行业协会、社会中介组织、民办非企业组建党组织的力度，目前已建社会组织党组织2441个。

三是非公有制企业党建工作进一步完善。新建商务楼宇工作站19个，全市1244个工作站实现“五站合一”，覆盖1297座商务楼宇、6.9万余家“两新”组织、92万余名就业人员、4.3万余名党员，全市非公有制企业党组织覆盖率达到75%左右。印发商务楼宇工作站服务管理办法，推进商务楼宇“五站合一”规范化建设，确定示范站点100个。聘请1200名离退休党员干部担任非公有制企业党建工作指导员。建成非公有制经济组织党建“五个好”示范点1775个。配合开展第四届北京市优秀中国特色社会主义事业建设者表彰活动，推进非公有制企业廉政建设和厂务公开民主管理试点。房山区投资400余万元，建成1000平方米的“两新组织”党群活动中心。丰台区推进楼宇党建数字化试点，基层党组织围绕“园博先锋行动”作用发挥明显。

四是社会领域党建工作队伍建设进一步加强。会同市委组织部举办非公有制企业党组织书记、社区党组织书记、社会组织党组织书记示范培训班和街道党工委书记培训班，共培训461人。会同市委统战部组织社会领域党组织负责人统战培训，共培训1099人。会同市老干部局举办全市离退休党员干部非公党建指导员培训工作启动开班仪式，市、

区两级联动对1200名非公党建指导员进行培训。成立社会领域党建研究会及社区、非公有制企业、社会组织3个专业党建工作委员会，加强社会领域党建理论与实践创新研究。

五、深入开展党的群众路线教育实践活动取得新成效

一是把学习教育贯穿活动始终，思想认识明显提高。按照中央要求和市委部署，在市委第一督导组指导下，市委社会工委、市社会办围绕深入学习习近平总书记系列重要讲话和中央、市委有关文件精神，坚持集中学习与个人自学相结合，领导带头与全员参与相结合，学习理论与研究实际问题相结合，把学习教育不断引向深入。先后开展集中学习18次，开展集体交流研讨3次，举办专题辅导12次，集中学习累计达10天，远远超过不少于3天的规定。特别是通过开展全员学习交流活动，切实增强了学习效果，使班子成员和全体党员干部思想认识显著提高，强化了宗旨意识和群众观点，增强了改进作风、服务群众的思想自觉和行动自觉。使大家深刻认识到，社会建设工作，说到底是做好群众工作，要始终坚持以人为本、关注民生、服务社会、构建和谐的工作宗旨，切实研究解决广大人民群众关心的突出问题，勤政廉政，把加强社会建设与坚持群众路线教育实践有机结合起来，把为民务实清廉的要求落到实处。

二是把整风精神贯穿始终，查摆问题取得实效。聚焦“四风”，勇于正视不足，深入查摆问题。主动揭短亮短，在活动动员部署大会上，就主动亮出“四风”问题52种表现，一开始就让所有人摆进去“照镜子”“出出汗”；主动走出去、请进来，背靠背收集意见，面对面听取意见，特别是通过召开5次专题座谈会和2次情况通报会，通过深入基层、组织处以上干部先后到5期培训班参与小组讨论，广泛征求市、区（县）、街道、社区和社会组织、非公经济组织等各方面的意见；主动沟通交流，主要负责同志、班子成员及处级干部通过广泛开展谈心谈话和参加组织生活会，认真听取和征求意见；主动查摆剖析，每名班子成员和处级正职联系自己思想实际、岗位职责和工作经历，认真撰写对照检查材料，特别是民主生活会上班子成员自我批评、直面问题、不躲不绕，相互批评聚焦“四风”、开门见山，帮助分析查找问题。由于始终聚集“四风”开展教育实践活动，使班子、班子成员及全体党员干部找准了问题，找到了差距，明确了努力方向，增强了改进提高的紧迫感和自觉性。

三是把边查边改贯穿始终，知行统一取得实效。针对领导指出、群众提出、同志摆出和个人找出的问题，按照有关规定要求，坚持立行立改、能改快改。对班子和个人查摆出的“四风”问题，明确“路线图”“时间表”“任务书”，提出了整改落实的思路和措施，属于个人的自己改，属于集体的大家一起改。按照市委要求，认真开展了5个方面的专项整治。加强制度建设，将委办原有32项制度重新规范调整为26项制度。认真改进文风，进一步精简文件、合并简报，教育实践活动未单独编发简报。针对会风问题，在减少大型会议、合并会议内容、压缩会议规模等方面进行了认真改进。据统计，2013年委办发文数量、会议次数、会议费支出与去年同期相比均有明显下降，其中发文减少37件，下降50%；会议减少48次，下降55.2%；会议费减少8.03万元，下降18.3%。通过边查边改，班子成员和全体党员干部将改进作风与履职尽责、服务群众有机结合，实现了教育实践活动与社会建设工作两促进、双见效的目标。

总之，2013年，是深入学习贯彻党的十八大精神取得新成果之年，是全市社会建设工作迈上新台阶之年，是群众路线教育实践活动取得明显成效之年。但也要清醒地认识到，贯彻党的十八大和十八届三中全会精神，我市全面深化社会体制改革、创新社会治理的任务还很艰巨；满足广大人民群众对幸福

生活的新期待，完善社会服务、加强城市精细化管理的任务还很繁重；巩固发展群众路线教育实践活动成果，改进作风、加强协调、创新务实的任务还是长期的。在新的一年里，要以党的十八大和十八届三中全会精神为指导，在市委市政府领导下，站在新的历史起点上，全面推进首都社会建设、改革、治理迈上新台阶。

（此文件2014年2月18日由市社会建设工作领导小组办公室印发）

2014年北京市社会建设工作要点

2014年，全市社会建设工作的指导思想是：在市委市政府领导下，高举中国特色社会主义伟大旗帜，认真学习习近平总书记一系列重要讲话，深入学习贯彻党的十八届三中全会和市委十一届三次、四次全会精神，全面深化社会体制改革，进一步完善具有时代特征、中国特色、首都特点的社会建设工作体系，加快推进社会治理体系和治理能力现代化，为推动首都全面深化改革、科学发展、社会和谐做出新的更大贡献。主要工作任务如下：

一、巩固发展党的群众路线教育实践活动成果

（一）认真搞好第一批教育实践活动整改任务落实

市属有关单位要认真搞好活动总结、整改落实、建章立制、成果转化工作。按照任务书、时间表、路线图，完成近期、中期整改任务，并适时组织整改“回头看”，加快推进长期整改任务的落实，确保教育实践成果不断巩固、转化、发展。

（二）认真组织第二批教育实践活动扎实深入开展

区（县）社会建设工作部门和全市各街道、社区、“两新”组织等社会领域各单位，要按照中央要求和市委统一部署，认真落实“照镜子、正衣冠、洗洗澡、治治病”的总要求，密切联系实际，着力反对形式主义、官僚主义、享乐主义和奢靡之风，着力在转变作风、联系群众、服务社会和建立长效方面下功夫、见实效，努力使第二批教育实践活动取得更加扎实的成果。

二、不断完善社会服务体系

（三）不断完善基本公共服务体系

进一步实施《北京市“十二五”时期社会公共服务发展规划》和《北京市基本公共服务体系行动计划（2013—2015）》，推进一批重大任务、重大工程和重点项目的实施，着力办实事、惠民生，推进基本公共服务覆盖面不断扩大、能力水平不断提升。

（四）不断完善社区公共服务体系

巩固发展城市社区基本公共服务全覆盖成果，制定试行《北京市社区基本公共服务标准》，推进第三批200个社区用房立项建设，公示第二批400个社区用房建成项目。建设50个农村社区试点，加快推进社区基本公共服务向城乡结合部延伸。新建100个村级社会服务试点，加快推进农村社会服务管理社区化。加快推动社区便民服务体系全覆盖，新建200个“一刻钟社区服务圈”示范点，使总量达到1022个，覆盖60%以上城市社区。

（五）不断完善社会组织服务体系

加快推进政府向社会组织转移职能，编制本年度政府向社会组织转移职能目录，公布具备承接政府转移职能的社会组织名录。

建立健全政府向社会力量购买服务机制，完善使用社会建设专项资金购买社会组织服务制度。加快推进全市社会组织服务“一中心、多基地”建设，力争年底前各区（县）全部建立社会组织服务基地，鼓励有条件的街道（乡镇）建立相应服务场所。继续开展全市社会组织公益行系列活动，打造社会组织优秀公益服务品牌项目。制定促进社会企业发展政策，推动社会服务业健康有序发展。

（六）不断完善志愿服务体系

完善志愿者工作联席会议制度，进一步形成全市志愿服务工作合力。进一步加强志愿服务队伍建设，完善市、区（县）、街道（乡镇）、社区（村）四级志愿服务体系，加强专业志愿者队伍和应急志愿者队伍建设，加快推进基层志愿服务示范站建设。进一步加强志愿服务规范化、长效化建设，继续推动志愿者实名注册、志愿服务计时工作，发布志愿服务指导目录，建立志愿服务项目对接平台，加快推动志愿服务项目化和岗位制。搞好重大活动志愿服务，做好新中国成立65周年和APEC会议志愿服务工作。以“3·5学雷锋日”“12·5国际志愿者日”为契机，积极开展志愿服务及其宣传教育活动。

三、全面深化社会体制改革

（七）进一步巩固发展社会建设改革创新成果

研究落实全市深化社会体制改革实施意见，不断完善社会建设工作领导小组及其办公室综合协调工作机制，不断完善纵向到社区、横向到“两新”组织的工作网络，不断完善“五个更加、一个全覆盖”的工作体系，不断完善“1+4+X”的政策体系，不断完善城市网格化、村庄社区化工作机制，不断完善基层社会治理方式，进一步深化社会体制改革、创新社会治理体制，巩固和发展具有时代特征、中国特色、首都特点的北京社会建设改革创新成果。

（八）进一步深化街道体制改革

出台全面深化街道社会服务和城市管理体制改革文件，明确街道在辖区社会服务和城市管理中的主体地位，理顺街道与各级政府专业管理部门的关系，推进街道统筹管理各类协管力量。加快街道社会服务和城市管理机制创新，建立健全街道地区社会服务和城市管理委员会机制。推动社区服务管理创新，推动社区公共服务事务“权随责走、费随事转”，有序开展社区居民对政府及其派出机构工作评议监督，不断加强对社区建设的分类指导。

（九）进一步完善“枢纽型”社会组织工作体系

在已有27家市级“枢纽型”社会组织基础上，再逐步认定5～10家，实现对市级社会组织服务管理全面覆盖；与此同时，尝试开展准市级“枢纽型”社会组织认定工作，培育新的增长点、激发新的创造活力。全面推进区（县）、街道（乡镇）“枢纽型”社会组织体系建设工作，年底前基本形成市、区（县）、街道（乡镇）三级“枢纽型”社会组织工作网络。按照政社分开、管办分离的原则，加快推进行业协会与行政主管部门“脱钩”。加强社会组织规范化建设，在市级“枢纽型”社会组织推行会员证制度。

四、着力创新社会治理体制

（十）不断改进社会治理方式

坚持系统治理，不断加强党委领导，切实发挥政府主导作用，着力动员社会各方积极参与。开展第二批社会动员试点工作，在党委领导下，努力实现政府治理、社会自我调节和居民自治良性互动。坚持依法治理，加快推进社会领域立法工作，不断完善法治保障，注重运用法治思维和法治方式化解社会矛盾。坚持综合治理，开展社会文明创建活动，强化道德约束，规范社会行为，调节利益关系，协调社会关系，解决社会问题。坚持源头治理，健全基层综合服务治理平台，及时反映和协调人民群众各方面、各层次的利益诉求。

（十一）不断完善社会治理机制

完善社区“三位一体”治理机制，新建100个社区规范化建设示范点，新确定100个老旧小区自我服务管理试点，不断加强社区党委、社区居委会、社区服务站规范化建设，推进社区、社团、社工、社会志愿者“四社”联动，推动社区党建、社区自治、社区服务“三位一体”。完善社会组织“3+2+1”治理机制，即：进一步完善社会组织党建工作委员会、党组织和工作例会三项工作机制，进一步完善政府依法监管和购买服务两项制度，进一步完善“枢纽型”社会组织工作体系，把坚持党的领导、政府主导、社会自治落实到社会组织治理实践之中。完善商务楼宇“五站合一”机制，进一步发挥党建工作站、社会服务站、工会工作站、团委工作站、妇联工作站的综合服务管理作用，不断完善新经济组织治理机制。

（十二）不断提高社会治理能力和水平

不断提高精细化社会服务管理水平，试行《北京社会建设综合评价指标体系》《北京市社会服务与城市管理精细化测评指标体系》，开展首届北京市城市管理奖评选活动。试行《北京市网格化社会服务管理体系建设指导标准》，力争到年底前，基本实现区（县）、街道（乡镇）、社区（村）“三级网格化体系全覆盖”，区县层面基本实现社会服务网、城市管理网、社会治安网“三网融合”。进一步推进社会建设信息化，搞好“四网六库”建设，完善“社会服务之窗”功能，办好《北京社会建设信息》和手机报，创建第二批500个智慧社区。动员社会积极参与治理“大城市病”，搞好人口调控、雾霾治理、交通管理、环境整治等工作。

继续开展社会建设领导干部和社会领域党组织负责人系统培训，继续实施“万名社区工作者培训计划”“社工高层次人才培养计划”，继续推进社工事务所建设，大力提升社会工作者专业化、职业化水平。研究制定社区工作者培养激励实施办法，拓宽社会工作队伍发展空间。继续开展“国际社工日”活动，开展第三届“最美社工”评选表彰活动，大力宣传社会工作理念。

（十三）切实维护首都社会和谐稳定

创新有效预防和化解社会矛盾体制。健全重大决策社会稳定风险评估机制。建立畅通有序的诉求表达、矛盾调处、权益保障机制。充分发挥北京社会心理工作联合会平台作用，不断完善社会心理服务、社会心理研究及心理干预工作体系。健全公共安全体系，保障食品药品安全，搞好安全生产监管，健全防灾减灾救灾体制，完善突发公共事件应急社会动员机制。深化社会治安综合治理，突出群防群治、专群结合，加强重点地区、重要设施的安全防范和社会面防控。依法管理使用网络，完善互联网治理体制机制。

五、深化社会领域党建工作改革创新

（十四）深化社会领域党建工作体制改革

统筹辖区资源，建立健全街道大工委和社区大党委体制，充分发挥街道（乡镇）社会工作党委作用，完善区域化党建工作格局，并探索区域化党建带群团组织建设工作机制。在巩固和发展市级“枢纽型”社会组织党建工作经验基础上，开展“枢纽型”社会组织党工委建设试点，逐步实现社会组织党的建设、业务发展两手抓、分类分级服务管理全面覆盖。在加强规模以上非公有制经济组织党建工作基础上，加快推进规模以下非公有制经济组织建立党组织，推进互联网、出租车、物业、产业园区等建立行业协会党组织，推进商务区、开发区、科技园区等建立区域性联合党组织，实现党组织和党的工作全面覆盖。

（十五）加强基层服务型党组织建设

不断加强社会领域党的组织体系和工作体系建设，不断加强社会领域党组织负责人队伍和党员队伍建设，整合基层党建资源，制定党组织服务规范，完善党员志愿服务机制，开展在职党员到社区报到为群众服务工作，推进基层服务型党组织建设。加强党务工作者培训，规范党建指导员队伍管理。建立“两新”组织党务工作人才数据库，完善社会领域党建工作数据库，完善党组织和党员服务管理网络，切实加强流动党员服务管理。

（十六）推动党建理论创新和实践创新

密切结合社会建设、改革、治理面临的新形势，充分发挥北京市社会领域党建研究会作用，认真研究解决社会领域党建面临的新问题，不断推动社会领域党建理论创新和实践创新。进一步创新党组织活动方式，总结推广基层微党建、手机信息平台等经验做法，开展形式多样的党建活动。继续深化城乡基层党的建设“三级联创”活动，把基层党建工作作为考核各级党委领导班子及领导干部实绩的重要内容，形成社会领域党建工作各级重视抓、一级抓一级、层层抓落实的良好格局。

（此文件2014年2月18日由市社会建设工作领导小组办公室印发）

关于开展2014年“北京社会组织公益行”系列活动的通知

为深入贯彻落实党的十八大和十八届二中、三中全会精神，进一步激发社会组织活力，推动广大社会组织积极参与社会公益事业并展示其良好风貌，今年继续以“践行公益、服务社会”为主题，贯穿全年开展“北京社会组织公益行”系列活动。现就有关事项通知如下：

一、活动主体

“公益行”活动的主体是全市各级各类社会组织。市社会建设工作领导小组办公室负责综合协调；市级“枢纽型”社会组织和区县社会建设工作领导小组办公室负责组织实施、搭建工作平台。

二、活动目的

社会组织是社会治理的重要主体和依托。开展社会公益服务、投身社会公益事业是社会组织的社会属性所决定的，也是各级各类社会组织的重要职责和义务。举办“社会组织公益行系列活动”，一方面是推动、倡导广大社会组织增强社会责任意识，结合群众需求和自身实际开展形式多样的社会公益活动，有效弥补社会公共服务的不足；另一方面，也是社会组织激发自身活力、促进自身发展、展示自身形象、提升自身素质的重要渠道和途径。该系列活动在“北京社会组织公益行”这一总体安排下，旨在发挥各级各类社会组织的积极作用，为我市社会公益事业的发展与进步做出新贡献。

三、活动内容及要求

在“践行公益、服务社会”主题下，充分发挥全市各级各类社会组织的优势，广泛开展扶老助残、心理疏导、医疗服务、支教助学、就业帮扶、法律援助、生态环保、社会救助等社会公益服务活动，并着重体现以下要求：

（一）更加注重实效

各项活动的举办，在形式上要俭朴、务实，不走过场、不搞排场；在内容上要贴近民生、贴近基层，以服务群众为目的，以社会需求为导向，紧密结合社会组织从事的工作领域和联系的特定群体开展活动，争取在完善社会服务、增进社会福祉、促进社会和谐、维护社会稳定等方面取得实实在在的效果。有条件的社会组织，应结合实际积极参与治理“大城市病”，特别是在环境整治、雾霾治理、交通改善等方面发挥其独特优势。

（二）更加注重品牌创建

在“公益行”活动举办过程中，统一开展“北京市社会组织公益服务品牌”创建工作。各单位要结合活动开展，充分挖掘、整理工作经验和亮点，将示范效应好、影响力大、带动作用强的活动项目逐步塑造成社会组织公益服务品牌，以品牌化建设进一步丰富活动内涵、提升组织形象，扩大影响力和知名度。

（三）更加注重发挥自身优势

从整体上看，社会组织种类较多、特点各异，业务范围和活动方式也多种多样。因此，应在紧扣主题的前提下，把握好自身的社会属性，确定好各自的社会公益“定位”和活动“契入点”，突出专业优势、履行社会责任，在“公益行”活动中积极有所作为。

（四）更加注重能力提升

将“公益行”活动与加强社会组织自身能力建设有效结合起来，注重在活动开展过程中锻炼队伍、整合资源、搭建平台、对接项目，促进自身能力提升和规范运行，进一步赢得政府、社会和广大居民群众的认可与支持。

四、活动组织方式

（一）深入进行动员部署

市级“枢纽型”社会组织要充分发挥联合、联动和业务优势，充分动员本领域社会组织，开展专业性强、主题效果突出的活动；区县社会建设工作领导小组办公室要充分发挥综合协调和“属地优势”，将区属社会组织及广大社区社会组织动员起来，在居民“家门口”开展贴心便利的公益服务。

（二）做好年度整体活动征集汇总

各市级“枢纽型”社会组织和区县社会建设工作领导小组办公室在3月下旬将本领域、本地区社会组织开展的公益活动具体安排或工作计划进行汇总，明确全年开展活动的总体方案及重要时间节点的相关安排。

（三）逐月报送活动情况和计划

各市级“枢纽型”社会组织和各区县社会建设工作领导小组办公室每月底将当月“公益行”活动开展情况及下个月拟举办活动的具体情况（包括时间、地点、活动内容、参与群体或服务对象、活动负责人联系方式等），及时报送市社会建设工作领导小组办公室。

（四）加强宣传报道

市社会建设工作领导小组办公室采取多种形式对“公益行”活动进行宣传报道，努力营造良好的社会及舆论氛围。一是在《北京日报》专版报导2013年“北京社会组织公益行”系列活动开展情况，介绍2014年活动计划；二是在《北京日报》或《新京报》等媒体每月进行一次专题报导，公布当月活动开展计划，推介具有影响力的公益活动品牌及公益组织；三是在北京社会建设网开设专栏，全年宣传、报导活动相关情况，打造“不落幕的启动式”“不间断的公益行”；四是通过全市社会建设网站群，及时公布信息，扩大宣传覆盖面；五是通过北京社会建设手机报，每周不少于一次进行报导。

（五）开展评比表彰

结合全市“社会组织公益服务品牌”创建工作，10月份前后由市社会建设工作领导小组办公室牵头，评选若干社会组织公益服务优秀品牌及公益服务优秀活动，并给予表彰奖励。相关区县和市级“枢纽型”社会组织也可结合具体情况进行一定形式的评比、表彰。

五、加强组织领导

（一）提高认识、明确思路

各市级“枢纽型”社会组织、区县社会建设工作领导小组办公室和有关单位要充分认识到，举办“北京社会组织公益行”系列活动是在新形势下激发社会组织活力、促进社会组织更好体现其“社会属性”的一种有效方式，也是社会组织工作中的一项常规性内容，要切实加强组织领导，认真制订活动方案，合理设计活动项目，确保该项工作有效实施。

（二）抓好落实、统筹推进

各市级“枢纽型”社会组织和区县社会建设工作领导小组办公室要切实做好统筹协调和组织动员工作，最大限度地发动本领域、本地区社会组织参与到“公益行”活动中来；要注重发挥区县、街道“枢纽型”社会组织的积极作用，形成工作合力、拓宽工作渠道；要做好跟进了解和服务指导工作，按月度及时掌握相关活动的开展情况，并汇总报送相关数据和信息。

（三）营造氛围、挖掘亮点

各单位要充分利用广播电视、报纸、网站等媒体以及QQ群、手机报、工作专刊（简报）等形式，全方位、多角度宣传社会组织公益活动的开展过程和实际效果，大力宣传先进典型和工作亮点，从品牌化、公益性、社会化等角度进一步树立社会组织的良好形象，为促进社会组织改革发展营造更加良好的舆论氛围。

希望各单位按照本通知的要求，积极协调、精心组织、抓好落实，确保2014年“北京社会组织公益行”系列活动顺利开展。

（此文件2014年3月14日由市社会建设工作领导小组办公室印发）

关于开展社会组织公益服务品牌创建活动的通知

“北京社会组织公益行”系列活动开展以来，全市各级各类社会组织积极响应，广泛开展形式多样的公益活动，取得了良好的社会效果。为促进公益成果转化、进一步激发新的创造活力，经研究决定，在全市开展社会组织公益服务品牌创建活动。现将有关事宜通知如下：

一、指导思想

按照中央和市委市政府关于促进社会组织改革发展的要求和部署，坚持以社会需求为导向、以服务民生为重点，鼓励并引导广大社会组织创建公益服务品牌，以品牌化建设促进社会组织增强竞争力、扩大影响力、提升规范化、提高美誉度；通过品牌引领和典型示范，进一步激发社会组织开展社会公益服务的主动性和创造性，拓展工作深度和广度，为首都经济社会发展做出更大贡献。

二、创建标准

本《通知》中的公益服务品牌，是指社会组织开展的具有公益性、标志性的服务项目或活动。标准如下：

（一）彰显公益精神

公益特征明显，着力于为群众排忧解难，具有一定的专业性，能够补充、完善社会服务领域的缺失和不足，服务对象评价良好。

（二）体现核心业务

能够集中反映该社会组织的核心工作内容，突出体现该组织的业务领域、服务事项、工作理念、文化内涵等要素，对本组织的整体工作有较强的引领和带动作用。

（三）运行管理规范

项目运作及活动开展过程中组织化程度高，在涉及资金筹集、经费使用、实施运行、绩效评价等环节有制度要求和保障措施，符合有关规定。

（四）“品牌”效应突出

在相关领域（区域）有较高的社会知名度和美誉度；品牌名称能标志化地凝练概括项目或活动的内涵及本质特征；一般应有相应的视觉识别系统；具有一定连续性，一般应开展3年以上。

三、活动安排

公益服务品牌创建活动是社会组织工作的一项长期内容，逐年开展、不断丰富。今后，品牌创建活动同购买社会组织服务、推进“社会组织公益行”深入开展、紧密结合、互相促进、共同实施。市社会建设工作领导小组办公室每年适时组织评审产生一定数量的公益服务品牌，将其列为市社会建设专项资金购买社会组织服务的重点支持范围（支持办法另行制定），并通过一定形式进行宣传、奖励。

结合近年来已积累、形成的工作成果，2014年拟评审产生“社会组织公益服务品牌”金奖10个、银奖30个、铜奖60个。具体活动安排如下：

（一）申报（8月31日前）

全市各级各类社会组织均可根据实际情况进行申报。申报报告需详细说明品牌的形成过程、取得的实际效果、获得的荣誉表彰等，并填写相关附表，同时提供相应的图片资料、有影响的媒体宣传报道材料、相关表彰奖励证书（复印件）等。市级“枢纽型”社会组织和区县社会建设工作领导小组办公室负责组织协调和初审把关。

申报主体可登陆北京社会建设网（www. bjshjs. gov. cn）下载该《通知》及相关申报表格。

（二）评审（9月中旬前）

市社会建设工作领导小组办公室组织有关单位和专家，对申报材料进行评审，同时采取适当形式征求相关品牌所涉及的服务对象意见，综合确定拟入围品牌。

（三）公示（9月下旬前）

市社会建设工作领导小组办公室将评审产生的品牌基本情况，在北京社会建设网进行为期一周的公示，并对公示期间出现的异议进行必要复核。

（四）确定（10月中旬前）

对获评的品牌，颁发证书、铭牌，统一在相关媒体进行宣传报道，并给予一定奖励。

四、创建要求

（一）提高工作认识

品牌创建是社会组织发展过程中上台阶、提素质、树形象的重要渠道和措施；品牌形成后，可以成为机构识别、资源获取、信任促进、管理优化并体现该组织核心价值的主要载体。全市各级各类社会组织要深刻认识该项工作的意义，把品牌的创建、维护、继承、发展贯穿到日常工作过程之中，没有品牌的要争创品牌、已形成的品牌要不断优化。

（二）加强组织领导

各市级“枢纽型”社会组织和区县社会建设工作领导小组办公室要凝聚共识、高度重视，切实加强组织、协调、引导和服务，把品牌创建作为社会组织工作的一项核心内容来抓实、抓好，努力培育一批“叫得响”的优秀服务品牌，带动社会组织整体工作不断取得新发展。

（三）营造良好氛围

在工作过程中要积极营造做公益、创品牌的良好社会氛围，加大宣传力度，以多种形式对公益服务品牌和相关活动进行宣传和推介。要以此为契机，进一步营造有利于社会组织发展的良好环境和氛围。除组织参加全市评审外，各市级“枢纽型”社会组织和区县社会建设工作领导小组办公室可参照本《通知》要求，结合实际情况，在本系统、本区县开展相关工作。

附件：北京市社会组织公益服务品牌申报表

（此文件2014年8月7日由市社会建设工作领导小组办公室印发）

附件：

北京市社会组织公益服务品牌申报表

品牌名称			
实施主体			
负责人		联系方式	
有无 LOGO		受益人数	
公益服务地点、对象			
是否获得过政府资金支持（如获得，请列出）			
基本情况	（200 字左右）		
推荐意见	（推荐单位盖章） 2014 年 月 日		

关于认定 2013 年北京市星级智慧社区的通知

按照《关于在全市推进智慧社区建设的实施意见》（京社办发〔2012〕6 号）和《北京市智慧社区认定管理办法》（京社办发〔2013〕5 号）的要求，全市首批智慧社区试点建设验收认定工作经过区县自评、互评、网上公示等阶段，现认定北京市星级智慧社区524个，其中，认定东城区和平里街道林调社区等421个社区为“北京市三星级智慧社区”，颁发“北京市三星级智慧社区”电子牌；认定西城区什刹海街道兴华社区等73个社区为“北京市二星级智慧社区”，颁发“北京市二星级智慧社区”电子牌；认定海淀区学院路街道二里庄社区等30个社区为“北京市一星级智慧社区”，颁发“北京市一星级智慧社区”电子牌。

请各区县相关部门充分发挥以上星级智慧社区的引领示范作用，结合本区县实际，深入推进智慧社区建设工作。

附件：1. 2013年北京市三星级智慧社区名单

2. 2013年北京市二星级智慧社区名单

3. 2013年北京市一星级智慧社区名单

（此文件2014年1月3日由市社会办、市经济信息化委、市民政局印发）

附件1：

2013年北京市三星级智慧社区名单（共421个）

东城区和平里街道林调社区
东城区和平里街道兴化社区
东城区安定门街道五道营社区
东城区安定门街道分司厅社区
东城区交道口街道大兴社区
东城区交道口街道菊儿社区
东城区景山街道景山东街社区
东城区景山街道钟鼓社区
东城区东华门街道银闸社区
东城区东华门街道东厂社区
东城区东华门街道多福巷社区
东城区东华门街道智德社区
东城区东华门街道黄图岗社区
东城区东华门街道灯市口社区
东城区东华门街道韶九社区
东城区东华门街道甘雨社区
东城区东华门街道南池子社区
东城区东华门街道王府井社区
东城区东华门街道正义路社区
东城区东华门街道台基厂社区
东城区建国门街道外交部街社区
东城区建国门街道金宝街北社区
东城区朝阳门街道内务社区
东城区朝阳门街道竹杆社区
东城区朝阳门街道新鲜社区
东城区东四街道二条社区
东城区东四街道六条社区
东城区东四街道八条社区
东城区北新桥街道北官厅社区
东城区北新桥街道民安社区
东城区北新桥街道海运仓社区
东城区东直门街道清水苑社区
东城区东直门街道东环社区
东城区崇外街道新怡家园社区
东城区崇外街道西花市南里南区社区
东城区东花市街道北里西区社区
东城区东花市街道枣苑社区
东城区东花市街道南里社区
东城区龙潭街道左安浦园社区
东城区龙潭街道华城社区
东城区龙潭街道光明社区
东城区体育馆路街道东玉北街社区
东城区体育馆路街道长青园社区
东城区体育馆路街道双玉南街社区
东城区天坛街道金鱼池中区社区
东城区天坛街道东里南区社区
东城区永外街道松林里社区
东城区永外街道安乐林社区

西城区德胜街道六铺炕水电社区
西城区德胜街道六铺炕煤炭社区
西城区德胜街道安德路南社区
西城区德胜街道安德路北社区
西城区德胜街道德外大街东社区
西城区德胜街道德外大街西社区
西城区德胜街道人定湖西里社区
西城区德胜街道新外大街南社区
西城区德胜街道新外大街北社区
西城区德胜街道德胜里社区
西城区德胜街道新明家园社区
西城区德胜街道新康社区
西城区德胜街道新风中直社区
西城区德胜街道马甸社区
西城区德胜街道北广社区
西城区德胜街道双旗杆社区
西城区德胜街道黄寺大街 24 号社区
西城区德胜街道黄寺大街西社区
西城区德胜街道裕中西里社区
西城区德胜街道裕中东里社区
西城区德胜街道阳光丽景社区
西城区德胜街道新风街 1 号社区
西城区德胜街道石油社区
西城区西长安街府右街南社区
西城区西长安街义达里社区
西城区大栅栏石头社区
西城区大栅栏三井社区
西城区天桥街道虎坊路社区
西城区新街口街道西里三区社区
西城区新街口街道南小街社区
西城区金融街街道丰盛社区
西城区金融街街道丰汇园社区
西城区金融街街道民康社区
西城区椿树街道椿树园社区
西城区椿树街道宣东社区
西城区展览路街道百万庄西社区
西城区月坛街道铁三社区
西城区月坛街道三里河一区社区
西城区广内街道西便门内社区
西城区广内街道长西社区
西城区广内街道槐北社区
西城区广内街道西便门西里社区
西城区广内街道报国寺社区
西城区广内街道核桃园社区
西城区广内街道槐南社区
西城区广内街道长椿里社区
西城区广内街道上斜街社区
西城区广内街道校场社区
西城区广内街道宣西社区
西城区广内街道三庙社区
西城区广内街道老墙根社区
西城区广内街道长椿街社区
西城区广内街道广安东里社区
西城区广内街道大街东社区
西城区广内街道康乐里社区
西城区广内街道西便门东里社区
西城区白纸坊街道樱桃园社区
西城区白纸坊街道清芷园社区
西城区白纸坊街道建功南里社区
西城区广外街道莲花河社区
西城区广外街道湾子街社区
西城区广外街道依莲轩社区
朝阳区建外街道南郎社区
朝阳区建外街道永安里东社区
朝阳区建外街道北郎东社区
朝阳区双井街道光环社区
朝阳区双井街道大望社区
朝阳区望京街道望京园社区
朝阳区望京街道阜荣街社区
朝阳区大屯街道慧忠里第二社区
朝阳区大屯街道安慧东里社区
朝阳区大屯街道亚运新新家园社区
朝阳区劲松街道劲松中社区
朝阳区呼家楼街道金台里社区
朝阳区三里屯街道幸福一村社区
朝阳区六里屯街道道家园社区
朝阳区酒仙桥街道怡思苑社区
朝阳区香河园街道西坝河东里社区
朝阳区麦子店街道霞光里社区
朝阳区麦子店街道枣营北里社区
朝阳区麦子店街道枣营南里社区
朝阳区麦子店街道朝阳公园社区

朝阳区麦子店街道农展南里社区
朝阳区团结湖街道一二条社区
朝阳区团结湖街道三四条社区
朝阳区团结湖街道中路北社区
朝阳区团结湖街道中路南社区
朝阳区团结湖街道水碓子社区
朝阳区团结湖街道南北里社区
朝阳区和平街街道十四区社区
朝阳区潘家园街道松榆西里社区
朝阳区潘家园街道华威西里社区
朝阳区亚运村街道华严北里西社区
朝阳区亚运村街道安慧里社区
朝阳区东湖街道望湖社区
朝阳区东湖街道望京西园社区
朝阳区东湖街道南湖东园北社区
朝阳区奥运村街道科学园社区
朝阳区奥运村街道风林绿洲社区
朝阳区奥运村街道龙祥社区
朝阳区奥运村街道南沙滩社区
朝阳区奥运村街道双泉社区
朝阳区奥运村街道万科星园社区
朝阳区奥运村街道总装社区
朝阳区奥运村街道林萃社区
朝阳区奥运村街道大羊坊社区
朝阳区奥运村街道绿色家园社区
朝阳区奥运村街道国奥村社区
朝阳区奥运村街道北沙滩社区
朝阳区左家庄街道三源里社区
朝阳区八里庄街道远洋天地家园社区
朝阳区首都机场街道南平里社区
朝阳区小关街道惠新北里社区
朝阳区垡头街道翠城雅园社区
朝阳区太阳宫地区太阳宫社区
朝阳区太阳宫地区夏家园社区
朝阳区太阳宫地区十字口社区
朝阳区来广营地区绣菊园社区
朝阳区来广营地区青年城社区
朝阳区来广营地区莲葩园社区
朝阳区来广营地区清苑路第一社区
朝阳区安贞街道裕民路社区
朝阳区安贞街道安华里社区
朝阳区安贞街道安华西里社区
朝阳区安贞街道安贞里社区
朝阳区安贞街道安贞西里社区
朝阳区安贞街道黄寺社区
朝阳区将台地区梵谷水郡社区
朝阳区将台地区芳园里社区
朝阳区将台地区水岸家园社区
朝阳区朝外街道吉祥里社区
海淀区紫竹院街道车南里社区
海淀区紫竹院街道北理工社区
海淀区紫竹院街道万寿山庄社区
海淀区紫竹院街道航五社区
海淀区青龙桥街道西苑挂甲屯社区
海淀区青龙桥街道遗光寺社区
海淀区青龙桥街道030社区
海淀区青龙桥街道韩家川大院社区
海淀区青龙桥街道西苑医院社区
海淀区青龙桥街道圆明园东里社区
海淀区青龙桥街道中央党校社区
海淀区青龙桥街道国际关系学院社区
海淀区青龙桥街道国防大学社区
海淀区青龙桥街道颐和园社区
海淀区青龙桥街道一亩园社区
海淀区青龙桥街道林业科学院社区
海淀区青龙桥街道军事科学院社区
海淀区青龙桥街道福缘门社区
海淀区中关村街道华清园社区
海淀区中关村街道东里南社区
海淀区中关村街道太阳园社区
海淀区学院路街道北科大社区
海淀区清华园街道荷清苑社区
海淀区清华园街道南楼社区
海淀区清华园街道西北社区
海淀区清华园街道西楼社区
海淀区清华园街道蓝旗营社区
海淀区上地街道上地科技园社区
丰台区右安门街道东滨河路社区
丰台区右安门街道永乐社区
丰台区卢沟桥街道丰台区路口社区
丰台区卢沟桥街道长安新城社区
丰台区和义街道东里第三社区

丰台区和义街道西里第三社区
丰台区云岗街道南一社区
丰台区云岗街道云西路社区
丰台区东高地街道六营门社区
丰台区东高地街道东高地社区
丰台区东高地街道万源西里社区
丰台区东高地街道三角地第二社区
丰台区太平桥街道太南里社区
丰台区太平桥街道蓝调社区
丰台区太平桥街道丽湾社区
丰台区太平桥街道莲花池社区
丰台区太平桥街道首威社区
丰台区太平桥街道太中里社区
丰台区太平桥街道天伦北里社区
丰台区东铁匠营街道红狮家园社区
丰台区东铁匠营街道刘家窑第一社区
丰台区东铁匠营街道四方景园社区
丰台区方庄地区芳城园二区社区
丰台区方庄地区芳城园三区社区
丰台区方庄地区芳古园第二社区
丰台区方庄地区芳古园一区第二社区
丰台区方庄地区芳古园一区第一社区
丰台区方庄地区芳群园二区社区
丰台区方庄地区芳群园三区社区
丰台区方庄地区芳群园四区社区
丰台区方庄地区芳群园一区社区
丰台区方庄地区芳星园二区社区
丰台区方庄地区芳星园三区社区
丰台区方庄地区芳星园一区社区
丰台区方庄地区紫芳园南里社区
丰台区方庄地区紫芳园社区
丰台区方庄地区芳城园一区社区
丰台区方庄地区芳城东里社区
丰台区宛平地区沸城社区
丰台区宛平地区晓月苑社区
丰台区宛平地区晓月苑第二社区
丰台区大红门街道彩虹城社区
丰台区大红门街道建欣苑社区
丰台区长辛店街道槐树岭社区
丰台区长辛店街道二七车辆厂社区
丰台区南苑街道机场社区
丰台区南苑街道西宏苑社区
丰台区南苑街道红房子社区
丰台区西罗园街道西罗园第三社区
丰台区西罗园街道角门东里二社区
丰台区西罗园街道海户西里北社区
丰台区西罗园街道花椒树社区
丰台区马家堡街道嘉园一里社区
丰台区马家堡街道嘉园二里社区
丰台区马家堡街道嘉园三里社区
丰台区马家堡街道西里第一社区
丰台区马家堡街道西里第二社区
丰台区马家堡街道西里第三社区
丰台区马家堡街道双晨社区
丰台区马家堡街道角门东里西社区
丰台区马家堡街道晨宇社区
丰台区马家堡街道欣汇社区
丰台区马家堡街道富卓苑社区
丰台区马家堡街道玉安园社区
丰台区马家堡街道城南嘉园社区
丰台区马家堡街道枫竹苑社区
丰台区马家堡街道星河苑社区
丰台区新村街道万年花城第一社区
丰台区新村街道明春苑社区
丰台区新村街道富锦嘉园社区
丰台区丰台街道新兴家园社区
丰台区丰台街道东安街头条19号院社区
丰台区丰台街道东安街社区
丰台区丰台街道东安街头条社区
丰台区丰台街道北大街北里社区
丰台区丰台街道东大街西里社区
丰台区丰台街道北大街社区
丰台区丰台街道东幸福街社区
丰台区丰台街道永善社区
丰台区丰台街道正阳北里社区
丰台区丰台街道东大街东里社区
丰台区丰台街道东大街社区
丰台区丰台街道前泥洼社区
丰台区丰台街道南开西里社区
丰台区丰台街道向阳社区
丰台区丰台街道建国街社区
丰台区丰台街道新华街北社区

丰台区丰台街道新华街南社区
丰台区丰台街道程庄路16号院社区
丰台区丰台街道丰益花园社区
丰台区丰台街道丰管路社区
丰台区丰台街道63号院社区
丰台区丰台街道北大地西区社区
丰台区丰台街道北大地16号院社区
石景山区鲁谷社区重兴园社区
石景山区五里坨街道红卫路社区
石景山区八宝山街道玉泉西里中社区
石景山区老山街道翠谷玉景苑社区
石景山区苹果园街道苹四社区
石景山区苹果园街道西山枫林第一社区
石景山区古城街道古城路社区
门头沟区城子街道蓝龙家园社区
门头沟区城子街道市场街社区
门头沟区大峪街道承泽苑社区
门头沟区大峪街道南路二社区
门头沟区大峪街道月季园一区社区
门头沟区大峪街道绿岛家园社区
门头沟区大峪街道双峪社区
门头沟区东辛房街道石门营五区社区
房山区拱辰街道北关东路社区
房山区拱辰街道文化路社区
房山区拱辰街道宜春里社区
房山区拱辰街道送变电社区
房山区拱辰街道昊天社区
房山区西潞街道苏庄三里社区
房山区城关街道永乐园社区
房山区城关街道府东里社区
房山区城关街道新东关社区
房山区城关街道永安西里社区
房山区城关街道南里社区
通州区玉桥街道葛布店南里社区
通州区玉桥街道净水园社区
通州区玉桥街道新通国际社区
通州区新华街道如意社区
通州区中仓街道运河园社区
通州区中仓街道西营社区
通州区中仓街道四员厅社区
通州区北苑街道复兴南里社区
通州区北苑街道玉带路社区
顺义区胜利街道建北一社区
顺义区胜利街道建北二社区
顺义区胜利街道建北三社区
顺义区胜利街道建南一社区
顺义区胜利街道建南二社区
顺义区胜利街道怡馨一社区
顺义区胜利街道怡馨二社区
顺义区胜利街道红杉一品社区
顺义区胜利街道永欣嘉园社区
顺义区胜利街道义宾街社区
顺义区胜利街道义宾南社区
顺义区胜利街道义宾北社区
顺义区胜利街道幸福西街社区
顺义区胜利街道胜利社区
顺义区胜利街道太平社区
顺义区胜利街道前进社区
顺义区胜利街道双兴南社区
顺义区胜利街道龙府社区
顺义区空港街道万科城市花园社区
顺义区空港街道裕祥花园社区
顺义区光明街道金汉绿港社区
顺义区光明街道裕龙五区
顺义区石园街道石园南区社区
顺义区石园街道石园东苑社区
顺义区石园街道燕京社区
顺义区石园街道石园西区社区
顺义区石园街道石园北区第一社区
顺义区石园街道石园北区第二社区
顺义区石园街道石园北区第三社区
顺义区石园街道五里仓第一社区
顺义区石园街道五里仓第二社区
顺义区石园街道石园东区社区
顺义区石园街道港馨家园第一社区
顺义区石园街道港馨家园第二社区
顺义区旺泉街道宏城花园社区
顺义区旺泉街道望泉家园社区
顺义区牛栏山镇香醍漫步社区
昌平区城北街道裕祥社区
昌平区回龙观地区东村家园社区
昌平区回龙观地区新龙城社区

昌平区回龙观地区北店嘉园社区
昌平区霍营街道龙锦苑东二区社区
昌平区北七家镇望都家园社区
昌平区城南街道世涛天朗社区
昌平区城南街道畅春阁社区
昌平区天通苑南街道奥北中心社区
大兴区林校路街道义和庄东里社区
大兴区林校路街道车站中里社区
大兴区林校路街道铁路社区
大兴区林校路街道兴政西里社区
大兴区林校路街道永华南里社区
大兴区林校路街道兴政东里社区
大兴区林校路街道兴水社区
大兴区林校路街道永华北里社区
大兴区林校路街道兴华南里社区
大兴区林校路街道义和庄南里社区
大兴区林校路街道林校北里社区
大兴区林校路街道车站南里社区
大兴区林校路街道车站北里社区
大兴区林校路街道建兴社区
大兴区林校路街道饮马井社区
大兴区观音寺街道观音寺社区
大兴区观音寺街道观音寺北里社区
大兴区观音寺街道泰中花园社区
大兴区清源街道郁花园二里社区
大兴区清源街道兴涛社区
大兴区清源街道香海园社区
大兴区兴丰街道兴华中里社区
大兴区兴丰街道清城北区社区
平谷区滨河街道金谷东园社区
平谷区滨河街道林荫家园社区
平谷区兴谷街道园丁社区
平谷区兴谷街道阳光社区
怀柔区泉河街道于家园二区社区
怀柔区龙山街道望怀社区
密云县鼓楼街道花园东社区
密云县鼓楼街道东菜园社区
密云县鼓楼街道沿湖社区
密云县鼓楼街道石桥社区
密云县果园街道果园新里北区
密云县果园街道果园新里社区
延庆县儒林街道温泉南区东里社区
延庆县百泉街道振兴南社区
延庆县香水园街道川北东社区
延庆县香水园街道双路社区

附件2：

2013年北京市二星级智慧社区名单（共73个）

东城区前门街道前门东大街社区
西城区什刹海街道兴华社区
西城区什刹海街道双寺社区
西城区天桥街道永安路社区
西城区金融街街道砖塔社区
西城区陶然亭街道米市社区
西城区陶然亭街道龙泉社区
西城区椿树街道香炉营社区
西城区牛街街道牛街东里社区
海淀区紫竹院街道魏北社区
海淀区紫竹院街道魏南社区
海淀区紫竹院街道韦伯豪社区
海淀区紫竹院街道万寿寺社区
海淀区紫竹院街道法华寺社区
海淀区紫竹院街道紫竹社区
海淀区紫竹院街道三虎桥社区
海淀区紫竹院街道北洼路社区
海淀区紫竹院街道厂洼社区
海淀区紫竹院街道厂洼第一社区
海淀区紫竹院街道厂洼第二社区
海淀区紫竹院街道车道沟社区
海淀区紫竹院街道中国青年政治学院社区

海淀区紫竹院街道中央民族大学社区
海淀区紫竹院街道北外社区
海淀区紫竹院街道兵器社区
海淀区紫竹院街道军乐团社区
海淀区紫竹院街道西苑社区
海淀区青龙桥街道309医院社区
海淀区青龙桥街道颐东苑社区
海淀区青龙桥街道厢红旗安河桥社区
海淀区青龙桥街道大有庄社区
海淀区青龙桥街道水磨成府社区
海淀区青龙桥街道中信所西苑小区社区
海淀区青龙桥街道骚子营社区
海淀区学院路街道逸成社区
海淀区学院路街道健翔园社区
海淀区万寿路街道永定路西里社区
海淀区北太平庄街道首都体院社区
海淀区苏家坨街道北分瑞利社区
丰台区太平桥街道东里社区
丰台区太平桥街道太平桥西里社区
丰台区太平桥街道万泉寺社区
丰台区太平桥街道万润社区
石景山区五里坨街道联勤部军区社区
石景山区五里坨街道隆恩寺新区社区
石景山区金顶街街道金一区社区
石景山区金顶街街道金二区社区
石景山区八角街道时代花园社区
房山区西潞街道苏庄二里社区
房山区西潞街道西路大街社区
房山区西潞街道夏庄社区
房山区长阳镇大宁山庄社区
房山区长阳镇加州水郡东区社区
房山区周口店地区红光机械厂社区
房山区周口店地区鑫山矿社区
房山区阎村镇桥梁厂社区
房山区新镇原新街社区
昌平区城北街道史家坑社区
昌平区城北街道创新园社区
昌平区城南街道龙山锦园社区
昌平区天通苑北街道天通北苑第三社区
大兴区天宫院街道海子角东里社区
大兴区天宫院街道海子角南里社区
平谷区滨河街道金海社区
平谷区渔阳地区迎宾花园社区
平谷区渔阳地区海关西园社区
密云县鼓楼街道花园西社区
密云县鼓楼街道鼓楼社区
密云县鼓楼街道檀城西区社区
密云县果园街道果园西里社区
密云县果园街道康居社区
密云县果园街道密西花园社区
密云县果园街道兴云社区

附件3：

2013年北京市一星级智慧社区名单（共30个）

海淀区学院路街道二里庄社区
海淀区学院路街道志新社区
海淀区北太平庄街道锦秋知春社区
丰台区太平桥街道菜户营社区
丰台区太平桥街道东管头社区
丰台区太平桥街道精图社区
丰台区太平桥街道三路居社区
丰台区太平桥街道万泉寺东社区
石景山区广宁街道东山社区
石景山区八角街道八角北路社区
房山区西潞街道苏庄一里社区
房山区西潞街道北潞园社区
房山区西潞街道北潞春社区
房山区西潞街道西潞园社区
房山区西潞街道西潞东里社区
房山区西潞街道海逸半岛社区

房山区西潞街道太平庄西里社区
房山区西潞街道太平庄东里社区
房山区西潞街道月华社区
房山区西潞街道金鸽园社区
房山区琉璃河镇水泥厂社区
房山区琉璃河镇金果林社区
房山区窦店镇沁园春景社区
房山区石楼镇石楼铁路社区
房山区大安山乡大安山煤矿社区
房山区青龙湖镇京煤化工社区
房山区青龙湖镇京强水泥厂社区
房山区韩村河镇大自然新城社区
房山区长沟镇西厢苑社区
房山区河北镇房山区矿社区

北京市离退休党员干部担任非公有制经济组织党建工作指导员的管理办法（试行）

第一章　总　则

第一条　为贯彻落实中央、市委加强和改进非公有制企业党的建设工作的有关文件精神，进一步规范离退休党员干部担任非公有制经济组织党建工作指导员工作，提升非公有制经济组织党建工作指导员履职水平，扩大党组织和党的工作覆盖面，制定本办法。

第二条　本办法中的非公有制经济组织党建工作指导员（以下简称“党建工作指导员”），是指通过使用市社会建设专项资金购买管理岗位的形式，面向全市党政机关、企事业单位、社区离退休党员干部聘请的工作人员。在区县委社会工委指导下，在街道（乡镇）社会工作党委领导下，其主要职责为“三员”，即：街道（乡镇）社会工作党委党建工作联络员、非公有制经济组织党建工作指导员和商务楼宇党建工作站工作人员。主要依托商务楼宇工作站开展工作。

第三条　聘请离退休党员干部担任党建工作指导员，建设一支素质优良、结构合理、数量充足、专兼职结合的党建工作队伍，是完善社会领域党建工作长效机制的重要手段，也是调动和发挥社会力量参与社会建设的创新举措，对加强和创新社会领域党建工作具有重要意义。

第二章　人员聘用

第四条　在市、区（县）委组织部指导下，市、区（县）委社会工委具体负责组织实施、老干部局协助。

第五条　原则实行总量控制、每年一聘、动态管理。每年度聘请名额确定后，各区县委社会工委与有关部门要按规定时限，本着公开、公平、公正的原则，统一组织选聘、续聘，择优录用。

第六条　聘请工作主要面向党政机关、企事业单位、社区离退休党员干部。应具有一定文化水平，身体健康，具有党务工作经验，有较强的组织协调能力和管理水平。

第七条　聘请工作实行一年一聘一签协议。每年聘用人员确定后，各区县委社会工委应直接或委托街道（乡镇）党（工）委与其签订聘用合同，并将《聘用人员名录登记表》（附件一）报送市委社会工委党建工作处备案。期间如有人员变动，应及时上报。

第三章　工作职责

第八条　党建工作指导员要发挥好政治引导、组织宣传、联系服务、协调指导等作用。其主要职责是：

（一）宣传和执行党的路线、方针、政

策。教育、引导非公有制经济组织、商务楼宇遵守国家的法律法规，坚持正确的生产经营发展方向。

（二）支持和促进企业健康发展，维护各方合法权益，帮助协调解决矛盾和问题，构建和谐劳动关系。

（三）按照有关规定协助做好培养入党积极分子和发展党员工作，在条件成熟时帮助企业建立党组织。

（四）指导和帮助企业加强党组织建设，规范党员教育管理制度，提升党建工作水平。

（五）帮助企业抓好思想政治工作和精神文明建设，推动企业先进文化建设，指导企业加强工会、共青团和妇联等群团组织建设。

（六）定期深入非公有制企业，及时向上级党组织汇报企业党建等工作情况，认真完成上级党组织交办的其他任务。

第四章　服务管理

第九条　加强统筹协调。区县应建立在组织部指导下，社会工委牵头，老干部局协助，街道（乡镇）参加的专项工作联席会制度，统筹协调党建工作指导员的服务管理工作。

第十条　完善管理制度。区（县）委社会工委要加强制度建设，制定党建工作指导员管理制度、绩效考核制度和社会建设专项资金使用管理办法等，报市委社会工委党建工作处备案。

第十一条　加强日常管理。各区县要明确工作标准、具体工作任务及要求，原则上每周工作时间不低于20个小时。各街道（乡镇）要按照工作职责及协议规定，加强对聘用人员的日常管理和服务。

第十二条　注重业务培训。建立健全市级示范培训、区县轮训、街道（乡镇）普训的三级培训工作机制，每年对聘用人员进行政策理论、业务技能等培训。社会工委、老干部局等采取授课、讲座等形式，对培训工作进行指导。

第十三条　严格经费管理。市委社会工委对聘用人员情况进行核实确认后，以市社会建设工作领导小组办公室名义向各区（县）、单位拨付社会建设专项资金，对党建工作指导员开展工作给予补贴，各区（县）、单位根据实际也要给予一定补贴。补贴要专款专用，不得虚报、冒领、截留和挪用。对违规行为，视情节采取追究相关人员党纪政纪责任、减少下一年度社会建设专项资金支持额度等措施。

第十四条　加强督促检查。市委社会工委会同有关部门和相关区县将采用多种形式对聘用人员上岗出勤、作用发挥及补贴发放使用等情况进行抽查或集中检查，督促、指导工作落实。

第五章　考核评价

第十五条　区县、街道（乡镇）根据党建工作指导员年度目标任务落实情况，采取定性与定量、群众评价和工作实绩相结合的办法，对其工作做出客观公正的考核与评价，结果作为党建工作指导员年度考评、补贴发放、典型选树和下一年度续聘的重要依据。

第十六条　市委社会工委可根据实际需要引入第三方评估机构，对党建工作指导员工作开展及成效等进行监督、评估。

第六章　附　则

第十七条　各区县、街道（乡镇）等有关部门可参照本办法，结合区域和聘用人员实际情况，制定具体的实施细则。

第十八条　本办法自发布之日起试行。

附件：聘用人员名录登记表

（此文件2014年3月11日由市委社会工委、市老干部局印发）

附件：

聘用人员名录登记表

区县：　　　　　　填表人：　　　　　　电话：

姓名	性别	出生日期	学历	联系方式	所属单位	工作联系范围	原工作单位及职务

填表说明：

“所属单位”指用人单位；“工作联系范围”指聘用人员主要联系、指导的商务楼宇工作站及非公有制经济组织。

市社会办 2014 年全面推进依法行政工作要点

2014 年，是贯彻党的十八届三中全会和市委十一届四次、五次全会精神，全面深化改革的开局之年，也是实施《北京市“十二五”时期社会建设规划纲要》（以下简称《规划》），依法加强全市社会建设、改革、治理工作的重要一年。市社会办要在市委市政府领导下，在市推进依法行政工作领导小组指导下，认真落实国务院《全面推进依法行政实施纲要》和《北京市人民政府关于加强法治政府建设的实施意见》，紧紧围绕市委市政府中心工作，大力推进依法行政，加快建设法治政府和服务型政府，不断提高运用法治思维和法治方式加强社会建设、创新社会治理的能力，为推进全市社会体制改革和社会治理体制创新、构建和谐宜居之都提供有力法治保障。

一、强化依法行政工作组织领导

市社会办领导班子及推进依法行政工作领导小组要认真学习贯彻全市推进依法行政工作领导小组扩大会议精神，深化对建设“法治政府”“法治北京”重要性的认识。依据《北京市关于加强法治政府建设的实施意见》和《北京市 2014 年全面推进依法行政工作要点》及《市社会办“十二五”时期依法行政工作规划》，研究制订年度依法行政工作计划，明确推进依法行政工作主要任务。发挥市社会建设工作领导小组办公室的统筹协调作用，推动社会领域依法行政工作有效落实。认真开展依法行政工作专题调研，及时总结经验、查找问题，制定对策措施。认真落实政府部门依法行政工作自查和总结制度，及时分析本部门依法行政工作形势，不断加强和改进工作。重视本部门法制机构建设，调整充实人员，加强学习培训，提高法制工作队伍能力素质。

二、加强依法行政培训考核工作

1. 开展依法行政学习培训。依据《市社

会办领导干部学法用法工作制度（试行）》，制订《市社会办2014年度依法行政学习培训计划》。学习贯彻《北京市行政机关领导干部学法暂行办法》，认真落实委办领导班子理论中心组和办公会会前学法每年不少于4次的规定。按计划组织委办领导干部及公务员开展依法行政学习讲座，组织督导机关干部通过“干部教育网”开展有关依法行政及法律法规知识的在线学习和个人自学。结合举办年度社会领域各类专题培训班，适当安排依法行政培训内容或相关法律法规学习。

2. 开展对区县政府依法行政考核工作。依据《北京市2014年度区县政府依法行政考核评分体系》和《规划》，研究制定《市社会办2014年对区县政府依法行政考核评分细则》。针对依法行政考核内容和评分标准，对区县相关部门开展集中培训。加强对依法推进社会建设工作的指导，推动《规划》及全市社会建设工作会、全市深化社会体制改革大会等明确的社会建设、改革、治理等各项重点任务在区县的有效落实。按照市推进依法行政工作领导小组及其办公室的部署要求，认真组织实施对区县政府年度依法行政考核工作。

3. 开展依法行政宣传教育。认真贯彻落实《北京市政府法制信息化建设2011—2015年规划》要求，推进社会建设领域法制信息化建设。组织开展丰富多彩的法制宣传教育活动，拓展网络、短信、微信等法制教育阵地，充分利用新闻媒体宣传法治理念，宣传新出台或修订的法律、法规、规章。指导社会领域加强“六五”普法，开展2014年“12·4”法制宣传日宣传活动。通过“政府购买社会组织服务”方式，广泛动员、积极组织法学法律类社会组织和广大法学、法律工作者开展针对社会需求和群众需要的法制宣传、法律培训、法律咨询、法律援助等“法律服务基层”公益活动，在全市社会领域营造学法遵法守法用法的法治社会氛围。

三、深化社会体制改革和社会治理工作

1. 深化社会体制改革。研究出台《北京市深化社会体制改革实施意见》，加快推进社会体制改革。制定《北京市深化街道体制改革实施意见》，创新街道社会服务管理体制机制。加强和改进社会建设与社会治理工作统筹协调，完善社会服务与城市管理机制，推进本市“十二五”时期社会建设规划任务落实。

2. 完善社会治理体系。制定和实施《北京市社会建设综合评价指标体系》和《北京市社会服务与城市管理精细化测评指标体系》，加快推进网格化服务管理体系建设。完善社区治理服务体系、“枢纽型”社会组织工作体系和商务楼宇“五站合一”治理体系，进一步推进社会工作队伍专业化、职业化，加快形成社会动员体制机制。

3. 推进社会建设立法。充分发挥委办立法工作领导小组及其办公室职能作用，加强对立法工作的组织领导。着眼健全社会治理政策法规，构建社会治理制度体系，制订《2014—2016年社会体制改革与社会治理政策法规项目计划》，积极推进社会建设政策体系向政策法规体系拓展延伸。加强社会建设立法工作沟通协调，积极推动《北京市志愿服务促进条例》和《北京市社区居民委员会办公用房管理若干规定》修订等立法项目尽快进入立法程序。

四、积极推进依法科学民主决策

1. 严格行政决策制度和程序。认真落实我市关于规范政府重大行政决策程序和改进作风相关要求，完善科学决策、民主决策、依法决策程序，建立重大行政决策合法性审查、集体决定、实施后评估等制度，健全公共决策社会公示制度、公众听证制度、专家咨询论证制度。对涉及经济社会发展全局的

重大事项，广泛征询意见，充分协调协商，扩大决策的公众参与程度。对专业性、技术性较强的重大事项，认真组织专家论证、专业咨询和决策评估，确保重大决策民主公开、程序透明，符合群众利益。

2. 落实行政决策风险评估机制。认真落实市委市政府《关于构建社会矛盾多元调解体系和建立健全社会稳定风险评估机制》要求，把风险评估作为决策的重要基础，注重加强调查研究，编发《网络舆情快报》，实时掌握社会动态，及时了解社情民意，为开展决策提供依据。在重大事项及相关政策出台前，从合法性、合理性、可控性等方面进行科学、系统的社会稳定风险评估，根据风险评估结果对重大事项和相关决策做出调整或改进。在重大事项及相关政策出台后，及时跟踪调查社会舆情，系统研究信息动态变化，分析研判形势，采取应对措施，有效化解和控制风险，实现科学决策。

3. 加强规范性文件管理与备案审查工作。认真落实《市社会办规范性文件审核及备案管理规定》，严格重大行政决策和规范性文件合法性审查工作机制，加强检查指导和监督考核，从源头上防止重大行政决策和规范性文件违法现象发生。健全规范性文件备案审查工作机制，强化对规范性文件的备案审查，加大监督纠错力度，提高政府公信力和执行力。充分运用首都法律资源优势，创新重大行政决策和规范性文件合法性审查工作方式，提高合法性审查工作质量和水平。认真开展政府规章和行政规范性文件清理工作。积极推进信息公开，按规定必须公开的行政规范性文件全部通过“北京社会建设网”面向社会公开。

4. 强化对具体行政行为的监督。认真学习贯彻全市行政复议工作会议精神，认真落实市政府法制办关于行政复议、行政应诉及市行政调解部门联席会议办公室关于行政调解有关制度和机制，积极做好相关工作。严格落实职责要求和有关规定，不断强化对具体行政行为的监督。加大责任追究力度，严格行政问责。

（此文件2014年4月14日由市社会办印发）

市社会办2014年依法行政学习培训计划

为学习贯彻党的十八届三中全会和市委十一届四次、五次全会精神，认真落实《北京市人民政府关于加强法治政府建设的实施意见》、《北京市人民政府关于全面推进依法行政的实施意见》和《北京市行政机关领导干部学法暂行办法》，不断强化领导干部和机关公务员的法治精神和法律素质，全面推进依法行政工作，依据《市社会办领导干部学法用法工作制度（试行）》和《市社会办2014年全面推进依法行政工作要点》，结合社会建设工作实际，制订本计划。

一、学习培训目的

认真贯彻落实党的十八大和十八届三中全会关于加快建设法治国家和法治政府的要求，认真落实国务院和市委市政府有关指示要求，紧紧围绕法治政府、“法治北京”建设和社会建设大局，通过深入系统地学习履行职责所需的法律法规知识，加强能力培训，进一步强化领导干部和机关公务员的社会主义法治理念，牢固树立在宪法和法律范围内活动的观念，不断增强运用法治思维和法治方式深化社会体制改革、创新社会治理方式、维护社会和谐稳定的能力，提高依法决策、依法行政、依法办事的水平，为推动社会建设、改革、治理各项工作在法制轨道上有序运行提供有力的素质支撑和法治保障。

二、学习培训内容

（一）宪法；

（二）规范政府共同行为和与履行职责相关的法律、法规、规章；

（三）全国人大、国务院、国务院各部委和北京市新颁布的法律、法规、规章和有关文件、制度；

（四）与实施依法治国、依法执政、依法行政，建设法治国家、法治政府、法治社会相关的政策文件和制度。

三、学习培训方法

委办领导干部和机关公务员依法行政学习培训，围绕年度机关学习教育活动计划，结合干部任职培训工作，采取集中学习和个人自学相结合的形式，统筹安排，整体推进。集中学法通过领导班子理论学习中心组集体学法、办公会会前学法、专题法制讲座、专题研讨班和依法行政培训班等形式进行，同时结合公务员初任培训、任职培训和更新知识培训开展学习。个人应结合自身工作特点，利用“干部在线教育”平台等形式加强对法律法规知识的自学。

四、工作要求

1. 加强领导，精心实施。在委办班子领导下，委办全面推进依法行政工作领导小组负责组织实施领导干部和机关公务员依法行政学习培训工作。将开展依法行政学习培训作为加强机关自身建设的重要内容，做到年初有计划和部署、年中有检查和督促、年终有考评和总结。将依法行政工作纳入处室、干部年度考评之中，把参加学习培训情况、落实依法行政效果作为考核内容。处级以上领导干部要带头学法用法，带头依法行政。

2. 学以致用，注重实效。委办依法行政学习培训工作，要结合社会建设、改革、治理工作特点和机关人员实际，做到科学安排，学用结合。积极创新依法行政学习培训的有效形式，建立学法用法与开展日常工作互相促进的有效机制，调动机关人员学法用法的主动性和自觉性。

附件：1. 市社会办领导干部2014年依法行政学习计划

2. 市社会办公务员2014年依法行政学习培训计划

（此文件2014年4月14日由市社会办印发）

附件 1：

市社会办领导干部 2014 年依法行政学习计划

<table>
<tr><th>时间安排</th><th colspan="2">学习内容及方式</th></tr>
<tr><td rowspan="2">一季度</td><td>集体学习</td><td>1. 市全面推进依法行政工作领导小组会议精神：市领导会议讲话；《北京市 2014 年全面推进依法行政工作要点》
2. 戴均良副市长在第三届北京市人民政府行政复议委员会第二次全体会议上的讲话</td></tr>
<tr><td>个人自学</td><td>党的十八大、十八届三中全会精神及习近平总书记一系列重要讲话精神；《国务院全面推进依法行政实施纲要》；《北京市人民政府关于全面推进依法行政的实施意见》；《市社会办 2014 年全面推进依法行政工作要点》</td></tr>
<tr><td rowspan="3">二季度</td><td rowspan="2">集体学习</td><td>《北京市行政机关领导干部学法暂行办法》</td></tr>
<tr><td>开展一次专题法制学习讲座</td></tr>
<tr><td>个人自学</td><td>《北京市大气污染防治条例》</td></tr>
<tr><td rowspan="2">三季度</td><td>集体学习</td><td>《北京市人民政府工作规则》；市政府办公厅《关于健全市政府重大行政决策和行政规范性文件合法性审查机制的通知》</td></tr>
<tr><td>个人自学</td><td>市人大常委会《规范性文件备案审查条例》；《重大行政决策程序规定》；《北京市行政规范性文件备案监督办法》；《北京市社会建设工作办公室依法决策暂行规定》</td></tr>
<tr><td rowspan="3">四季度</td><td rowspan="2">集体学习</td><td>《北京市人民政府关于加快建设法治政府的实施规划》</td></tr>
<tr><td>开展一次专题法制学习讲座</td></tr>
<tr><td>个人自学</td><td>《北京市人民政府关于加强法治政府建设的实施意见》；《市社会办 2014 年对区县政府依法行政考核评分细则》</td></tr>
<tr><td colspan="2">学习参考资料</td><td>《中国共产党党内法规选编》；《公务员执政为民的“法律智慧”》；“干部教育网”相关内容</td></tr>
</table>

附件2：

市社会办公务员2014年依法行政学习培训计划

时间安排	学习内容及方式	
一季度	集体学习	1. 市全面推进依法行政工作领导小组会议精神；市领导会议讲话；《北京市2014年全面推进依法行政工作要点》 2. 戴均良副市长在第三届北京市人民政府行政复议委员会第二次全体会议上的讲话
	个人自学	《国务院全面推进依法行政实施纲要》；《北京市人民政府关于全面推进依法行政的实施意见》；《市社会办2014年全面推进依法行政工作要点》
二季度	集体学习	《北京市行政机关领导干部学法暂行办法》
		开展一次专题法制学习讲座
	个人自学	《北京市大气污染防治条例》；《北京市“十二五”时期社会建设规划纲要》；业务工作相关法律法规
三季度	集体学习	《北京市人民政府工作规则》；市政府办公厅《关于健全市政府重大行政决策和行政规范性文件合法性审查机制的通知》
	个人自学	市人大常委会《规范性文件备案审查条例》；《重大行政决策程序规定》；《北京市行政规范性文件备案监督办法》；《北京市社会建设工作办公室依法决策暂行规定》；业务工作相关法律法规
四季度	集体学习	《北京市人民政府关于加快建设法治政府的实施规划》；《市社会办2014年对区县政府依法行政考核评分细则》
		开展对区县政府依法行政考核专题培训
	个人自学	《北京市人民政府关于加强法治政府建设的实施意见》；业务工作相关法律法规
学习参考资料		《中国共产党党内法规选编》；《公务员执政为民的“法律智慧”》；“干部教育网”相关内容

北京市社区志愿服务站规范提升工作方案

为贯彻落实中央、北京市关于志愿服务工作的有关精神，进一步完善社会志愿服务体系，加强社区志愿服务工作，推进志愿服务制度化，制订本方案。

一、指导思想

以邓小平理论、“三个代表”重要思想、科学发展观为指导，贯彻落实习近平总书记系列讲话精神，把握全国政治中心、文化中心、国际交往中心和科技创新中心的首都城市核心功能定位，围绕把北京建设成为国际一流的和谐宜居之都的发展目标，将开展志愿服务与创新社会治理相结合，与在职党员到社区报到为群众服务工作相结合，大力弘扬“奉献、友爱、互助、进步”的志愿精神，建立完善基层志愿服务平台和体系，推进志愿服务制度化，广泛开展志愿服务活动，营造我为人人、人人为我的良好社会风尚。

二、工作目标

力争用2014年、2015年两年的时间，完成全市城市社区志愿服务站规范提升工作。其中，2014年全市规范提升社区志愿服务站不少于1000个，城区完成规范提升数量不少于社区数的50%，郊区完成规范提升数量不少于社区数的三分之一。

三、社区志愿服务站功能

1. 对社区志愿服务进行统筹整合。

2. 开展社区志愿者招募注册、服务计时、日常培训、典型宣传、表彰奖励等工作。

3. 登记志愿服务需求、发布志愿服务信息、开发志愿服务项目和岗位、开展志愿服务供需对接、组织志愿服务活动、做好志愿服务保障等。

4. 重点做好在职党员到社区报到参与志愿服务的接待和服务保障工作。

四、社区志愿服务站标准

1. 有明显标识。在社区服务站显著位置悬挂或摆放社区志愿服务站的牌匾或水牌。

2. 有工作人员。在社区服务站安排负责志愿服务工作的社区工作者或志愿者。

3. 有经常性志愿服务项目和岗位。有孤老残弱幼帮扶、便民服务、文明劝导、社区文化、社区环保、科普宣传、社区治安等贴近居民需求的经常性志愿服务项目和岗位。

4. 有稳定的志愿者队伍。有由党员、团员、社区积极分子、离退休人员等各类人群组成的志愿者队伍。

5. 有规范的管理制度。有志愿者招募注册、服务计时、日常培训、表彰激励等制度。

五、具体安排

1. 摸底调研（2014年6月底前）。

进一步摸清全市社区志愿服务站现状，结合实际，研究制订社区志愿服务站规范提升工作方案。

2. 组织实施（2014年7月—2015年9月）。

部署社区志愿服务站规范提升工作。各区县根据社区志愿服务站的标准规范、指标数量等要求，制订本区县实施方案，组织完成社区志愿服务站规范提升工作。

3. 自查总结（2015年10月—12月）。

各区县社会工委、社会办开展自查，及时总结好经验、好做法，宣传培育一批在职党员到社区参与志愿服务的典型。

六、工作要求

1. 高度重视。社区志愿服务站规范提升工作要与当前正在开展的“邻里守望”志愿服务活动、在职党员到社区报到为群众服务工作紧密结合，进一步完善志愿服务需求，梳理志愿服务项目和岗位，主动做好工作对接，为在职党员到社区参与志愿服务做好服务保障工作。

2. 加强协调。社区志愿服务站规范提升工作涉及阵地建设、项目建设、制度建设、队伍建设等多个方面，要广泛争取支持，充分调动各方面积极性，形成合力，抓好落实。同时要与驻区社会单位等方面加强协同，充分发挥社区志愿服务站的载体和平台作用，探索形成合作开展志愿服务活动的长效机制。

3. 务求实效。社区志愿服务站规范提升工作鼓励创新，不搞一刀切。各区县可结合实际，对本区县社区志愿服务站标识进行统一设计。对已达到“五有”标准的社区志愿服务站，要重新进行确认，更好地发挥服务功能；对尚未达到“五有”标准的社区志愿服务站，要按标准进行规范提升，使社区志愿服务站真正成为社区居民就近参与和享受志愿服务的有效平台。

（此文件2014年6月9日由市委社会工委、市社会办印发）

2014年全市街道社会动员试点工作方案

为贯彻党的十八大、十八届三中全会精神，广泛动员社会力量参与社会治理，探索新形势下社会动员的特点和规律，决定继续在街道开展社会动员试点工作。具体方案如下。

一、主要思路

按照党委领导、政府主导、多元治理的工作要求，在第一批街道社区社会动员试点工作基础上，围绕全市重点工作、基础工作和长远工作，以社会力量广泛参与为目标，继续开展社会动员试点工作，进一步完善社会动员体系，探索新形势下社会动员的特点和规律，不断提高社会动员能力。

二、试点范围

在全市各区县自下而上推荐的基础上，确定27个街道开展试点，其中城六区各选择2个以上试点街道，郊区县各选择1个试点街道。

三、重点任务

1. 加强社区民主自治。

试点内容：围绕社区物业、停车、养犬、出租房屋管理、卫生、治安、文化活动等居民关心的热点难点问题，引导居民积极参与，自主解决关系自身利益的公共事务。充分发挥市民劝导队的作用，针对违章停车、乱摆摊点、店外经营、非法烧烤、环境脏乱等严重影响居民正常生活的行为，开展劝导工作。

工作目标：拓宽居民参与社区治理的范围和途径，搭建社区居民参与平台，社区居民的参与意识和实际参与率不断提高，一批居民关心的热点难点问题得到有效解决，经验做法可推广。

2. 探索共驻共建有效途径。

试点内容：引导社会单位履行社会责任，广泛开展结对共建、志愿服务、公益服务等活动；充分发挥社会单位的优势，通过共商共治、议事协商等形式积极参与驻区建设，为地区发展提供决策咨询，为居民群众提供专业服务，以低偿或无偿方式向周边居民或其他单位提供内部文体设施、停车场、食堂、医务室等资源，推进社会资源共享。

工作目标：建立健全社会单位履行社会责任、参与驻区建设的长效机制，实现“资源设施联用、社会治安联防、优美环境联创、文体活动联办、公益事业联做”的目标。

3. 完善志愿服务体系。

试点内容：社区、商务楼宇工作站分批建立志愿服务站，作为统筹整合社区和商务楼宇内志愿服务工作平台；通过非公经济组织党组织积极动员企业员工参与志愿服务，建立体现自身特点的志愿服务组织；发挥专业社会工作机构优势，建立志愿服务站或志愿服务组织；建立街道志愿者“枢纽型”组织。

工作目标：广泛动员社会领域参与社会志愿服务，弘扬“奉献、友爱、互助、进步”的志愿精神，营造“我为人人、人人为我”的良好社会风尚。基本形成组织健全、覆盖全面、形式多样、制度完善的社会领域志愿服务体系，努力实现社会领域志愿服务组织全覆盖。

4. 参与治理“大城市病”。

试点内容：动员各类社会力量积极参与治理“大城市病”，参与搞好人口调控、雾霾治理、交通管理、环境整治等工作。着力参与做好大气污染防治工作，对露天烧烤、扬尘污染等违反大气污染治理的现象进行劝导、监督和举报，加大大气污染治理力度。广泛动员社区居民、志愿者、市民劝导队、驻区单位做好节水节电节能宣传，推进垃圾减量分类，倡导绿色出行。

工作目标：驻区各类社会力量广泛行动起来，本地区内无露天烧烤、扬尘污染等违反大气污染治理的现象，形成保护环境人人有责的社会风气。居民群众积极响应政府的倡议，环保意识进一步提高，自觉践行节能、绿色、低碳的生活方式。

5. 完善应急动员机制。

试点内容：组织动员社区、社会组织、新经济组织及社会公众积极参与突发事件预防与处置工作，提高社会参与水平。以群体性事件、反恐防恐、防灾减灾、防汛抗旱、扫雪铲冰等为重点，大力开展宣传、培训、演练等工作，强化公众安全意识，提升公众避险自救能力。

工作目标：有科学的应急动员预案，有稳定的应急志愿者队伍，有畅通的应急动员信息发布渠道，有明确的应急避险场所，能够有效动员各类社会力量参与应急处置，确保社会领域安全稳定，保障城市安全平稳运行。

6. 创新社会动员方式手段。

试点内容：充分利用网络、手机、微博、微信等新技术、新媒介开展社会动员工作；以网格化为载体，整合各类社会力量和资源，探索新形势下社会动员的有效方式方法。

工作目标：社会单位、社区居民能够通过QQ群、微信群、社区网站等媒介，及时了解和参与街道社区公共事务；各类社会力量、资源、信息能及时汇集到网格，形成覆盖广泛、反应迅速的社会动员网络，不断提高社会动员信息化水平。

四、实施步骤

1. 确定试点。区县社会工委、社会办根据试点方案和试点名额，确定本区县试点街道，并指导试点街道结合实际选择拟定试点的重点任务，报市委社会工委、市社会办确定。

完成时间：2014 年 6 月底前。

2. 组织实施。召开会议部署社会动员试点工作；各区县根据试点工作要求，制订实施工作方案，部署试点工作；深入试点单位，加强对试点工作的督促指导；试点单位做好具体实施工作；加强对试点工作的宣传。

完成时间：2014 年 11 月底前。

3. 总结推广。适时通过召开现场会、经验交流会等形式，及时总结推广各试点单位的好经验、好做法，分析存在的问题与不足，研究提出改进完善试点工作的措施办法。

完成时间：2014 年 12 月底前。

五、工作要求

1. 加强组织领导。区县社会工委、社会办要加强对社会动员试点工作的组织领导，建立健全相应的工作机制，明确专人负责。试点街道要将试点工作列入全年工作计划，成立或明确专门工作机构，定期研究有关工作，确保试点工作出成效、出特色。

2. 加强分类指导。区县社会工委、社会办要深入试点街道，及时跟进了解试点工作进展情况，做好分类指导，及时解决有关问题。采取以会代训、交流研讨、专家辅导、实地参观等形式加强工作指导。继续深化第一批社会动员试点工作，在完善体制机制、创新方式方法方面取得新成效。

3. 加强工作保障。区县社会工委、社会办，各试点街道要勇于创新，积极创造条件，对试点工作在政策、经费、人员等方面给予保障，确保社会动员试点工作取得预期效果。

附件：第二批社会动员试点街道名单

（此文件2014年6月25日由市委社会工委、市社会办印发）

附件：

第二批社会动员试点街道名单（共27个）

东城区和平里街道
东城区景山街道
西城区金融街街道
西城区展览路街道
朝阳区双井街道
朝阳区建外街道
朝阳区团结湖街道
朝阳区奥运村街道
朝阳区安贞街道
海淀区八里庄街道
海淀区中关村街道
丰台区云岗街道
丰台区和义街道
丰台区方庄街道
丰台区马家堡街道
石景山区八角街道
石景山区广宁街道
门头沟区大峪街道
房山区拱辰街道
通州区中仓街道
顺义区光明街道
昌平区城北街道
大兴区兴丰街道
平谷区兴谷街道
怀柔区龙山街道
密云县鼓楼街道
延庆县儒林街道

关于进一步健全志愿服务体系加强社会领域志愿服务工作的通知

志愿服务是社会文明程度的重要标志，是培育和践行社会主义核心价值观的重要载体。为贯彻党的十八大、十八届三中全会精神，落实市委市政府整体工作部署，进一步健全志愿服务体系，加强社会领域志愿服务工作，现就有关要求通知如下。

一、成立志愿组织，努力实现社会领域志愿服务组织全覆盖

社区、社会组织、非公有制经济组织等社会领域的志愿服务组织是志愿服务的基本力量。为进一步巩固发展近几年全市社会领域志愿服务组织建设成果，经研究决定，用两到三

年的时间，努力在全市街道、社区、“枢纽型”社会组织、商务楼宇、非公有制经济组织、专业社会工作机构基本实现志愿服务组织全覆盖。各社区要依托服务站规范提升志愿服务组织，商务楼宇要依托工作站分批建立志愿服务站，作为统筹整合社区和商务楼宇内志愿服务工作平台，做好志愿服务日常管理，组织开展志愿服务活动；非公有制经济组织党组织要积极建立体现自身特点的志愿服务组织；“枢纽型”社会组织要分批分类建立专业性志愿服务协会组织，统筹协调本系统和会员单位志愿服务工作；专业社会工作机构要发挥专业优势，建立志愿服务站或志愿服务组织。

二、开展志愿服务，努力实现社会领域志愿服务工作全覆盖

社会志愿服务是社会服务的重要组成部分和有益补充。要充分依托社会领域志愿服务组织体系，广泛动员社会力量开展志愿服务，努力实现志愿服务工作全覆盖。要围绕老幼病残、困难家庭、流动人口等特殊群体，开展邻里守望、扶危济困、生活照料、法律援助、心理疏导、文化娱乐等经常性志愿服务；围绕各种大型活动、体育赛事等开展重大活动志愿服务；围绕突发公共事件、自然灾害、社会稳定等开展应急志愿服务。当前重点是围绕治理“大城市病”等中心工作和反恐维稳新形势、新要求，在城市管理、环境保护、治安巡逻、秩序维护等方面创新志愿服务项目，开发志愿服务岗位，形成贴近需求、覆盖广泛的社会领域志愿服务项目岗位体系，培育一批特色鲜明、社会影响较大的志愿服务品牌。

三、积极创新实践，努力实现社会领域志愿服务制度化常态化

深入开展志愿服务，关键是有效，根本是长效。要建立健全志愿服务长效工作机制。建立规范统一的社会领域志愿者招募制度，依托“志愿北京”平台，做好志愿者注册工作；建立完善培训制度，结合服务项目有针对性地开展相关知识技能培训，不断提高服务能力和服务水平；建立完善志愿服务项目、岗位与服务需求对接机制，通过街道、社区、商务楼宇、志愿服务组织搭建平台，提高志愿服务的针对性和有效性；建立健全志愿服务激励机制，做好志愿服务记录计时和星级认定工作，培育宣传一批先进典型，把志愿者的积极性保护好、发挥好。要加强社会领域志愿服务保障工作，力争到“十三五”中期，基本形成一套完整的社会领域志愿服务工作体系。

各区县社会工委、社会办和市级“枢纽型”社会组织、非公有制经济组织党组织要高度重视社会领域志愿服务工作，加强组织领导。要把社会领域志愿服务工作与创新社会治理相结合，与开展党的群众路线教育实践活动相结合，与践行社会主义核心价值观要求相结合，制订实施方案，明确工作目标。各街道要加大统筹协调，帮助解决遇到的实际问题，切实把这项工作抓实抓好。

（此文件2014年6月27日由市委社会工委、市社会办印发）

关于开展“身边好人、社会好事”宣传教育活动的通知

为加强社会主义核心价值体系建设，通过宣传社会领域的好人好事，营造良好社会氛围，市委社会工委决定，今年下半年在全市社会领域开展“身边好人、社会好事”宣

传教育活动。现将有关事项通知如下：

一、认真搞好推荐工作

积极倡导从身边做起、从具体事情做起，践行社会主义核心价值观，用身边好人、社会生活中的点滴好事，教育人、打动人、感染人，使好人好事既看得见又摸得着，既学得来又做得到。

（一）推荐标准：联系实际，事迹真实，形象具体，认可度高。

（二）推荐范围：社区、社会组织、非公经济组织、商务楼宇、专业社工机构等社会领域。

（三）推荐要求：以故事为主，突出宣传具体人、具体事。文字、视频均可。请各区县社会工委、各“枢纽型”社会组织负责本区县、本领域推荐材料的审核工作，有关非公有制企业党组织负责本单位推荐材料审核工作。

（四）推荐时间：7月1日—31日，各单位报送第一批推荐材料（每个单位至少一份）；以后至活动结束前，随时推荐，边推荐边宣传。

二、认真搞好宣传工作

市委社会工委将在市委宣传部的指导支持下，通过首都媒体进行广泛宣传，在有关媒体开辟专栏、专版进行集中宣传，通过社会建设网和手机报进行经常性宣传。

三、认真搞好评比表彰工作

年底前将开展总结评比工作，拟表彰10个组织奖、10个“好人”奖、10个“好事”奖。

请各单位在7月8日前，确定一名工作人员具体负责材料整理报送，将姓名、联系方式等报市委社会工委宣传处（zhc@ bjshjs. gov. cn）。

（此文件2014年7月2日由市委社会工委印发）

北京市商务楼宇志愿服务站建设工作实施方案

为落实中央、市委市政府关于志愿服务工作有关精神，建立健全商务楼宇志愿服务机制，完善社会领域志愿服务体系，推进首都志愿服务制度化、常态化，根据《北京市商务楼宇工作站服务管理办法（试行）》（京社领办发〔2013〕2号）和《关于进一步健全志愿服务体系加强社会领域志愿服务工作的通知》（京社委发〔2014〕8号），制订本方案。

一、指导思想

按照构建“党委领导、政府负责、社会协同、公众参与、法治保障”工作格局要求，坚持把开展志愿服务与创新社会治理相结合，与商务楼宇工作站“五站合一”规范化建设相结合，建立商务楼宇志愿服务平台，弘扬“奉献、友爱、互助、进步”的志愿精神，引导入驻企业积极开展志愿服务活动，构建商务楼宇志愿服务工作体系，努力探索首都志愿服务工作的新领域、新模式。

二、试点目标

按照“有平台、有队伍、有项目、有活动、有制度”等“五有”的基本目标和试点先行、点面结合、循序渐进、逐步推广的原则，全面推进商务楼宇志愿服务工作。2014

年在东城、西城、朝阳、海淀、丰台、石景山6个城区的商务楼宇建立志愿服务站300个以上；2016年底，基本实现商务楼宇志愿服务组织和工作全覆盖。

三、主要任务

（一）搭建志愿服务平台

依托商务楼宇党建工作站、社会服务站、工会工作站、共青团工作站和妇联工作站，加挂“志愿服务站”牌子，建立志愿服务平台。商务楼宇志愿服务站负责统筹整合楼宇内志愿服务组织工作，做好志愿服务日常管理，组织志愿服务活动，做好志愿服务保障。要在显著位置悬挂或摆放志愿服务站标识，安排工作人员或志愿者负责具体工作。

（二）建立志愿服务队伍

发挥商务楼宇党组织和群团组织的作用，加强志愿服务组织建设，以商务楼宇企业员工为主体，建立多方参与、贴近需求的志愿服务队伍。结合商务楼宇青年团员多、知识层次高、专业性强的特点，建设充满活力、精干高效的青年志愿者队伍和专业志愿者队伍。积极动员驻区社会单位和人员加入商务楼宇志愿服务组织，开展区域化志愿服务活动。依托“志愿北京”等平台，做好志愿者注册工作，加强志愿者队伍动态管理。

（三）创新志愿服务项目

围绕践行社会主义核心价值理念，在传播先进文化，普及科技知识，开展好邻里守望、扶危济困、法律援助和健康服务等方面创新项目；围绕建设国际一流的和谐宜居之都发展目标，在城市管理、环境保护、流动人口服务等方面创新项目；围绕社会稳定和防恐反恐新要求，在加强公共安全、应对突发事件、维护社会稳定等方面创新项目；围绕商务楼宇发展新需求，在引入政府公共资源、组织公共服务、参与公益事业等方面创新项目。打造志愿服务品牌，实现“一楼宇一品牌”。

（四）组织志愿服务活动

在敏感时期、重大活动、突发事件中，充分发挥商务楼宇志愿服务组织作用，整合志愿服务力量，积极参与社会治理、维稳防恐等工作。在常态化志愿服务活动中，找准群众急需、志愿者能为的结合点，广泛动员企业员工积极参与各类志愿公益服务。坚持“走出去”与“请进来”相结合，动员辖区党政机关、人民团体、社会单位等力量，开展面向商务楼宇入驻企业和员工的志愿服务活动。

（五）完善志愿服务制度

构建在党委政府领导下，社会工委、社会办综合协调、相关单位密切配合、街道（乡镇、科技文化园区）组织指导、商务楼宇工作站具体实施的商务楼宇志愿服务工作制度。志愿服务站要明确工作职责，健全工作机制，完善保障措施。建立志愿者招募、服务计时、日常培训、表彰激励、志愿服务项目岗位与服务需求对接等制度，做到职责制度明确、日常管理规范、组织运转有序。

四、实施步骤

全市商务楼宇建立志愿服务站工作分三个阶段进行：

（一）宣传启动（2014年6月—8月）

各区县要按照方案要求，集中组织开展专题调研，摸清底数，建立台账，结合实际情况研究制订本地区商务楼宇志愿服务工作站建设具体方案。2014年8月底前将商务楼宇志愿服务站建设名录上报市委社会工委、市社会办党建工作处和社会动员工作处。

（二）组织实施（2014年9月—2015年4月）

各单位要围绕“五有”建设目标任务，按计划有序推进商务楼宇志愿服务站建设工作，重点在建立志愿服务组织、完善志愿服务工作体制和运行机制、加强志愿服务硬件设施建设、开发志愿服务项目、解决商务楼宇工作站建设突出问题等方面探索创新，务求实效，确保各项工作任务的落实。

（三）总结推广（2015年5月—6月）

由市委社会工委、市社会办组织对建立商务楼宇志愿服务站工作情况进行集中检查验收，通过组织召开工作现场会或总结推广会议，总结典型经验，研究部署推广工作。

五、工作要求

（一）加强组织领导

各区县社会工委、社会办要把商务楼宇建立志愿服务站工作当作建立健全社会领域志愿服务体系、践行社会主义核心价值观、推进社会治理体制和治理能力现代化的大事来抓，加强统筹协调和整体规划。各相关单位要落实责任制，加大对商务楼宇志愿服务的保障力度，确保志愿服务有资源、服务群众有实力。

（二）稳步推进实施

各区县社会工委、社会办要按照本方案确定的任务目标和实施步骤，在调查研究、充分论证的基础上，结合区域实际，制定阶段性工作目标，细化操作方案。街道（乡镇、科技文化园区）要加强对辖区商务楼宇志愿服务工作的指导。对于推进工作进展情况以及工作中出现的新情况和新问题，要及时向市委社会工委、市社会办沟通反馈。

（三）务求工作实效

各区县社会工委、社会办要在努力完成试点任务要求的基础上，立足实际，挖掘潜力，以点带面，整体推进。以第二批党的群众路线教育实践活动为契机，围绕服务商务楼宇企业员工，促进区域和谐稳定，加强志愿服务站建设，培育发展志愿服务组织，创新志愿服务方式载体，不断完善社会领域志愿服务体系，努力探索首都志愿服务工作新模式。

（此文件2014年7月17日由市委社会工委、市社会办印发）

2014年北京市社会建设上半年工作总结和下半年工作重点

一、上半年工作总结

2014年上半年，在市委、市政府领导下，全市社会建设工作者认真学习领会习近平总书记一系列重要讲话精神，深入贯彻落实党的十八届三中全会和市委十一届三、四、五次全会精神，按照全市社会建设工作会议安排，在新的起点上，全面深化社会体制改革，加快推进首都社会治理体系和治理能力现代化，社会建设各项工作扎实推进，取得明显成效，实现了时间过半、任务过半的目标。

（一）社会体制改革迈出新步伐

按照中央要求和市委统一部署，成立社会事业与社会治理体制改革专项小组，制定工作规则，印发专项小组年度主要计划及分工方案。深入开展专题调研，修改完善深化社会体制改革文件，确定街道社会服务管理体制改革试点，全市深化社会体制改革工作全面展开。与国家创新与发展战略研究会及部分外省市社会建设工作部门深入推进社会建设与社会治理系列调研，召开当前社会治理突出问题专题座谈会，完成调研报告，提出对策建议。与北师大社管院等合办“第四届中国社会治理论坛”，深入推动社会治理体制改革理论和现实问题研讨交流。

（二）社区服务治理取得新成效

新建成102个“一刻钟社区服务圈”示范点，总量达924个，覆盖60%的社区，提前完成“十二五”规划指标。加强社区规范化示范点建设，新建成65个示范点。推进社区服务用房建设，完成第三批80个项目立项申报、第二批400个建成项目网上公示。有序推进老旧小区自我服务管理试点建设，完成67个试点建设任务。推动社区服务管理向城乡结合部和农村延伸，完成51个村级社会服务试点建设任务，协助市农委推进48个新型农村社区试点。会同相关部门共同开展“2013年感动社区人物”评选活动，宣传报道231名社区先进典型人物，评选出10名“感动社区人物”。会同有关单位开展“周末社区大讲堂”、“魅力社区”评选以及全市第二届老年节、第二届节能低碳环保大赛等系列活动，产生良好社会效益。

（三）网格化体系建设取得新突破

全面推进网格化社会服务管理体系建设。目前，全市网格化社会服务管理体系建设覆盖80%以上的街道（乡镇）、社区（村），其中东城、西城、朝阳、海淀、门头沟、房山、顺义、大兴、怀柔、密云10个区（县）已基本实现全面覆盖。市委社会工委、市社会办与市市政市容委、首都综治办牵头，建立网格化体系建设联席会议机制，加快推进社会服务网、城市管理网、社会治安网“三网”融合，西城区走在全市前列。全面推进网格化体系标准化、规范化建设，研究制定《关于加快推动“三网”融合 促进网格化服务管理体系建设的指导意见》《北京市网格化服务管理体系建设指导标准》等文件。加快推进社会建设信息化，首批524个智慧社区升星工作和第二批501个智慧社区建设工作扎实推进，“社会建设手机报”“北京社会服务之窗”产生良好反响。

（四）社会组织服务治理取得新进展

进一步完善社会组织“枢纽型”工作体系，基本形成市、区（县）、街道（乡镇）三级工作网络框架。开展新一批市级“枢纽型”社会组织认定工作，新认定9家市级“枢纽型”社会组织。目前，全市共认定“枢纽型”社会组织市级36家、区（县）级208家、街道（乡镇）级269家。全面启动2014年社会组织公益行活动，目前市级“枢纽型”社会组织及16个区（县）累计开展公益活动729项1858场次。加强社会组织规范化建设，研究制定《北京市社会组织负责人服务联系卡使用与管理办法》，制发第一批“服务联系卡”。加大社会组织培育扶持力度，升级创新孵化培育体系，市社会组织孵化中心开展业务培训35期、培训人员1470余人次、提供咨询服务180场次。全市共建立区（县）级社会组织孵化（服务）中心7个、街道级24个，“一中心、多基地”的社会组织孵化培育格局初步形成。大力推进政府向社会组织购买服务，今年全市共申报2313个社会组织服务项目，立项710个，资金总额达9430万元。

（五）社会工作队伍建设取得新成果

加强社工队伍专业培训，继续实施“万名社区工作者培训计划”，编印《北京市社区工作者在职培训教材》，16个区（县）共举办培训106期、培训社工9000余名。完成2014年度社区工作者硕士研究生班招生。开展全市社区工作者队伍现状及发展对策研究和专业社工机构及岗位情况专项调研，推动社区工作者待遇规范调整，推进医务、司法、教育等重点领域社工队伍建设。联合举办第二届“北京市高级社会管理服务人才培训班”“社工服务机构专业运作能力建设实训班”，启动实施“社工督导人才培养计划”，取得了良好效果。开展2014年“国际社工日”活动，成立“首都最美社工宣讲团”，举办全市社会工作队伍建设成果展。新成立8家社会工作事务所，全市累计达69家。

（六）社会动员能力得到新提升

在全市27个街道开展第二批社会动员试点，推动社会力量共同参与社会治理。进一步完善应急管理社会动员机制，协助相关部门研究制定《关于进一步加强全市应急管理社会动员工作的意见》。开展“应急管理进社区”防灾减灾宣教活动，取得良好效果。加强社会领域维稳工作，全市累计动员社区工作者和志愿者30多万人，确保了社会领域安全稳定。扎实推进社会领域志愿服务工作，开展社会领域志愿服务调研，推动市级“枢纽型”社会组织、商务楼宇、规模以上非公经济组织、专业社工机构建立志愿服务组织工作。开展志愿服务项目供需对接，发布志愿服务项目1.3万个、岗位2.6万个。全市实名注册志愿者达到234万人，注册志愿团体超过1.5万个，志愿服务项目达2.4万个。举办2014年北京学雷锋志愿服务推动日活动，发布《北京志愿服务指南2014》，展示“邻里守望”志愿服务成果，命名首批“首都学雷锋志愿服务示范站（岗）”200个。

（七）社会领域党建工作取得新进展

着力推进街道“大工委”和社区“大党委”建设。目前，全市有51个街道实行“大工委”，1376个社区建立“大党委”。举办全市社区党组织书记示范培训班。召开全市社区联建门店党建工作交流会。加强非公有制经济组织党建指导员培训，举办非公有制经济组织党建指导员市级示范培训，启动各区（县）非公有制经济组织党建指导员培训；与市老干部局联合印发《北京市离退休党员干部担任非公有制经济组织党建工作指导员的管理办法（试行）》。截至6月底，全市新建非公有制经济组织党组织213个，覆盖率达75.9%。扎实推进商务楼宇“五站合一”规范化建设，开展全市第二批50个商务楼宇示范点创建活动。深入推进城乡基层党建“三级联创”。

联系指导全市社会领域深入开展第二批党的群众路线教育实践活动，建立调研联系点130个。在社区、非公有制经济组织和社会组织建立服务型党组织建设试点110余个。举办市级“枢纽型”社会组织所属基层党组织负责人培训班，加强对第二批教育实践活动的指导。

总的来看，上半年工作取得了明显成效，但也要清醒地看到，当前社会体制改革任务艰巨，社会治理工作复杂，社会建设基础性工作到了攻坚阶段，下半年各项工作任务更加繁重。一是社区建设进入啃“硬骨头”阶段；二是社会组织建设存在不少短板；三是社会工作队伍建设需要进一步加强；四是志愿者工作距离建立长效机制还有很长路要走、大量工作要做；五是社会服务工作，特别是购买社会服务体系建设非常迫切；六是党的建设，特别是服务型党组织建设还有不少空白点；七是网格化及信息化工作还要突出重点、有序推进；八是社会心理服务工作，特别是更好发挥北京市社会心理服务工作联合会作用还有很大空间；九是机关建设，特别是机关党的建设、作风建设等在巩固成果的同时，还要创新发展。

二、下半年工作重点任务

下半年，要进一步以党的十八届三中全会和习近平总书记一系列重要讲话精神为指导，按照市委市政府的部署和要求，坚持抓改革，进一步推进社会治理体系和治理能力现代化；坚持抓治理，进一步提高社会服务管理精细化水平；坚持抓发展，进一步加强社会治理基层基础建设，全面推进首都社会建设、改革与治理再上新台阶。

（一）进一步深化社会体制改革

协调推进全市社会事业与社会治理体制改革专项小组年度重点改革任务落实。筹备召开全市深化社会体制改革大会，印发并实施市委市政府深化社会体制改革文件，全面深化社会体制改革工作。

（二）进一步推进精细化服务管理

落实“三网”融合方案、《北京市网格化服务管理办法》等文件，推动重点任务取得突破，基本实现网格化社会服务管理体系三级网络全覆盖，进一步推动“三网”融合取得新进展。完成首批524个智慧社区升级建设、星级认定和第二批501个智慧社区建设任务，拓展“北京社会服务之窗”服务范围，进一步办好“社会建设手机报”。

（三）进一步健全社区服务治理体系

深化街道社区体制改革，启动街道社会服务管理体制改革试点、社区治理现代化试点工作。进一步完善社区服务体系，实施社区公共服务体系“十大覆盖工程”。新建98个“一刻钟社区服务圈”示范点，建成35个社区规范化示范点。加快推进第三批社区用房规范化建设项目，完成80个项目立项审批。新建33个老旧小区自我服务管理试点。新建49个村级社会服务试点，协助开展48个农村社区试点建设。开展周末社区大讲堂、“十大感动社区人物”评选、节能低碳环保大赛等系列品牌活动。

（四）进一步完善社会组织“枢纽型”工作体系

继续完善市、区（县）、街道（乡镇）三级“枢纽型”社会组织工作体系，完成新一批市级“枢纽型”社会组织认定工作。加强社会组织规范化建设，进一步完善购买社会组织管理岗位和购买市级“枢纽型”社会组织管理服务机制。研究编制本年度政府向社会组织转移职能目录，制定《关于政府制定重大行业政策和公共管理政策听取社会组织意见的办法》，推进行业协会商会等社会组织与行政机关脱钩。进一步开展“2014年社会组织公益行”系列活动，研究制订《北京市社会组织公益服务品牌创建工作方案》，培育打造一批优秀特色服务品牌。加快社会组织孵化体系建设，研究制定区县及街道社会组织服务机构建设规范，进一步完善“一中心、多基地”的社会组织服务网络。

（五）进一步加强社工队伍专业化职业化建设

加强对社会工作机构的培育扶持，新培育社会工作事务所7家，筹备成立“北京专业社工机构联盟”。进一步推动社区工作者待遇规范调整，加大社工人才培养力度，完成全市社区工作者万人培训任务，筹备举办社区工作者实务培训班，继续实施“社区工作者硕士研究生培养计划”。推进全市社区工作者队伍现状调研以及专业社工机构及岗位情况调研。组织“最美社工宣讲团”巡回宣讲。

（六）进一步提升社会领域动员能力

继续开展第二批社会动员试点工作。加强社会动员工作队伍建设，举办社会动员骨干人员培训班。研究制定《关于进一步加强本市应急管理社会动员能力建设的指导意见》，完善应急管理社会动员机制。进一步加强协管员规范管理和市民劝导队工作。扎实做好社会领域维稳工作，进一步健全社会领域维稳工作机制。加快推进志愿服务制度化建设，年底前完成1000个以上社区志愿服务站规范提升工作。扎实开展市级“枢纽型”社会组织建立行业性志愿服务协会、规模以上非公有制经济组织建立志愿者组织、商务楼宇和专业社工事务所建立志愿服务机构工作。

（七）进一步推进社会领域党建工作

继续联系指导社会领域扎实开展第二批党的群众路线教育实践活动。着力加强社会领域基层服务型党组织建设，研究制定社会领域服务型党组织建设意见。全面加强社会领域党建工作创新，着力推进街道“大工委”、社区“大党委”全覆盖，完善区域化党建工作格局。开展“枢纽型”社会组织党委建设试点，加快推进社会组织党的组织和工作全覆盖。继续推进规模以下非公有制经济组织建立党组织，进一步完善商务楼宇“五站合一”规范化建设。继续举办社会领域基层党组织负责人等系列培训班。继续开展社会领域党建工作数据采集，完善社会领域党建数据库。健全北京市社会领域党建研究会工作机制，推动党建理论和实践创新。

（此文件2014年7月22日由市委社会工委、市社会办印发）

关于在市级“枢纽型”社会组织建立专业性志愿服务协会组织的工作方案

为贯彻落实中央和市委市政府关于志愿服务工作的有关部署和要求，根据《关于进一步健全志愿服务体系加强社会领域志愿服务工作的通知》（京社委发〔2014〕8 号），制订本方案。

一、目的意义

当前，我市市级“枢纽型”社会组织工作体系基本建立，凝聚了一大批专业性强、特色突出的志愿者队伍和志愿者组织，成为我市志愿服务体系的重要组成部分。在市级“枢纽型”社会组织中建立专业性志愿服务协会组织，可以更好地整合相关资源，发挥专业服务优势，探索首都志愿服务的新模式，既是践行社会主义核心价值观的具体举措，也是“枢纽型”社会组织完善自身体系建设、丰富工作抓手、有效参与社会治理，进一步发挥引领、聚合、带动作用的重要途径。

二、原则与目标

在市级“枢纽型”社会组织中建立专业性志愿服务协会组织，要坚持分类推进、分步实施、逐步推广的原则，到 2014 年底，争取在 10 个左右市级“枢纽型”社会组织中建立专业性志愿服务协会组织；力争到 2015 年底，具备条件的市级“枢纽型”社会组织全部建立专业性志愿服务协会组织。

三、志愿服务协会组织标准

志愿服务协会组织的名称可以是志愿服务协会、志愿服务总队、志愿服务联盟，一般应冠以该市级“枢纽型”组织的全称或简称。

志愿服务协会组织一般应设立专门的秘书处，也可以依托市级“枢纽型”社会组织的相关工作部门（如社会工作部）开展日常工作，但一般应明确具体工作人员。

鼓励志愿服务组织依法登记。暂不具备登记条件的，可以作为市级“枢纽型”社会组织的分会或相应组织形式。

四、工作职能

（一）聚合志愿服务资源

将本领域的志愿者、志愿者组织及相关社会资源有效团结、带动、整合起来，统筹协调本领域和会员单位志愿服务工作，形成志愿服务的整体合力。

（二）突出专业服务特色

在一般性志愿服务基础上，着力挖掘本领域的专业潜力，建立以专业性、技术性为主要特征的志愿者队伍，着力在“群众急需”和“组织能为”的结合点上推出具有本领域特点的特色志愿服务项目。

（三）制定志愿服务制度

依据全市统一规定和本领域实际，研究制定志愿者招募、注册、服务计时、日常培训、表彰激励等制度办法，建立健全志愿服务工作运行机制。

（四）打造志愿服务品牌

通过创新服务项目、丰富服务内容、规范服务行为、提高服务效果，努力打造特色鲜明、群众欢迎、可持续的志愿服务优秀品牌。

五、具体安排

（一）摸底调研（2014 年 8 月—9 月）

通过问卷调查、实地走访、会议研讨等

形式，进一步摸清市级“枢纽型”社会组织志愿服务工作开展情况。各市级“枢纽型”社会组织结合实际，研究提出建立志愿服务组织的具体方案或意向。

（二）组织实施（2014 年 9 月—12 月）

分批次有序推进工作进展。争取年底前，10 个左右市级“枢纽型”社会组织落实此项工作；其他具备条件的市级“枢纽型”社会组织明确时间安排。

（三）全面落实（2015 年）

先行先试的市级“枢纽型”社会组织及时总结经验，市社会建设工作领导小组办公室适时召开工作会议予以推广。2015 年底前，具备条件的所有市级“枢纽型”社会组织全面落实该项工作。

六、工作要求

（一）提高认识

各市级“枢纽型”社会组织要深刻领会党的十八届三中全会提出“支持和发展志愿服务组织”的重大意义，把建立志愿服务组织作为加强自身建设、参与社会治理、促进社会和谐、激发社会活力的重要工作来抓，加强组织领导，积极开展工作。

（二）注重实效

各市级“枢纽型”社会组织要通过建立志愿服务组织，切实把本领域的志愿服务资源有效整合起来、凝聚起来；具体工作中要注重摸清底数、突出专业、打造品牌、形成特色，使该组织真正成为团结、服务本领域志愿者和志愿者组织的有效平台。

（三）提供支持

市社会建设工作领导小组办公室通过购买管理岗位、购买服务项目等方式，为志愿服务组织开展工作提供支持；各市级“枢纽型”社会组织也应积极采取措施，通过“购买管理服务”经费及其他渠道对志愿服务组织给予支持。

（此文件 2014 年 8 月 8 日由市委社会工委、市社会办印发）

·专　　文·

中国社会建设的回顾与展望

宋贵伦

从2004年党中央明确提出加强社会建设至今，已经10年。10年来，我国社会建设理论和实践取得了新的大发展，站在了新的历史起点上。

一、10年来，我们党关于社会建设的理论取得了新发展

以党的十六大特别是十六届四中全会为标志，开辟了中国社会建设新阶段。应当说，我们党是一贯重视社会建设的。关心群众生活、倾听社会呼声是党的优良作风。但真正向全党、全国人民明确提出加强社会建设的任务，是党的十六届四中全会。

党的十六大以后，党中央提出了科学发展观和构建社会主义和谐社会的重大战略思想，强调坚持以人为本，推动经济社会全面、协调、可持续发展。2004年，党的十六届四中全会，从提高党构建社会主义和谐社会能力的高度，首次明确提出要“加强社会建设和管理，推进社会管理体制创新”“建立健全党委领导、政府负责、社会协同、公众参与的社会管理格局”。2006年，党的十六届六中全会做出了《关于构建社会主义和谐社会若干重大问题的决定》，重申和展开了相关论述，使有关理论进一步系统化。

党的十七大进一步开创了我国社会建设的新局面。2007年，党的十七大首次把社会建设纳入中国特色社会主义“四位一体”建设格局中，明确指出：“社会建设与人民幸福安康息息相关。必须在经济发展的基础上，更加重视社会建设，着力保障和改善民生，推进社会体制改革，扩大公共服务，完善社会管理，促进社会公平正义，努力使全体人民学有所教、劳有所得、病有所医、老有所养、住有所居，推动建设和谐社会。”初步明确了社会建设的主要任务。北京市和许多省市社会建设机构也是在十七大之后的两三年间成立的。以党的十七大为标志，开创了中国社会建设的新局面，以保障和改善民生为重点的社会建设进入快车道。

以党的十八届三中、四中全会和习近平总书记系列重要讲话为标志，进一步开辟了我国社会建设的新境界。党的十八大将社会建设纳入全面建成小康社会的目标，强调指出，加强社会建设，必须以保障和改善民生为重点，必须加快推进社会体制改革。尤其是党的十八届三中全会，用“社会治理”代替“社会管理”，把社会治理纳入了国家治理体系和治理能力现代化的总目标，将社会体制改革纳入了全面深化改革的主要任务；党的十八届四中全会，又从全面推进依法治国的高度，提出了法治国家、法治政府、法治社会一体建设的思想。近一年来，习近平总书记围绕国家治理体系和治理能力现代化以及社会治理创新发表了一系列重要讲话。2014年3月5日，在参加全国人大上海代表团审议《政府工作报告》时明确指出，加强和创新社会治理，关键在于体制创新，核心是人。要求把工作重心落到城乡社区。强调指出，治理和管理一字之差，体现的是系统治理、依法治理、源头治理、综合施策。社会治理是一门科学，要着力提高干部素质，把培养一批专家型的城市管理干部作为重要任务，用科学态度、先进理念、专业知识去建设和管理城市。号召努力走出一条符合特大城市特点和规律的社会治理新路子。

10年来，中国特色社会建设理论取得了新发展、站在了新高度。这个新发展，就是从

社会管理到社会治理的新发展。这个新高度，就是“五位一体”总布局的新高度，就是国家治理体系和治理能力现代化总目标的新高度，就是法治国家、法治政府、法治社会一体建设和全面建成小康社会、全面深化改革、全面推进依法治国、全面从严治党总要求的新高度。我们应当站在这样的新高度，加快推进社会建设、社会体制改革和社会治理创新。

二、10 年来，我国社会建设实践取得了新成效

经过 30 多年改革开放和市场经济建设，我国社会发展呈现出四个显著特征：一是城市化，到 2013 年底我国城镇化率已达到 53.73%，并形成了京津冀、长三角、珠三角等区域性城市群。我国已有 15 个上千万人口的超大型城市，分别是：北京、上海、天津、重庆、成都、广州、深圳、苏州、哈尔滨、石家庄、保定、临沂、南阳、郑州、武汉。二是流动性，大量户籍人变成流动人。如，北京市，到 2013 年底，实有人口为 2114.8 万人，流动人口 802.7 万人，占 40%。在流动人口中，70% 为农民工，50% 为青年、10% 为大专学历以上青年，80% 来自河北、河南、山东、黑龙江、山西、安徽六省。三是社会性，大量单位人变成了社会人。四是信息化，大量自然人变成了信息人。城市化、流动性、社会性、信息化一方面给我国经济社会发展带来强大的动力和活力，另一方面也带来了大城市病治理、流动人口管理、社会组织再造、虚拟社会管理等新问题。

非常可喜的是，10 年来，我国社会建设在实践中探索发展，取得了长足进步。2013 年，北京市委社会工委与上海华厦社会发展研究院共同研究制定了“中国社会建设综合评价指标体系”。这个指标体系包括社会保障、社会服务、社会治理、社会环境四个方面，37 项指标。指标数据均来自政府权威统计部门。日前，据此形成的《2014 中国社会建设研究报告》发布。“报告”显示，近五年来，全国和各省市自治区社会建设取得了明显成效。从时间上说，2011 年后呈现快速增长态势，说明在党的十七大指引下和全社会的共同努力下，仅仅三四年的时间，中国社会建设就进入了快车道。从空间上说，全国各地社会建设发展是快速的。在 31 个省市自治区，排在前五位的分别是：北京、上海、浙江、江苏、广东。而与上一年度比较，全国各地社会建设发展总指数都有不同程度的增长，大部分省市有大幅度增长。在社会保障、社会服务、社会治理、社会环境四方面专项指数中，全国各地社会治理、社会环境指数增幅尤其大，分别平均增长 4.85% 和 9.06%。说明在十八大精神鼓舞下，全国各地加强和创新社会治理已初见成效。

全国各地进行了积极探索，积累了许多成功经验。从《2014 中国社会建设发展报告》统计数据看，全国各地无论经济发展状况如何，党委政府重视不重视社会建设、有没有专门机构持续不断地抓社会建设，结果是明显不同的。上海市 2003 年在全国率先建立社会建设机构。北京市 2007 年底成立市委社会工委、市社会办。随后，江苏省南京，浙江省嘉兴、温州，广东省广州、深圳、珠海，以及四川成都市、黑龙江大庆市、贵州省贵阳市等，也相继成立了社会建设工作机构。这些地方社会建设指数增长都是较快的。

全国各地积极探索、创新实践，创造了许多经验。比如：上海市在“两新”组织党建工作方面起步早，在城市精细化管理方面做得好。广东省在大胆实践、激发社会活力方面走在了全国前列。北京市坚持一手抓顶层设计、一手抓夯实基础，在全面推进社会治理体系和治理能力建设方面，取得了明显成效。我们应当站在已有实践成果的新高度，加快推进社会建设、社会体制改革和社会治理创新。

三、未来 10 年，是我国深化社会治理改革战略机遇期

当前，我国发展进入新阶段，改革进入

攻坚期和深水区。今后五到十年，我国社会建设、改革、治理的成效，事关全面建成小康社会大局，事关党执政兴国基础的巩固和发展，必须抓住机遇、迎接挑战。

创新社会治理，要坚持以问题为导向。经过十几个省市近一年的联合调研，可看出当前我国社会治理至少面临10个方面的突出问题。这既有“人”“地”“事”“物”“组织”等日常服务管理方面的问题，也有“急”“难”“特”“新”“重”方面的突出问题。比如：

在“人”的服务管理方面，最突出问题是流动人口服务管理一直未能破题，许多地方甚至连流动人口的准确数据都不掌握。

在“地”的服务管理方面，最突出问题是“大城市病”治理，尤其是城市规模无限制扩大、城市无序发展带来的环境污染、交通拥堵、公共服务资源紧缺、城乡接合部管理难度加大等一系列问题。

在“事”的服务管理方面，最突出问题是基本公共服务体系不健全，特别是就业难、就医难、就学难、养老难、买房贵，城乡服务差距大。

在“物”的服务管理方面，最突出问题是城乡基本服务设施不健全，尤其是市政管理的地上设施不完备、地下管网混乱，安全隐患很多，安全生产事故不断，食品药品安全方面问题也很多。

在“组织”的服务管理方面，最突出问题是一些基层组织软弱涣散，尤其是社会领域党组织和党的工作覆盖面不广泛、政府的社会公信力不高、社区组织自治能力弱、社会组织自主发展空间小、经济组织社会责任感不强。

作为“应急性”社会服务管理的突发事件处置，最突出问题是重事后处置、轻事前预防，尤其是重大事项风险评估机制不健全、情报信息不灵、现代化信息手段利用不充分、动员社会参与不够。

作为“难点问题”的社会矛盾化解，最突出问题是重堵不重疏、方式方法简单，尤其是在信访和城管等执法工作方面亟须加大改革力度。还有，一些地方黄、赌、毒的问题也没能有效遏制，综合治理的力度也要进一步加大。

作为“特殊社会问题”的民族宗教问题，关键是处理好宗教问题。而民族冲突的负能量往往根源于宗教的分歧和异见，并往往被敌对势力所利用。

作为“新问题”的虚拟社会服务管理，当务之急是建立中国特色社会主义的信息网络新秩序，加快立法并加强依法管理。与此同时，需要有效推进网络文明建设，切实凝聚虚拟社会正能量。

作为“重大任务”，在社会治理体系现代化方面，最突出问题是缺乏统筹规划、综合协调。尤其亟须从根本上改变部门利益、条块分割、政策碎片化和各自为政的状况，形成合力、整体推进。

为此，全社会应当进一步提高认识、高度重视，应当建立健全统筹协调机制，更应当深入开展调查研究、切实解决实际问题。

创新社会治理，要坚持以需求为导向。这个需求，不仅是立足当前的社会新需求，而且是面向长远的社会新需求；深化社会治理体制改革，说到底，就是把坚持党的领导、人民当家做主与依法治国相统一的治国理政的理念，落实到社会治理的实践中；创新社会治理，要不断提高社会治理能力，主要提高系统治理的能力、提高依法治理的能力、提高综合治理的能力、提高源头治理的能力。

加强社会建设、深化社会体制改革、创新社会治理，是紧迫而长期的任务。党的社会建设理论已经提出10年，我国社会建设事业已经有了新的大发展，再过10年，一定会有更新、更大的发展。

（此文为市委社会工委书记、市社会办主任宋贵伦2015年1月28日在《光明日报》发表的理论文章）

北京城市社区居民自治问题调研报告

张　坚

社区是城乡开展服务管理活动的最基本单元，是落实基层群众自治——这一国家基本政治制度的主要方面。社区居委会作为社区居民自治的基本组织形式，在听取群众呼声、了解群众诉求、开展服务管理、化解社会矛盾等方面担负着重要的法定责任。党的十八届三中全会提出了社会治理的理念和创新社会治理方式的任务。发展基层自治，培育和增强居委会的自治功能，既是贯彻十八届三中全会精神的具体行动，也是深化首都社会体制改革的一项紧迫任务。在首都城市规模过大，人口资源环境矛盾尖锐，政府服务管理负担过重的情况下，完善发展城市社区居民自治更具现实意义。

一、北京市社区自治概况

（一）社区自治的主要做法

一是网格化。依托区县、街道（乡镇）、社区三级信息化管理平台，建立掌握情况、收集民意、反映诉求、发现问题隐患、排查化解矛盾，并动员居民参与社区事务的居民自治网络。

二是社区居民常务会议。探索在社区建立社区居民会议常务会工作机制，作为在社区居民会议闭会期间，对社区建设中的重要事项进行民主议事、民主协商和民主监督的常设机构，搭建反映社情民意、议事协商、评议监督的平台。

三是四方共议机制。建立由社区党委、居委会、业主委员会和物业公司共同组成的四方联席会议制度，建立共同协调处理重大事项、共同化解矛盾纠纷、共同部署落实任务、共同评议监督效果的四方协调议事工作机制。

四是组建“自组织”。通过组建社区“自组织”，如小区管委会、阳光工作室、社会评议团、市民劝导队等，动员居民开展互助、调解矛盾、化解纠纷。

五是改进居委会工作方式。通过推行分片包户、上门走访、服务承诺、结对帮扶等做法，利用信息化网络技术，创建社区论坛、社区聊天室等新载体，加强居委会与居民之间的沟通，增强居委会的民主自治功能。

六是实施“为民解忧”工程。探索在街道工委领导下实施“为民解忧”工程，建立“问政、问需、问计于民”常态化议事平台，建立“知忧、议忧、解忧”工作流程，推动社区的公共治理。

（二）居委会在社区居民自治中存在的问题

一是服务管理事务繁重，做了许多不该做也做不好的事。据2007年统计，全市各类社区承担的年度工作任务平均多达253项，涉及社会保障、劳动就业等10多个领域。根据现行文件要求，居委会在社区自治方面要负责办理的事务有7大方面，近20种事项；要求居委会协助基层政府及其派出机构开展的工作20大项以上，具体事项数不胜数，涉及的政府部门和人民团体10家以上。台账报表多、调查材料多、证明盖章多、会议活动多、检查考核多、机构牌子多、硬性指派任务多是社区普遍存在的情况。而根据现行规定，居委会工作人员平均配备7人左右，人手不足、负担过重。虽然市委社会工委在全市推行了“居站分设”，由服务站来承接政府部门下派的任务，但由于居委会和服务站的负责人大多相互兼任，场所、经费、人员使用也大多混在一起，居委会依然任务繁重。

二是“身份”不清，名义上是自治组

织，实际上是政府部门的“腿”。其一，政府发派任务成了社区工作的主体，自治事务被置于从属地位，据调查，在居委会承担的各项事务中，属于政府部门发派的占 2/3。其二，社区工作者身份不清，职业序列中没有相应种类，不是公务员，不是事业单位人员，更不是企业职工。其三，不在体制内却拿财政的钱。居委会不是行政部门也不是事业单位，但其办公和活动经费大部分靠市、区两级财政拨付，由街道统一管理。而且居委会不是独立法人，无法设立账号，经费使用都需经街道批准后才能支取，基本没有自主权。

三是自身建设薄弱。其一，社区工作队伍专业化程度较低。社区工作者尚未列为职业门类，没有建立职业资格准入制度与专业技术职级体系。大部分社区工作者没有接受过社会工作相关专业系统教育，基本不掌握专业社会工作技术和方法，有效应对各种社会问题，提供个性化、多样化、系统化专业服务的能力不足。其二，工作水平有待提高。很多居委会习惯于行政性工作思维，不善于挖掘自身自治功能，也不擅长开展自治服务项目，社区居民的需求与政府部门及社区组织的供给之间存在较大差距。其三，居委会在处理与物业公司、业委会、驻区单位以及社会组织等的关系上，在协调调动各种社会资源上远不能满足居民自治的实际要求。

四是居民的认同感、归属感和参与度普遍不高。日常参与社区活动的主要是“老少贫”三类人，处于主体地位的中青年参与社区活动的普遍不多。参与形式主要是动员式、执行性参与，即社区居民在社区工作人员的动员、说服下被动地参与社区管理机构业已形成决定的事项。参与内容主要是街道、居委会举办的各种文体活动、公益活动等社区具体事务的实施，以及与社区居民日常生活相关的参与，而很少参与社区规划、社区事务决策与社区公共权力运作监督。居民参与水平低，居民很少把居委会认同为“自己的组织”。

（三）社区居民自治存在问题成因分析

一是认识不统一，居委会自治组织地位未能得到尊重和保障。社区工作中政府事务与居民事务如何摆放、居委会是社区工作的“主角”还是“配角”、如何理解居民自治并在社区工作中充分体现、基层政府与自治组织的关系怎样才是合理的，对于这些问题思想认识不一致，导致行动上“因循守旧”，造成社区自治能力不足，发育迟缓。

二是法规不健全，对社区自治如何运作的指导性、规范性不够。第一，法规内容滞后，不能适应现实需要。如《城市街道办事处组织条例》《城市居民委员会组织法》形成较早，已不能完全适应社会发展的需要，《居民委员会组织法》对居委会结构、功能、范围、组织、产生等方面的规定与当前社区治理的要求有很大差距。第二，现行法规涉及社区民主自治的规定都比较笼统、原则，社区居民自治的概念和边界比较模糊、责权不明，对实际操作的指导和规范不够。第三，社区内部自治规章制度不完善。社区自治章程、居民公约以及单项性规章等，多是由基层政府（区县或街道）代为订立，而不是由居民根据生活的实际需要共同约定，居民自觉遵守的意愿不强；缺乏对居民会议和其他自治组织活动的制度规定，居委会工作制度缺乏操作性、程序性；权威性差，不具有强制力，对违反规定的现象大多听而不闻、视而不见。

三是社会组织对社区事务的参与和支持非常有限。目前社会组织发育还比较薄弱，仍处于发展初级阶段，面临着发展速度缓慢、发展不平衡、缺乏财力支撑、缺乏法律支持、社会资源保障不足、服务能力弱、社会信用度低等问题，分流社会职能的能力还较低下。同时，社会管理体制改革相对滞后，社会职能分工不清，很多本应由社会承担的职能未能有效转移，仍掌握在政府手中，发育“社会”的观念和氛围还未形成，在依托社会组织开展服务管理工作上还未放开手脚。需要进一步加大对社会组织的培育发展力度，研究解决社会组织在发展中遇到的资金、法律、管理等实际问题，创造有利条件，提供广阔空间。

四是社区工作与居民利益衔接不紧。社区居民参与社区自治的积极性不高，主要是因为没有抓住社区居民共同的利益关切点，社区居民未能形成利益共同体。虽然居民越来越多地由“单位人”转为“社会人”，但相当一部分社区，特别是新建社区，居民构成多元，社会背景、经济条件、文化程度、生活习惯都存在很大差异，人际关系尚未整合成一个成熟社区，需要“磨合”。而大部分社区所掌握的“资源”微乎其微，居民能够从社区获得的社会支持少之又少，对通过社区解决生活中的问题几乎不抱希望。社区组织的活动和居民的实际需求脱节，参与价值不高，所获实惠不大。这些都使居民将社区居委会视为替街道办事处分担具体事务的下属机构，而非代表和维护居民利益的自治组织，很难对社区产生认同感和归属感。

二、改进社区自治的建议

（一）转变观念，扩大共识

一是政府从包揽过多往逐步向社会让渡转变。政府部门应根据社会生活的新变化、新问题、新需求，着力改革完善行政体系，建设法治政府、法治社会，培养发展社会力量，教育引导全体居民的思想、文化、行为。

二是从依赖行政手段向注重平等协商转变。在处理社会事务中，政府部门必须适应与其他各类主体在地位平等的前提下协商议事。由过去的居高临下、简单命令，转变为就工作目标、标准、条件、责任等协商一致后的合作。

三是从忙于临时突击向强化基础建设转变。政府部门应转变作风，把精力更多地投向扶持基层自治组织、增强基层自治能力，宣传、动员基层群众积极参与社区建设，完善基层开展自治活动必需的设施条件。

（二）理顺政府部门与自治组织的关系

一是明确政府部门在基层社会服务管理中的角色、职能和作用。政府的角色应由指挥者转变为指导者、支持者、合作者。政府的职能应由微观转向宏观、由直接转向间接、由“派活”转向扶持。政府在基层社会服务管理中应发挥好法律保障和政策导向作用，为发展自治创造基本条件和经费保障，并负责提供基础性、专业性、关键性的社区公共服务。

二是规范市、区政府部门需要居委会协助的工作，并采取购买服务的方式进行。对需要社区协助的事项，要有法规和政策依据，凡属街道办事处及政府部门职责范围的工作，不应交给社区承担。梳理现行法规规定的“协助内容”，明确规定具体协助事项、协助方式、协助条件和工作责任。各级政府部门不得直接向社区派任务，如有非常规性、临时性工作需交由社区承担的，都要由街道办事处统筹，实行“准入制度”，并逐步采取购买服务方式，为社区提供完成工作的条件和支持。清理整合政府部门在社区设立的工作机构。规范政府部门对社区居委会的检查评比和绩效考核。

三是尊重社区自治组织的主体地位并满足社区需求。在市、区两级，涉及社区居民切身利益的重大事项的决策必须有社区代表的参与，如果政府部门与居委会意见不一致时，应当协商解决。在街道层面应建立街道和社区自治组织代表的月度联席会议制度，建立“问政、问需、问计”常态化议事平台，定期指导、帮助社区自治组织解决社区治理过程中面临的困难和问题，社区居委会有权对政府职能部门、街道办事处在具体期限内没有做出答复的问题向其上级主管部门反映。健全社区居委会对政府职能部门、街道办事处及工作人员的评议机制，考评结果作为考核基层职能部门、街道办事处及其工作人员的重要依据。

（三）扩大社区民主参与，培育社区共同利益

一是提高社区居民参与意识，培育社区居民公共精神。强化宣传教育，确立现代公

民观，培养社区居民的权利意识、社会意识、参与意识、责任意识，形成公共精神，成为对自己对社会负责、积极参与社区公共事务的现代公民。培养社区居民接受自治理念，形成自治和自律价值观，信奉公共福利和公共目标，自觉维护社区公共规范，熟悉和掌握自治规则，并具备相应的行为能力和习惯。

二是让社区居民真正参与社区决策。落实公民基本政治权利，逐步扩大居委会直接选举的比例和覆盖面。基层政府要转变职能，涉及居民群众利益的社区事务，要让居民群众直接参与讨论和决策。加强居民群众对公共政策的听证评议，动员组织居民参加各级政府部门组织的价格、规划、预算、建设项目等与居民群众的切身利益相关的听证恳谈活动，引导居民有序地表达自己的诉求，保障居民的知情权、参与权、表达权。

三是坚持居民需求本位原则，培育社区共同利益。居委会要善于发现并与社区意见领袖协作，充分了解、收集居民需求，并对需求信息进行整理、分析，从本社区的客观实际出发，把解决各类社区成员尤其是大多数居民群众的实际需求放在首位，把解决群众普遍关心的热点难点问题作为社区民主自治的重点。以居家养老等与群众利益密切相关的事务为突破口，培育社区公共利益，把居民的自身利益与社区的公共利益结合起来，使社区公共事务与居民切身利益紧密相关，构筑居民社区参与的动力机制。

四是完善参与机制。针对社区的具体特点，在社区自治管理条例中明确各参与主体的具体责、权、利，参与内容、途径、程序、方式等细节要求。并开拓居民大会、主任接待日、网上论坛、民情恳谈、社区对话等多种民主渠道，敞开居民广泛参与的大门，提高居民参与积极性。全面打造居民社区参与的公开、实时、有效的监督机制，建立经常性和规范化的政务、财务、信息公开制度，扩大居民的知情范围和知情度，为居民有效参与社区事务创造基本条件和前提。

（四）加强基层自治组织与社会组织的合作

一是理顺与业委会、物业管理企业的关系。居委会要做好对业主大会、业委会和物业管理企业的指导、支持、监督工作。建立居委会、业委会、物业公司三方协商对话制度，通过交叉任职、建立联席会议、定期协商等方式加强沟通和协作，共同讨论处理社区事务。探索将业委会纳入社区自治组织体系中，确立居委会在自治组织体系中的主导和综合性地位。

二是充分调动驻区单位参与热情。坚持互利互惠，共建共享原则，积极推动驻区单位参与社区建设，将文化、教育、体育等活动设施向社区居民开放，将服务性、公益性、社会性事业逐步向社区开放，帮助解决社区建设的人力、智力、财力、物力和场地困难。完善共驻共建机制，建立社区党组织、社区居民委员会、驻区单位联席会议制度，定期研究资源共享、社区共建事项，让驻区单位通过参与社区建设分享建设成果，促进自身发展，从而保障社区共建可持续发展。

三是积极培育社区社会组织并充分发挥作用。加快政府职能转变，在制度、政策和资金上支持社区社会组织，为社会组织的发展让渡必要的社会空间。放宽成立社区社会组织条件，普遍实行登记备案制度，经居委会初审，街道办事处审批，社会组织管理机构备案，即可开展社区服务和社区建设活动。建立政府购买服务等多渠道资金投入机制，为社区社会组织提供必要的经济支持和政策保障，积极搭建社区社会组织融入社区的工作载体和活动场所。加强居委会与社区社会组织之间的协作，将一部分社区服务管理工作尤其是食品安全检查、传染病预防、燃气安全检查、普查工作等专业性要求高、居委会无法胜任的社会服务管理工作交给社区社会组织完成，社区居委会做配合。在讨论重要决策、审议决定涉及群众切身利益的重要问题时，鼓励社区社会组织参与听证。

（五）完善法律法规

一是明确社区居民自治的范围。国家职能和私人领域之外的社区公共事务领域都应当是社区自治的职能范围，相应也是社区居民自治权利的作用空间。社区民主自治内容主要包括民主选举、民主决策、民主管理和民主监督。法律法规应进一步明确这四个民主的具体内容，增强可操作性。民主选举主要是依法选举、罢免和撤换居委会工作人员。民主决策包括社区重大事项的决定权和社区建章立制权，主要由社区居民大会和社区居民代表大会行使。民主管理是指管理社区公共事务、公益事业的权利，主要由居委会掌握。民主监督主要是指监督社区居民会议、社区居委会以及社区其他自治组织的行为是否符合法律法规、自治章程、自治制度的权利。

二是明确居民行使自治权的范围和层次。对居民大会、居民代表大会及居委会的权责范围做出明确规定。凡涉及社区公共利益的重大事项必须由居民大会或居民代表大会民主决定，如：居委会成员的选举、罢免和补选，社区发展规划、居委会工作计划、工作报告和财务收支报告等。居委会组织居民行使自治权包括：执行居民会议的决议，制订社区建设规划年度工作计划和各项管理制度，向政府部门或街道办事处反映社区单位、社区居民的意见、建议和要求，监督社区单位、社区居民、监督委员会执行社区自治章程、社区公约和社区管理制度，召集社区居民会议，办理本社区居民的公共事务和公益事业等。

三是合理划定社区规模和居委会构成。根据社区履行自治权的需要，重新确定居委会的管辖范围，避免社区过大或过小，在居委会内部组成人数、工作经费划拨等方面也要把社区规模作为基本因素加以考虑。完善社区民主管理组织体系，健全充实居委会下属的委员会设置，选齐配强居民小组长、楼院门栋长，形成社区居民委员会及其下属的委员会、居民小组、楼院门栋上下贯通、左右联动的社区居民委员会组织体系新格局。

四是完善社区自治组织的工作机制。对居委会行使自治权利的形式和程序做出较为具体的规定。如规范社区居民参与社区事务决策程序，设置听证—磋商—决策程序，通过磋商达成共识；健全社区监督评议机制，通过社区听证会、评议会、咨询会等多种形式加强对居委会开展社区民主自治工作的评议；对居委会工作方法进行规范，推行分片包户、上门走访、服务承诺、结对帮扶、走动式工作等做法掌握社区居民的需求情况等。

五是健全社区自治规章制度。健全《社区自治章程》《社区组织机构章程》《社区居民公约》等综合性规章，对社区自治的目的、性质、组织机构的设置和产生形式，活动内容和程序以及居民行为做出全面规定。围绕社区管理制度、社区财务制度、社务公开制度、选举制度等方面健全完善单项性规章制度。并保证这些规章制度对于居民的公共生活方便有用，反映社区社会结构和生活方式特点，满足社区调整社会关系、维护社会秩序、解决社会问题的现实需要。

六是加快推进社区工作者专业化、职业化建设。加快推进包括社区工作者在内的社会工作者职业体系建设，建立职业资格准入制度和专业技术职级体系。完善与首都社区建设相适应的社区工作者职业规范、评价指标等方面的政策，建立易于操作的社区工作者晋升制度，提高其社会认可度。借助社工事务所，加快社区专业社工岗位设置，为居委会开展社区服务引入职业社工力量。完善社区工作者薪酬待遇和福利保障，建立社区工作者待遇合理增长机制，落实各项社会保障措施，在体检、年假、加值班、倒休等方面做好保障。

（此文为市委社会工委副书记、市社会办副主任张坚2014年12月撰写的调研报告）

对加强社区基层党组织建设的研究与思考

陈建领

市委、市政府高度重视社区建设、社区党建工作，始终把社区建设作为首都社会治理的基础性工程，把社区党建作为基层党组织建设的重要领域，通过加强社区基层党组织建设，引领推动文明和谐社区建设，夯实党在城市的执政基础，为促进首都和谐稳定提供组织保证。

一、目前社区基层党组织基础保障的基本情况

近年来，在社区治理结构上探索社区党组织、社区居委会、社区服务站“三驾马车”“三位一体”的工作格局，推动社区党建、社区自治、社区服务共同发展；在社区党建上重点围绕“三有一化”建设，努力做到有人管事、有钱办事、有场所议事，取得了明显成效。

（一）着力推动社区党建工作队伍专业化、职业化，做到有人管事

一是大批量聘任，充实党建工作队伍力量。从2009年开始，实施“大学生社工计划”，共选聘5434名首都高校应届毕业生、各区县和有关部门招聘了近万名具有大专以上学历的人员到社区工作。目前，全市共有社区工作者3.4万名，社区工作者平均年龄由2007年的45岁下降到41岁，大专及以上学历者由26%提高到近80%。二是大力度“公推直选”，优化社区党组织班子结构。在2012年社区党组织换届选举中，85.7%的社区党组织书记、70.1%社区党组织委员达到大专以上文化程度，平均年龄47岁，有1047名大学生社工进入班子成员。三是大规模培训，提升党建工作队伍素质。市委组织部、市委社会工委从2009年开始，每年举办市级基层党组织负责人示范培训班，累计培训近千名社区党组织书记。各区县、各街道举办系列培训班，每年对社区党组织负责人普遍轮训一次；从2013年开始实施“万名社区工作者培训计划”，依托北京青年政治学院建立社工培训师资队伍，编印《北京市社区工作者在职培训教材》，截至目前，共培训社区工作者2.84万；会同北京城市学院开展社区工作者硕士研究生培训计划，两批共录取55人；有7617名社区工作者取得社会工作者职业水平证书（其中社会工作师1768人，助理社会工作师5849人），占全国获证人数的八分之一。四是大幅度提高工资，改善党建工作队伍待遇。近年来，针对社区工作者整体待遇水平偏低的问题，五年内三次大幅提高工资待遇，目前社区工作者工作待遇与所在区县全额拨款事业单位平均水平基本持平，并建立了同步同幅增长机制。

（二）着力加强社区基层党组织建设经费保障，做到有钱办事

办公和活动经费是确保社区建设、社区党建工作正常运转的重要条件。近年来，市、区财政加大对社区建设的投入，提高每名党员每年活动经费标准，有效地解决了社区党组织办公和活动经费问题。一是将社区办公、服务活动等日常经费纳入区县政府年度财政预算。社区办公经费严格按照每户不少于50元的标准核定。二是市委组织部、市财政局印发了《关于进一步加强基层党组织工作和活动经费管理的办法》，基层党组织工作和活动经费标准由党员年人均不低于100元，提高到年人均不低于200元，确保基层党组织正常开展工作和活动的必要经费。三是利用

市社会建设专项资金，采取“以奖代补”的方式，对规范化建设达标社区、“一刻钟社区服务圈”示范点等进行支持奖励。截至目前，累计已拨付奖励经费2.93亿元。并购买社会组织服务项目，大力培育社区社会组织，支持社区建设。四是加大对社区公益事业的支持。北京市自2007年建立基层公益事业专项补助制度，城市社区公益事业市级补助标准，按照社区居委会规模大小，2000户以下每年补助8万元，超过2000户的每增加一户增加补助40元。市级补助标准每年大约3亿元。自2007年以来，市级财政累计投入资金21亿元。

（三）着力改善社区基层党组织办公和活动用房，做到有场所议事

2009年之前，我市社区服务用房350平方米达标率不足20%，社区服务用房成为多年来困扰我市社区建设中的“瓶颈”问题。社区党组织办公用房不足、社区党员活动阵地缺乏，也严重制约了社区党组织活动的正常开展。近年来，市委、市政府将“社区服务用房要达到350平方米”作为社区建设的一项硬任务、硬指标，并将社区公共服务设施纳入城市基础设施建设规划。2009年，全市启动了市政府固定投资支持的社区用房规范化建设试点工作，由市社会办、市发展改革委作为牵头部门，会同有关部门共同推进。按照社区用房项目建设“统筹规划、试点推进、区县主责、市级支持”的原则，通过新建改扩建、购买商品房、锅炉房改造、人防工程服务社区公益事业、租借等多种渠道，解决社区服务用房。目前，全市已推进了两批共956个建设项目，市、区（县）总投资40.7个亿，其中市政府固定资产投资支持资金15.47亿元。已有81%的城市社区用房面积达到350平方米，为开展社区服务创造了良好条件。通过社区用房规范化建设，极大改善了社区党组织办公、社区党群活动场所条件，较好地满足了社区党组织服务群众、党员群众开展各类活动的需求。

二、当前社区基层党组织开展活动面临的主要困难和基层保障方面存在的主要问题

近年来，随着首都经济社会发展，市、区县加大了对社区建设、社区党建的基础保障力度。但与社区党组织服务对象、服务内容、服务标准的新要求相比，还存在不小的差距，主要体现在以下几点：

（一）现有的社区党务工作力量难于适应社区承担的繁重工作任务

随着城市服务管理工作的重心下移，越来越多的政府行政性事务下沉到社区，出现了“上面千条线，下面一根针”，社区工作任务日益繁重；非公有制经济组织和社会组织的迅猛发展，大量的“单位人”变成“社会人”，转入社区的党员数量激增，流动党员教育管理任务也越来越重；推进区域化党建、在职党员进社区等工作，无形中增加了社区党组织工作领域、工作任务。目前，每个社区除党组织书记外，配备党务专职工作人员仅1~3名，党务工作力量严重不足，社区党组织负责人也常常淹没于社区居委会日常事务中，党建工作被不自觉地“边缘化”。

（二）现有的社区党务工作者队伍素质难于达到服务群众、创新社区治理体制的能力要求

社区党组织作为建设文明和谐社区的领导核心，承担着社区服务管理的重任，这就对社区党组织书记的素质能力提出了更高要求。目前，社区党务干部的文化程度虽然有了大幅度的提升，但服务群众、做群众工作，动员社会、化解社会矛盾、优化社会治理等方面的能力亟待提升。特别是城乡结合部、村转社区，许多由村委班子过渡为社区党组织班子，基层党组织功能定位发生了变化，这就要求社区党组织负责人尽快转变角色，掌握胜任社区工作的本领。

（三）现有的激励机制、保障措施难于吸引和留住优秀的社区党务工作人才

尽管近年来五年三次调整社区工作者工资待遇，但其工资待遇与其他岗位相比仍普遍较低，与社区繁重的工作任务不相适应。在社区党组织、居委会换届选举中，鼓励书记与居委会主任“一肩挑”，工作任务翻番，但工资待遇并未有专项补贴。特别是社区工作者没有职业“身份”，缺乏公众广泛认同，发展渠道尚未畅通，发展空间受限。大学生社工与大学生村官相比，虽在学历、年龄、工作性质等方面相差不大，但在政策倾斜、发展空间、工资待遇等方面上还存在不少差距，导致大学生社工大量流失，社区党建工作后备队伍数量不足。

（四）社区基层党组织活动方式的单一、党员队伍的现状难于保证社区基层党组织开展活动的持续性、有效性

一些社区党组织习惯于传统的工作方法，组织活动不考虑党员需求，活动方式单一，对党员和群众缺乏吸引力和影响力。社区居民党员普遍年龄偏大，身体不好、行动不便等困难，造成部分老党员常年难于参加社区党组织活动；另外，东城、西城等老城区由于拆迁等原因，造成人户分离较为严重，这些党员平时参与党的组织生活也不够积极主动，活动参与率较低。社区党员发展指标少，导致社区党组织自身“造血”不足，社区党员队伍结构难于优化。

（五）社区基层党组织现有活动经费、场所难于保障社区居民日益增长的物质文化需求

近年来，由于社区规范化建设，社区服务用房普遍得到明显改善，社区党组织办公和党员群众活动场所也不同程度地得到了改善。但全市仍有 20% 的社区服务用房未达标，特别是城乡结合部拆迁社区、中心城区的老旧小区，由于缺乏活动场地，社区党组织开展活动难于落实。社区党组织活动经费除了每名党员每年人均 200 元外，尚未建立专项经费列支渠道，社区党组织开展活动只能从有限的社区公益金中部分解决，对于社区党委下设的二级支部和党小组，开展活动往往缺乏必要的经费支持，影响了社区基层党组织开展活动的积极性和有效性。

三、进一步加强社区基层党组织基础保障的对策建议

社区是城市社会运行的基本单元，加强社会管理的重心在社区，改善民生的依托在社区，维护稳定的根基在社区。社区党组织是党在社区全部工作和战斗力的基础，是社区各类组织和各项工作的领导核心。加强社区党建、搞好社区建设，对于巩固党在城市工作的组织基础和群众基础、加强城市基层政权建设、提高人民群众的生活质量和文明程度、维护首都社会政治稳定，都具有十分重要的意义。各级党委和政府要在提高社区党组织基础保障能力上形成共识，整合资源，加大投入，为社区党组织建设创造有利条件。

（一）加强顶层设计，统筹协调和推进城乡基层党组织基础保障

应建立组织部门牵头，农工委、社会工委、人社局、财政局等部门参与的联席会协调机制，统筹研究和规划城乡基层党组织基础保障工作。加强社区事务的统筹指导，建立社区工作任务准入机制，整合基层各类考核，切实减轻社区负担，改变社区任务繁重无序状态。结合社区规模、服务对象数量，科学设置社区工作者、党务工作者数量，合理配置人力资源。加大政府购买服务力度，拓宽社会服务领域，引入专业力量分担社区的政府职能，提高服务群众实效。

（二）规范使用管理，推动社区党务工作者专业化、职业化建设

将社区党务工作者纳入全市专业人才总体规划，按照“社会化招聘、契约化管理、专业化培训、职业化运作”的原则，加强专职党务工作者队伍建设。建立激励保障机制，合理确定社区党组织书记和其他社区党务工作者的报酬，健全社区党组织负责人、社区

专职党务工作者培训机制，拓宽从优秀社区党务工作者中录取公务员的渠道，加强社区党务人才后备梯队建设，为社区党务工作者扎根社区、干事创业、服务群众创造有利条件，推动社区党务工作者专业化、职业化建设。

（三）完善保障机制，加大对社区基层党组织活动经费的投入力度

要拓宽筹资渠道，逐步形成以财政投入为主、党费返还为辅、社会支持为补充的经费保障体系，保证社区基层党组织办公、活动设备购买经费等必要支出。参照“农村村级组织公益金补助标准提高50%的比例”执行，提高社区公益事业补助金标准，有效解决社区活动经费。落实“权随责走、费随事转”原则，加大政府职能部门对社区工作的资金倾斜力度，保证社区党组织有一定的财力和资源为群众办实事。市、区县应建立适度的城乡基层党建基础保障专项资金，合理确定社区党组织经费保障最低标准，严格经费使用和监督管理。

（四）注重资源整合，加强对社区基层党组织活动场所和服务设施建设

把社区活动场所和服务设施建设，纳入城市新建、改建住宅小区和城市公益性服务设施建设规划。完善城市基层党建联建共建协调机制，搭建区域资源聚集、信息共享平台，整合多方资源，建设一批区域性、开放性、综合性党群服务活动中心。在老旧社区探索推行“一站多居”模式，加强对活动场所和服务设施的集约管理，提高综合利用效益，真正建成集党员活动、便民服务、文化宣传、信息传播等多种功能于一体的党员之家、社区服务之家。

（此文为市委社会工委委员、市社会办副主任陈建领2014年7月29日在2014年第二季度全市组织系统“组工论坛”上的发言）

加强社会工作人才培训　推进首都社会治理创新

刘占山

为期五天的第二届“北京市高级社会管理服务人才培训班”卓有成效，大家开启了思路、拓宽了视野、激发了热情，达到了预期效果。在培训即将结束之际，结合自己的学习体会，围绕如何推动培训成果转化、更好地推进首都社会治理，与大家做几点交流。

一、进一步深化对社会治理现代化的理解和认识

党的十八届三中全会对推进国家治理体系和治理能力现代化做出了新部署，社会治理是国家治理的重要内容，社会治理现代化是国家治理现代化的重要途径。实现社会治理现代化，必须从两个方面来把握。

（一）社会广泛参与是社会治理现代化的重要内涵

对于治理的概念，国内外专家有很多表述，但核心的意思，就是强调充分调动居民和各类社会主体的积极性，广泛参与、共同管理。社会治理能力和体制的现代化，在每个国家和地区都有着不同的模式，比如韩国，主要是以自治为主线，中央和地方的分权模式；新加坡则是一党领导下的广泛参与模式；而中国台湾的邻里自治更具特色。虽然模式有所不同，但三地的社会治理有一个共同特征，就是社会事务的服务和管理，绝对不是政府的“独角戏”，而是多元主体共同参与，共同治理的“大合唱”。这既是“治理”这一概念的本质要求，也是发达国家和地区实

践经验的科学总结，更是社会治理现代化的重要特征之一。

（二）实现社会治理的现代化必须抓好两个环节

当前，面对日益复杂的社会变化，我们的社会治理面临两大新课题，可以概括为“两个最大限度”，一是如何最大限度满足广大群众日益增长的社会服务需求，不断提高群众满意度；二是如何最大限度缓解公共危机，不断提升政府公信力。这两个目标的实现是一项系统工程，既需要在宏观上搞好顶层设计，又需要在中观上搞好组织管理，还需要在微观上搞好具体操作，这其中必须高度重视两个环节：

第一个环节是推动居民参与。当前我们在社会治理过程中的一个难点，就是公民参与的积极性、主动性不够。调动居民参与社会治理的积极性，最根本的就是要确保居民能够真正参与决定或影响与自身利益相关的事项，比如物业管理、环境改造、公共服务配套建设等等。为此，我们必须创新参与形式，一方面要开发各种社区活动，如居民讲座、文体活动等等，将居民吸引过来、组织起来；另一方面要发展社区民主，使他们的利益诉求得到充分表达，使涉及他们切身利益的决策真正符合民意。只有这样，居民才会愿意参与、主动参与，进而成为社会治理的真正主体。

第二个环节是发展社会组织。从发达国家和地区经验来看，衡量社会治理现代化的一个重要标志，就是看社会组织能否承接政府的部分职能，有效参与到社会服务和管理当中。作为政府，要敢于将一些适合社会组织承担的社会服务管理工作让渡出来，并提供政策、资金等支持；作为社会组织，自身必须强化“造血”功能，不断提高服务意识、服务能力、服务水平，使自己能够有效承接政府让渡的服务管理职能。事实证明，社会组织规模的不断扩大、质量的不断提高，既是有效满足社会服务需求的最好方法，也是化解政府公共危机的良药益方。

二、进一步探索创新社会治理的有效路径

（一）要以构建新型社会治理体系为基础

从三地的成功经验看，政社协作、公私协力是社会治理取得成功的重要基础。在新形势下，我们要想实现“善治”，就必须转变观念，尽快构建新型社会治理体系，实现从“管理”向“治理”转变。宏观上，应当构建“党委领导、政府负责、社会协同、公众参与、法治保障”的新格局；在社区层面，应当形成“党委领导、自治组织主导、物业和居民共同参与”的治理形式，特别是要将老旧小区物业管理同社区自治有效结合起来，优化政府与社会合作的新机制，使各类主体有序衔接、有效沟通、充分互补、良性互动。

（二）要以增强居民主体意识为前提

动员居民参与社会治理，必须创造有利于实现居民利益诉求的参与形式。而从三地的经验看，居民的主体意识和归属意识，也是促进居民参与不可或缺的强大精神动力。对社区或者社会没有归属感，必然导致对社会事务的冷漠，社会参与也就无从谈起。因此，要千方百计地通过各种宣传和活动引导，强化居民的属地意识、主体意识，为推进居民参与，完善基层自治提供思想保证。

（三）要以动员多元主体广泛参与为保障

要想搞好社会治理，除了动员居民广泛参与，现阶段还要吸引行政组织和企业的积极参与。要全面总结开展共驻共建和在职党员进社区等活动经验，进一步创新形式和手段，吸引驻区行政组织和企业参与到社区共治当中，使他们成为社区发展的重要力量。

（四）要以文化凝聚为关键

三地的经验都充分证明，推进社会治理，文化是“魂”。比如韩国宋川地区发挥留守老人特长，开发“打糕”文化；中国台湾苑里镇挖掘兰草编织的百年传统工艺，成立“兰草文化馆”等等。我们在社区硬件和软件建设上都要注入文化内涵，形成能够代表

本社区的文化名片。在这方面，很多街道和社区都进行了积极探索，比如朝阳麦子店街道主打国际文化牌；通州以楼门文化建设凝心聚力；顺义石园东社区营造社区孝亲文化等等，效果都很好。同时，还应当结合本地区特有的文化资源，发展社区文化产业，开展类似台湾的“微旅游”，这方面，我们的南锣鼓巷、什刹海等一些地区已经有了好的做法，值得进一步总结推广。

（五）要以整合培育草根社会组织为重点

草根社会组织扎根在民间、生长在基层，天然具有贴近群众、贴近生活、贴近实际的优势，是凝聚、吸纳居民参与社会事务的有效载体。要高度重视草根社会组织的发展，对它们进行整合，并加以必要的培育扶持，使它们不断发展壮大，不断提升规范，在扩容社会组织的同时，也促使它们在推进社区自治、社会治理中发挥更加重要的作用。

三、进一步推动社工人才培训成果转化

（一）要在巩固学习效果上下功夫

要消化吸收所学内容，不断丰富、深化和完善学习培训成果，通过开展比较研究，正视差距，寻找解决问题的办法。要理清发展思路，用开阔的国际视野审视自己的工作，在已经形成的学习成果基础上，进一步提炼、总结和梳理，努力把学习的成果转化为推进工作的思路和办法，内化为工作能力。大家还可以利用适当的时机，在本单位、本部门宣讲交流学习的收获和体会，进一步扩大此次培训的成果和影响。

（二）要在学以致用上下功夫

通过这几天的分组讨论和集中交流，大家运用所学理论和知识，提出了一些具有一定参考价值的思路和建议。但学经验、找思路还只是第一步，好的思路和建议还要通过今后工作实践来检验和完善。大家要将此次学习与解决实际问题相结合，大胆借鉴三地的成功经验和做法，在比较中进步、在借鉴中创新，形成一套符合国情、市情、区情的，行之有效的工作措施，努力破解首都社会建设中的各种难题，创造性地落实好市委、市政府关于创新社会治理的各项要求。

（三）要在继续学习上下功夫

培训班的结束绝不意味着学习的结束，而是新的学习、新的进步的开始。社会建设是一项崭新的事业，社会治理创新也是一项新的时代课题，建设国际一流的和谐宜居之都的重任，更加迫切地要求全市社会建设者坚持学习、与时俱进，只有努力掌握和运用新思想、新知识、新经验，才能正确地分析新情况，有效破解新问题，才能承担起历史赋予我们的使命，推动首都社会建设实现新跨越。

（此文为市委社会工委委员、市社会办副主任刘占山2014年5月16日在第二届“北京市高级社会管理服务人才培训班”结业式上的讲话）

加快网格化体系建设　夯实首都社会治理体系和治理能力现代化基础

王丽竹

网格化管理发端于北京市，党的十八届三中全会将之提升为国家方略之一，这不仅为北京市全面提升网格化工作指明了方向，而且为北京市全面提升网格化工作提出了新要求。面对新形势、新要求，北京能否在目标、方法、模式现代化上做出新的成绩，是

加快网格化体系建设工作亟待破解的核心问题。加快网格化体系建设，已成为改进社会治理方式、创新社会治理体制的重要举措，是加快实现首都社会治理体系和治理能力现代化的基础工程。

一、从全局和战略高度，认识新形势下加快网格化体系建设的重大意义，明确新一轮发展方向

进入新世纪、新阶段以来，北京和全国其他城市一样，在城市管理、社会服务、社会治安方面呈现出“突发性、风险性、偶然性、不确定性”的变化特征，在人民群众的服务需求、利益诉求、生活向往方面呈现出“多样化、个性化、多元化、差异化”的发展趋势。这些新情况、新特点，对政府服务、公共治理手段、效率、质量、水平都提出了新的更高标准，对社会治理、公众参与及公共产品、服务提供方式提出了新的更高要求。这迫切需要政府对内积极推进服务、治理方式革命，对外积极推进服务、治理模式革命，实现服务、治理模式从“单兵作战、应急处突”向“合作共治、常态规范”转变，服务、治理手段从“传统单一、滞后低效”向“现代综合、预警高效”转变。北京市委、市政府对网格化工作一直高度重视，不断加大推进步伐。从2004年在东城区率先推进网格化城市管理到2014年推进城市管理网格、社会服务网格、社会治安网格“三网”融合，逐步拓展延伸和深化提升，10年来，经历了创新试点、全面推广、拓展延伸、融合提升四个发展阶段，不断实现新跨越、新突破。实践证明，网格化体系是新形势下加强基层社会治理、服务的重要载体，是加快形成科学有效社会治理、服务体制的有效途径，也是推进首都社会治理体系和治理能力现代化的重要举措，符合首都城市发展规律和现实需要，需要以更大的力度、更快的速度、更高的标准，加快全市网格化体系新一轮发展。特别是要按照推进国家治理体系和治理能力现代化的全新要求，用科学理论指导、用科学制度保障、用科学方法推进。需要深入学习贯彻落实党的十八届三中、四中全会和习近平总书记系列重要讲话精神，从推进国家治理体系和治理能力现代化的高度，充分认识加快网格化体系建设工作的重要意义，真正把网格化体系建设工作作为民心工程、创新工程和社会治理基础性工程，更好地为群众提供精准有效的服务。需要准确把握网格化体系建设的关键环节，力争在精准化服务、精细化管理、精密化防控环节上取得更大成效。需要加强对网格化体系建设的领导，各级党政部门高度重视、精心指导、明确目标、狠抓落实、加强配合、形成合力、在总结中完善、在创新中提升、不断提高社会治理体系和治理能力现代化水平，为建设国际一流和谐宜居之都建设做出新贡献。

二、从科学推进和持续发展高度，认真总结全市网格化体系建设的主要做法，明确新一轮发展路径

自2004年在全国率先创造网格化城市管理经验至今已经走过的10年历程中，北京市网格化体系建设工作始终按照“和谐社会、宜居社会、公平社会、活力社会、法治社会”五位一体目标，坚持以科学方法有效推进。概括起来，主要有10项做法。

（一）科学划分网格，实现服务治理全覆盖

全市各区县按照“完整性、便利性、均衡性、差异性”原则，以社区（村）为基本单元，科学划分网格。全市共划分服务、治理网格48367个，全市已经形成了“横到边、纵到底、全覆盖、无缝隙”的服务、治理责任网格。

（二）加强队伍建设，实现服务治理零距离

全市各区县按照专职力量一格一员、专业力量一员多格和兼职力量一格多员的原则

配备网格员。截至 2014 年底，全市共配备各类网格员 168912 人。确保“民生服务有人办理、社情民意有人收集、矛盾纠纷有人化解、治安防范有人组织、特殊人群有人帮教、法律政策有人宣传、重大事件有人报告”，及时反映和协调解决群众各方面各层次利益诉求。

（三）整合视频系统，实现服务治理全方位

逐步整合公安、消防、交通、城管执法、环保、民防等部门和社区物业、社会单位等视频监控系统以及开发建设 4G 移动视频系统和手持移动终端，实现监控信息资源共享，实现对本区域网格化服务治理全方位全时空全覆盖。

（四）开设呼叫热线，实现服务治理全天候

依托 12345 政府服务热线，整合 12319、12369、96310、96119、96156 等服务热线，建立全市统一协调、热线功能融合、信息互通、工作联动的网格化热线系统，实现事项咨询、建议、举报、投诉的“一号通”。在以白天时段开展工作为主的基础上，实行呼叫热线服务全天候，各相关职能部门和有关单位同步加强工作值守和机制对接，做到网格化服务治理监督指挥全时段覆盖。

（五）明确各方职责，实现服务治理责任制

市社会建设工作领导小组办公室牵头，协同首都综治办、市市政市容委等部门负责全市网格化体系建设工作。各区（县）社会建设工作领导小组办公室协同区综治办、区市政市容委等部门负责本区（县）网格化体系建设工作。各相关行政部门和公共服务单位是网格化体系的主责部门，通过内部整合，明确街道（乡镇）负责网格化体系建设工作机构，负责本辖区网格化体系建设工作。依托社区（村）服务站建立社区（村）网格化工作站，负责本社区（村）的网格化体系建设工作。

（六）优化工作流程，实现服务治理高效率

各区县围绕“更清晰掌握情况、更及时发现问题、更迅速处置问题、更有效解决问题”，形成了“信息采集、案卷建立、任务派遣、任务处置、结果反馈、核实结案、综合评价、绩效考核”的八步闭环工作流程，极大地提高了服务、治理效率。

（七）拓展系统功能，实现服务治理信息化

以区（县）为单元，建立区（县）、街道（乡镇）、社区（村）三级统一的网格化信息系统。建立起了人、地、事、物、组织全面覆盖、动态跟踪、联通共享、功能齐全的综合信息系统，把服务治理事项落实到网格，标注在统一的电子地图上，实现精确定位、定人、定责，一旦发现问题，就会被迅速、精确地记录和确定下来，并由相关责任人立即进行处理，实现服务治理精细化、长效化和常态化目标。

（八）理顺条块关系，实现服务治理协同化

在网格化社会服务治理中，一方面突出“块”的统筹作用，明确区、街、社区的职责，加强工作统筹，为实现“小事办理不出社区，大事不出街道，疑难事区内统筹”的机制；另一方面强调“条”的专业功能，发挥各专业部门的职能作用，提高解决和处置问题的能力。

（九）完善运行机制，实现服务治理常态化

建立健全集“信息采集、源头发现、任务分派、问题处置、核查反馈”于一体的闭合工作流程，构建“更清晰掌握情况、更及时发现问题、更迅速处置问题、更有效解决问题”的运行机制。重点构建网格员巡查源头发现机制、分级分类快速办理机制、部门进网格工作机制、社会协同和公众参与机制、社会风险评估预警机制、综合执法机制、应急处置机制、事项督办和结果反馈机制、运行情况报告机制 9 个运行机制，努力使每个环节的工作都有人抓、有人管、有人负责到底，防止出现空转缺位。

（十）强化绩效考核，实现服务治理规范化

区（县）网格化体系建设工作、作用发挥情况纳入本区（县）政府年度绩效考核范围并进行统一考核，按照“分级考核、分类考核、定量考核”并行的原则，量化、细化考核指标。加强日常动态考核，形成“纵向到底、横向到边、任务到岗、责任到人”的考核机制，监督评价结果作为年度绩效考核的重要依据。

三、从深化提升和融合发展高度，全面总结全市网格化体系建设取得的成效，明确新一轮发展目标

北京市网格化体系建设工作经过10年坚持不懈的努力，迈出了坚实的步伐，取得了明显成效。概括起来，主要体现在六个方面：

（一）延伸了服务触角，有效提升了精准化服务水平

网格化体系，形成了“纵向到底、横向到边、无缝覆盖”的服务治理格局，通过开设呼叫热线，建立起了全天候、立体化服务体系，通过网格员在党委政府与群众之间架设起一条联系沟通的桥梁和纽带，“上门服务”“零距离服务”“面对面服务”成为常态，延伸了基层社会服务的深度和广度，同时，不断创新民生理念和服务措施，为居民提供了更加便捷周到的服务，群众的幸福感持续得到提升。

（二）夯实了基层基础，有效提升了精细化治理水平

将人、地、事、物、组织等全部纳入网格化信息系统，确保了底数情、情况明。同时，建立健全了集“信息采集、源头发现、任务分派、问题处置、核查反馈”于一体的闭合工作流程，实现了发现、指挥、处理、反馈等环节的有机衔接，有效保证了工作责任的落实。通过网格化平台，建立起了纵向业务、垂直跟踪、横向协作的“三维”工作模式，促进了各部门、各单位之间的协同配合。

（三）建立了大数据体系，有效促进了信息资源整合

按照“管理力量大统筹、社会服务大集成、信息采集大共享、利益诉求大收集、矛盾隐患大排查、社会治理大参与、行政执法大协同”的工作思路，着力推进网格化大数据体系建设，逐步实行信息动态采集、部门信息关联比对和综合集成，实现基础信息一网采集录入、公共资源一网整合共享、关联数据一网查询比对，逐步建立起全面、准确、的全市大数据体系，引领全市网格化体系建设的科学发展。

（四）顺应了时代要求，有效促进了治理理念转变

党的十八届三中全会指出，全面深化改革的总目标是完善和发展中国特色社会主义制度，推进国家治理体系和治理能力现代化。围绕这一总目标，在社会建设方面，一个最大的亮点就是提出创新社会治理，加快形成科学有效的社会治理体制。党的十八届三中全会对创新社会治理做出新的部署，提出要以网格化管理、社会化服务为方向，健全基层综合服务管理平台，及时反映和协调人民群众各方面各层次利益诉求。中央第一次把网格化工作提高到了国家层面，面对新形势、新要求，北京市作为网格化工作发端之地适时把健全网格化体系建设作为全市创新社会治理体制和推进治理能力现代化的重要载体，在治理理念上形成了广泛共识，深化拓展网格化体系建设必须牢牢把握系统治理、依法治理、综合治理、源头治理的理念。

（五）凝聚了发展共识，有效促进了多元共治格局形成

全市网格化体系建设，经过10年的持续推进，进一步明确发展方向和目标，巩固提升全市网格化体系建设水平，紧紧围绕“和谐社会、宜居社会、公平社会、活力社会、法治社会”五位一体目标，着力构建政府、

市场、社会相互依赖、优势互补与合作共赢的共建、共治新模式，实现政府治理和社会自我调节、居民自治良性互动，形成了多元共建、合作治理合力。

（六）实现了条块联动，有效破解了条块关系不顺顽疾

新形势下社会治理、服务的主要问题是“看得见的管不了，管得了的看不见”，“条”的专业化特点突出，“块”的统筹力度薄弱，需要通过“块”统筹“条”，将“条专”融入“块统”之中。在实际运转中，突出把工作延伸到网格、把力量下沉到网格、把职能整合到网格、把职责落实到网格，积极推动资源共享、信息共享，及时处置和解决网格发现反映的各种问题，确保高效运行。

四、从借鉴经验和把握规律高度，系统总结全市网格化体系建设创造的经验，明确新一轮发展原则

北京市网格化体系建设工作10年来始终坚持与时俱进、改革创新，不断加深规律性认识，积累了不少有益经验。概括起来，主要有以下四个方面：

（一）必须以体制创新为引领

构建“条块”有机统筹机制，突出“块”的统筹作用，突出“条”的专业功能，实现条块有机结合、上下工作互联、横向工作互动。

（二）必须以落实责任为核心

明确了各主体在网格化体系中的职责，各司其职，各负其责，协同配合，整体联动，提高了服务、治理效能。

（三）必须以信息技术为支撑

建设人、地、事、物、组织全面覆盖、动态跟踪、联通共享、功能齐全的综合信息系统启示我们，信息化是破解服务、治理难题的重要途径，是创新服务治理模式的有效载体，是网格化体系的硬件保障，把服务、治理事项落实到网格，实现精确定位、定人、定责，使服务、治理精细化、长效化和常态化。

（四）必须以运行机制为保障

建立信息采集、源头发现、任务分派、问题处置、核查反馈闭合工作流程，构建“更清晰掌握情况、更及时发现问题、更迅速处置问题、更有效解决问题”的运行机制，确保高效运行。

以上“四个必须”，是全市各级各部门和广大干部群众10年探索的智慧结晶，也是深化提升网格化体系建设必须坚持的重要原则。

五、从国家治理体系和治理能力现代化高度，加快网格化体系建设步伐，明确新一轮发展任务

北京市网格化体系建设工作新一轮发展，需要紧紧围绕推进首都社会治理体系和治理能力现代化、建设国际一流和谐宜居之都的总目标，以创新体制机制为动力、以整合资源与集约共享为核心、以信息化支撑为手段、以落实责任为基础、以进一步健全基层平台为重点，加快形成“多网融合、立体运行、精准服务、精细管理、精密防控”的网格化工作体系。通过“十个健全完善”，实现社会服务更加精准、城市管理更加精细、治安防控更加精密、治理主体更加多元、社会关系更加和谐。全面实现网格化体系让城市更宜居、让社会更和谐、让人民生活更幸福的奋斗目标。

（一）健全完善“互联互通、厅网通办”的网上服务体系

将网格化信息平台与区（县）、街道（乡镇）、社区（村）服务大厅（站）进行互联互通，加快推行基层服务事项“厅网通办”，实现从线下“一站式”单一模式向线上“一网式”与“一站式”并行的复合模式转变。

（二）健全完善“手段先进、便捷高效”的智能服务体系

各区（县）、各部门依据智慧北京顶层

设计，依托全市统筹的公众集成服务平台和服务渠道实现办事服务、政民互动和信息资讯服务一体化。积极推进网格化智能终端进家庭，实现家庭“多屏互动”，使百姓足不出户就能通过电脑、手机、智能电视等多渠道、多方式享受到网格化体系提供的智能化便捷服务。

（三）健全完善“公平均等、全面覆盖”的帮扶服务体系

各区（县）、各相关部门要认真落实帮扶救助政策，大力推动基本公共服务均等化，从源头上减少不和谐因素。

（四）健全完善“多元参与、协同联动”的信息集成服务体系

建立政府、社会、市场在民生政策、民生服务等方面的信息对接、集成和发布机制。各区（县）、各相关部门、各相关公共服务单位、各相关企业、社会组织应将本区（县）、本行业、本单位各类民生政策、民生服务项目定期编制成民生信息服务清单目录，定期在网格化信息系统上发布，提供特色化、专业化、个性化和多元化服务。

（五）健全完善“信息收集、民意诊断”的社情民意研判体系

积极主动收集群众诉求信息，定期对群众关心的问题和社情民意进行分析研判、制定政策措施，从源头上防范社会问题累积，及时化解社会矛盾。根据群众需求优化配置公共资源，最大限度解决民生问题，化解社会矛盾、促进社会公平。

（六）健全完善“视频监控、全程管理”的技防体系

整合公安、消防、交通、城管执法、环保、民防等部门和社区物业、社会单位等视频监控系统以及开发建设移动视频系统和手持移动终端，实现监控信息资源共享，实现对本区域网格化工作全方位全时空全覆盖。大力推进社区技防建设，全面提升防控能力。

（七）健全完善“全民参与、社会协同”的合力共治体系

运用微信、二维码等新技术，在各社区（村）开发网格化微信公众平台（简称“微网格”），主要功能为随手拍、在线服务、信息发布等，拓展全民参与、社会协同渠道，充分发挥市民、社会、市场在网格化体系建设中的主体作用和基础作用，逐步实现市民通过智能手机直接参与、报告服务治理事件。

（八）健全完善“源头发现、办理及时”的源头治理体系

网格员、社区（村）和各相关部门要按照网格化服务、治理内容，对职责范围内的各类服务、治理事项切实做到“源头发现、源头治理”“早发现、早办理，应发现、尽发现，应办理、尽办理”。

（九）健全完善“服务中心、围绕重点”的重大事项落实体系

各级党委、政府需要运用网格化体系开展的中心工作和重点任务，各级网格化工作机构要按照网格化工作流程和工作要求，把任务和责任落实到网格、落实到单位，高质量、高标准完成。

（十）健全完善“立体化、全方位”的治安防控体系

建立健全源头治理、动态协调、应急办理相互衔接、相互支撑的社会治安综合治理机制。创新立体化社会治安防控体系，改进治理方式，促进政府职能转变，鼓励社会力量积极参与社会治安综合治理。及时解决影响人民群众安全的社会治安问题，加强对城乡治安重点地区、繁华场所的治安整治和治理。完善突发公共事件应急预案和应急保障体系。加大依法治理网络力度，确保网络和信息安全。

（此文为市委社会工委委员、市社会办副主任王丽竹2014年5月撰写的理论文章）

“十三五”时期首都社区建设与治理创新调研报告

王智玲

社区治理是社会治理的重要基础。党的十八大第一次把社区治理写入党的纲领性文献。十八届三中全会提出，坚持系统治理，加强党委领导，发挥政府主导作用，鼓励和支持社会各方面参与，实现政府治理和社会自我调节、居民自治良性互动。落实党的十八大和十八届三中全会精神，推进社区治理现代化，已成为当前首都社区建设的一项重要课题和重点任务。

为了解我市社区治理现状和存在的主要问题，进一步做好“十三五”社会治理规划前期调研和准备工作，从2014年8月开始，结合年度重点任务的检查验收开展专题调研，走访了16个区县，围绕难点问题深入东城、西城、朝阳、海淀、石景山、顺义、大兴等区县调研，召开了区县社会工委、社区层面市人大代表、街道办事处、专家学者四个层面的座谈会，广泛听取各方意见建议。在此基础上，结合当前形势任务，研究提出了“十三五”时期首都社区建设与治理创新的对策建议。

一、首都社区建设与社区治理现状

（一）加强社区治理创新的重要意义

社区治理是指在一定的地域范围内由政府与社区自治组织、非营利组织、辖区单位以及社区居民共同管理社区公共事务、推进社区持续发展的活动。社区治理是一种理念，是一个过程，也是一个目标。它是变政府的单向管理为政府行政管理与基层群众民主自治有机结合，实现社区多元主体参与共治。

社区治理是社会治理的重要基础，也是国家治理的重要基础。加强社区治理创新，推进社区治理体系和治理能力现代化，是贯彻落实中央决策精神的必然要求，也是全面深化改革的必然要求。从这个意义上说，社区治理的效果和水平，事关社会和谐稳定和国家长治久安，事关全面深化改革总目标的顺利实现，事关首都未来发展，在全局工作中至关重要。

（二）推进社区建设与社区治理的探索实践

目前，全市共有街道办事处144个、地区办事处62个，社区居委会2918个。根据地域、人口居住特点等情况，社区大致可分为八个类型：老旧社区（含胡同社区）、商品房社区（含别墅社区）、保障房社区（含回迁房社区）、国际化社区（外籍人员聚居的地区）、单位大院型社区、功能型社区（主要是指商务楼宇比较集中的地区）、城乡结合部社区、农村社区。

近年来，市委市政府高度重视社区建设和社区治理，将两者作为社会建设和社会治理的基础工程，紧紧围绕“加快形成党委领导、政府负责、社会协同、公众参与、法治保障的社会管理体制”的目标要求，不断完善社区治理政策体系、体制机制、实践模式，切实增强社区自治和服务功能，社区治理工作取得了初步成效。

1．完善政策体系，新型社区治理体系基本形成。为规范社区管理，市委办公厅、市政府办公厅制定出台了《北京市社区管理办法（试行）》（京办发〔2008〕19号），明确提出，要着眼提高社区运行效率，理顺和规范社区组织体系各主体之间的关系，推动形成以社区党组织为核心、以社区自治组织为基础、以社区服务站为依托、以社区社会组织为补充、驻社区单位密切配合、社区居民广泛参与的现代社区治理结构。该文件为推动建立多元参与的社区治理结构提供了政策保障。

2. 探索基层社会体制改革，“三位一体”社区治理格局逐步完善。从2009年开始在全市开展了社区规范化建设，重点在社区服务站建设、社区工作职能、社区运行机制等7个方面、27项主要指标、近100项具体指标，进行全面规范。目前，全市城市社区基本达到了规范化建设要求，初步解决了社区“有人办事、有钱办事、有地方办事”的问题，基本形成了社区党建、社区自治、社区服务“三位一体”的工作新格局。通过开展试点、示范点建设，进一步巩固社区规范化建设成果，累计建成了453个示范点。

3. 创新实践模式，基层社会治理能力不断增强。各区县结合基层实际问题和居民需求，积极搭建平台，在巩固社区治理“三位一体”机制成果的基础上，不断调动社区其他主体参与社区治理的积极性，创新多种实践模式，努力形成社区多元参与、互联互动、共同治理的良好局面。主要有以下7种模式。

一是区域化党建模式。目前，全市51个街道（乡镇）建立了“大工委”，145个街道全部成立社会工作党委，1376个社区建立“大党委”，1297座商务楼宇建立“五站合一”工作站，基本实现了党建工作在社区的全覆盖。通过开展区域化党建工作，有力促进了区域资源整合，畅通了社情民意诉求渠道，形成了驻区单位参与社区共建的有效机制，增强了区域的凝聚力。

二是社区协商民主模式。2011年以来，在全市社区推行社区协商民主制度，调动广大居民、社会单位、人大代表、政协委员、专家学者等参与社区建设，协商解决社区居民重点难点问题。从中涌现出东城区社区“多元参与、协商共治”模式，朝阳区街道系统“党政群共商共治工程”，海淀区社区党组织、居委会、业委会和物业服务企业“四方共议”机制，丰台区丰台街道“市民劝导队”等多个基层典型。其中，朝阳区的党政群共商共治基层社会治理模式被评为“2013年度中国社区治理十大创新成果”。2014年，我市东城、朝阳区作为全国首批“社区治理和服务创新实验区”，将围绕实验主题，推进各项实验任务，为创新社区治理和服务探索新的经验。

三是网格化社会服务管理模式。通过划分网格、明确职责，将社区人、地、物、事、组织全部纳入网格，及时了解掌握网格内社会服务管理基本情况和居民服务需求，更及时地发现和解决问题。动员社区社会组织、驻区单位、居民代表、楼门院长及各类志愿者参与网格社会服务管理工作。目前，全市网格化体系已覆盖299个街道（乡镇）和6093个社区（村），覆盖率达90%以上。加快推进社区信息化建设。依托“四网六库”，开展社区基础信息采集工作，推进“智慧社区”建设。目前，全市建成星级智慧社区508个。智慧养老助残、智慧医疗、智慧便民服务等都已进入百姓生活。

四是“一刻钟社区服务圈”建设模式。以街道为推进主体，鼓励和支持各类组织、企业和个人兴办居民服务业，整合辖区服务资源，引导各类社会服务商为居民提供便捷服务。截至2014年底，全市累计建成1029个“一刻钟社区服务圈”示范点，覆盖1973个社区，覆盖68%的城市社区。社区志愿者登记注册已达150万人，志愿服务队伍12908支，参与社区志愿服务工时达1961万小时 。

五是老旧小区自我服务管理模式。2013年以来，启动了全市老旧小区自我服务管理试点，培育发展小区自治组织（包括自管会、车管会等）。目前，全市累计建成230个试点，推动实现社区居民自我管理、自我服务，较好地解决了老旧小区停车难、治安差、管理乱等问题。

六是国际化社区创建模式。在西城、朝阳、顺义等区开展国际化社区试点，充分调动驻区单位、中外居民参与社区建设，全市累计建成18个试点。积极推进安全社区建设，目前已创建全国安全社区39个。创建国际安全社区25个，占全国总数的32%，继续走在全国前列。

七是村庄社区化管理模式。按照城乡社区一体化的要求，推进城市社区服务管理向城乡结合部、农村地区延伸。截止到2014年3月，全市共2053个村实行了村庄社区化管理，占自然村3659个的56.1%。开展农村社会服务试点工作，累计建成347个村级社会服务试点。

4. 创新社会力量参与机制，基层社会活力有效激发。

一是建立社区社会组织培育发展机制。通过政府购买服务、补贴奖励、项目管理等方式，积极培育社区社会组织，对不具备登记条件的社区社会组织办理备案手续，加强日常监督管理。目前，全市备案的社区社会组织达1.8万个，涉及文体活动、公益慈善、自我服务管理等多个方面。

二是建立社区资源共享机制。强化驻区单位的社区建设责任，推动部分辖区单位向社区开放内部设施。从2009年开始，西城区设立专项奖励资金，大力推动驻区单位向居民开放资源提供为老就餐、停车等服务。目前，有353家单位参与到资源开放共享中。

三是探索建立“三社联动”机制。目前，全市已建成75家社会工作事务所，吸纳专业社工近800人、志愿者10000余人，为社会提供专业服务。如，朝阳区在东风和将台地区探索开展“社区、社会组织、社会工作者”三社联动试点建设，形成了老年人、特殊人群、青少年、城市流动人口等多个群体的社会工作重点服务项目，为全市推进相关工作探索了有益经验。

二、当前社区建设与社区治理存在的主要问题

总体上看，首都社区建设和治理工作不断深入发展，取得了明显成效。但也要清醒地看到，当前我们正处于改革创新的攻坚期，首都社会建设与社会治理进入新常态，面对全面深化改革、全面推进依法治国的目标要求，面对社区居民不断增长的物质文化需求，首都社区建设和治理领域进入了“啃硬骨头”的新阶段，仍然存在许多亟待解决的问题。在调研中，基层普遍反映的问题主要集中在以下几个方面：

（一）街道体制改革还有待深化

街道作为区县政府的派出机关，在履行“块统”职能方面，存在责、权、利不统一的问题，街道权力有限，责任无限，与相关部门的条块关系尚未理顺，“看得见的管不了，管得了的看不见”的问题依然存在，“发现问题在街道、解决问题在部门”难以真正落实。各类协管员分别招聘、数量庞大、多头管理、待遇不一、忙闲不均，街道统筹难度大。

（二）社区行政性负担依然较重

随着政府职能转变不断深入和工作重心下移，各种惠民便民政策全面实施，政府部门各项工作都进社区，各项管理和服务职能都需要在社区“落地”。加之一些职能部门存在“工作不进社区不算到底”的认识误区，很多工作费随事转机制尚未建立，“社区是个筐，什么都往里装”的现象没有明显改观，从而导致社区承担了许多行政性工作，不堪重负。据统计，目前社区承担的各项交办工作中，80%属于行政性事务工作。机构牌子多、台账报表多、调查材料多、证明盖章多、会议活动多、检查考核多、硬性指标任务多是社区普遍存在的情况（见附件）。以朝阳区为例，目前社区承担的工作事项共计265项，其中社区党委承担64项，居委会105项，服务站96项，社区需要完成的各类创建任务40个，需要签订的责任书21项，社区挂牌59个，各职能部门给社区下发的指标32项，社区需要建立的台账106项。社区工作的纷繁复杂可见一斑。

（三）社会力量参与不足

党委领导、政府负责有深厚的基础，但社会协同、公众参与方面经验少，一些部门

还有思想认识方面的顾虑。社区参与主体相对单一，以老年群体为主，且大多集中在文体活动方面，一些居民对自身利益之外的社区公共事务和公益事业缺乏参与热情。社区社会组织发展处于初级阶段，承接社会事务的能力有限。业主大会、自管会等自治组织的作用尚未得到有效发挥。部分居民特别是在职人员对社区了解不多，认同感、归属感不高，有的甚至都不知道住在哪个社区，居委会在什么位置，社区能提供哪些服务。驻区单位参与社区建设的积极性不高。

（四）社区建设存在一些薄弱环节

社区组织与物业服务企业的关系没有理顺，物业管理纠纷时有发生。大多数老旧小区由于基础设施陈旧，没有物业管理，社区安全隐患多、停车无序、环境脏乱差等问题尤为突出。城乡结合部二元结构特征明显，村居体制并行，居民构成复杂，社区管理不到位，利益矛盾协调压力大，让上楼的居民融入城市社区还需要一个过程。流动人口服务管理难度不断加大。伴随城市化进程加速，新生代农民工、青年流动大学毕业生（“蚁族”）、白领等“新移民”逐渐成为首都社会引人关注的群体，如何为他们提供有针对性的服务，增强他们对首都的社会归属感，是加强社区治理面临的新挑战。

（五）社区基础保障仍需进一步加强

社区工作者的社会认可度低，人员流动变化较大，专业化、发展空间有限。社区在服务用房建设、服务设施和信息网络维护、开展公益活动、培育社区社会组织方面经费不足。近年来，通过市政府固定投资资金支持、锅炉房改造、地下空间整治、资源共享等多种方式，努力推进社区服务用房达标建设。目前全市86%的城市社区用房面积达到350平方米。尚未达标的社区大多集中在老旧小区、拆迁地区、农村地区，推进难度较大。社区内各类服务设施资源缺乏充分整合和共享，设施综合使用效率有待提升。

这些问题制约了社区发展，我们应当在今后的社区治理中加以解决。

三、进一步推进社区建设与治理创新的对策建议

习近平总书记指出：“社会治理的重心必须落到城乡社区，社区服务和管理能力强了，社会治理的基础就实了。”因此，要主动把握和积极适应经济社会发展新形势、新常态，以啃硬骨头的精神，自觉地将改革信念、治理理念、创新思维和法治方式贯穿于推进社区治理的全过程、体现在社区建设的各个方面，着力完善社区治理结构、创新社区治理机制、提高社区治理水平，推动城乡社区治理向深度和广度发展。

（一）总体思路

1. 指导思想。深入贯彻习近平总书记系列重要讲话精神，深入贯彻落实党的十八大和十八届三中、四中全会和市委十一届六次全会精神，深化街道社区管理体制改革，完善社区服务设施，切实增强社区自治和服务功能，促进社区治理体系和治理能力现代化、基层治理法治化，努力把社区建设成为服务完善、管理民主、充满活力、和谐幸福的社会生活共同体，努力建设一批国际一流的和谐宜居社区。

2. 基本原则。

一是多元参与、共同治理。把培育多元主体作为首要目标，加强基层政府、社区组织、市场主体和社会力量在社区治理过程中平等协作，促进行政机制、自治机制和协同机制在社区层面有效衔接。

二是明确职责、增强活力。把增强社会活力作为核心任务，强化自治组织、群团组织、社会组织在社区治理和服务中的职责，建立健全社区社会组织机构孵化、能力提升、购买服务和项目监管机制，最大限度激发和增强社区活力。

三是问题导向、分类指导。要分类梳理社区的居民需求和面临的治理难题，加强有针对性的指导，特别是要切实加强老旧小区和城乡结合部社区的服务管理，提升社区服

务管理精细化水平。

四是统筹城乡、共同发展。要把统筹城乡发展作为基本要求，适应新型城镇化建设的内在要求，统筹城乡社区基础设施、服务设施和信息化建设，加强城乡社区组织联建、队伍联带、服务联动、资源联姻，形成城乡社区一体化发展的良好态势。

五是扩大参与、夯实基础。把扩大群众参与作为根本方法，将创新社区治理与开展党的群众路线教育实践活动有机结合，创新社区居民献计献策、投工投劳、认捐认养方式，畅通广大群众参与社区治理和服务渠道，夯实推进社区治理的群众基础。

3. 工作目标。到“十三五”期末，努力培育一批社区治理现代化示范试点。全市城市社区用房基本达到 350 平方米以上，累计建成 1000 个社区规范化示范点，建成 1400 个“一刻钟社区服务圈”示范点，覆盖到 90% 以上的城市社区。社区志愿者注册率占居民人口 15%，80% 以上的社区党员和 30% 以上的社区居民参与社区志愿服务活动，社区工作者中持证社会工作者比例达到 30%。每个社区拥有 5 个以上的社区社会组织。

（二）实现路径

1. 进一步深化基层社会治理体制改革。按照“做强街道、做实社区”的要求，深化街道社区治理体制改革。

一是理清基层政府与社区自治组织之间的职能边界和工作关系。研究制定加强街道社区建设工作的意见，积极推进基层政府职能转变，实现政府治理与社区治理的双向互动、良性互动和持续互动。

二是着力强化街道综合协调职能。坚持“重心下移、职能下沉”的原则，明确和细化街道办事处的职责任务，理顺街道与政府专业管理部门的关系，建立街道地区社会服务管理综合平台，探索街道统筹管理各类协管力量，加强指导社区建设，完善基层社会治理体系，建立街道综合执法机制，加强区域化党建工作等。

三是完善社区“三位一体”机制。强化社区党组织领导、居委会自治、服务站服务功能，鼓励基层结合实际按照“便于管理、便于服务、整合资源、提高效能”的原则，采取“一居一站”“多居一站”等模式，逐步将基层各类协管员纳入社区服务站，统一管理。

四是积极推进城乡结合部社区治理体制改革。探索开展城乡结合部村改居试点建设，继续推进村级社会服务试点、村庄社区化管理，改善农村社区环境，引导和培育居民群众的社区意识，使回迁上楼的居民尽快融入城市社区，提高农村社会服务管理水平。依托社区青年汇等组织，加强对流动人口的服务和管理。

2. 继续完善社区治理结构。社区治理是全社区主体的共同治理，这就要求充分调动各方面力量，发挥多元主体在社区治理中的协同协作、互联互补、相辅相成的作用。

一是探索开展社区治理现代化示范试点。及时总结推广多元参与、共商共治的经验，理顺社区党组织、居委会、业委会、物业服务企业之间的关系，增强驻区单位在社区治理中的责任，逐步构建政府调控机制同社会协调机制互联、政府行政功能同社会自治功能互补、政府管理力量同社会调节力量互动的城乡社区治理新格局。以开展京台社区发展合作交流为重要契机，借鉴台湾“社区营造”经验，实施“十百千工程”，促进两岸社区治理的理论研究和实践发展，推动京台基层工作者和基层民众的深入交流与合作。

二是完善区域化党建工作格局。要靠社区党建引领社区建设。落实市委办公厅《关于进一步加强基层服务型党组织建设的实施意见》，加强和改进党对社区治理的领导，建立健全党员领导干部联系社区、在职党员进社区制度，大力推进服务型社区党组织建设。以党建为统领，统筹整合辖区资源，促进党建工作区域化，引领辖区单位参与社区建设，推动街道、社区与辖区单位的共驻共建和资源共享。

三是大力发展社区社会组织。着力强化

社会力量参与社区治理，立足居民需求，围绕实现人民当家做主、充分发挥居民主人翁作用，加大政府对购买社区社会组织服务的支持力度，加快发展社区公益类、服务类、互助类社会组织和社会工作服务机构，要使其易于成立、便于活动，活跃社区生活，丰富自治内容，这有利于健全居民自治机制、发展居民志愿互助服务和提高居民素质。积极培育“社区领袖”“带头人”，加强对社区社会组织负责人的培训，提高其综合管理和服务水平。建立健全社区社会组织孵化机制，依托社区综合服务设施建设社区社会组织孵化基地，为新建社区社会组织提供组织运作、办公场地、服务场所、启动资金等必要支持，为社区社会组织发挥作用搭建平台。

3. 深入推进社区居民自治。社区居民自治是社区治理的关键环节，社区自治程度的高度直接体现治理水平的高低。

一是健全基层党组织领导下充满活力的基层群众自治机制，研究社区民主协商的内容和形式，以社区各方利益结合点为基础，开展多领域、多层次、多渠道的基层民主协商，提高社区成员的积极性、主动性和参与度。

二是强化社区自治体系建设。进一步加强社区居委会建设，明确居委会“协助”政府的具体职能，提倡居委会成员本土化，更好地维护好、发展好本社区居民的共同利益。探索发挥居委会作为社区枢纽型社会组织的作用，积极培育发展社区公益类、互助类社会组织，动员和组织社会各方依法有序参与社区治理、公共事务和公益事业，提高居民的组织化程度，促进群众自我管理、自我服务、自我教育、自我监督。

三是探索建立社区工作准入制度。建议由市委办公厅、市政府办公厅牵头，相关部门配合，集中开展社区减负专项行动。在总结基层做法的基础上，出台相关文件，全面清理和精简面向社区的组织机构、工作任务、评比表彰、示范创建、工作台账，建立统一规范的社区工作标准体系和评估制度，最大限度减轻社区居委会的行政性负担，更好地发挥社区在组织居民、服务居民中的作用。

4. 全面加强社区服务体系建设。社区服务是保障和改善民生的重要依托，必须把服务居民、造福群众作为社区建设的主要任务。要在服务中实施治理、在治理中体现服务，通过发展社区服务来提高社区治理实效，从源头上、根本上、基础上实现治理，切实解决好联系服务群众“最后一公里”问题，更好地保障和改善民生。

一是健全行政机制、市场机制、志愿机制有效衔接的社区服务体系。修订《北京市社区基本公共服务指导标准》，推进“一刻钟社区服务圈”建设，不断拓展、丰富、提升社区服务领域、内容和水平，健全社区各类服务供需对接联动机制，促进社区公共服务、便民利民服务、志愿互助服务共同发展。

二是统筹推进社区内各类公共服务设施及配套建设。完善居住区公共服务设施配套建设相关政策，以社区常住人口规模、地域面积和功能定位为基本依据，采用新建、改造、调整、共享等多种方式，合理规划和配置社区各类公共服务设施，确保各类基础设施按期交付使用。强化社区服务设施运行维护和使用管理。

三是加快社区服务信息化建设。依托社区公共服务综合信息平台共享信息资源、整合服务事项，逐步推进社区基本公共服务的全人群覆盖、全口径集成和全区域通办。继续推进社区网格化服务管理体系建设，广泛吸纳社区社会组织、社区服务企业信息资源，构建设施智能、服务便捷、管理精细、环境宜居的“智慧社区”。

四是不断提高社区服务的专业化水平。加强社区工作者队伍建设，探索建立一套相对独立的工资薪酬体系，拓展社工职业发展空间，使基层服务和管理工作成为既受人尊重，也能吸引人、留住人的职业。按照“党委领导、政府扶持、社会承接、专业支撑、项目运作”的思路，完善“社区、社会组织、社工”四社联动机制，推动建立以社区为平台、社会组织为载体、社会工作专业人才队伍为支撑、社会志愿者为补充的社区服务管理新机制。

5. 积极推进基层治理法治化。全面推进依法治国，基础在基层，工作重点在基层。社区在全面推进依法治国中有不可或缺的地位和作用。

一是宣传普及宪法法律。坚持把全民普法和守法作为依法治国的长期基础性工作，深入开展法治宣传教育，培育社区居民遵守法律、依法办事意识和习惯，引导居民自觉守法、遇事找法、解决问题靠法，使大家都成为社会主义法治的忠实崇尚者、自觉遵守者、坚定捍卫者。

二是深入开展多层次多形式法治创建活动。推进社区服务设施相关立法工作。深化基层组织依法治理，发挥市民公约、乡规民约等基层规范在社会治理中的积极作用。要在社区广泛宣传社会主义核心价值观，弘扬中华优秀传统文化，增强法治的道德底蕴，强化规则意识，倡导契约精神，弘扬公序良俗。发挥法治在解决道德领域突出问题中的作用，引导居民群众自觉履行法定义务、社会责任、家庭责任，从源头上预防社会矛盾的产生，增加社会的和谐因素。

三是提高基层干部依法办事能力。发挥基层党组织在全面推进依法治国中的战斗堡垒作用，增强基层干部法治观念、法治为民的意识，提高依法办事能力。加强基层法治机构建设，强化基层法治队伍，建立重心下移、力量下沉的法治工作机制。

总之，推进社区建设与治理创新是一项长期而艰巨的任务，需要一个长期的探索实践过程。要坚持国际一流的标准，强化“法治、自治、共治、善治、德治”理念，强化居民群众主人翁意识和辖区单位社会责任，鼓励基层创新，完善多元参与、共同治理机制，共同打造一批具有中国特色、首都特点、时代特征的现代社区，使我们共有的社区家园变得更加美丽、更加和谐、更加宜居。

附件：社区年工作量统计表

（此文为市委社会工委委员、市社会办副主任王智玲2014年10月撰写的调研报告）

附件：

社区年工作量统计表

（朝阳区大屯街道提供）

项目名称	平均值
每名社区工作者平均入户次数	246
接受各类创建及检查次数	31
深入社会单位开展安全等各类检查次数	97
整理各类创建评比档案套数	9
组织参与各类活动次数	106
上报各类报表份数	956
各类物品宣传品领取发放张贴次数	831
社区撰写报送各类文字材料份数	258

北京市区域化党建带群建工作调研报告

赵济贵

随着改革开放不断深入和市场经济逐步完善，社会经济成分、组织形式、利益关系和分配方式日益多元化，越来越多的“单位人”变成“社会人”“社区人”，“两新”组织成为承接大量就业群体的重要载体，还有相当数量的流动人口在社会领域广泛存在。面对新形势，如何在社会领域延伸党建工作触角，推动党建工作科学有效，带动群团组织健康发展，不断扩大党组织和党的工作覆盖，充分发挥党组织政治核心和政治引领作用，是新时期城市基层党建工作面临的一个崭新课题。为此，北京市委社会工委组织专题调研组就如何推动社会领域党建带群建工作进行了调研，形成以下调研报告。

一、全市区域化党建带群建工作基本情况及主要做法

截至 2014 年 6 月，北京市有街道 143 个，2749 个社区党组织覆盖了全市 2779 个社区，共有社区党员 42 万余人。全市非公有制企业 10 万余家，单独建立党委 248 家、党总支 253 家、党支部 5725 家，联合党支部覆盖非公有制企业 7.5 万余家，非公有制企业党员数 15 万余人。全市社会组织 3 万余家，建立党组织 2441 个，社会组织党员 3.8 万余人。

2013 年底，在市社会建设工作领导小组办公室的大力支持下，通过社会建设专项资金购买服务方式，启动了本次全市区域化党建带群建工作调研活动。专题调研结合首都区域化党建工作特点和规律，以开展党的群众路线教育实践活动为契机，围绕中央和市委关于建设基层服务型党组织目标要求，在全市选取西城区金融街街道、朝阳区亚运村街道、海淀区学院路街道、石景山区八角街道、昌平区天通苑南街道作为试点单位，启动了区域化党建带群建试点工作。并在总结试点单位成功经验，借鉴各区县、街道典型做法基础上，结合近年来首都社会领域党建工作成效，梳理了社会领域党建带群建工作的主要做法。具体情况如下：

（一）加强组织联建，打牢区域化党建带群团建设工作基础

一是依托街道社区党组织统筹推进区域化党建带群建工作。通过在街道（乡镇）成立社会工作党委，在街道、社区开展“大工委”和“大党委”建设，统筹推进党建工作和工、青、妇工作。注重以党组织建设带动群团组织建设，以党建工作开展推动群团工作深入。截至 2014 年 6 月，已在全市 143 个街道、182 个乡镇成立社会工作部门，负责辖区内社会领域党建工作，并统筹协调工、青、妇等相关工作。探索推进街道“大工委”、社区“大党委”建设，全市 35.9% 街道，51.1% 的社区已完成建设。开展网格党组织建设，将工、青、妇等相关工作也一并下沉至网格，全市共划分单元网格 48367 个。石景山八角街道成立了社会领域党委，下设社会领域团委、社会领域妇联联盟、社会领域工会联盟。通过上述工作，有效实现了党组织领导下党建工作与工、青、妇工作同步推进。昌平区天通苑南街道将组织、宣传、工会、青年团、妇联等工作任务统一划归党群工作部。

二是依托商务楼宇服务站推进区域化党建带群团工作。近年来，通过在全市开展商务楼宇“五站合一”建设，探索出了党组织

领导下，充分发挥工、青、妇等群众团体“枢纽型”社会组织作用，联系群众、服务群众的有效途径。朝阳区亚运村街道工委依托辖区16座商务楼宇服务站，开展党建带群建工作。将楼宇划分为4个片区，设立4个中心站，招募了23名专职工作人员，推行楼宇“五站合一”建设。西城区金融街街道成立了商务楼宇工作联席会，将街道社区和楼宇企业党组织负责人，工、青、妇组织负责同志吸纳到联席会当中，共同研讨、交流相关工作和活动开展情况，邀请楼宇企业团员青年为楼宇工作站发展建言献策。立足楼宇内员工需求，特别是突出青年和妇女个性化需求，提供具有针对性的服务项目。

三是依托各类社会组织推进区域化党建带群团工作。部分区县、街道探索建立区、街级社会组织，统筹推进区域内、行业内党建带群建工作。朝阳区亚运村街道成立了朝阳区商会首家地区级分会——亚运村地区商会及党支部，通过开展需求项目调研，在此基础上，有效整合党建、工、青、妇等各方资源，认真梳理了旨在服务商会企业，涉及党建、工、青、妇等方面内容的上百项服务项目。

（二）完善机制联创，搭建区域化党建带群团建设工作平台

一是逐步形成党群工作协调共建机制。注重将群团工作纳入党建工作总体规划，统一部署、统一推进、统一考核，形成了党群工作协调联建机制。海淀区学院路街道建立了由组织部牵头，街道总工会、团工委、妇联、计生办、社区服务中心等部门组成的“党群工作一体化”建设联席会议制度。联席会每季度召开一次，沟通信息，交流工作。在已建立党组织，并达到组建工、青、妇组织要求的非公有制企业，以党组织为核心，建立健全工、青、妇组织，做到机构上对应设置、人员上交叉任职、工作上统一协调。昌平区天通苑南街道成立了以社区党支部为依托，将所属区域内大中型企业党支部联合起来的社会领域党群工作站，建立了与街道党群工作部相匹配的区域化党群工作组织架构。借助党群工作站，将党建、工、青、妇工作统筹考虑、共同研究、协调推进。

二是逐步形成党群工作整合联动机制。着力整合党建和工、青、妇等各方资源，努力营造党建、工、青、妇各部门协调联动工作局面。试点单位在整合人才资源、阵地资源、信息资源等方面积极探索。海淀区学院路街道对党群部门活动阵地进行有效整合，做到了阵地设备统一使用管理，活动资金统筹安排分配。将辖区内清华同方科技广场、北科大天工大厦、学知轩等商务楼宇党建工作站、工会工作站、妇联工作站、团委工作站、社会工作站整合为一块阵地，由党群组织共同建设、共同使用。石景山区八角街道统筹整合党组织和工会、妇联、团组织等资源，投资建设了八角街道党群服务中心，内设党（团）员服务站、党代表工作室、工会服务站、青年汇、妇女之家，为党（团）员提供组织关系接转、咨询、指导、维权等10余项“一站式”服务。积极推进社区规范化建设，街道20个社区办公用房面积全部达到350平方米。每个社区都设有党员服务站、活动室、电教室，真正实现了党群组织共同谋划、一室多用、资源共享。

三是逐步形成党群工作服务惠民机制。党群一体化建设立足服务改革、服务发展、服务民生、服务百姓，探索建立利民惠民工作机制。朝阳区亚运村街道北辰东路社区试点成立了商务楼宇服务协会，由社区、政府相关部门、工商税务、交通、医疗法律、楼宇物业、消防安全等27家成员单位组成，相继开展了为下岗失业人员找工作、为企业流动女工免费体检、为企业员工解决子女入托难等系列活动。协调工商、税务、劳动、卫生、计生等职能部门，逐步将公共服务项目送进楼宇企业，着力在提升楼宇服务站综合服务能力上下功夫。累计开展包括工商年检、政策宣传、医疗义诊、职介服务等活动114次，参与人次达5000余人。昌平区天通苑南街道依托社区社会领域党群工作站工作定位

和优势，利用工会、共青团、妇联组织覆盖面广的特点，通过推动群团建设增强党的工作影响力。在“三八”妇女节期间，与翠微百货志愿者们共同举办了生活常识展示会，讲解护肤小知识、鉴别金银首饰真假、丝巾系法及皮衣护理等知识。

（三）探索工作联动，推动区域化党建带群团建设取得实效

一是发挥党组织统领优势。在推进区域化党建带群建工作过程中，试点单位注重在发挥党组织领导核心作用上下功夫，努力在以党建指导群建上做文章。海淀区学院路街道以党建工作为龙头，依托街道党工委、工会、青年团、妇联等党群组织，大胆摸索党群工作“组织对接、目标同向、资源共享、活动联办”的共建共促、优势互补新模式。在党组织领导下，组织和引导群团组织找准工作切入点和活动平台，推动了党建带群建工作有序开展。石景山区八角街道切实发挥党组织引领作用，在整合工、青、妇力量基础上，推动资源共享、形成工作合力、建立了社会治理服务网格“一体化”指挥中心。在党组织领导下，利用党群共建网格，将社区划分成若干“党建带群建，党群共建”网格，各网格无缝衔接，形成了街道—社区—网格分级覆盖的工作局面。

二是突出群团组织配合作用。在推动党建带群建试点工作过程中，始终坚持以党组织为统领，推动工会、青年团、妇联等各项工作有序开展。在全市实施非公有制企业党建推进工程过程中，各区县创新方式方法，寻找工作突破口，在不具备组建党组织条件非公有制企业中，尝试先行建立工、青、妇组织，将党的工作覆盖到广大非公有制企业，通过发挥工会、青年团、妇联组织优势，让非公有制企业从中受益，获得非公有制企业负责人对组建党组织的认同。石景山区八角街道党工委大力支持群团组织开展活动，积极引导群团组织找准工作切入点，创新活动方式、丰富活动载体、拓展活动内容，坚持在党组织领导下，突出工、青、妇自身特色原则，推动工作开展。工会组织以提高组织覆盖为基础，强调职工主体地位，进一步创新组建方式，不断提高组建质量；共青团组织依托党组织开展了“新青年学堂”“新城市体验营”等特色活动，受到党、团青年好评；妇联组织通过开展“妇女维权周”“百名好儿媳”“女性家庭社区大讲堂”等活动，坚持以广大妇女儿童发展与维权需求为着力点。

二、全市区域化党建带群建工作存在的问题

（一）党建带群建工作体系需要进一步健全

各试点单位在工作推进过程中，普遍感到开展党建带群建工作时，还缺乏健全完善的工作体系。一些工作开展不是依靠有效的工作体系推进落实，还更多停留在靠印发文件、靠人情关系推动的阶段。完整的工作流程、健全的工作网络、有机的工作体系还不完全具备。在党建带群建过程中，党组织、工会、共青团、妇联组织各自职责任务还不十分明确，相关牵头部门还不十分明晰。工作中还存在很多薄弱环节，组织形式单调、手段缺乏、力度不够，不能有效整合社会资源，难以形成整体合力。党建带群建工作发展也不平衡，特别是在非公有制企业，党建带群建工作推进还存在很大难度，工作基础还不够扎实。

（二）党建带群建工作机制需要进一步完善

虽然经过一段时间探索，在推进党建带群团组织建设过程中，取得了一些成绩，建立了一些好的机制，形成了一些好的经验做法，但是从总体上看，工作机制还不健全完善，还有进一步拓展的空间。工、青、妇等群团组织的组织优势发挥还不够明显，资源整合力度还能够更加有效，联动共建特点体现得还不十分突出，工作方式方法还可以更加灵活科学。个别基层党组织在推进党建带群建工作时，缺乏计划性、长效性，仅仅将党建带群建工作停留在一般口号上，或只限

于基层组织建设上，党建带群建工作开展不深入、不扎实，或是在落实过程中流于形式，服务企业、服务职工群众、服务党员针对性不强，方式简单，这主要在于没有完备的工作体系，缺乏行之有效的工作机制。

（三）党建带群建保障力度需要进一步加强

从“有人管事”方面看，基层还不同程度存在推进党群共建工作人手不足的问题，特别是在进行大部制改革的街道，这个问题就更加突出。例如，天通苑街道成立党群工作部后，工作人员仅有5人，却需要对接18个上级单位，17个基层党支部，经常出现多个部门同时开会或开展检查的情况，部室人员分身乏术、疲于应对的情况一定程度上存在，削弱了党建工作力量。从“有钱办事”方面看，街道每年投入党建带群建经费尚不能满足开展工作和举办各类活动需要，在一定程度上阻碍了群团工作健康有序开展，制约了群团组织职能履行。社区、非公有制企业中共青团、妇联和工会组织活动经费更是难以保障，不同程度存在活动开展难的情况。从“有场地议事”方面看，部分基层单位党群活动中心建设还不能满足实际需要，一些社区活动场所设在地下室，不同程度降低了利用效率，影响了活动开展。

三、开展区域化党建带群建工作的意见建议

（一）加强顶层设计，健全工作体系

市、区两级党组织要把群团组织建设切实纳入党建工作整体布局当中，加强顶层设计，认真研究加强群团组织联动共建工作思路、目标任务、对策措施。在深入调研基础上，考虑以市社会建设工作领导小组办公室名义，适时出台具有针对性和可操作性的《全市区域化党建带群团组织建设的实施意见》，指导各区县在健全工作体系，完善组织架构上开展工作。注重将对党建带群建工作成效的考查，纳入全市社区党的建设“三级联创”考核调研当中，形成一级抓一级，层层抓落实的党建带群建、群建服务党建工作格局。

（二）完善工作机制，增强工作联动

应着力在加强体制机制建设上下功夫，形成科学有效的运行机制，突出党建与群团建设工作联动、资源整合。探索建立“党建带群建”工作联席会议机制。定期召开联席会议，由党组织和工、青、妇组织负责同志共同参加，统一思想、凝聚共识、分解任务，协调解决群团组织建设中重点和难点问题；市、区、街三级党组织和群团组织要探索建立“党建带群建”工作联系点机制。主要领导带头抓，组织部门具体抓，群团组织配合抓，每年安排1~2次下基层调研，深入联系点，了解情况、对接需求，帮助协调解决具体问题。可探索推进党群项目化管理机制。在推进党建带群建工作过程中，可在工作开展较好、成效明显、示范作用突出的单位中征集党建带群建工作项目，完善项目论证、审批、实施、评估等环节，实行项目化管理，推动基层党建工作由“虚”到“实”，由“定性”到“定量”转变。

（三）加大保障力度，推动工作落实

各级党委要进一步加强对群团工作领导，积极为群团组织开展工作创造良好条件。加强群团组织后备干部队伍建设，要根据新形势、新情况、新问题和群团事业发展需要，加大在经费投入、阵地建设等方面支持力度，建立完善群团工作经费保障机制，将群团组织工作经费和重大专项活动经费，纳入财政预算。对群团组织活动场所建设，要与社区规范化建设、公共服务设施建设、民生工程建设以及非公党群活动中心建设结合起来，整合资源，统筹使用，发挥好各类活动阵地作用。可探索建立政府购买社会组织服务方式，通过委托工、青、妇等“枢纽型”社会组织承接相关政府服务项目，为群团组织发展创造条件。

（四）创新方式方法，着力服务民生

党建带群建工作要与群众路线教育实践活动和基层服务型党组织建设要求结合起来，立足服务民生、服务百姓。各级党组织要注

重引导群团组织从自身特点和优势出发，开展工作。引导群团组织在维护和保障群众合法权益、为群众解决实际困难和问题等方面积极探索。基层党组织在工作推进过程中，要注重方式方法创新，努力形成符合基层实际，又具有推广价值的好经验、好做法。各级群团组织要在党组织领导下开展工作，注重结合自身工作实际，对接服务对象特殊需求，进一步提高工作有效性和针对性。

（此文为市委社会工委委员、市社会办副巡视员赵济贵2014年10月撰写的调研报告）

失独者心理创伤及行为倾向研究

张青之

1980年9月25日中共中央发表《关于控制我国人口增长问题致全体共产党员、共青团员的公开信》："提倡一对夫妇只生育一个孩子"，自此，我国成为世界上第一个强制实施计划生育的国家。30多年来越来越多的人响应计生政策，独生子女成为中国特色的产物。随着社会经济的发展，各种社会风险的存在，导致很多独生子女过早离世，使整个家庭结构可能面临破裂，给父母带来沉重的打击和巨大的心理创伤，这些父母被称作"失独者"。

2013年两会期间致公党的提案中指出："当前我国15岁至30岁的独生子女总人数约为1.9亿，这一年龄段的年死亡率高达万分之四，即中国每年新增'失独者'6.6万个，截至2012年，全国范围内的'失独者'至少有100万个"。随着失独者的规模日益增大，失独问题成为社会各界不得不面对和思考的重大问题。失独者的生存状况如何？有什么样的诉求？是否都存在经济方面的困境？心理健康如何救助？笔者通过对失独者心理创伤及行为倾向的研究，找到积极引导的途径，给予关怀和治疗，帮助他们走出悲痛，回归现实社会。

一、失独者心理创伤

（一）心理创伤的概念

心理创伤的定义为"超出一般常人经验的事件造成心理应激，并因此引发的心理症状"[①]。泰尔（1989）将发生在成年期的一次性创伤称为I型创伤；它包括急性应激障碍（ASD）、创伤后应激障碍（PTSD）、适应障碍等。创伤的发生都是突然的、无法抵抗的，通常会让人感到无能为力或是无助感和麻痹感。心理创伤不会自然愈合，常常会遗留很多并发症。依创伤的严重程度不同，环境中存在的与引发创伤相关的元素，会导致大约1/4甚至半数受害人长期陷入受到创伤引发的负性情感的侵袭之中，称为II型创伤，即复合型创伤。

（二）失独者的心理创伤

失独者在经历了"失子事件"之后，大部分处在精神恍惚、心理失衡、情绪失控的状态，难以正常生活，这与应激事件所形成的心理创伤具有高度相似性。比如在失子后，失独者出现分离症状的频率高，且更多地表现为以内疚、羞愧为主的症状群，常与抑郁紧密相关，可导致缺乏继续生活的勇气和自责，表现出麻木退缩或行为轻率，持续的羞愧也可导致易激惹、愤怒发作和暴力行为。失独者创伤具备广泛的功能及病理形态方面改变，一般不会自然愈合。在应激期内得到

① 《创伤心理学》，施琪嘉主编，盛晓春、童慧琦校编，谭红、周娟、王海峰、熊亚敏、陈静、黄晶晶、吴江参编，中国医药科技出版社出版，2005-11。

及时治疗与疏导的创伤者会有较好的愈后。没有得到治疗者会形成创伤后遗症。时间越长久，对个体身心影响越广泛，症状表现越复杂多样。若创伤后遗症患者出现负性情绪转移，并错误归因固化，就由Ⅰ型心理创伤演变成Ⅱ型心理创伤后遗症。

（三）初步探索帮助失独心理创伤者的对策

失独者以前是一个被刻意回避的政策性群体，得到心理疏导和治疗者微乎其微。这些创伤受害者因已经过了生育年龄，生育心理补偿机制作用基本丧失。因此，心理防御机制直接表现为社会怨怒，目前已经结成多种形式群体，在全国发起上访等行动。因此，以心理疏导为手段，作为一种前期介入，具有较高的可接受性、可实施性。

对于悲痛情绪严重者，尤其是个体记忆、技能、情感和其他知识被几乎切断，缺乏自信和自责，表现出麻木退缩，离群索居，行为轻率或自杀，持续的羞愧导致易激惹、愤怒发作和暴力行为。使用心理治疗与疏导技术，帮助失独者开展心理治疗，消除自杀自伤和危害社会的潜在因素，避免其由悲痛转向社会怨怒，使失独者重回生活正轨。

二、研究失独者心理创伤及行为倾向的必要性

针对全国失独者得到心理疏导和治疗微乎其微的现实，第一次提出失独者心理创伤为后遗症Ⅱ型定位。同时，提出了研究失独者社会怨怒转向，采取高分离治疗措施，这是课题设计的重点、难点问题，也是本论文的创新点和特色。

19世纪末的著名学者Janet提出了分离的概念，近几年对创伤进行系统的认知研究成为热点，当前存在着三方面焦点：一是“是否存在回避警戒”；二是“是否存在回避加工”；三是“是否存在回避记忆”。

笔者在四川抗震救灾中，对部分失子母亲进行了个别接触，发现这一分离现实。但是，目前国内还没有其他研究证实，分离个体对创伤性相关刺激的反应方式，是否也符合警戒—回避的加工模式，创伤性分离个体的注意加工模式，可能是具有非常重要的社会意义。回避能够阻止情绪加工，使高创伤性分离个体，继续维持与外界的和谐状态，避免触及和回忆过去的痛苦经历。在本课题研究中，这项理论在失独者家庭心理创伤治疗中得到验证，并认为可以广泛推广，找到一条重要的失独者心理治疗模式。“失独者通过与夭折子女的告别等仪式性心理疏导与暗示，将心理创伤封存起来，带着包扎的伤口出发”，这一治疗方案，将具有非常重要的理论和实用价值。

三、研究方法

本次研究采用个别案例访谈和心理健康状态网上问卷调查的形式，使用的问卷由北京市委社会工作委员会全市失独者调研项目组根据SCL－90症状量表最简版，命名为失独者心理健康状态评定量表。该量表的信度与效度经过了检验，具有较高的统一性和可信性。问卷由10个因子组成，分别反映10个方面的心理症状情况。被试者对这些题目做自我评定，问卷评分用5级评分法，“没有”评1分，“很轻”评2分，“中度”评3分，“偏重”评4分，“严重”评5分。

1. 个别访谈：分别与12名失独者一对一了解情况，主要包括个人和家庭的自然情况、失独的原因及过程、心理和生理发展变化情况及目前状态、对心理咨询和调适的需求。

2. 案例分析：将12名失独者的案例进行交叉分析，主要研究问题是失独的原因、失独者心理创伤程度、探索和研究心理咨询和调适的方式及方法。

3. 开展网上问卷：利用北京市委社会工作委员会项目组研制的《失独者心理健康量表》，通过“问卷星”网，以便于失独者网上答题，从9月24日至10月3日分别在中

国失独者、失独者慰藉群等QQ群中进行问卷，收集网上问卷48份，在阳光心理群、心理动力站等收集30份非失独问卷进行辅助性分析。

四、数据分析

本次研究共收集78份问卷，其中48份为失独者，30份为普通民众，均为有效数据。

问卷调查使用北京市委社会工作委员会项目组自制“失独者健康量表”问卷，该问卷基础是“北京居民健康问卷”，曾在2012—2013年度对北京居民进行5000份采样调查，具有较高的信度，并在失独者研究项目组调查中进行了同问卷、同人群的二次答卷，得到较高的可信度。整体调查分为三个步骤进行：一是在失独者单群体中调查并做效度测试，二是在一般群体中进行调查并做效度测试，三是将采样数据与北京居民健康数据进行交叉分析比较。

包括32道问题，其中客观数据10题，症状问题22题，包含10项因子。

客观题目主要包括：性别、年龄、职业、婚姻状态、个人收入、经济状况、身体状况、孩子性别、离去时间、离去原因。

症状题目包括：躯体化、强迫症状、人际关系敏感、抑郁、焦虑、敌对、恐怖、偏执、精神病性、其他。

五、研究结果

通过面询和问卷调查，失独者作为有明确内涵和外延的特殊群体，绝大多数心理创伤程度较深，需要治疗和咨询。部分失独者出现愤怒泛化，需要通过转变认知、接纳现实和关注自我等方法，使其回归现实，融入社会。

（一）失独者心理创伤

失独者悲痛情绪及脆弱情感。在面访对象中，多数失独者在失去子女后，都有着痛不欲生的悲痛情感过程，这是失独后心理创伤首要表现形式。面访案例：刘某有一独生子，多年来全家都是快乐地生活，正当他们幸福地为孩子购置新房、准备结婚的时候，一场意外却夺走了孩子年轻的生命。他们由此陷入常人无法想象的痛楚当中。半年来，其妻子每天都是以泪洗面，丈夫时常会在深夜或者躲在无人处痛哭。在调查问卷中，有83.3%的人有着悲伤感情表达。没有这方面感情表达的仅有8人，他们说眼泪已经哭干了，再哭也没有用。同时，除了失子之痛，失独者情感方面还极度敏感和脆弱，有时普通人的一句不经意的话语或许立刻引来这些父母的怒目相视或者失声痛哭。

（二）失独者心理障碍症状

1. 抑郁症状

抑郁情绪是失独者心态调查中得分最高的一个项目。失独者在震惊期之后，最强烈的反应是陷入了深深的抑郁和自责之中，有89.6%的人出现入睡困难，因子分为3.25分，与上海静安区112名独居老年人SCL－90调查的常模1.35（±）0.41分对比，也属于显著高分。睡眠困难说明生活和工作都受到了影响，面询中了解到几乎每位失独者都存在睡眠、吃饭、工作方面的困难，时间短的几十天，长的甚至在三年以上。

有自责感达到79.2%。交叉分析发现，抑郁程度与失独的时间正相关，与失独的原因有直接关系。经过长期治疗后，失子的人情绪有很大的缓解，而自杀者的父母经常会陷入到深深的自责中。常说失独者“能否走出来”，主要是指失独后多长时间能够脱离抑郁心态。个案调查分析发现，失独者在失独半年之后，回归正常生活比率仅占12%，另有58%的人会在一年后仍无法正常工作与生活。

2. 焦虑症状

焦虑情绪表现为：感到坐立不安心神不定，也表现为日常生活不能正常。许多失独者觉得孩子走了后，整个人只有身体、没有灵魂了：魂给孩子带走了。在个案面询中，如果社会支持系统保持完整的，对养老、看病等问题已经有依靠的，焦虑症状会有所减轻。家庭经济条件较好，如有退休金和富裕家境的人，焦虑情绪也会低。个案咨询中，单传家庭、贫困和自身有病等客观原因，成为焦虑情绪的重要根源。

3．偏执症状

失独者出现偏执现象与性别有很大的关系，在与女性失独者接触中发现许多人因丧子事件会出现心态变化甚至人格改变。同时，失独的原因如自杀、病故和事故三大类也会影响到失独者偏激心态，一位学生在网吧发生心脏病倒伏后长时间无人施救，造成抢救无效死亡，其父母忽略儿子心脏病的致亡根本原因，而固执追究网吧经营者的责任，常年打官司。从偏执因子量表看出，其中责怪别人制造麻烦的是31.3%，其余各项之和达到68.7%；而感到大多数人都不可信任的是22.9%，偏重和严重的达到43.8%，近乎一半。

4．精神病症状

失独者的精神病态是现实困境的转移。面访失独者中，部分人感觉到失去了子女，整个世界都没有意义了，情感变得冷漠起来，对亲人漠不关心，对周围事情不感兴趣。有的人脾气开始变得暴躁起来，经常会为一些小事而乱发脾气。有的性格突变，原本活泼开朗、热情好客的人，突然变得对人冷淡，与人疏远、孤僻不合群，生活懒散。还有行为诡异，发呆、独来独往，很难与别人交流。敏感多疑，对任何事都敏感起来，把周围的一切都附加在自己身上，以为别人都在议论自己，有时甚至会出现幻视、幻觉的症状。

（三）失独者行为倾向

1．回避倾向

面访中有这样一个令人心碎的例子。原本三口之家一起逛的商场，夫妇俩再未踏足；原本合家团圆的节日，夫妇俩却逃避亲友，“一见到别人家的孩子和父母快快乐乐地在一起，情绪就控制不住了。什么饺子、汤圆，原来都是我们喜欢吃的，但现在再也不吃了”；妻子有时穿起女儿生前的衣服，也惹来一场口角，“为什么不让我穿，我穿上衣服后，就感觉女儿在我身边一样！”因睹物思人，许多失独者极力躲避世俗人伦，经常采用回避方式，使自己远离失独情境或语境。

失独者精神压力来源还有人际和道德感压力。失独前即使是人际关系和沟通能力良好的人，在失独以后也有选择闭门不出或搬离原熟悉环境的情况发生，甚至有人过起了隐姓埋名的生活。“不孝有三，无后为大”“断子绝孙户”等观点，是造成失独者道德感焦虑的主要原因。因此，也可以理解为失独者在社会压力下的焦虑。

“失独者”家庭解体，也属于回避方式。有的家庭痛失爱子或爱女后，还有夫妻二人相濡以沫地共同分担着苦难，而有的“失独者”家庭连这样的“幸运”都没有。在经历了失子或失女之痛之后，很多妇女都失去了丈夫。她们的丈夫或承受不了巨大的痛苦，不久就身患重病，离妻子而去；或者是离家出走自此杳无音信。而选择离婚以逃避失独困境的比例也很高。本调查中，离婚为7人，占14.6%。

2．抱团倾向

唯一的孩子一旦离去，对整个家庭意味着毁灭性的打击，这些痛不欲生的父母，面临着忍受长期孤独，以及晚年生活无子女而带来的精神恐慌与忧伤。每到合家团圆的节日，为免触景生情，他们只好含泪躲亲避友。没有心灵慰藉，寂寞感让人崩溃。因此，许多QQ群成为失独者互相取暖的地方，腾讯上关键字为“失独”的QQ群数量有数十个之多，大多数没有地域限制，群员的规模也超过几万人。在这些QQ群或论坛里，素不相识但同样独苗夭亡的父母亲一起疗伤，可以在QQ群内发泄自己的情绪。还有的由线上交流转移为线下聚会，大家在一起学烹饪、学茶艺，跳舞唱歌……。

积极的行为可以影响他人，积极的反馈会使消极的情绪减少。不过，有应激相关障碍的人往往比较偏激，如果大家不断倾诉，容易形成集体抱怨。

3. 排斥倾向

“没有失去独生子女的人，不知道我们内心有多么痛苦”。这是失独者对非失独者采取排斥和拒绝的根本理由。一位失去独生子女的母亲说，计划生育对于他们实在是一种虐心和残忍，多子多福不无道理。我们这次上北京找国家计生委，回来后一想，这有什么用，就是计生委赔你，你不还是哭？一切都给你解决了，给你建专门的养老院，再补偿你50万，真的，你还是在原点，你永远走不出来。因此，许多失独者对于政府机关，甚至心理专家的帮助，都是采取回避甚至拒绝态度，他们觉得没有人能帮得了他们。

4. 诉求倾向

因车祸失去独生女的张某夫妇，在一家饭馆发现了一名与女儿外形酷似的女服务员，于是收养了女孩。然而，张的妻子完全将女孩看成了女儿再生，为此矛盾频生，终于有一天，女孩出门前给夫妇俩留下一封信，再也没回到这个家。通过领养等方法重组家庭时所面对的困境，可能面临另一次现实的打击。因此，几乎所有的失独父母都面临着一个现实的问题：即将步入老年的他们如何养老？某地街道办事处和民政局等机构充当监护人，在某种程度上解决了入住养老机构的途径和方式。然而，失独者却又非常敏感：“去社会养老院？别人有子女探望时会伤及我们心中的痛，我们不能在脆弱的晚年再受这么多的刺激与伤害。”在这种情况下，多个失独者团体通过网络商议，从各省市联合来京，向国家计生委申请补偿。在位于北京海淀区知春路的国家人口计生委人民来访接待室，他们呈秉一份共4000字的《关于要求给予失独父母国家补偿的申请》。申请书后，附有一千多个失独者的签名。

他们的诉求是：希望得到相应的经济补偿，由政府给失独者提供集中的廉租社区；希望相关部门出台相应的制度和法规，明确管理失独群体的机构，让失独者知道出了问题该去找谁。对于补偿金额，给出了一个计算公式：城镇居民年人均可支配收入（上年）×（全国平均寿命－孩子成活年龄）÷2。“这就等于如果孩子还在的话，可以给这个家带来的收入”。后面除以2，是因为父母要分开计算。因各地收入情况和孩子死亡时间的不同，这个算式的结果，少则30万，多则50万。该申请甚至提到希望将超生所征收的社会抚养费用于补偿失独家庭，以实现社会的公平正义。

5. 愤怒泛化

许多失独者经历失去爱子爱女之痛后，如果没有正确归因，常常会出现替代性归因，将失独责任转向政府的计划生育政策，并且由悲痛泛化为愤怒。有的失独者聚集上访，感觉到国家政策曾经宣传的“只生一个好，政府来养老”是欺骗性口号，而极力要求政府给予保障性政策。就目前而言，各地出台的失独者经济补偿办法并未解除他们的后顾之忧，愤怒情绪开始泛化。

六、对策讨论

（一）失独者心理创伤弥漫为Ⅱ型的原因分析

1. 宿命论

在调研中发现，很多失独家庭在失去唯一的子女之后无法走出阴影，总觉得自己倒霉，为什么别人都那么幸福，而灾难为什么就发生在自己身上呢？是不是自己前世伤天害理了，才受到“断子绝孙”的惩罚？这种宿命论观点，渐渐地使他们进入一个死循环，越是觉得不公平，就越自闭越孤独，从一个失独者又变成了一个孤独者。

2. 传统文化

失独家庭中很多父母都说，孩子去世后，自己就变成了双面人，在人前强打精神，回家就陷入痛苦当中，所以他们大部分人都宅在家里，不愿意出门，有时他们见到亲戚朋友家的孩子时，就会产生一种睹物思人的情怀，从而使他们更加悲伤，所以他们宁愿选择不出门。而且有些父母在失去子女后，渐渐觉得自己以后不可能再快乐，也不敢再快乐了。因为，在他们想来自己的孩子都走了，还有什么事情值得快乐呢？就算遇到快乐的事他们也不敢表露出来，因为他们觉得这才是一个失去子女后的父母所应该表现的样子。产生这种意识的根本原因在于中国传统文化，中国人的家庭观念孩子就是父母的一切，孩子都没了，那做父母的还有什么资格和脸面去面对未来呢？在许多外国人的观点中，他们觉得孩子是孩子，父母是父母，就算孩子没了，父母依然要开心地生活下去。

3．现实困境

无论在问卷中各项指标呈阴性的人，还是面询中号称自己“走出来了”，我认为都有或经历过心理创伤，“无后”不仅是中华传统观念中的道德压力，而且是当前的生存困境，有的失独者住院手术无人签字，年老之后无人照料，生活情感都有无法解决的现实问题，所以失子者经历的是失亲创伤，有精神困境，也有现实困境的客观存在。

（二）救助失独者心理创伤的介入

1．心态积极的失独者

在研究中，我们听到和看到，以及感受到这一群体的特殊性。例如，网上有近百个失独者 QQ 群，几乎都拒绝非失独者加入，包括志愿者和心理专家都不欢迎，笔者被几个失独者认为是政府“探子”，多次被踢出群。许多失独者自发组织小团体被称为“自己的家”，还有的失独者组织各种文化、旅行等活动，目的是“抱团取暖”，这从心理科学角度理解，具有团体心理支持作用。因此，在这些团体中，心态积极的失独者具有重要作用。例如，昌平区选择心态好的失独者组织互助小组，由政府给予一定的资金支持，开展了多次座谈、旅行和文体活动，并由失独者上门关怀困难的失独者，使全区无一名失独者参与上访等活动。相反，河南等地有一些“悲情人士”主导了上访者团体，使一些失独者的悲痛情绪转化为愤怒，发起了多次集体上访活动。

2．心理专业人士及志愿者

目前看多数失独者不寻求心理咨询和治疗，这与当前的心理咨询业没有普及和发展有关，而不是他们自身的不需要。虽然笔者被几个失独者认为是政府“探子”，多次被踢出群，但是还有许多失独者加本人为好友，对我表示支持，并与我交流情况，希望得到心理帮助。在昌平区失独者互助小组活动中，他们都希望我经常性地参加活动，了解他们的情况，给予心理疏导和引导。从其他区县了解的情况看，有心理咨询师积极介入，则关怀与温暖的力量会变得强大。朝阳区一个社会组织利用政府购买服务的资金，组织心理咨询师对失独者上门服务，使个别想自杀的失独者避免了极端行为，为患抑郁症的人进行了心理治疗，效果都很好。西城区红莲北里社区组织志愿者帮助单亲失独者做一些服务性工作，带领失独者开展旅行，被失独者所称赞。

3．政府相关部门担责

失独者仍然是一个被政府刻意回避的话题，正式文件中只见到计划生育特殊困难户的称谓，而没有失独者概念，因此政府出台的各项计划生育优惠政策并未满足失独者的诉求，使大批的失独者由心理创伤带来的悲痛情绪转化为愤怒情绪，这种心态的形成使心理服务遇到了巨大困难，各项心理咨询与调适办法被失独者所排斥。所以，政府有关部门正视现实问题，积极承担有关责任，研究制定相关政策和法规，切实解决“做手术无人签字”“住养老院无人担保”等具体问题，是他们最需要的。失独者聚众上访，具有明确诉求；帮助他们解决实际困难，能够直接影响到心理创伤的治疗。

（此文为市社会办副巡视员张青之2014年10月撰写的研究报告）

·综　　述·

2014年北京社会建设综述

2014年，全市社会建设工作紧紧围绕坚持和完善具有时代特征、中国特色、首都特点的北京社会建设体制、加快推进社会治理体系和治理能力现代化总目标，坚持以问题和需求为导向，立足当前，面向长远，抓改革发展，促和谐稳定，各项工作取得新成效。

一、学习贯彻党的十八届三中、四中全会精神和习近平总书记系列重要讲话取得新成果

与国家创新与发展战略研究会共同组织首都理论界和有关省市开展深入推进社会治理改革创新系列调研活动，与北京师范大学中国社会管理研究院等单位共同举办第四届中国社会治理论坛，产生一系列重要成果。与上海、广东等省市社会建设部门和贵阳市共同举办第五届全国社会建设年会，发布《中国社会建设报告（2014）》，与各研究基地合作产生中国社会治理突出问题与建言、《北京社会心态蓝皮书（2014）》等一系列新成果。推出大型电视纪录片《社会时代》和社会与法治宣传专题片《民情日记》，产生良好社会反响。

二、深化社会治理体制改革协调推进

成立社会事业与社会治理体制改革专项小组，编制专项小组重要改革举措实施规划，研究起草《深化首都社会治理体制改革若干意见》等系列文件，深入开展《北京市“十三五”时期社会治理规划》前期研究。推进医疗、养老等重点领域改革，推进街道、社区、社会组织服务管理体制改革，开展社区居民自治、社会动员、社会领域志愿服务体系建设等试点。据中国社会建设研究报告显示，全市社会建设综合评价指数名列全国31个省、市、自治区和15个超大型城市之首。

三、网格化体系建设快速推进

研究制定《关于加快推进“三网”融合全面加强网格化体系建设的指导意见》等“1＋3”文件。各区县网格化体系全部建立，并已覆盖302个街道（乡镇）、6190个社区（村），覆盖率分别达到92.4%和91.6%。14个区县基本实现区县、街道（乡镇）、社区（村）“三级”网格化体系建设全覆盖。网格化体系作用充分发挥，全年各区县网格化指挥中心处置报送事件905.75万件，解决率91.47%。共建成508个智慧社区，累计建成1033个，覆盖率40%。

四、社区建设取得新成效

修订“社区基本公共服务指导目录”及标准。新建207个“一刻钟社区服务圈”示范点，累计达1029个，覆盖1973个社区，覆盖率68%。新建社区规范化示范点120个，累计建成453个。完成114个老旧小区自我服务管理试点任务，累计达230个。完成113个村级社会服务试点任务，累计建成347个。协同市农委建成48个新型农村社区试点。2519个社区办公和服务用房达到350平方米以上标准，达标率86%。

五、社会组织建设实现新突破

新认定9家市级“枢纽型”社会组织，全市共认定市级“枢纽型”社会组织36家、区县级211家、街道（乡镇）级403家，联

系各级各类社会组织超过3万家，基本形成市、区县、街道（乡镇）三级“枢纽型”社会组织工作体系。利用市级社会建设专项资金购买社会组织服务项目708个，扶持资金9418万元。市社会组织孵化中心培育孵化社会组织40家，开展业务培训46期、培训4400余人次；共建成区县级服务（孵化）中心14个、街道级54个，“一中心、多基地”孵化培育格局初步形成。

六、社会工作者队伍建设取得新进展

全面落实《首都中长期社会工作专业人才发展规划纲要（2011—2020年）》。研究制定《关于进一步规范社区工作者工资待遇的实施办法（试行）》。成立社会工作事务所15家，累计建成75家，目前全市社工机构总数已达107家。购买145个专业社工岗位。培训社区工作者14000余名，两年累计培训34000余名。完成2014年社区工作者硕士研究生班招生。会同有关部门和培训机构举办第二届“北京市高级社会管理服务人才培训班”等培训。开展国际社工日、寻找首都“最美社工”和首都优秀社工评选等活动。

七、社会动员机制建设开创新局面

围绕“大城市病”治理、社区居民自治、共驻共建等开展第二批社会动员试点，覆盖808个社区，城市社区覆盖率36%。全市共成立市民劝导队2393支，队员超过10万人。进一步健全应急管理社会动员和社会领域维稳工作机制，开展“应急管理进社区”防灾减灾宣教活动，圆满完成全国“两会”、新中国成立65周年、党的十八届四中全会、APEC会议期间社会领域维稳任务。

八、志愿服务长效机制建设迈出新步伐

出台系列文件，推动市级“枢纽型”社会组织、商务楼宇、规模以上非公有制经济组织、社工事务所建立志愿服务组织。规范提升社区志愿服务站1875个，覆盖近80%的社区。9家市级“枢纽型”社会组织建立志愿服务组织，304个商务楼宇建成志愿服务站，在全市专业社工机构推广“社工+志工”的志愿服务模式。发布志愿服务项目1.3万个、岗位2.6万个。设立全国首个由财政出资保障的志愿者保险项目。全市实名注册志愿者达到245万人，注册志愿团体超过3.6万个。

九、社会领域党建工作取得新拓展

开展街道、社区区域化党建及群团组织建设试点，研究制定《关于进一步深化区域化党建工作的若干意见》。在市级“枢纽型”社会组织开展社会组织党委试点，全市新建社会组织党组织38个，累计达2463个。研究制定《北京市离退休党员干部担任非公有制经济组织党建工作指导员的管理办法（试行）》，举办新聘党建指导员和商务楼宇“五站合一”工作站负责人示范培训班，开展商务楼宇工作站示范点创建及集中推进月活动，非公有制经济组织党建工作取得新成效。

综合工作

【“当前社会治理迫切需要解决的突出问题专题座谈会”召开】 1月11日，由国家创新与发展战略研究会提议召开的“当前社会治理迫切需要解决的突出问题专题座谈会”召开。会议由市委社会工委书记、市社会办主任宋贵伦主持，就当前我国社会治理面临的突出问题进行了专题座谈研讨。国家创新与发展战略研究会会长郑必坚、副会长吴建民，中央政法委宣教室原主任李宝柱、民政部办公厅副主任王金华、国家行政学院决策咨询部副主任丁元竹、北京师范大学社会学系主任赵孟营以及广东、上海、南京、贵阳、大庆等地社会建设工作部门负责人出席，市委社会工委、市社会办领导赵小卫、张坚和北京市援疆指挥部副指挥长王想平参加座谈研讨。

（李 薇）

【2014年度购买社会组织服务项目现场评审会召开】 4月14日至5月16日，市社会建设工作领导小组办公室召开14场2014年度使用市级社会建设专项资金购买社会组织服务项目现场评审会，每场邀请2名业务专家、2名管理专家和1名财务专家，通过项目论述、专家提问、主责单位答辩等环节，对114个申报资金较大或主责单位推荐的重点项目进行现场评审。

（欧阳胜男）

【第四届中国社会治理论坛暨《社会体制蓝皮书》新闻发布会举行】 4月18日，第四届中国社会治理论坛暨《社会体制蓝皮书》新闻发布会在京师大厦举行。北京师范大学中国社会管理研究院、中国社会科学院社会学研究所、国家行政学院社会治理研究中心、中国行政体制改革研究会、清华大学社会科学学院、中国社会工作协会、社会科学文献出版社等单位领导和专家出席。市委社会工委副书记、市社会办副主任张坚参加并做主题演讲。

（李 薇）

【“当代中国社会大事典”编委会第一次会议成功召开】 4月19日，国家社会科学基金特别委托重大项目“中国社会管理创新研究信息库建设”之“当代中国社会大事典”编委会第一次会议在京师大厦举行。北京师范大学中国社会管理研究院院长魏礼群主持会议。国务院研究室党组书记、主任宁吉喆，中国社会科学院副院长、学部委员李培林，中华全国总工会书记处书记、党组成员赵世洪，北京市委社会工委书记、市社会办主任宋贵伦等相关单位领导和专家学者出席会议。

（李 薇）

【纪念陆学艺先生逝世周年学术座谈会举行】 5月10日，由中国社会科学院社会学研究所、北京工业大学、陆学艺社会学发展基金会、社会科学文献出版社联合主办的“纪念陆学艺先生逝世周年学术座谈会”在北京工业大学举行。与会者共同追忆陆学艺先生的学术成就和大家风范，总结回顾陆学艺先生的治学道路与治学精神。中国社会科学院学部委员、社会学所原所长景天魁，中国社会科学院副院长、学部委员李培林，北京市委社会工委书记、市社会办主任宋贵伦，北京工业大学校长郭广生共同为北京工业大学陆学艺思想研究中心揭牌。中国社会科学院副院长李培林，中国社会学会名誉会长郑杭生和北京工业大学纪委书记冯虹先后致辞。清华大学社会科学学院院长李强，北京大学教授周其仁，中国社会科学院社会学所所长陈光金，中国发展基金会秘书长卢迈，北京市委社会工委书记、市社会办主任宋贵伦及中共晋江市委常委、宣传部长林惠玲做主题演讲。

（李　薇）

【第四届中国社会治理论坛举办】 5月18日，以“创新社会治理体制”为主题的“第四届中国社会治理论坛”在北京师范大学英东学术会堂隆重举行。论坛由北京师范大学中国社会管理研究院、北京市委社会工作委员会、中国社科院社会学研究所、中国社工协会、清华大学社会科学学院联合主办。开幕式由北京师范大学中国社会管理研究院院长魏礼群主持。第十一届全国政协副主席李金华，北京师范大学党委书记刘川生，北京市副市长戴均良，中国社会工作协会副会长兼秘书长赵蓬奇出席并发表致辞。中共中央党校常务副校长何毅亭，中国社会科学院院长王伟光，北京师范大学校长董奇，中国社会科学院副院长、学部委员李培林，中共中央政策研究室原副主任郑科扬，第十一届全国政协社会和法制委员会副主任王东进，中华全国总工会书记处书记赵世洪，全国人大常委郑功成，北京市委社会工委书记、市社会办主任宋贵伦等领导和专家出席。魏礼群、李培林、宋贵伦等发表主旨演讲。论坛以创新社会治理体制为主题，围绕创新社会治理体制、改进社会治理方式、激发社会组织活力、加强法治社会建设、健全公共安全体系、完善社会保障制度五个方面集中研讨了社会治理创新的理论和实践问题。国务院有关部委司局领导，北京市委社会工委、市社会办有关领导，市级“枢纽型”社会组织、各区县社会工委、社会办和研究基地负责人，上海、广东、黑龙江、山东、河北、四川、江苏、湖北、安徽、新疆、广西、内蒙古等近20个省区市地方政府，以及高校科研机构、各类社会组织和企业代表400余人出席论坛。新华社、中新社、《人民日报》、《光明日报》、凤凰网等10多家新闻媒体代表参加会议。

（李　薇）

【《北京市社会领域节俭养德全民节约行动实施方案》印发】 5月29日，市委社会工委、市社会办印发《北京市社会领域节俭养德全民节约行动实施方案》，号召全市社区、商务楼宇、社会组织和广大社会工作者，积极参与节俭养德全民节约行动，开展节俭节约宣传教育、“节能利民”社会组织公益行动、“闲置物品共享行动”等，并广泛开展节俭养德社会动员。

（欧阳胜男）

【2013年度购买社会组织服务项目绩效考评完成】 6月18日至24日，市社会建设工作领导小组办公室成立由35位专家组成的绩效检查组，对2013年度项目进行实地检查和结项考评工作。2013年度购买服务项目工作共撬动配套资金10322万元，参与社会组织5037家，覆盖参与人群331.6万人次，开展活动192436场次，累计提供专业服务282万小时，印发宣传材料305.7万份，各项指标均较往年有所提升，取得良好成效。

（欧阳胜男）

【市社会建设工作领导小组办公室主任会议召开】 6月26日，市社会建设工作领导小组办公室召开主任会议。会议通报了2014年上半年全市社会建设工作总体情况、研究了下半年工作，原则通过了《北京市社会建设工作领导小组办公室上半年工作总结及下半年工作安排》，研究了新一批市级“枢纽型”社会组织认定有关工作，通报了2014年使用市级社会建设专项资金购买社会组织服务项目评审情况，审议了拟立项项目。会议强调，下半年全市社会建设工作要紧紧围绕以下几个方面：一是加快推进社会体制改革。筹备召开全市深化社会体制改革大会，印发《北京市深化社会体制改革实施意见》。二是加快推进精细化服务管理。出台并落实《关于加快推动“三网”融合促进网格化体系建设的意见》，制定《北京市网格化服务管理办法》系列文件。三是加快推进基层基础工作。启动社区基本公共服务“十大覆盖工程”，认定新一批市级“枢纽型”社会组织。四是加快推进社会领域党的工作全覆盖。调研指导社会领域第二批教育实践活动。

（欧阳胜男）

【2014年市级社会建设专项资金购买710项社会组织服务项目】 6月26日，经市社会建设工作领导小组办公室主任会议审定，2014年市级社会建设专项资金购买社会组织服务项目710项，其中社会公共服务类项目134个、社会公益服务类项目419个、社区便民服务类项目41个、社会治理服务类项目68个、社会建设决策咨询服务类项目48个，涉及资金总额9430万元。

（欧阳胜男）

【“身边好人、社会好事”宣传教育活动深入开展】 7月1日，市委社会工委印发《关于开展“身边好人、社会好事”宣传教育活动的通知》，鼓励社区、社会组织、非公经济组织、商务楼宇、专业社工机构等社会领域积极做好社会生活中好人好事的推荐工作。经社会领域各相关单位推荐、市委社会工委审核，共征集到127名身边好人和20件社会好事，12月22日刊发《法制晚报》专版，在社会领域形成了当好人、做好事的良好社会风尚。

（欧阳胜男）

【2014年度购买社会组织服务项目批复部署会召开】 8月4日，市社会建设工作领导小组办公室召开2014年度使用市级社会建设专项资金购买社会组织服务项目批复部署会。会议通报了全市2013年度购买社会组织服务项目结项检查和绩效考评以及2014年项目评审情况；部署了实施方案制订、项目合同签订、加强项目实施监管等有关工作。会议要求各主责单位和承接项目的社会组织高度重视项目实施方案制订工作，把为社会服务的好事做实做好，严格依法合规使用资金，注重总结经验，争取形成公益服务品牌。

（欧阳胜男）

【市“十三五”时期社会治理规划调研编制工作启动】 8月22日，市委社会工委、市社会办召开专题会议，传达学习全市“十三五”规划编制部署电视电话会议精神，正式启动“十三五”时期社会治理规划调研编制工作。会议对“十三五”时期社会治理规划编制提出三点要求：一是加强组织领导，成立市委社会工委、市社会办主要领导任组长，各有关单位参与的编制工作领导小组，加强编制工作组织领导和统筹协调；二是确定工作目标，在组织专家进行前期研究的基础上，开展1个综合、9个专题调研，年底前形成1个总报告、9个分报告；三是确立工作原则，坚持理论与实践相结合、继承与创新相结合、社会治理规划制订与深化社会体制改革文件修改相结合，扎实做好规划调研编制工作。

（李　薇）

【大型纪录片《社会时代》产生热烈反响】 9月22日至24日，大型电视纪录片《社会时代》在北京电视台纪实频道首轮播出，随后在北京电视台新闻频道、北京卫视以及搜狐、千龙、乐视网等多家视频网站播出，产生热烈反响，中央及市属媒体在重点版面进行了报道解读。《光明日报》在《论苑》理论版，整版刊发观众座谈会发言摘要和市委社会工委书记、市社会办主任宋贵伦创作谈，《经济日报》在言论版刊发宋贵伦同志专栏文章《社会故事 时代交响》；《新京报》对片中主人公进行专访，连续三天刊发深度报道；《光明日报》《新京日报》《京华日报》《法制晚报》刊发6集故事简介。在第一个国家宪法日（12月4日），中央电视台推出社会专题片精华版——《民情日记》，再次引起广泛好评。

（欧阳胜男）

【《社会时代》观众座谈会召开】 9月25日，大型纪录片《社会时代》主创单位市委社会工委、北京电视台、17创意机构联合举行观众座谈会，邀请专家学者、区县街道社区、社会组织、非公有制企业、专业社工及志愿者代表畅谈观后感，广泛听取各方反映，征求意见建议。参会人员普遍认为该片视角开阔，资料翔实，内容丰富，浓缩了改革开放30年中国社会发展，用崭新的视角剖析正在经历的社会变革，体现出制作者的社会情怀、专业精神、时代担当。

（欧阳胜男）

【2013年度决策咨询类项目结项评审会召开】 9月27日至28日，2013年度市社会建设专项资金购买决策咨询类项目结项评审会召开。经过清华大学王天夫教授、北京师范大学赵孟营教授等5位知名专家严格评审，2013年度购买的决策研究与信息咨询服务项目完成质量较往年有很大提高，参加评审答辩的10个项目全部合格。其中，清华大学等社会建设研究基地购买的3个项目评审优秀，中国人民大学等社会建设研究基地购买的5个项目评审良好。市委社会工委、市社会办将进一步加强项目成果应用转化，为市委市政府决策咨询提供参考。

（李　薇）

【2014年北京社会建设研究基地工作会议召开】 10月31日，2014年北京社会建设研究基地工作会议召开。各研究基地负责人汇报了2014年研究基地主要工作完成情况和2015年主要工作设想，特别是介绍了党的十八届三中全会以来，各研究基地在北京市社会建设和社会治理创新方面进行的理论研究和取得的进展、成果。会议通报了2012、2013年各研究基地购买决策研究和信息咨询服务项目结项情况，同时对2014年购买的决策咨询项目研究工作进行了部署。座谈交流阶段，与会人员围绕如何进一步加强沟通联系，增强调研针对性、有效性，提高决策咨询项目研究质量等问题进行了深入讨论，为进一步做好社会建设与社会治理创新理论研究工作提出了很好的意见建议。清华大学、中国人民大学等13家社会建设研究基地负责人和联系人，2012年、2013年市级社会建设专项资金购买决策咨询项目负责人和完成人参加会议。

（李　薇）

【《中国社会建设报告（2014年）》发布】 11月14日，国家创新与发展战略研究会社会建设与社会治理研究中心、上海华夏社会发展研究院在全国社会建设年会上联合发布《中国社会建设报告（2014年）》。报告依据《社会建设综合评价指标体系》，从社会保障、社会治理、社会环境、社会服务等四个方面共37项指标对国内各省市自治区、各特大型城市社会建设情况进行测评。报告显示，近年来全国社会建设整体水平呈持续上升态势，北京在全国各省、市、自治区和特大型城市中排名继续领先，北京市绝大部分区县比上年度有明显提高。

（欧阳胜男）

【“创新社会治理 加强社会建设”2014（贵阳）年会召开】 11月14日至15日，由国家创新与发展战略研究会、中国中共党史学会、北京师范大学中国社会管理研究院指导，北京、广东、上海等地8家社会建设工作部门发起，贵阳市委、市政府承办，以学习贯彻党的十八届四中全会精神、创新社会治理、加强社会建设为主题的2014（贵阳）社会建设年会圆满召开。国家创新与发展战略研究会会长郑必坚，北京师范大学中国社会管理研究院院长魏礼群发表演讲。贵州省委副书记李军及省委常委、贵阳市委书记陈刚分别致辞。北京市委社会工委书记、市社会办主任宋贵伦和上海、广东社会建设工作部门主要负责人，以及中央党校、国家行政学院知名专家学者分别做主旨演讲。贵阳、南京、大庆、温州、嘉兴等地代表也做了交流发言。会上，还为“2014中国城市管理进步奖”“中国社会治理创新范例50佳”颁奖，与会代表还参观考察了贵阳社会治理与基层建设先进典型。本届年会旨在深入学习贯彻党的十八届三中、四中全会精神，紧紧围绕“创新社会治理、加强社会建设”主题，进一步推动和促进各地城市间社会建设与社会治理的经验交流与工作合作，共同研究探讨创新社会治理、全面推进社会建设的重大理论与现实问题。中央党校、国家行政学院、中国社会科学院、国家创新与发展战略研究会、中国中共党史学会、北京师范大学等单位相关专家，北京、上海、广东、贵阳、南京、大庆、温州、嘉兴等地社会建设工作部门相关负责人，“2014 中国城市管理进步奖”和“中国社会治理创新范例50佳”获奖单位有关负责人，以及北京市、贵州省和贵阳市等多家新闻媒体出席年会。

（李　薇）

【第三届“首都社会建设与社会诚信论坛”举办】 12月13日，第三届“首都社会建设与社会诚信论坛”在北京交通大学科学会堂成功举办。论坛由市委社会工委、市社会办与北京交通大学北京社会建设研究院合作举办，主题为“社会诚信的理念、制度与践行”。论坛由北京交通大学党委副书记颜吾佴主持。最高人民法院审判委员会副部级专职委员、二级大法官刘贵祥，市委社会工委副书记、市社会办副主任张坚，第四届全国道德模范刘洪安等出席论坛。张坚致辞，刘贵祥、刘洪安及市委社会工委研究室主任岳金柱等分别做主旨发言。北京交通大学法学院学生会发布“诚信从我做起”倡议书。中国人民大学、首都师范大学、北京联合大学、北京交通大学、北京城市学院等高校的专家学者和在校大学生及东城、西城、朝阳、丰台等区县社会建设工作部门有关同志共100余人参加论坛。

（李　薇）

【全面建成小康社会新阶段社会建设系列调研座谈交流会召开】 12月13日，国家创新与发展战略研究会社会建设与社会治理研究中心，市委社会工委、市社会办共同召开“全面建成小康社会新阶段社会建设系列调研座谈交流会”。会议由市委社会工委副书记、市社会办副主任张坚主持。会上，课题组专家分别围绕“新中国成立后社会建设的历程研究”“中外社会发展及社会治理理论与实践经验研究”，以及“矛盾纠纷调解与维护群众权益机制”“社会道德诚信与诚信体系建设”“老龄化社会与养老服务业”“中国居民收入分配差距变化”“我国流动儿童生存和发展”“特大城市流动人口服务管理”“社会分层及不同群体的利益诉求”“防范和化解突出群体性事件”“互联网等新媒体管理”“青年流动人口服务管理”12个突出现实问题做交流发言。市委社会工委书记、市社会办主任宋贵伦出席座谈交流会并讲话。国家行政学院龚维斌、丁元竹、张林江，中国社会科学院当代中国研究所吴超，中国人民大学翟振武、段成荣，清华大学王天夫，北京师范大学高霞，北京交通大学陶杨，对外经济贸易大学廉思、卢垚，北京市社会科学院李洋，北京工业大学刘金伟等10余名专家学者和课题研究人员参加座谈交流会。社会建设系列调研（理论研究组）由国家创新与发展战略研究会社会治理研究中心与市委社会工委、市社会办共同发起，历时1年多，共12个课题组，分别从社会建设的历史研究、中外比较研究、当前突出问题研究3个层面进行深入探索，提出针对性对策建议。

（李　薇）

【社会领域“北京榜样”候选人推荐完成】 年内，全市社会领域组织开展2014年度“北京榜样”大型评选活动候选人推荐工作，全年共推荐报送社会领域“北京榜样”候选人22人，北京市“走进崇高”研究院副院长廖理纯当选“2014年度北京十大榜样人物”。

（欧阳胜男）

【全市网格化体系建设覆盖率超过90%】 年内，全市16个区县327个街道（乡镇）、6754个社区（村）中，网格化体系覆盖302个街道（乡镇）、6190个社区（村），覆盖92.4%的街道（乡镇）和91.6%的社区

(村)。东城、西城、朝阳、海淀、丰台、石景山、门头沟、房山、通州、顺义、大兴、怀柔、密云、延庆14个区县完成了网格化体系全覆盖，平谷和昌平区积极推进网格化试点与体系建设。东城、西城、朝阳、海淀、门头沟、房山、通州、大兴、顺义、怀柔、密云11个区县初步实现社会服务管理网、城市管理网、社会治安网“三网”融合。全年“三网”共上报社会服务、社会管理事件990.2641万件，办结905.7503万件，办结率91.5%。

（王晓娟）

【网格化体系建设“1+3”文件研究制定】 年内，着眼加强顶层设计，市委社会工委、市社会办研究制定《关于加快推进首都城市服务管理“三网”融合 全面加强网格化体系建设的指导意见》《北京市网格化体系建设基本规范》《北京市网格化体系建设“三网”融合指导目录》《北京市社会服务管理精细化测评指标体系》等“1+3”文件初稿，在全市范围内先后四次征求意见，共征集129条意见建议，采纳105条。

（王晓娟）

【全市“三网”融合工作取得初步成效】 年内，全市各区县全面启动“三网”融合推进工作，并取得明显进展，特别是在“三网”信息系统融合方面取得显著成效。东城区基本实现城市管理和社会服务管理“两网融合”。西城区推进城市管理、综治维稳和社会服务管理应急管理“四网融合”。朝阳区在信息系统和街乡工作机构方面基本实现“多网融合”，探索深入推进“三网融合”。海淀区基本实现“三网融合”，并在此基础上推进“多网融合”。丰台区在4个街道实现城市管理、社会服务管理“两网合并办公”。石景山区在网格划分上实现“三网融合”，推进工作融合。门头沟区以为民服务信息平台为依托，建设区、街（镇）、社区(村)三级指挥平台。房山区按照“多网融合”思路设计网格化指挥调度信息系统。通州区在全区推行“一张网一个指挥调度”信息系统。顺义区在区级层面实现社会服务管理与城市管理“两网融合”。大兴区建立“城市管理、社会服务、社会治理和安全管理”四个指挥系统，全区建立统一的电子网格地图。平谷区依托区应急指挥中心推进网格化社会服务管理、综治维稳、城市监督管理、政府公共服务、非紧急救助一体化运转。怀柔区基本实现社会服务管理、城市管理“两网融合”。密云县基本实现城市管理、社会服务管理、综治维稳、应急管理、非紧急救助“多网融合”。延庆县实现社会服务管理、城市管理、综治维稳、生态环境保护、应急管理等“多网融合”。

（王晓娟）

【市委社会工委、市社会办机关建设不断加强】 年内，市委社会工委、市社会办采取有力措施，进一步推进机关自身建设。一是顺利完成机关党委、纪委、工会委员会换届工作。二是扎实开展理论中心组学习，先后召开理论中心组学习（扩大）会20余次，班子成员带机关干部深入学习党的十八大以来党中央重要文献，深入学习习近平总书记系列重要讲话，深入学习中央和北京市重要会议精神，并结合思想和工作实际交流学习体会。三是认真组织联系点调研、在职党员进社区等工作。委办领导深入教育实践活动联系点调研，机关各支部开展“三进两促”活动，机关在职党员完成与委办教育实践活动联系点——东城区龙潭街道左安漪园社区工作对接。四是积极丰富机关文化生活。举办庆“三八”妇女节讲座、“读书、荐书、评书”学习交流演讲比赛、纪念“五四”运动95周年活动、“远离毒品 奉献公益”主题教育活动等，并组织参加市直机关职工运动会、“共产党员献爱心”捐款活动等。

（郭　克）

社区建设

【概况】 年内，全市社区建设按照“深化改革、细化标准，扩大覆盖、全面提升”的工作思路，以社区治理和服务创新为重点，取得了明显成效。一是社区规范化水平取得新提升，新建规范化示范点120个，累计建成453个，2213个社区完成服务站新标识系统安装，1786个村安装了社区标识系统。完成了第二批社区用房建设项目，启动第三批项目的立项评审，全市城市社区用房达标率达到86%。二是社区服务体系建设取得新成效，“一刻钟社区服务圈”项目连续五年纳入为民办实事项目和折子工程，新建示范点207个，累计达1029个，覆盖1973个社区，覆盖率达68%，居民满意率超过90%。三是社区民主自治工作取得新突破，以社区居民自治为核心，新建老旧小区自我服务管理试点114个，累计达230个。社区民主自治工作有序推进，东城、朝阳区被确定为全国社区治理和服务创新实验区。四是城乡社区一体化建设取得新成绩，新建村级社会服务试点113个，累计达347个。五是社区居民参与迈上新台阶，会同相关部门举办京台社区发展论坛、周末社区大讲堂、“和谐杯”乒乓球比赛、“感动社区人物”评选、公安部“百名青年干部进社区”等活动，对“北京魅力社区”评选活动进行规范。《人民日报》、新华社等多家媒体对全市社区建设成果进行了专题报道。

（王胜健）

【两城区入选“全国社区治理和服务创新实验区”】 1月，民政部将北京市东城区、朝阳区等31个单位确认为“全国社区治理和服务创新实验区”，实验时间从2014年1月至2016年12月，为期三年。其中东城区围绕“多元参与、协商共治”主题，实验探索社区多种主体、多种协商制度和机制之间的关系，完善协商共治机制，培育协商共治体系，拓宽共治渠道，形成社区多元参与、协商共治的模式和途径。朝阳区围绕“加强共商共治、构建协作式社区”主题，以协商民主为切入点，实验探索老旧小区、商品房小区、保障房小区三类社区治理服务问题解决方案，形成社区分类治理工作机制。

（王胜健）

【全市社区用房规范化建设专项工作推进会召开】 1月23日至24日，市社会建设工作领导小组办公室组织召开社区用房规范化建设专项工作推进会，市、区两级发展改革委、社会办主管领导及项目负责人60人参加会议。会上就进一步完善已完成社区用房项目的建设手续、加强资金监管以及做好第三批项目的准备工作进行了指导，对下一阶段项目审批进度和要求进行了部署说明。

（王胜健）

【第二批社区用房规范化建设项目网上公示】 截至2月份，市政府固定资产投资资金已支持建成891个社区用房项目，大幅度改善了社区服务条件。为更好发挥社区用房项目的综合使用效益，全市探索建立社区用房项目的社会监督机制，对已建成项目分期分批进行公示，接受社会各界对社区用房投入使用情况、功能设置、运行维护等方面的监督。继首批400个项目公示后，第二批400个项目通过“北京社会建设网”上线公示，公示率达到89.8%。其余项目也将陆续上线公示。

（王胜健）

【全市最大村级社区服务站投入使用】 2月18日，丰台区花乡黄土岗村社区综合服务站正式投入使用，总面积3800平方米，是目前全市最大的村级社区综合服务站。其中，

1300平方米为卫生服务中心，2500平方米为文化活动中心，总投资1200万元。该服务站集卫生服务站、物业、乒乓球室、棋牌室、图书室、演播厅于一体，村民不出村就可以享受到一应俱全的社区服务。今后，服务站将充分发挥宣传教育、技能培训、娱乐休闲、服务民生等方面的作用。

（王胜健）

【周末社区大讲堂和系列科普活动启动】 2月27日，市委宣传部、市委社会工委、市科委、市社科联联合召开“培育和践行社会主义核心价值观座谈会暨2014北京社科普及工作交流会”，启动北京周末社区大讲堂、系列科普讲座和科普试验基地活动，有关专家学者、新闻媒体记者等90余人参加会议。活动以弘扬主旋律、凝聚正能量为主线，围绕“培育社会主义核心价值观，满足人民群众文化需求”主题，组织开展关于历史文化、家庭教育、经济理财、法律保障、健康养生等方面的讲座活动，普及人文社科知识，丰富人民群众精神文化生活，加大社科普及文化惠民力度。

（王胜健）

【北京市居住公共服务设施配置指标完成修订】 2月，市政府印发了《北京市居住公共服务设施配置指标》和《北京市居住公共服务设置配置指标实施意见》。文件在原“千人指标”基础上，进一步优化调整了配套设施指标框架，从原有的36项增加到52项，新增项目包括托老所、社区文化设施、便利店、再生资源回收站点、社区助残服务中心等，进一步完善了社区管理服务、养老、医疗、教育、文化体育等关系民生的指标，为提升广大居民生活品质、建设绿色生态宜居环境创造了条件。

（王胜健）

【“一刻钟社区服务圈”建设连续5年纳入市政府实事项目】 3月，市政府将“建成200个‘一刻钟社区服务圈’示范点，让群众在家门口就能享受到10大类60项基本公共服务”纳入拟办重要实事项目。此项工作由市社会办、市商务委、市民政局共同主责，已经连续5年纳入市政府办实事项目和市政府折子工程。

（王胜健）

【公安部百名青年干部进社区参加志愿服务】 3月28日，由公安部直属机关党委与市委社会工委共同组织的“百名青年干部进社区”志愿服务活动启动。首批来自公安部机关各单位的114名青年干部，将在为期1年的时间内，深入北京市9个区县52个街道的100多个社区，每月利用1个工作日和周末、节假日等业余时间，开展社情民情警情调研、困难群众帮扶和志愿服务等工作。中央国家机关团工委、北京市公安局有关领导参加了启动仪式。

（王胜健）

【第七届“十大感动社区人物”评选揭晓】 3月28日，由市委宣传部、市委社会工委、首都文明办指导，新京报社主办的第七届“十大感动社区人物”评选活动揭晓。本届活动以“发现公民榜样”为主题，自2013年10月28日启动，到2014年3月28日评选结束，历时近6个月，先后有180个街道（乡镇），400多个社区、近200余万人参与。按照“维护公共利益、热心慈善事业、参与社区事务、爱护自然环境、勇做平民英雄”的标准，经过各区县、街道、社区及相关组织推荐和个人自荐等方式，共推荐产生了231位先进典型人物，新京报社集中宣传报道，经评委会现场投票，评选了王荣贵、韩堆堆、汤仪、李高峰、王艳蕊、王涛、葛立梅、孙茂芳、葛明洋、窦珍10位“感动社区人物”，产生了良好示范带动作用，成为首都百姓口碑好、社会反响好的公益品牌。

（王胜健）

【“2013 年度中国社区治理十大创新成果”揭晓】 4 月，在由民政部政策研究中心、人民网、新华网、《中国社会报》、中国社区发展协会、民政部基层政权和社区建设司共同组织开展的“2013 年度中国社区治理十大创新成果”遴选活动中，朝阳区“‘政社共商共治’基层社会治理新模式”成果位列其中。此外，朝阳区保障房地区专业社工服务项目也于日前被民政部列为“全国社区治理与服务创新实验区”重点实验项目，获得中央财政资金支持。

（王胜健）

【废旧自行车回收公益项目启动】 6 月，为解决废旧自行车随意堆放影响市容及社区环境卫生、影响社区居民出行等问题，市城市再生资源服务中心组织会同市公安局治安总队，启动“北京市废弃自行车回收处理服务项目”。利用市社会建设专项资金购买社会组织服务，首批“废旧自行车回收站”在 9 个社区设立，年内将完成 100 个回收站点设置工作。市城市再生资源服务中心将统一对回收自行车进行维修、翻新、统一标识，免费提供给各高校大学生使用。

（王胜健）

【西城、朝阳区列为全国养老服务业综合改革试点地区】 7 月，民政部办公厅、国家发展改革委办公厅下发《关于做好养老服务业综合改革试点工作的通知》，确定西城、朝阳等 42 个地区为全国养老服务业综合改革试点地区。根据要求，北京市将从财政、金融、土地、规划、税收、人才、技术及服务模式等方面给予政策扶持，解决养老服务业发展的瓶颈问题，力争出台一批可持续、可复制的政策措施，为全国养老服务业发展提供经验。

（王胜健）

【市社区与经贸代表团赴台湾考察】 为促进京台交流与合作，市政府副秘书长戴卫率北京市代表团一行 26 人，于 8 月 6 日至 12 日赴台湾进行社区交流和经贸科技合作考察。代表团通过参加论坛、基层交流、实地参访、座谈互动、爱心捐赠等多种形式，重点围绕台湾社区管理规划、智能社区、社区医疗、社区养老服务等工作，实地参访了台湾多个市县的社区和社会团体，与台湾社会各界人士进行了深入广泛交流，有效促进了两岸社区建设和经济文化交流，取得了重要成果。

（王胜健）

【全市社区建设工作专题培训班举办】 培训班由市委社会工委、市社会办组织，于 8 月 28 日至 29 日举办，邀请专家学者分别围绕深入推进和完善首都社区治理、提高社会治理能力、当前社会建设发展的新趋势等专题进行讲授，并就重点工作进行学员交流。对 2014 年上半年社区建设工作进行总结，对下半年工作进行再部署。各区县委社会工委、社会办主管领导、科长，重点街道、社区负责同志共 160 人参加培训。

（王胜健）

【第八届“和谐杯”乒乓球比赛总决赛举行】 9 月 20 日至 21 日，由市体育局、市社会办、市民政局、市直机关工委、市教委等单位共同主办的北京市第八届“和谐杯”乒乓球比赛总决赛，在昌平区体育馆举行。比赛 5 月至 9 月启动，以基层为重点，以市民为主体，经过预、复、决赛层层比赛选拔，参与人数达到 115 万人。“和谐杯”乒乓球比赛历经八届，通过系统组织，扩大市民参与范围和参与面，深入社区、直达基层，是北京市举办的规模最大、涉及面最广、影响最深的单项群众体育活动，成为弘扬和践行社会主义核心价值观、促进社区和谐的重要品牌活动。

（王胜健）

【致公党中央调研北京市社区治理和养老服务工作】 10 月 24 日，致公党中央副主席、全国人大常委会委员闫小培一行到北京市调研社区治理和养老服务工作。调研组一行实地查看了朝阳区八里庄街道朝阳无限社区“一刻钟社区服务圈”示范点建设和为老服务等情况，听取了市委社会工委、市社会办和相关单位工作汇报，对北京市社区治理工作给予高度评价。

（王胜健）

【7 所高校对接 27 个社区提供志愿服务】 10 月，中国地质大学、中国科技大学、中国农业大学等 7 所高校分别与展春园、学知园等 27 个社区开展长期的志愿服务结对子活动。社区可根据自身情况向结对子高校提出服务要求，高校也可根据自身专长向社区提供志愿服务。作为回馈，街道将设立志愿服务“爱心奖学金、助学金”，并建立志愿服务时间储蓄制度，对志愿服务进行适度激励。

（王胜健）

【台南市里长会长联合总会参访团到社区参观交流】 11 月 14 日，台湾参访团分别到朝阳门街道史家社区居委会、社区服务站和史家胡同博物馆进行实地参观。台南市里长会长联合总会总会长陈玉辉，以及各位会长、里长对朝阳门街道史家社区各项工作和社区活动均给予高度评价，与会人员还就组织社区居民、驻社区单位共同参与社区自治进行交流。

（王胜健）

【全市街道办事处主任集中培训班完成】 12 月 1 日至 5 日，市委组织部、市委社会工委、市委党校二分校联合举办全市街道办事处主任集中培训班。培训班组织了专题讲座、分组讨论、学员论坛，观看了《社会时代》专题片，并组织学员代表交流发言。来自中央党校等单位的专家和领导，分别围绕党的十八届四中全会精神解读、社会治理创新与多元共治、依法治国与社会治理、深化社会治理体制改革、加强街道社区党风廉政建设等进行专题授课。培训班采取学员自我管理方式进行，全市街道办事处主任、西藏自治区拉萨市和河北省滦平县交流干部，以及相关主管部门工作人员，共 165 人参加培训。

（王胜健）

【全市人大代表社区建设征求意见座谈会召开】 会议于 12 月 11 日召开，市委社会工委邀请在社区任职的市、区人大代表，就“十三五”全市社会建设和治理规划、当前社区工作面临的难题和居民群众最急需的服务，以及 2015 年全市社区建设工作思路等听取了人大代表意见建议。人大代表对近年来全市社会建设工作取得的成效给予充分肯定，就进一步划清社区和政府工作界限、增强社区自治功能、统筹整合社区创建评比、建立统一社区信息系统、建立完善薪酬制度等提出建议。

（王胜健）

【京台社区发展论坛在京举办】 论坛由市台办、市社会办共同主办，以“同心筑梦 共促发展”为主题，于 12 月 15 日在北京台湾会馆举办。来自京台两地专家学者、街道、社区以及媒体代表近 200 人参加本次论坛，分享京台两地社区创新经验，深化京台社区交流与合作。台盟中央副主席、中华全国台湾同胞联谊会副会长苏辉、北京市副市长戴均良出席本次论坛并致辞。论坛上，北京海峡两岸社区发展研究中心正式揭牌成立，并与台湾金马台澎两岸交流协会举行京台社区交流合作项目签约仪式，京台两地社区合作交流进入新阶段，双方将以街乡、社区为重点，围绕京台社区发展、民俗文化交流、养老服务、科技发展、环境保护等方面，开展持续性、常态性基层交流，进一步增进京台民众的了解和感情。

（王胜健）

【全市社区建设总结座谈会召开】 会议于 12 月 17 日由市委社会工委、市社会办组织召开，对社区年度重点工作检查验收情况进行了通报，各区县对2014年社区建设工作亮点、2015年工作思路及“十三五”全市社区建设和治理的意见建议进行了交流，各区县委社会工委、社会办主管领导、科长共60人参加会议。

（王胜健）

【全市社区建设专家座谈会召开】 会议于12月24日由市委社会工委、市社会办组织召开，邀请从事社区治理研究和实践专家，就“十三五”时期北京市社区建设的重点任务和推进建议进行了深入探讨，对2015年全市社区建设工作思路提出了意见建议。

（王胜健）

【“十三五”时期首都社区建设与治理创新专题调研开展】 12月，结合年度重点任务检查验收，市委社会工委、市社会办组织召开人大代表、专家学者、社区工作人员多个层面座谈会，广泛听取各方意见建议，了解全市社区治理现状和存在的主要问题，研究提出“十三五”时期首都社区建设与治理创新的对策建议。

（王胜健）

【全市新建50个国家级综合减灾示范社区】 12月，国家减灾委员会、民政部下发《关于公布2014年“全国综合减灾示范社区”名单的通知》。北京市东城区交道口街道菊儿社区、西城区西长安街街道西交民巷社区、朝阳区呼家楼街道新街社区、海淀区万寿路街道复兴路40号社区、丰台区太平桥街道首威社区、石景山区八角街道八角北里社区等50家社区新建成全国综合减灾示范社区。

（王胜健）

【全市新建51个首都绿化美化花园式社区】 年内，全市充分发挥绿化美化改善首都市生产、生活、居住环境作用，切实提高社区绿化美化水平，服务广大市民，创建首都绿化美化花园式社区51个、花园式单位142个、首都绿色村庄80个。

（王胜健）

【全市“一刻钟社区服务圈”覆盖率达到68%】 年内，全市新建成207个“一刻钟社区服务圈”示范点，超额完成市政府为群众拟办重要实事项目任务。经过连续5年建设，全市累计建成1029个“一刻钟社区服务圈”示范点，惠及居民1260万人，覆盖1973个城市社区，覆盖率达到68%，提前完成“十二五”规划目标。

（王胜健）

【社区用房规范化建设项目取得重大突破】 年内，全市城市社区用房达标率提高到86%。完成了第二批项目手续完善、资金核定和后续支持资金拨付工作。启动第三批项目立项评审工作，继续对已建成项目分期分批进行了网上公示，市政府投资支持项目公示率已达100%。房山区率先实现社区服务用房全部达标。东城、朝阳、海淀、石景山、顺义、平谷等区县达标率超过90%。

（王胜健）

【全市社区规范化水平取得新提升】 年内，全市新建120个社区规范化示范点，累计建成453个。2213个社区完成服务站新标识系统安装，1786个村安装社区标识系统。通过发挥示范点的示范、带动、辐射作用，全市社区规范化水平大幅提升，区县亮点纷呈。西城区积极搭建区域化共建共享平台，逐步完善服务设施网络和运行机制。门头沟区通过创建“一居一品”和“一居多品”社区，“量身定做”生态型、助老型、共建型等特色品牌社区。通州区印发深化楼门文化建设的实施意见，专人专项资金推进楼门文化建设。怀柔区以举办APEC会议为契机，充分发挥社区工作者、社区志愿者和居民骨干的作用，推进社区精细化管理。

（王胜健）

【全市老旧小区治理工作成效明显】 年内，全市以社区居民自治为核心，继续推进老旧小区自我服务管理试点建设，建成114个试点，累计达230个，老旧小区服务差、环境乱、停车难等问题得到有效缓解。各区县积极探索，朝阳区实施“小区家园计划”，实施精细化管理，丰台区出台“1+6”文件解决老旧小区治理难题，大兴区探索成立区级老旧小区自我服务管理社会组织，延庆县开展物业服务管理改革对居民住宅小区进行分类指导，取得明显成效。

（王胜健）

【全市建成347个村级社会服务试点】 年内，全市新建成村级社会服务试点113个，累计达到347个，进一步规范了村庄社会服务管理职能，完善了组织体系，创新了服务机制。

（王胜健）

【研究起草《北京市居家养老服务条例》】 年内，为贯彻落实国务院《关于加快发展养老服务业的若干意见》，北京市出台《北京市居家养老服务条例》，明确在城乡社区配置托老所和老年活动场站。条例规定：新建居住区的养老设施，应当与住宅同步规划、同步建设、同步验收、同步交付使用。老旧小区没有养老设施或者现有设施未达到配建指标的，所在区、县人民政府应当通过购置、置换、租赁等方式配置；社区配建的养老设施出租用于其他用途的，应当收回用于社区养老服务。同时，整合社会资源，制定鼓励政策，引导企业事业单位和个人将居住区附近闲置的场所和设施，用于开展居家养老服务；引导机关、团体、企业事业单位开放所属场所，为附近社区的老年人提供服务；引导农村地区依托行政村、较大自然村，利用农家院等场所，建设托老所、老年活动场站等养老设施，开展居家养老服务。

（王胜健）

【各区县积极做好公安部青年干部进社区志愿服务工作】 年内，东城、海淀、丰台区召开青年干部与社区工作对接会，介绍区情和街道、社区主要工作情况，现场进行工作对接。西城区对青年干部进行专题培训，明确青年干部重点开展安全社区建设、基层警务工作等内容。朝阳区邀请社区建设专家对青年干部进行培训，实地参观安贞街道安华西里社区，观摩全区“社区工作者基本功技能大赛”。石景山、顺义、昌平、大兴区积极帮助青年干部了解社区情况，选定志愿服务项目，研究确定调研课题，推动活动深入开展。

（王胜健）

【全市53家单位被确定为全国和谐社区建设示范单位】 年内，东城、西城、朝阳、海淀区被民政部确定为“全国和谐社区建设示范城区”，东城区东花市街道、西城区德胜街道、朝阳区麦子店街道、海淀区万寿路街道、通州区中仓街道、大兴区兴丰街道、密云县鼓楼街道等7个街道被确定为“全国和谐社区建设示范街道”，东城区崇文门外街道新怡家园社区、西城区什刹海街道西什库社区、朝阳区双井街道九龙社区等42个社区被确定为“全国和谐社区建设示范社区”。

（王胜健）

社会组织建设

【概况】 年内，全市社会组织建设以完善“枢纽型”社会组织工作体系为核心，以充分发挥各级各类社会组织作用为重点，以培育引导社会组织健康有序发展为目标，采取有力措施，取得明显成效：一是“枢纽型”社会组织工作体系进一步完善。新认定9家市级“枢纽型”社会组织，截至年底，全市共认定“枢纽型”社会组织市级36家、区（县）级211家、街道级403家，联系各级各类社会组织3万余家，市、区（县）、街三级“枢纽型”社会组织工作体系进一步完善。二是社会组织支持服务力度进一步加大。继续开展购买社会组织管理岗位工作，年内共向231个社会组织购买300个管理岗位；以贯彻党的十八届四中全会精神为主题，连续举办5期“北京大学—北京市社会组织治理创新高级研修班”，“枢纽型”社会组织及行业协会商会、慈善公益组织等方面代表750人参加培训；研究制定《北京市社会组织负责人服务联系卡使用与管理办法》，为全市主要社会组织负责人制发服务联系卡，逐步提高联系服务社会组织的信息化、精细化水平。三是社会组织培育孵化工作进一步加强。市社会组织孵化中心全年新培育孵化社会组织40家，举办社会组织能力建设培训及沙龙46期，培训4400余人次，服务社会组织500余家，举办了“社·创·新思维公益周”“行业协会主题培训月”等活动，在公益服务领域产生广泛影响；通过主题咨询、专题培训、技术输出等方式，指导区县、街道社会组织服务（孵化）基地建设，目前全市共建立区（县）级社会组织服务（孵化）中心14个、街道级54个。四是“2014年北京社会组织公益行”系列活动成功举办。36家市级“枢纽型”社会组织和16个区县共举办活动项目1700余项、3000余场次，涉及养老助残、扶危济困、科教卫生、文化体育、法律援助等10多个领域，服务城乡居民超过百万人次；评选、表彰北京市社会组织公益服务品牌100个，其中金奖10个、银奖30个、铜奖60个，引导社会组织积极开展公益服务品牌创建活动。五是社会领域维稳工作扎实开展。支持“枢纽型”及相关社会组织发挥作用，积极参与“两会”、国庆及APEC会议期间维护社会稳定工作；配合市综治维稳部门，就推进社会组织参与矛盾化解、服务特殊人群等提出对策建议。

（白　冰）

【市妇女儿童社会组织公益服务基地成立】 1月9日，市妇女儿童社会组织公益服务基地在国家会议中心正式揭牌成立。该基地由国家会议中心提供场地、市妇联以“活动”为载体开展社会组织培育工作、志愿者负责具体事项的承办，主要开展三项工作：一是举办以项目设计、项目管理、志愿者服务、公益创投等为主要内容的北京市妇女儿童社会公益服务沙龙，一般每月1期，全年不少于10期；二是汇聚为妇女儿童提供公益服务的社会组织和关注妇女儿童公益的企业，建立妇女儿童公益服务联盟；三是举办妇女儿童公益服务活动，扩大妇女类社会组织社会服务的影响力，让更多妇女儿童受益。

（白　冰）

【第二届“中国梦·义工情——慈善义工风采展示会”举办】 1月12日，由北京市慈善义工协会主办、北京市第三十五中学承办、千龙网协办的“中国梦·义工情——慈善义工风采展示会”在北京市第三十五中学礼堂举办。活动通过工作回顾、现场访谈、文艺表演等形式，对提名的第二届“最美慈善义工”个人和集体进行宣传推介，号召更多的人加入慈善义工队伍。

（白　冰）

【市法学会参与社会建设专题研讨会召开】 1月13日，市法学会召开参与社会建设专题研讨会。会议听取了有关专家就北京市法学会系统深入参与社会建设工作的意见建议，对进一步发挥“枢纽型”社会组织作用、引领本领域有关社会组织参与社会建设起到积极作用。

（白　冰）

【市建筑业联合会社会组织工作会召开】 1月

16日，市建筑业联合会召开“2014年度社会组织工作会”，总结了市建筑业领域行业协会一年来的工作，对发挥好“枢纽”作用、做好新一年工作进行了安排部署。

（白 冰）

【中关村社会组织联合会正式成立】 1月23日，中关村社会组织联合会筹备成立大会暨第一次会员大会召开，标志着中关村社会组织联合会正式成立。其前身是中关村协会联席会，成立于2003年，目前有64家协会会员、联系企业会员上万家，主要职责是：整合资源，增进中关村社会组织之间的沟通合作；发挥桥梁纽带作用，促进中关村社会组织发展，为高新技术研发、生产提供助力和支持。

（白 冰）

【市民交协二届理事会三次监事会召开】 1月23日，市民交协召开二届理事会三次监事会，听取审议了2013年度工作报告及2014年工作思路、2013年度财务情况报告，讨论研究了2013年度监事报告。会议肯定了市民交协紧密围绕国家总体外交方针和全市中心工作，团结市民间组织，不断扩大交流范围、拓宽交流渠道、提高交流层次、丰富交流方式，努力打造“国际型、创新型、实效型、规范型、服务型”五型北京NGO品牌，推进全市民间组织与国际非政府组织交流合作，促进了民间对外交往工作稳步发展，为首都经济社会发展做出了积极贡献。

（白 冰）

【市文联组织艺术类社团迎新春送春联活动】 自1月初开始，市文联组织北京楹联学会、北京九洲书画研究会、北京中韩书画家联谊会以及相关区县楹联学会深入农村、学校、社区义务为群众书写春联，150名楹联家和书法家参加此次活动，累计赠送春联1500余副。

（白 冰）

【“2014春运—温暖伴您行”活动举办】 活动于1月中旬启动，共开展20多天，市慈善义工协会组织慈善义工在北京西站设立多个咨询台，开展义务指路、咨询、疏导、帮扶等服务，累计参与1079人次，服务26个车次，服务时间累计3549小时，受益旅客近5万人。

（白 冰）

【第二届“寻找北京最美慈善义工”活动评选结果揭晓】 2月22日，第二届“寻找北京最美慈善义工”活动颁奖大会在京举办，活动由北京市慈善义工协会主办，市委宣传部、市委社会工委、首都文明办等单位支持。经过推荐、初审、复评等环节，评选产生“北京最美慈善义工特别榜样荣誉奖”“北京最美慈善义工十大榜样人物”“北京最美慈善义工十大榜样团体”，取得良好社会反响。

（白 冰）

【市社科联周末社区大讲堂等活动启动】 2月27日，市委宣传部、市委社会工委、市科委、市社科联联合召开“培育和践行社会主义核心价值观座谈会暨2014·北京社科普及工作交流会”，宣传社会主义核心价值观，启动北京周末社区大讲堂、系列科普讲座和科普试验基地活动。年内，活动围绕“培育社会主义核心价值观，满足人民群众文化需求”主题，积极开展历史文化、家庭教育、经济理财、法律保障、健康养生等方面讲座，为居民群众释疑解惑，加大社科普及文化惠民力度，取得良好效果。

（白 冰）

【市总工会购买职工服务类社会组织服务工作启动】 2月28日，市总工会发布“2014年购买职工服务类社会组织服务项目公告”，以“暖·聚合社会组织，服务首都职工”为主题，面向全市职工服务类社会组织购买至少50个服务项目，为全市职工群众提供个性化、多样化服务。每个项目给予3万元至10

万元不等的补贴。

（白　冰）

【全国“两会”期间残疾人社会组织安全稳定】 3月份，市残联与98家经过认定的残疾人组织签订安全稳定责任书，要求各组织建立自查、零报告制度；建立市残联、区县残联、社会组织三级监管网络，购买8个残疾人社会组织管理岗位，按照行业类别建立联系制度及“两会”期间值班制度。

（白　冰）

【“暖巢”志愿者培训班举办】 为加强侨界“暖巢”志愿者队伍建设，进一步提高志愿者能力素质，把关爱侨界“空巢”老人工作落到实处，3月6日，市侨联举办“暖巢”志愿者培训班，来自全市60多个街道、社区的近200名志愿者参加培训。“暖巢”志愿者以侨界“空巢”老人、街道侨联委员、社区侨务工作者为主体，在各街道按照1名志愿者服务5位侨界“空巢”老人的比例选取。培训针对性传授了“空巢”老人身心健康、集结社会资源为“空巢”老人服务等方面知识，明确了志愿者工作任务，获得良好反响。

（白　冰）

【“多棱镜下的公益好项目”沙龙活动举办】 3月13日，市社会组织孵化中心举办“多棱镜下的公益好项目”沙龙活动，130多家社会组织负责人，汇丰、安利、强生等企业和全球绿色资助基金会、北京西部阳光发展基金会等代表，建外、安贞等街道办事处和部分社区工作人员及中央电视台、《新京报》、《公益时报》等媒体代表，共约200人参加。与会人员从不同角度就“企业、基金会为社会组织提供资源支持”和“公益项目落地社区”等问题进行深入交流研讨，并就部分公益项目进行现场对接，取得良好效果。

（白　冰）

【“北京社会组织公益行”系列活动全面启动】 3月14日，市社会建设工作领导小组办公室印发《关于开展2014年“北京社会组织公益行”系列活动的通知》，动员全市各级各类社会组织在“践行公益、服务社会”主题下广泛开展扶老助残、心理疏导、医疗服务、支教助学、就业帮扶、法律援助、生态环保、社会救助等“公益行”活动。重点突出以下要求：一是注重实效，形式上更加简朴务实，内容上更加贴近民生；二是注重品牌塑造，在全市统一开展社会组织公益服务品牌创建活动，以品牌化建设丰富活动内涵、提升组织形象；三是注重发挥社会组织自身优势，找好开展公益活动的“契入点”，履行社会责任；四是注重能力建设，通过开展活动促进社会组织提升自身素质；五是注重营造舆论氛围，逐月发布活动信息，通过多种媒体广为宣传报道。

（白　冰）

【北京两界联席会议工作会议召开】 3月14日，2014年北京自然科学界和社会科学界联席会议工作会议召开。会上，市科协全面总结了2013年北京两界联席会议工作，市社科联详细介绍了2014年北京两界联席会议工作设想。与会人员在讨论中充分肯定了2013年北京两界联席会议工作取得的显著成绩，并明确围绕京津冀协同发展主题举办2014年两界联席会议高峰论坛，开展两界学会联合学术活动，发挥两界协同创新研究基地资源优势，开展综合性、系统性、复杂性课题研究，适时研究增补两界专家顾问等重点工作，争取充分发挥两界智力优势，形成合力，为服务首都科学发展做出新的贡献。

（白　冰）

【市妇联第三期妇女儿童社会公益服务沙龙活动举办】 3月21日，市妇联在国家会议中心举办主题为“社会企业理念、实践与创新”的公益沙龙活动，国家民政部中国社会组织建设与管理政策咨询专家朱晓红结合创新案例详细解读了社会企业的理念、意义及投身社会企业的方法和途径。本市妇女儿童领域80余家社会组织负责人参加。

（白 冰）

【中关村社会组织联合会会员开放日活动举办】 4月9日，中关村社会组织联合会会员开放日——“走进北京市民间组织国际交流协会”活动在市民交协成功举办。来自中关村泰诚民营经济产业发展研究所、中关村数字内容产业协会、北京科技教育促进会等13家会员单位共22人参会。双方就合作开展国际化工作相关事宜进行了讨论，为会员单位之间搭建了良好沟通平台，对发挥协会优势、分享协会资源起到促进作用。

（白 冰）

【首都慈善公益组织联合会换届大会举办】 4月25日，首都慈善公益组织联合会召开换届大会。副市长戴均良出席会议并当选为新一任会长，会员总数从上一届的74个增加到133个。大会通过决议，将组织名称由“首都慈善公益组织联合会”变更为“首都公益慈善联合会”，选举产生新一届会领导、常务理事会、理事会和监事会成员，审议并通过《首都慈善公益组织联合会第一届理事会工作报告》《首都慈善公益组织联合会第一届监事会工作报告》《首都慈善公益组织联合会第一届财务报告》《首都慈善公益组织联合会章程（修正案）》《首都慈善公益组织联合会会费管理办法（草案）》等。

（白 冰）

【“绿色出行—美丽北京3510在行动”主题活动举办】 4月26日，团市委、市交通委、市环保局、首都文明办携手北京徒步运动协会、铁刷骑行俱乐部、北京公交志愿服务总队、顺风车公益基金等20余家社会组织，开展“绿色出行—美丽北京3510在行动——寻找最美骑行路”主题活动。该活动旨在推进落实《北京市2013—2017年清洁空气行动计划》，倡导更多市民采用绿色出行方式，参与推动首都大气与出行环境改善。活动中，北京徒步运动协会、北京环保志愿者协会、北京公交志愿服务总队、顺风车公益基金等社会组织也进行了主题宣传，围绕“清洁空气，为美丽北京加油”“3510绿色出行”主题，介绍并推广“定制公交”“顺风车”项目，同时预告了徒步运动的年度活动项目。

（白 冰）

【市志愿服务联合会第一次会员代表大会召开】 4月30日，市志愿服务联合会第一次会员代表大会在北京会议中心召开。大会审议通过了《北京市志愿服务联合会章程》，明确北京市志愿服务联合会在首都文明委领导下开展工作，受首都文明办业务指导。北京市志愿服务联合会是由志愿服务组织以及参加志愿服务组织的社会各界人士自愿联合发起成立，是联络、团结、凝聚各部门、各系统、各领域志愿服务组织的“枢纽型”社会组织。联合会旨在弘扬“奉献、友爱、互助、进步”的志愿服务精神，普及志愿服务理念，培育志愿服务文化，促进全市志愿服务事业发展。

（白 冰）

【“5·6民族团结日”活动举办】 5月6日，市民族联谊会举办“北京社会组织公益行——5·6民族团结日”活动。活动中，义诊和法律计生咨询、民族舞社区小教员培训、民族传统技艺观摩、民族特色风味食品展卖、民族传统体育体验五大主题活动主打“公益服务”品牌，在开幕式上还举办了“北京少数民族青年志愿者服务团”及“东城区豆瓣社区民族团结互助服务协会”启动仪式。此外，为宣传党的民族宗教政策和展示民族工作成果，举办了民族工作图片展和《民族宗教知识问答》发放活动。

（白 冰）

【APEC志愿者第二轮需求对接工作完成】 5月6日至7日，市志愿服务指导中心分别与APEC筹备办会务服务部、安保组、接待组、工商界别活动组、礼宾组、宣传文化组志愿者工作负责同志举行座谈，就第三次高官会和领导人会议周志愿者需求情况进行第二轮对接。通过对接，本着“保证会务需求，坚持勤俭节约，科学调配人力，分级管理负责”原则，针对志愿服务岗位设置、工作职责、志愿者数量需求、志愿者通用保障和岗位保障等相关内容进行充分交流，进一步明确了志愿者岗位、人数和保障。

（白　冰）

【红十字“人道”项目启动】 5月20日，市红十字会召开会议，全面启动红十字“人道公益品牌项目”和“人道惠农实事项目”。两类项目紧扣“人道、博爱、奉献”的红十字精神，围绕扶危济困、应急自救、生命关爱等内容开展工作。市红十字会将从53个备选项目中评定20个项目给予资金支持。

（白　冰）

【残疾人社会组织能力建设专题培训举办】 5月22日，2014年残疾人社会组织能力建设专题培训在市残疾人活动中心举行，110家残疾人社会组织负责人参加培训。培训对《北京市残疾人社会组织规范化建设评估标准（试行）》进行详细讲解，邀请有关专家做《合同法》和《劳动法》专题培训，并通报了2014年市残联购买助残服务工作相关情况。

（白　冰）

【北京工经联社会组织党建工作会召开】 6月18日，北京工经联召开2014年社会组织党建工作会，会议总结了以党建工作为引领推动协会各项工作的发展情况，通过了《关于认定北京建材行业联合会等为二级“枢纽型”协会组织的决定》，讨论了在贯彻京津冀协同发展战略中协会如何发挥作用，以及加强协会自身建设等具体内容。

（白　冰）

【市慈善义工协会“助力暑运”活动开展】 7月11日，由北京市慈善义工协会、北京交通广播、北京西站地区精神文明指导委员会办公室共同主办的“助力暑运——慈善义工在行动”西站帮扶活动启动。活动持续60天，在北京西站内设立12个义务服务点，组织近百个团体会员和慈善义工为往来旅客提供义务指路、咨询、疏导、帮扶等服务，助力西站暑运工作平安和谐。

（白　冰）

【市社会组织孵化中心行业协会培训月活动举办】 活动贯穿整个7月，围绕理念传播、政策解读、机构治理、组织运营等内容举办3期主题培训、3场主题沙龙和1次主题研讨活动，邀请张经、贾西津等专家授课，全市各级各类行业协会工作人员参加。

（白　冰）

【“公益承载未来”——2014北京妇女儿童公益服务博览会举办】 活动于7月17日至20日举办，80多家妇女社会组织和16个区县妇联通过现场互动体验、舞台文艺展演、优秀项目展示等方式，提供家庭文明建设、婚姻咨询、儿童运动等12大类23项公益服务，特别推出“共识与责任——2014妇女儿童服务发展论坛暨服务资源对接会”，促进妇女儿童社会服务理论研究和实践发展。博览会累计举办公益活动400余场次，接待12万人次参观，直接服务3万余人次。

（白　冰）

【市级“枢纽型”社会组织半年工作例会召开】 7月28日，市级“枢纽型”社会组织半年工作例会召开，会议总结了市级“枢纽型”社会组织上半年工作开展情况，交流了工作经验和体会，重点就发挥“枢纽型”社会组织作用、创建社会组织公益服务优秀品牌、加强社会组织培育支持力度等工作进行了布置。

（白 冰）

【中关村社会组织联合会京津冀区域合作平台工作研讨会召开】 8月1日，中关村社会组织联合会京津冀区域合作平台工作研讨会召开，会议详细解读了京津冀一体化发展的有关文件，就平台建设和合作方式进行深入研讨，进一步探索地方政府、产业园区、孵化机构三方合作模式，共同拓展跨区域优质化、规模化、品牌化合作空间。京津冀三地高新技术开发区有关负责人共42人参加会议。

（白 冰）

【区县社会组织半年工作例会召开】 8月4日，区县社会组织半年工作例会召开，会议总结了区县社会组织上半年工作开展情况，交流了工作经验和体会，重点就推进街道“枢纽型”社会组织工作体系建设，开展社会组织公益服务品牌创建活动，推动区(县)、街两级社会组织服务基地建设工作等进行了布置。

（白 冰）

【“2014中关村高成长企业TOP100”评选表彰活动举办】 活动由北京中关村高新技术企业协会主办，在中关村“1区16园”范围内开展。8月8日，举行评选结果发布会暨颁奖典礼，评选表彰了2014年度最具成长性的100家高新技术企业，旨在为树立优秀企业形象和扩大企业影响力搭建平台，是中关村地区最具权威性和公信力的大型公益性评选活动之一。

（白 冰）

【“社·创·新思维公益周”系列活动正式启动】 活动由北京市社会组织孵化中心主办，从8月19日持续至23日，开展了“社·创·故事汇”“社·创·咨询日”“社·创·户外拓展”等一系列活动，举办了“公益产品化”“公益职业化”“公益新筹资与新传播”“多元力量参与社区治理”等主题论坛，旨在搭建公益跨界交流平台，探讨公益新思维，推动公益创新。期间，集中开展了23场活动，共有20家机构作为深度合作伙伴提供了智力支持，70余位业内专家及嘉宾进行了成果分享，累计近2000人次参与并给予积极评价，取得良好社会效果。

（白 冰）

【“第八届民办教育园丁奖评选表彰活动”举办】 活动由北京民办教育协会联合北京教育评估院和新京报社共同举办，于9月11日召开表彰大会，评选表彰北京民办教育领域优秀校长30名、优秀教研团队20个、优秀教师和优秀教育工作者各50名。本次活动参选范围覆盖全市各级各类民办教育机构，包括高校、中小学、幼儿园和专业资格培训机构等，约2000人次参与。

（白 冰）

【“徒步怀柔·为APEC会议做贡献”活动举办】 9月14日，6000余名市民齐聚雁栖湖畔，徒步行走15公里，以绿色出行、长走健身方式，倡导社会各界在筹备和举办APEC会议期间，选择绿色出行方式，共创首都碧水蓝天。此次活动由团市委、市体育总会、市徒步运动协会及市外办、怀柔区政府共同主办。

（白 冰）

【市残联通过购买服务解决部分残疾人群体特殊需求】 年内，市残联加大购买服务力度，着力解决部分残疾人群体特殊需求。一是实施“亮心工程”，为智力、精神残疾人亲友共2000人提供专业心理服务。二是实施“我要上学”“手文计划”等三个助学项目，为500名孤独症及听力残疾儿童提供学前融合教育与上学支持。三是开展“光明向导”和“沟通的桥梁”项目，为盲人和聋哑人提供

8000人次导医服务。四是实施"中途宿舍"项目，使100名稳定期精神残疾人回归社会。市残联今年累计投入1200余万元购买社会服务，共66个项目、近10万人次受益。

（白　冰）

【北京抗癌乐园"五评"表彰活动举办】 9月21日，由北京抗癌乐园主办的"五评"表彰大会在京举办，活动以"医患结合、共创抗癌辉煌"为主题，396位代表人物被评为"最杰出抗癌明星、最具爱心家庭、最具奉献志愿者、最美医生、最美护士"，1000余名癌友和嘉宾参加。通过该活动进一步鼓励了癌症患者与癌魔抗争的信心和勇气，增强了社会各界防癌抗癌意识。

（白　冰）

【第六届"红丹丹盲人趣味运动会"举办】 10月12日，北京红丹丹视障文化服务中心第六届"红丹丹盲人趣味运动会"在北京体育大学举办。500余名盲人运动员和志愿者参加，共进行了"两人三足"、实心球投掷、跳绳等10余个项目的比赛。该活动极大地促进了盲人朋友们进一步激发勇气、增强自信、展示才华，有助于他们更好地融入社会。

（白　冰）

【"北京优秀企业家表彰大会"召开】 10月20日，北京企业联合会召开"2013—2014年北京优秀企业家表彰大会"，评选表彰了83名为北京经济发展做出突出贡献的优秀企业家，总结交流了企业家的创业经验，对于弘扬企业家精神、提高企业家社会地位、推动企业家队伍的健康成长起到了积极作用。

（白　冰）

【购买社会组织管理岗位工作顺利开展】 年内，市社会建设工作领导小组办公室共购买231家市级社会组织的300个管理岗位，其中，副会长、秘书长、副秘书长等综合管理岗位117个，约占39%；党支部书记等党务工作岗位129个，约占43%；部门负责人、项目主管等业务管理岗位54个，约占18%。同时要求，上岗人员要争取"一岗双责"，在业务工作和党建工作两方面负起责任。

（白　冰）

【"第六届北京市体育大会"成功举办】 11月1日，以群众性体育比赛为特征的"第六届北京市体育大会"圆满闭幕，该活动由市体育总会承办，自5月初开始，历时近6个月，共有37个市级体育协会围绕全民健身主题组织开展了足球、篮球、排球、风筝、毽绳、徒步等41个比赛项目，举办95个场次的初赛和决赛，超过800人次的专业人才进行现场服务和指导，吸引了来自全市不同行业、不同年龄段的20余万名群众体育爱好者参与。

（白　冰）

【2014北京国际农业产业化展览会成功举办】 展览会由北京农业产业化龙头企业协会主办，于11月12日至16日在北京国家会议中心举办。展览会主题是"展示科技创新成果、丰富首都市场供应、促进金融服务农业"；突出以会带展，举办京津冀协同发展等多个论坛，并进行产品和项目资源对接。首农集团、二商集团、顺鑫集团、大北农集团，以及来自天津、河北、黑龙江等地共200余家企业参加。

（白　冰）

【市法学会青年普法进基层活动开展】 11月16日，市法学会举办"首都青年普法志愿者基层公益行"启动式暨相关培训咨询活动，同时正式组建由中国人民大学、中国政法大学、中国劳动关系学院、首都经济贸易大学等高校400余名大学生参加的"首都青年普法志愿者服务队"。该服务队将面向基层开展一系列普法活动，旨在深入贯彻落实党的十八届四中全会精神，促进首都市民法治素养提升。

（白　冰）

【北京市社会组织治理创新高级研修班举办】 11月17日至12月19日，市委社会工委、市社会办同北京大学继续教育学院合作，连续举办5期培训班，每期5天。培训采取专题讲座、学员论坛等形式，邀请北京大学、中央党校、国家行政学院、中国社科院、国防大学和市社会建设部门等单位专家和领导，分别围绕“党的十八届四中全会精神解读”“转型时期的社会与社会问题”“社会组织参与社会治理”“宏观经济形势分析”“国际安全新形势”“深化社会体制改革、创新社会治理体制”“社会组织服务型党组织建设”等专题进行深入细致讲解。市、区（县）、街三级“枢纽型”社会组织、区县社会建设部门及有关街道、规模较大的行业协会商会、有代表性的社会公益组织负责人及2014年度购买社会组织管理岗位的在岗聘用人员共750人参加培训。

（白　冰）

【“益家筑梦、携手成长”行动开展】 活动于11月20日正式启动，由市妇联联合22家服务型社会组织共同举办。活动围绕“家庭健康、家庭教育、家庭环保、家庭文化、家庭安全、家庭生活技能提升”六大板块，依托社区妇女之家，以专业化的社会工作服务、联合型的社会组织参与模式、综合性的服务提供方式开展，力求探索出一条社会资源广泛参与的家庭综合服务新模式，以提升社会组织能力、扩大受惠家庭范围、推动和谐社会构建。

（白　冰）

【“2014年北京国际民间组织沙龙汇”成功举办】 活动于11月25日由市民交协举办，来自15个国家和地区、近40个国际组织、外国驻华使馆、外国在京留学生代表以及有关部门负责人近150人参加。活动分招待会、参观考察和展览展示三个部分，旨在加深在京国际组织对北京和民间组织的了解，进一步加强双方交流合作，为北京建设与发展、为增进各国人民福祉、为世界和平贡献力量。

（白　冰）

【首都文艺界深入学习习近平总书记在文艺工作座谈会上的重要讲话】 12月16日至18日，市文联举办研讨班，来自全市各文艺家协会、各区县、产（行）业文联、社团组织代表和市文联机关及所属事业单位的负责同志参加学习。与会人员对总书记讲话进行深入学习、广泛交流，为做好首都文艺事业的发展规划、创作出体现时代发展需求的文艺精品起到了促进作用。

（白　冰）

【北京市社会心理工作联合会年会举办】 12月17日，北京市社会心理工作联合会第二届年会在京举行。年会主题是“落实依法治国精神，促进社会心理建设”，16个区县社会工委、社会办领导，社会建设研究基地，联合会会员单位以及部分街道社区代表200余人参加会议。年会总结了2014年主要工作，对2015年重点工作进行了部署，进一步明确了行业新地位、工作新领域、发展新方向。

（白　冰）

【市级“枢纽型”社会组织工作总结交流会召开】 12月29日，市级“枢纽型”社会组织工作总结交流会召开，36家市级“枢纽型”社会组织部门负责人、秘书长参加。会议全面总结了市级“枢纽型”社会组织全年工作开展情况，并将工作亮点和成效形成“集萃”，同时研究部署了2015年工作要点。

（白　冰）

【区县社会组织工作总结交流会召开】 12月30日，区县社会组织工作总结交流会召开，16个区县社会工委、社会办主管领导和科长参加。会议全面总结了区县社会组织全年工作开展情况，并将工作亮点和成效形成“集萃”，同时研究部署了2015年工作要点。

（白　冰）

【“枢纽型”社会组织工作体系更加完善】年内，全市新认定9家市级“枢纽型”社会组织，分别是：中关村社会组织联合会、北京市农民专业合作社联合会、北京市人民调解员协会、北京社会工作者协会、北京外商投资企业协会、北京市社会心理工作联合会、北京市社会领域党建研究会、北京市慈善义工协会、北京人力资源服务行业协会。截至年底，全市共认定“枢纽型”社会组织市级36家、区（县）级211家、街道级403家，联系各级各类社会组织3万余家，市、区（县）、街三级“枢纽型”社会组织工作体系更加完善，“枢纽型”社会组织作用得到充分发挥，各类社会组织活动平台有效扩展。

（白　冰）

【“北京社会组织公益行”系列活动举办】年内，36家市级“枢纽型”社会组织和16个区县社会建设工作领导小组办公室积极进行协调部署，共组织动员近万家各级各类社会组织开展了1726项活动，内容涉及扶老助残、支教助学、就业帮扶、科普宣传、心理咨询、节能环保、法律维权、服务“三农”等多个领域，服务城乡居民超过百万人次。团市委、市妇联、市社科联、市法学会、市志愿者联合会、市慈善义工协会等市级“枢纽型”社会组织结合本领域特点，开展了“公益星期六”“妇女儿童公益服务博览会”“社区大讲堂”“法学法律专家基层公益行”“志愿北京之蓝天行动”“寻找最美慈善义工”等活动，服务人次逐年扩大。东城、西城、朝阳、丰台、顺义、怀柔等区县广泛动员社区社会组织参与活动，举办“放心肉类食品社区行”“如意民乐送温暖”“名家进社区 服务百姓行”等系列活动，得到社会各界广泛关注和好评。

（白　冰）

【“枢纽型”社会组织作用发挥明显】年内，市级“枢纽型”社会组织在扶持本领域社会组织发展上有新办法、在规范引导社会组织建设与发展上有新规定、在提供服务和发挥作用上有新举措。市总工会设立500万元专项资金，共购买50多个服务项目，并制定《职工服务类社会组织服务项目管理办法（试行）》《职工服务类社会组织服务资金使用办法（试行）》等，进一步提高购买服务工作制度化和规范化水平；团市委制定并试行《北京青年社会组织服务引导型备案工作细则》，以“北京青年社会组织之家数据库”作为平台支撑，启动对在京各类“草根”青年社会组织的备案工作，并进行服务、引导和规范；市妇联通过签订公益合作协议的方式，依托国家会议中心成立北京市妇女儿童公益服务基地，以此为平台每月举办一期社会组织沙龙；市科协实施“百强社团”创建计划，通过自愿申报、专家评审等形式启动20家学会开展能力提升试点；市残联投入1332万元购买66项助残服务，涉及康复技术服务、残疾人就学、融合活动、盲人与聋哑人导医服务等多个方面；中关村社会组织联合会打造资源整合高端平台，成立“一个中心、八个委员会”，按照各自职责，举办“京津科技企业发展对接会”“中小微企业金融创新研讨会”等大型活动。

（白　冰）

【社会组织培育孵化工作取得积极进展】年内，市社会组织孵化中心新培育孵化社会组织40家，举办社会组织能力建设培训及沙龙46期，培训4400余人次，服务社会组织500余家。举办“社·创·新思维公益周”、“公益向前冲”社会组织年会、“行业协会主题培训月”等活动，编印《培育——社会组织孵化培育成长案例集》《孵化——北京市基层社会组织孵化基地案例集》，在公益服务领域产生广泛影响。通过主题咨询、专题培训、特色活动、案例分享、技术输出等方式，指导区（县）、街道社会组织服务（孵化）基地建设。截至年底，全市共建立区（县）级社会组织服务（孵化）中心14个、街道级54个。

（白 冰）

【区县社会组织工作稳步推进】 年内，各区县按照全市统一安排并结合实际情况，以构建“枢纽型”社会组织工作体系为重点，加强培育扶持，注重作用发挥，不断推进社会组织改革与发展。东城区积极发挥区级“枢纽型”社会组织作用，支持区妇联探索“‘枢纽型’社会组织+专业社会组织+社区妇女组织”工作模式，取得良好工作成效；西城区在15个街道开展专业社工助推社区社会组织“1+1”行动，探索建立政府引导、社会工作机构专业支持、社区和社区社会组织广泛参与的社区社会组织管理和培育体系；朝阳区采取“5+5”模式进行试点，将街道的工会、团委、妇联、残联、侨联和5个领域的社区社会组织相应协会明确为“枢纽型”社会组织；丰台区印发《关于加快推进社会组织改革与发展的实施意见》，为进一步推动和加强社会组织建设提供了有力保障；顺义区投入205万元购买6个社区社会组织联合会管理服务，同时探索社区社会组织规范管理与培育发展试点，形成“1+15+10+10”模式；大兴区建立区级“枢纽型”社会组织联席会制度，为每个“枢纽型”社会组织配备1名专职社工。

（白 冰）

【社会组织工作研究成果丰硕】 年内，市委社会工委、市社会办围绕“枢纽型”社会组织体系建设、建立现代社会组织体制、推进政府向社会组织转移职能等开展专题调研，先后完成《北京市社会组织承接政府转移职能和委托事项的调研报告》《充分发挥社会组织在社会治理中的作用》《党和政府推进社会治理的重要组织基础——对“枢纽型”组织体系的有关思考》《“十三五”时期首都社会组织建设规划研究报告》等调研报告或理论文章。

（白 冰）

【市工商联社会组织工作取得新突破】 年内，市工商联推动14家原直属商会完成登记注册，新增团体会员6家，扩大了工作覆盖面；起草《北京市工商联系统商会管理办法》，编印《商会工作指导手册》，组建专职信息员队伍；举办“北京市商会负责人培训班”“商会信息化工作培训班”“行业项目经理人培训班”“商会自律建设培训班”，累计培训900人次；动员北京保洁商会、北京福建企业总商会、北京医疗器械商会等开展“安全检修进社区、消除隐患为居民”“儿童斜弱视手术医疗及术后康复救助”“黄金4分钟”急救知识宣传活动，取得良好效果。

（白 冰）

【市贸促会积极发挥外经贸领域“枢纽型”社会组织作用】 年内，市贸促会加强与外省市驻京商会等社会组织联系，联系总量达到118家，增长49%；制定《〈关于推进对外经贸领域“枢纽型”社会组织规范化建设的意见（试行）〉实施细则》《市贸促会关于“枢纽型”社会组织经费的使用规定》《市贸促会关于“枢纽型”社会组织使用的管理岗位人员的实施细则》等文件；组织业务系列培训、座谈活动5次；组织部分市级行业协会与驻京310家地市级商务机构开展交流互动；主办各省区市重大项目对接和名优产品推介会，累计2000余人次参加活动；举办“绿色生活·从我做起”“与学校共筑生命学堂”等社会公益活动，20家社会组织参与，受益人数近1000人。

（白 冰）

【市私个协“枢纽”作用充分发挥】 年内，市私个协联合16个区县私个协，号召全市个体工商户和私营企业广泛开展扶老助残、心理疏导、医疗服务、支教助学、就业帮扶、法律援助、生态环保、社会救助等便民服务活动，累计举办各类活动881场次，受益群众达10余万人次；支持“房山区良乡学雷锋小组”、“大兴区学雷锋志愿服务队”、石景山区私个协金顶街分会“光彩服务队”等突出自身特点及优势，逐步形成有特色的公益服务品牌；举办全市私营个体企业党建宣讲大会，组织本领域基层非公党建联系点的支部书记参加“弘扬井冈山精神红色主题教育活动”。

（白　冰）

【首都民间组织发展促进会工作成效突出】 年内，首都民间组织发展促进会新增联系社会组织近百家，进一步拓宽了工作渠道，扩大了工作覆盖面；举办“社会组织财会人员专题培训班”“中央财政支持社会组织负责人培训班”“社会治理与社会组织创新发展研讨座谈会”“社会组织专职人员培训班”等一系列专题培训，累计培训近2000人次；联合多家会员单位，深入社区、校园、养老院、儿童福利院、军队离退休干休所等地，开展20多项社会公益活动；组织社会组织党建负责人赴西柏坡开展党员革命传统教育活动；组织编写《民间非营利组织财务资产管理知识读本》，取得良好效果。

（白　冰）

【北京注册会计师协会以党建为引领促进工作开展】 年内，北京注册会计师协会组织所属123家基层党组织、3922名党员深入开展群众路线教育实践活动，建立基层党建示范点，提升服务能力；通过专家讲座、专题培训、知识竞赛等多种方式，组织全行业深入学习贯彻党的十八届三中、四中全会精神，研究推进行业改革发展新举措；支持开展“普华永道志愿者林”种植活动，组织毕马威华振事务所近300名员工赴甘肃、云南希望小学开展支教活动。

（白　冰）

【市律协积极提供法律服务引导行业发展】 年内，市律协组建“北京市老年人法律服务团”“保障APEC会议法律服务团”“首都文化六大联盟法律服务团”“中关村国家自主创新示范区法律服务团”“首都保护知识产权律师志愿服务团”，积极服务首都经济社会发展；公益法律咨询中心接听热线电话4597个，接待现场咨询2366人次；共有300余名律师参与信访接待工作，接待信访群众近400人次；以北京律师学院为平台，举办各类培训活动190余次，参加人数73500余人次；举办多种形式的专题讲座、培训班、研讨会，组织广大律师学习党的十八届四中全会精神，召开“庆祝建党93周年恳谈会”，围绕“学习习总书记系列讲话精神—发挥行业党组织作用”进行主题交流。

（白　冰）

【北京人民调解员协会结合实际开展社会组织工作】 年内，北京人民调解员协会积极开展工作，有效发挥作用。一是依托相关企业及行业协会，先后成立“新浪人民调解委员会”“北京建筑装饰行业消费纠纷人民调解委员会”等专业人民调解组织。二是对全市321家行业性专业性调解组织及其563名专职调解员进行清理整顿，印发《关于规范化人民调解委员会创建工作的通知》，举办全市骨干人民调解员培训班。三是着眼党的十八届四中全会和APEC会议安保工作，开展专项矛盾纠纷排查化解活动，共排查纠纷43026件，预防纠纷67388件，防止矛盾纠纷激化847件11782人；共调解案件158099件，调解成功153281件，调解成功率为96.95%。

（白　冰）

【北京社会工作者协会社会组织工作成效明显】 年内，北京社会工作者协会采取有效措施，积极推动社会组织工作。一是与市、区（县）两级共106家专业社工机构建立工作联系，不断扩大工作覆盖面。二是成立“北京社会工作者协会专业社会工作机构委员会”，负责统筹、协调、推动专业社工机构的服务管理、资源整合、队伍建设等工作。三是举办“北京市社会工作行业组织发展研修班”，对全市社会工作行业组织、社会工作服务机构和社会工作者进行理论及业务培训。

四是研究制定《北京市社会工作者职业道德守则》，对全市持证的17963名社工中的近7000人提供面对面的继续教育和注册登记服务。五是组织开展“北京地区社会工作人才队伍建设现状分析及对策研究”“全市社工机构生存现状及发展调研”等活动，并形成相关调研成果。

（白　冰）

【市社会领域党建研究会工作全面开展】 年内，市社会领域党建研究会开展“流动党员服务管理和党建带群团组织建设”课题调研，承担市党建研究会指导课题“社会领域流动党员服务管理工作研究”，协助市委组织部完成全市外商投资企业党建工作现状及对策的调研工作；出版发行《引领——北京新经济组织党建巡礼》，收录8个专题127份全市非公有制经济组织党建工作经验材料；按照不同领域，成立社会组织、非公有制经济组织、社区三个党建专业委员会，研究制定财务管理等有关制度。

（白　冰）

【北京人力资源服务行业协会工作亮点突出】 年内，北京人力资源服务行业协会以“助力残疾人大学生就业”为主题，举办了“新芽计划——大学生人才发展工程”公益活动；编辑《职海导航——高校毕业生就业指导读本》，在北京、天津、河北、陕西省、直辖市9所高校进行免费发放；举办11期人力资源从业人员业务培训班、1期首都人力资源市场改革与创新培训班、3期国家劳务派遣新规培训及论坛，累计培训近3000人次；制定《北京人力资源服务业地方标准》，并对44家人力资源服务机构进行等级评定；编写出版《北京市人力资源服务业蓝皮书》，分析研究行业发展理论和实践问题；牵头召开“全国省级人力资源（人才）服务行业协会联席会”第11次会议，全国29家人才行业协会的120多名代表参加。

（白　冰）

【市社科联为本领域社会组织办10件实事】 年内，市社科联采取有效措施，为本领域社会组织办10件实事。一是为社会组织开展相关学术活动无偿或低偿提供场地；二是加大对社会组织重点项目的整合和资金投入；三是定期举办社会组织学术茶座；四是提供社会组织年检、换届、项目申报等业务培训；五是支持社会组织加强网站建设；六是为社会组织“走基层”搭建沟通平台；七是推进购买社会组织管理岗位工作开展；八是推进购买社会组织服务项目取得实效；九是完善社会组织秘书长联席会议制度；十是支持社会组织参加重大学术项目申报工作。

（白　冰）

【购买市级“枢纽型”社会组织管理服务工作顺利开展】 年内，市社会建设工作领导小组办公室以36家市级“枢纽型”社会组织联系、管理的本领域社会组织数量（增量或存量）为主要依据，合理确定相应支持标准和额度。该项经费使用方向包括召开社会组织工作例会、开展社会组织党建工作、组织开展“社会组织公益行”活动、建立健全社会组织数据库、开展社会组织调查研究等。

（白　冰）

社会工作队伍建设

【概况】 年内，全市社会工作人才队伍建设以党的十八届三中、四中全会精神为指针，以习近平总书记重要讲话精神为引领，以市委、市政府关于社会建设和社会体制改革部署为主线，加快推进社会工作人才队伍专业化、职业化建设。一是加大统筹协调力度。与市委组织部、市民政局等部门联合召开《首都中长期社会工作专业人才发展规划纲要》中期推进会，推进工作联席会议制度。会同相关部门，推进医疗、司法等重点领域社工人才队伍建设。二是加快推进重点工作。推动社区工作者待遇规范调整，加大社会工作事务所培育力度，全年新成立社会工作事务所15家，与北京社会工作者协会组建专业社工机构委员会。继续购买专业社工岗位，为全市145个街道购买145个专业社工岗位。三是不断健全培训体系。举办第二届“北京市高级社会管理服务人才培训班”“高级社会工作人才培训班”“社工服务机构专业运作能力建设实训班”“北京市社工实务能力提升培训示范班”等专题培训班，圆满完成“北京市万名社区工作者培训计划”，继续推进“社区工作者硕士研究生培养计划”。四是重点开展典型宣传。举办2014国际社工日活动，成立“最美社工宣讲团”，开展第三届“寻找首都最美社工”活动，营造了全社会共同关注、支持社工的良好氛围。

（张　婷）

【北京芳华社会工作服务发展中心成立】 1月13日，北京芳华社会工作服务发展中心成立，成立大会在北京市妇女儿童社会服务中心召开。中国社会工作协会副会长兼秘书长赵蓬奇，市委社会工委委员、市社会办副主任刘占山，市妇联副主席赵丽君等领导出席成立大会。中华女子学院、中国青年政治学院、南开大学的专家教授参加大会。芳华社会工作服务发展中心是全市第一家以市妇联为业务主管单位、从事非营利专业社会工作服务的民办非企业单位。中心以“家庭为本、助人自助”为理念，采用综合服务模式，为妇女儿童及家庭提供专业社工服务，全面提升个体及家庭面对挑战的能力。

（张　婷）

【北京青少年社会工作协会成立】 3月3日，北京青少年社会工作协会成立大会在北京奥运大厦召开，本市从事青少年领域社会工作的组织、机构、社会工作者，大专院校、科研院所从事社会工作研究的专家、学者等60余名会员参加大会。北京青少年社会工作协会由厚德社会工作事务所、城市之光社会工作事务所、恩派非营利组织发展中心等从事青少年领域社会工作的组织和机构联合发起成立，旨在服务全市青少年社会工作从业机构及社会工作者，通过整合社会资源、提供专业支撑、搭建交流平台等途径，促进全市青少年社会工作行业规范化发展，服务首都社会建设工作大局。

（张　婷）

【“万名社区工作者培训”任务部署会召开】 3月6日，市委社会工委、市社会办在北京青年政治学院召开2014年“万名社区工作者培训”任务部署会。市委社会工委委员、市社会办副主任刘占山，北京青年政治学院党委书记楚国清、院长梁绿琦参加会议，各区县社会工委、社会办主管领导、科长及相关负责同志参会。会议总结了2013年全市“万名社区工作者培训”情况，对2014年培训组织实施工作做出了部署安排。会议指出，2013年“万名社区工作者培训”工作计划周密、教学规范、组织严密，取得预期效果。截至2013年底，共组织培训66期20415人次，圆满完成预定培训任务。2014年全市计划培训社区工作者1.4万余人，培训工作与全面贯彻党的十八届三中全会精神和深入开展党的群众路线教育实践活动相结合，进一步增强针对性和实效性，努力实现“万名社区工作者培训”完美收官。

（张　婷）

【“国际社工日”暨首都社工风采展示活动举办】　4月15日，市委社会工委、市社会办以“弘扬社工文化 展示助人风采”为主题，在北京青年政治学院礼堂举办2014年“国际社工日”暨首都社工风采展示活动。市委副秘书长王翔，中国社工协会、北京社工协会、北京青年政治学院相关领导及各区县社会工委主管领导、各社工事务所负责人及社工代表300余人参加活动。首都“最美社工宣讲团”正式成立并举行授旗仪式，6名宣讲团代表进行首场宣讲，社工们自编自演文艺节目，活动期间同时举办“北京市社会工作队伍建设成果展”。活动专题片被中国社工协会列为国际社工日视频交流资料，面向全国宣传。

（张　婷）

【“最美社工宣讲团”成立】　4月15日，首都“最美社工宣讲团”正式成立并进行首场宣讲。宣讲团成员共11名，从第一、二届“首都最美社工”中选出，分别来自社区、专业社工机构、市级“枢纽型”社会组织。宣讲团以介绍个人事迹、交流工作经验、传授实务技能和方法为主要内容，在广大社工中产生强烈反响。宣讲团深入机关、学校、社区、社会组织进行巡回宣讲，宣传优秀社工事迹，交流工作心得体会，带动和促进全市社会工作者队伍能力素质整体提升，为更好地服务基层群众发挥了积极作用。

（张　婷）

【社工服务机构专业运作能力建设实训班举办】　为提高全市社工服务机构专业运作能力，4月17日至19日，市委社会工委、市社会办与朝阳区委社会工委、北京增能社会工作促进发展中心联合举办“社工服务机构专业运作能力建设实训班”，对全市37个社工事务所负责人和专业社工，以及10个街道和社区的相关人员共64人，围绕政府购买、社会工作服务模式、社会工作热点、社工机构人力资源、公共政策与社工服务等进行培训，在提升社工服务机构能力的同时，也促进了不同地区社会工作专家与实务工作者之间的互动交流。

（张　婷）

【第二届“北京市高级社会管理服务人才培训班”举办】　5月12日至16日，市委社会工委、市社会办与市人力社保局、市外专局联合举办第二届“北京市高级社会管理服务人才培训班”。来自全市各区县委社会工委、社会办、街道、专业社工机构和市委社会工委的140名学员参加培训。贵阳市委群众工作委员会选派5名干部参加培训。期间，聘请来自韩国、新加坡和中国台湾三地的5名专家学者、资深社会工作者，采取集中授课与分班授课相结合、专题讲座与座谈交流相结合的方式进行教学，通过研讨交流促进成果转化，取得良好效果，受到参训人员一致好评。

（张　婷）

【西城区悦群社工事务所开展“爱心·暖心”活动】　5月23日，由西城区广内街道主办、西城区悦群社会工作事务所承办的“爱心·暖心”采风活动在北京植物园举行，本次活动共组织广内街道18个社区40余名家庭成员参与。活动采取社工专业服务与游园赏景相结合方式，通过团队建设小组拓展，充分调动服务对象参与热情，发挥社工专业特长，运用小组工作常用的破冰游戏打破组员间陌生局面，使社工与服务对象建立良好专业关系，实现了社会工作专业化、精细化服务。

（张　婷）

【市委社会工委获全国社工知识网络竞答赛最佳组织奖】 5月26日至28日，由中国社会工作协会联合中国青年政治学院共同主办的“首届全国社工知识网络竞答赛”成功举办，共7000多人登录答题系统，经过每人90分钟、100道随机题目竞赛，决出最后的优胜者。市委社会工委积极组织全市社会工作者参加竞赛，因组织工作出色，荣获最佳组织奖。

（张　婷）

【全市持证社工人数达到17963人】 6月14日至15日，2014年度全国社会工作者职业水平考试举行。首都地区共有2534人通过考试，其中助理社会工作师1833人，社会工作师701人，考试合格率为21%。截至2014年底，全市持证专业社工达到17963人，占全国的11.3%。其中，持证的社区工作者人数为8123人，占全市社区工作者总数的27%。

（张　婷）

【“最美社工宣讲团”宣讲活动取得阶段性成果】 6月27日，市委社会工委、市社会办组织“最美社工宣讲团”成员在大兴区召开阶段性工作总结座谈会。自“最美社工宣讲团”正式组建以来，宣讲团成员在全市14个区县组织开展宣讲67次，受众近2万人，宣讲范围包括机关、院校、街道、社区等单位，受众人群涵盖区县机关干部，在校大学生、中学生，街道社区干部、社区工作者和社区居民等不同群体。朝阳、海淀、丰台、石景山等区县，市妇联、团市委等单位还将部分“宣讲团”成员聘为本单位、本系统宣讲活动成员，进一步扩大了最美社工事迹影响，弘扬了社会工作价值理念。

（张　婷）

【全市社会工作者信息采集工作启动】 7月17日，市委社会工委、市社会办在北京青年政治学院举办全市“社会工作者数据信息采集骨干培训班”，来自全市16个区县社会工委有关负责人、街道和乡镇相关工作人员260余人参加培训。培训介绍了社会工作者数据库基本结构和登录方式，并就区（县）、街（镇）、居三级网络数据的更新、上报和审批等实际操作内容进行了详细讲解。此次信息采集工作依托“北京市社会建设‘四网六库’信息系统”展开，各区县社会工委、街道（乡镇）、社区和专业社工机构都分别担负着数据更新、维护、上报和审批职责，实现对每名社会工作者个人信息的准确掌握和动态管理，并为研究、制定和加强社会工作者队伍建设有关政策制度提供第一手资料和科学依据。

（张　婷）

【《规划纲要》中期推进会召开】 7月23日，市委社会工委、市社会办、市民政局联合召开《首都中长期社会工作专业人才发展规划纲要》中期推进会。市委社会工委委员、市社会办副主任刘占山，市民政局党委委员、副局长谢延智，市委组织部人才工作处处长于淼出席会议并讲话。市人力社保局、市发展改革委、市教委等15个部门相关处室负责同志参加会议交流。各单位通报了《纲要》出台以来在加强社会工作专业人才队伍建设方面所做工作、取得成效，对工作中存在的困难和问题进行了研讨，并对创新社会工作专业人才队伍建设、迎接市人才工作领导小组中期评估检查工作提出了对策建议、做出了部署安排。会议进一步强化了全市社会工作专业人才队伍建设的统筹协调和沟通联络机制，达成了共识，形成了合力，为下步工作开展提供了有力的组织保障。

（张　婷）

【专业社工机构参与志愿服务推进开展】 9月13日，市委社会工委、市社会办印发

《关于推进全市专业社工机构参与志愿服务工作的实施方案》，推动各类专业社工机构建立志愿服务组织，开展志愿服务，加强志愿培训，完善志愿服务机制，充分发挥社工在组建团队、规范服务、拓展项目、培训策划等方面的专业优势，形成“社工引领志工开展服务、志工协助社工改善服务”的良性运行机制，建立起“社工 + 志工”联动工作机制。

（张　婷）

【“高级社会工作人才培训班”举办】 9月14日至27日，市委社会工委、市社会办举办“高级社会工作人才培训班”，组织全市14个区县社会工委、市社会建设研究基地和市委社会工委机关的19名领导干部在香港大学SPACE中国商业学院接受社会服务、社会工作方面培训，学习了香港地区社会工作先进经验做法，开阔了视野，增强了党政领导干部的社会工作理念。

（张　婷）

【“我的社工一日”征文活动评选结果揭晓】 9月22日，由中国社会工作者协会主办的2014年国际社工日“我的社工一日”征文活动评选结果揭晓，市委社会工委作为组织单位被授予“优秀组织奖”。经专家评审，由市委社会工委组织报送、来自全市10个区县的71篇征文获得个人奖，其中一等奖3名、二等奖7名、三等奖15名、优秀奖46名，占全部获奖征文的68%。70余篇征文真实记录了首都社工在社区和社会工作事务所一线的难忘经历，集中展示了社工群体的职业风采。获奖征文在《公益时报》《社会与公益》杂志和社工中国网择优发表。

（张　婷）

【市委社会工委获“社会工作行业组织发展与建设年”优胜奖】 9月26日，第四次全国社会工作行业组织工作会议暨社会工作行业组织服务能力建设论坛在济南召开。会议对“社会工作行业组织发展与建设年”倡议活动进行了总结表彰。市委社会工委被授予“社会工作行业组织发展与建设年”倡议活动优胜奖荣誉。近年来，北京市积极推进社工行业组织有效覆盖，不断提升行业组织管理和服务水平，持续推动专业社工机构和社工协会、联合会等行业组织建设，全市已有10个区县建立了社会工作行业组织。

（张　婷）

【第三届“寻找首都最美社工”活动举办】 10月，市委社会工委、市社会办、公益时报社联合举办以“敬业专业、助人自助”为主题的第三届“寻找首都最美社工”活动，寻找、发掘、评选和表彰社工先进典型，宣传优秀社工事迹，营造全社会共同关注、支持社工的良好氛围。活动启动以来，在社会各界、广大群众中产生积极影响。各区县、社会组织及专业社工机构共推荐377名符合标准、业绩突出、事迹感人的社会工作者参加评选。活动主办单位在对申报材料进行初审基础上，确定100名入围候选对象，通过后期网上公示投票、专家评审等环节工作，评选出“首都最美社工”11名、“首都优秀社工”39名。活动进行过程中，多家媒体进行专题报道，北京卫视《北京您早》栏目播出对10位参评人物的采访报道。通过发掘、宣传社工先进典型，促进了公众对社工工作的了解、对社工群体的认同、对社会工作的关注。

（张　婷）

【专业社会工作机构委员会成立】 12月8日，北京社会工作者协会专业社会工作机构委员会成立大会召开。市委社会工委委员、市社会办副主任刘占山，市民政局巡视员、党委副书记、北京社会工作者协会会长李新京出席大会。专业社工机构委员会由市委社会工委、市社会办依托北京社会工作者协会组建，是全市专业社工机构的行业管理和指导机构，是从事专业社会工作的单位和个人自愿组成的非盈利、公益性、行业性社会团体，作为全市专业社工机构交流服务平台，负责统筹、协调和推动全市专业社工机构平台建设、人才建设和业务建设。

（张　婷）

【全市社工实务能力提升培训示范班举办】 12月15日，市委社会工委、北京社会工作者协会联合举办的全市社工实务能力提升培训示范班正式开班。各区县从社区党组织、居委会、服务站中推荐业务骨干共130余人参加培训。此次培训紧跟社工理论前沿，紧贴实务工作实践，紧扣社工能力所需，培训内容更为侧重社区实务工作和实务能力教学，在授课内容上设置了社区建设、社区活动策划、社工方法应用等专题，在师资配备上邀请了台湾社会工作领域专家，高校学者以及首都最美社工宣讲团等理论、实务专业人士，培训方式多样，包含现场教学、专家答疑、经验交流等。培训效果显著，受到学员欢迎。

（张　婷）

【人才工作检查座谈会召开】 12月24日，市委组织部人才工作检查组到市委社会工委检查2014年社会工作人才队伍建设情况。市委组织部人力资源研究中心副主任陈树立出席检查座谈会。首都师范大学社会工作系教授、北京超越青少年社会工作事务所负责人席小华，丰台区中鼎社会工作事务所负责人任苏锋，大兴区朗润社会工作事务所负责人任力欣参加座谈会。检查组听取了2014年全市社会工作人才队伍建设情况总结和2015年工作重点汇报，充分肯定了市委社会工委推进首都社会工作人才队伍建设取得的成绩，参会人员就进一步加强全市社工人才队伍建设进行了深入讨论。

（张　婷）

【全市“万名社区工作者培训”圆满完成】 按照北京市“万名社区工作者培训计划”，年内，全市共培训社区工作者14000余人。北京市“万名社区工作者培训”工作于2012年12月正式启动，截至2014年底，共投入专项资金1400余万元，累计开办培训班次122期，参训人员3.4万余人，完成了将全市社区工作者轮训一遍的预定任务。培训内容包括社区工作基本理论与实践、社区工作基本法规与政策、中央和市委市政府关于社会建设的最新精神等，提高了社区工作者基本技能，丰富了做好社区工作方法技巧。为充分总结运用教学成果，市委社会工委、市社会办会同北京青年政治学院，编写出版《北京市社区工作者在职培训教材》，制作了《北京市万名社区工作者培训计划培训课堂》系列视频光盘。

（张　婷）

【社区工作者待遇规范调整推动进行】 年内，市委社会工委、市社会办在广泛调研和座谈基础上，与市委组织部、市民政局、市财政局、市人力社保局等部门起草了《关于进一步规范社区工作者待遇有关事项的补充通知》；同时，研究起草了《关于进一步规范社区工作者工资待遇的实施办法（试行）》，为社区工作者工资待遇构建科学体系，研究建立动态调整和长效增长机制。

（张　婷）

【“社区工作者硕士研究生培养计划”继续实施】 年内，市委社会工委继续实施“社区工作者硕士研究生培养计划”，委托北京城市学院面向全市社区工作者定向招收培养硕士研究生。采取“理论+实践”的双导师制，充分发挥校内专业教师的理论优势和社会工作实务专家的实践优势，为学员提供综合指导。为提高考试通过率，举办“社区工作者业务能力提升培训班”，对全市79名优秀社区工作者进行专业知识和业务能力培训。2014年全市共有19名社区工作者通过全国统考，获得攻读社会工作专业硕士学位资格。

（张　婷）

【参加“全国社会工作督导人才培养计划”】 年内，市委社会工委与中国社会工作师委员会合作，指导各区县推荐优秀专业社工，参加“全国社会工作督导人才培养计划”。以专业课程培训、实务训练、进修学习等三种方式在全国重点培养见习督导、初级督导、中级督导和高校实习督导等专业人才。此次督导培养计划聘请港台地区和国外的资深专业社工督导，负责授课并支持学员后续实习。2014 年共选派 4 批 28 名优秀专业社工参加培训。

（张　婷）

【“全市社区工作者队伍现状及发展对策研究”开展】 年内，市委社会工委、市社会办成立课题组，开展“全市社区工作者队伍现状及发展对策研究”，面向全市各区县、街道（乡镇）发放并回收调查问卷 221 份，赴 4 个区县召开调研座谈会，指导各区县完成社会工作者信息采集数据库填报，起草了《全市社区工作者队伍现状及发展问题》研究报告，为全市进一步加强社区工作者队伍建设提出了政策建议。

（张　婷）

【“全市专业社工机构及岗位情况研究”开展】 年内，市委社会工委、市社会办成立课题组，开展“全市专业社工机构及岗位情况研究”，组织部分区县开展社工事务所发展情况座谈；与首师大合作，面向全市社工事务所负责人和专业社工发放并回收问卷 264 份，通过数据汇总分析，撰写完成《北京市专业社工机构现状及发展对策研究》，为进一步加强全市专业社工机构建设提出了政策建议。

（张　婷）

【全市专业社工机构突破百家】 年内，市委社会工委、市社会办积极培育扶持专业社工机构发展，与北京社会工作者协会组建专业社工机构委员会，搭建全市专业社工机构交流服务平台，进一步推进专业社工机构制度化、标准化和专业化建设。截至 2014 年底，全市已建成专业社工机构 107 家，共吸纳专业社工 1454 人，带动 13256 名志愿者参与服务，服务领域涵盖为老服务、青少年事务、残疾人服务、妇女儿童服务、司法矫正等 20 余个领域。2014 年共开展专业服务 2.5 万余次，服务对象超过 11.5 万人次。

（张　婷）

【购买专业社工岗位工作深入推进】 年内，市委社会工委、市社会办按照“一街一社工”标准，为全市 16 区县的 145 个街道共购买 145 个专业社工岗位，对每个岗位补贴 3 万元。制定下发《关于加强 2014 年度购买专业社会工作岗位经费使用管理的通知》，加强对资金使用的有效监管，提高资金使用效率。加强对区县的指导，引导专业社工岗位向“百姓急需、社工能为”的领域倾斜，专业社工岗位主要分布在特殊群体服务、社区及社会组织发展、家庭关系调解、专业援助及服务共 4 大类、20 个服务领域中，扩展了为民服务范围，提高了为民服务专业化水平。

（张　婷）

【中鼎社工事务所开展未成年人社会保护】 年内，丰台区中鼎社会工作事务所开展了“儿童困境 社工行动”丰台区未成年人社会保护社工服务项目。项目以地区贫困家庭、服刑人员家庭、吸毒家庭等特殊家庭子女为帮扶对象，通过整合政府、社区和学校等多方力量，派出专业社工和志愿者对困境中的未成年人提供法律服务、心理治疗和社会支持，服务范围遍布全区，受到广泛好评。项目实施以来，共开展问卷调查 15 次、宣传活动 10 次、社区走访活动 20 次，覆盖人群 4000 余人次，累计帮助 15 名困境儿童顺利入园接受学前教育。

（张　婷）

【全市首个社会救助信访事件核查服务项目收效显著】 年内，市社会保障信息核查中心以政府购买服务方式委托丰台区中鼎社会工作事务所开展社会救助信访事件核查服务。作为全市首家开展此项服务的社工事务所，中鼎社工事务所承接该项目以来，派遣专业社工深入全市 36 个社区居委会、8 个村民委员会，100 余户低保家庭进行走访核查，以调查报告形式反映群众诉求，在协助政府解决问题、化解群众积怨、实现公平正义方面发挥积极作用。该事务所结合工作实践撰写了《社会救助类信访核查社会工作初探》，将专业社会工作方法介入社会救助信访工作的探索成果及时总结，丰富了社会工作实务实践，拓展了社会工作服务领域。

（张　婷）

社会动员工作（志愿者工作）

【概况】 年内，社会动员与志愿者工作以社会动员试点和社会领域志愿服务工作为主线，抓重点，破难点，社会动员机制建设开创新局面。印发《2014 年全市街道社会动员试点工作方案》《2014 年全市社会动员工作要点》《重点任务分解表》，在 27 个街道开展第二批社会动员试点工作，试点工作围绕社区自治、共驻共建、志愿服务、治理“大城市病”、应急动员、创新动员方式手段 6 个方面进行探索创新。举办社会动员工作专题培训班，约 150 人参加培训。制定《关于动员社会力量参与社区扫雪铲冰工作应急预案》，完善信息发布机制。开展全市社会领域志愿服务情况问卷调查。加强社会领域志愿服务顶层设计，制定印发《关于进一步健全志愿服务体系加强社会领域志愿服务工作的通知》《北京市社区志愿服务站规范提升工作方案》《关于在市级“枢纽型”社会组织建立专业性志愿服务协会组织的工作方案》《北京市商务楼宇志愿服务站建设工作实施方案》《关于推进全市专业社工机构参与志愿服务工作的实施方案》等系列文件，积极推动社会领域志愿服务组织建设。全年规范提升社区志愿服务站 1875 个，9 家市级“枢纽型”社会组织建立了志愿服务组织，304 个商务楼宇建立了志愿服务站，近 3 万家非公有制经济组织开展了志愿服务工作，30 家专业社工机构建立了志愿服务组织。社会领域志愿服务组织广泛开展“12·5”国际志愿者日系列志愿服务主题活动。召开三次全市志愿者工作联席会，研究全年工作、“3·5”学雷锋活动和市志愿服务联合会第一次会员代表大会有关工作。成功举办“邻里守望——2014 年北京学雷锋志愿服务推动日”活动，召开志愿服务项目岗位征集区县部署会，全市各街道（乡镇）、社区（村）上半年征集志愿服务项目 1.3 万个、岗位 2.6 万个。截至 2014 年 12 月底，全市实名注册志愿者达到 245 万人，注册志愿团体超过 3.6 万个。深化推广市民劝导队工作，全市市民劝导队队伍数 2393 支，劝导队员人数超过 10 万人。

（董　欣）

【“2014 春运——温暖伴您行”志愿服务活动开展】 1 月春运期间，市慈善义工协会以倡导文明出行为主题，在北京西客站组织了为期 20 天的“2014 春运——温暖伴您行”志愿服务活动，为旅客提供义务指路、咨询、疏导和帮扶。慈善义工参与志愿服务 1482 人次，服务时间 4446 小时，服务范围遍及西客站地下多功能交通枢纽 29 个义务服务点，平均每天服务旅客 8000 多人次，受益人群近 15 万人，为最需要帮助的人群送去温暖，营造了“和谐、温馨、安全、便捷”的春运环境，宣传了北京精神，践行了社会主义核心价值观。

（董　欣）

【市级志愿服务项目、岗位征集申报会召开】 1月22日，市委社会工委、市志愿者联合会联合召开2014年全市志愿服务项目、岗位征集申报工作部署会，16个区县社会工委负责志愿者工作的同志和区县志愿者联合会同志参加会议。会议部署了在全市征集志愿服务项目和岗位具体事宜，对项目申报时间、申报主体、申报岗位设置、项目数量、工作流程等进行了详细讲解。

（董　欣）

【春节期间全市各部门积极开展志愿服务活动】 2月春节期间，全市各部门开展了以“邻里守望　关爱你我”为主题的系列志愿服务活动。据不完全统计，春节期间全市共组织10多万名志愿者，提供志愿服务时间超过100万小时，为和谐喜庆的节日首都营造了良好社会氛围。

（董　欣）

【全市志愿者积极参与扫雪铲冰工作】 2月7日至8日，全市各级各类志愿者积极响应动员号召，在楼宇、社区、街道等公共空间持续开展扫雪铲冰志愿服务。东城区积极动员青年志愿者深入街道、社区，迅速清扫通行道路，并在路旁放置防滑警示牌。海淀区温泉镇、羊坊店街道、紫竹院街道、四季青镇、西北旺镇，以及海淀区各机关单位积极动员本地区单位职工、驻区部队官兵、社区居民以及党员干部加入志愿者队伍，在主要交通干道和各村、社区交通要道进行扫雪铲冰。怀柔区各系统、各专业队伍志愿者将各镇各村、各街道路面积雪清扫干净并全部清运。全市通过组织化与社会化相结合的动员方式，共发动各级各类志愿者3.6万人参与扫雪铲冰工作。

（董　欣）

【全市开展“学雷锋”志愿服务站（岗）申报命名工作】 2月，市委社会工委积极指导做好“学雷锋”志愿服务站（岗）申报命名工作。据统计，全市共申报首都“学雷锋”志愿服务站1207个，志愿服务岗1312个。推荐申报首都“学雷锋”志愿服务示范站189个，示范岗165个。经专家委员会评审，提出首都志愿服务示范站、岗各100个，首都志愿服务站、岗各1000个的入围名单，2月17日在市社会建设网站进行公示。

（董　欣）

【北京“邻里守望”学雷锋志愿服务推动日活动举办】 3月4日，市委社会工委、首都文明办、首都综治办、市民政局、团市委、市志愿者联合会联合举办“邻里守望——2014年北京学雷锋志愿服务推动日”活动。活动集中发布了全市各街道（乡镇）、社区（村）征集的上半年志愿服务项目1.3万个、岗位2.6万个，需要志愿者50余万名，通过现场洽谈签约和在线对接等形式，促进志愿服务供需双向对接，推动了志愿服务制度化。活动展示了全市开展“邻里守望”志愿服务的成果，命名首批首都“学雷锋”志愿服务示范站（岗）200个，开展了志愿服务主题交流活动。共有500余个志愿者组织和千余名志愿者参加此次活动。

（董　欣）

【《北京志愿服务指南2014》正式发布】 3月4日，《北京志愿服务指南2014》正式发布。此书是在市委社会工委、首都文明办、首都综治办、市民政局、团市委指导下，市志愿者联合会组织编写的。《指南》包括三部分内容：第一部分是志愿服务基础知识，如何成为志愿者和志愿服务规范技巧，以及全市93个志愿服务领域和典型案例；第二部分是全市志愿服务组织资源，包括4247个志愿服务组织名录（涵盖全市15050个志愿服务组织），全市2200个首都“学雷锋”志愿服务示范站（岗）名录；第三部分是2014年上半年志愿服务需求信息，2014年第一季度征集的近万个志愿服务项目中选取的4800余个项目信息，涉及1万余类志愿服务岗位。全书分上、下两册，共

150余万字。《北京志愿服务指南》是全国第一部同类型的志愿服务实用信息手册，同时以实体书和电子书两种形式发布，实体书将投放到全市所有街道乡镇、志愿服务站（岗），电子书在网上发布，并定期对内容进行更新。

（董　欣）

【“3·5”学雷锋志愿服务活动开展】　3月学雷锋纪念日来临之际，各部门积极响应，志愿服务活动异彩纷呈。市城管执法局举办“志愿者参与城市管理”研讨会，市城管志愿者协会展示了志愿服务成果，现场招募志愿者。市文化局开展“中国青年志愿者日”学雷锋系列活动，北京文化艺术中心、市文化志愿者服务中心组织900余位志愿者为市民开展29项10个类型的服务活动。市属11家公园及中国园林博物馆开展“清洗山林绿色环保行”、全程公益讲解等学雷锋志愿服务活动。市红十字会医疗、急救等各领域的志愿者到大兴区彩虹新城“红立方”开展授课、义诊等志愿服务活动。市总工会启动职工志愿互助服务项目，计划3年内建成600支志愿服务队，面向全体职工提供志愿互助服务。

（董　欣）

【北京市志愿服务联合会第一次会员代表大会召开】　4月30日，北京市志愿服务联合会第一次会员代表大会在北京会议中心召开。中共中央政治局委员、北京市委书记郭金龙，中共中央政治局原委员、中央文明委原副主任、北京市委原书记、中国志愿服务联合会会长刘淇出席会议并做重要讲话。市委副书记、市长王安顺等市领导出席大会。

（董　欣）

【“北京市文物安全保护志愿服务行动”启动】　4月12日，北京市文物局和北京市慈善义工协会联合主办的“北京市文物安全保护志愿服务行动”启动仪式在市国子监辟雍殿前举行，活动旨在开展保护文物安全的文保志愿活动。启动仪式上，文保志愿者代表、北京电视台主持人宣读倡议书，文保志愿者代表发言。每位报名参与文保志愿服务的市民都将登记在文保志愿者信息库里，根据全市文物的分布和志愿者的需求情况不同，志愿者将分批上岗。首批上岗的志愿者每周将至少到自己所负责的文物点“巡逻”两次，宣传文物保护理念、监督管理使用单位保护职责、及时发现文物安全隐患和违法犯罪行为。志愿者一旦发现文物安全隐患或文物违法行为将及时向“行动”信息平台报告，通过信息平台提交文物执法部门依法处理。

（董　欣）

【全市社会动员工作座谈会召开】　4月25日，全市社会动员工作座谈会在朝阳区朝外地区社会管理中心召开，市委社会工委委员、市社会办副主任王智玲参加会议并讲话。会议总结了上年全市社会动员工作，印发了《2014年全市社会动员工作要点》和《重点任务分解表》，对第二批社会动员试点工作、志愿公益服务体系建设、社会领域维稳等重点工作任务进行了部署。与会人员参观了朝外街道“橙房子”志愿服务站和吉祥里社区西草园小区“居家式”居民自治管理。各区县社会工委、社会办主管领导和科室负责人40人参加会议。

（董　欣）

【社会领域维护稳定工作会召开】　4月29日，市委社会工委、市社会办召开2014年社会领域维护稳定工作会，印发《市委社会工委2014年度维护稳定工作任务分解方案》和《市委社会工委关于全面深化平安北京建设折子工程任务分解书》，确保9个方面21条维稳工作任务和12项平安北京建设工作任务责任到处、责任到人。

（董　欣）

【全市社区志愿服务站规范提升工作开展】　6月10日，市委社会工委、市社会办召开全市社区志愿服务站规范提升工作部署会，印发《北京市社区志愿服务站规范提升工作方案》，力争用两年时间，完成全市城市社区志愿服务站规范提升工作。《方案》规范了社区志愿服务站功能，提出社区志愿服务站“五有”建设标准。截至12月底，规范提升1875个社区志愿服务站，其中城市社区1741个，占全市城市社区总数的77.76%，西城、朝阳、怀柔、延庆4个区县实现城市社区全覆盖；农村社区134个。规范提升后的社区志愿服务站达到有明显标志、有工作人员、有经常性志愿服务项目和岗位、有稳定的志愿者队伍、有规范的管理制度的“五有”标准。

（董　欣）

【加强社会领域志愿服务工作文件出台】 6月23日，市委社会工委、市社会办印发《关于进一步健全志愿服务体系加强社会领域志愿服务工作的通知》，提出用2～3年时间，努力实现社会领域志愿服务组织全覆盖和工作全覆盖，到“十三五”中期，基本形成一套完整的社会领域志愿服务工作体系，努力实现社会领域志愿服务制度化、常态化。社区依托服务站规范提升志愿服务组织，商务楼宇依托工作站分批建立志愿服务站，非公有制经济组织建立志愿服务组织，“枢纽型”社会组织分批分类建立专业性志愿服务协会组织，专业社会工作机构建立志愿服务站或志愿服务组织。

（董　欣）

【全市第二批社会动员试点工作全面展开】 6月25日，市委社会工委制定印发《2014年全市街道社会动员试点工作方案》，积极动员社会力量共同参与城市建设和社会治理，围绕“大城市病”治理、社区居民自治、共驻共建、完善志愿服务体系、完善应急社会动员机制、创新社会动员手段等内容开展第二批社会动员试点工作，两批试点工作已覆盖808个社区，占城市社区的36%。

（董　欣）

【为注册志愿者购买意外保险】 6月25日，市志愿服务联合会与中国人民财产保险股份有限公司北京市分公司联合举办“北京市实名注册志愿者团体人身意外伤害保险”签约仪式，正式推出北京注册志愿者保险，共有235万实名注册志愿者受益。保险内容包括意外伤害身故、残疾险，意外伤害医疗保险，住院津贴，紧急救援和医疗垫付等，意外伤害身故保险最高赔付120万元。

（董　欣）

【全市商务楼宇志愿服务工作不断推进】 7月17日，市委社会工委、市社会办印发《北京市商务楼宇志愿服务站建设工作实施方案》，大力推进商务楼宇志愿服务站建设。通过搭建志愿服务平台，建立志愿服务队伍，创新志愿服务项目，组织志愿服务活动，完善志愿服务制度，引导入驻企业积极开展志愿服务活动。全市共有453座商务楼宇开展了志愿服务工作，占商务楼宇总数的35%，覆盖3.5万余家非公有制企业。全市商务楼宇共建立志愿服务工作站304个，志愿服务组织830个、志愿者约2万人。

（董　欣）

【全市社会动员工作专题培训班举办】 7月31日至8月1日，全市社会动员工作专题培训班在顺义举办，各区县社会工委、社会办与两批试点街道社区负责同志共150人参加培训。市委社会工委书记、市社会办主任宋贵伦，国家行政学院决策咨询部副主任丁元竹，国家行政学院应急管理培训中心主任龚维斌，分别围绕社会治理与社会体制改革、社会转型与社会动员、应急社会动员三个专题做了专题报告。培训班对社会动员试点工作进行了再部署，部分试点街道和社区进行了大会交流。

（董　欣）

【“12·5”国际志愿者日主题活动广泛开展】 12月5日国际志愿者日来临之际，各区县纷纷动员社会领域志愿者开展系列志愿服务主题活动。朝阳区动员485家企业、126家社会组织及2300余名志愿者开展主题活动34次，覆盖人群达3万余人次；房山区开展志愿服务活动150余场，参与志愿者1000余人，服务群众5000余人；顺义区发动13个社区志愿服务联络站、20个社区青年汇、94个义工工作站、948支社区志愿服务组织（队伍）开展或参与了主题志愿服务活动；平谷区动员1760多名志愿者，发放志愿服务宣传单20000份，服务计时达3920小时，服务群众达4.41万人次；密云县动员社区、社会组织、专业社工机构志愿者3000余名，开展关爱农民工子女、心理咨询、扶老助残、清洁环保、法制宣传等志愿服务活动。

（董 欣）

【全市社会动员与志愿服务工作座谈会召开】 12月16日，全市社会动员与志愿服务工作座谈会召开。会议总结了APEC峰会期间全市社会动员与志愿服务工作，探讨研究下年社会动员与志愿服务工作思路。目前，社会动员试点工作已覆盖全市58个街道、808个社区，规范提升社区志愿服务站1875个，培育社区志愿服务示范项目600个。APEC会议期间，全市累计动员社区工作者3万余人、志愿者80万余人参与服务保障，在化解矛盾隐患、服务特殊人群、环境整治、安保维稳等工作中做出了积极贡献。各区县委社会工委、社会办与第二批社会动员试点街道的负责同志参会。

（董 欣）

【全市社区志愿服务建设取得新成果】 年内，全市建立社区志愿服务机构2253家，主要形式为社区志愿服务站、社区志愿者之家、社区义工服务站、“学雷锋”志愿服务站、街道志愿者协会社区分会等类型。注册社区志愿者121万人，人员组成以社区工作者、离退休人员、党员等为主体。志愿者招募、注册、培训、表彰等制度普遍建立。全市有2436个社区服务站安排了专兼职社工或志愿者负责志愿服务工作，占社区总数的86%。

（董 欣）

【全市推进市级“枢纽型”社会组织建立志愿服务组织工作】 年内，根据市委社会工委、市社会办《关于在市级“枢纽型”社会组织建立专业性志愿服务协会组织的工作方案》，市级“枢纽型”社会组织整合相关资源，发挥专业服务优势，前三批27家已有9家建立志愿服务组织，而且建立了二级志愿服务组织。志愿服务范围涵盖科普教育、法律援助、少数民族青少年教育、侨界“空巢”老人关爱、体育健身、妇女儿童关爱等多领域，打造了一批专业性强、特色鲜明、群众欢迎、可持续的志愿服务优秀品牌项目。加上年内新认定的9家，市级“枢纽型”社会组织共36家，力争用2年时间，基本实现社会组织志愿服务体系全覆盖。

（董 欣）

【“社工+义工”志愿服务模式建立】 年内，全市专业社工机构以志愿服务组织为平台，以社工队伍为核心，以义工队伍为补充，建立起“社工+义工”联动工作机制。74家专业社工机构开展志愿服务工作，其中35家建立志愿服务组织。“社工+义工”服务模式在各专业社工机构广泛应用，共有700多名专业社工、3422名志愿者为社会提供了青少年服务、农民工子女关爱、流动人口融入、社会组织培育、心理疏导等专业化服务。

（董 欣）

【全市市民劝导队人员规模超过10万】 年内，全市深化推广市民劝导队工作，开展全市市民劝导队优秀活动项目评选工作，组织动员市民劝导队积极参与APEC期间社会治安、居住环境志愿服务工作，市民劝导队建设得到扎实推进。截至年底，全市建立市民劝导队2393支，队员超过10万人，在动员社区居民广泛参与社会治理中发挥了重要作用。

（董 欣）

【全市实名注册志愿者达到245万人】 年内，全市扎实推进志愿者实名制注册，截至年底，全市实名注册志愿者超过245万人，注册志愿团体超过3.6万个。社会领域志愿服务实名注册志愿者人数196万人，志愿服务组织9731个。

（董　欣）

【全市社会动员试点工作取得良好成效】 年内，全市16个区县27个试点街道高度重视，精心组织，结合实际找准试点工作突破口，创造性开展工作，培育了一批典型，试点工作取得较好成效。东城区和平里街道探索出“一厅两会”（居民议事厅、居民会议常务会、网格议事会）三级联动居民参与式协商自治模式；西城区金融街街道成立受水河社区车友会，基本实现“胡同内停车位分片到院”自治管理；海淀区中关村街道与中科院科研院所签订《社会治理工作框架协议》，为全面加强地区社会治理合作提供制度依据；丰台区和义东里第三社区通过社区事务会商会，协商解决了系列老旧小区管理难点问题；门头沟区大峪街道新自建清理小广告服务队，项目实施以来社区内未发现一条小广告；大兴区兴丰街道围绕治理“大城市病”，广泛动员辖区单位参与大气污染防治。

（董　欣）

【社会领域维稳工作扎实推进】 年内，按照全市维稳工作统一部署，全市社会领域圆满完成全国“两会”、APEC峰会、党的十八届四中全会等敏感时期安全稳定工作。敏感时期启动维稳信息战时会商机制，严格落实安全稳定情况每日“零报告”制度，确保了重大节日、重要活动和敏感时期社会领域的安全稳定。

（董　欣）

社会领域党建工作

【概况】 年内，全市社会领域党建工作认真贯彻党的十八届三中、四中全会精神，扎实推进党的群众路线教育实践活动，以构建区域化党建格局和建设服务型党组织为重点，在构建体系、完善机制、扩大覆盖、增强活力上下功夫，取得明显成效。一是街道社区党建工作取得新进展。扎实开展街道、社区区域化党建及群团组织建设试点，研究制定《关于进一步深化区域化党建工作的若干意见》，总结推广社区联建门店试点经验。深入开展城乡基层党的建设“三级联创”。举办全市街道工委书记和社区党组织书记示范培训班，对全市160名街道工委书记和近200名社区党组织书记进行为期一周的集中培训。二是社会组织党建工作取得新提升。召开全市民办非企业单位党建工作研讨会，总结交流全市民办非企业单位党建工作典型经验。以第二批党的群众路线教育实践活动为契机，对市级“枢纽型”社会组织直管的263个基层党组织负责人进行专题培训。对全市100名社会组织、党组织负责人进行示范培训。指导成立全市出租汽车租赁行业协会党委、全市注册税务师协会党委，在市级“枢纽型”社会组织开展社会组织党委建设试点，在新确认的9家市级“枢纽型”社会组织中推进党建“3+1”工作机制建设。三是非公有制经济组织党建工作取得新进步。研究制定《北京市离退休党员干部担任非公有制经济组织党建工作指导员的管理办法（试行）》。举办新聘党建指导员和商务楼宇“五站合一”工作站负责人示范培训班，提升党建工作业务水平。开展商务楼宇工作站示范点创建及集中推进月活动，进一步完善商务楼宇“五站合一”长效机制。四是社会领域党建调研工作取得新突破。召开非公有制经济组织、社会组织和社区党建专业委员会工作座谈会。举办学习党的十八届四中全会精神暨非公党建专著《引领——北京新经济组织党建巡礼》出版研讨会。承担市社会建设工作领导小组关于流动党员服务管理工作研究课题，获得市党建研究会2014年度课题结项评审二等奖。五是第二批党的群众路线教育实践活动取得新成效。与市委组织部等9部门联合印发《关于积极倡导在职党员到社区报到为群众服务的通知》，全面推进全市在职党员进社区报到工作。研究印发委办机关干部在社会领域建立第二批党的群众路线教育实践活动调研联系点工作方案，委办干部建立调研联系点130个。与中国中共党史学会、前线杂志社举办学习习近平总书记在党的群众路线教育实践活动总结大会上的重要讲话精神座谈会，在《北京日报》刊发专版。

（高玉冰）

【民办非企业单位党建工作专题研讨会召开】 1月3日，市委组织部、市委社会工委在北京城市学院组织召开民办非企业单位党建工作专题研讨会。市委组织部副部长刘宇辉出席并讲话。会上，市民政局社团办主任温庆云介绍了全市社会组织情况，北京民办教育协会执行会长、北京城市学院党委书记、院长刘林介绍了全市民办教育系统和北京城市学院党建工作情况，北京国际城市发展研究院党委、北京二十一世纪国际学校党支部、北京北亚骨科医院党支部分别从民办科研机构、民办学校、民办医院三个不同角度做经验介绍。刘宇辉从准确把握新时期社会组织党建工作面临的形势任务，坚持分类研究和分类指导、着力破解社会组织党建工作现实问题，凝聚形成抓社会组织党建工作的整体合力三个方面，对下一步做好社会组织特别是民办非企业单位党建工作提出明确要求。

（高玉冰）

【第四届北京市“优秀中国特色社会主义事业建设者”表彰大会召开】 1月7日，市委统战部、市委社会工委、市经济信息化委、市人力社保局、市工商局、市工商联召开第四届北京市“非公有制经济人士优秀中国特色社会主义事业建设者表彰大会”。经广泛推荐、严格评审、媒体公示等环节，授予北京宏源餐饮管理有限公司董事长马龙等46名新的社会阶层人士第四届北京市“优秀中国特色社会主义事业建设者”荣誉称号。

（高玉冰）

【2013年“三级联创”检查工作完成】 1月8日，全市城乡基层党的建设“三级联创”考核调研工作汇报会召开。市委组织部、市委社会工委、市委农工委、市民政局等相关部门主管领导及5个考核调研组负责同志参加会议。会上各组负责人对各区县2013年度基层党建工作开展情况进行了专题汇报，并对检查中发现的主要问题进行通报。此次考核调研工作为期10天，用抽签方式选取16个区县的25个街道、50个社区，通过听取情况介绍、进家入户、个别访谈等方式集中了解基层党建工作年度开展情况。

（高玉冰）

【市科委人才交流中心流动党员党总支2013年度党建工作总结暨表彰会召开】 1月15日，市科委人才交流中心流动党员党总支召开2013年度党建工作总结暨表彰会。总结2013年工作，表彰先进党支部、优秀党支部书记和优秀党员，并召开座谈会征求意见建议。近年来，市科委人才交流中心流动党员党总支先后组建31个流动党员党支部，联系管理610名流动党员；制定《关于整建制党支部的组建办法》等制度规定；开展“双百对接”助力企业发展和“一个有意义的党日”党课教育等系列活动，特色鲜明、成效明显。

（高玉冰）

【医疗器械行业商会携急救专家进社区】 1月

20日，市工商联医疗器械行业商会携急救专家在东城区东花市街道党员服务中心为退休老党员举办了一次“‘白金十分钟’居民自救互救能力提升行动”急救知识培训。专家详细讲解“白金十分钟”急救理念、识别生命体征、徒手止血和包扎、模拟训练心肺复苏术等知识。“‘白金十分钟’居民自救互救能力提升行动”是该商会参与的一项政府购买社会组织服务项目，旨在提高群众自救互救能力、有效保障个人生命安全、促进和谐社会建设。商会已多次在社区、打工子弟学校等公共场所举办急救培训。

（高玉冰）

【叶青大厦党委举办非公有制经济组织党组织负责人新春联谊会】 1月23日，叶青大厦党委邀请35家优秀非公有制经济组织党组织负责人参加新春联谊座谈，市委社会工委委员、市社会办副主任陈建领参加活动并致辞。活动中，大家参观了叶青大厦党员活动室，观看了叶青大厦党建、统战工作展览和党建专题片；参加了叶青大厦党委组织的新春嘉年华活动，并与驻厦企业员工互动；围绕非公有制经济组织贯彻落实党的十八届三中全会和市十一届四次全会精神、非公党建引领企业转型升级、总结全市非公有制经济组织党建工作经验等内容进行了座谈交流。

（高玉冰）

【向全市社会领域党组织赠送万份党建类杂志】 2月起，为提高社会领域党员党性修养和自身素质，进一步提升社区、非公组织和社会组织党建工作水平，市委组织部、市委社会工委和市老干部局联合向全市16个区县社会工委、27家市级“枢纽型”社会组织、700余座商务楼宇、350个社区党组织、727家“两新”组织党组织共赠送《党建》杂志10000份。

（高玉冰）

【通州区社会领域党建工作调研开展】 2月25日，市委社会工委到通州区调研社会领域党建工作，重点考察联东集团“园中园”党建模式和北苑街道“双向积分”模式。联东集团作为园区开发龙头企业，通过健全组织架构，将非公有制企业党建工作覆盖园区企业。组织园区企业参与集团党委举办的各种公益活动和文体活动，举办专场招聘解决园区企业用工难题，鼓励园区企业承担社会责任，园区企业区域化党建初具规模。在调研北苑街道“双向积分”模式时，提出要结合第二批党的群众路线教育实践活动，进一步深化在职党员进社区活动，把“双向积分”管理服务方式与在职党员到社区报到、服务结合起来，促进和谐社区建设。

（高玉冰）

【离退休党员干部担任非公有制经济组织党建工作指导员管理办法印发】 3月11日，市委社会工委、市老干部局联合印发《北京市离退休党员干部担任非公有制经济组织党建工作指导员管理办法（试行）》。从人员聘用、工作职责、服务管理、考核评价等方面对离退休党员干部担任非公有制经济组织党建工作指导员工作进行规范。按照“总量控制、一年一聘、动态管理”原则，明确了由各区县委社会工委直接或委托街道（乡镇）党（工）委组织聘用、管理和考核工作。市委社会工委对聘用人员情况进行核实确认后，以市社会建设工作领导小组办公室名义向各区（县）、单位拨付社会建设专项资金，对非公党建工作指导员给予补贴。

（高玉冰）

【市社会领域党建研究会社会组织专委会集中学习习近平总书记系列重要讲话精神】 3月18日，市社会领域党建研究会社会组织专委会，在北京典当行业协会召开学习习近平总书记系列重要讲话精神座谈会。会上，集中学习了习近平总书记视察北京的重要讲话和北京市社会建设工作会议精神，交流了开展第二批党的群众路线教育实践活动学习体会，研讨了社会组织党建专委会年度工作计划。市委社会工委委员、市社会办副主任陈建领围绕进一步学习贯彻习近平总书记系列重要讲话精神，扎实开展教育实践活动，加强社会组织服务型党组织建设等工作提出具体要求。社会领域党建研究会社会组织专委会部分成员单位参加座谈研讨活动。

（高玉冰）

【全市社会组织教育实践活动开展】 3月起，按照市委要求，在市委社会工委指导下，全市27家市级“枢纽型”社会组织党建工作委员会认真组织所属党组织开展第二批党的群众路线教育实践活动。在所直属的226个社会组织党组织中，除38个党组织同步参加第一批教育实践活动外，其余188个党组织已动员部署参加第二批教育实践活动。其他非直属党组织将纳入街道（乡镇）区域化党建工作格局开展活动。

（高玉冰）

【社会领域第二批教育实践活动调研联系点建立】 4月，为进一步巩固委办党的群众路线教育实践活动成果，做好第二批党的群众路线教育实践活动联系协调工作，市委社会工委全体机关干部在社会领域基层党组织中建立调研联系点。每名委办领导联系2个区县各1个街道，并在所联系街道再联系1个社区；每名处级干部原则上在社区、商务楼宇、“两新”组织中至少联系1个基层党组织；普通干部联系1个社区党组织。联系点覆盖16个区县、16个街道、111个社区、7座商务楼宇、3179个“两新”组织。通过建立调研联系点，努力实现调查研究、了解情况、发现亮点、反映问题、推动工作的目的。

（高玉冰）

【丰台科技园区非公党组织教育实践活动动员大会召开】 3月13日，丰台科技园区社会建设党委组织所属非公党组织召开第二批党的群众路线教育实践活动动员大会，对非公领域开展教育实践活动进行动员部署。园区非公党组织书记、组织委员及党建指导员近百人参加会议。此次会议向园区非公党组织全面阐述了党的群众路线教育实践活动的重要意义、总体要求和目标任务，为第二批教育实践活动在非公党组织顺利开展提供思想动力和理论保障。动员大会召开标志着丰台科技园区教育实践活动在非公领域全面展开。

（高玉冰）

【市级“枢纽型”社会组织所属基层党组织负责人培训开展】 4月2日，市委社会工委、市社会办采取以会代训方式，在北京会议中心召开市级“枢纽型”社会组织党组织负责人培训会，7家有直管党组织但未参加第二批教育实践活动的市级“枢纽型”社会组织主管领导、27家市级“枢纽型”社会组织党建工作委员会办公室负责同志及部分社会组织基层党组织负责人250余人参加。市委社会工委书记、市社会办主任宋贵伦以“站在新时代新高度新起点，深入开展第二批党的群众路线教育实践活动”为题，为社会组织基层党组织负责人讲党课；中央党校马克思主义理论教研部教授李俊伟以“建设服务型党组织”为题，就社会组织党建工作进行专题辅导。

（高玉冰）

【中组部老干部局调研市离退休老干部工作】 4月23日，中组部老干部局调研市离退休干部发挥作用情况。先后考察了丰台科技园区依文服饰股份有限公司聘请离退休党员干部担任党建指导员作用发挥以及丰台街道永善社区离退休党员干部参加市民劝导队活动情况，并围绕离退休干部发挥作用相关工作开展了座谈交流。市委社会工委委员、市社会办副主任陈建领汇报了近年来北京市社会建设及全市聘请离退休党员干部担任党建指导员工作情况。中组部党建读物出版社原总编辑李平安，市委组织部副部长、老干部局局长薛蕊出席相关活动。

（高玉冰）

【市注协第二批教育实践活动动员大会召开】 4月23日，市注协党委组织召开动员大会，标志着北京地区注册会计师、资产评估行业第二批党的群众路线教育实践活动正式启动。会上，市注协会长郭文杰做动员部署，中注协、中评协、市委社会工委、市财政局有关领导和相关处室负责同志出席并讲话。近200名市注协所属基层党组织负责人参加会议。为开展好教育实践活动，市注协党委结合行业实际，专门成立领导小组及办公室，制订详细教育实施方案，明确教育实践活动领导小组成员联系点，并组成11个督导组，对第二批教育实践活动进行全程跟踪指导。

（高玉冰）

【首都互联网协会党委党建工作专家顾问团成立】 4月28日，市委社会工委、市网信办、市老干部局、首都互联网协会联合召开“首都互联网协会党委党建专家顾问团工作会”，市网信办领导、市老干部局领导、首都互联网协会党委负责人、首都互联网协会党委党建专家顾问团全体人员，以及驻网站联络室全体人员等40余人参加会议。会上，首都互联网协会党委书记、会长佟力强分析了互联网新形势、新问题，对工作提出具体要求；市网信办、首都互联网协会通报了首都互联网协会党委党建工作情况。市委社会工委党建处为党建指导员做专题培训。首都互联网协会党委党建专家顾问团成员主要包括人民网、中宣部党建网专家，北京市党、政、企业退休老干部，北京市党建工作先进单位、社团组织具有党建工作经验人员和党建专家。专家顾问团成员采用“双选择、双聘用”方式由协会党委和网站党委共同聘用，实行固定岗和流动岗相结合工作方式，与市网信办驻网站联络员共同工作，实现驻网站联络室与驻网站党建工作站“两站合一”、联络员与指导员“两员合一”。旨在进一步充实首都互联网行业党务工作力量，推动业务工作与党建工作“双进入”，扩大组织覆盖和工作覆盖。

（高玉冰）

【瑞华会计师事务所党委教育实践活动动员大会召开】 4月30日，瑞华会计师事务所党委召开第二批党的群众路线教育实践活动动员大会。中组部组织二局、中国注册会计师行业党委、北京注协党委、市委社会工委党建工作处等相关负责人到会指导并讲话。瑞华会计师事务所党委负责人做动员部署，宣布联系和指导点。瑞华在京管委会委员、党委委员，党委直属党支部书记，北京注协党委督导组有关同志等约50人参加会议。瑞华党委为确保教育实践活动实效，在充分调研基础上，成立教育实践活动领导小组和办公室，制订活动实施方案，建立活动领导小组成员20个联系点和28个异地调研指导点，编印《中共瑞华会计师事务所委员会党的群众路线教育实践活动文件资料汇编》，开通活动QQ群、微博、微信等新型学习交流平台，设立监督电话、意见箱，开展了与服务对象“结队共建”活动。

（高玉冰）

【慈铭集团党委“二三四”工作法推进教育实践活动】 年内，慈铭集团党委从“上看作风、下看做法”着眼，将党的群众路线教育实践活动与建设服务型党组织相结合、与“进社区、进军营、进乡村”的“三进”活动相结合、与党员“一带二”帮扶活动相结合，通过“调研制度、服务制度、激励制度、评议制度”加以落实，确保教育实践活动取得实效。

（高玉冰）

【市出租汽车暨汽车租赁协会党委成立】 5月26日，市委组织部、市委社会工委、市交通委组织召开北京市出租汽车行业创建基层服务型党组织大会。会上，成立市出租汽车暨汽车租赁协会党委，命名了市出租汽车行业共产党员车队及特色服务车队，交流了出租汽车企业开展党建工作典型经验。大会强调，要以成立市出租汽车暨汽车租赁协会党委为契机，扎实打好党建工作基础，提升保障水平，扩大组织覆盖，创新方式载体，完善党组织有效发挥作用的途径和形式，努力实现服务大局与服务群众相统一。市出租汽车暨汽车租赁协会党委的成立旨在使党组织和党员在出租汽车行业发展中更有效地发挥政治引领和先锋模范作用，进一步增强企业党组织凝聚力和战斗力，不断提高企业服务能力和管理水平，促进出租汽车行业健康稳定发展。

（高玉冰）

【全市社会领域区域化党建工作交流研讨会召开】 5月26日，全市社会领域区域化党建工作交流研讨会召开。朝阳、海淀、丰台、门头沟、房山等区县委社会工委副书记，东城区东直门街道、西城区陶然亭街道、石景山区鲁谷社区、大兴区清源街道社会工作党委书记参加座谈。会上，大家就各区县、街道开展区域化党建工作情况、取得成效、存在问题进行专题汇报，并就即将起草的全市区域化党建工作意见提出建议。市委社会工委相关负责同志参加座谈。

（高玉冰）

【离退休党员干部非公党建指导员示范培训开展】 5月30日，市委社会工委、市老干部局联合对离退休党员干部非公党建指导员进行示范培训。全市16个区县委社会工委和老干部局主管领导、海淀区19个街道主管书记和组织部部长、聘请的离退休党员干部非公党建指导员及部分社工代表等300余人参加培训。市委社会工委书记、市社会办主任宋贵伦做题为《深化社会体制改革 创新社会治理体制》的授课报告，以把握中国特色、把握时代特征、把握首都特点和把握社会特性“四个把握”为主线，从理论研究、北京实践等方面上了一堂精彩培训课。

（高玉冰）

【北京新经济组织党组织负责人庆“七一”座谈会召开】 6月18日，市社会领域党建研究会非公有制经济组织党建专委会召开北京新经济组织党组织负责人庆“七一”座谈会。会议传达学习中央、市委有关文件，汇报交流了新经济组织开展第二批教育实践活动的体会；讨论通过《引领——北京新经济组织党建巡礼》编委会成员建议名单。会议充分肯定非公党建专委会成立以来的工作成效，希望非公党建专委会继续整合资源，完善服务平台，努力为广大会员单位提供有效服务。会议要求广大新经济组织党组织结合企业实际，深入学习贯彻习总书记系列重要讲话精神，特别是视察北京的重要讲话精神，努力实现企业转型升级；要加强服务型党组织建设，围绕“五个服务”，切实增强企业党组织凝聚力、吸引力、影响力；要积极履行社会责任，深入开展专业志愿服务，弘扬社会主义核心价值观，传递正能量，自觉维护社会和谐稳定。30余名新经济组织党组织负责人参加会议。

（高玉冰）

【市文联社会组织党组织成立大会召开】 6月20日，市文联召开纪念中国共产党成立93周年暨社会组织党组织成立大会，市文联主管的各社会组织负责人和临时党支部书记、委员110余人参加。会上，市文联社会组织党建工作委员会宣读了北京社区文化促进会等20个市文联主管的社会组织成立临时党支部的决定，并明确在5个暂不具备成立党组织条件的直管社会组织中设立党建工作联络员。成立大会召开标志着市文联主管的30余家社会组织基本实现党的组织和党的工作全覆盖。

（高玉冰）

【全市社区党组织书记示范培训班举办】 6月23日至27日，市委组织部、市委社会工委、市委党校二分校联合举办全市社区党组织书记示范培训班。全市190名社区书记及拉萨市13名社区书记参加培训。市委社会工委书记、市社会办主任宋贵伦就深化社会体制改革、创新社会治理体系内容做辅导报告。市委组织部组织处负责同志对加强基层服务型党组织建设内容进行解读。来自中央党校、国家行政学院、市委党校的专家学者为此次培训班授课。

（高玉冰）

【全市离退休干部纪念中国共产党建党93周年座谈会召开】 6月27日，全市离退休干部纪念中国共产党建党93周年座谈会召开。会议总结了全市离退休干部参与社会建设、老党员发挥作用等典型经验。市委常委、组织部部长姜志刚出席会议并讲话。座谈会上，来自市纪委、市公安局、西城区、丰台区、顺义区、怀柔区的6位离退休干部分别发言，交流了学习习近平总书记系列重要讲话精神、参加党的群众路线教育实践活动体会，畅谈了“离岗不离党、退休不褪色”、为建设国际一流和谐宜居之都做出新贡献的经历和收获。姜志刚指出，广大老同志是首都发展的历史功臣，是推进首都社会主义现代化建设的重要力量，身上积累了强大的正能量。希望各级党委、老干部工作部门进一步组织好离退休干部学习总书记系列重要讲话精神，加强老干部党支部建设，抓好区县离退休党员的群众路线教育实践活动。要认真学习继承广大老同志的光荣传统和崇高风范，全心全意为老同志服务好，为他们发挥优势作用创造良好条件。市委组织部、市委社会工委、市老干部局相关负责同志，各区县、各系统主管社会组织、社会建设、老干部工作的领导，离退休干部党支部书记、非公党建工作指导员代表等120余人参加会议。

（高玉冰）

【“共产党员带头参与志愿服务”工作座谈会召开】 6月29日，市志愿者联合会社会组织党建工作委员会组织新成立的10个社会组织临时党支部负责人及成员参观毛主席纪念堂，瞻仰毛主席遗容并献花，重温入党誓词，并召开“共产党员带头参与志愿服务”工作座谈会。与会者一致表示要积极发挥基层党组织战斗堡垒和共产党员先锋模范作用、努力把社会组织党建工作做好做实。

（高玉冰）

【市法学会党建委开展普法活动】 6月30日，市法学会党建委组织法学专家、党员志愿者开展法律知识义务宣讲咨询活动。在全国首个“12·4”国家宪法日，通过进企业、进公园、进军营、进乡镇、进学校、进社区等形式，开展普法宣传，弘扬法治精神。

（高玉冰）

【永拓会计师事务所党建工作上新台阶】 7月8日，永拓会计师事务所党委召开纪念建党93周年大会，通报表彰6个先进党支部和48名优秀共产党员。作为市注册会计师行业第一个成立党委的基层党组织，多年来，永拓党委坚持围绕业务抓党建、抓好党建促发展，党组织战斗堡垒作用和党员先锋模范作用得到充分发挥，曾荣获“全国先进基层党组织”荣誉称号，被中直系统列为长期合作服务单位，今年还承接了中组部全国党员管理信息化工程和中纪委东办公区装修改造工程两个全过程跟踪审计项目。

（高玉冰）

【社会领域党建研究会社区专委会工作座谈会召开】 7月10日，社会领域党建研究会社区专委会工作座谈会召开。城6区部分社区党组织书记参加座谈。与会单位就推进社区“大党委”建设、构建区域化党建工作格局内容进行汇报。重点围绕社区“大党委”建设及运行情况、取得成效、存在问题；区域化党建推进过程中面临的问题，特别是基础保障方面的困难等进行介绍。

（高玉冰）

【上海市社会工作党委来京考察调研“两新”组织党建工作】 7月17日，上海市社会工作党委秘书长吴红伟一行4人来京调研座谈“两新”组织党建工作体制机制情况。会上，市委社会工委书记、市社会办主任宋贵伦简要介绍全市社会建设情况，双方进一步交流了“两新”组织党建工作体制机制经验做法、在运转中遇到的问题及下一步打算。

（高玉冰）

【全市社会领域党建工作例会召开】 7月17日，全市社会领域党建工作例会召开。各区县就上半年社会领域党建进展情况、遇到的问题及下半年工作思路进行交流探讨。市委社会工委对全市社会领域党建工作梳理进行总结部署。市委社会工委委员、市社会办副主任陈建领对抓好党建工作提出六点意见，即把握机遇抓党建、创新举措抓党建、注重实效抓党建、选树典型抓党建、强化阵地抓党建和协调联动抓党建。

（高玉冰）

【朝阳区党的建设研究会非公经济组织分会成立】 7月24日，朝阳区首家非公经济组织党建工作研究团体——北京市朝阳区党的建设研究会非公经济组织分会正式成立。非公经济组织党建研究会是由朝阳区非公经济领域党务工作者和党建研究工作者组成的党建理论研究和实践研究的团体，接受朝阳区委非公经济工委和区党建研究会工作指导。非公经济组织党建研究会旨在为非公经济领域党建工作者搭建一个研究、交流和服务平台。分会会员包括朝阳区非公经济团体73家和专家学者、非公有制企业党务工作者等在内的25位个人成员，聘请12位特邀研究员。

（高玉冰）

【商务楼宇“五站合一”建设部门联席会丰台区片会召开】 8月22日，为深入了解当前商务楼宇工作站建设及工作站运转过程中存在的实际问题，推进商务楼宇工作站建设，市委社会工委联合市总工会、团市委、市妇联在马家堡街道时代风帆大厦楼宇工作站召开商务楼宇“五站合一”建设部门联席会丰台区片会。调研分析商务楼宇“五站合一”建设中存在的突出问题，研讨交流推进工作的思路措施，合力推进“五站合一”建设。

（高玉冰）

【第八届“北京民办教育园丁奖”颁奖典礼举办】 9月10日，由北京民办教育协会、北京教育评估员和《新京报》共同主办的第八届“北京民办教育园丁奖”颁奖典礼在北京教育考试院举办。教育部原部长助理、教育部中国教师发展基金会理事长杨周复，北京市社团办主任温庆云，新京报社社长、总编辑戴自更，北京市委社会工委委员、市社会办副主任陈建领，北京市教育考试院原副院长、北京民办教育协会常务副会长吴凤臣等领导参加此次会议。本届“北京民办教育园丁奖”评选活动于7月份启动，覆盖全市各类民办高校、中小幼及培训机构，共有150余所学校、420余人申请参评。经过单位推荐、专家评选、媒体公示三个阶段，共评选出“北京民办教育优秀校长”30名，“北京民办教育优秀教研团队”20个，“北京民办教育优秀教师”50名和“北京民办教育优秀教育工作者”50名。“北京民办教育园丁奖”评选活动旨在增强广大民办教育工作者的光荣感、责任感和使命感，促进北京市民办学校、民办教育机构蓬勃发展。此项活动行业影响力逐年增强，社会认可度不断提升，已成为行业内的重要品牌项目。

（高玉冰）

【市委组织部调研社会建设和社会领域党建工作】 9月18日，市委组织部到市委社会工委调研社会建设和社会领域党建工作，围绕推进基层服务型党组织建设，建立区域化党建工作格局，做好社区党组织换届选举，以及加强和改进楼宇党建等重点工作进行座谈交流，并探讨进一步加强社区办公场所和党群活动中心建设、提高社区工作者待遇水平和设立社区党组织服务群众专项经费等社区党建工作保障。市委组织部副部长张建春，市委组织部部务委员、组织处处长、党员教育管理处处长何明，市委社会工委书记、市社会办主任宋贵伦，市委社会工委委员、市社会办副主任陈建领，市委社会工委委员、市社会办副巡视员赵济贵参加会议。

（高玉冰）

【商务楼宇“五站合一”建设部门联席会海淀区片会召开】 9月19日，市委社会工委联合市总工会、团市委、市妇联在海淀区城建大厦商务楼宇工作站召开商务楼宇“五站合一”建设部门联席会海淀区片会。会议听取海淀区工作站运行存在的问题及建议汇报，就加强商务楼宇“五站合一”建设、不断完善联席会机制、充分发挥党建服务站的牵头引领作用、打造商务楼宇服务品牌、共同抓好长效机制建设等方面座谈交流。

（高玉冰）

【安利集团成立党建促进工作委员会】 9月22日，安利集团成立党建促进工作委员会。旨在搭建非公党建工作平台，稳步推进公司党建上水平，吸纳党内外热心人士关心、支持、参与党建工作。

（高玉冰）

【全市商务楼宇工作站负责人示范培训班举办】 9月24日至25日，市委社会工委举办2014年全市商务楼宇工作站负责人示范培训班。采取集中授课、经验交流和分组讨论等方式，围绕基层服务型党组织建设、社会管理服务创新和工、青、妇部门业务实操等内容，有针对性地对全市第一批商务楼宇示范站负责人、各区县委社会工委党建负责同志、部分区县街道组织部部长共计150人进行培训。上海社会组织党组织负责人培训班40余名学员参加部分教学活动。

（高玉冰）

【全市商务楼宇“五站合一”工作站建设集中推进月活动启动】 10月8日起，市委社会工委全面启动全市商务楼宇“五站合一”工作站建设集中推进月活动。围绕落实《北京市商务楼宇工作站服务管理办法（试行）》，启动经费、“五站合一”补贴和示范点以奖代补等社会建设专项资金使用情况、工作站专兼职人员岗位设置、活动组织开展、办公活动场地及办公设施配备、工作站运行机制等情况的调研摸底。集中推进月由动员部署、调查摸底、检查督导、整改落实四个环节组成，将区县自查和检查组抽查相结合，把检查工作与听取意见、发现问题、解决问题、促进工作相结合，对存在问题的楼宇实行拉单列表、挂账销账、整改通报等措施督促整改。通过集中整治，巩固商务楼宇社会治理成果，促进商务楼宇“五站合一”工作站建设取得新成效。

（高玉冰）

【全市非公有制企业党组织负责人示范培训班举办】 10月15日至17日，全市非公有制企业党组织负责人示范培训班举办。培训围绕基层服务型党组织建设，结合首都发展面临的新形式、新要求，分别就贯彻落实中央关于加强非公有制企业党建工作有关精神，深化社会体制改革、创新社会治理体制，治理“大城市病”、推进京津冀协同发展，加强企业文化及如何当好非公有制企业党组织书记等专题授课。除专题讲座、分组讨论、学院论坛、经验交流外，还组织学员到北京福田康明斯发动机有限公司和海淀区创新产业示范中心现场教学。120名非公有制企业党组织负责人参加培训。

（高玉冰）

【市社会领域组织学习习近平总书记“10·8”重要讲话】 10月16日，市委社会工委与中共党史学会社会建设专委会、《前线》杂志社联合举办学习座谈会，认真学习习近平总书记在党的群众路线教育实践活动总结会上的讲话。首都党史党建专家、全市“枢纽型”社会组织、区县委社会工委负责人，以及街道、社区、“两新”组织党组织代表参加会议。与会者结合开展党的群众路线教育实践活动和社会领域党建工作实际，畅谈学习体会，探讨进一步从严治党的工作思路。

（高玉冰）

【京东世纪贸易有限公司党员代表大会召开】 10月18日，北京京东世纪贸易有限公司党员代表大会召开。大会宣读了《关于北京京东世纪贸易有限公司党委换届选举的批复》，听取了中共北京京东世纪贸易有限公司第一届委员会工作报告。报告总结了过去三年京东党委党建工作取得的成绩和不足，确定了今后三年的总体目标和主要任务。大会选举产生了新一届党委班子成员和第一届纪委班子成员。中央网信办网络社会工作局局长黄其正，北京市委社会工委委员、市社会办副主任陈建领，北京市网信办副主任夏日红，首都互联网协会副会长兼秘书长魏莞等参加会议。

（高玉冰）

【市注协党委庆祝建国65周年文艺演出暨教育实践活动总结大会举办】 10月18日，市注册会计师协会党委在解放军歌剧院举办“同心共筑中国梦”——中共北京注册会计师协会委员会庆祝建国65周年文艺演出暨党的群众路线教育实践活动总结大会。大会总结了北京地区注册会计师、资产评估行业开展党的群众路线教育实践活动情况，对在党的群众路线教育实践活动中表现突出的先进基层党组织、优秀共产党员、优秀党务工作者和关心支持党建工作的党外合伙人（股东）代表进行表彰。北京注协党委艺术团表演节目。中国资产评估协会会长贺邦靖，中国资产评估协会秘书长张国春，中国注册会计师行业党委副书记梁立群，市委社会工委委员、市社会办副主任陈建领，市财政局党组成员、副局长、北京注协党委书记杨慕彦，北京注协党委副书记、北京注协（评协）会长郭文杰，北京注协（评协）副会长窦铮等领导及来自各会计师事务所、资产评估机构基层党组织的1000余名观众观看了演出。

（高玉冰）

【2013—2014年北京优秀企业家表彰大会召开】 10月20日，北京企业联合会、北京市企业家协会、首都企业家俱乐部、北京市企业发展促进会、北京外商投资企业协会、北京市女企业家协会、北京市私营个体经济协会、中关村科技企业家协会、北京市青年企业家协会等9家主办单位在北京会议中心召开2013—2014年北京优秀企业家表彰大会，隆重表彰83名为北京经济发展做出突出贡献的优秀企业家。中国企业联合会执行副会长尹援平，市政府副秘书长朱炎，市国资委副主任张宪平，市经信委副主任樊健，市委社会工委委员、市社会办副主任陈建领，市社会团体管理办公室主任温庆云等市政府有关委办负责同志出席大会，为北京优秀企业家颁奖并讲话。已进行了11届的北京优秀企业家评选活动，在社会上已产生较大影响，对弘扬企业家精神，总结交流企业家创业经验，提高企业家社会地位，推动企业家队伍健康成长起到积极作用。

（高玉冰）

【瑞华会计师事务所教育实践活动总结大会召开】 10月22日，瑞华会计师事务所召开党的群众路线教育实践活动总结大会。大会总结了瑞华会计师事务所党的群众路线教育实践活动情况，对先进党支部、优秀党务工作者、优秀共产党员、积极支持党建工作合伙人等四类先进典型进行表彰，会上还举行了瑞华党建信息管理系统上线仪式。中组部组织二局副巡视员杨保平，财政部监督监察局监察专员郜进兴，财政部会计司副司长刘光忠，中国注册会计师行业党委副书记、中注协专职副书记梁立群，市委社会工委委员、市社会办副主任陈建领，中国注册会计师行业党委委员、北京注协党委副书记、北京注协会长郭文杰等出席会议。

（高玉冰）

【全市街道党工委书记集中培训班举办】 11月24日至28日，市委组织部、市委社会工委、市委党校二分校联合举办全市街道党工委书记集中培训班。培训采取专题讲座、学员论坛、分组讨论、座谈交流等形式，邀请来自中央党校、国家行政学院、市委社会工委等单位的领导和专家分别围绕学习贯彻党的十八届四中全会精神，深化社会体制改革、创新社会治理，治理“大城市病”及推进京津冀协同发展，加强基层服务型党组织建设等专题进行深入讲解。全市党工委书记、相关主管部门工作人员共165人参加培训。

（高玉冰）

【全市社会组织党组织负责人示范培训班举办】 11月19日至21日，市委组织部、市委社会工委、市委党校二分校联合举办全市社会组织党组织负责人示范培训班。市委社会工委书记、市社会办主任宋贵伦，国家行政学院社会和文化教研部研究员程萍，北京市社会科学院副院长、研究员、博士生导师赵弘，市委党校教授靳连芳分别围绕“贯彻落实党的十八届四中全会精神，深化首都社会体制改革”等专题进行深入讲解交流。80名社会组织党组织负责人参加培训。

（高玉冰）

【全市商务楼宇“五站合一”工作站建设集中推进月结束】 11月底，全市商务楼宇“五站合一”工作站建设集中推进月活动结束。推进月由市委社会工委主管领导带队，采取不打招呼、随机抽查方式，对东城等6个城区、74个街道、3个科技园区、7个乡（镇、地区）的179个楼宇工作站进行突击检查，并在各区组织召开由区主管领导、街道主管书记参加的专项工作会上，逐一通报检查情况，督促全市商务楼宇“五站合一”工作站规范化建设。

（高玉冰）

【沈阳市委组织部清华大学专题研修班来京调研学习社区党建和社区自治】 12月8日至9日，沈阳市委组织部清华大学专题研修班50名学员，分别到朝阳区奥运村街道南沙滩社区、亚运村街道安慧里社区和海淀区学院路街道二里庄社区、八里庄街道美丽园社区，围绕社区党建和社区自治两方面进行调研学习。学员们采取实地走访及座谈交流形式，学习交流了社区“走动式”工作法、四方联动机制等社区党建及社区自治经验。

（高玉冰）

【全国基层党建研究中心调研市社会领域服务型党组织党建工作】 12月9日至11日，全国基层党建研究中心常务副主任、全国党建网总编辑高铭铎、专题部主任薄彦涛、调研部主任宋涛一行到北京市部分区县调研社会领域党建工作。调研组到石景山区八宝山街道玉泉西里中社区、丰台区马家堡街道嘉园二里社区、通州区北苑街道新华西街社区、石景山区瑞达大厦商务楼宇工作站、丰台区时代风帆楼宇工作站、通州区台湖镇联东集团等单位考察调研。高铭铎对“社区联建门店”、“1234凝聚力工程”、“丰台样本”“园中园”模式、“双向积分”模式等社会领域党建经验给予高度肯定，表示要认真学习总结两区社会领域党建工作经验，加强对基层党建新经验的总结、研究和宣传，希望和北京市委社会工委进一步加强合作，共同研究探讨当前社会领域党的建设和社会治理创新面临的重难点问题，全面推进社会建设、改革与治理。

（高玉冰）

【全市社会领域2014年下半年党建工作例会召开】　12月17日至18日，全市社会领域2014年下半年党建工作例会召开。会议总结了全市及各区县2014年党建工作情况，学习了市委《关于进一步加强基层服务型党组织建设的实施意见》，并就《关于进一步深化区域化党建工作的意见》征求了各区县建议。在工作难点推进和明年重点工作筹划中，围绕社会工作党委作用发挥、选优配强社区党委班子、扩大党组织覆盖面和社会领域党建基础保障等问题交流探讨。各区县委社会工委分管党建工作领导和党建科长参加会议。

（高玉冰）

【全市非公经济组织志愿服务工作初具规模】　上半年，全市开展志愿服务的非公经济组织共29111家，其中规模以上企业共3581家，规模以下共25530家。全市非公经济组织建立志愿服务组织共3611个，顺义区数量最多（1020个），占全市总数近三成；志愿者数量60501人次，海淀区数量最多（15000人次），占志愿者总数近四成；每年累计志愿服务30458次，年累计志愿服务达395331小时，城六区志愿者人数和服务时长略高于远郊区县。志愿服务类别范围广，涵盖扶贫帮困、医疗健康、环境保护、养老助残、心理咨询、治安维稳等领域，形成“顺风车”公益活动、天坛车队雷锋小组、密云安利“花蕾呵护”工程等一大批志愿服务项目品牌。

（高玉冰）

【全市商务楼宇志愿服务工作有序开展】　上半年，全市共有453座商务楼宇开展党建服务、治安维稳、医疗保健、环境保护、义务巡诊、为老服务、交友联谊、扶贫济困等志愿服务工作，占全市商务楼宇总数的35%，有效覆盖3.6万余商户、200余家社会组织。开展志愿服务的商务楼宇主要分布在城六区，共424座，占志愿服务楼宇总数的94%。全市商务楼宇共建立志愿服务工作站304个，其中朝阳区建立102个，占34%，其他工作站主要分布于东城、西城、海淀、丰台、石景山等区。全市商务楼宇中共建立志愿服务组织830个，共有志愿者约2万人，年志愿服务累计3.4万余次、9万余小时。下一步，按照商务楼宇工作站规范化建设“六有”标准，加大对商务楼宇建立志愿服务工作站统筹协调，指导开展形式多样、内容丰富的志愿服务活动，扎实推进志愿服务进楼宇各项工作。

（高玉冰）

【奥林匹克公园管委会推进区域化党建工作】　年内，奥林匹克公园管委会“三措并举”，扎实推进区域化党建工作。一是以党建共建协调委员会为平台，有效整合辖区资源，探索建立符合园区特点的共驻共建工作模式；二是以新奥购物中心商务楼宇服务站为载体，有效推进党务、政务、社务“三位一体”的楼宇工作站建设；三是以新奥社区青年汇为抓手，组织、引导、服务、凝聚团员青年，切实加强党建带群建工作。

（高玉冰）

【全市社会领域区域化党建带群建工作取得实效】　年内，市委社会工委、市社会办在西城区金融街街道、朝阳区亚运村街道、海淀区学院路街道、石景山区八角街道、昌平区天通苑南街道开展区域化党建带群建试点工作，收到良好成效。一是加强组织联建，打牢区域化党建带群团建设工作基础。通过在街道（乡镇）成立社会工作党委，在街道、社区开展“大工委”和“大党委”建设，在全市开展商务楼宇“五站合一”建设，部分区县、街道探索建立区（县）、街级社会组织，统筹推进党建工作和工、青、妇工作。二是完善机制联创，搭建区域化党建带群团建设工作平台。将群团工作纳入党建工作总体规划，整合党建和工、青、妇等各方资源，建立党群服务中心，搭建“一站式”服务，形成党群工作协调联建机制。三是探索工作联动，推动区域化党建带群团建设取得实效。发挥党组织统领优势，突出群团组织配合作用。在尚不具备建立党组织条件的非公有制企业，成立工、青、妇等群团组织，开展“新青年学堂”“妇女维权周”等活动，实现党群工作服务惠民实效。

（高玉冰）

社会建设信息化建设

【概况】 年内，全市社会建设信息化工作紧紧围绕全市社会建设大局，按照“抓创新、扩服务、提能力、新跨越”的工作思路，实现了重点工作有成效、常规工作有创新、难点工作有突破，全年各项工作目标任务圆满完成。一是北京社会建设网站群全年有效点击量达1557053人次，单月页面浏览量今年首次超过30万次。商务楼宇网站建设率达100%。二是《北京社会建设手机报》成为社会建设新名片。全年累计编发手机报247期，实现《北京社会建设手机报》网上发布、存档和查询。三是完成“北京社会服务之窗”上线运行，客户端统筹整合各级各类服务资源，分设17个一级栏目、178个二级栏目，提供近6万条服务信息。四是完成两批1033个智慧社区建设工作，涌现一大批智慧社区应用成功案例，全市社会建设信息化基础设施建设水平再上新台阶。五是“北京社会建设云”初步形成，完成社会建设各类数据信息采集工作，实现多种信息资源大集成。六是完成北京社会建设信息化工作电子年度发展报告编纂工作，收录区县、街道等各级各类报告242篇，总字数134万字，组织完成社会建设信息化调研报告64篇。七是引导全国心系活动办公室、市邮政局等社会力量积极参与社会建设信息化工作。八是高质量完成委办搬迁信息化服务保障工作。

（李慧燕）

【《关于认定2013年北京市星级智慧社区的通知》印发】 1月3日，由市社会办、市经信委和市民政局共同研究制定的《关于认定2013年北京市星级智慧社区的通知》正式印发，认定全市524个星级智慧社区，并通过北京社会建设网、首都之窗等网站颁发电子牌。

（李慧燕）

【第二批501个智慧社区建设工作正式启动】 1月3日，由市社会办、市经信委和市民政局共同研究制定的《北京市智慧社区建设指导标准》正式印发，将指导全市第二批501个智慧社区建设工作和首批524个星级智慧社区升星建设工作，北京市2014年智慧社区建设工作正式启动。

（李慧燕）

【《2012年北京市社会建设信息化工作电子年度发展报告》发布】 1月，市委社会工委、市社会办公开发布《2012年北京市社会建设信息化工作电子年度发展报告》。此报告由市级报告、区县报告、街道报告三个部分构成，总字数逾百万字，全面系统反映了全市社会建设信息化工作2012年度新进展、新成就、新亮点。

（李慧燕）

【全市社区各类服务资源和办事事项在线服务摸底调研工作开展】 1月，市委社会工委、市社会办采用网络排查方式开展全市社区各类服务资源和办事事项在线服务摸底调研工作，完成全市16个区县159个街道（含地区）1689个社区28423项在线服务事项统计工作，并完成社区计生、民政、社保、残联等8大类117项办事事项整理工作。

（李慧燕）

【星级智慧社区电子信息显示屏安装情况调研开展】　2月，市委社会工委、市社会办对全市首批524个星级智慧社区电子信息显示屏安装使用情况进行了基础调研。调研发现，78%的星级智慧社区安装有电子信息显示屏，发布社区动态、应急安全、政策法规、办事服务、周边生活便民服务等11类信息。

（李慧燕）

【全市社会建设信息化工作会议召开】　3月21日，市委社会工委、市社会办召开2014年全市社会建设信息化工作会。会议总结了2013年全市社会建设信息化工作情况，部署了2014年全市社会建设信息化工作重点。各区县委社会工委、社会办主管领导、联络员和相关街道主管领导参加会议。

（李慧燕）

【《2014年北京市社会建设信息化工作要点》发布】　3月21日，市委社会工委、市社会办正式发布《2014年北京市社会建设信息化工作要点》。明确了2014年全市社会建设信息化工作总体思路和主要任务，通过“十个加快推进”，实现“十个全面提高”目标，即加快推进网格化社会服务管理体系建设，全面提高社会治理能力；加快推进“四网六库”信息系统深度应用，全面提高信息系统与全市社会建设各项业务工作融合水平；加快推进社会建设服务终端建设，全面提高全市社会建设信息化体系多层次广覆盖水平；加快推进社会建设信息枢纽建设，全面提高社会建设大数据集成水平；加快推进智慧社区建设，全面提高百姓幸福指数水平；加快推进社会组织信息化，全面提高社会组织服务效率和管理水平；加快推进街道社区信息化，全面提高基层社会服务管理科学化水平；加快推进社会动员信息化，全面提高社会动员快速反应水平；加快推进社会领域党建信息化，全面提高社会领域党建科学化水平；加快信息化科学引领体系建设，全面提高全市社会建设信息化发展水平。

（李慧燕）

【《北京市智慧社区创新案例汇编（2013年）》发布】　3月，市社会办、市经信委和市民政局在征集、总结全市智慧社区建设成果基础上，研究制定并发布了《北京市智慧社区创新案例汇编（2013年）》。该汇编在进一步总结全市智慧社区建设优秀成果基础上，共收集了94个智慧社区创新案例，其中包括53个本市各区县智慧社区创新案例和涵盖上海市、江苏省、大连市、天津市等12个其他省市的41个创新案例，从基本情况、主要功能、应用绩效、应用适用范围等方面详细介绍了入编案例的思路、做法和成效。

（李慧燕）

【“北京社会服务之窗”安卓版客户端正式上线运行】　3月31日，“北京社会服务之窗”安卓版客户端按要求完成北京社会服务之窗域名注册备案工作，正式上线运行。“北京社会服务之窗”集成了市社会建设工作领导小组17个成员单位411项办事服务信息、区县社会建设工作领导小组233个成员单位的服务信息，以及118个街道111个乡镇2491个社区的各类服务资源信息，累计提供近6万条服务信息。

（李慧燕）

【全市社会建设领域微信公众服务体系调研工作开展】　3月，市委社会工委、市社会办对全市社会建设领域微信公众服务体系情况展开调研。全市共有3个街道、3个社区、4个商务楼宇工作站、7个社工事务所和2个基于区域生活服务的虚拟社区网站开设了微信订阅号，有1个区县委社会工委、社会办和1个商务楼宇工作站建立了微信服务号，在利用微信新媒体开展社会建设工作方面创造了经验。

（李慧燕）

【“北京社会服务之窗”安卓版客户端首轮宣传推广工作开展】 4月，市委社会工委、市社会办开展“北京社会服务之窗”安卓版客户端首轮宣传推广工作。在北京社会建设网和360手机助手、安卓市场、91助手、百度应用等各大应用商店发布客户端；协调市经济信息化委、市民政局在首都之窗、北京市社区服务信息网发布宣传信息；在社区电子信息显示屏发布图文信息；在公共区域投放宣传海报和宣传折页。

（李慧燕）

【事业单位年检工作完成】 5月，按照事业单位管理相关规定，完成信息中心本年度事业单位年检工作。

（李慧燕）

【事业单位组织机构代码续期工作完成】 6月，按照事业单位管理相关规定，完成信息中心组织机构代码续期工作。

（李慧燕）

【全国智能建筑及居住区数字化标准化技术委员会调研北京市智慧社区工作】 7月22日，全国智能建筑及居住区数字化标准化技术委员会来京调研并座谈智慧社区工作，市委社会工委委员、市社会办副主任王丽竹参加座谈会并介绍全市智慧社区指导标准及建设情况，全国智能建筑及居住区数字化标准化技术委员会对北京市智慧社区建设工作给予充分肯定和高度评价。

（李慧燕）

【2013年度社会建设信息决策咨询项目绩效报告完成】 7月，2013年度社会建设信息决策咨询项目绩效报告完成。按照委办统一部署，将2013年度社会建设数据信息采集项目和网络舆情监测服务项目合并成2013年度社会建设信息决策咨询项目，根据绩效自查情况，2013年度社会建设数据信息采集子项目和网络舆情监测服务子项目均完成甚至超额完成申报项目时的绩效指标。

（李慧燕）

【民革北京市委调研智慧社区工作】 7月23日，民革北京市委到市委社会工委、市社会办调研并座谈北京市智慧社区建设工作，对全市智慧社区建设给予充分肯定和高度评价。

（李慧燕）

【北京社会建设网视频之窗正式开通】 8月20日，北京社会建设网视频之窗正式开通，该栏目利用多媒体手段，通过信息平台功能的联动能力和服务能力，提供了视频展示北京社会建设工作的新平台。首批上线内容包括：委办主要领导接受新闻媒体采访视频、《北京市“万名社区工作者培训计划”培训课堂》系列培训视频、公益科普系列动画和《微心理》心理健康知识系列动画等四方面25个在线视频。

（李慧燕）

【学习考察上海市信息化工作】 8月27日至30日，市委社会工委委员、市社会办副主任王丽竹率信息中心和同方知网一行7人，到上海市学习考察“感知上海”移动客户端建设情况、工作机制和运营模式，上海市IPTV建设情况、工作机制和运营模式，上海市智慧社区建设情况等内容。

（李慧燕）

【致公党广州市委来京调研北京社会服务之窗建设情况】 9月2日，致公党广州市委来京调研北京社会服务之窗建设情况，市委社会工委委员、市社会办副主任王丽竹参加座谈会并介绍北京社会服务之窗相关情况，致公党广州市委对北京市充分利用移动互联网技术创新社会服务管理模式给予高度评价。

（李慧燕）

【“北京社会服务之窗”苹果版客户端正式上线】 9月10日“北京社会服务之窗”苹果版客户端通过审核并在苹果应用商店（App Store）正式上线。

（李慧燕）

【市委社会工委、市社会办接入政务内网】 9月，市委社会工委、市社会办接入政务内网并完成相关培训，实现信息报送无纸化。

（李慧燕）

【社区微信公众服务体系建设情况调研工作开展】 9月，市委社会工委、市社会办对全市社区微信公众服务体系进行调研。调研发现，社区微信已覆盖12个区县、64个街道（乡镇）、871个社区，占全市社区总数31%，为社区微信进一步发展提供了经验。

（李慧燕）

【与首都综治办首次进行数据信息资源共享交换】 9月，市委社会工委、市社会办与首都综治办签订信息资源共享交换协议，并将“四网六库”中的非公有制经济组织数据信息通过光盘拷贝形式共享给首都综治办，完成与首都综治办第一次数据信息资源共享交换工作。

（李慧燕）

【“十三五”规划调研工作全面开展】 9月至10月，按照《“十三五”时期首都社会建设领域信息化及“网格化”体系建设与发展研究调研工作方案》安排，市委社会工委委员、市社会办副主任王丽竹带领网格办及信息中心，就网格化服务管理体系建设、智慧社区建设及“十三五”规划总体构想开展调研，并就今年以来网格化社会服务管理工作和智慧社区建设工作进行督导。调研中，针对不同区县进行差异化督导，抓两头、促中间，带着问题调研，带着任务抓工作，达到了解情况、理顺工作、查明问题、启发思路的目的，为下一阶段调研报告起草撰写奠定了基础。

（李慧燕）

【委办信息安全等级保护监督检查工作完成】 10月，市委社会工委、市社会办信息安全等级保护监督检查工作圆满完成。按照市公安局《信息安全等级保护监督检查通知书》，全面理清了委办各系统信息安全工作文档，对所有系统进行了信息安全自查和安全加固，确保了各系统安全稳定运行，在迎接检查过程中得到市公安局充分肯定。

（李慧燕）

【全市智慧社区验收认定工作启动】 11月24日，市社会办、市经信委、市民政局完成《关于开展2014年度北京市智慧社区建设验收认定工作的通知》会签和印发工作，标志着2014年度全市智慧社区建设验收认定工作正式启动，主要是通过区县自评、审核抽查、网上公示三个环节，对全市第二批智慧社区及首批升星智慧社区进行验收认定。

（李慧燕）

【赴相关省市进行网格化、信息化工作学习考察】 11月24日至28日，市委社会工委委员、市社会办副主任王丽竹带队赴重庆学习考察社会治理网格化清单化制度化体系、“社区伙伴”APP、社区微信公众服务平台等内容。赴福建省厦门市学习考察“厦门市人民政府”APP、社区网格化、智慧社区、社区微信公众服务平台等内容。

（李慧燕）

【北京社会建设网中文域名和党政机关标识添加工作完成】 12月8日，根据《关于做好本市党政机关、事业单位网站开办审核、资格复核和网站标识管理工作的通知》要求，市委社会工委、市社会办完成了北京社会建设网中文域名和党政机关标识添加工作。

（李慧燕）

【《北京市社会建设信息化工作电子年度发展报告（2013年度）》发布】 12月19日，市委社会工委、市社会办正式发布《北京市社会建设信息化工作电子年度发展报告(2013年度)》。报告首次将商务楼宇信息化建设纳入北京市社会建设信息化工作电子年度发展报告，共分上、中、下三册，总字数134万字，内容覆盖全市各区县、街道、智慧社区、商务楼宇信息化建设工作。

（李慧燕）

【全市社会建设信息化工作会暨智慧社区建设推进会召开】 12月26日，市社会办、市经信委、市民政局共同召开2014年全市社会建设信息化工作会暨智慧社区建设推进会。各区县社会工委、社会办、各街道相关负责同志200余人参加会议。会议总结了2014年全市社会建设信息化及智慧社区建设工作，部署了2015年工作，专题介绍了北京社会服务之窗客户端及《北京社会服务之窗信息资源内容规范》、心系活动、北京市智慧社区邮政综合服务平台和智慧牛街、智慧奥运村等智慧社区建设典型经验。

（李慧燕）

【北京社会建设数字显示屏试运行】 12月31日，北京社会建设数字显示屏试运行。数字显示屏作为北京市社会建设信息中心三大宣传平台之一，即“一网站、一手机报、一显示屏”，已完成硬件安装及信息发布工作方案和制度初稿起草工作，成为充分展示全市社会建设所取得成果的新窗口。

（李慧燕）

【北京社会建设网运维经费拨付】 12月，市社会办分别与千龙网及北京市信息安全测评中心正式签署《北京社会建设网信息化运维项目合同书》和《北京社会建设网信息系统安全等级测评合同》，完成北京社会建设网2014年度运维经费拨付工作。

（李慧燕）

【机关各系统工作台账全面更新】 12月，根据市委社会工委、市社会办办公人员变化情况，完成社会建设OA网、社会建设移动信息发布网的通讯录更新和清理工作；委办办公人员对电子邮件进行了全面清理，总计邮箱数量167个，离职人员邮箱20个，在职人员与业务工作邮箱147个。

（李慧燕）

【软件正版化自查工作顺利完成】 12月，按照市使用正版软件工作联席会《关于开展我市国家机关软件正版化检查工作的通知》要求，顺利完成市委社会工委、市社会办软件正版化自查工作。

（李慧燕）

【北京社会建设手机报质量和影响力提升】 年内，北京社会建设手机报坚持围绕热点、服务为本、精益求精的宗旨，社会建设手机报质量和影响力不断提升，成为社会建设工作一张名片。全年累计编发手机报247期，共2751条信息，其中含5期特刊，订阅人数为7000人。创新手机报发布渠道，打造手机报网上专栏，实现《北京社会建设手机报》网上发布、存档和查询。在手机报创刊一周年之际，开展手机报创刊周年读者问卷调查工作，收回问卷满意率达到92%。

（李慧燕）

【北京社会建设网站群稳中有进】 年内，社会建设网站群改版后界面和内容简化，关注度不断攀升，全年有效点击量达1557053人次，较去年同期增加58%，今年首次单月页面浏览量超过30万次。网站开通至今，有效点击量已突破700万。打造了“北京社会服务之窗”“贯彻落实全市社会建设工作会议精神”“北京榜样”等一批精品专栏，实时、立体化反映全市社会建设事业发展面貌。开通北京社会建设网视频之窗，截至目前已上线33个在线视频。网站群与全市社会建设工作深度融合、深度互动和社会建设工作不断创新，为网站群发展提供了保障。

（李慧燕）

【全市社会建设信息化基础设施建设上新台阶】 年内，以智慧社区建设推进为契机，全市社会建设信息化基础设施建设水平再上新台阶。社区和家庭带宽接入能力进一步提高，新增具备光纤接入能力家庭118万户，累计达到738万户，其中248万户家庭接入光纤宽带，占已具备光纤接入能力家庭的33.6%；491万户家庭接入固定宽带，其中接入带宽10M以上占固定宽带接入家庭的56%。无线网络覆盖面逐步扩大，3G网络覆盖日臻完善，4G基站累计超过1.9万个，实现了主城区和郊区县城及187个乡镇的覆盖。电子信息显示屏基本实现城区全覆盖。

（李慧燕）

【全市智慧社区建设工作成效明显】 年内，全市第二批智慧社区建设共新建智慧社区509个，进行升星建设的智慧社区274个，占已认定星级智慧社区数的52%。星级智慧社区共覆盖全市235万户620万人口，其中五星级智慧社区92个，覆盖全市25万户68万人；四星级智慧社区153个，覆盖全市39万户99万人。全市共有33个街道实现星级智慧社区全覆盖，各区县在推进智慧社区建设工作中涌现并报送了95个智慧社区创新案例。2015年第五届中国智慧城市大会授予市委社会工委、市社会办等单位“2010—2014中国智慧城市发展5周年贡献单位”称号，授予市委社会工委委员、市社会办副主任王丽竹“2010—2014中国智慧城市发展5周年贡献人物”称号。截至年底，全市共建成星级智慧社区1033个，占全市社区数的37%。

（李慧燕）

社会心理研究

【概述】 2014年，北京社会心理研究所坚持“一体两翼、双轮驱动”的工作思路，以责任为纽带团结凝聚力量，用制度创新带动工作开展，在提升核心竞争力、发挥行业管理职能、改善科研保障条件和改革内部机制四个方面实现新发展。在提升核心竞争力方面：注重基础理论研究，出版《北京社会心态蓝皮书》，这是全国第一部省级关于社会心态的蓝皮书，受到广泛关注。加强实践应用，开展“润心工程”北京居民心理健康疏导爱心公益行动，共举办近75场专家讲座活动，直接听众15200人次；开展社工心理服务能力培训，历时9个月，在9个区县面向1200名社区工作者及170余名心理咨询师开展心理服务能力系统培训；在怀柔、朝阳两区开展“点对点”社工心理干预能力和心理素质拓展训练。开展社情民意调查，面向全市开展年度社会情绪调查、北京居民价值观调查以及依法治国背景下的心理服务行业研究；开展心理援助热线服务机构及从业人员状况调查，心理援助热线调研报告引起市委有关领导高度重视。在发挥行业管理职能方面：制定“枢纽型”社会组织中第一个系统全面的《专项资金项目服务管理手册》；在市社会建设工作领导小组办公室组织开展的社会组织公益服务品牌创建活动中，获得金奖2名、银奖6名、铜奖2名。在改善科研保障方面：向市财政申报资金120多万元，创建心理实验疏导研究室；扩建16门计算机辅助电话调查系统（CATI）；改版联合会官方网站；开通联合会微信公众号。在改革内部机制方面：制定《心理研究所落实“三重一大”决策制度实施办法》等制度。发挥支部对业务工作和党建工作领导作用，成立财经工作小组、人事工作小组、宣传培训工作小组，进一步健全决策权、执行权、监督权的工作机制。

（郭军强）

【社工心理服务能力培训开展】 4月至12月，北京市社会心理工作联合会在西城、朝阳、丰台、石景山、房山、大兴、怀柔、密云和延庆等9个区县举办12期社区工作者心理干预能力培训班，3期心理疏导减压班，共1200名社工参加培训。遴选来自社会领域的170余名心理咨询师，举办2期心理危机干预技术专题培训班，市委社会工委书记、市社会办主任宋贵伦做培训动员。

（郭军强）

【“润心工程”持续深入开展】 自8月27日起，北京市社会心理工作联合会组建“心理名家讲师团”，深入街道、社区，行程3550公里，通过“菜单式”针对性服务，先后在平谷、昌平、通州、朝阳、房山、东城、怀柔、丰台、大兴、密云、门头沟、顺义、海淀共13个区县举办公益心理健康讲座103场，直接参与人数21000人，获得广泛好评。面向失独家庭、老年群体、社区矫正人员、残障人士、“农转居”居民等重点人群提供服务。在东城、西城、朝阳、海淀、丰台、大兴、房山、昌平、密云、顺义等10个区县举办各类团体辅导活动54次，参与志愿者1400人次，服务人数4300人，抚慰了特殊人群心灵，进一步巩固了追求美好生活的信心。在房山、丰台、门头沟、怀柔等4个远郊区县20个农村社区，历时20天，举办20场心理健康知识流动展览、专题讲座和现场咨询，共计5000余人参加活动。以全国助残日、世界精神卫生日、国际禁毒日、国际残疾人日等为契机，在公共场所、社区内开展相关主题展览并发放宣传品，消除社会偏见，提高心理健康和保健知识的普及率。共计举办各类专题活动、定期服务32次，参与志愿服务220人次，服务各类人群5300人。

（郭军强）

【《北京社会心态蓝皮书》出版】 8月，全国省级第一部关于社会心态的蓝皮书《北京社会心态蓝皮书》正式出版，受到业界广泛关注。本书在市委社会工委、市社会办相关领导直接指导下，由北京社会心理研究所具体组织编写，将年度研究成果首次以蓝皮书的形式向社会公布。本书既是对以往社会心态研究工作的延续，又是对当前社会心态研究工作新进展、社会心态新变化的直接反映。在研究思路上重新梳理了对社会心态内社会价值观、社会认知、社会情绪和社会行为倾向四维度之间相互关系的认识。在研究对象上，本书既宏观把握全体北京居民，又重点考察几类特殊人群。在研究手段上，本书既有全面问卷调查，又有深入个案研究。本书对当前北京社会心态形成初步认识，对北京社会心态发展规律进行了初步把握，并对未来一段时间北京社会心态培育工作提出建议。

（郭军强）

【基层服务型党组织建设加强】 9月，在第二批党的群众路线教育实践活动期间，心理所党支部认真贯彻机关党委《在职党员进社区工作会议》精神，以在职党员进社区活动为契机，加强基层服务型党组织建设。支部全体党员干部进入东城区龙潭街道左安漪园社区，举办公益讲座，开展志愿服务，提供心理辅导，党员干部积极与居民和社工沟通交流，面对面倾听所需所想所盼，在联系和服务群众过程中自觉接受教育，进一步加深了与群众的感情，学会了群众语言、掌握了沟通技巧，使在职党员进社区过程成为党性锻炼过程、成为践行党的宗旨过程，真正实现群众立场、群众观点、群众工作方法内化于心、外化于行。通过党员进社区活动，在服务型党组织（心理所）和专业心理服务机构（联合会）及街道社区之间开辟了畅通的沟通合作渠道，使加强基层服务型党组织建设成为“新常态”。

（郭军强）

【北京居民对社会主义核心价值观的认知调查报告完成】　10月，北京社会心理研究所着眼了解北京居民对社会主义核心价值观的认知情况，对北京16个区县100个社区的居民进行抽样调查，取得有效样本4126份。经分析，北京居民在社会主义核心价值观的认知上呈现三个特点：一是知晓度高、了解途径日趋多元但主流媒体仍占主导。高达85%以上的受访居民表示或多或少知道一些，了解途径上主流媒体与社区、单位所组织的社会主义核心价值观的学习及践行活动仍起主导作用，还有18.2%的居民是通过微信等新兴媒体来了解的。二是正视现实、对社会主义核心价值观各具体内容认同度高。居民从客观现实出发，高度认同社会主义核心价值观各具体内容，其中民主3.48分、文明4.19分、和谐3.70分、自由3.94分、平等4.33分、法治3.90分。三是评价中肯、对国家层面核心价值观的实现信心满满。在居民看来，当前国家、社会和个人做得最好的分别为富强、爱国与和谐；最需努力的分别为公正、法治与平等；公民最为重视的分别为法治、富强与公正。75%的居民对国家层面的价值观实现充满信心。

（张胸宽）

【北京居民家庭婚姻价值观调查报告完成】　10月，北京社会心理研究所着眼了解北京居民家庭婚姻价值观念，培养社会主义和谐理性的家庭价值观念，对北京16个区县100个社区的居民进行了抽样调查。调查结果显示，北京居民婚姻家庭价值观念特点表现为五个方面：一是北京居民家庭价值观念特征。家庭和谐幸福是居民普遍追求，大多居民重视家庭利益，推崇平等互助的家庭关系，重孝道并积极践行。二是北京居民婚姻价值观念特征。居民认同以对方人品、志趣为主的择偶观，高度认同幸福婚姻的重要性，强调责任和情感在婚姻中的重要意义，赞成维护婚姻的忠诚度，基本认同婚姻应保持稳定。三是北京居民的生育价值观念特征。居民更看重生育子女所带来的精神体验和满足，认同生育行为的家庭和社会责任性，包容不同的生育行为选择。四是老年居民的家庭价值观表现出更强的责任倾向，年轻居民的家庭价值观表现出更明显的多元化倾向。老年居民更认同个人事业对家庭幸福的重要性，认同婚姻的责任意识、孝顺行为的义务性，更赞同婚姻应保持忠诚度和稳定性，排斥婚外情、婚外性行为，更强调生育行为责任性。年轻一代婚姻责任意识相对偏弱，婚姻功利观念和可交换观念更强，也更认同“丁克家庭”是一种现代生活方式。五是不同教育水平居民家庭婚姻价值观表现出一定分化。初等学历居民表现出重家庭整体利益，追求稳定的传统价值取向；高等学历居民表现出更强的个体价值取向。报告分析了居民家庭婚姻价值观念影响因素：传统家庭婚姻观念的传承，市场经济发展的冲击，西方家庭婚姻价值观念的影响。报告对建设和谐婚姻家庭价值观念提出建议：一是提倡坚守重家庭利益、重责任、孝敬父母、夫妻忠诚等传统家庭价值观念；二是提倡吸收平等、理性、包容等现代家庭价值观念，防止物质主义价值观泛滥；三是正视婚姻家庭价值观多元化，弘扬社会主义核心价值观念。

（陈　珊）

【北京居民教育领域价值观念调查报告完成】　10月，北京社会心理研着眼了解当前北京居民在教育领域的总体价值观念，究所遵循科学随机抽样原则，对北京16个区县100个社区的居民进行问卷调查，共回收有效样本3774份。此次调查尝试从知识价值观、接受教育的目的、对理想学校教育的期待、家长的子女教育观四个方面深入、全面研究当前北京居民在教育领域的整体价值观念，调查发现北京居民的教育价值观念体现出以下四个特点：一是从教育价值观上看，居民普遍认同知识价值，在知识价值目标上更倾向终极价值取向，工具价值取向不明显，学校、自身实践和家庭是居民获取有价值的知识的主要途径，并且更信任通过自身实践获取的知识。二是绝大多数居民去学校接受教育是受内因驱动，但也有一成居民属于被动接受型。三是超过一半的居民认为理想的学校教育应该“注重思想道德教育”“引领学生身心健康成长”，“为人师表”是理想教师最重要的品质，“相互尊重”是建立和谐师生关系最重要的因素。四是家长择校最看重“教师教学水平”，六成家长认同名校教育，三成家长认同国外教育，七成家长认同正规学校教育，九成家长认同自然成长观。对不同群体进行深入分析后发现，女性、低学历、稳定性职业居民对知识价值的评价程度更高；70年代以前出生的居民更强调学校教育的传统功能，70年代以后出生的居民更强调素质教育和务实教育的现代性观念；家庭社会经济地位高的居民更赞同“上名校”和“出国留学”，家庭社会地位低的居民更赞同“接受正规学校教育”和“应试教育”。

（汤冬玲）

【事业单位人员价值观特征调查报告完成】 10月，北京社会心理研究所着眼了解北京事业单位人员价值观特点，对北京16个区县100个社区的居民进行了抽样调查，取得有效样本4126份。经分析，北京事业单位人员工作价值观呈现以下四个特点：一是在事业单位人员理想就职单位排序中，事业单位排名第一；二是在选择职业方面，事业单位人员认为最重要的因素依次为“自我发展”、“工作条件”和“国家利益”；三是在职业成功标准方面，事业单位人员认为包括“工作稳定有保障”、“收入高”和“自身价值得到社会认可”；四是和从事其他职业的人员相比，事业单位人员更看重“工作的意义”、“对社会的贡献”和“灵活的上下班时间”。北京事业单位人员社会价值观呈现出以下四个特点：一是近八成事业单位人员认为“当个人利益与国家利益冲突时，我会以国家利益为重”；二是事业单位人员更倾向于认为“自己受到公正的对待”；三是事业单位人员对外来人口的包容性高于国企人员但低于国家公务员；四是事业单位人员认为当今社会最重要的和最需要做好的是“法治”“公正”。

（崔淑贤）

【北京居民邻里观调查报告完成】 10月，北京社会心理研究所着眼了解当前北京居民邻里观现状，对北京16个区县100个社区的居民进行了抽样调查，取得有效样本4126份。调查显示，目前北京居民邻里观整体呈现出“友善”“互助”“宽容”“和谐”，且知行合一的特点。但同时也显示，业主和社区工作者邻里观友善、和谐取向高，商户和租户和谐取向低；随着在社区内居住时间的延长，邻里观趋向友善、和谐；居住在单位社区的居民友善取向最高，居住在商住两用社区的居民冷漠取向高，居住在平房社区的居民友善和冷漠取向高，价值取向存在矛盾；自己生活的居民防备、冷漠、刻薄的取向高，夫妇两人生活的居民友善、宽容取向强，祖孙三代生活的居民和谐取向强。调查认为，构建新型“和谐”邻里观具有十分重要的意义。营造与邻为德、与邻为善、与邻为亲、与邻为乐的邻里氛围，打造友善、互助、宽容、和谐的现代社区，增强居民归属感，需要充分发挥社区指导作用，引导居民积极参与，最终成为经济、文化和社会和谐发展，践行社会主义核心价值观的强大动力。

（康　悦）

【北京居民消费价值观调查报告完成】 10月，北京社会心理研究所着眼了解北京居民消费价值观现状，通过自编的“消费价值观问卷”与“消费诚信问卷”调查了4126名北京居民。在了解北京居民消费价值观的同时，了解考察不同消费观群体对商家诚信与消费诚信的看法。调查主要结论：一是消费价值观可分为传统消费观与现代消费观。北京居民在传统消费观上的得分高于现代消费观的得分，消费价值观仍呈现保守理性的态势。具体分析发现，北京居民的传统消费观主要表现在：消费决策比较谨慎，“喜欢货比三家”；挑选商品看重性价比，“更多选择实惠的商品”；消费目标比较实际，“目的是为了满足日常的需要”；消费理念相对保守，“存钱比消费更重要”；消费更加重视过程，而较少看重结果。这一方面是由于受到“规避不确定性”和“风险厌恶倾向”的作用，以及“勤俭持家”道德生活规范的长期影响，大部分人过度自我控制，对消费持有负罪感与不安感；另一方面是由于受到现阶段社会经济发展水平的限制，社会保障系统尚不完备，居民对未来生活的担忧加重，个人储蓄成为居民建立经济保障、提高抗风险能力与心理安全感的重要途径。二是消费决策前三位的影响因素是价格因素、产品质量性能、实际需要。产品因素（价格因素与质量性能）占据第一位。由此可见，商品（或服务）是消费者对商家诚信诉求的第一载体，主要反映在商品价格与质量上，没有质量可靠、价格合理的商品，“商家诚信”只能是空谈。消费者对商家诚信诉求还体现在售后上，当商品出现问题时，商家要及时处理，消除消费者对商品的误解。品牌是商家诚信发展到一定阶段的产物，只有建立在商品基础上的诚信，才能让消费者感受到品牌力量，发挥出不可忽视的口碑效应。

（石孟磊）

【北京居民职业价值观调查报告完成】 10月，北京社会心理研究所着眼了解北京居民的职业价值观（包括择业时期秉持的价值观和工作时期秉持的价值观）状况，对北京16个区县100个社区的居民进行了抽样调查，取得有效样本4126份。调查结果显示，北京居民择业时期秉持的价值观存在四个特点，即看重工作条件和自我发展，呈现物质主义和后物质主义价值观并重趋势；追求职业稳定性，超过三分之一的居民认为职业成功最重要的标准是工作稳定有保障；职业平等观深入人心，九成居民赞同“三百六十行，行行出状元”；择业理想与现实差距大，超过八成居民理想与现实工作单位性质不符。北京居民工作时期秉持的价值观存在五个特点，即工作中最看重人际关系，认为“有公平、善解人意的上司”最重要；“集体观”占主流，七成多居民赞同“人人为我，我为人人”；在收入分配观上，九成以上居民赞同“多劳多得，少劳少得”；“工作—家庭的天平”倾向于家庭一方，八成以上居民认为“家庭在我生活中最重要”；八成居民推崇敬业精神，并且实际工作中敬业程度较高。根据调查结果，提出培育并发挥职业价值观正能量的三点对策建议，即企业层面构建职业价值观管理体系，引导居民职业价值观发挥正能量；行业层面促进职业道德与素养培养工程常态化，为塑造职业价值观提供良好的环境；政府层面推进职业群体心理援助服务普及，提供职业价值观发挥正能量的肥沃土壤。

（王　惠）

【北京居民医疗领域价值观念调查报告完成】 10月，北京社会心理研究所着眼了解全市医疗领域价值观念现状及其对医患关系评价的深层影响，采用自编问卷进行了测查，共回收有效样本3403份。调查显示，北京居民医疗领域价值观呈现以下特点：一是北京居民普遍认同尊重、信任、理解在医患关系中的重要作用，其次为宽容、友善、仁爱、平等。医患双方价值认知差异体现在医护人员多期待患者的“理解”与“顺从”，普通居民则期待医生的“尊重”与“友善”。二是全市医患关系价值取向积极正向，医患间信任、宽容程度处于中等偏上水平，医患友善度有待加强，三者表现出随年龄增长而上升、随学历增高而降低的趋势。三是医患关系和谐度评价为2.75分，处于弱紧张状态，而医患价值观与医患关系和谐度评价之间呈正相关，且会对医患紧张归因及医患纠纷的处理方式产生显著影响。因此致力于提高医患信任度、宽容度与友善度将有效地改善医患关系。调查还就加强医院建设与民主监督、加强医患沟通与信任、促进医患认知趋同、建立健全有效的纠纷解决机制等对构建和谐医患关系提出建议。

（张丽华）

北京市区县工作

东城区

【概况】 年内，全区社会建设工作，一是充分发挥区委社会工委、区社会办社会建设统筹协调职能，以“两网融合”为重点，以网格化为主线，努力实现公共服务均等化。开展全区民生领域年度政府绩效考核工作。圆满完成建国65周年庆祝活动和第十六届北京国际旅游节游园活动等群众组织工作。二是不断健全社区服务管理体系。建成10个市级社区规范化建设示范点、90个“一刻钟社区服务圈”，实现187个社区全覆盖，其中63个被评为市级示范点。社区服务站新标识普及率达84%。推动建立“协商共治”社区自治模式，探索“一站多居”社区治理模式。选取8个老旧小区开展自我服务管理试点。三是优化社会工作人才和志愿者队伍管理。对1500余名社工开展系统化培训。出台社工带薪年休假、健康体检政策。推广志愿者信息管理系统，建立全区志愿服务项目储备库。开展121个社区志愿服务站规范提升工作。完成第一批街道社区社会动员试点工作。四是促进社会组织健康有序发展。指导17个街道构建“枢纽型”社会组织体系。完成年度市、区级专项资金购买社会组织公共服务项目工作，首次引进专业社会工作机构运作。组织132个公益活动项目参加北京市“社会组织公益行”系列活动。五是加强社会领域党建各项工作。完成本级、本系统群众路线教育实践活动。召开全区社会领域党建工作会，修订社区党建“三级联创”考评体系，开展非公党建提升工程和商务楼宇工作站星级考评，推进市级“六小门店”党建试点。举办社区和社会领域党务工作者培训，聘请140名离退休党员干部担任非公党建指导员。

（彭喜乐）

【考察东花市街道社会服务管理创新】 1月6日，区社会办在东花市街道社会服务管理分中心，观看了东城区创新网格化社会服务管理模式宣传片，听取了街道有关网格化社会服务管理创新工作情况介绍，到东花市街道南里社区工作站实地考察了社区网格工作流程，具体了解了“人、地、事、物、组织、舆情”等相关工作情况，并就开展网格工作进行了交流研讨。

（彭喜乐）

【贵阳市社会建设考察团来区考察社区建设和社工事务所工作】 1月15日，贵阳市社会建设考察团在东华门街道南池子社区参观了社区服务站和社区公共服务设施，听取了社区负责人关于社区规范化建设及社区民主自治建设工作情况，在交道口街道福祥社区考察了社工事务所工作模式、架构以及政府购买服务项目的开展情况，并就开展社区建设、培育发展社会组织等工作进行了交流研讨，市委社会工委、市社会办，区委社会工委、区社会办，东华门街道、交道口街道等相关负责同志参加。

（彭喜乐）

【购买社会组织服务项目中期评估工作开展】3月，2013年度市级社会建设专项资金购买社会组织服务14个项目承接单位填报“项目中期报告书”，所有项目进度均已过半；区社会办委托会计师事务所开展项目资金管理状况抽查，及时发现并解决问题；根据项目中期运行评估结果，继续拨付项目资金。

（彭喜乐）

【区“学雷锋志愿服务高潮日”举办】　活动于3月4日举办，以“志愿服务，情暖东城”为主题，区相关领导、部门、学雷锋教育实践基地和品牌团队代表、社区居民代表、学生代表参加。活动现场分为：志愿服务区，由学雷锋志愿服务队提供义诊服务、普法宣传、心理咨询、就业指导、计生服务、妇女维权服务、城管政策咨询和宣传，并现场招募文明引导员，宣传文明出行；DIY彩绘区，学生志愿者在文化衫和环保袋上绘制学雷锋题材的图案，续写雷锋日记，发表学雷锋感言和感悟，争当“当代小雷锋”；现场拍卖区，居民群众以承诺学习雷锋做一件好事的形式竞拍拍卖品。此外，各街道也分别设立了分会场，开展各具特色的学雷锋宣传和志愿服务活动。

（彭喜乐）

【公安部“百名青年干部进社区”活动启动】　此次活动由公安部和市委社会工委联合举办，是贯彻落实党的群众路线一项重要举措，4月2日正式启动。活动内容主要是公安部青年干部每月利用1个工作日及业余时间到社区了解社情民意，开展课题研究和志愿服务。启动仪式上，区委社会工委、区社会办从全区基本情况、社区建设情况和网格化社会服务管理创新工作等方面进行了重点介绍，提出了“三个一”的规定动作，即开展社情、民情、警情调查研究，完成一项课题或重点工作；积极联系群众，与1户生活困难家庭或1名孤寡老人结对子，开展志愿帮扶；结合活动收获，挂职期满时每人“为东城区社会建设献一策”。启动仪式后，深入东城区社区的27名公安部直属机关青年干部与10个街道的同志进行了面对面交流对接。

（彭喜乐）

【到西城区学习交流社会建设工作】　4月4日，市政府研究室、区政府研究室与区委社会工委、区社会办人员到西城区学习交流深化城市管理体制改革先进经验和理顺区街两级管理关系创新做法，进一步深化社会建设工作合作，实现两区协同发展。西城区委社会工委、区社会办就深化城市管理体制改革、理顺区街条块管理关系、建立“全响应”工作体系、网格化社会服务管理创新等方面的经验做法进行了介绍，并就加强街道建设、创新社区工作模式等进行了交流研讨。

（彭喜乐）

【“让平凡绽放精彩”第二届社工节主题活动举办】　活动4月15日在地坛公园举办，由和平里街道承办，旨在纪念国际社工日，提高社工素质、展现社工风采、弘扬社工精神，活动包含四大主题：一是与北京广播电视大学东城分校签订共同培养社会工作专业人才合作协议，引进专业师资力量开展培训，进一步提高社工专业化水平；二是组织“时间去哪了”影展，展示社区工作者走访慰问困难居民、扶残助困、值班巡逻等照片，弘扬社区工作者爱岗敬业、真诚奉献精神；三是举办社工专业咨询、法律咨询、心理咨询、政策宣讲、社工心声等沙龙活动，吸引居民参加，扩大社会工作的公众知晓率；四是开展社工夫妻比翼齐飞、推动“风火轮”前进等游戏，通过趣味性游戏提高社区工作者队伍团结协作能力。东城区相关部门负责人、部分人大代表、驻区单位负责人、社区工作者代表共计300余人参加活动。

（彭喜乐）

【社区党组织书记培训班举办】　培训由区委社会工委组织，于4月21日至22日举办，采取集中授课、互动教学、与区委老干部局联合办班等方式，重点围绕习近平总书记系列重要讲话精神、党史教育、心理疏导与情绪管理、如何利用社区资源开展老干部服务工作等内容展开培训。通过培训，进一步增强了社区党组织书记的党性修养，提高了社区党组织书记的自身素质和业务能力，拓宽了社区党组织书记如何在社区建设中加强党组织领导核心作用，整合利用社区资源，促进和谐社区建设的工作思路。区委社会工委主管领导及全区 182 名社区党组织书记参加培训。

（彭喜乐）

【社会领域党务工作者培训班举办】 培训由区委社会工委组织，于 4 月 24 日至 25 日举办，采取专家、领导授课与学员经验交流相结合的方式进行，主要内容有党的十八届三中全会、习近平总书记系列重要讲话精神辅导报告、党史教育、经济体制改革、非公党建和社会组织党建等。全区非公有制企业、社会组织、商务楼宇等社会领域党组织负责人、党建指导员 150 余人参加。

（彭喜乐）

【光明社区“聚爱邻里”服务中心正式启用】 4 月 23 日，副区长汤钦飞，区委社会工委、区社会办，区民政局等有关部门及街道、社区人员参加启动仪式并实地参观。该中心是龙潭街道光明社区为贯彻践行党的群众路线，打通联系服务群众的“最后一公里”，在社区建立的综合服务平台，面积约 500 平方米，由社区邻里服务中心、便民服务站和惠老服务站三部分组成，采取低偿或免费形式，为不同层次、不同年龄居民提供居家养老、文化体育、心理咨询、亲子活动、法律帮助、创业就业指导和生活家政等 40 余项服务。

（彭喜乐）

【深圳市学习考察区商务楼宇服务站建设工作】 4 月 24 日，深圳市南山区南头街道与建国门街道工委及地区商务楼宇服务站进行了交流座谈。街道以“建设建国门地区多元化服务性楼宇党建综合平台”为题，介绍了建国门地区商务楼宇服务站建设发展情况；就落实“政府主导、社会协同、公众参与”的基层治理模式，介绍了下一步整合、利用、依托本地区楼宇企业资源为地区养老、公益等民生问题服务的探索思路。会后，学习考察团一行来到金宝街商务楼宇服务站进行实地参观考察。

（彭喜乐）

【龙潭街道非公党建文化俱乐部“业主茶吧”活动举办】 4 月底，为进一步加强地区非公有制企业间的互联、互动，促进党组织活动与企业经营管理、文化建设、履行社会责任的有机结合，龙潭街道“同心 N 次方”非公党建文化俱乐部在北京大宝饭店举办龙潭地区首届“业主茶吧”活动，10 余家非公有制企业参加。活动效果显著：一是非公有制企业角色转变，自主发起党建文化活动；二是专注俱乐部品牌活动，搭建交流合作平台；三是利用网络打造“第二现场”，活动开展有声有色。

（彭喜乐）

【“邻里守望”青年志愿服务推进活动举办】 5 月 5 日，绿色环保青年志愿服务联盟正式成立，区有关领导为体育馆路街道、卫生局等“东城区‘邻里守望’青年志愿服务先锋队”授旗，为和平里街道等 13 家社区青年汇颁发“首都学雷锋志愿服务站”牌匾，向“当代雷锋”孙茂芳颁发“东城区青年志愿服务导师”聘书，并为“东城区绿色环保青年志愿服务联盟”LOGO 揭幕。活动中，22 个绿色环保志愿服务团体通过互动体验、展板展示、解说宣传等方式向现场观众展示分享了绿色环保青年志愿服务的项目和成果。

（彭喜乐）

【中组部调研建国门街道非公党建工作】 5月23日，中组部组织二局三处处长崔亚飞、市委组织部组织处副处长刘敏华一行8人到东城区建国门街道光华长安大厦，围绕地区非公党建工作进行调研。到跨国企业正大集团旗下的正大置地有限公司，参观公司党支部党建活动园地，并与党支部成员进行座谈交流；实地考察街道商务楼宇服务站贡院片区站，听取工作人员对“五站合一”开展情况介绍，查阅工作手册、服务卡等，并详细询问楼宇党建工作中的难点问题，强调要加大对楼宇服务站的关心支持力度，加强非公党建工作，促进地区发展。

（彭喜乐）

【社区工作者教育培训项目库建立】 该项目库于5月底建立，共包含培训项目191个，其中区级培训项目16个，街道级培训项目175个。从培训内容看，专门业务培训112个，主要涉及社区建设理论与实践、党建工作方法、计划生育相关政策法规、劳动保障相关政策等方面的培训；更新知识培训72个，主要涉及新闻写作、心理调适、工作礼仪、领导力建设等方面的培训；任职培训7个，主要针对新入职社工开展初任培训。培训项目库的建立将增强全区社区工作者教育培训工作的计划性、针对性、实效性，促进教育培训资源的整合利用、优势互补和信息共享。

（彭喜乐）

【社区工作者培训班开班仪式举办】 6月9日，市委社会工委委员、市社会办副主任刘占山，区领导汤钦飞，市委社会工委、市社会办，区委社会工委、区社会办，区民政局相关负责同志参加2014年社区工作者培训班开班仪式。根据培训安排，今年主要培训2013年没有参加轮训的所有社区工作者，共计1531人。从6月9日开始到27日结束，分三批进行。每批安排10讲，邀请社会建设领域知名专家、学者和经验丰富的社区工作者授课，内容涵盖社会建设、社会公共服务与社会管理、社区建设与自治、社区队伍与社会组织建设、社会领域党建等。

（彭喜乐）

【全区社区全部配备律师志愿者】 7月，全区积极推动律师志愿服务工作下沉，在社区设置职工法律服务工作室，并为全区187个社区全部配备律师志愿者。律师志愿者将担负起开展法律宣传、为社区企业和职工提供劳动法律援助、调解劳动争议等全方位的法律服务。法律服务工作室和律师志愿者的配备，使职工不出社区就能享受到便捷的法律服务，同时使社区将一些可控的劳动纠纷化解在萌芽状态，营造全区良好的社会法制氛围。

（彭喜乐）

【延庆县考察东华门街道南池子社区】 7月1日，延庆县百泉、儒林街道主要领导及社区代表到南池子社区，听取社区负责同志关于社区规范化建设及社区服务工作的情况汇报，参观了社区办公和服务设施，并就相关工作进行深入交流。市委社会工委、市社会办机关党委专职副书记王建元，东华门街道办事处、东城区社会办相关工作人员陪同考察。

（彭喜乐）

【新招聘社区工作者全部上岗】 7月至9月，全区完成年度社区工作者招聘工作，173名新招聘人员全部上岗。全区社区工作者总数达到3080人，其中专职人员人数达2620人，占全体社区工作者总数的85.06%；大专及以上学历人员2632人，占85.45%；年龄在40岁以下的1859人，占60.36%；取得社会工作师和助理社会工作师职业水平证书的755人，占24.51%。

（彭喜乐）

【2013年度购买社会组织服务工作顺利完成】 从2013年12月至2014年8月底，区政府投

入资金 78.5 万元购买的“枢纽型”社会组织、专业社会组织和社区社会组织 51 个服务项目，经过承接单位精心实施，主责单位认真监管，全部通过检查验收。

（彭喜乐）

【市社会建设专项资金购买社会组织服务项目批复会召开】 会议由区社会办组织，于 8 月 6 日召开，各承办单位负责人参加。共批复项目 17 个，批复资金 160 万元，服务内容涉及为老助残、未成年人保护、社区安全、志愿服务等，项目实施将更重视立足居民需求发挥专业优势提供优质高效公共服务，更重视依法合规使用专项资金，更重视扶持精品、树立品牌，实现专项资金的绩效最大化。

（彭喜乐）

【社会治理体制机制改革专项小组第二次全体会议召开】 会议由区社会治理体制机制改革专项小组办公室组织，于 8 月 13 日召开，区领导金晖、陈之常出席。区委社会工委、区委宣传部、区委政法委、区政府办、区民政局、区城管监督中心、区食品药品监管局等 3 家委办局和 17 个街道主管负责人参加会议。

（彭喜乐）

【创新和完善社区治理工作座谈会召开】 座谈会由区社会办组织，9 月 23 日召开。区社会办、区民政局和部分街道、社区代表，围绕整合社区公共服务资源、理顺社区居委会和服务站关系、减轻社区居委会行政负担、探索社区服务站“多站合一”模式等进行了座谈讨论。

（彭喜乐）

【公安部直属机关党校学员到史家社区考察】 9 月 26 日，公安部直属机关党校第 62 期处级干部进修班一行 50 人，在市社会办、区社会办、朝阳门街道相关领导的陪同下，到史家社区党委、居委会、警务工作站、服务站、图书馆和史家胡同博物馆等地进行参观考察，随行听取了街道主管领导、社区负责人在基层开展服务管理情况的汇报。考察团同志表示，通过参观学习，对社区层面工作有了初步认识，尤其是在基层综合治理、安全保障等方面取得了宝贵经验。

（彭喜乐）

【居民群众、社区工作者参加建国 65 周年游园活动】 10 月 1 日，中央民族歌舞团、北京京剧院和东城文化馆的演出团队分别在天坛公园祈年殿、神乐署和西二门进行文艺演出，全区 17 个街道 187 个社区 1000 余名社区工作者观看了演出。同时，50000 余名居民群众参加天坛公园、北海公园、景山公园、颐和园、北京动物园和朝阳公园的游园活动，营造了欢乐祥和的节日氛围。此外，国庆期间，全区 3000 余人次社区工作者参加了节日值班，做好长假期间的便民服务和应急保障工作。

（彭喜乐）

【区领导调研“两网融合”社会服务整合工作】 10 月 24 日，区委常委汤钦飞就全区“两网融合”社会服务整合工作进行调研。区社会办汇报了社会服务整合工作进展和下阶段工作安排，区城管监督中心、区信息办、区质监局、区民政局、区司法局、区商务委、区老龄办、区残联分别进行了汇报。汤钦飞要求：一是针对社会服务管理综合性、复杂性特点，循序渐进推进工作。二是要坚持通盘考虑，长远谋划。三是要树立标准化意识，制定完善社会服务标准化体系。

（彭喜乐）

【购买社会组织服务工作部署暨项目申报辅导培训会举办】 培训由区社会办组织，于 10 月 27 日举办，各区级“枢纽型”社会组织、各街道办事处和有申报意向的相关社会组织参加。会议部署了申报工作，北京市协作者社会工作发展中心的资深专家就如何申报等相关内容进行了培训辅导。

（彭喜乐）

【社区建设重点项目完成检查验收】　10月31日，市、区社会办相关领导和工作人员分两组对全区年初申报的社区规范化建设示范点、“一刻钟社区服务圈”示范点和老旧小区自我服务管理试点共30个项目逐个检查验收。检查组对社区办公和服务用房、软硬件建设、社区服务站新标识系统安装情况、“一刻钟社区服务圈”服务网点建设、老旧小区自我服务管理情况及成效等进行了实地查看，听取了街道、社区相关汇报。市检查组对全区社区建设工作给予充分肯定。

（彭喜乐）

【社区工作者菜单式培训开展】　10月底，为提高培训个性化、特色化水平，增强课程针对性、灵活性，区社会办创新培训模式，依托专业社工机构通过“你点我供”的方式开展菜单式培训，满足多样化需求。一是按需配“菜”。根据“缺什么补什么，需什么学什么”的原则，在全面摸底培训需求基础上，科学设置“培训菜单”和选聘师资力量。二是自由点“菜”。充分发挥街道自主性，由各街道根据实际需求、结合自身特色，自主选择适合本街道社区工作者的培训课程。三是上门送“菜”。变组织社区工作者到指定地点参加培训为上门服务，选派经验丰富的授课教师直接到街道开展培训。四是及时加“菜”。培训结束后及时开展课程评估，征集学员意见建议，根据反馈情况适时调整课程设置，不断丰富培训内容。目前，全区已推出包含22项培训项目的“菜单”，自10月底开展以来，已为2个街道800余人次社区工作者提供了培训服务。

（彭喜乐）

【“五星级”社区党组织考评工作启动】　11月14日，社区党的建设“三级联创”活动“五星级”社区党组织考评工作启动。一是调整考评标准，增强科学性和可操作性，把考评作为改进作风的重要内容，将原有考核指标修改为5个一级指标、15个二级指标和40项测评要素，指标下调幅度达18.4%。二是严格考评程序，经社区自查、街道自评和街道工委推荐后，由区委组织部和区委社会工委组织成立社区党建工作考评督导组，集中下沉到申报社区开展复评工作。三是通过听取汇报、查阅资料、问卷调查、实地走访等方法对社区党建工作进行全面考核，并改进考评方式，将查阅档案明确为查阅电子档案为主、书面档案为辅，减少考评工作对纸质档案的依赖性，减轻基层迎检压力。四是以考评督促社区党组织抓好基础工作，在考评工作中搭建基层学习交流平台，发掘社区党建工作的有效做法和成功经验，进一步探索研究社区党建工作方式方法，推进社区党建工作深入开展和社会服务管理创新。

（彭喜乐）

【参加社会组织治理创新高级研修班】　11月24日至28日，全区各街道、“枢纽型”社会组织等相关单位参加市委社会工委、市社会办与北京大学共同举办的社会组织治理创新高级研修班培训。通过培训，大家了解了当前宏观经济形式、国内外安全新形势和转型时期的中国社会与社会问题，进一步把握了党的十八届四中全会精神，还研究交流了北京市社会建设、社会治理体制改革，以及创新社会组织培育等问题。

（彭喜乐）

【区政府购买社会组织服务项目批复会召开】会议由区社会办组织，于12月5日召开，各相关主责单位、27个项目承办单位参加。会议通报了申报工作总体情况，对各主责单位、承办单位下一步的监管及实施工作进行了部署培训。

（彭喜乐）

【孙茂芳志愿服务总队成立】　12月4日，“当代雷锋”孙茂芳，市、区相关领导和部门，孙茂芳志愿服务团队的320余名志愿者代表参加了孙茂芳志愿服务总队成立大会。

会议为孙茂芳志愿服务总队授旗，并首批认定了25支大队、58支服务队、近150支分队，覆盖机关、企业、学校、医院和社区等各类组织，形成了服务内容全面、覆盖范围广泛、运行机制健全的四级孙茂芳志愿服务团队，将带领各级志愿服务队围绕为老、助残、帮助、环保、便民等领域开展志愿服务，形成全民广泛参与公益的良好氛围。

（彭喜乐）

【“社会组织公益行”系列活动取得新成绩】 年内，区社会办积极引导全区各类社会组织和社区社会组织，参加北京市“社会组织公益行”系列活动。2014年共征集公益活动项目401个，精选132个入围。区仁合公益与法律研究中心“仁合公益法律援助”、区巧娘工作室发展协会“巧娘进社区”和区残疾人体育运动协会“轮椅大步走”3个优秀项目，被市委社会工委分别评为金、银、铜奖。

（彭喜乐）

【全区“一刻钟社区服务圈”达到全覆盖】 年内，全区各街道完善服务设施，建立制度标准，合理划分90个服务圈，覆盖全部187个社区，其中有51个“一刻钟社区服务圈”已成功创建为市级示范点。在此基础上，全区努力推进“一刻钟社区服务圈”建设向特色化、功能化发展，逐步摸索提炼智慧服务圈、普教服务圈、健康服务圈和“零距离”服务等工作经验，推动社区与辖区单位的共驻共建和资源共享，满足居民个性化服务需求。为完善“一刻钟社区服务圈”信息系统的运行，借助外脑筹备建设“一刻钟社区服务圈”服务管理平台，将服务圈覆盖范围、社区服务资源网点、社区服务项目和办事流程等内容在线进行公示，方便居民随时获取周边服务信息，并将该系统逐步建设为社区建设成果展示、信息交流和政民互动的宣传阵地。此外，配合区商务委共同推进社区便民商业服务体系建设，加强“181”电子商务平台建设，重点打造和平里街道“一刻钟智慧生活服务圈”和龙潭街道惠民服务网品牌。

（彭喜乐）

西城区

【概况】 年内，全区围绕完善全响应网格化社会服务管理体系主线推进社会建设，各项工作取得实效。全响应网格化社会服务管理创新工作荣获“倾听民意”政府奖，年度社会建设综合指数连续两年位居全市第一。一是全响应工作机制日益完善。区街两级指挥调度系统对接运行，逐步实现监控、预警、上报、处置、分析、评价全生命周期管理。街道实施办实事计划，一批热点难点民生问题得到有效解决。二是网格管理工作进一步加强。全区形成统一的1623个网格，社区工作者、综合协管员、楼门院长、街道干部以及相关执法职能部门等力量都下沉到网格，形成“区级领导包街道、处级领导包社区、科级干部包网格”的工作机制。三是基层基础工作进一步强化。推行“综合受理、全科服务、预约办理、全区通办”等工作。打造10个“一刻钟社区服务圈”。重点实施“百岁老人口述史”公益项目。四是社会组织培育发展有序推进。发挥“枢纽型”社会组织作用，加强对各类社会组织的服务、管理。建立“一中心多基地”社会组织建设发展阵地。举办第三届“爱在西城”公益文化节。五是社会动员机制逐步完善。出台引导社会单位资源开放、推进区域共建共享文件。开展“邻里互助　守望幸福”综合包户志愿服务行动，建立制度化、组织化、社区化的志愿服务机制。六是社会工作人才队伍建设不断加强。开展社区工作者队伍现状及发展对策专项调研。落实“万名社区工作者培训计划”，全年培训社区工作者近2000名。七是社会领域党建工作水平稳步提升。建立区域共治共商协调机制，打造一批非公党建“五好”示范点和商务楼宇示范点。建立党务干部进高校、非公党组织书记示范培训等机制，建立社会领域党员在线学习系统和微信服务平台。

（栾德廷）

【全响应社会服务管理工作会召开】　2月20日，“夯实基础　转变作风　服务群众2014年西城区全响应社会服务管理工作电视电话会”召开。区社会建设工作领导小组成员单位主要领导，各街道主要领导、分管领导，街道相关科室及各科站队所负责人，各社区书记、主任、站长共计1200余人参加会议。区长王少峰主持会议。区委副书记杜灵欣就全响应网格化管理、加强和改进社区服务群众工作、综合包户志愿服务行动等三项重点工作进行部署，印发相关文件，同时发布《2014年全响应网格化社会服务管理工作要点》和《2014年社区建设工作要点》。区委书记王宁做重要讲话。

（栾德廷）

【“邻里互助　守望幸福”行动启动】　3月2日，在区银龄老年公寓举办“邻里互助 守望幸福”综合包户志愿服务行动启动仪式。开展“邻里互助　守望幸福”综合包户志愿服务行动。动员社会力量，开展多种形式的志愿服务活动，倡导敬老助残、守望相助的文明风尚，实现空巢老人和残疾人中的困难群体综合包户志愿服务全覆盖，建立制度化、组织化、社区化的志愿服务机制。驻区单位志愿者代表、社会组织代表、政府机关志愿者代表、青少年学生志愿者代表等80余人参会。中国志愿服务联合会副会长兼秘书长赵津芳，西城区四套班子主要领导和相关部门主要领导参加。

（栾德廷）

【中国志愿服务联合会领导考察街道志愿服务工作】　3月4日，中国志愿服务联合会召开全国“邻里守望”志愿服务活动工作座谈会。会后，中国志愿服务联合会副会长兼秘书长赵津芳及参加座谈会的部分代表深入天桥街道，考察西城区31年来坚持开展“邻里守望”志愿服务工作情况，现场观摩了天桥街道举办的“邻里互助”学雷锋志愿服务活动展览、宣传片，并听取了工作经验汇报。

（栾德廷）

【社会服务管理信息化规划发布】　3月14日，区社会建设工作领导小组办公室印发《北京市西城区全响应网格化社会服务管理信息化建设规划》。确定区社会建设信息化工作构建由一个信息网络、二级指挥中心、二级工作平台和N个专业系统组成的全响应网格化社会服务管理信息化支撑体系的总体发展目标，明确六大主要建设任务和两大类39个项目，明确2014年全响应网格化社会服务管理信息化建设任务是完善区街两级信息化平台决策会商、协同服务、信息共享和绩效考核等功能。推动全响应相关工作机制不断完善和顺利运转，推进全响应社会服务管理业务稳定运行。研究建立全响应绩效考核机制和平台运行责任机制，实现区、街两级平台协同联动。

（栾德廷）

【社会组织联合会代表大会召开】　3月27日，区社会组织联合会第二次会员代表大会暨换届大会召开，驻区中央级、市级和区级优秀社会组织的150余家会员单位代表参加会议。大会审议通过了《西城区社会组织联合会章程（修改稿草案）》和《西城区社会组织联合会第二次会员代表大会选举办法（草案）》，选举产生区社会组织联合会第二届理事会、监事会。召开第二届理事会第一次会议和第二届监事会第一次会议，选举产生第二届会长、副会长、秘书长、常务理事和监事长，确定了区社会组织联合会新的领导机构。

（栾德廷）

【市领导调研街道社会治理工作】　3月28日，市委副书记、市长王安顺到展览路街道调研社会治理工作，看望一线工作的街道干部，与部分街道领导班子进行座谈，听取街道相关负责人关于街道组织架构、职能定位、新形势下街道工作存在的困难和问题等方面情况的汇报。王安顺针对街道建制、街道干部队伍建设、社区管理体制、社区工作者队伍建设、街道社区协管员管理等方面问题进行详细询问。王安顺强调，街道管理体制改革是社会治理体制改革的重要内容，要针对街道存在的各种体制不顺、机制不畅的问题进行深入研究思考，加快建立与现代社会工作相适应的科学体制和有效的运行机制。要强化建设法治城市理念，加快城市管理立法工作，严格执法，通过法治手段维护社会公平、公正。要加强社会自治组织的培育和发展，充分发挥自治组织参与社会管理的作用，形成“大家社会大家管理”的良性互动。要加强街道、社区干部队伍建设，努力提升专业化水平，提高城市管理效率。市政府秘书长、市政府办公厅主任李伟等相关部门领导、区委常委王旭陪同调研。

（栾德廷）

【社会治理体制改革专项小组成立】 4月30日，区全面深化改革领导小组社会建设与社会治理体制改革专项小组成立。召开第一次专项小组会议，传达区委全面深化改革领导小组第一次全体会议精神，明确专项小组的工作规则、工作要点、重点任务分组研究方案，研究确定了5个方面15项重点改革任务。

（栾德廷）

【社会工作职业水平考前培训举办】 5月，区委社会工委印发《关于做好西城区2014年度社会工作者职业水平考试报名组织动员工作的通知》。采取无偿培训的方式，举办中级、初级两个班次辅导，共计5个单元40个课时，全区党政机关、事业单位和社区近1100名报考人员参加培训。

（栾德廷）

【市级专项资金绩效考评组实地调研】 6月5日，市委社会工委委员、市社会办副主任王智玲陪同北京市专项资金绩效考评组成员一行10人到西城区实地调研。先后考察了西长安街街道商业服务圈、西长安街街道义达里社区规范化建设、广内街道全响应网格化服务管理体系建设、陶然亭街道粉房琉璃街社区社会动员试点等工作。

（栾德廷）

【社会组织能力建设培训班举办】 6月18日至20日，区委社会工委举办社会组织能力建设培训班，培训内容涉及社会组织参与社会治理、项目管理、拓展资源的方法途径以及购买服务政策解读等方面。80余家社会组织负责人参加。

（栾德廷）

【社工演讲比赛举办】 6月19日，区委社会工委和区社会工作者联合会联合举办“我的社工梦”演讲比赛。全区15个街道的35名大学生社区工作者参加演讲。评选出一等奖1名；二等奖2名；三等奖3名，以及4个单项奖（优秀文笔奖1名、优秀口才奖1名、优秀精神风貌奖1名、优秀感染力奖1名）。

（栾德廷）

【市领导调研“三网”融合工作】 6月24日，副市长戴均良调研区全响应网格化社会服务管理创新和“三网”融合工作，听取工作开展情况汇报，实地查看西长安街街道义达里社区网格化服务管理工作，参观街道全响应社会服务管理指挥分中心，听取全响应社会服务管理和“三网”融合工作汇报，对全区深入做好“四个服务”、创新社会服务管理方面取得的成绩给予充分肯定。同时强调，要高度重视网格化工作，充分认识网格化在深化城市管理体制改革中的重要作用；要切实推进“三网”融合，不断丰富网格化服务内容，抓紧做好顶层设计；要把网格化工作与智慧城市建设、标准化管理服务、群众自治相结合。区领导王少峰等陪同调研。

（栾德廷）

【街道系统工作交流活动开展】 6月26日，区委社会工委组织15个街道工委书记开展街道系统工作交流活动。先后到金融街街道西城晶华楼宇工作站，查看楼宇工作站建设和工作情况；什刹海街道查看大金丝胡同、小金丝胡同环境整治工作开展情况；大栅栏街道查看培英胡同环境整治工作开展情况；广内街道全响应网格化社会服务管理指挥分中心和街道社会组织孵化园，查看街道指挥分中心运行及社会组织孵化情况。区委常委王旭参加。

（栾德廷）

【省部级领导干部研讨班调研全响应工作】 7月1日，市总工会党组书记、副主席曾繁新带领中央党校省部级领导干部研讨班调研西城区全响应网格化社会服务管理工作。先后到区全响应网格化社会服务管理指挥中心、区城管监督指挥中心和广内街道全响应网格化社会服务管理街道分中心调研。区委常委王旭，区社会办、广内街道等相关领导陪同调研。

（栾德廷）

【全区社区文化建设工作推进会召开】 7月22日，区委社会工委在牛街街道召开西城区社区文化建设工作推进会。印发了《2014—2016年西城区社区文化实施方案》及百岁老人口述史、胡同文化建设两个公益项目的分方案，部署社区文化重点工作任务。提出要发挥社区文化在推进全响应网格化社会服务管理体系建设过程中的沟通凝聚、教育感化、协调发展、文化传承功能，打造社区“共商共治的家园文化、人文宜居的环境文化、诚实守信的契约文化、守望互助的友邻文化、与邻同乐的休闲文化、传承国粹的民俗文化”，重点推进百岁老人口述史公益项目。区相关部门主管领导、15个街道主要领导以及社会组织代表参加会议。副区长梁昌新出席会议并讲话。

（栾德廷）

【中新论坛代表团来访】 7月28日，“中国—新加坡论坛”代表团一行40余人到区社会服务中心考察，社会组织孵化中心、志愿者之家、公益智库等社会组织负责人分别向外国客人介绍本领域开展工作的情况。

（栾德廷）

【第三届公益文化节举办】 8月29日至31日，在区社会服务中心举办第三届“爱在西城”公益文化节暨公益展洽会。区各委办局及街道办事处推出72个向社会力量购买的项目及合作意向。30多位学者及公益人士分别就“创新治理与社会组织生态系统的构建、共建责任与资源共享的融入对策、跨界合作与公益创新”三大主题展开演讲与对话交流。通过社会力量在西城、透明公益在西城、文化建设在西城、社会建设在西城等多个专题介绍为社会力量参与西城区社会建设搭建展示和合作平台，20多个精品公益项目集中展示。印发《政策咨询手册》等材料，区民政局、财政局、地税局等单位的工作人员现场接待企业、社会组织及广大市民，解答相关政策法规。

（栾德廷）

【观摩公益慈善交流展示会】 9月18日至23日，区社会组织联合会带领部分会员单位赴深圳参加第三届中国公益慈善项目交流展示会，与众多优秀公益组织建立联系，开展观摩学习、交流座谈等活动。

（栾德廷）

【百岁老人口述史展览举办】 9月28日，区委社会工委在万寿公园举办“西城老人·百年记忆”——百岁老人口述史主题展览。展览以文字、图片、视频、实物等形式，集中展出参与项目的9位百岁老人的个人经历、幸福感悟、长寿秘诀，百岁老人的老物件儿和传家宝。区四套班子主要领导参加仪式。

（栾德廷）

【社会组织联合会主题沙龙举办】 10月29

日至 30 日，区社会组织联合会举办“社会组织信息与宣传和项目管理与运作的沙龙”活动，为社会组织搭建交流互动平台，实现社会组织资源共享和抱团发展，70 余家会员单位参加。

（栾德廷）

【台湾县市乡里长考察团来访】 10 月 23 日、11 月 6 日，台湾中南部县市乡里长考察团 90 余人分两批到西城区考察，分别参观了西城区社会建设服务中心、西城区银龄老年公寓、西城区社区服务中心，双方进行了两岸社会建设和社区建设工作交流。

（栾德廷）

【“首都最美社工”评选揭晓】 10 月，市委社会工委等单位开展第三届“寻找首都最美社工”活动，区社会工作者联合会党支部书记、会员部负责人胡蕊荣获“首都最美社工”称号。悦群社会工作事务所高晥雯、广外街道红莲中里社区周瀛获得“优秀社工”称号。

（栾德廷）

【“倾听民意”政府奖揭晓】 11 月 12 日，零点研究咨询集团举办“数民脉　据天下”颁奖典礼大会，区构建“全响应式”社会服务管理格局案例，荣获 2014“倾听民意”政府奖之“广纳百言奖”。

（栾德廷）

【老旧小区物业管理工作推进会召开】 11 月 21 日，区委社会工委、区社会办召开区老旧小区物业管理工作推进会。区环境办通报老旧小区整治工作情况；区房管局通报《北京市西城区居住区物业管理指导意见》（征求意见稿）起草情况；陶然亭街道、西长安街街道主管领导做典型经验交流。区领导李岩、杜黎彬及相关委办局、15 个街道主管领导参会。

（栾德廷）

【社会治理创新·西城论坛举办】 12 月 4 日，由市社会发展研究中心、北京国际城市发展研究院联合市委社会工委、市社会办和区委、区政府举办“2014 年社会治理创新·西城论坛”。论坛围绕街道区域化党建、城市精细化管理、社会动员体制机制、加强社区建设、组织促进公共服务、完善养老服务体系等 6 个方面，分别进行深入探讨，为深化全响应网格化社会服务管理体系建设、发挥街道统筹辖区发展的基础性作用、推进基层社会治理创新工作启迪思路、谋划路径。北京市相关部门、深圳市社会工委、北京市 16 个区县社会工委领导以及相关领域专家学者等 240 余人参加。市委社会工委书记、市社会办主任宋贵伦，西城区区长王少峰出席论坛并做主题发言，北京国际城市发展研究院院长连玉明主持论坛。

（栾德廷）

【《街道蓝皮书》展开编写】 12 月，区委社会工委、区社会办与北京国际城市研究院合作，对区 15 个街道全面调研，梳理各街道特色工作思路和主要经验，研究街道社区在工作过程中存在的难点问题，探索街道社区工作体制机制优化途径，从理论上提升和总结街道社区工作成果，形成全区各街道《街道年度发展报告（蓝皮书）》。内容主要包括：街道发展年度报告，街道发展理论研究，街道先进工作经验、成功案例，年度的发展大事、创新制度和优秀人物等若干部分。

（栾德廷）

【区街信息化指挥平台对接】 年内，全区继续推进行政服务、社会服务、城市管理、社会管理、应急处置“五位一体”三级联动。全响应网格化社会服务管理指挥中心成立全响应工作科，完成与区民政局、区行政服务中心、区综治办、区应急办相关系统的数据对接，15 个街道全响应分平台实现单点登录。7 月 1 日，区、街指挥调度系统正式对接，实现监控、预警、上报、处置、分析、评价（系统）全生命周期管理。夯实各街道系统管理和操作工作基础，基本形成两级指挥、三级平台、四级管理、逐级上报、社会参与的联动运行模式。年内，区街平台共处置各类问题105370件，办结104444件，结案率99.12%。

（栾德廷）

【“访听解”制度得到深化】 年内，结合党的群众路线教育实践活动，区委区政府将“访民情、听民意、解民难”工作内化为工作制度，调整完善区级领导和职能部门领导定点联系街道社区制度，区级领导及委办局领导共走访街道、社区1000余次，收集问题40171件，解决38864件，解决率达到96.7%。

（栾德廷）

【街道办实事计划落实】 年内，列入街道层面的160项办实事计划，年底前已全部完成，一批环境改造、城市精细化管理、公共服务等方面的热点难点问题得到有效解决。

（栾德廷）

【社会单位资源开放共享】 年内，区委区政府制定出台《西城区进一步引导社会单位资源开放，推进区域共建共享的指导意见》，从政策层面引导驻区单位开放资源服务民生。今年依托社会建设专项资金设立的社会单位资源开放共享奖励项目，奖励77家社会单位资源开放共享，引导驻区单位履行社会责任。截至年底，已经有370多家社会单位向社区居民开放自身资源。

（栾德廷）

【社区服务意见出台】 年内，区社会建设工作领导小组办公室出台《西城区关于进一步加强和改进社区服务群众工作的指导意见》，在全区257个社区推行“综合受理、分类办理；整合业务，全科服务；延时工作，预约办理；服务公开，全区通办”四方面工作，有效解决服务群众最后一公里的问题。

（栾德廷）

【社会建设专项资金管理进一步规范】 年内，社会建设专项资金由2000万元增至3000万元，加大政府职能转移和向社会力量购买服务力度。会同区财政局制定《西城区社会建设专项资金管理办法》，建立完善公开征集、专家评审、会议审议、舆论监督等各环节，规范资金项目流程管理。

（栾德廷）

【社会组织建设理论成果形成】 年内，区委社会工委、区社会办以文献研究、走访、问卷调查、座谈会等方式调研区域内2124个备案组织和136个注册登记社会组织，形成《西城区社会组织发展现状分析与政策建议》《北京市西城区社会组织建设发展调研报告》等理论成果。

（栾德廷）

【探索承接社区文化站运营模式】 年内，区委社会工委、区社会办选取3个街道的4个社区作为试点，探索尝试引入文化类社会组织承接社区文化站运营，由专业文化类社会组织向社区居民提供更加贴合需求的文化服务。

（栾德廷）

【党的群众路线教育实践活动扎实推进】 年内，按照全区统一安排和部署，区委社会工委、区社会办在机关党支部和工商联、人才、职介三个直属机关党委及所属基层党组织内开展教育实践活动，机关党支部25名党员，以及所属171个基层党组织3991名党员全部参加教育实践活动，参与覆盖面达100%。组织集中学习20余次，开展集体座谈交流2次，举办专题辅导8次，开展“我当一日社区工作者”活动；设计制作群众路线主题机关文化墙四期，群众路线主题展板10余块，报送信息30余篇；收集汇总各方面意见建议133条，制定22项77条整改措施。

（栾德廷）

【在职党员到社区报到】 年内，区委社会工委、区社会办组织动员机关党支部和3个直属机关党委所属14个企业单位的28名在职党员到社区报到，结合自身优势资源，为社区提供志愿服务。

（栾德廷）

【社会领域党建体制机制不断完善】 年内，区域化党建格局进一步完善，形成了以党建为引领统筹推进辖区党建资源和社会建设的社会治理新结构，街道社会工作党委统筹推进辖区社会领域党建工作力度进一步加大。

（栾德廷）

【社会领域党建工作覆盖实现新突破】 年内，区非公党建覆盖率达到70.1%，打造了国瓷永丰源、神玉艺术馆等非公五好示范点；提炼形成15家非公有制企业党建典型案例并入选《引领——北京新经济组织党建巡礼》；打造13个市级商务楼宇示范点；制作《创新与超越》党建宣传片，荣获市委组织部全市党员教育电视片观摩交流活动一等奖。

（栾德廷）

【社会领域党建工作队伍建设有效加强】 年内，区创新社会领域基层党组织带头人培养方式，建立基层党组织书记定期轮训、党务干部进高校培训、非公有制企业党组织书记示范培训等机制，全年累计培训社会领域党组织带头人783人次。

（栾德廷）

【社会领域党建服务载体进一步丰富】 年内，区成立非公经济组织党员服务中心，建立社会领域党员在线学习系统和微信公众服务平台，建立社会领域党建沙龙，增强了社区、非公有制企业、社会组织等不同层面的党组织负责人交流互动。

（栾德廷）

【社区党组织专栏开通】 年内，区社区党组织在“西城党建”网向社会公开，实现社区党组织情况亮相、书记亮相、特色服务项目亮相。

（栾德廷）

【社会领域“百家讲坛”举办】 年内，区委社会工委面向各街道社会工作党委办公室干部、直属机关党委工作人员，商务楼宇党建工作者、社区党组织成员、非公有制企业党组织和社会组织党组织成员，举办社会领域“百家讲坛”3期，440余人参加。

（栾德廷）

【社会领域入党积极分子培训班举办】 年内，区分别举办非公有制经济组织和社会组织入党积极分子培训班1期，39名入党积极分子参加培训。

（栾德廷）

【商务楼宇示范点建设推进】 年内，按照市委社会工委要求，根据楼宇工作站建设标准，全区从硬件设施、人员配备、工作机制、活动开展等方面重点打造13个市级商务楼宇工作站示范点。

（栾德廷）

【商务楼宇建设推进月工作开展】 年内，区按照20%的比例对全区范围内的商务楼宇工作站进行随机抽检，查找工作薄弱环节和存在问题，以“挂账销账”形式进行限期整改。针对检查中发现的问题，重点加强制度建设，提升商务楼宇工作站建设水平。

（栾德廷）

【商务楼宇网站服务体系建设推进】 年内，按照市委社会工委要求，全区对已完成网站服务体系建设的商务楼宇，积极推进在线服务建设和信息维护更新工作；对尚未完成的商务楼宇，加快推进网站服务体系建设。

（栾德廷）

【社会工作优秀案例集出版】 年内，区委社会工委、区社会办开展2013年社会工作优秀案例评选活动，通过向全区社会工作事务所、街道和社区进行征稿，征得案例稿件100余篇，经专家点评和筛选，确定十佳案例10个，优秀案例10个，入围案例10个。

（栾德廷）

【社区工作者培训计划完成】 年内，由区委社会工委、区民政局牵头，北京青年政治学院、西城区经济科技大学承办，继续实施“万名社区工作者培训计划”，近2000名社区工作者参加培训。

（栾德廷）

【专业社工岗位设立】 年内，区委社会工委与多家单位合作，在全市范围设立专业社工岗位。与北京市妇联合作，以北京市妇女儿童社会服务中心为基地建立社会工作服务站，采用购买“枢纽型”社会组织管理岗位方式，由区社会工作者联合会选派6名专业社会工作者进行为期一年的市妇联家庭综合服务项目，分别派驻到大兴区观音寺街道观音寺社区、顺义区北小营镇前礼务村和东城区朝阳门街道大方家社区三个试点进行社会工作服务。与团市委合作，向“社区青年汇”派驻专业社工，通过引入社会工作专业方法，将专业社会工作与社区青年汇相结合。购买5个社工岗位，在金融街街道、西长安街街道、广外街道、牛街街道和德胜街道5个站点，运用专业社会工作方法，根据不同站点不同特色，为辖区青年人群提供个性化服务和活动。

（栾德廷）

【“社会工作领军人才”评选揭晓】 年内，市民政局开展评选“北京市首批社会工作领军人才”活动，区社会工作者联合会副秘书长李璐龄和悦群社会工作事务所郭昊获得“北京市首批社会工作领军人才”称号。

（栾德廷）

【社会动员工作试点确定】 年内，按照全市社会动员工作试点要求，确定金融街街道、展览路街道作为社会动员工作试点街道，全面推进试点工作实施。4个试点街道和4个试点社区以加快构建社会动员体制机制建设为核心，以解决群众关心的热点难点问题为切入点，推进社会协同，动员公众参与，探索新时期社会动员工作新模式，探索应急社会动员工作机制和区域共驻共建工作机制，形成一批社区居民公共治理的示范点。

（栾德廷）

【社区规范化建设工作推进】 年内，全区有205个社区服务站完成标识安装。明确社区工作5类24项工作任务，内容包括加强社区服务型党组织建设、推进区域化党建、推进社区工作精细化和规范化、健全社区工作者队伍管理长效机制、完善社区服务和管理、深化基层民主自治工作机制等。确定36个市级“六型社区”示范社区、10个“一刻钟社区服务圈”示范点、9个市级老旧小区自我服务管理试点、65个市级智慧社区示范点创建任务。《光明日报》《北京日报》《北京晚报》《法制晚报》等多家媒体对全区已建成的“一刻钟社区服务圈”示范点进行了专版报道。

（栾德廷）

【街道公有房屋摸底调查完成】 年初，区委社会工委对15个街道广泛开展街道公有房屋摸底调查，主要涉及街道各类办公用房、服务群众用房、社区办公和活动用房。调查内容主要包括房屋地址、建筑面积、房屋性质及权属、使用功能等基本情况，完成《西城区街道公有房屋现状统计分析》。

（栾德廷）

【老旧小区服务管理工作开展】 年内，区委社会工委、区社会办指导各街道开展老旧小区自我服务管理工作，推动老旧小区服务管理向规范化、社会化、精细化发展，逐步实现“五好”（自治建设好、自我管理机制好、自我服务效果好、辖区单位协同好、突出问题解决好）目标。9 个老旧小区自我服务管理试点社区通过了北京市社会建设工作领导小组检查验收。

（栾德廷）

【社区办公用房建设取得进展】 年内，区委社会工委、区社会办协调区发展改革委，上报整体决算报告，对第二批申请市固定资产资金支持的社区用房项目审批进行调整。向市发展改革委提供第二批 9 个通过竣工决算项目相关材料，通过市发展改革委审核。完成第三批申请市固定资产资金支持的社区用房项目申报，共涉及 6 个街道 7 个项目，预计总投资 12053. 56 万元。指导街道合理使用分配社区办公和服务用房，缩小办公区域，扩大为民服务空间。年底重新对各社区办公和服务用房建设进行统计，掌握底数。

（栾德廷）

【智慧社区建设推进】 年内，根据《北京市智慧社区建设指导标准》，区委社会工委、区社会办指导街道开展首批 70 个试点社区的升星和第二批 66 个试点社区的争创工作，完成双月上报报表。共有 78 个社区被认定为北京市星级智慧社区（新建星级智慧社区 66 个，升星建设星级智慧社区 12 个）。其中，北京市“五星级智慧社区”6 个、“四星级智慧社区”3 个、“三星级智慧社区”49 个、“二星级智慧社区”20 个。德胜街道、金融街街道、广内街道、白纸坊街道 4 个街道实现智慧社区全覆盖。

（栾德廷）

【网格工作基础夯实】 年内，按照“完整性、便利性、均衡性、差异性”原则以及“街巷定界、规模适度、无缝覆盖、动态调整”要求，以 15 个街道 257 个社区为基础，全区合理划分为 1623 个网格责任区。按照“基础力量一员一格，专业力量一员多格，响应力量一格多员”要求配备人员力量。全区 3573 名社区工作者、2200 名综合协管员、31000 名楼门院长、街道科级以上干部及公安、防火、工商等相关执法职能部门人员将工作力量下沉到网格。各街道普遍建立“局级领导包街道、处级领导包社区、科级领导包网格”的“三包”工作机制。

（栾德廷）

朝阳区

【概况】 年内，全区社会建设工作以党的群众路线教育实践活动为契机，以全国社区治理和服务创新实验区建设为抓手，坚持共商共治、为民务实，坚持城乡统筹、广泛动员，不断强化基层基础，完成加强社会领域党建、保障和改善民生、深化社会服务管理、创新社会治理、培育社会组织、强化社会动员、优化社会发展环境、深入推进党风廉政建设等工作，全区社会建设取得了新成效。被区民政部确认为“全国社区治理和服务创新实验区”和“全国和谐社区建设示范城区”，被中国社会工作协会社区工作委员会评为“全国城乡一体化幸福社区建设示范单位”和“全国社区服务型党组织建设示范城区”。“党政群共商共治基层社会治理新模式”被区民政部正式遴选为“2013 年度中国社区治理十大创新成果”，“党政群共商共治催生社会治理新模式”被《人民日报》评为“首届中国治理创新 100 佳经验”。区委社会工委荣获中国社会工作协会“第二届全国社区社会建设自主创新百花奖”金奖，区社会办被市市政市容委评为“2013 年度首都城市环境建设样板单位”。

（杨　旭）

【中央领导调研卫生与计划生育工作】 1 月 2 日，中共中央政治局委员、国务院副总理刘延东到双井街道调研卫生与计划生育工作。中央及市、区有关领导陪同调研。

（杨　旭）

【市领导调研人大代表联系群众工作】　2月20日，市人大常委会主任杜德印到亚运村街道华严北里西社区代表工作室调研代表联系群众工作。

（杨　旭）

【政府购买社会组织服务项目征集完成】　3月31日，全区2014年政府购买社会组织服务项目征集工作初步完成，此次征集共收到项目申请538项，其中，街乡社区社会组织项目申请369项，社工机构及其他社会组织项目申请169项。

（杨　旭）

【购买服务项目第三方评估机构招标评审会举办】　4月8日，区举办2014年政府购买社会组织服务项目第三方评估机构招标评审会。此次评审是全区首次通过公开招标方式将社会组织服务项目的评估监测工作委托第三方评估机构，也是全区创新区级社会组织服务项目评估监测管理新模式。通过考察参评机构基本情况、现场方案展示情况以及专家打分等情况，最终以综合最优的方式选定北京恩派非营利组织发展中心和北京玖诚社会工作发展中心共同作为第三方评估机构开展服务项目评估监测工作。

（杨　旭）

【街道系统“城市精细化管理”专题培训班举办】　4月9日，区委社会工委、区社会办、区委组织部和区委党校联合举办2014年全区街道系统城市精细化管理专题培训班，来自全区街道系统各城建城管主管主任、城建科长、社会办城管科主管主任及全体干部共53人参加培训。

（杨　旭）

【第二届社区工作者基本功大赛决赛举办】4月11日，区举办第二届社区工作者基本功大赛决赛，来自全区各社区的8支代表队32名社区工作者参加。本届社工基本功大赛结合当前社区工作面临的热点难题，设置了综合业务知识抢答、情景剧表演及辩论赛等环节。在综合业务知识抢答环节，社区工作者就社区民政、计划生育、劳动与社保等社工基础知识进行同场比拼；在情景剧表演环节，社区工作者充分展示了社区日常工作礼仪、提供社区服务、解决社区问题的实务能力；在辩论赛环节，参赛选手围绕对方选手表演情况，对社区工作中存在的较突出矛盾或较难解决问题进行了热烈辩论。

（杨　旭）

【市领导调研社会治理工作】　4月15日，市委副书记、市长王安顺和副市长张延昆一行到团结湖街道调研智慧型社会治理、城市精细化管理、智慧居家养老等工作。

（杨　旭）

【市领导调研“城中村”问题】　4月15日，市委副书记、市长王安顺，区长吴桂英等市、区领导到呼家楼街道化石营平房区，对“城中村”问题进行调研。

（杨　旭）

【市领导调研街道管理体制创新】　4月17日，副市长戴均良带市编办、市残联、市社会办等部门领导到望京街道调研管理体制、创新社会管理工作。

（杨　旭）

【市领导调研指导教育实践活动】　4月18日，市委组织部部长姜志刚到奥运村街道考察“红立方”党员服务中心、文化服务中心、奥运村地区博物馆，调研指导党的群众路线教育实践活动开展。

（杨　旭）

【中央领导调研社会服务管理】　5月12日，全国政协副主席、台盟中央主席林文漪到建外街道永安里东社区调研社会服务管理工作。

（杨　旭）

【街道系统社区党组织书记培训班举办】 6月18日至26日，区委社会工委举办街道系统社区党组织书记培训班。针对新任社区党组织书记和老社区党组织书记的实际情况和不同需求，分别举办两期目标不同、培训内容不同、要求不同的培训班。通过专家讲座、座谈交流和专题研讨，社区党组织书记纷纷表示，这次培训针对性强，应用性强，很管用很受用。

（杨　旭）

【社会领域基层党组织践行群众路线事迹报告会举办】 7月1日，区委社会工委结合以"为民、务实、清廉"为主题的群众路线教育实践活动，在望京举办了全区社会领域基层党组织践行党的群众路线事迹报告会。市委社会工委委员、市社会办副主任陈建领，区委常委、宣传部部长、统战部部长谢莹以及广大社会领域党务工作者代表等共计300余人参加报告会。报告会主要有两项议程，一是宣读了对优秀服务项目进行资金支持的决定，区委社会工委对365个优秀服务品牌项目给予90余万元资金支持，旨在通过项目支持，推动优秀服务品牌和服务队伍建设，为推动全区社会建设提供更坚强的组织保障；二是奥运村街道帮贫扶困志愿服务队、左家庄街道三源里社区北小区邻里服务社、劲松街道康辉共产党员车队等7支优秀服务品牌项目团队的代表进行了事迹报告。

（杨　旭）

【参观警示教育展】 7月16日至23日，区委社会工委、区社会办及24个街道领导班子成员，机关、社区党员干部共1400余人参观了区规划艺术馆"党的群众路线教育实践活动警示教育展览"。参观活动在街道系统上下引起热烈反响，触动了党员干部思想，引起思考和警醒，取得良好教育效果。

（杨　旭）

【社区工作者招录工作完成】 7月22日，全区2014年社区工作者招录工作完成。本次计划招录社区工作者592名（含军嫂50名），实际招录568名（含军嫂68名），男性121人，占21.3%。党员96人，占16.9%；团员136人，占23.94%。研究生23人，占4.04%；本科256人，占45.07%；专科286人，占50.35%。平均年龄30.95岁，30岁以下241人，占42.4%；30（含）~40（含）岁300人，占52.82%；40岁以上27人，占4.75%；最小年龄20岁，最大年龄47岁。

（杨　旭）

【社区服务管理平台社区应用工作会召开】 8月13日、9月5日，社区服务管理平台社区应用工作会召开，参会人员就社区服务管理平台社区应用和规范运行进行了培训、交流，并就下一步有效运行提出要求，为接受民政部督查做好了准备。

（杨　旭）

【全区智慧社区工作推进会召开】 8月18日，全区智慧社区工作推进会召开，全面推进智慧社区工作，重点部署第一批69个三星级社区升星工作及第二批57个新申报社区创建工作。

（杨　旭）

【团中央调研团建工作】 8月27日至28日，团中央调研组走进亚运村开展"走进基层、转变作风、改进工作"大宣传大调研活动。调研组走访并听取社区团委、企业团支部及文化中心青年汇工作汇报，了解地区团建工作体系、团组织分布情况、非公有制企业团建工作、青年汇等社会组织运行情况，与中华民族园团支部、隆盛泰团支部、环球电广团总支、商务楼宇共青团工作站、亚运村第二幼儿园团支部等6家团组织建立"一对一"结对帮扶关系。

（杨　旭）

【全模式二级闭环系统工作培训会召开】　9月4日，全模式二级闭环系统工作培训会召开，针对“系统运行标准”“安全行政村及流动人口管理智能化”“城区与建成区单位安全及流动人口管理智能化”“地下空间安全及流动人口智能化”等7个方面进行培训，9个试点街道、3个试点乡及相关职能部门200余人参加。

（杨　旭）

【社区营造计划双选会召开】　9月10日，区社会办在区社会组织综合服务中心召开社区营造计划双选会。结合民政部社区治理和服务实验区工作，选择15个街乡的15个社区作为重点支持社区，采用政府购买社会组织服务方式，通过召开专业社工机构和街道（试点社区）双选会确定合作双方，由专业社工机构作为技术支撑帮助街乡推进社区营造计划落实。

（杨　旭）

【社区工作者初任培训开班】　9月22日，全区社区工作者初任培训班开班仪式在朝阳社区学院举行。2014年新招录350名社区工作者，分2期进行为期5天的初任培训，主要围绕区情、社会建设概况、公文写作、优秀案例宣讲等内容进行培训。

（杨　旭）

【党政群共商共治区级民主协商会议召开】9月29日，2014年党政群共商共治区级民主协商会议召开。会议由区长吴桂英主持。会上，区委常委刘军胜介绍区级民主协商会议实事项目有关情况并宣布议事规则，8个区级层面实事项目经议事代表、社区代表、主责部门三方民主协商后，全部通过议事代表评价打分。区委书记程连元出席会议并讲话，市相关部门领导观摩会议。

（杨　旭）

【国家多部委联合督察区社区服务管理平台建设】　11月26日，国家民政部联合工业和信息化部、发展改革委、公安部、财政部等部门对区推进社区服务管理平台建设情况进行了督导检查。督察组通过听取汇报、查阅资料、实地走访、进展测评等方式，对区社区服务管理平台（一网、一线、一中心）、街道服务热线及座席员工作等情况进行了检查。根据检查情况，全区继续发挥实验区先行先试独特优势，总结经验，查找问题，完善措施，为全市范围内推进综合信息平台建设提供借鉴。

（杨　旭）

【社会组织工作培训会召开】　12月18日，区委社会工委、区社会办组织召开全区社会组织工作培训会。培训围绕引导社会组织参与社会治理，培育社会组织，推动社工、社区和社会组织之间的协同联动等问题进行讲解。43个街乡社会组织工作主管领导及科长、9个区级“枢纽型”社会组织业务主管科长及16家社工事务所负责人近150余人参加培训。

（杨　旭）

【第三届社会志愿者风采巡礼活动举办】12月30日，区委社会工委、区社会办举办“向志愿者致敬——朝阳区第三届社会志愿者风采巡礼”活动。区委宣传部、区文明办、团区委、街道代表、志愿者代表及爱心单位代表600余人参加。截至年底，全区注册社会志愿者人数为352314人，其中常态化活跃人数8万余人，15414名志愿者累计服务时长超过100小时被授予星级。

（杨　旭）

【党的群众路线教育实践活动开展】　年内，区委社会工委组织全区社会领域186个机关党组织、1710个社区党组织、501个非公经济和社会组织党组织扎实开展教育实践活动。街道系统共征集意见建议1.2万余条，制定整改措施1721项，解决群众“最后一公里”难题3747个。对52918名党员进行民主评议，“好”评率达84.4%。麦子店街道作为市区领导联系点较好地发挥了示范带动作用，大屯街道在中央第二巡视组抽查中受到高度评价。出台《关于进一步规范街道系统行政服务和执法监管窗口单位工作意见》，开展五次覆盖全系统窗口岗位的明察暗访，下发“问题会诊单”72份，通报问题63个、处理涉事工作人员26人，“态度生冷硬、作风慵懒散”现象明显改观，群众满意度明显提升，《光明日报》专题报道了酒仙桥“值班主任制”、潘家园服务大厅延伸服务等经验做法。

（杨　旭）

【区域化党建工作推进】　年内，全区以服务型党组织建设为抓手，不断强化工委统筹、部门联动、社会广泛参与的区域化党建工作机制，逐步建立“组织全覆盖、管理精细化、服务全方位”的区域化党建工作体系。制定《加强基层服务型党组织建设的实施意见》，在基层党组织中开展“服务我先行”主题实践活动。对365个优秀服务队伍进行项目支持，涌现出左家庄三源里社区“三助”工作法等1600余个服务品牌。深化商务楼宇党建“一委五站三服务”工作机制，坚持“综合服务进楼宇”等品牌常态化活动，亚运村华辰公寓、三里屯SOHO、高碑店财满街等楼宇服务站日常活动丰富多彩，楼宇社会自治效果初显。全区新成立非公党组织97个，街乡新建商务楼宇服务站14个，社会领域党建在社会治理中的统领作用日益凸显。

（杨　旭）

【党政群共商共治成效明显】　年内，全区坚持党领导下的协商民主、多方共治，出台《朝阳区关于统筹推进党政群共商共治工作的指导意见（试行）》，完善区、街乡、社区（村）三级常态化共商共治机制。首次在区级层面召开民主议事协商会，积极探索区级层面共商共治路径。全年召开议事协商会534次，18704名议事代表参与，协商议定实事1653项，其中社区层面1149项、街道层面459项、区级层面45项。目前项目完成率已超过98%，受益群众逾百万人，群众满意率达到95%。通过区级部门联动，彻底解决了一批长期困扰百姓、基层无力解决的难题。双井垂杨柳东里地区危电改造、望京四条断头路打通工程、和平街胜古南里2～12号楼雨污合流管道改造等项目，受到居民高度赞扬。协商共治机制不断完善，涌现出奥运村“居民议事厅”、安贞“楼院议事协商会”等经验做法，居民群众主人翁意识不断增强，基层民主政治建设水平不断提升。党政群共商共治被民政部评为“中国社区治理十大创新成果”，《人民日报》头版头条、中央电视台新闻联播等主流媒体给予重点宣传。

（杨　旭）

【干部队伍和党风廉政建设不断深化】　年内，区委社会工委、区社会办狠抓街道系统领导班子和干部队伍建设，着力提升领导干部统筹地区社会建设和破解社会治理难题能力。全年开展社区自治、城市管理等9项专题培训，1500余人次参训。强化党风廉政建设，严格落实“两个责任”，全面贯彻落实“三重一大”集体决策制度、党政主要领导“三不直接分管”和纪委“三转”工作要求。开展“四风”专项整治，落实两个承诺，抓好两个专项教育。强化街道系统高风险领域防控，进一步规范工程项目招投标管理，明确大、中、小额工程管理措施。加强效能监察，区级实事、折子工程全部完成。加强廉政宣传教育，拨付166万元支持东湖等街道新建10处廉政文化阵地。严抓信访举报案件办理，加大查办力度，街道系统开展提醒谈话1172人次，党员干部能力、作风持续提升、改进。

（杨　旭）

【窗口单位作风建设督查工作扎实开展】年内，全区街道系统成立10个督查组，对系统内执法监管和窗口单位行政服务情况采取抽查和暗访两种形式进行检查。检查内容：一是电话号码公开、办事指南等设施完备情况；二是文明用语、执法规范等服务规范情况；三是政务公开制、首问负责制等规章制度落实情况。通过检查，作风建设实现了四个转变：工作态度转热、工作标准转高、工作效率转快、工作纪律转严。

（杨　旭）

【入选“全国社区治理和服务创新实验区”】 年内，民政部将朝阳区确认为“全国社区治理和服务创新实验区”，时间从2014年1月至2016年12月。主要围绕“加强共商共治、构建协作式社区”主题，深化社区分类治理，加强老旧小区“自管自转”、商品房小区“五方共治”、保障房小区“三社联动”探索实践。实施“小区家园计划”，深化社区居委会、小区自治管委会、楼委会三级自治平台建设，增强自我服务管理能力，353个小区实现家园化管理。成立民非机构——北京惠民社区发展中心，指导老旧小区开展自我服务管理，新建准物业小区56个，城区累计达151个，实现基本覆盖，惠及居民9.5万余户。启动“社区营造计划”，在16个街乡16个社区开展试点，由专业社工机构协助社区引导居民自我提出、自助解决社区服务管理问题。探索建立社区自治体系，系统梳理社区党委、社区居委会和社区服务站承担事务，在朝外、呼家楼等街道6个社区探索社区减负增效。团结湖街道智慧型社会治理模式获评“全国创新社会治理典型案例”。

（杨　旭）

【城乡社会事业蓬勃发展】 年内，全区进一步优化医疗资源配置，率先在全市实现辖区医疗联合体服务全覆盖和急救社区化，助推安贞等4家三甲医院入驻医疗资源薄弱地区，平稳实施“单独二孩”政策。深化教育优质均衡发展和学区化综合改革，推进免试就近入学，新开办学校5所、幼儿园12所，新增学位1万余个，转型升级28所学校为优质资源学校。加强国家公共文化服务体系示范区后续建设，开展各类惠民演出活动3947场，受益人群近200万人次。在城区593栋楼2165个单元开展楼门文化建设，宣传培育居民社会主义核心价值观。加大群众性体育设施投入，建成体育生活化社区55个、全民健身设施135套。持续提升就业服务水平，开发就业岗位11.9万个，城乡登记失业人员实现就业2.7万人，城镇登记失业率控制在1%以内。扎实推进“全国养老服务业综合改革试点区”和“北京市养老服务社会化示范区”建设，建成潘家园等地区养老照料中心22家，实现街乡级养老服务管理中心全覆盖。

（杨　旭）

【社区服务水平提升】 年内，全区围绕“城乡一体化”社区服务体系建设，实施“一刻钟社区服务圈拓展计划”，深化75个星级服务圈、特色服务圈建设，香河园“爱循环”志愿服务回馈项目、机场“帮帮忙”服务社和平房“爱的N次方”等一大批便民服务项目落地。大力提升社区服务信息化水平，24个街道社区服务管理平台全部上线运行，233个城市社区实现数据联通，基本实现社区公共服务一网查询、一线联通、一口受理和一站办理，累计服务群众9200余人次。建成大屯、高碑店等一批“邻里之家”，完成黑庄户乡等53个村级社区服务站建设。新建20个“市级社区规范化示范点”，创建53个“六型社区”和57个“智慧社区”，社区规范化建设和服务管理水平持续提升。被民政部确定为“全国和谐社区建设示范城区”。

（杨　旭）

【社区工作者队伍建设得到强化】 年内，全区进一步优化社区人才队伍建设，弘扬“金蜜蜂”精神，启动“社区带头人培养”工程。建立优秀社区书记巡讲机制，全面提升社区负责人抓班子、带队伍、做群众工作和社区建设工作的综合素质和能力。持续开展初任、岗位、继续教育、进修四类培训，完成基本功训练营、社区带头人研修班、万人培训课程等各类培训22期4300余人次。开展爱岗敬业模范社工“金蜜蜂”颁奖暨社区工作者才艺展示活动，举办第二届社区工作者基本功大赛，开展社工职业资格认证，全区持证社工达到1357人，同比增加3.2%，城乡社区工作者专业化、职业化水平不断提升。

（杨 旭）

【区首届爱岗敬业模范社工评选活动举办】 年内，全区43个街乡400余个社区历时8个月，评选出10名第一届爱岗敬业模范社工“金蜜蜂”奖获得者。此外还推选出90名“银蜜蜂”奖、387名“小蜜蜂”奖获得者。

（杨 旭）

【社会组织服务管理体系进一步完善】 年内，全区完善区级社会组织综合服务平台建设，以区域社会治理支撑和综合解决方案研发为核心，发挥组织培育、项目管理、资源对接、人才培养、三级联动等五个支撑功能，全年孵化社会组织12家，为458家社会组织近1000人次提供分类培训。加大基层社会组织服务平台建设力度，街乡建成24个社会组织服务基地、47处社区公益空间。完善区、街乡两级“枢纽型”社会组织体系建设，共认定165个街乡级“枢纽型”社会组织，区总工会、区文联、区残联等“枢纽型”社会组织发挥业务龙头和服务管理功能开展了大批公益行服务项目；团区委“阳光伙伴”行动已有76家成员单位，建成“青年汇”90家，服务青少年9万余人次；区妇联联系全区400余家社会组织，开展农村老年妇女维权服务及流动妇女儿童社区（村）支持融入等项目；区司法局通过引入社会力量，在社区矫正和矛盾调处方面取得较好效果，各级“枢纽型”社会组织在社会治理中的作用日益明显。

（杨 旭）

【购买社会组织服务成效显著】 年内，全区统筹安排3633万元资金购买295个服务项目，购买服务项目和资金量连续三年全市第一，成为北京市首个获得中央财政资金支持的区县，并在区级资金配比上向农村系统倾斜。持续规范工作流程，建立审计部门、监察部门“双轨制”监督和对服务项目、服务组织的“双向”评估两项机制。8家社工事务所在垡头、常营、东坝等保障房地区开展“三社联动”，推动邻里互助、居家养老、社区融合等13类服务落地，双井街道“向阳花坊”心灵家园为地区失独家庭提供服务，将地区开展的流动老人社区融入项目，以及困境儿童成长服务、保障房社区融合等集成项目受到普遍欢迎，政府购买服务效果日益凸显，在破解社会治理难题、服务特殊群体和满足民生需求等方面发挥了重要作用。

（杨 旭）

【社会动员工作体系建设成效明显】 年内，全区创新动员方式，建立“线上发动、线下行动”机制，凝聚引导网络社会力量。强化以社会志愿者公益储蓄中心为龙头的三级平台建设，在8个街道和4个社区开展社会动员试点，建外街道发布公益征集令引导企业参加慈善公益活动，八里庄街道探索建立志愿公益回馈机制，初步形成发动社会参与、发挥企业社会责任和推动居民自治等一体化动员新机制。全区注册社会志愿者达35.23万人，在册社会爱心单位2605家，全年举办志愿服务活动达13263场次，参与志愿者43.67万人次，服务居民56.75万人次。

（杨 旭）

【志愿服务活动开展】 年内，全区依托区公益储蓄中心平台，举办各类志愿服务活动。共开展区级志愿服务7场，发动分中心开展街道级主题志愿服务活动1153场。其中，发动党员志愿者参与的有150多场，参与志愿者人数5076人次，受益人数93573人次。

（杨 旭）

【市级社会建设专项资金购买服务项目150个】 年内，经过初审、专家评审、项目公示等阶段，全区共有150个社会组织服务项目获得市级社会建设专项资金购买，占全市21%，位列全市第一。150个服务项目共获得市级批复资金1358万元，覆盖全区43个街乡，项目方向涉及社会公共服务、社会公益服务、社会便民服务、社会治理服务、社会建设决策咨询服务等五大类方向，涵盖扶老助残、志愿公益、特殊人群、人文关怀、社会建设等诸多方面，达到服务项目区域、域、群域基本覆盖。

（杨　旭）

【全模式社会服务管理体系建设基础不断夯实】 年内，全区围绕"双向循环"、街乡中枢、夯实网格基层基础和推动网格社会动员，推动各职能部门以直接下沉、间接下沉和统筹下沉等方式，将服务力量下沉到基层，探索建立统一的街乡全模式社会服务管理指挥分中心。在9街3乡开展"自上而下"派遣案件和"自下而上"请办案件相结合运行模式试点，打通区—街乡、街乡—社区（村）案件循环渠道。奥运村、十八里店自我发现案件已高于区级派发案件，初步形成街乡内案件循环流转机制。

（杨　旭）

【城市环境管理力度加大】 年内，全区围绕APEC环境建设和全国文明城区复检，建立健全环境建设督察督办、部门会商、分片协作治理等城市管理长效机制，开展春季卫生大扫除和夏季环境大整治专项行动。完成22个街道10大类APEC环境整治项目，粉饰楼体95.59万平方米，历时10年之久的和平一、二、三村及多年的环境秩序乱点六公主坟村拆迁全面完成，打造了北辰东路、科学园南里东街等一批环境整治示范街，小关、六里屯、呼家楼等街道"拆墙打洞"治理效果明显，劲松街道实现三环以内无地锁。组织联合执法521次，更新、改移和粉饰报刊亭230个。严控新增违法建设，完成154处8.3万平方米拆违挂账任务，拆除账外和新增违建165处4.7万平方米。为1007户居民替换1312吨优质燃煤，781户居民完成"煤改气"，清退城区低级次市场18个，创建74条"六无街巷"、432个"三无小区"和8个城市优美小区，城市环境秩序明显改善。

（杨　旭）

【社会安全稳定工作得到深化】 年内，全区以国庆65周年和APEC会议安全保障为重点，广泛发动机关干部、社区工作者、社会单位安保力量和治安志愿者等参与社会面防控，确保了日常和重点活动时期社会面平稳可控。深入开展群租房整治，治理群租3336户，劝退租住人员23850人，八里庄、大屯等街道整治效果明显。严格控制人口规模，城区调减流动人口74703人，超额完成26048人。全面深化基层平安建设，及时化解各类矛盾，全区群众安全感提升到历年最高点92.1%，社区可防性案件连续三年平均下降12.1%，社会治安形势达到近10年来最好水平。

（杨　旭）

【智慧社区创建扎实推进】 年内，全区完成智慧社区创建及升星自评工作，新申报的57个社区全部达到四星级标准；去年已申报的69个社区通过评审验收，其中43个社区由三星级社区升级到四星级社区，26个社区由三星级社区升级到五星级社区。

（杨　旭）

海淀区

【概况】 年内，全区社会建设工作，一是紧密结合党的群众路线教育实践活动，按照"为每个社区至少办一件实事"和广泛征集民意原则，街道系统为民办实事724项。二是加强区域化党建和"两新"组织党建工作，街道系统共建立非公党组织441个，非公党组织覆盖率提升至73.1%，培育市级商务楼宇工作示范站20个，在城建大厦建立商务楼宇区域中心示范站，在嘉华大厦和世纪科贸大厦成立商务楼宇联合党委。三是不断夯实社会治理基础，出台《关于进一步规范协管员队伍管理的办法（试行）》，充分发挥协管员在网格化社会服务管理工作中的作用；制定《关于进一步规范社区居委会工作人员配置办法》，在全市率先将社区工作者招考权限下放街镇；完善社区工作者奖励激励机制，增设季度绩效奖金；新建82个“一刻钟社区服务圈”示范点、80个社区规范化示范点、7个农村管理创新试点；新增社区办公服务用房近3800平方米，全区用房达标率超过96%。四是培育扶植社会组织，在西三旗街道、中关村街道、学院路街道、上地街道和上庄镇探索街镇层面社会组织“孵化器”试点；利用市、区专项资金购买25家社会组织29项服务；以奖代补支持社会治理、公共服务等方面取得成绩的76家社会组织；为16家优秀社会组织购买专业社工岗位。

（李杰伟）

【西三旗街道成立北京首家3D社区】 1月24日，西三旗街道社区培训中心成立i-实验之i-3D打印实验室，通过清华大学和国家开放大学技术支持，旨在培训社区青少年和居民将生活中的创意设计通过3D打印技术，做出真实样品，并通过教育部i-实验网络平台与全国网上社区学员分享交流。

（李杰伟）

【社区建设工作推进会召开】 4月4日，全区召开社区建设工作推进会。区社会办做《夯实基层工作基础　提升服务管理水平 推动社区建设事业迈上新台阶》工作报告，提出2014年社区建设工作思路。区民政局宣读《海淀区2013年度社区建设工作优秀集体及个人的通报》。副区长徐永全出席会议并指出，要牢牢把握全国、市、区深化社会体制改革机遇，深入研究社区治理新课题，创新社区工作方式，确保社区建设工作取得新实效。

（李杰伟）

【甘家口街道在全区率先设立社区统计委员会】 4月22日该委员会成立，通过构建工作平台，探索建立统计工作网格化管理模式，将统计触角深入社区社会服务中。社区统计委员主要依法承担人口普查、经济普查及其他调查工作。

（李杰伟）

【万寿路街道全面夯实网格化工作】 5月初，万寿路街道搭建网格化信息平台和网格化工作平台，充分发挥信息平台作用，及时发现问题，有效利用工作平台，快速解决问题。着力推动街道科室干部和协管员队伍下沉，将街道150名干部职工、281名协管员分别划入36个社区网格，提升社区网格工作实效。积极实施社区网格、协管员两类绩效考核，进行周通报、月奖励，有效提升社区网格工作效率。

（李杰伟）

【加强社会建设信息工作培训班举办】 5月8日，区委社会工委、区社会办邀请市委社会工委、市社会办和区委办公室主管领导，对街道社会建设信息工作主管领导和信息员进行培训。针对当前北京市、海淀区社会建设信息工作情况，结合实例对信息写作技巧、报送要求和采编方法进行详细讲解，并结合当前区委区政府重点工作，明确2014年海淀区社会建设信息工作要点，督促街道加大信息工作力度，不断提升工作显示度。

（李杰伟）

【全市首个街镇级“心灵家园”建立】 5月28日，西三旗街道正式启用全市首个街镇级“心灵家园”基地，占地200余平方米，融合温馨、居家、方便理念，具备客厅接待、休息娱乐、健身聊天、心理疏导、读书阅览、上网、厨房烹饪等多种功能，辐射地区失独家庭46户71人，被市计生协授予“北京市心灵家园示范基地”称号。依托“心灵家园”基地，街道积极开展亲情志愿服务系列活动，成立各种兴趣小组，开展阳光心理咨询，与驻区部队、企业、学校开展亲情牵手结对帮扶，对特殊困难家庭实施救助。

（李杰伟）

【社区志愿服务站规范提升工作推进】 6月15日，区委社会工委印发《海淀区社区志愿服务站规范提升工作方案》，确保2014年规范建立社区志愿服务站的社区数量不低于社区总数量70%，2015年全部完成社区志愿服务站规范提升工作。要求各街道统一参照全市标准，对社区志愿服务站导引牌、户外宣传栏、桌牌、胸牌等标识以及管理制度等进行规范完善，确保达到有明显标识、有工作人员、有经常性志愿服务项目和岗位、有稳定的志愿者队伍、有规范的管理制度“五有”标准。紧密结合当前开展的“服务连心、邻里守望”和在职党员“双报到”等工作，整合社区各类志愿团队、力量和资源，建立完善基层志愿服务平台和体系，推进志愿服务规范化、制度化。

（李杰伟）

【农民工夜校创办】 6月，马连洼街道与中国农业大学老科协合作，创办农民工夜校。主要包括农产品营销、农业信息技术、中医在畜牧业应用、温室大棚技术、家庭农场、家畜营养、现代农业植物保护、小麦玉米栽培等课程。授课地点采取农业大学教学楼教室与工地办公用房相结合的办法，授课老师为中国农业大学退休专家。街道内多个建筑工地不同工种的130名农民工成为首批学员，学习10次以上课程且考试合格的农民工学员将获得署有中国农业大学老科协印章的技能培训证书。

（李杰伟）

【关爱青少年彩虹行动示范项目启动】 6月21日该项目启动，由区彩虹之家青少年服务中心具体实施，主要开展青少年自护教育、参观实践、法制教育、践行社会主义核心价值观等活动。邀请区公安分局、区法院、区检察院、商务管理学校、心理卫生协会、青少年社工事务所和彩虹之家青少年服务中心等单位20名爱心人士担任项目人生导师，为青少年开展思想教育、法律教育、文化知识教育、职业技能培训和实习就业辅导。邀请首都师范大学、北京普天共呈科技有限公司、同龄同行志愿者协会派出志愿者，为青少年免费开展职业生涯规划、计算机技能培训和继续教育考前辅导。

（李杰伟）

【社工师证书登记完成】 截至6月底，全区对511名社工师进行了证书登记，其中助理社会工作师首次登记239人，再登记48人；社会工作师首次登记151人，再登记60人，补登记13人。登记过程中，专门设立咨询电话，采取单位集体办理和个人持证办理相结合方式，对全区29个街镇进行分流、分时段组织实施，为登记工作顺利开展提供了有力保障。

（李杰伟）

【“一键式”家庭医生式服务体系启动】 7月10日，“一键式”家庭医生式服务体系在西三旗街道正式启动。“一键式”家庭医生式服务即通过在社区为80岁以上户籍老人家庭免费安装智能服务终端，加强与所辖社区卫生服务中心连接，为高龄老人提供包括健康管理咨询、急救服务、预约服务、主动服务、慢性病干预等服务项目，逐步实现社区居民“首诊在社区、防病在社区、康复在社区”目标。

（李杰伟）

【社区工作者工资增设季度绩效奖金】 7月，区社会办会同区财政局在社区工作者原有工资基础上，增加季度绩效奖金，完善社区工作者奖励激励机制，提高社区工作者待遇。按照一般工作人员每人每季度900元，副职岗位每人每季度1050元，正职岗位每人每季度1200元标准，经费纳入街镇财政预算。范围涉及在社区党组织、社区居委会和社区服务站中专职从事社区管理及服务，并与街道办事处、镇人民政府（地区办事处）签订服务协议的工作人员，共4024名。街镇按照市、区关于社区工作者的考核评议和管理办法，制定各自季度考核办法，按时发放绩效奖金。

（李杰伟）

【花园路街道商务楼宇党群服务中心揭牌】 9月11日，位于城建大厦的“中共海淀区花园路街道商务楼宇党群服务中心”正式投入使用并举行揭牌仪式。同时揭牌的还有区非公有制企业和社会组织党群活动服务示范中心、区商务楼宇区域中心示范站、城建大厦商务楼宇普法示范工作站及城建大厦社区青年汇市级示范站。

（李杰伟）

【“社区001”在线超市完善社区服务体系】 9月，区商务委建立“超级店+社区店+网店+物流配送”综合体系，推动零售企业与电子商务对接，向O2O模式转型。与区内多家知名商超卖场合作，采用领先的电子化方式，将住宅社区资源进行整合。着力发展“即时送”服务模式，用户可以通过电话、电脑等方式进行订购，服务中心在5公里生活圈进行配送，商品1小时送达。消费者可以通过网银、银行卡等多种方式结算，为社区住户提供全方位、高品质的社区电子商务服务。组建爱心雷锋队，为老年人和残障人士提供随手扔垃圾、搬东西等便民活动。

（李杰伟）

【全区首个慈善超市正式挂牌运营】 12月，青龙桥街道慈善超市中心店运营，产品为公益组织展卖产品、二手义卖品、爱心附捐商品等，受救助对象在此消费享受5%～10%的折扣优惠，同时有部分捐赠物资困难群体可以免费领用。销售收入的2%作为附捐定向捐赠给所在辖区，用于困难群体救助。

（李杰伟）

【“邻里守望，爱在海淀”志愿服务活动正式启动】 12月，为纪念第二十八个“国际志愿者日”，全区“邻里守望，爱在海淀”志愿服务月活动在羊坊店街道社区服务中心正式启动。区委常委、宣传部部长、区志愿者联合会顾问陈名杰，北京市志愿服务指导中心党总支副书记崔杰及相关部门、街道领导参加活动。区医疗卫生、应急救护、文化、体育、科普、环保等专业志愿服务队走进社区，面向空巢老人、困难职工、残疾人、农民工子女、五需青少年等群体，开展送温暖、送健康、送法律、送文化“四送”活动，提供专业优质服务。

（李杰伟）

【以奖代补形式扶持社会组织发展】 年内，全区从4000万加强和创新社会管理专项资金中，拿出120万元，对76家取得成绩的社会组织以以奖代补形式进行奖励。奖励范围涵盖行业协会、公益组织、教育机构、社工事务所、社区社会组织等76家组织，额度从0.5万元～3.5万元不等。进一步完善以奖代补长效机制，重点扶持一批内部治理完善、运作规范、社会责任感强、社会公信度高、为社会建设和社会治理做出贡献的社会组织。

（李杰伟）

【为民办实事互动平台设立】 年内，区设立为民办实事互动平台。平台分“我要提实事”和“海淀区及街道、镇重要实事”2个板块。在“我要提实事”板块上，市民可提出希望列为新实事项目的意见建议，相关部门将对建议进行筛选、转办，及时反馈处理情况。“海淀区及街道、镇重要实事”板块主要公布当年区级、街镇已确定的实事项目，定期发布项目进展情况、实施过程，有具体进度描述。实事完成后及时发布完成情况及取得成效。市民可对本年度的实事项目进行评论、提出建议。

（李杰伟）

【学院路地区“步行导视系统”启用】 年内，学院路地区在主要交通路口和行人密集场所安装65块步行导视系统标识牌，牌上装有摄像头、电子显示屏、地图等。导视牌首次成为智能化多媒体终端。地图上标识周边学校、派出所、医院、商城等信息，并提供距离参考，方便民众出行。电子显示屏主要播放地区宣传片及文明宣教片，提高居民文明素质。摄像头用于对缺少监控设备的人行步道的监控，提升地区安全指数。

（李杰伟）

【4类社会建设项目获4000万元专项资金支持】 年内，按照“聚焦重点、突破难点、打造亮点、点面结合，在创新社会治理的同时，推动全区社会建设和社会服务管理重点工作深入开展”原则，经初审筛选、专家评审、区社会建设工作领导小组办公室研究，全区安排4000万元加强和创新社会管理专项资金，重点支持社会治理创新、完善公共服务体系、激发社会组织活力、社会领域党建创新4类22个项目，培育扶持社会服务管理创新。

（李杰伟）

【中关村街道打造“1+2+N”智慧便民服务新模式】 年内，该街道投资近500万元建设“智慧中关村”平台。打造“5A”信息化街道：“任何人”（Anyone）、在“任何时候”（Anytime）、“任何地点”（Anywhere）、通过“任何方式”（Anyway）、得到“任何服务”（Any service）。通过“智慧中关村”一个平台，打造两大系统：智能视频分析系统能够迅速有效识别人员聚集、可疑徘徊、物品遗留等异常情况并进行预警；城市积水监测预警系统实时监测地面积水情况，服务应急指挥。提供N项服务：以“智慧中关村”为依托，实现人口计划生育网上办事、老年人健康服务、街道政务及预警信息发布等。

（李杰伟）

【社会组织孵化培育体系构建】 年内，全区投入1145万元，建立区社会组织孵化中心，为入驻社会组织提供组织诊断、项目发布承接、交流培训展示、管理咨询、专业社工派遣、党团组织建设等服务，引导社会组织向承接政府职能转移，向满足社会需要的领域发展。在西三旗街道、中关村街道、学院路街道、上地街道和上庄镇探索推进街镇层面“孵化器”建设，鼓励有条件的街镇建立相应服务管理机构、场所，搭建街镇社会组织培育扶持与管理服务孵化基地。

（李杰伟）

【紫竹院街道编织邻里和谐爱心网】 年内，该街道在每个社区建立1个“邻里守望连心驿站”，聘请驻区单位部门领导、网格格长及工作人员作为连心驿站“爱心大使”，帮助社区党组织和社区困难群众解决难题；并采取互助帮扶、志愿帮扶、组织帮扶、包片连户、连心热线等方式帮扶生活困难居民，构建党员干部联系和服务居民群众长效机制。在每个社区成立1个“连心话室”，邀请社区居民交流谈心，针对社区重要事项开展“参与式协商”议事活动，调解矛盾纠纷，推进邻里共商共建。在每个社区打造1支志愿服务队伍，以社区空巢老人、困难家庭、残障人士、新居民为重点服务对象，开展邻里相伴、邻里相助、邻里相扶、邻里相融的4类“邻里关爱”重点服务，推动邻里互帮互助。通过推广“知竹-online”网上社区服务站，发挥“邻里节”等睦邻文化活动辐射作用，引导邻里相熟相知，营造健康向上、富有特色的“睦邻文化”。

（李杰伟）

【东升镇“塔院社会管理”模式建立】 年内，针对塔院村流动人口数量众多，出租房屋、消费娱乐场所等管理混乱，社会管理秩序较差等问题，东升镇探索建立“塔院社会管理”模式。一是建立与学院路街道领导会商机制，解决塔院村部分出租房屋没有逃生楼梯、一氧化碳报警器没有安装、安保力量薄弱、科技防护力量不够等问题。二是建立塔院社会管理工作站，占地3000平方米，汇总治安巡防、义务消防、消防夜巡、驻站公安、综合治理和安全生产、应急物资储备、停车管理6个部门的社会管理力量，在扑灭初期火灾、处置多起治安突发事件、组织人员参加拆迁整治等方面发挥重要作用。

（李杰伟）

【解决上班族早午餐问题有新思路】 年内，全区从区镇层面推进早午餐网点建设。设立社区商业资金，支持引导街镇开展早午餐及菜篮子工程等便民商业项目建设；投入3000万元，年底前建设完成60家市早餐规范网点、30家便利搭载早餐网点及1家主食加工配送中心。调动社会力量开发大众化早午餐市场。鼓励中高端规模餐饮企业开发早餐、快餐、团餐、老年餐等市场，推广中关村自助快餐配送模式，引导晋阳饭庄等老字号餐饮企业开设白领食堂专区。创新引入移动互联网技术。借助互联网、移动互联网技术应用平台，通过网上或手机订餐等方式，实现中关村地区优质餐饮企业资源与有就餐需求的商务楼宇无缝对接。

（李杰伟）

【社区建设重点项目成效明显】 年内，全区新建82个“一刻钟社区服务圈”示范点、80个社区规范化示范点、7个农村管理创新试点；新增社区办公服务用房近3800平方米，全区用房达标率超过96%；推进智慧社区建设，完善全区公共信息发布平台；抓好“同区通办、三级联动”试点社区服务站建设，探索服务站人员配置标准办法，推动就业、社保、维权、文教体育等公共服务覆盖社区。

（李杰伟）

【“六型社区”建设推进】 年内，全区共建成“六型社区”示范点218个，其中213个被评为北京市示范单位。干净社区——整顿社区环境秩序，拆除违章建筑，取缔无照经营。规范社区——探索建立社区议事厅，成立社区自管会，动员居民协同参与，推动老旧小区规范自我管理。服务社区——制定《海淀区社区服务商规范服务标准》，签约服务商600多家，建成各类蔬菜销售终端500多个，规范社区再生资源回收站点250多个、区级早餐经营示范店100余家，建设新居民服务中心619个。安全社区——全区小区封闭率达89.3%，楼房门禁安装率达76.9%。健康社区——建成社区卫生服务中心50所、服务站178所，在400个社区设立健康自助监测点，基本构建起“城区15分钟、北部地区20分钟”可及的社区卫生服务圈；建成1个区级残疾人综合服务中心、29个街镇康复服务指导站、32家温馨家园、38个职业康复站。文化社区——建成96家共享工程基层服务点、53家基层图书分馆、152个社区（村）益民书屋；推进“一街一品”文化建设，打造海淀文化节等品牌文化活动。

（李杰伟）

【“居家养老（助残）券改卡”试点工作启动】 年内，区残联安排预算资金10189万元，由原来发放纸质养老助残券变为发放带银行功能的打折卡，将原来的服务单位结算时间由90天缩短为2天，进一步提升了全区养老助残服务管理水平。

（李杰伟）

【社区规范化建设推进】 年内，全区健全社区组织体系，采取“一居一站”和“多居一站”两种模式，新建495个社区服务站；对社区服务站名称、设立、标识、标准、职责等做出统一规定，实现社区服务站应建尽建和全覆盖。规范社区运行机制，合理划分社区党组织、社区居委会和社区服务站职责任务。规范以社区党组织为核心、以社区自治为基础、以社区服务为依托、以社会组织为补充、社区单位密切配合、社区居民广泛参与的社区管理和运行机制。强化社区民主自治，针对大院社区、城乡结合部社区、老旧社区、新建社区等分类开展社会治理试点，明确社区各类组织功能、定位和职责，探索“参与式协商与自主决策”机制，推广由社区党组织、社区居委会、业主委员会、物业公司共同参与的“四方共建机制”，以及社区、社会组织、社工共同协作的“三社联动机制”。加强社区精细化管理，建立社区网格化服务管理综合平台，健全网格巡察巡访、问题分级处置、任务协调处置、综合管理执法和“双向”考评5项机制和闭环工作流程，把90%以上各类协管员下沉到社区网格，对网格员岗位职责进行实名制公示。

（李杰伟）

【引入首批14家社会组织承接社区服务】 年内，区委社会工委、区社会办等单位聘请专业调查机构对全区社区居民需求和社区社会组织进行调研，与14家具备资质和服务能力的社会组织签署合作协议、颁发进驻资格牌，依据实际需求分别进驻到11个街镇。购买服务项目包括康复训练、文化培训和养老服务管理等，囊括医疗、教育、为老、文体各个方面，并尽力打造“一条龙”服务体系，如在为老服务方面，购买建设居家养老服务圈、老年人计算机培训、大学生协助社区老人制作“人生旅程”相册等项目。

（李杰伟）

【规范社区工作者配置工作】 年内，在全市首次将社区居委会工作人员配置权下放给各个街镇，进一步明确“按编配置、优化结构、依法依规、属地管理”基本原则，明晰选任和招考两种配置方式。同时，制定《海淀区社区居委会工作人员配置审批管理规定》，规范街道、镇申请配置社区居委会工作人员审批工作，完善“事前审批，事后备案”工作流程，加强对街镇招考和选任工作监管指导力度，确保社区工作者配置过程公开、平等、竞争、择优。截至年底，全区共有24个街道、镇组织了招考和选任工作，累计为社区居委会补充810人。

（李杰伟）

【面向随军家属定向招考社区工作者】 年内，经报名、笔试、面试、体检、政审、公示等程序，全区共招考50名随军家属到社区服务站任职，纳入现有管理体系。

（李杰伟）

【社会领域党建水平提升】 年内，区委社会工委牵头，研究制定街道系统加强基层服务型党组织建设实施意见，推动1个市级试点社区、19个街道社区、1个非公有制企业党组织和1个社会组织党组织开展试点。统筹推进区域化党建，建立2个街道“大工委”和19个社区“大党委”。在街道所属社区党组织开展“居民在心中，服务献真情”主题活动，推动街道机关2666名党员完成“双报到”工作，机关党组织累计提供志愿服务162次，党员提供服务2893次。抓好18个街道25个软弱涣散基层党组织集中整顿，完成1045家基层党组织分类定级工作，挖掘、培育一批具有引领示范作用的先进典型。制定商务楼宇区域中心示范站建设标准，扩大楼宇工作站服务内容；在非公有制企业和社会组织党组织中开展“我为企业发展献计献策”主题活动，切实提升社会领域党建组织覆盖和工作覆盖。

（李杰伟）

【社会组织工作体系完善】 年内，区委社会工委社会办充分发挥区社会组织联合会桥梁纽带作用，统筹、指导、服务、管理各级各类社会组织。推进街道“枢纽型”社会组织工作体系建设，规范引导街道社区社会组织发挥作用。推进全区社会组织“一个中心、两个基地”培育孵化体系建设，建成1800平方米孵化基地办公场所；在3个街道、1个镇开展街镇层面社会组织“孵化器”试点。进一步完善购买服务长效机制和激励机制，年内购买18家社会组织21项服务，对76家建设规范、作用明显的社会组织进行以奖代补，为16家优秀社会组织购买专业社工岗位。在22个街道深入落实“一街一社工”派驻工作，探索完善“一所多站”工作模式；开展“2014社会组织公益行”系列活动，征集公益活动22项，满足居民多样化、个性化需求服务。出台全区社会组织直接登记管理办法，推进社会组织登记管理制度改革。

（李杰伟）

【失业人员动态管理信息系统建成】 年内，区建立完善全区失业人员信息数据库，从个人信息、就业服务需求、求职意愿、就业形势等方面实现对失业人员精准化管理，变“三级”被动服务为市、区、街镇、社区“四级”主动服务，确保社区能够实时掌握失业人员动态信息，及时开展就业援助和就业服务；区、街镇两级就业部门能够实时掌握社区就业援助效果，及时开展就业指导。

（李杰伟）

【残疾人居家康复服务新办法全市首创】 年内，区残联在全区29个街镇同时开展上门居家康复服务，采取公开投标方式购买服务，为难以走出家门康复的300位肢体残疾人免费提供上门居家康复服务。同时，建立专家团队针对康复服务内容及效果进行评估督导；并根据服务对象具体情况，按照每人每年800元标准，为街镇匹配工作经费。经过一年居家康复服务，康复对象一般治疗效果达61%，阻止减退率32%，家属满意度98%。

（李杰伟）

【志愿服务工作成效显著】 年内，全区注册志愿者超过50万人，注册志愿服务团队3498个，登记志愿服务项目4790个，均居16区县之首；社区群众认同率和支持率超过90%。联系团体会员270余家，组织体系比较完善，逐渐形成“政府主导、全民参与、资源整合、社团运营”的工作模式。服务项目覆盖城市运行、社区服务、文化教育、绿色环保、关爱服务、大型活动等，形成“爱在海淀”“邻里守望”等众多品牌项目。制定实施《注册志愿者管理办法》《学雷锋志愿服务工作管理办法》《“爱心超市”管理办法》等制度，建立长效管理机制、信息共享机制和回馈保障机制。

（李杰伟）

【网格化社会服务管理绩效考评开展】 年内，区社会办对全区25个相关委办局、29个街镇网格化工作开展情况进行绩效考评。按照考评指标和内容，采用问卷调查方式，由29个街镇分别对25个委办局打分。对街镇考评分“上行考评”和“下行考评”。“上行考评”是指社区（村）网格对街镇网格的考评，权重占50%；“下行考评”是指区属委办局对街镇网格的考评，权重占50%。所有考评数据均由零点调查公司负责处理并出具数据报告。

（李杰伟）

【商务楼宇工作站已建304个】 年内，海淀区登记在册商务楼宇共398座，占全市商务楼宇总数的31%。共建立商务楼宇“五站合一”工作站304座。根据商务楼宇工作站人员配备、办公条件及开展服务等情况，对建站等级进行划分。共有市级商务楼宇工作站示范站20个，一类站62个，二类站108个，三类站114个。楼宇内非公有制企业7441家，建立党组织664个。

（李杰伟）

【“三位一体”养老新模式开启】 年内，全区建成5家养老照料中心，对社区托老和居家养老进行辐射和带动，形成机构、社区、居家“三位一体”良性循环圈。养老照料中心具备机构养老、居家助老、社区托老、专业支撑、技能实训、信息管理等六项功能。优先鼓励社会办养老机构、街镇敬老院或养老院以及符合条件的全托型托老所，实施改建、扩建或整合改造，实现中心功能。支持利用辖区内闲置校舍、宾馆、企业厂房、医疗设施、商业服务设施及其他可利用的社会资源改造建设中心。

（李杰伟）

【街道系统为民办实事】 年内，按照“为每个社区至少办一件实事”和广泛征集民意原则，全区22个街道筹资2.2亿元，为516个社区办实事项目724个。

（李杰伟）

丰台区

【概况】 年内，全区大力推进社会治理体制机制创新，各项工作取得明显成效。一是社会治理体制改革迈出新步伐。总结推广了基层民主建设的经验做法，在右安门街道开展社会治理改革试点工作。南苑地区办事处石榴庄村实施整建制撤村建居。二是社会领域党建工作取得新成果。补充招录35名商务楼宇党务专职工作者。新建了57个商务楼宇工作站独立党建网站，实现全区商务楼宇网站服务体系全覆盖。选取22个商务楼宇工作站开展商务楼宇志愿服务工作试点。三是社区建设取得新成效。新建成12个市级社区规范化建设示范点，7个市级“一刻钟社区服务圈”示范点，覆盖262个社区。完成5个老旧小区自我服务管理试点。确定14个街道（地区）办事处的48个租赁项目，80个社区办公和服务用房的规范化建设项目全部完成。四是社会服务管理精细化水平取得新突破。乡镇农村网格化社会服务管理从5个试点村覆盖至22个村。16个街道共划分社会服务管理网格979个，农村地区5个试点村共划分网格23个。确定了90个智慧社区试点和60个升星试点。16个街道全部完成了手机APP制作并投入使用。年底累计完成193个智慧社区试点工作。五是社会组织建设取得新进展。认定32家街道“枢纽型”社会组织。2014年我区共有66个项目获得市社会建设专项资金购买社会组织服务项目批复，金额共计697万元。全区共有73项活动计划编入《2014年北京社会组织公益行系列活动汇编》。六是社会工作者队伍建设取得新提升。目前，全区通过社会工作职业水平考试的共计1667人，占比39.5%。完成“北京市万名社区工作者培训计划”，推荐15名社会工作者参加北京市第三届“最美社工”评选。新批准成立4所专业社会工作机构，专业社工80余人，发展志愿者400余名。年内全区共在“志愿北京”平台实名注册志愿者17万余人次，发布志愿服务项目420余个。

（赵　明）

【在全市率先实施社区工作者财政工资统一发放】 从1月开始，全区加强社区工作者人员编制和工资管理，根据国家有关法律法规及《北京市财政统一发放工资资金拨付管理暂行办法》，将社区工作者工资由授权支付转为直接支付，率先在全市实行财政统一发放。此次财政统一发放工资，共涉及4612名社区工作者（含社区居委会、服务站人员、退离居委会老积极分子、退休返聘人员、社区党组织义务委员、楼宇党建工作者等不同性质的社区工作者）。

（王莎莎）

【全区首家“枢纽型”社会组织党组织成立】 1月6日，区残联建立区首家“枢纽型”社会组织党组织。区残联下辖各类服务型社会组织7家，均属为残疾人提供康复、文化、托养等服务的民办非企业单位，其中职工120人，党员12人。区委社会工委以区残联为试点，着力探索“枢纽型”社会组织党建工作模式，促进党组织党员在社会组织中发挥积极作用，并将试点经验逐步向其他“枢纽型”社会组织推广。

（王莎莎）

【社区建设顾问组服务辖区建设】 1月10日，云岗街道邀请社区建设顾问组成员座谈会商，为2014年辖区建设“把脉会诊”。云岗街道社区建设顾问组成立于2003年，目前共有5名成员，10年来，他们对社区调研走访、开展针对社区工作者的教育培训，积极为社区建设出谋划策，在街道社区与百姓之间搭起了沟通“桥梁”，也成为街道推进地区建设的得力助手和高参。此次座谈会上，顾问组就地区交通、基础设施建设、地区环境治理、地区文化建设、社区公共事业等问题建言献策，指出存在的问题，拿出解决的办法。

（王莎莎）

【教育实践活动动员大会召开】 2月27日，区委社会工委召开全体党员、干部会议，动员部署党的群众路线教育实践活动。会议传达学习了习近平总书记系列重要讲话和市委、区委对党的群众路线教育实践活动总体部署，结合单位实际，明确社会工委落实党的群众路线教育实践活动实施意见和具体措施。动员大会上，全体党员、干部对处级领导班子和领导干部进行民主测评，为全面开展学习教育、查摆问题、整改落实奠定基础。

（王莎莎）

【购买服务项目策划与设计专题培训举办】 3月5日，区委社会工委在区委党校举办2014年购买社会组织服务项目策划与设计专题培训。区级“枢纽型”社会组织、社会组织业务主管单位、16个街道地区办事处，以及近三年获得市、区级资助的61个社会组织、社区社会组织代表等共240余人参加。培训对进一步提高社会组织项目设计质量，提升社会组织能力建设具有积极意义。

（王莎莎）

【基层服务型党组织建设专题班举办】 4月1日，区委社会工委举办2014年“践行党的群众路线 推进丰台区基层服务型党组织建设”专题班。专题班紧密围绕中央，市、区委对第二批党的群众路线教育实践活动工作部署要求，以基层服务型党组织建设为抓手，引导基层党组织充分发挥统筹协调作用，强化“服务群众，做群众工作”意识，不断提升服务能力和水平，践行“服务改革，服务发展，服务民生，服务群众，服务党员”，积极推进全区基层服务型党组织建设，为推动全区跨越发展提供坚强组织保证。各街道（乡镇、园区）社会工作党委书记、副书记、组织部长近60人参加培训。

（王莎莎）

【网格化社会服务管理体系建设工作会召开】 4月16日，区召开2014年网格化社会服务管理体系建设工作会，交流城市地区网格化社会服务管理体系建设工作经验，研讨下一阶段城市和农村地区网格化工作任务。区委副书记顾晓园、副区长高峰出席会议。会议由区委社会工委书记、区社会办主任王珮琦主持，区委办、综治办、城指中心、农委、16个街道（地区）工委书记和主管领导以及5个乡镇主管领导参加会议。

（王莎莎）

【全区非公领域党组织书记代表专题培训班举办】 4月17日至18日，区委社会工委组织全区非公领域党组织书记代表进行专题培训。培训采取领导授课、专家辅导、理论导读等形式进行。全区组织设置为党总支和党委的非公有制企业、社会组织、商务楼宇、市场党组织书记，各系统单位所属非公领域党组织书记及在本区有一定规模和代表性的流动党员党支部书记共100余人参加。培训使非公领域基层党组织书记进一步明确了开展党的群众路线教育实践活动的重要意义、总体要求和重点任务，更好地肩负起组织开展教育实践活动、推进基层服务型党组织建设责任。

（王莎莎）

【中组部老干部局调研区社会建设工作】 4月23日，中组部老干部局专题调研组到丰台区就社会领域党建工作及发挥老干部作用，积极参与社会建设工作进行专题调研。调研组到北京依文服饰股份有限公司和丰台街道永善社区进行实地调研，听取区委社会工委就全区离退休党员干部担任党建指导员工作情况、区委老干部局就利用社会资源服务老干部工作情况汇报，与4名离退休非公党建指导员座谈交流。调研组对丰台区关心老干部，积极发挥老干部作用，聘请老干部担任非公党建工作指导员、社会助老员，担任市民劝导队员，对加强和推进社会建设给予充分肯定。

（王莎莎）

【“园区型”商务楼宇工作站成立】 4月28日，南苑街道举办中福丽宫品牌基地楼宇工作站成立仪式暨“青春同行”交友联谊活动，市委社会工委委员、市社会办副主任陈建领参加并为工作站成立揭牌。在中福丽宫品牌基地建立楼宇工作站，是全区推进社会领域党建工作创新的有益尝试，为开展非公有制企业党建工作开辟了新的工作阵地。

（王莎莎）

【“最美社工”宣讲团成立】 5月19日，区委社会工委、区社会办着眼推进党的群众路线教育实践活动，落实区委在社区党员中开展“学习社区好党员”，深化社区工作者“大比武大练兵”实践活动，组织“最美社工”宣讲团走进南苑街道，开启巡回宣讲序幕。宣讲团由优秀社区工作者、商务楼宇党务专职工作者、社工事务所专业社工、离退休党员干部非公党建指导员等7名宣讲员组成，代表全区4200多名社区工作者宣讲了社会工作者扎根社区、密切联系群众、服务民生、服务群众、服务党员的真实事迹，激励起广大社会工作者热爱本职、立足本职、积极工作、无私奉献的工作热情，引导社会工作者不断提升服务群众能力和水平。

（王莎莎）

【右安门街道成为市社区管理和服务创新实验区】 5月，市民政局向右安门街道颁发社区管理和服务创新实验区奖牌。创新实验区工作从2014年正式启动，预计到2015年底结束，旨在通过大力开展志愿服务、引导居民自治和不断深化社区服务，进一步推动社区建设，提高街道的社会管理和服务水平，增强辖区居民的满意度和幸福感。

（王莎莎）

【市民劝导队骨干成员培训会举办】 6月4日，区委社会工委着眼健全区市民劝导队志愿服务管理制度，提升骨干成员服务、管理水平，在区委举办市民劝导队骨干成员培训会。区委社会工委委员、区社会办副主任王文泉在会上总结了5年来全区市民劝导队取得的社会效果，北京志愿服务发展研究会专家王育教授、红十字会资深培训师杨沙娜分别就志愿服务基础知识、应急救护知识做深入细致讲解，丰台街道永善社区党委书记赵淑伶在会上分享了永善社区劝导服务队工作经验及技巧。全区16个街道办事处相关负责人、各社区市民劝导队骨干志愿者共326人参加培训。

（王莎莎）

【社区志愿服务工作培训会举办】 6月5日至6日，区委社会工委举办社区志愿服务工作培训会。街道（地区）办事处相关主管领导及负责人、社区书记（主任）以及在社区志愿服务工作一线的志愿者代表共计652人次，分两批参加培训。中国家长教育研究所研究员王燕斌、北京科技职业学院大英部主任王斌哲、和众泽益志愿服务中心项目总监刘永莉、北京志愿服务发展研究会培训师黄宝琪分别就志愿组织管理、志愿项目设计与实施、

“志愿北京”平台的操作使用进行讲解。

（王莎莎）

【区委社会工委参观北京市反腐倡廉警示教育基地】 8月初，区委社会工委着眼深入开展党的群众路线教育实践活动，进一步增强党员干部廉洁自律意识，筑牢拒腐防变的思想道德防线，组织领导班子成员、机关干部、党员参观北京市反腐倡廉警示教育基地，开展廉政警示教育课。通过此次警示教育活动，委办干部、党员深刻领会了增强拒腐防变能力的重要性和迫切性，大家表示将牢固树立正确世界观、人生观和价值观，强化“反腐倡廉”思想，牢固树立法制观念，认真履行职责，促进全区社会工作健康发展。

（王莎莎）

【全区网格化社会服务管理工作向农村地区推广】 8月15日，以召开网格化社会服务管理农村地区覆盖工作会为标志，全区网格化社会服务管理工作进入农村地区推广阶段。在农村地区开展网格化社会服务管理工作，就是将每个村视为一个责任网格，安排2名网格员进行不间断巡查，并将发现的问题通过网格化社会服务管理系统及时上报、处理，从而实现“早发现，早上报，早处理”的工作机制。此举有利于实现农村社会服务管理工作的精细化、信息化、标准化，进一步完善农村社会服务管理模式，实现农村地区社会管理水平、公共服务能力、人民群众幸福感提升，加快推进区域城乡一体化进程。

（王莎莎）

【商务楼宇“五站合一”建设部门联席会丰台区片会召开】 8月22日，市委社会工委联合市总工会、团市委、市妇联在马家堡街道时代风帆大厦楼宇工作站召开商务楼宇“五站合一”建设部门联席会丰台区片会，区相应部门主管领导及5名商务楼宇工作站负责人参加会议。区委社会工委、区总工会、区妇联相关领导分别结合各自职能就抓好商务楼宇群团建设保障工作进行汇报。市委社会工委、市总工会、团市委、市妇联领导分别就有关问题进行解答，并就加强“五站合一”建设、不断完善联席会机制发表意见，对加强商务楼宇工作站建设、完善联席会制度、推进商务楼宇党建工作起到积极推动作用。

（王莎莎）

【群众安全感满意度专题工作会召开】 8月29日，区召开街道（地区）党政主要领导及乡镇行政主要领导工作会议。围绕第二季度群众安全感满意度调查统计结果，站在全面加强社会服务和管理，推进社会治理创新的角度，对过去工作进行总结，对下一阶段重点工作进行部署。区委副书记顾晓园、副区长高峰出席会议。

（王莎莎）

【组织收看大型电视纪录片《社会时代》】 9月，区委社会工委通过政务内网、QQ群、微信、微博等途径下发收看通知，加大宣传力度。要求全区302个社区、80座商务楼宇、12个社工事务所采取集中、分散或自发等灵活多样的方式收看大型电视纪录片《社会时代》，使普及率、影响率达到最佳。

（王莎莎）

【社区工作者后备干部培训班举办】 11月27日至28日、12月4日至5日，区委社会工委在中国青年政治学院分别举办两期2014年社区后备干部培训班，19个街道（地区）办事处主管副主任、居民科（社区办）负责人、社区后备干部共200人参加。培训立足社区实际，邀请国内多名知名专家学者授课，对提高后备干部工作能力和业务水平，打牢社区工作基础，更好地履行职责具有重要意义。

（王莎莎）

【全区商务楼宇网站服务体系实现全覆盖】 年内，区委社会工委着眼加强非公领域党建工作指导，推进党的群众路线教育实践活动深入开展，在原有19个商务楼宇工作站党建网站及各楼宇党建博客、微博、QQ群基础上，统一新建57个商务楼宇工作站党建网站。全区累计建立商务楼宇工作站独立党建网站76个，实现全区商务楼宇网站服务体系全覆盖。同时，区委社会工委完善、发挥各商务楼宇工作站党建网站功能，专门组织网站管理员培训，使各网站管理员熟练掌握网站后台操作的基本方法和要领，为丰富服务载体、创新教育形式、实现网上工作部署、推进商务楼宇党务、政务、社务等工作创新奠定基础。

（王莎莎）

【全区城市社会管理创新工作推进】 年内，全区以党建为核心探索创新现代城市社会管理，主要做法包括绘制“民情图”走进百姓、以社区事务会商会深入群众、用集体经济与村规民约引导群众、用市场机制动员群众、通过“永善劝导队”组织群众、以“网格化”治理融合党群干群关系、推动非公党建扩大社会组织基础七个方面，形成了城乡结合部、流动人口集中地社会管理创新的“丰台样本”。

（王莎莎）

【区“大党委制”构建区域化党建新格局】 年内，区委社会工委在全区289个社区党组织中全面推行社区“大党委”制，不断开创区域化党建新格局。一是创建席位制。在社区增设“大党委”席位制委员。目前，共有692名辖区单位党组织负责人参与，形成以社区党组织为核心、2~3个单位党组织共同参与的“一核多元”党建架构。二是健全工作机制。明确社区议事规则和重大事项通报制度，建立“大党委”班子成员联系单位、党员联系群众、席位制委员双重管理等机制，保证社区“大党委”高效运转。三是发挥共建优势。依托席位制委员地缘、业缘优势，采取难事共议、活动联办、结对帮扶等措施，实现辖区单位与社区之间资源整合、共驻共建，解决居民关注的热点、难点问题。自2012年以来，共为居民解决环境、安全等各类实事2298件。

（王莎莎）

【补招社会工作党委和商务楼宇工作站党务专职工作者】 年内，全区进一步巩固和夯实社会领域党建工作基础，着力打造一支政治过硬、业务精良、结构合理的党务专职工作者队伍。顺利完成2013年底补充招录的15名商务楼宇党务专职工作者分配录用工作，2014年35名商务楼宇党务专职工作者补充招录和分配工作。

（王莎莎）

【“党员驿站”打造流动党员新阵地】 年内，区充分整合政府与企业资源，与北京和合谷餐饮管理有限公司合作，依托100余家连锁店面选点建设“流动党员驿站”。一是向每个党员驿站投入3万~5万元，开辟30平方米活动专属区，安装电教终端，设立党员学习角，设置“流动党员风采录”“流动激情书信墙”等，方便流动党员就近参加活动。二是采取“1+1+1”模式，每个党员驿站捆绑设置1个教育基地和1个志愿服务基地，便于开展参观交流和志愿服务，目前共命名“中国人民抗日战争纪念雕塑园”等15个教育基地和志愿服务基地。三是在已建成的本辖区内“总部基地党员驿站”“首地大峡谷党员驿站”基础上，向西城、朝阳、海淀等地区扩展，新建中关村、CBD富顿中心等5个区外党员驿站。截至年底，7个驿站共有1260多名党员进“站”，增强了非公有制企业基层党组织的凝聚力和战斗力。未来三年，全区还将分批建成30家党员驿站，形成覆盖京津冀地区和延伸到长三角的“流动党员驿站”体系。

（王莎莎）

【“智慧社区”试点工作逐步推进】 年内，区制定《推进智慧社区建设工作实施方案》，按照“试点先行、突出实效、整合资源、加大投入、注重宣传、点面结合、逐步推进”的原则，确定90个智慧社区试点和59个升星试点，其中太平桥、马家堡、丰台、方庄、东高地5个街道所有社区纳入智慧社区建设。区级层面开展智慧社区、幸福丰台网站建设和北京社区服务之丰台APP建设，街道层面已经有13个街道完成手机APP制作并投入使用。年底累计完成193个智慧社区试点工作，社区覆盖率达63.9%，提前完成在2015年完成全部社区60%的“智慧社区”创建任务。

（王莎莎）

【老旧小区治理难题积极解决】 年内，区委社会工委、区社会办着眼解决老旧小区社会治安、环境卫生、停车管理等涉及群众切身利益的难点问题，探索建立老旧小区服务管理长效机制，按照区委、区政府要求，牵头起草了《丰台区关于加强老旧小区服务管理工作的意见》。《意见》坚持“政府领导、物业尽责、部门齐心、居民参与”原则，紧扣解决老旧小区在社会治安、环境卫生、停车管理方面存在的突出问题，确定“建立健全老旧小区治理体系”“创新老旧小区治理方式”“制定老旧小区基本服务管理工作标准和方案”“分类实施完善老旧小区基本服务管理提供模式”四方面重点任务，明确区级各职能部门、街道社区相关责任，进一步推进老旧小区治理取得实效。

（王莎莎）

【网格化社会服务管理工作推进】 年内，全区街道社区网格化社会服务管理系统在实现全覆盖的基础上强化运行，乡镇农村从5个试点村覆盖至22个村，其中河西两镇农村地区19个村实现全覆盖，河东三乡各有1个试点。组织召开区委副书记和主管副区长参加的网格化社会服务管理体系建设工作会，由街道党政主要领导向农村地区交流城市社区网格化工作经验。研究“三网”融合工作，完成《丰台区网格化工作调研报告》。全面升级网格化社会服务管理系统，将网格化工作由社会管理向社会服务深入，分4批次对街乡650余人开展系统更新知识培训，并召开网格化社会服务管理农村地区覆盖工作会。16个街道共划分社会服务管理网格979个，农村地区5个试点村共划分网格23个，为河西两镇、宛平地区招聘城管监督员兼村级网格信息采集员47名。方庄、丰台等5个街道整合资源、调整机构，建立街道网格化服务管理指挥中心。

（王莎莎）

【“枢纽型”社会组织工作体系进一步完善】 年内，区委社会工委、区社会办出台《丰台区加快推进社会组织改革与发展2014至2015年重点任务分解方案》，细化目标任务并分解到相关委办局和区街“枢纽型”社会组织。全面启动街道级“枢纽型”社会组织认定工作，制定下发《关于开展街道“枢纽型”社会组织工作体系建设的方案》，各街道已初步完成街道级“枢纽型”社会组织认定工作，共认定32家街道“枢纽型”社会组织。

（王莎莎）

【志愿服务常态化建设推进】 年内，区委社会工委、区社会办对在志愿北京平台上注册等级的104项社区志愿服务项目进行扶持，在项目进度、活动安排、经费使用等方面加强监督和指导，保证项目顺利开展。制定《丰台区关于社区志愿服务站建设的实施方案》，召开各街道社区志愿服务站规范提升工作专项部署会，按照“七有”标准，对已有标识的社区志愿服务站进行升级改造，对没有标识的服务站安排专项资金进行配备安装，现有16个街道、203个社区完成社区志愿服务站规范提升工作，占全区社区总数67%，超额完成市级下达的50%工作目标。全区在“志愿北京”平台实名注册志愿者共17万余人次，发布志愿服务项目420余个。

（王莎莎）

【社会组织公益行活动开展】　年内，经过市、区两级筛选审核，全区共有73项活动计划编入《2014年北京社会组织公益行系列活动汇编》，其中包括1个“枢纽型”社会组织的3项活动，11个街道地区办事处的53项活动、7个社会组织的17项活动。活动内容主要围绕着环保、便民服务、走访慰问、知识讲座、心理疏导、关爱残疾人、关注孤寡空巢老人7个方面开展。截至年底，开展各类活动271场次，参与活动、提供服务人数7718人，受益群众近7万人，服务对象涵盖普通市民、大中小学生、妇女、儿童、老人、残疾人等。

（王莎莎）

【全区社会组织建设工作加强】　年内，全区采取积极措施，着力加强社会组织建设工作。一是在市级项目方面，经社会建设工作领导小组办公室审核批复，全区使用市社会建设专项资金购买的项目共31个，项目金额共434万元。2013年批复项目数量较2012年增加了14个，项目资金增加了200.87万元。项目实施过程中，注重结合地区实际，加强监督管理，充分调动社会组织主观能动性，确保资金使用规范有效。各项目在实施过程中联合各类社会组织530个，累计举办活动2611场，参加人数69000多人次，志愿服务、公益服务接近150万小时，发放宣传材料近15万份。在区级项目方面，参照市级项目管理模式，确保项目按计划开展。二是做好今年市、区两级购买社会组织服务项目申报和部署工作。市级购买社会组织服务项目共有95个社会组织申报154个项目，与去年相比有较大幅度提高。经过市社会建设领导小组办公室审核，2014年全区共有66个项目获得市社会建设专项资金购买社会组织服务项目批复，金额共计697万元，批复项目数量和批复金额均位列全市第二。在区级购买服务方面，共有40个社会组织服务项目、101个社区志愿服务项目通过了最后评审，区街共投入资金227万元。

（王莎莎）

【改造人防工程服务社区公益】　年内，全区关停100处人防工程，按照“街道使用优先，公益利用优先”原则，建设社区警务工作站、社区文化活动中心、便民菜站、水站、农民工之家等，为社会建设、公益事业和城市管理服务。其中，北京西站南路17号人防工程装修后交付太平桥街道和太平桥中学建科普基地，南庭新苑、天伦锦城、芳菲路88号院等作为社区活动中心使用。

（王莎莎）

【“离案工作法”转作风见实效】　年内，丰台街道处级领导、机关干部和社区“两委一站”工作者离开案头，深入大街小巷、小区等公共空间和居民家中，通过“走、看、听、问、记、办”的“随手”办公方式，坚持多与群众见面、多和群众谈心、多为群众跑腿，宣传政策、走访慰问、了解情况、现场办公，300余名社区干部坚持每天在社区网格活动，共协调解决重点问题113个。

（王莎莎）

【“双百结对”做实网格化社会服务管理】年内，丰台街道永善社区劝导队以“结队互动手拉手，同圆幸福家园梦”为主题，借助街道网格指挥中心，提升劝导队整体水平，推进市民劝导队跨越式发展。一是科学划分社区网格。按照社区地域特点，将社区划分为6个网格，网格长都是社区工作者，副网格长都是劝导队员，队员发展到“五老”人员、物业管理人员、社区居民和志愿者等，提高社区网格事件发现率及处置率。二是建立网格巡逻上报制度。每个网格根据情况划分若干个小组，每天每个网格分上午、下午各一组进行巡逻检查，并将发现问题和情况登记在社区网格信息登记本上。社区自己能解决的尽快处理，解决不了的及时上报街道和相关部门。三是将在职干部党员纳入网格管理中。让42名在职干部党员与劝导队员见面对接，将42名在职干部党员分配到网格，一起交流分析了解网格情况，主动认领网格任务，收到良好效果。

（王莎莎）

【“先锋驿站”助推在职党员进社区服务】 年内，丰台街道在25个社区成立在职党员“先锋驿站”，建立在职党员登记备案、动态联系和考评激励3项制度，设计治安、实事、自选等5类志愿服务岗位，为居民提供法律政策咨询、问题协调助办、居家维修和课程、技能辅导等服务项目。“先锋驿站”已引导2106名在职党员进社区注册、认领岗位，其中处级干部216人。

（王莎莎）

石景山区

【概况】 年内，全区社会建设工作紧紧围绕区委、区政府确立的目标任务开展，取得积极成效。一是加强社区建设。有序推进网格化社会服务管理体系建设，实现9个街道网格化全覆盖。153个社区的用房达标率为97%。20个社区通过市政府“六型”社区考核评议。年内新建6个“一刻钟社区服务圈”示范点，覆盖率达88%。区财政投入400万元开展32个智慧社区建设工作。二是加强社区工作者队伍建设。完成4期900余人业务培训；完成全区近1500名社区工作者体检工作；举办70余人的社区工作者心理干预能力培训班。面向社会和随军家属公开招录社区工作者220名；联合区安监局开展148名社区安全生产工作者招录工作。年内，全区1818名社区工作者中大专以上学历人员比例达94%；完成全区9个街道的街道层面协管员队伍整合规范工作。三是完善社会组织服务管理体系。强化区级“枢纽型”社会组织服务管理职能。制定下发《关于建立街道“枢纽型”社会组织工作体系的通知》，因地制宜建立各具特色的街道“枢纽型”社会组织，并为每个街道“枢纽型”社会组织配备1名全职社工，购买1个专业社工岗位，提供经费支持。组织4个专业社会工作事务所分别与9个街道结对共建，推动社区社会组织规范有序发展。区财政投入500万元购买50个公益服务项目。四是推进志愿服务工作。规范提升84家社区志愿服务站和10家楼宇志愿服务站，做到有明显标识、有工作人员、有经常性志愿服务项目和岗位、有稳定的志愿者队伍、有规范的管理制度。着力培育本社区志愿者骨干，逐步形成邻里之间自我服务、居民服务居民、社会服务社会长效机制。五是加强社会领域党建工作。将基层党建考评与社区党建“三级联创”活动有机结合，按照基层党建“五好”标准抓落实。组织召开社会领域庆祝建党93周年暨创建服务型基层党组织工作推进会，表彰优秀人员及单位。继续推进“一社区一品牌”创建工程，推行基层党建项目化管理，培育党建创新项目品牌。

（安若冉）

【社会组织公益行活动持续开展】 3月初，区委社会工委按照市委社会工委“发展社会组织，推动社会公益，履行社会责任，促进社会和谐”总体要求，组织发动全区各级各类社会组织开展社会组织公益行系列活动。制定下发《2014年石景山区社会组织公益行系列活动方案》，要求各社会组织在开展活动过程中做好日常工作与主题活动有效整合、专场活动与整体活动有效结合，做到“点”“线”、“面”有机统一。共征集贯穿全年的公益活动480余项。培育出一大批热心社会公益事业的社会组织、企业和个人，催生出一批有影响的社会公益品牌和服务项目。同时开展“社会组织公益服务优秀品牌”创建项目，评选出“石景山区十大公益服务品牌”，得到京内外爱心企业捐助。

（徐小凡）

【全区街道网格化工作组织体系全部完成】4月11日，区委副书记、区长夏林茂深入八角街道调研，研究确定加速推进全区网格化体系建设工作。6月17日召开网格化工作现场推进会。年底，全区9个街道全部完成网格化工作组织体系建设，完成网格划分和网格员选拔。全区共划分网格402个，有专职网格员464名、兼职网格员近18000名。

（王君语）

【庆祝建党93周年活动举办】　6月27日，区召开社会领域庆祝建党93周年暨创建服务型基层党组织工作推进会。会议对15个“党建示范社区”、10个“商务楼宇工作站示范点”、100名“优秀党员”、50名“优秀党务工作者”、20名“优秀非公有制企业党建指导员”、20个“党建精品项目”及10对“优秀非公有制企业结对共建单位”进行了表彰。

（高　欣）

【全区社区工作者体检工作完成】　7月至8月，区政府投入资金80余万元，组织全区近1500名社区工作者进行健康体检，体现了区委、区政府对社区工作者的关心关爱，进一步激发了广大社区工作者工作热情。

（刘欢欢）

【社会工作者队伍建设快速提升】　9月18日至11月21日，区委社会工委、区社会办举办为期17天的社区工作者心理干预能力公益培训班，对全区70名社工骨干进行心理干预能力培训，课程涵盖心理学基本知识、心理调节与干预、特殊人群心理关怀等多个方面，提高了社区工作者工作能力水平；12月3日至5日，区委社会工委、区社会办举办区社会工作人才能力培训班，围绕社会组织治理改革创新，对9个街道、10个区级“枢纽型”社会组织、20家优秀社会组织负责人和骨干，进行理论和综合能力培训，进一步引导和促进社会工作骨干人才学习新政策、树立新思维、掌握新知识，不断提高社会工作理论水平和实务能力，担当起推进高端社会组织治理体系重任。

（徐小凡）

【购买服务品牌项目参加APEC会议残疾人主题活动】　11月10日，区政府购买社会组织服务品牌项目——“太阳花”听力言语康复项目的师生们，受邀参加APEC亚太经合组织峰会在北京会议中心会场举办的残疾人主题活动，与来自全国的残疾人代表一起向来自各国的元首夫人展示中国残疾人风采。其中“太阳花”听力言语康复项目的小朋友全程参与迎宾、互动环节，成为活动亮点，并与习近平主席夫人彭丽媛女士及各国元首夫人合影留念。

（李露）

【青年社工骨干拓展训练举办】　12月11日至12日，区委社会工委联合社区学院举办题为“凝聚你我青春 共赢卓越未来”的青年社工骨干拓展训练。此次拓展训练为期2天，包括团队竞技、团队合作以及参观纪念馆活动，9个街道、50余名社区工作者骨干参加。

（谢云改）

【5个项目获市级公益服务品牌项目奖】12月，全市社会组织公益服务品牌100个金银铜奖项目产生。全区共5个项目获奖，其中区志愿者联合会公益反哺家园志愿行动获银奖，八角特钢社区志愿者协会“金色亲情”服务项目、星缘社会工作事务所“温馨夕阳红”失独老人关爱行动、小飞象训练发展中心“守望幸福”自闭儿童关爱行动项目和“太阳花”言语康复中心“v_ team”听力言语康复行动获铜奖。

（徐小凡）

【社区党建有效推进】　年内，区委社会工委通过健全社区党组织，提高社区党组织班子整体素质，引领社区民主政治建设发展趋势，夯实社区党组织在构建和谐社区中的主导地位。截至2014年底，全区共有社区党组织153个、社区党员33000名、社区党委78个、党总支41个、党支部34个。

（高　欣）

【践行党的群众路线教育实践活动扎实开展】 年内，区委社会工委、区社会办围绕“四大一满意”目标，紧扣“为民、务实、清廉”主题，落实“照镜子、正衣冠、洗洗澡、治治病”总要求，聚焦“四风”突出问题，坚持“三严三实”标尺，着力解决领导班子和党员领导干部党性、党风、党纪方面存在的突出问题，组织开展了党的群众路线教育实践活动。3月3日，委办召开“深入开展党的群众路线教育实践活动动员大会”。3月21日，区委社会工委书记沈代平以“贯彻群众路线，创新社会治理”为题，结合党的历史和社工委工作实际，为全体同志上党课。8月8日，区委第四督导组组长、区政协主席岳德顺到委办参加领导班子民主生活会，会上领导班子及成员作了深刻的对照检查。岳德顺对班子及成员对照检查发言作了点评，对民主生活会给予充分肯定。8月13日，召开通报会，向督导组、各相关委办局、街道及社会组织代表通报了“群众路线教育实践活动”开展以来领导班子及成员“四风”问题整改落实等情况。10月31日，召开“党的群众路线教育实践活动总结会”，沈代平总结教育实践活动开展情况，部署党要管党、从严治党工作任务。

（高　欣）

【社区规范化建设有效推进】 年内，全区按照“七化22细则”标准，结合“组织健全、运行规范、队伍优良、设施完备、成效明显、亮点突出”等六方面标准，以规范工作职能、提高服务质量、加强综合统筹为基础，重点提升社区服务站形象和完善社区服务站“五统一”工作，完成6个市级社区规范化示范点创建、20个社区服务站提升、26个社区服务站标识制作等工作。截至年底，全区共完成108个社区标识制作和更新；全区153个社区用房规范化建设达标率达到97%，平均用房面积达到438平方米。

（谢云改）

【20个社区通过“六型”社区评议】 年内，全区扎实推进“六型”社区建设，继续主责部门牵头、成员单位指导、街道社区具体落实的工作责任体系，通过自查、互查、联查，相互借鉴创建经验，及时整改存在问题。全区20个社区顺利通过市政府绩效管理工作领导小组“六型”社区考核评议，完成挑战值目标。

（金　超）

【70个“一刻钟社区服务圈”示范点建成】 年内，全区在总结深化古城街道“千百十”便捷家园服务，八角街道“365”乐居计划等特色建设经验基础上，利用“云计算”“大数据”“微平台”等信息技术手段推进“一刻钟社区服务圈”建设，形成服务实体、因特网、物联网、个人手机终端互动、互通、互联，实现“一刻钟社区服务圈”信息化发展。年内，全区共建成“一刻钟社区服务圈”示范点70个（市级65个，区级5个），覆盖社区134个，服务人口近56万人。

（谢云改）

【32个智慧社区完成评定】 年内，全区将智慧社区建设列入区政府便民工程项目，区财政投入400万元建设智慧社区，形成一批特色亮点品牌。八角街道研发“365服务网”，为居民提供多门类、多层次为民智能服务。八宝山街道建立社区生活服务资源库，通过互联网、电子显示屏、社区微博、智能手机等，建立公共服务信息推送平台。广宁街道开发建设“智慧生活”综合服务平台，包括网上购物、综合信息服务、物流配送、社区服务、城市管理等功能，通过铺设便民服务终端机“E家宝”和配套智能手机，依托“智慧生活”电子互动平台，提供物流配

送，打通百姓生活“最后一公里”，满足居民方便快捷购物需求。年内共完成32个智慧社区申报和星级评定，其中五星级社区2个、三星级社区21个、二星级社区9个。

（安若冉）

【社区信息化工作推进开展】 年内，区社会办加快推进社区信息化工作。一是深入推进智慧石景山建设，出台《宽带石景山行动计划》，9个街道服务大厅实现无线免费上网，苹果园等街道实现试点社区网络全覆盖。深化街道服务大厅信息化建设，全区以区行政审批管理体系为基础研发“石景山区街道居民服务大厅管理系统”，不断提高便民服务效率。二是完成物联网综合应用主体建设工作，物联网综合应用现已完成2600余个传感设备安装及平台软件开发，完成总数80%以上的传感器安装工作；完成16个基站建设，基本实现东部建成区和西部热点地区无线物联网覆盖，在城市管理、便民服务等方面发挥重要作用。三是实现高清有线全区覆盖。联合歌华有线公司完成全区全部16万户楼房居民家庭双向高清有线电视覆盖；全区范围内推出4K电视信号接入，所有楼房社区居民都可通过4K电视终端享受比普通数字电视清晰4倍的视觉体验。四是4G通信逐步覆盖。共完成165个移动4G基站建设，158个4G基站已经正式面向公众提供服务，完成五环以东地区和古城、八角、苹果园等建成区4G通讯信号室外覆盖工作。

（王　磊）

【社区工作者队伍建设发展】 年内，全区公开招录220名社区工作者、联合招录20名军嫂、40名统计工作室工作人员、148名安全生产社区工作者进入社区工作。完成北京市“万名社区工作者培训计划”石景山区培训4期，覆盖社区工作者900余人次；对新招录社区工作者进行初任培训；举办3期“青年社工沙龙”活动，共计100余人参加。积极引导社区工作者参加职业水平考试，目前全区持有国家社工师资格证书的118人、助理社工师资格证书的384人，有力推进了社区工作者队伍职业化发展。

（董妍君）

【社会领域党建工作运行模式进一步规范】 年内，全区按照构建区域化党建格局目标，加强街道社会工作党委建设。利用互联网、手机等新兴传播载体，拓展基层党建工作渠道阵地。每个街道建立联络工作室，落实相关制度和工作机制，真正实现社会工作党委“三有一化”工作目标。完善监督制度、联系党员群众制度、述职制度等，保障党代表能充分行使职权、发挥作用。进一步充实丰富街道社会工作党委工作内容，规范工作流程，推进党务公开，逐步健全非公经济组织党总支、新社会组织党总支、流动党员党总支的组织设置。

（高　欣）

【街道专职协管员队伍建设统筹规范】 年内，全区以实现工作落实体系化、制度职责规范化、教育培训经常化、考核监督务实化、保障激励机制化和服务发展优质化为目标，深入推进街道专职协管员统筹规范新发展。注重与区级重点工作结合，开展社会面防控和矛盾纠纷排除调处等工作近36000余人次，为维护地区安全稳定发挥了积极作用。在社会环境秩序综合治理“亮剑行动”中，充分发挥“触角、喉舌、助手、耳目”等优势，降低了执法部门工作量，提升了执法效率。

（王君语）

【“枢纽型”社会组织建设推进】 年内，区委社会工委、区社会办以健全区街两级“枢纽型”社会组织管理体系为抓手，深入探索“以社管社”治理方式创新，推动全区社会组织建设实现融合式发展、规模化管理和集约式服务，重点推进街道“枢纽型”社会组织建设并取得较好成效。年初试点先行，在八角、广宁、鲁谷3个街道试点并取得实效；下半年，面上铺开，制定印发《关于建立街道“枢纽型”社会组织工作体系的通知》，确立了一批街道级“枢纽型”社会组织，充分整合提升基层社会组织资源，进一步激发释放活力，基本确立起街道“枢纽型”工作体系框架。

（徐小凡）

【政府购买公共服务项目完成】 年内，区社会办争取到市级政府购买公共服务经费77万元，用于购买8个社会组织提供的公共服务项目；区级政府购买服务工作专项经费追加至500万元，共购买50个服务项目。在项目日常监管过程中，区社会建设工作领导小组办公室加大过程监管，随时掌握项目运行情况；成立由社会办、财政局、民政局、监察局等部门以及清华大学、北方工业大学等高校专家组成的考评小组，对项目进行集中抽查评估，由第三方进行项目资金审计，确保资金使用效益。

（徐小凡）

【“志愿反哺”工作创新开展】 年内，全区继续推进“志愿反哺”工作。“志愿反哺”是为进一步推动志愿服务事业健康发展、健全志愿服务激励机制开展的一项社会服务和管理创新实践。主要做法是“一卡积分、量化考核、定期奖励、十年反哺”。通过积分卡记录志愿者服务时间、项目，依据积分卡情况对志愿者实行星级认定，设立“志愿反哺”基金，按照不同星级对志愿者定期进行奖励，对年满70周岁或因病、因残等原因退出志愿者队伍的荣誉志愿者，在其年满80周岁前由街道通过“志愿反哺”基金为其每月购买服务。年内反哺服务在理发、家居保洁、洗衣服、拆洗被褥等项目基础上，增加了健康体检、订阅报纸、亲情陪伴等内容。通过市、区两级政府购买服务，争取到28万元公益资金作为反哺专项经费。

（李明轩）

【“志愿北京”志愿者网上注册工作开展】 年内，区志愿者联合会组织下属各志愿者分会开展志愿者网上实名注册工作，截至年底共注册志愿者68324人，注册志愿组织59个。区志愿者联合会积极与市志愿者联合会沟通协调，将区志愿反哺积分工作与志愿者服务计时工作进行对接，对库内已有志愿者网上数据进行及时维护，对新注册志愿者志愿服务计时进行前期调试。

（李明轩）

【社区党建“三级联创”工作开展】 年内，全区将基层党建考评与社区党建“三级联创”活动有机结合，并按照基层党建“五好”（领导班子好、党员队伍好、工作机制好、工作业绩好、群众反映好）标准抓好工作落实，建立健全社区党组织工作台账。借鉴广宁街道“红色网络”服务模式，推进“党员在格上，工作进网格”的党组织服务联系群众网格化管理模式，合理划分网格、科学配备人员，开展“组团式”“个性化”“一站式”服务，帮助社区居民、流动人口、低收入家庭等解决工作生活的实际问题。

（高　欣）

【非公有制企业党建“向日葵”工程经验成果得到巩固】 在非公有制企业，以“强特色、创品牌、育精品”为目标，开展党建精品项目“向日葵”工程，旨在抓典型、抓示范，着力培育一批时代特色鲜明，专业特色突出，示范作用明显的非公有制企业，并通过典型引路，以点带面，提升全区非公有制企业党建整体水平。七一前夕，区委社会工委对10个标兵企业与21家非公有制企业结对共建进行表彰。今后2年，将继续推行“10＋N”工作方式，带动更多非公有制企业党建工作。争取2015年底前培育出50～100家优秀非公有制企业，推进全区非公有制企业党建工作。

（高　欣）

【154项街道便民工程实施】 年内，全区投入4048万元实施154项街道便民工程，维修改造居民服务站、安装便民设施37处，修缮社区道路27条，环境整治18处，提升居民休闲、健身场所及设施63处，建设各类小型应急工程9项。各街道充分调动驻区社会单位参与便民工程建设，全年共争取社会资本415万元，取得良好社会效益。

（李明轩）

【13个“参与型协商”试点社区建设完成】 年内，全区积极探索社区“参与型协商”民主自治模式，进一步推进社区居务公开、开通网络信息平台、畅通民情民意渠道、增强民主协商，为建设和谐社区奠定强有力的基层民主基础。全年共完成八宝山街道永东北社区、鲁谷社区行政事务管理中心重聚园社区、老山街道京源路社区、八角街道时代花园社区等13个“参与型协商”试点社区建设工作。

（董妍君）

【老旧小区自我服务管理加强】 年内，全区在八角街道八角南路社区、老山街道国科大社区、八宝山永东北社区和广宁街道高井路社区等7个试点社区建立自我服务管理组织，重点围绕加强组织推进、探索创新管理、打造特色服务和引导多元参与四方面开展工作。研究出台《石景山区关于开展老旧小区自我服务管理试点工作的意见》，明确13个部门职责分工，建立沟通联系机制，形成工作合力。实施准物业服务试点工作，确立物业服务市场化服务模式，保障老旧居住区房屋及附属设施设备正常运行、管理及维护。积极培育老旧小区服务性、公益性、互助性社会组织，提高老旧小区社区居民参与自我服务管理意识。

（金　超）

【社会动员工作组织试点】 年内，全区落实市社会动员工作会议部署，选定老山街道、金顶街街道作为第二批社会动员工作试点单位。根据《2013年在全市街道社区开展社会动员工作试点的方案》，要求各试点单位建立和完善街道统筹、各部门分工负责、驻区单位和公众广泛参与的基层社会动员体制。内容包括：推动共驻共建、推进依法自治、完善应急动员工作机制、深化志愿服务、加强市民劝导队工作、完善基本保障政策等。

（李明轩）

【4家社会工作事务所新增注册】 年内，区委社会工委、区社会办培育新增社会工作事务所4家，主要开展心理健康疏导、志愿服务、社区服务、青少年关爱、教育辅导等服务项目。其中，清源社会工作事务所以社区重点人群、社工群体为主要服务对象，重点开展心理健康疏导活动；励德社会工作事务所通过开展“四点半课堂”等项目，推进中小学生的情商开发与提升；中正社会工作事务所主要开展社会工作专业培训，志愿者工作，加强社会工作经验的总结与学术交流，协助管理部门开展社会工作绩效评估；致远社会工作事务所以组织推广公益理念为出发点，发动、组建志愿者队伍开展专项服务，承接政府部门购买的社会服务。截至2014年12月，全区社工事务所总计成立11家。

（徐小凡）

【商务楼宇工作站建设不断深化】 年内，八角街道在商务楼宇非公有制企业中成立商会，丰富“五站合一”工作内容。加强商务楼宇工作站规范化建设，为每个楼宇工作站统一制作牌匾水牌。编写《石景山区商务楼宇工作站服务手册》，收录商务楼宇工作站服务管理相关文件，汇编41个商务楼宇工作站建设情况，明确联席会成员单位对商务楼宇提供的100个服务项目，为联席会成员单位和商务楼宇工作站工作人员提供工作依据。在全市商务楼宇工作站集中推进月中，区商务楼宇工作站工作名列全市第一。

（高　欣）

门头沟区

【概况】 年内，区委社会工委、区社会办围绕全区中心任务和重点工作，加强顶层设计，整体推进、重点突破，开创社会治理新局面。一是建立完善城市管理和社会建设体系。统筹解决107项民生热点问题，截至年底，除11项需长期逐步解决外，其余96项全部解决。二是全面落实街道改革任务。规范属地运行规则，实施服务型街道行动计划，确定37项重点服务任务。建立以7个中心为平台的服务体系，全面推行“离案”工作法。三是探索社会治理新机制。在全市率先尝试通过政府采购形式购买社会组织服务。实施“健康生命、阳光生活”行动，推进十二类人群精细化管理。建立老旧小区“四管”停车模式。实施“户分类、社区收集、区运输”的垃圾分类模式，加强垃圾分类源头治理。四是提升城市管理精细化水平。推进社区服务管理网格与区为民服务信息平台对接。开展社区分类管理、“一居一品”“一居多品”“一街一景”等城市管理提升活动。完成了17个市级示范点创建任务。推进未达标用房的规范化建设。开展第四期“万名社区工作者培训”工作。五是加强社会领域党建工作。深入开展党的群众路线教育实践活动，推进软弱涣散社区党支部专项整治工作。为每个社区选配一名基层党组织后备干部。加大非公有制企业党组织组建工作推进力度，覆盖率达到88.4%。开展商务楼宇党群示范点创建工作。

（宋瑜）

【购买服务项目申报工作会召开】 2月28日，区委社会工委、区社会办组织召开市级购买社会组织服务项目申报工作会。共征集上报至市社会建设工作领导小组办公室24个服务项目，3个项目得到21万元市级社会建设专项资金支持。

（刘文龙）

【城市管理工作体系建立健全】 2月，区城市管理工作体系建立，负责统筹推进街道改革任务落实，做好环境卫生、绿化美化、社区物业管理、停车秩序管理等城市管理重点工作，推进城市管理力量下沉，激发社会组织活力，提升城市管理精细化水平。成立区城市管理工作领导小组（下设办公室，设在区委社会工委、区社会办），印发《门头沟区城市工作体系建设方案》，将城市管理相关单位纳入领导小组，明确各单位工作职责和任务，明确8大类、58项城市管理重点工作任务。建立实施对接会商机制、季度督办机制和街道例会机制。

（宋 瑜）

【参观学习政府购买社会组织服务】 3月17日，区委社会工委、区社会办组织街道工委书记、部分镇主管领导到朝阳区社会组织综合服务中心参观学习政府购买社会组织服务工作，实地参观了综合服务中心运行模式，听取了朝阳区关于开展政府购买社会组织服务工作情况的介绍，尤其是保障房社区开展社区融合项目的前期研发、组织实施和经验成果，并就政府购买社会组织服务相关工作进行交流座谈。

（宋 瑜）

【非公有制企业出资人座谈会召开】 3月21日，区委组织部、区委社会工委召开非公有制企业出资人座谈会，区领导韩子荣、付兆庚、丁勇参加会议。会议听取了全区非公有制企业党建工作情况汇报，与会人员围绕非公有制企业党组织如何发挥作用、服务企业发展、开展好党的群众路线教育实践活动进行了交流。韩子荣对非公有制企业党建工作提出要求。

（刘文龙）

【“国际社工日”爱国教育活动开展】 4月11日，区委社会工委、区社会办开展“国际社工日”爱国主义教育活动，组织百余名优秀社区工作者参观中国人民抗日战争纪念馆、卢沟桥和雕塑园。

（王　楠）

【“万名社区工作者培训”活动开展】 4月21日至25日，区委社会工委、区社会办在区教师进修学校举办第四期“万名社区工作者培训”活动，244名社区工作者参加培训。

（王　楠）

【区级政府购买社会组织服务工作会召开】 4月23日，区委社会工委、区社会办组织召开全区政府购买社会组织服务暨推动社会组织发展工作部署会。会议发布《门头沟区政府购买社会组织公益服务项目目录》和《项目指南》，进行业务培训。来自全市30家社会组织和区级170家社会组织负责人参加会议。

（刘文龙）

【街道系统半年工作总结会召开】 7月15日，区委社会工委、区社会办组织召开街道系统半年工作总结会。会议听取了4个街道上半年工作开展情况及存在的主要问题，区委社会工委汇报了街道系统工作整体情况及下半年工作计划。4个街道党政主要领导，区委社会工委、区社会办领导班子成员参加会议，区领导丁勇、石军出席会议并就街道工作中存在的问题及下一步工作提出要求。

（宋　瑜）

【市委社会工委领导调研网格化和智慧社区建设】 9月10日，市委社会工委委员、市社会办副主任王丽竹一行到区调研网格化服务管理体系和智慧社区建设工作。区领导石军、区委社会工委、区为民服务中心负责同志参加调研座谈会。座谈会听取了网格化和智慧社区整体情况汇报，王丽竹要求，要强基础，促深化；抓融合，促提升；充分利用好市场这只手，并着重在10个融合、建设10个体系方面下功夫。

（宋　瑜）

【参观学习老旧小区停车自治管理】 9月12日，区社会办组织相关街镇主管领导、科长及部分社区负责人30余人，到丰台区右安门街道参观学习老旧小区停车自治管理工作。实地参观玉林东里一区社区停车自治管理，听取玉林东里一区社区关于老旧小区停车自治管理体系、工作制度、资金来源及管理、停车自治服务等方面工作介绍，并对停车自治管理工作中的热点、难点问题进行探讨交流。

（宋　瑜）

【社区后备干部培训班举办】 9月28日至30日，区委社会工委联合区委组织部举办街道系统年轻干部和社区后备干部培训班。100余名社区后备干部参加培训，学习了社会建设服务与管理专业知识，进一步提升了服务意识和能力。

（刘　增）

【指导部分社区完成户代表选举工作】 9月，区委社会工委、区社会办指导东辛房街道办事处完成石门营一区、五区、六区、七区社区居委会户代表选举工作。

（张文莲）

【节日慰问活动开展】 10月重阳节期间，区委社会工委领导对全区324名退离居委会老积极分子进行慰问，支出慰问金6.48万元。春节前，相关区领导、工委领导对退离居委会老积极分子、重大病社区工作者共334人进行了慰问，支出慰问金17.63万元。

（王　楠、马晓峻）

【赴石景山区开展街道系统调研】 10月15日，区领导石军带队，区委社会工委、各街道党政主要领导到石景山区调研社会治理综合执法工作情况。实地了解石景山区街道社会治理综合执法指挥中心运行情况，城市管理体制改革进展情况，区委城管工委、城市综合管理委员会组建情况，城市综合管理体系运行情况以及八角街道指挥中心组织框架、运行模式及执法部门联合办公情况等内容。

（宋　瑜）

【“四评一创”工作开展】 11月，区委组织部、区委社会工委在街道系统81个社区党组织中开展“四评一创”活动。在征求意见环节直接采用党的群众路线教育实践活动中征集的民生热点问题，减轻了基层工作压力，强化了民生导向。及时变更参加评议职能部门范围，参评部门由上一年度51家减为38家，增强了评议针对性和准确性。首次由第三方全程参与评议，确保评议结果客观公正。

（宋　瑜）

【“三级联创”检查工作开展】 12月8日至10日，区委组织部、区委社会工委联合对全区各街镇落实“三级联创”工作情况进行检查。全面检查各街道（镇）、社区（村）党的群众路线教育实践活动、城乡党的建设“三级联创”活动及全区基层党建重点工作开展情况，听取基层关于“三级联创”工作的意见建议，形成了《门头沟区街道系统“三级联创”考察报告》。检查结果作为各街道（镇）党建工作实绩考核评价的重要依据。

（刘文龙）

【党的群众路线教育实践活动深入开展】 年内，区委社会工委、区社会办深入开展党的群众路线教育实践活动。活动中，认真贯彻“照镜子、正衣冠、洗洗澡、治治病”总要求，坚持领导带头，开门搞活动，认真查摆“四风”问题，做好整改落实、建章立制等工作。在街道系统开展“接通线、捅破纸、拆掉墙”解放思想大讨论活动，使街道系统干部进一步强化宗旨意识，转变工作作风。发挥社会建设和城市管理领导小组统筹协调功能，对牵头的107项民生热点问题实行分类管理，建立定期督办机制，通过专题会、协调会等方式协调解决任务推进过程中遇到的困难。截至年底，除11项需长期逐步解决的问题外，其余全部解决。

（宋　瑜）

【系列专题交流学习活动开展】 年内，区委社会工委、区社会办积极组织开展专题交流学习活动。6月，组织相关街镇人员赴上海、宁波等地学习社区居委会减负、社区服务与建设、社会组织孵化等工作。10月，组织街道相关干部、社区代表赴天津学习社区自治经验。11月，组织街道工委副书记、组织部长、优秀社区党组织书记代表到南京学习社区治理和社会组织培育。通过系列交流学习活动，进一步开阔了街道系统干部视野，拓宽了工作思路，为全区社会建设工作开展提供了有益借鉴。

（宋　瑜）

【街道运行规则进一步规范】 年内，区社会建设工作领导小组办公室制订《街道地区管理委员会“7个中心”运行规则》，对街道大工委、地区管理委员会、7个中心工作制度进行规范。明确7个中心为街道各项工作落实主体和服务实体，以“街道事务综合管理中心”为中枢对其他6个中心进行协调统筹。建立完善联席会议、委托准入、派单、年度务虚会、月推进会议、周例会等制度，加强各中心协调联动。

（宋　瑜）

【《2014年服务型街道行动计划》实施】 年内，区社会建设工作领导小组办公室制定《2014年服务型街道行动计划》和重点任务分解，明确了由街道7个中心牵头的37项基础工作任务。加强7个中心与相关职能部门的协调联动，建立以7个中心为平台的服务体系，按体系谋划和推进工作，在文化、教育、卫生领域实现公共服务在街道层面的统筹和向社区拓展延伸。

（宋　瑜）

【区域化党建工作格局进一步完善】 年内，

区委社会工委、区社会办全面落实街道改革任务。做实街道“大工委”，在4个街道所有社区内建立社区“大党委”，吸纳人大代表、政协委员、物业公司和共建单位党组织负责人等任席位制委员，协商解决社区重大事项，解决与百姓密切相关的重大问题30余件。发挥街镇“社会工作党委”统筹辖区社会服务管理和区域化党建工作职能作用，开展专项调研，以加强辖区非公党建工作为突破口，建立了非公党建工作室和非公有制企业联合党支部。

（宋　瑜）

【社会组织公益行活动开展】　年内，区委社会工委、区社会办以“践行公益、服务社会”为主题，制定社会组织公益行工作方案，征集83项公益行活动项目，活动贯穿全年，进一步激发了社会组织活力，推动广大社会组织积极参与社会公益事业。

（刘文龙）

【基层服务型党组织建设不断完善】　年内，将大台街道黄土台社区确定为区市级基层服务型党组织创建试点，制订工作方案，开展便民、政务、安全、文化等系列服务活动。其余各街道也分别确定一个社区作为街道级服务型党组织创建试点，一并开展创建工作。

（刘文龙）

【软弱涣散党组织专项整治工作开展】　年内，区委组织部、区委社会工委按照党的群众路线教育实践活动专项整治工作要求，联合开展软弱涣散社区党组织专项整治。对全区所有社区党支部进行摸底调查，建立整改台账，制定整改方案并督促做好整改工作。截至年底，6个软弱涣散社区党组织中共有5个达到转化标准，1个社区正在积极整改中。

（刘文龙）

【社区后备干部队伍建设加强】　年内，区委社会工委、区社会办出台《门头沟区街道系统社区党组织后备干部队伍建设指导意见》，通过自荐、推荐、考评、审核等程序，建立一支100人左右的社区党组织后备干部队伍，确保每个社区有1名后备力量。

（刘　增）

【街道系统干部教育培训开展】　年内，区委社会工委、区社会办先后牵头组织了社区“两委”负责人专题培训、社会组织党建培训、街道系统干部专题培训、非公有制企业党组织负责人和非公党建指导员培训等系列专题培训，社区“两委”负责人、街道系统干部、“两新”组织负责人等分别参加培训，进一步增强了干部业务能力。

（刘　增）

【商务楼宇党群工作站工作得到强化】　年内，区委社会工委、区社会办按照“六有”标准，对去年新建的奥新天地、贸易大楼、熙望大厦3个商务楼宇工作站工作进行规范，联合区委组织部、区总工会进行人员、资金、场地方面的实地检查和帮扶指导。在石龙商务楼宇党群工作站开展示范点创建工作，打造“领导班子好、党员队伍好、工作机制好、发挥作用好、各方反应好”的楼宇党建示范点。

（刘文龙）

【在职党员到社区（村）报到活动开展】年内，区委社会工委、区社会办制定《关于开展在职党员到社区（村）报到为群众服务工作的实施方案》。机关党员干部与对口帮扶村（雁翅镇河南台村）进行对接，通过认领服务岗位、开展志愿服务等形式，积极参与帮扶村的志愿服务活动，为帮扶村排忧解难、化解矛盾。在街道系统82个社区中开展报到活动，街道机关200名党员全部报到，并坚持每月至少到社区服务1次，累计开展服务943人次。

（刘文龙）

【社会领域特色党建品牌创建活动开展】 年内，区委社会工委、区社会办在全区范围内开展特色党建品牌征集活动。选取30个优秀案例编辑出版《时代先锋——社会领域党建品牌汇编》，制作《绽放城市魅力，共享美好家园》形象宣传片，激发基层党组织活力，以服务换民心，进一步提升社区服务能力和水平。

（刘文龙）

【实施政府购买社会组织服务新模式】 年内，区委社会工委、区社会办探索创新政府购买社会组织服务新模式。坚持以需求为导向，面向镇街、村居开展服务项目征集活动，共征集到服务需求125项。邀请专家对申报项目的必要性和可行性进行论证，确定新社区新居民融合服务、社区特殊群体生活照料服务等8个方面99项服务项目，编制《政府购买服务项目指南》及《项目目录》。以公开招标、单一来源及竞争性谈判等方式，在全市首次运用政府招投标形式开展政府购买服务工作。以社会组织监督社会组织形式，开展项目论证、招投标、评审、监督指导、中期检查及结项项目绩效评估等工作，严格规范社会组织行为。截至年底，8个项目公开招投标工作全部完成，进入全面实施阶段。

（曹　宇）

【非公有制企业党建工作加强】 年内，区委社会工委、区社会办对去年非公有制企业党建工作情况进行认真总结，研究制定《门头沟区2014年非公有制企业党建工作方案》，开展非公有制企业党建活动阵地建设情况调研，形成《门头沟区非公有制企业党建阵地建设情况报告》。新成立非公有制企业党支部13家，非公有制企业党组织覆盖率达91%。

（刘文龙）

【网格化社会服务管理体系建设推进】 年内，区委社会工委、区社会办继续推进网格化社会服务管理体系建设。在已有网格化社会服务管理工作基础上，继续完善网格划分、网格员管理等基础性工作，推进社区服务管理网格与区为民服务信息平台对接。整合利益诉求及矛盾调处机制、社会动员机制、代理代办服务、“一刻钟社区服务圈”建设、志愿者服务、文体活动、物业管理等多项服务进网格，丰富服务内容。

（曹　宇）

【“健康生命 阳光生活”行动计划实施】 年内，区社会建设工作领导小组办公室制定《关于深入推进十二类人群精细化服务管理的实施方案暨“健康生命 阳光生活”活动计划》，结合街道改革、网格化服务管理、政府购买社会组织服务、智慧社区创建等工作，强化街道（镇）统筹协调功能，建立起十二类人群信息体系、社会救助体系、社会关爱体系。将未成年人司法救助与社会观护、未成年人帮教扶持救助、特殊青少年帮扶行动、社区矫正和刑释解教人员就业帮扶、重点人管控等5个12类人群服务项目纳入社会建设重点项目，实行专项督查督办；通过购买服务方式扶持6个涉及社区特殊人群的生活照料服务，实现对特殊人群的精细化管理。

（付章妍）

【“城市管理提升年”活动开展】 年内，区城市管理工作领导小组办公室制定《关于开展“城市管理提升年”活动的实施方案》，在全区范围内开展市容环境整治提升工程、数字化城市管理提升工程、优美特色街巷打造工程、社区治理水平提升工程等4项城市管理提升工程。以垃圾分类、网格化建设、特色街巷创建、社区分类管理等工作为重点，将城市管理重点向背街小巷和社区延伸，推进城市环境在绿化、美化、亮化、净化和秩序化等方面均达到新高度，群众生活和居住环境达到新水平。

（宋　瑜）

【社区建设工作挂销账管理制度建立】　年内，区委社会工委、区社会办将社区建设工作按照基础数据和任务督办分类建立31项任务台账。将各类基础数据按照内容进行汇总归类，形成社区用房、经费、人员、设施等23项基础台账。根据年度工作任务建立社区创建、垃圾分类、环境整治等8项督办台账。通过台账制度进一步细化了任务分工，明确了完成时限，强化了督查督办，确保社区建设任务顺利完成。

（刘　迪）

【社区规范化建设加强】　年内，全区创建“六型社区”示范单位16个、社区规范化示范点4个、市级“一刻钟社区服务圈”示范点6个、老旧小区自我服务管理试点2个。在9个社区安装社区服务站标识。完成市级第三批社区用房规范化建设项目申报工作，将21个未达标社区用房纳入区政府为民办实事工程，设立6000万元社区用房专项资金，7个社区顺利达标。

（马晓峻）

【新建居住区服务管理工作成效明显】　年内，区委社会工委、区社会办高标准加强新建居住区建设。以新建居住区联席会议为平台，加强统筹协调，解决涉及商业、交通、物业等方面问题40余项。协调相关单位做好基础服务设施建设，满足居民基本生活需求。督促指导社区筹备组全面履职，与公安、城管、物业公司建立四方联合巡视机制，对新区环境秩序进行综合整治。抓好新居民培育，推出“社区安居服务包”，利用橱窗、板报、横幅等加大宣传力度，引导居民文明、规范、有序入住。

（付章妍）

【农村社会管理创新试点建设开展】　年内，全区通过建设村级社区服务站，设立人口计生和社会保障等岗位，配置办公设施，实现了基本公共服务不出村。安装社区服务站标识系统。合理规划村级各类办公和服务场所，方便群众办事和组织活动。建立健全村民自治章程，实现村庄管理规范化、制度化。截至年底，累计建成农村社会管理创新试点12个。

（马晓峻）

【社区分类管理实施】　年内，区城市管理工作领导小组办公室制定《关于推进社区分类管理工作方案》，按照维持一批、改造一批、精品化一批的原则，对社区进行分类管理。针对40个涉拆社区，全力保障社区基本服务；针对55个不涉拆的老旧社区，大力提升社区环境面貌；针对20个新建社区，全力高标准建设管理。共打造养老服务、宜居家园、六型服务、便民服务、文化传承等7个精品社区品牌。

（马晓峻）

【垃圾分类工作机制创新】　年内，区委社会工委、区社会办起草，区政府办下发《门头沟区社区垃圾分类“户分类、社区收集、区运输”模式实施方案》，在门城77个社区和2个农村社区推行“户分类、社区收集、区运输”的新型垃圾分类管理模式。由街道统筹、社区发动，从分类、收集、运输3个环节对垃圾分类工作进行流程再造，加强生活垃圾源头治理。实行垃圾分类资金包干制，在16个社区开展垃圾分类示范社区创建活动，建立沟通协调、工作会商和任务督办机制。

（刘　迪）

【“一街一景”特色街巷创建工程实施】　年内，区城市管理工作领导小组办公室研究制定《关于开展“一街一景”特色街巷创建活动的实施方案》，由各街道指导社区以“因地制宜、凸显特色、打造品牌”为原则，建成以“四季飞花”景观街、“桑榆情”为老服务街巷、民俗特色文化街等为代表的11条特色街巷。城市管理重点延伸至背街小巷和社区。

（马晓峻）

【老旧小区“四管”停车模式建立】 年内，全区实行社区自治“强管理”，建立完善社区自我服务管理组织，指导规范车辆停放秩序，完善小区车辆停放管理机制，做好停车秩序维护工作。实行社会力量“协管理”，成立社区司机协会、社区车辆管理志愿者服务队、网格员队伍等服务力量管理停车。实行部门联动“助管理”，充分利用地下人防工程为社区居民提供停车服务，有7万余平方米人防工程用于停车。实行拓展车位“促管理”，合理规划社区公共空间，在10个老旧小区重新规范停车位1000余个，新建停车位500余个；对3个拆迁后闲置场地进行改造，新建临时停车场1.5万余平方米，增加停车位800余个。全年共建成7个停车示范社区。

（马晓峻）

【“智慧社区”创建工作开展】 年内，区社会办会同区经信委、区民政局制定《2014年门头沟区智慧社区创建工作推进方案》，建立督查机制，定期对智慧社区创建工作进行督查指导。将智慧社区创建工作纳入全区社会建设重点项目任务，加大资金支持力度。截至年底，共创建23个智慧社区，各创建社区基础网络设施实现全覆盖，社区网逐步完善，为老服务“一键通”、数字化图书室、智慧包裹、“社区一卡通”、公共微信服务平台等特色服务工作取得新进展。

（宋 瑜）

【“一居一（多）品”创建活动开展】 年内，区社会办制定《门头沟区社区“一居多品”创建活动实施方案》，由各街道指导辖区社区结合实际，“量身定做”生态型、助老型、共建型等特色品牌社区。年内，建成15个“一居一品”社区，9个“一居多品”社区。

（马晓峻）

【楼门文化创建活动开展】 年内，通过设立环保、绿色、廉政、文化、教育、养生、服务等主题楼门，广泛动员居民参与社区建设，改善楼门环境面貌，强化居民邻里意识，增强居民归属感。共创建四星级文化楼门281个，五星级文化楼门158个。

（刘 迪）

房山区

【概况】 年内，全区社会建设工作扎实推进，取得良好成效。一是深入开展党的群众路线教育实践活动。向直管的26家“两新”组织派出4个二级督导组，12名工作人员。收集意见建议746条，查摆出班子在“四风”方面存在的问题10个方面25条。新制定或修订制度23个。二是全面推进社会体制改革工作。完善社会建设工作体系。研究起草社会体制改革系列文件。三是积极推进社会领域党建工作。确定拱辰、城关、西潞、长阳、燕山5个区域化党建试点，明确14项工作任务。选派第二批35名非公有制企业党建指导员、第三批45名社区指导员。四是扎实推进网格化建设工作。28个街道（乡镇）级指挥分中心的整体框架已基本搭建成型。初步完成各部门协管力量统计分类工作，基本实现全区协管力量实名制融入网格工作。五是继续推进社区规范化建设工作。完成社区用房新建、改造项目4个、装修项目17个、维修项目4处。开展8个市级“一刻钟社区服务圈”示范点、5个市级社区规范化示范点、5个老旧小区自我服务管理试点、12个农村社会服务管理创新试点建设。六是稳步推进社会组织建设工作。完成第二批6家区级“枢纽型”社会组织和第一批5家街乡级“枢纽型”社会组织认定工作。确定第二批社会动员试点单位，完成87个社区志愿服务站规范化建设工作。七是不断推进社会建设信息化工作。以“关爱行老年智能手机”为终端，提供日间照料、代购物品等多项服务，服务老年人达1300余人次。完成51期（98条）节目，30条重大活动新闻报送、1部迎检短片制作工作。

（张云锋）

【社工骨干拓展活动开展】 1月3日，区社工联合会对来自西潞街道、城关街道、长阳镇的近40名社工骨干开展了“放飞青春逐梦想·分享快乐共成长”主题拓展训练，通过参与“一个都不能少”“进化论”等游戏，增强了社工的合作意识和团队凝聚力，此次活动是联合会对社工队伍建设的一次积极尝试，为今后工作开展奠定了基础。

（时小平）

【社区指导员和非公党建指导员座谈会召开】 1月14日，区委社会工委、区社会办召开社区指导员和非公党建指导员座谈会。13位街道（乡镇）社会工委书记及全区112位社区指导员、35名非公党建指导员参加会议。会议全面回顾了近年来社区指导员和非公党建指导员所做的主要工作及取得的成效，进一步总结交流工作经验，明确了2014年重点工作：一是紧紧抓住党的群众路线教育实践活动契机，全面加强基层组织建设；二是起草《全面建设房山区社会服务管理创新规划纲要》；三是分类制定社会组织发展规划纲要；四是大力推进网格化服务管理体系建设。

（陈娅芬）

【区社会建设工作获得国家级嘉奖】 1月15日，第五届中国社工年会在北京举行，年会揭晓了2013年度中国“十大社工人物”和年度“十大社工事件”，拱辰街道宜春里社区大学生社工朱佳琦荣获“2013年度中国最美社工”称号，区大学生社工艺术团受邀参加大会，并进行精彩演出，充分展现了区社工精神风貌。

（隗和强）

【机关档案工作获评优秀】 1月16日，区档案局机关档案工作联合测评组到区委社会工委、区社会办，对档案工作争创“市级优秀单位”进行检查测评。会上，区委社会工委就机关档案工作开展情况向测评组作了汇报，测评组对档案工作资料和档案室进行了现场查看，对资料进行了认真审核。经综合评估，测评组对区委社会工委档案工作给予高度评价，区委社会工委机关档案工作达到了市级优秀标准，当场举行了由区档案局颁发的“北京市区县机关档案工作测评市级优秀单位”授牌仪式。

（孟宪洋）

【走访慰问老党员、企业家劳模】 1月21日，区委社会工委书记、区社会办主任于瑞林、副书记张丽红、工会主席陶文学一行到北京韩建集团有限公司、北京房山商贸有限公司、北京龙建集团有限公司三家大型民营企业，走访慰问老党员、企业家劳模，送去了党和政府的温暖以及新春的祝福。

（陈娅芬）

【区社工骨干心理服务专业能力培训班中期结业考试】 1月24日，区社工骨干心理服务专业能力培训班中期结业考试在“两新”组织党群活动中心多功能厅举行，培训班40名在编学员参加考试。

（于　洋）

【市委社会工委领导慰问社区干部】 1月27日，市委社会工委委员、市社会办副主任陈建领带队到城关街道矿机社区走访慰问离退休社区居委会主任冯启斌。陈建领与冯启斌亲切交谈，询问了退休后的生活情况，感谢对社区建设做出的贡献，希望今后多为社区建设提出宝贵意见，并对家人致以新春节日问候。

（孟宪洋）

【社工骨干心理服务能力培训经验座谈会召开】 1月28日，区委社会工委、区社会办召开社工骨干心理服务专业能力培训经验座谈会。市委社会工委副书记、市社会办副主任张坚，区委社会工委书记、区社会办主任于瑞林等领导出席会议。座谈会上，参训学员代表、教师代表及社会心理研究所代表20余人就心理培训发表学习感言。张坚充分肯定区委社会工委对全市心理服务培训试点的组织保障，要求北京社会心理研究所要持续关注学员继续教育，组成专家督导组，随时回答和解决学员及各区县在实际工作中遇到的难点问题。同时，鼓励学员以此次培训为契机，努力提高自我学习和自我实践能力，学以致用，努力做好本职工作，为社区和谐稳定做出更大贡献。

（孟宪洋）

【区社会领域党组织教育实践活动准备会召开】2月21日，区委社会工委、区社会办召开社会领域党的群众路线教育实践活动准备会。区委社会工委书记、区社会办主任于瑞林出席会议，直管26家社会领域党组织书记、党务工作者及区委社会工委系统教育实践活动办公室全体人员参加会议。会议围绕召开教育实践活动动员部署会和活动第一环节内容，部署了当前主要工作。于瑞林传达了区委教育实践活动精神，解读了本次活动指导思想和重要意义。

（陈娅芬）

【党的群众路线教育实践活动动员部署会召开】 2月25日，区委社会工委、区社会办召开机关党的群众路线教育实践活动动员部署会。区委教育实践活动第十督导组成员出席会议。区委社会工委领导班子及机关党员干部、直管26家社会领域党组织书记及社会领域“两代表一委员”、先进模范、党员干部群众代表等共80余人参加会议。区委社会工委书记、区社会办主任于瑞林对机关开展教育实践活动做动员报告。区委教育实践活动第十督导组组长刘守祥对区委社会工委扎实开展一系列专题调研、制订工作方案、成立活动领导工作小组、建立6个联系点、成立4个二级督导组、发放150份教育实践活动学习资料等前期工作表示肯定。会议强调要在区委督导组督导和区委社会工委教育实践活动领导小组领导下，保质保量完成好教育实践活动各项目标任务，为全面提升“一区一城”新房山建设，实现“新城新业新生活”的房山梦做出更大贡献。

（陈娅芬）

【教育实践活动培训会举办】 2月28日，区委社会工委举办党的群众路线教育实践活动培训会，将党的群众路线教育实践活动引向深入。区委社会工委领导班子全体成员、机关工作人员近100人参加培训。参训人员围绕中央和市、区委领导讲话、有关政策文件，进行集中学习和交流讨论，并集中观看了《苏联亡党亡国20年祭》警示教育片。

（朱丽芳）

【“两新”党组织教育实践活动暨二级督导组培训会举办】 3月3日，区委社会工委、区社会办举办“两新”党组织党的群众路线教育实践活动培训会。区委统战部副部长、区工商业联合会党组书记焦启超，区委社会工委书记、区社会办主任于瑞林出席会议。各直管党组织书记及支委以上干部和机关全体党员等140余人参加会议。会议要求：一是各级“两新”组织党组织要尽快成立教育实践活动领导小组和出台实施方案。二是要广泛向企业职工、客户征求意见，认真梳理群众利益诉求与期待要求。三是参加教育实践活动的26家“两新”党组织要在区委社会工委派出的4个二级督导组指导下，以“加强基层服务型党组织建设”为工作重点，把开展教育实践活动同推动非公有制企业发展有机统一起来，形成相互推进、相得益彰的新局面，以教育实践活动的新成效、党员干部的新作风推动非公党建和非公有制企业的新发展。

（陈娅芬）

【大学生社工党总支教育实践活动动员部署会召开】 3月13日，区委社会工委、区社会办在党群会议中心召开大学生社工党总支党的群众路线教育实践活动动员部署会。区委社会工委副书记张丽红出席会议并讲话，大学生社工党员共100余人参加会议。会议要求：一是要落实领导带头。党总支与各支部书记、委员在此次活动中切实履行第一责任人的职责，真正把责任扛在肩上，把上级要求落实到实处。二是要加强典型宣传。各支部在教育实践活动中要深入挖掘参加教育实践活动的先进典型，借助网站、“社会家园”栏目组等信息互动平台，及时总结教育实践活动取得的成效，正面宣传加强作风建设，深入开展宣传活动。三是要把群众路线教育实践活动与社会工作实际有机联系起来。通过教育，促进全区社会建设工作发展；通过教育，增强广大社工归宿感和向心力，提高社工队伍整体素质；通过教育，增强广大社工责任意识和服务意识。

（陈娅芬）

【两类指导员代表座谈会召开】 3月13日，区委社会工委、区社会办召开两类指导员代表座谈会，请社区指导员和非公有制企业党建指导员为开展党的群众路线教育实践活动和社会建设谏言献策，广泛征求意见，倾听民心民声。区委社会工委领导班子和25位指导员代表参加会议。指导员代表围绕教育实践活动和社区服务管理、非公有制企业党建等，提出了涉及指导员管理考核、非公有制企业党员发展等4个方面27条意见建议，为做好全区下一步社区建设和社会领域党建奠定了基础。会后，区委社会工委出台指导员管理办法和考核制度，进一步创新非公有制企业党建工作，加强、创新社会服务和社区管理，强化对社区干部、社区工作者和两类指导员队伍培训，促进社会建设新发展。

（陈娅芬）

【区领导调研区社会建设工作情况】 4月1日，副区长刘胜国到区委社会工委、区社会办调研，先后实地视察了城关兴房东里老年综合服务中心，区社会组织服务中心，区党群活动中心等地服务管理情况。区委社会工委书记、区社会办主任于瑞林陪同调研。刘胜国充分肯定区委社会工委、区社会办工作成绩，同时提出四点要求：一是加强对兴房东里老年综合服务中心的工作指导，探索适宜的运行管理模式；二是实现“两新”社会组织党建工作全覆盖，充分发挥基层党组织凝聚党员群众作用；三是注重工作调研，学习兄弟区县先进经验；四是加强部门沟通协调，形成社会建设工作又好又快发展态势。

（孟宪洋）

【区领导调研社会建设工作】 4月9日，区委副书记、区政法委书记曾赞荣到城关兴房东里老年综合服务中心、网格化区级指挥平台、西潞大街社区服务中心、区社会组织服务中心、区党群活动中心等进行实地调研，并听取工作汇报。区政法委副书记、区综治办主任韩士军，区委社会工委书记、区社会办主任于瑞林陪同。曾赞荣对区委社会工委、区社会办工作成绩予以充分肯定，并提出两点要求：一是当前社会正处于转型时期，社会管理面临着新课题和新困难，要根据国情、市情、区情实际扎实推进社会治理；二是要大力推进网格化服务管理体系建设、社区规范化建设等各项工作，整合资源，制定规则，提升办事能力和效率，促进社会建设工作全面发展。

（朱丽芳）

【区大学生社工艺术团“国际社工日”唱响社工之歌】 4月15日，市委社会工委、市社会办在北京青年政治学院礼堂举办纪念2014“国际社工日”暨首都社工风采展示活动。区社工艺术团合唱队受邀参加演出，合唱社工之歌——“我们是光荣的社区工作者”，展现了全区社工积极向上的青春风采，唱出了广大社工为民服务的工作热情。

（白安琪）

【首批社工骨干心理服务专业能力培训班结业】 4月23日，全区首批社工骨干心理服务专业能力培训班结业典礼在“两新”组织党群活动中心多功能厅举行。市社会办副巡视员张青之，区委社会工委书记、区社会办主任于瑞林等参加结业仪式，并为40名学员颁发了结业证书。本次培训班经过25天、150课时集中培训。设立了《心理学基础理论知识》《心理学操作技能》《案例应用》三大课程，内容结合实际，具有很强的针对性。通过心理培训，丰富了专业知识，掌握了专业技能，有助于学员们今后更好开展社区工作。

（于　洋）

【国际社工日主题宣传活动暨第三期社区工作者培训班举办】 4月25日，全区2014年“国际社工日”主题宣传活动暨2014年社区工作者培训班结业，参训学员319名，培训共20课时。本次培训班是北京市启动“万名社区工作者培训计划”以来，全区举办的第三期社区工作者培训班。至此，全区完成了1310名社区工作者轮训工作。通过轮训，提升了社工理论水平，增强了专业化和实用技能，加强了对社会政策的把握，提高了社会建设整体工作能力和服务水平，为实现“新城新业新生活”的房山梦奠定了坚实基础。

（时小平）

【非公有制企业党建工作推进会召开】 4月29日，全区2014年非公有制企业党建工作推进会召开。区委常委、组织部部长、统战部部长孙强，副区长刘胜国，区委社会工委书记、区社会办主任于瑞林，区委老干部局局长史建出席会议。24个乡镇街道专职副书记、第二批非公有制企业党建指导员及部分非公有制企业党组织负责人共120人参加会议。会议全面总结了近年来全区非公有制企业党建工作情况，部署了2014年重点工作，开展了非公有制企业党建工作经验交流，并向拱辰等8个乡镇街道选派了第二批非公有制企业党建指导员35名。

（陈娅芬）

【参加“我的中国梦”知识竞赛荣获一等奖】 5月6日，区直机关工委举办“我的中国梦”区直机关青年传统文化知识竞赛，21支代表队参赛。经过激烈角逐，区委社会工委参赛选手夺得第一名。

（孟宪洋）

【网格化试点工作会召开】 5月14日，区委社会工委、区社会办组织召开网格化试点工作会。拱辰、西潞、城关、青龙湖、阎村等8个街道（乡镇）网格化主管领导参加会议。会议内容：一是筹备拱辰、西潞、城关和青龙湖4个试点街道（乡镇）试运行准备工作，加快街道（乡镇）级指挥分中心硬件设备建设，完善基础数据录入工作，为试运行提供保障。二是在总结试点地区建设经验基础上，逐步向全区推开，计划选取良乡、阎村、窦店和琉璃河4个街道（乡镇），开展平台建设和基础数据录入工作，继续推进网格化体系建设工作。会议要求，8个街道（乡镇）进一步细化工作方案，高标准落实好各环节任务，为实现全区网格化社会服务管理体系全覆盖奠定基础。

（韩军帅）

【区社工骨干家庭园艺专业技能培训班举办】 5月21日至7月25日，区委社会工委、区社会办组织开展社工骨干家庭园艺专业技能培训。100名基层社工参加，培训总计60课时，通过集中授课、实践操作等教学形式，使学员们了解到阳台种植、花卉识别、病虫害防治等专业知识，并掌握盆栽种植、蔬菜嫁接、盆景制作等专业技能。培训班着重探索社会工作与家庭园艺技能相结合的实践应用，培养一批掌握一定家庭园艺技能的骨干社工人才，更好地服务社区居民。

（于　洋）

【社会建设工作座谈会召开】 6月13日，区委社会工委、区社会办召开全区社会建设工作座谈会，区委副书记、区政法委书记曾赞荣出席会议，区委常委、组织部部长、统战部部长孙强主持会议，全区27个相关委办局、街道、乡镇领导参加。区委社会工委书记、区社会办主任于瑞林介绍起草关于全面深化社会体制改革意见、区域化党建工作意见、加强社工人才队伍建设意见和建立社区工作准入制度意见等文件情况。相关委办局、街道、乡镇结合实际提出修改建议。曾赞荣对全区社会建设工作成绩给予充分肯定，同时强调加快推进区域化党建工作，要不断细化工作方案，明确工作任务，采用“试点先行”工作方式，探索符合房山区实际的区域化党建工作方式。

（孟宪洋）

【庆祝建党93周年暨“永远跟党走”专题晚会举办】 7月2日，庆祝中国共产党成立93周年暨房山区社工艺术团“永远跟党走”专题晚会举办。副区长曹蕾，区委宣传部、区文委、区委社会工委、区妇联、西潞街道等有关单位领导出席活动。区社工艺术团献上合唱、独唱、舞蹈等精彩节目，充分展示了全区年轻社工良好的艺术形象和时代风采。

（张晓雯）

【“爱心书籍捐赠月”活动落下帷幕】 从6月份起，区社工联合会组织政府机关、高校和社区开展“捐一本书、献一份爱”书籍捐赠月活动。捐赠对象为打工子弟学校、老年服务机构、新建社区服务中心。活动分别走进碧桂园、碧波园、原香小镇、北潞园、苏庄二里5个社区，北京工商大学房山分校、北京理工大学房山分校、北京理工大学阎村分校等3所高校和区政府第二办公区。共收到工具类、艺术类、文学类、健康知识类、科普教育类、营养饮食类等书籍2677本。

（时小平）

【第三批社区指导员工作会召开】 7月10日，区委组织部、区委社会工委、区委老干部局联合召开选派第三批社区指导员工作会，进一步推进社区管理体制机制创新，提升社区规范化建设水平。会议总结了第一批选派社区指导员在宣传党的方针政策、加强基层组织建设、零距离服务居民、科学指导社区建设等方面的工作经验，要求社区指导员以“加强社区党建工作、全面提高社区服务管理科学化水平”为目标，切实解决社区在党组织作用发挥、社区工作者队伍建设、加强服务管理等方面存在的问题。会上，相关领导向选派到拱辰等10个乡镇、街道的第三批71名指导员颁发聘书。

（陈娅芬）

【社会事业与社会治理体制改革专项小组第一次领导小组会召开】 7月11日，区召开全面深化改革领导小组社会事业与社会治理体制改革专项小组第一次领导小组会。区委副书记、区政法委书记曾赞荣，区委常委、常务副区长李江，区委常委、区公安分局局长鹿进宝，区委常委、区人民武装部部长郝恭平，副区长刘胜国出席会议。会议通报了市委社会事业与社会治理体制改革专项小组工作开展情况，确定区专项小组成员由6位区领导和16个相关单位负责同志组成，曾赞荣任组长，李江、鹿进宝、郝恭平、曹蕾、刘胜国任副组长，专项小组下设秘书处，设在区委社会工委、区社会办。同时，会议还对专项小组机构设置，工作职责，会议制度、主要任务及分工方案等进行了讨论。曾赞荣就下一阶段工作提出四点要求：一是加强学习，进一步提高对改革的认识。二是加强沟通与研究，做好与市里各个部门的对接。三是按照改革内容和进度安排，细化任务，立行立改，抓好落实。四是根据征求意见，完善工作方案，下发专项小组成员单位。

（孟宪洋）

【领导班子专题民主生活会召开】 7月29日，区委社会工委、区社会办召开党的群众路线教育实践活动领导班子专题民主生活会。

区委社会工委书记、区社会办主任于瑞林及全体班子成员共6人参加会议，区委第十督导组、区委组织部有关同志到会指导。民主生活会上，班子成员根据工作实际，着重从思想观念、工作作风、廉政建设等方面深入细致地查找班子和个人存在的问题，深刻剖析问题根源。开展批评和自我批评，收到了红脸出汗、排毒鼓劲的效果。区委第十督导组、区委组织部对民主生活会给予肯定。

（陈娅芬）

【领导班子专题民主生活会情况通报会召开】 8月5日，区委社会工委、区社会办召开党的群众路线教育实践活动领导班子专题民主生活会情况通报会。通报民主生活会取得的三方面成果：一是自我批评做到了揭短亮丑；二是相互批评做到了辣味十足；三是生活会不仅开出了辣味，也开出了“人情味”。并就下一步工作提出三点要求：一要着力提升党性修养，进一步增强政治上的免疫力；二要着力解决“四风”问题，进一步提高做好群众工作的能力和水平；三要着力解决关系群众切身利益的现实问题，进一步提高社会建设科学化水平。

（陈娅芬）

【区领导调研党委主体责任落实情况】 9月12日，区纪委副书记、区监察局局长李学带队，就党风廉政建设党委（党组）主体责任落实情况到区委社会工委调研。会上，区委社会工委书记、区社会办主任于瑞林汇报区委社会工委落实党风廉政建设党委主体责任情况。李学对区委社会工委工作给予充分肯定，并针对深入贯彻落实党风廉政建设党委主体责任提出三点要求：一是加强学习，提高认识。深化对十八届三中全会和中纪委三次全会精神以及习近平总书记系列讲话精神的学习，进一步将党委主体责任、纪委监督责任、党员干部“一岗双责”落实到位。二是结合反“四风”，选好切入点。将反对“四风”作为党委落实主体责任的关键切入点，与社会建设和创新社会服务工作同部署、同落实、同检查。三是坚持“三个到位”，做好“四个亲自”。坚持“主体责任体系建立到位、主体责任意识强化到位、监督责任履行到位”，党委“一把手”做到“对党风廉政建设重要工作亲自部署、对重大问题亲自过问、对重点环节亲自协调、对重要案件亲自督办”确保责任落实。

（刘丽君）

【网格化社会服务管理体系和智慧社区建设调研】 9月18日，市委社会工委、市社会办调研组就网格化体系、智慧社区建设工作及“十三五”时期构想到房山区调研。调研组听取了区网格化体系、智慧社区建设进展情况汇报，对区网格化体系建设和智慧社区建设工作予以充分肯定，认为区委、区政府对此项工作高度重视，工作扎实到位、规划设计科学，取得了显著效果。同时，强调要在以下三个方面力争突破：一是在网格化体系和智慧社区建设的组织体制机制上寻求突破；二是在服务创新、功能创新、特色创新等方面寻求突破；三是充分发挥现有优势，在全市示范推动，发挥带头作用上寻求突破。

（韩军帅）

【社会工作者培训班举办】 9月18日至20日，2014年全区社会工作者培训班在区成教中心举办。培训采用集中授课和团队建设相结合的形式进行，实行班级自我服务、自我管理。区委社会工委聘请社会建设领域专家教授、专业心理咨询师及著名艺术家从社会建设的理论与实践、人际沟通交流等方面对180名新招录社会工作者进行培训。

（赵　雪）

【党风廉政教育专题讲座举办】 9月29日上午，区委社会工委邀请区纪委副书记、区预防腐败局局长汤连成作党风廉政教育专题讲座，区委社会工委纪检书记白宝琦主持，机关全体干部及直管26家社会领域党组织书记、纪检专职工作者共90余人参加学习。讲座中，汤连成以《学习贯彻总书记系列重要讲话精神 扎实推进党风廉政建设和反腐败工作》为题，介绍了监察工作发展脉络、面临形势，阐述了十八大以来党中央加大反腐力度、“老虎苍蝇一起打”的坚定决心，以“作风建设、惩治腐败、预防腐败”为出发点，明确了今后反腐任务与目标，并希望广大党员干部常怀感恩之情、常存敬畏之心。讲座既有理论介绍，又有案例剖析，与会全体干部深受教育。

（刘丽君）

【“社工骨干心理咨询专业技能培训”开班仪式举办】 10月22日，区委社会工委、区社会办在区党群活动中心多功能厅举办“房山区社工骨干心理咨询专业技能培训”开班仪式，培训共遴选60名基层社区工作者进行15天、90学时心理咨询专业知识的学习。

（赵 雪）

【学习党的十八届四中全会精神专题会议召开】 10月27日，区委社会工委、区社会办召开学习党的十八届四中全会精神专题会议。全体机关干部91人参加。会议强调，学习宣传贯彻好党的十八届四中全会精神是当前首要政治任务，要认真学习领会全会精神，充分认识全面推进依法治国的重大意义，坚决贯彻落实依法治国各项任务，全面提升全区社会建设工作水平。

（朱丽芳）

【区委社会工委机关支部委员会召开换届选举党员大会】 10月28日，区委社会工委机关支部委员会召开党员大会，选举产生了新一届机关支部委员会。区委社会工委副书记、机关支部书记张丽红代表上一届机关支部委员会向大会做工作报告。会议选举陶文学为机关支部新一届书记，刘杰和徐敦霖为机关支部新一届委员。新当选的支部书记代表新一届支部班子作表态发言。会后，新一届机关党支委还召开了第一次会议，研究了各支委分工安排，研究部署了近期党支部日常工作等事项。

（朱丽芳）

【党的群众路线教育实践活动总结暨学习十八届四中全会精神大会召开】 10月30日，区委社会工委、区社会办召开党的群众路线教育实践活动总结暨学习十八届四中全会精神大会。区委党的群众路线教育实践活动第十督导组成员出席会议。区委社会工委领导班子及机关全体党员干部、直管26家社会领域党组织书记出席会议。会议全面总结了区委社会工委、区社会办开展党的群众路线教育实践活动做法、取得的成绩，并对区委第十督导组全体同志表示感谢。

（朱丽芳）

【学习贯彻党的十八届四中全会精神专家报告会举办】 12月17日，区委社会工委举办学习贯彻党的十八届四中全会精神专家报告会，区委社会工委领导班子、机关干部及直管26家“两新”组织党组织书记、党员共125人参加。会议采取专家解读、书记讲课和学员交流等方式，紧密结合社会建设、企业发展实际，深入宣传党的十八届四中全会精神。会议特邀国家行政学院政府法治咨询研究中心主任杨伟东教授对全会精神进行深度解读。参会人员畅谈了对全会精神的理解。报告会受到各级党组织广泛欢迎，区委社会工委将本着“延伸教育，服务基层”理念，把学习深入到社区、企业生产一线，强化规章制度落实，以法治观念提升服务，使全会精神入企入户、入脑入心。

（陈娅芬）

通州区

【概况】 年内，区委社会工委、区社会办深入开展党的群众路线教育实践活动，认真落实各级指示精神，紧紧围绕北京城市副中心建设大局，着力在抓基础、抓创新、抓重点、抓落实上下功夫，推动全区社会建设工作迈上新台阶。一是社会治理体制机制创新效果明显。依托“区社会建设研究指导中心”，联合博士联谊会及合作院校建立36人的社会建设“专家库”，积极发挥“智囊”作用，开展《通州区关于社会组织管理与建设的调查研究》等课题研究，理论支撑和成果转化初见成效。二是网格化系统平台建设有序推进。按照“一张网、两条线、三级平台、四级服务管理”的思路，着力打造与北京城市副中心功能定位相适应的网格化社会服务管理模式。在街镇、社区、网格三个层面实现了网格平台上报处置事件的闭环工作流程。全年通过网格系统上报问题155120件，处理150563件，办结率达到97.1%，有效解决了突出的社会服务管理问题。三是日常业务工作进展顺利。社区建设方面，分两批开展社区规范化建设，80%社区用房基本达到350平方米标准；楼门文化建设持续深化，基本实现“两个100%和两个50%”目标；按照“六有一全+六支队伍”特色模式打造15个“一刻钟社区服务圈”；以“文明·和谐·共享”为主题，开展金秋社区节系列活动。社会组织培育发展方面，成立区社会组织联合会；指导梨园镇成立首家乡镇社区社会组织联合会；引导玉桥社会组织孵化基地发挥示范作用，协助16家社会组织成功申报17个市政府购买社会组织服务项目，获得市级专项资金230万元。社工队伍建设方面，引进首家专业社会工作机构；完成区社工联合会换届工作，建设33个志愿者建设达标社区。社会领域党建方面，探索推进街道“大工委”、社区“大党委”机制；全区112个社区全部实现单独或联合建支，组织覆盖率达到100%；全区4239家非公有制企业实现单独或联合建支的3282个，党组织覆盖率77.42%，居全市前列；全区13家“枢纽型”社会组织依托党建联席会在负责联系指导帮助的242个社会组织中实现党的工作全覆盖；推动在职党员到社区报到，共有14146名在职党员认领社区岗位1755个，53295人次受益；推动6家商会建立党组织，打造了环保园区等3个区级园区党建示范点。

（赵英堂）

【社区工作者迎新春联欢会举办】 1月17日，全区2014年社区工作者迎新春联欢会在北京工业大学实验学院举行，全区300余名社区工作者参加。

（赵英堂）

【社会组织孵化基地揭牌仪式举办】 1月23日，玉桥街道社会组织孵化基地揭牌仪式在新通国际社区举行，区社会办副主任周庭桂参加活动。孵化基地采取“政府扶持、社会参与、专业团队管理、公益组织受益”运行模式，设有公益组织展示区，孵化模式图、公益理念墙、蜂巢LOGO墙、社区组织实践风采展示、作品展示、社区名人榜等，首批15个社区组织已陆续入驻。

（赵英堂）

【社会组织工作开展情况考察】 1月28日，区委统战部部长赵玉影先后来到玉桥街道社会组织孵化基地和半壁店社会组织联合会筹建基地调研，实地考察社会组织工作开展情况，并对有关工作提出针对性意见，区社会办副主任周庭桂陪同调研。

（赵英堂）

【市委社会工委领导慰问志愿者代表】 1月29日，市委社会工委书记、市社会办主任宋贵伦到通州区慰问志愿者代表刘月华。区委常委、统战部部长赵玉影，区社会办主任张玉震等陪同慰问。

（赵英堂）

【楼门文化建设座谈会召开】 2月18日，区委社会工委、区社会办组织召开“关于2014年通州区楼门文化建设座谈会”。会议介绍了2014年楼门文化建设的初步安排，各单位结合实际，就当前楼门文化建设存在不足和下一步采取的措施进行探讨，4个街道及永顺、梨园镇有关领导参加会议。会议由区社会办副主任周庭桂主持，区社会办主任张玉震出席并讲话。

（赵英堂）

【市委社会工委领导视察区网格化社会服务管理工作】 2月19日，市委社会工委委员、市社会办副主任王丽竹一行到区视察网格化社会服务管理工作进展情况，区委常委、统战部部长赵玉影陪同，实地参观了区级指挥中心建设情况，在梨园镇分指挥中心召开座谈会，并就《北京市网格化社会服务与城市管理体系建设指导标准》（征求意见稿）听取意见建议。区社会办、梨园镇主要领导及4个街道主管领导和相关人员参加会议。

（赵英堂）

【党的群众路线教育实践活动深入开展】 2月24日，区委社会工委召开党的群众路线教育实践活动动员大会，区委第三督导组成员及机关全体党员干部参加会议。会上印发了《通州区委社会工委关于深入开展党的群众路线教育实践活动的工作方案》。教育实践活动开展期间，先后8次召开教育实践活动领导小组会议，2次召开征求意见座谈会，传达学习相关文件，组织讨论交流，开展对照检查，征求意见建议，制定作风建设制度规定，针对“四风”方面存在问题积极进行整改。8月6日，区委社会工委召开党的群众路线教育实践活动专题民主生活会。副区长肖志刚、区委第三督导组成员及区委活动办相关人员出席会议。区委社会工委书记宁秋君代表班子做对照检查，认真查摆存在的突出问题，并带头剖析根源，明确努力方向和改进措施。班子成员认真开展自我批评和相互批评，达到了提高认识、统一思想、增进团结、推动工作的目的。10月17日，区委社会工委组织召开党的群众路线教育实践活动总结大会，会议强调要进一步巩固和拓展教育实践活动成果，全面落实从严治党，切实在作风建设上下功夫。委办教育实践活动成效得到区领导、区委第三督导组负责人充分肯定。

（赵英堂）

【网格化项目三方高层会议召开】 2月28日，区委社会工委、区社会办组织召开网格化项目建设单位、承建公司及监理单位三方高层会议。会上，区社会办主任张玉震对项目提出整体要求，承建单位作整体汇报，重点对项目总体节点进行梳理，三方针对当前软件、硬件、网络及相关问题讨论协商，并制订实施方案。

（赵英堂）

【网格化平台建设工作座谈会召开】 3月3日，区网格化社会管理服务中心召开网格化平台建设工作座谈会，区委常委、统战部部长赵玉影，4个街道、梨园、永顺镇主管领导及承建、监理单位相关人员参加座谈会。会议主要议题是利用网格化社会服务管理平台系统，加强综合管理，确保“两会”顺利召开。

（赵英堂）

【参加“和谐社会 幸福人生”公益培训】 3月4日，区委社会工委、区社会办组织部分社工骨干参加由市委社会工委、市社会办主办，北京市社会心理工作联合会、首都经济贸易大学社会工作系与TAOS国际系统排列学院承办的“和谐社会 幸福人生”公益培训。

（赵英堂）

【购买社会组织服务项目专题部署会召开】 3月6日，区政府购买社会组织服务项目专题部署会召开，13家“枢纽型”社会组织和有关组织参加会议。会议总结了2013年区政府购买社会组织服务工作，并对2014年购买工作进行部署。

（赵英堂）

【区领导调研网格化平台建设情况】 3月13日，副区长肖志刚到区网格化社会服务管理指挥中心调研网格化系统平台建设情况，听取网格化项目整体工作汇报，观看全区网格整体划分情况、上报事件处理流程等过程演示，并提出意见要求。区社会办主任张玉震陪同。

（赵英堂）

【“北京市万名社区工作者培训计划”第三期培训班启动】 3月19日至21日，区“北京市万名社区工作者培训计划”第三期培训班举办，全区共有370余名一线社区工作者参加培训。培训围绕《中外社会建设理论概述》《北京市“十二五”时期社会建设规划纲要》《加强和创新社会管理》等10个专题进行了授课。

（赵英堂）

【检查部署“试点示范小区”工作】 3月21日，区委社会工委、区社会办与区民政局、住建委、文明办、创城办等有关部门对第一批创建文明“试点示范小区”工作开展情况进行实地检查验收，并召开座谈会进行集中打分。评选出全区首批7个文明示范小区，同时对第二批创建文明“试点示范小区”工作进行安排部署。

（赵英堂）

【“北京市万名社区工作者培训计划”第四期培训班举办】 3月26日至28日，全区第四期“北京市万名社区工作者培训计划”培训班举办，350余名社区工作者参加培训，标志着全区1200余名一线社区工作者全部接受轮训，为期三年的轮训任务提前完成。

（赵英堂）

【市专家调研区楼门文化工作】 4月2日，市专家对区楼门文化工作进行实地调研，实地走访玉桥街道玉桥东里社区及玉桥南里南社区楼门文化建设工作，区社会办副主任周庭桂陪同调研。

（赵英堂）

【“枢纽型”社会组织专题工作会召开】 4月25日，区委社会工委、区社会办组织召开“枢纽型”社会组织专题工作会，下发《2014年度社会组织建设工作要点》，对2014年社会组织，特别是“枢纽型”社会组织和街镇社会组织联合会在加强监督管理，提升组织能力，创新管理体制，规范组织建设等工作进行了重点部署。区社会办副主任周庭桂出席会议，全区13家“枢纽型”社会组织负责人参加会议。

（赵英堂）

【党建指导员示范培训班举办】 4月28日至30日，非公有制经济组织党建指导员示范培训班在区委党校举办，区社会办主任张玉震、区委党校常务副校长安志江、区社会办副主任王章兴参加开班仪式。全区35名非公有制企业党建指导员参加培训，区委社会工委领导、北工大实验学院教授、区委党校教授讲授了《贯彻十八届三中全会精神，加强非公有制企业党建》《赢在管理》《党的群众路线》等课程，聘请联动集团党委书记作经验介绍，并带领学员到蒙牛集团现场参观交流。

（赵英堂）

【楼门文化建设工作部署会召开】 4月30日，区委社会工委、区社会办组织召开全区2014年楼门文化建设工作部署会，4个街道及有关乡镇参加会议并座谈。会议重点部署2014年全区楼门文化建设工作方案，并与各单位座谈提升全区楼门文化建设品牌及发挥楼门文化建设作用等内容。会议由区社会办副主任周庭桂主持，区委社会工委调研员张长利参加会议并讲话。

（赵英堂）

【首批“文明示范小区”授牌暨观摩仪式举办】 5月6日，区委社会工委、区社会办牵头举办首批“文明示范小区”授牌暨观摩仪式，对首批7个“文明示范小区”进行授牌表彰。区委常委、统战部部长赵玉影，区委常委、宣传部部长王杰群出席仪式，仪式由区委社会工委副书记、区社会办主任张玉震主持。区创城办、区文明办、区委社会工委、区住建委、区民政局、各街道办事处及永顺镇、梨园镇、潞城镇主管领导，以及申报第二批“文明示范小区”的社区居委会主任共60余人参加活动。

（赵英堂）

【网格化平台建设工作高层会议召开】 5月13日，区网格化平台建设工作三方高层会议召开。区委常委、统战部部长赵玉影出席会议，区社会办主任张玉震主持，区社会办、承建单位、监理单位主要领导及相关负责人参加。会议听取了5个专项组负责人就目前网格项目工作进展情况汇报，现场观看了区网格办工作人员实地操作网格化平台系统流程演示。

（赵英堂）

【社会组织公益服务项目现场评审】 5月15日，市社会建设工作领导小组办公室组织专家对区2014年申报的2个金额超过100万元的政府购买社会组织公益服务项目进行专家现场评审。2个项目获得评审通过。

（赵英堂）

【社区节开幕式举行】 5月16日，区2014年社区节开幕式暨“聚爱通州，城乡居民公益服务汇”在运河文化广场举行，市委社会工委委员、市社会办副主任陈建领，区委常委、统战部部长赵玉影，副区长肖志刚出席活动，区委社会工委、区文明办、区文化委、区民政局等多家单位和街道、乡镇相关人员共450余人参加开幕式。

（赵英堂）

【“试点示范小区”检查验收】 5月21日至30日，区委社会工委、区社会办会同创城办等单位对第二批创建文明“试点示范小区”工作开展情况进行实地检查验收，最终确定18个文明示范小区。

（赵英堂）

【政府购买社会组织公益服务项目绩效考评工作启动】 5月22日，区全面启动2013年市政府购买社会组织公益服务项目绩效考评工作，此项工作分为承接单位自评、主责单位考评、领导小组办公室考评三个阶段。绩效考评工作于6月19日结束，全区2013年12个项目顺利通过考评，成功结项。

（赵英堂）

【首家社会工作事务所成立】 5月23日，区首家专业社工机构通州众合社会工作事务所正式成立。该所主要开展社会工作者招聘、社会工作者派遣、社会工作者管理、社会工作者继续教育等服务；为机构、流动人口社区、流动人口个人提供专业化就业、法律、能力建设培训等社会工作服务；对有需要的社会人士进行社会工作方面的专业辅导；开展社会工作方面的研究、宣传讲座及学术交流活动；为政府有关部门提供各类社会工作方面的政策咨询和建议；开展流动人口社会互助及关爱活动，开展对外交流与合作；承接政府及相关机关委托的各类社会工作服务项目和其他业务。

（赵英堂）

【社会建设研究及社会服务管理创新项目工作座谈会召开】 6月6日，区社会建设研究及社会服务管理创新项目工作座谈会在北工大试验学院召开，区委常委、统战部部长赵玉影参加并讲话，区委社会工委、区社会办、各街道、社会建设研究指导中心及各基地、区博士联谊会、北京农学院、有关“枢纽型”社会组织领导参加会议。会议听取了北工大实验学院关于区社会建设指标体系设计、试测评等的汇报，与会人员围绕区社会建设指标体系、区社会服务管理创新项目等内容展开座谈讨论。

（赵英堂）

【公共空间扰民问题专项协调会召开】 6月13日，区委社会工委、区社会办就全区公共空间扰民问题组织召开专项协调会，区文化委、区园林局、区城管执法局、区创城办、各街道办事处、永顺镇、梨园镇、潞城镇相关负责同志参加会议并座谈，区委常委、统战部部长赵玉影，区社会办主任张玉震出席会议并做相关部署。

（赵英堂）

【市委社会工委领导调研社会组织工作】 6月18日，市委社会工委委员、市社会办副主任陈建领等领导来区调研社会组织工作，实地参观了北苑街道新华西街社区、玉桥街道玉桥南里南社区，并听取区社会办专题汇报。

（赵英堂）

【社会领域党建工作座谈会召开】 6月18日，区委社会工委组织召开全区社会领域党建工作座谈会，区社会办主任张玉震、区委组织部副部长赵志刚、区社会办副主任王章兴和各街道乡镇社会工作党委负责人参加。会上各街道乡镇社会工作党委负责人汇报了本单位上半年社会领域党建工作开展情况和下半年社会领域党建工作思路，部署了全区下半年社会领域党建工作。

（赵英堂）

【区党建指导员联谊会交流学习】 6月18日，区党建指导员联谊会组织全区35名非公有制企业党建指导员到西城区展览路街道进行交流学习。参观了展览路街道非公有制企业党建服务中心，与街道工委、党建服务中心有关负责人就商务楼宇党建工作站工作开展、作用发挥、扩大党的组织和工作在非公有制企业的覆盖进行了交流学习。

（赵英堂）

【区购买社会组织服务项目绩效考评完成】 6月19日，市社会建设工作领导小组办公室专家组对区2013年度使用市级社会建设专项资金购买社会组织服务项目进行绩效考评。区社会办副主任周庭桂做工作汇报，并对玉桥街道玉桥南里南社区和谐之家项目进行实地考察走访。全区2013年12个购买社会组织服务项目顺利通过考评，成功结项。

（赵英堂）

【网格化信息资源管理指导标准座谈讨论】 6月25日，市委社会工委委员、市社会办副主任王丽竹带队到通州区，就《北京市网格化信息资源管理指导标准》（征求意见稿）进行座谈讨论，区社会办主要领导及有关人员、公司相关负责人参加。

（赵英堂）

【社会领域党建工作座谈会召开】 7月4日，区社会办召开社会领域党建工作座谈会，区委组织部副部长赵志刚、区社会办副主任王章兴和区委组织部组织科、区委社会工委党建科有关人员参加。与会人员围绕市委关于社会领域党建的有关精神和要求、全区社会领域党建工作中存在的问题、下步工作思路展开座谈。

（赵英堂）

【环保园区党建工作调研】 7月9日，区社会办副主任王章兴带队到马驹桥镇调研环保园区党建工作，区委组织部、区委社会工委、区委党校有关人员参加调研。

（赵英堂）

【区领导检查指导网格化工作】 7月14日，副区长肖志刚到区社会服务管理指挥中心检查指导网格化工作，听取指挥中心建设基本情况及网格化工作具体汇报，观看社会服务板块演示，对网格化工作进展给予充分肯定，并对下一步工作提出意见建议。区社会办主任张玉震陪同检查。

（赵英堂）

【社会工作者联合会第二届换届选举大会召开】 7月16日，区社会工作者联合会第二届换届选举大会召开，大会选举产生了苗清为会长的新一届理事会及李雅静为监事长的监事会成员。区社会办副主任王章兴、区民政局民管办主任徐颖及社会工作者联合会全体会员共69人参会。

（赵英堂）

【社会领域优秀党组织负责人专题培训班举办】 7月18日，2014年社会领域优秀党组织负责人专题培训班开班，区委组织部、区社会办、区委党校、区工商联有关领导参加开班仪式，区社会办主任张玉震出席会议并讲话。培训由区委组织部、区委社会工委、区委党校、区工商联联合举办，为期3天，组织全区40名社会领域优秀党组织负责人赴山东临沂群众路线教育基地开展党的群众路线主题教育。

（赵英堂）

【区社会组织联合会成立大会召开】 8月7日，区社会组织联合会成立大会召开，区委常委、统战部部长赵玉影，区社会办主任张玉震出席会议，并为区社会组织联合会揭牌。区社会组织联合会内设社会组织孵化部、基地综合服务部、项目技术服务部、社会组织多功能培训室、公益活动交流区和公益成果展示区六大功能分区，致力于打造区级培育公益慈善类、社区服务类、行业协会类等社会组织基地和社会组织交流展示平台，形成“政府扶持、社会参与、专业团队管理、公益组织受益”的孵化模式。

（赵英堂）

【社区节圆满落幕】 8月15日，2014年社区节在区文化馆举行闭幕式暨“繁荣杯”群众文艺汇演活动，历时3个月的社区节圆满落幕。

（赵英堂）

【社会动员试点工作调研】 9月4日，市委社会工委、市社会办对区社会动员试点中仓街道和小园社区进行调研。区社会办副主任王章兴陪同。

（赵英堂）

【“城乡全覆盖网格化社会服务管理工作”专题调研开展】 9月12日，区委、区政府在区社会管理服务中心专题调研“通州区城乡全覆盖网格化社会服务管理工作”。区领导王云峰、岳鹏、李玉君、赵玉影、肖志刚出席，区委办、政府办、监察局、编办、综治办、发展改革委、经信委、市容市政委、财政局、城管执法局等单位部门领导参加。调研由区社会办主任张玉震主持。

（赵英堂）

【社区党组织负责人专题培训班举办】 9月22日，2014年社区党组织负责人专题培训班开班，区委社会工委副书记曹锡钧、区委党校副校长惠学刚和培训班学员参加开班动员。此次培训为期4天，组织全区40名优秀社区党组织负责人赴山东临沂群众路线教育基地开展党的群众路线主题教育。

（赵英堂）

【优秀社区工作者专业能力提升培训班举办】 10月13日至11月6日，首届全区优秀社区工作者专业能力提升培训班在区成教中心举办，区委社会工委副书记曹锡钧在开班仪式作动员讲话。培训围绕提升社区工作者专业能力素质开设《社会工作导论》《社区工作》等6门课程，采取多种教学形式，丰富学员知识结构，拓宽工作思路。来自中仓、玉桥街道等6个单位的30名学员参加培训。

（赵英堂）

【社区建设工作检查验收】 11月26日至27日，市委社会工委、市社会办检查验收区年度社区建设工作，实地走访申报重点工作任务的社区。检查组对区社区建设完成情况给予充分肯定，检查顺利通过。同时，检查组也对区社区建设中典型示范抓引领的工作提出希望与要求。区社会办副主任周庭桂陪同检查。

（赵英堂）

【调研区社会领域党建工作】 12月11日，中央国家机关纪律检查工作委员会常务副书记、中央国家机关党建研究会副会长、全国基层党建研究中心主任姜永辉一行调研区社会领域党建工作，先后到联东集团调研党建“园中园”模式、北苑街道党建“双向积分”模式，市委社会工委委员、市社会办副主任陈建领，区委常委、统战部长赵玉影，副区长肖志刚，区委社会工委书记宁秋君等陪同调研。

（赵英堂）

【社会组织治理创新培训班举办】 12月17日至18日，区社会办举办2014年全区社会组织治理创新培训班。培训重点围绕党的十八届四中全会精神、北京市社会建设及社会治理体制改革、现代社会组织体制建设等进行专题讲解和辅导，区级“枢纽型”社会组织和区社会组织联合会成员单位近100名社会组织和民办非企业负责人参加培训。

（赵英堂）

【参观学习网格化社会服务管理工作】 12月19日，青海省杂多县县委书记李延斌等一行8人，到区参观学习网格化社会服务管理工作。区社会办主任张玉震陪同。

（赵英堂）

【社会组织治理创新座谈会召开】 12月25日，区委社会工委召开社会组织治理创新座谈会，区委常委、统战部部长赵玉影，区社会办主任张玉震，区委社会组织联合会会长、副会长，区“枢纽型”社会组织负责人，各街道（梨园镇）社区社会组织联合会负责人参加。座谈会通报了2014年社会组织建设工作情况及2015年工作计划，各“枢纽型”社会组织进行了交流发言。张玉震就全区2015年社会组织发展指出重点方向：大幅提高社会组织数量；全面提升社会组织质量；突出社会组织品牌创新。

（赵英堂）

【社会建设工作务虚会召开】 12月26日，区委社会工委召开社会建设工作务虚会，总结2014年各项重点工作，查找存在问题和不足，谋划2015年工作思路、目标和重点，机关全体干部参加会议。

（赵英堂）

【楼门文化建设工作富有成效】 年内，区委社会工委、区社会办先后组织召开4次楼门文化建设工作例会，区委常委、统战部部长赵玉影出席，区委社会工委、区社会办，各街道办事处、永顺镇、梨园镇、潞城镇、漷县镇、马驹桥镇主管领导及科室负责人参加会议。会议听取楼门文化建设工作进展情况汇报并进行实地查看，督促各单位抓紧推动工作落实。截至年底，全区共完成文化楼门建设12000多个，精品文化楼门6000多个，打造精品楼门文化圈30个，发展楼门文化创作团队500余支，培育了一支万余名楼门长组成的社区志愿者队伍，初步建立起楼门文化建设基本情况台账，基本完成楼门文化建设工作任务，取得良好社会效果。

（赵英堂）

【网格化工作协调推进】 年内，区先后召开25次网格化平台建设工作协调会，区委、区政府主管领导，区社会办、区公安分局、区经信委、区委党校、北工大相关人员及设计单位、监理单位、承建公司、移动公司主要负责人参加会议。会议先后重点研究协调了成立网格化项目运维小组、区指挥中心坐席人员到位、公安大图像、政务网升级改造、移动公司信号及3G、4G套餐方案、完善基础数据信息、平台项目经费使用等问题，有力推动了区网格化平台建设。

（赵英堂）

顺义区

【概况】 年内，区委社会工委、区社会办按照“三个阶段性特征”和“四个转型升级”要求，坚持以问题为导向，采取积极有效措施，社会建设工作取得新成绩。一是指标体系试点工作扎实开展。在部分村、社区、镇、街、职能部门进行试点，共征集确定主责、配合指标1724条。同时在空港街道裕祥花园社区搭建五色管理工作平台，为推进全区社区自治信息化夯实了基础。二是社会领域专项改革有序推进。与区住建委共同拟定《顺义区关于加强社区物业管理工作的实施办法》，并在6个社区进行物业管理试点。在空港街道试点建立了人、财、物相统一的街道管理体制。三是社区服务能力全面提升。完成两批68个社区办公和活动用房购买工作，并同步推进购置用房装修工程。完成19个市级社区示范点和16个农村社会服务管理创新试点创建工作。智慧社区再添17个，智慧社区占比达55.1%。四是区域社会组织不断发展。成立13家镇级社会组织联合会，268家社会组织和城区所有社区社会组织均已纳入“枢纽型”社会组织工作体系。争取市、区资金1093万购买25个社会组织服务项目、21个“枢纽型”社会组织的“管理服务”。五是社工队伍和志愿者队伍建设不断加强。完成北京市“万名社区工作者培训计划”和社会工作职业资格考前培训。完成687名社区工作者档案收集、整理工作。继续推进“一街一社工”项目及市民劝导队等工作。六是社会领域党建工作力度进一步加大。组建130人的非公有制企业党建指导员队伍并发挥作用。探索三种工作模式并行的顺义区社会组织党委。驻区单位党建联抓，将“六小门店”党建纳入社区党建范畴。

（尹相南）

【“两节”为老服务活动开展】 元旦、春节期间，全区各街道积极开展为老服务，为辖区老年人提供多种便民服务。一是开展亲情陪伴活动。面向社区内高龄、空巢、重病老人，以政府购买、无偿或低偿方式提供居家保洁、清洗油烟机、上门理发等服务，解决老年群体的生活难题。二是开展精神关怀和心理慰藉活动。向社区老年人开展“涉老政策”“健康教育”“理财教育”“心理咨询”“法律咨询”等课程，教育社区居民安全过节、健康过节。三是开展“社区老人”文化活动。以社区志愿者（队）、社区社会组织、社区服务商家和家庭为参与主体，开展社区居民文艺汇演；同时开展以敬老爱老为主题的书画、摄影、手工作品征集展示活动。

（赵亚楠）

【二月新春系列活动开展】 2月，区委社会工委组织6个街道开展二月新春系列活动。一是积极协调各镇、街道，通过举办丰富多彩的文化大拜年活动，大力宣传十八大以来全区经济社会发展成果，讴歌党的政策，昭示美好未来。二是动员社会力量参与，形成全社会共办节日文化格局。组织党建指导员、社区志愿者服务队等分别到非公有制企业、社区和居民家中开展新春送福活动，为百姓带去节日祝福。三是将加强反腐倡廉教育和廉政文化建设作为一项重要内容，纳入“二月新春”活动整体规划，努力形成廉政文化建设整体合力，大力营造勤政廉政的节日文化。四是在机关内部组织春联征集大赛，共征集作品26条，并将其中优秀作品选送参加“顺义区第十五届春联征集大赛活动”。

（赵亚楠）

【为全区90周岁以上老人购买社会组织服务】 2月，区政府与真理想家政服务公司、京顺医院和北京市蒙以养政文化传播有限责任公司签约，为顺义区户籍90周岁以上老年人家庭700余户提供每周4小时的家政服务，每年2次免费上门体检和健康指导，并提供电话及上门心理慰藉服务。

（周二兰）

【社区建设工作部署会召开】 2月19日，区社会办召开2014年社区建设工作部署会议，区社会办及6个街道主要领导、主管领导共20人参会。会议对社区建设5项重点工作进行了部署。一是完成19个市级社区示范点创建工作，确保市级验收达标率达到80%以上；二是按季度、分批次完成39套社区办公和服务用房购置工作；三是完成26个社区办公和服务用房装修改造工作；四是深入开展“社规民约”专题调研，不断提升社区民主自治水平；五是完成150学时的社区工作者岗位培训及职业资格考前培训工作，加快推进全区社区工作者队伍专业化、职业化水平。

（王 伟）

【光明街道“社区议事恳谈会”召开】 会议由社区居委会组织，2月20日召开。邀请社区共驻共建单位、小区物业负责人、居民代表、党员代表等参加。会前居委会广泛收集查摆社区居民集中反映的热点、难点问题，确定议题。会上各方代表面对面交流，共商解决方案。通过该形式，成功协调解决部分小区老旧围栏更新、老旧电缆更换、杂物清理、废弃机动车占路停放、楼顶防水、热水管道清理等突出问题。

（赵亚楠）

【党的群众路线教育实践活动部署启动】 2月21日，区委社会工委组织全体机关干部召开党的群众路线教育实践活动动员部署会议暨第一次集中学习。会上学习讨论了区委教育实践活动实施方案和《人民日报》相关文章，了解了党的群众路线理论基础和历史由来，明确了活动方法步骤和相关要求。

（朱广娜）

【第3期社区工作者培训班开班】 2月24日，第3期社区工作者培训班开班，200名社区工作者参加开班仪式。本次培训共设置40学时，聘请多位国内知名专家、学者授课，内容涵盖社区、社会组织、志愿服务、公共服务及社会领域党建等当前社区建设的重要工作。

（王 伟）

【社会服务管理创新指标体系第一批试点工作例会召开】 会议由区社会办组织，2月25日召开。各试点单位主管领导、科长等参加。会议通报了指标体系第一批试点指标征集阶段总体情况，中国人民大学教授方振邦就指标规范化进行说明讲解，国研信息科技有限公司项目经理就指标提交审批及指标拓展考评工作进行演示说明，区社会办主管领导对试点村、居委会指标台账研提工作进行了部署。

（刘 玉）

【购买社会组织服务项目申报工作部署暨培训会召开】 会议由区社会办组织，2月25日召开。21家“枢纽型”社会组织及3家镇级社会组织联合会负责人参会。会议部署了年度市政府购买社会组织服务项目申报工作，就申报流程、项目选题、项目论证、注意事项等进行培训指导，并责成各“枢纽型”社会组织和镇级社会组织联合会组织本领域本辖区内的社会组织进行申报培训，参与政府购买服务项目申报工作。

（周二兰）

【仁和镇“造血式”救困政策出台】 2月，《仁和镇关于困难家庭劳动力就业的奖励办法》制订出台，规定凡镇内企业当年招用本镇低保、低收入、特困残疾人等家庭劳动力就业，且签订一年以上用工合同的，每招用1人奖励企业负责人500元。近百户家庭从中受益。

（赵亚楠）

【区义工联合会“学雷锋月”服务活动开展】 3月，区义工联合会号召各义工分会开展

"爱心相伴 携手成长""真情敬老 春风暖心""扶残助残 有你有我""温馨社区 共筑家园"系列主题服务活动。25个分会168个工作站设立社区义诊、法律咨询、义务理发、妇女维权咨询服务、流动人口安全知识宣传、手工编织讲授、修车服务、巡逻服务等近20个义工服务岗，并为困难群体提供上门服务。活动参与义工8000人，受益群众达5万人次。

（赵亚楠）

【《顺义区优秀青年人才认定工作办法》出台】 3月3日，区委组织部出台该办法。办法指出，区青年人才认定工作每2年开展一次，每次认定10人；面向40岁以下在农业、教育、科研、卫生、体育、文化、金融、社会建设等多个领域的优秀青年人才；经认定的"顺义区优秀青年人才"，将以区委、区政府名义颁发荣誉证书，一次性奖励人民币2万元。

（赵亚楠）

【"新青年城市体验营之参观密云水库"活动开展】 参观活动由社区青年汇组织，3月26日举办，400名顺义青年参加。活动中大家观看了密云水库宣传片，在奥运圣火碑前合影留念并欣赏水库全景。通过参观，青年们普及了水务知识、结交了新的朋友。

（赵亚楠）

【区律师协会实现法律服务全覆盖】 4月9日，区16家律师事务所的125名律师与25个镇、街道的517个村（居）委会签订《顺义区"村居法律顾问"结对协议书》，按照双方协商，每月确定一天为"法律顾问服务"活动开展日，律师到村（居）委会所在地提供法律服务。至此，全区健全了政府主导、律师参与、村居实施、常态持续的法律服务活动长效机制。

（周二兰）

【"两新"组织党组织书记专题培训举办】 4月21日至24日，党的群众路线教育实践活动非公有制经济组织、社会组织党组织书记专题培训班开班。全区非公经济组织、社会组织党组织书记参加培训，学习了《北京市委关于进一步加强和改进非公有制企业党的建设工作的意见》等有关文件，并就如何开展好教育实践活动、如何做好非公有制经济组织和社会组织党建工作等进行了分组讨论。通过培训，非公有制经济组织、社会组织党组织书记明确了开展教育实践活动的意义、要求、任务和步骤，坚定了做好党建工作的信心和决心，为确保教育实践活动扎实开展打下良好基础。

（朱广娜）

【（助理）社会工作师考前培训】 4月21日，区社会办与北京社会工作协会合作的2014年（助理）社会工作师培训班开班，共开设3个班次培训，对全区550名报考（助理）社会工作师职业水平考试人员进行培训。培训内容为社会工作综合能力、社会工作实务、社会工作政策与法规3门课程。

（王　伟）

【区社会组织公益行系列活动正式启动】 4月22日，活动在胜利街道龙府花园社区举行，区社会办、科协、胜利街道、"枢纽型"社会组织等相关部门领导，社会组织、社区居民代表近200人参加。活动对2013年度全区优秀社会组织进行表彰，2014年将以"践行公益 服务社会"为主题引导社会组织继续弘扬公益理念，积极投身社会公益事业，80多项公益活动将贯穿全年。

（周二兰）

【全市首家区级婚姻家庭建设协会成立】 4月28日，经区民政局批准，区婚姻家庭建设协会正式成立。该协会面向全区60万居民，由专业婚姻家庭辅导师、律师、心理咨询师及社工师为居民提供婚姻关系辅导、心理疏导等服务，并在相关部门指导下，制定行业服务标准，规范服务流程。这是全市成立的首家区县级婚姻家庭建设协会。

（赵亚楠）

【老旧小区综合改造工作完成】 该项工作4月启动，10月底结束，由区住建委牵头对双裕小区、滨河小区、石园东区、石园南区、石园西区5个老旧小区、70万平方米房屋进行了外窗改造、外保温改造、热计量改造和小区环境综合整治。

（赵亚楠）

【15名军嫂走上社区工作岗位】 5月至7月，区民政局与驻顺部队配合，面向驻顺部队随军家属招考社区工作者。通过笔试、面试、体检等环节，15名军嫂脱颖而出，纳入全区社区工作者范畴，并于9月走上社区居委会工作岗位。

（赵亚楠）

【推进“两新”组织党组织教育实践活动文件出台】 5月21日，区委党的群众路线教育实践活动领导小组审议通过《顺义区关于推进非公有制经济组织和社会组织党组织开展党的群众路线教育实践活动的指导意见》。《意见》包括总体要求、解决问题、重点工作和工作要求四部分，旨在强化组织领导、推进组织覆盖、统筹兼顾活动与经营的关系等方面，切实发挥“两新”组织中党组织的作用。

（赵亚楠）

【首支专业心理咨询志愿服务队成立】 5月27日，全区首支专业心理咨询志愿服务队—“放飞心羽 心灵港湾”由团区委组织成立，弥补了全区专业心理疏导志愿服务领域的空缺。队内志愿者全部具备二级、三级心理咨询师资质，将进入社区、校园、企业等开展心理卫生知识宣传、心理疏导知识讲座等活动，指导群众了解心理健康知识，促进社会公众心理健康发展。

（周二兰）

【首届“移动杯”UCC运动自行车赛举办】 比赛由区体育总会、区自行车运动协会主办，5月28日举办，全国500余名自行车爱好者参加，掀起了群众参与自行车运动、绿色出行和全民健身热潮。

（周二兰）

【“军（警）民共建日”活动开展】 6月20日活动启动，驻顺部队、地方单位、社区居民代表等200余人参加。活动规定以重要节假日为节点，根据驻顺部队和地方单位实际，以实施“和谐、文明、关爱、育人、荣誉”五项工程建设为主线，以“百姓进军营，官兵进社区”为主要形式，每两个月军地双方组织一次军（警）民共建活动，包括开展国防教育、社会志愿服务、新农村建设等内容。

（赵亚楠）

【石园街道心理咨询室正式运行】 7月3日，该心理咨询室成立，配备心理沙盘、挂画、测量表等常用心理咨询工具，并与区心理咨询中心合作，聘请心理咨询师每周三、周四到咨询室坐班，为前来咨询的居民进行个别心理疏导，为有需求的居民建立心理健康档案。

（赵亚楠）

【“顺义网城”网站无障碍服务正式运行】 7月9日起，顺义网城实现网页信息语音阅读和人机语音操作等智能功能，为弱势群体及时获得政务信息和公共服务提供便捷方式，共53000余条信息可通过无障碍化服务进行阅读浏览。

（赵亚楠）

【区社会事业改革专项小组第一次会议召开】 会议于7月10日召开。区委常委、副区长于庆丰出席会议，区社会办、区卫计委、区教委、区住建委主要领导等参加会议。会议决定，区社会事业改革专项小组办公室设在区社会办。会议指出，住房保障体系改革要以增强针对性、有效性、公平性为重点，围绕高层次紧缺人才、青年人才、基础性人才，研究探索人才住房建设、分配、管理的有效方式，为区域发展提供人才保障。教育领域综合改革要突出问题导向，从制约教育事业科学发展的热点难点问题出发，深入分析问题产生的深层次体制机制障碍，聚焦教育管理体制、教学体制、人才培养模式等改革重点，以推动教育去行政化为突破口，进一步激发教育活力。医疗卫生体制改革要着眼全区学科建设薄弱、医疗人才匮乏等紧要问题，做好疾病分类、就诊需求、门诊统计等基础性工作，深入研究突破医疗卫生体制机制障碍的改革任务。

（赵亚楠）

【社区社会组织工作座谈会召开】 座谈会由区社会办组织，7 月 22 日召开，各社区社会组织联合会负责人、6 个街道办及社会办相关领导参加。6 个社区社会组织联合会分别介绍了联合会和社区社会组织工作开展情况，围绕联合会和社区社会组织作用发挥、专项资金使用等问题进行了重点交流讨论。

（周二兰）

【《顺义区关于居民小区建立社区居民委员会工作的意见》出台】 《顺义区关于居民小区建立社区居民委员会工作的意见》由区民政局制定，7 月 25 日出台。该意见明确了建居原则、建居主体、建居流程、建居措施等，有效保证建居工作主体明确、流程清晰、责任到位。

（赵亚楠）

【百姓宣讲团巡回宣讲取得成效】 百姓宣讲团由现职公务员、教师、医生、企业员工和村干部、大学生村官、社区工作者等 66 人组成。8 月 6 日，巡回宣讲活动启动。宣讲团深入各镇、街道、部分机关单位、学校、企业进行巡回宣讲。通过身边人讲自己的故事、讲身边人的故事，广泛深入开展践行群众路线、推动“四个转型升级”典型人物事迹宣讲，大力营造树典型、学典型、当典型，积极“争做最美顺义人”的良好社会氛围，整个活动共进行 50 余场宣讲。

（赵亚楠）

【全市首家见义勇为人员权益保护协会成立】 9 月 12 日，该协会在区民政局正式注册。协会为全区见义勇为工作保驾护航，缓解见义勇为人员后顾之忧，帮助他们解决具体生活困难，保障见义勇为人员的正当权益。这是全市首家见义勇为人员权益保护协会。

（周二兰）

【第六届社会组织人才专场招聘会举办】 9 月 28 日，由区民政局、区人才服务中心等单位联合举办第六届社会组织人才专场招聘会。20 余家社会组织参加，提供办公室文员、教师、医生等 100 余个岗位，涉及行政、管理、服务等多个领域，吸引了 1500 人应聘，初步签订招聘意向书 300 余份。

（周二兰）

【《顺义区“十三五”规划研究编制工作方案》出台】 11 月 2 日，区发展改革委制定的《顺义区“十三五”规划研究编制工作方案》出台。该方案确定了 33 项规划前期研究课题，其中涉及社会发展、城市治理的前期研究课题 14 个，包括基本公共服务提升对策研究、社会治理能力现代化对策研究两个重点研究课题；确定 35 项专项规划，其中涉及城市建设、社会建设、城乡区域规划 24 项，占比达 68.6% 。

（赵亚楠）

【社会工委与胜利街道举办政策宣讲会】 11 月 20 日，宣讲会举办。两家单位主管领导、机关干部、胜利街道所辖社区两委班子成员共150余人参加。结合工作职能，由各科室年轻同志分别从社区建设、社会组织建设、智慧社区建设、社会领域党建和社会服务管理创新指标体系建设等5个方面对相关政策进行解读，以帮助街道社区干部群众更好地了解社会工委职能、了解社会建设相关政策，为创建良政善治的法制社会营造良好氛围。

（赵亚楠）

【第4期“北京市万名社区工作者培训班”圆满结束】 12月8日培训班开班，历时1周，培训对象为全区12个镇、6个街道的200名一线社区工作者。培训内容涵盖社区、社会组织、志愿服务、公共服务及社会领域党建等当前社区建设重要工作。至此，全区所有在岗社区工作者全部轮训一遍。

（王　伟）

【全区养老床位达到3708张】 年内，全区新增养老床位700张。截至年底，全区共有养老机构17家，床位数3708张。其中，区级养老机构1家，镇级养老机构13家，社会办养老机构3家，百名老人拥有床位数3.5张。

（赵亚楠）

【老年优待政策全方位覆盖】 年内，区民政局优化老年优抚政策，实现住、食、医、行、养全覆盖。“住”：低保、困难家庭老年人安装有线电视、水表、电表等免收初装费，有线电视收视费、水费、电费均按5折收取。“食”：签订192家餐饮企业和销售网点作为老年餐桌，为老年人提供就餐、送餐、配餐等餐饮服务。“医”：实行挂号、就诊、化验、检查、交费、取药、住院等“七优先”服务，免收普通门诊挂号费，免收贫困老人病床查床费，免费建立健康档案，免费开展体检和健康知识讲座。“行”：老年人免费乘坐区域内地面公交车，免费游览区级政府主办或控股的公园、名胜古迹和各类公益性文化设施，各类文化活动场馆免费向老年人开放。“养”：每月为80～89周岁老人发放50元、90～99周岁老人发放100元、百岁以上老人发放500元高龄津贴。

（赵亚楠）

【智慧社区建设工作推进】 年内，全区将智慧社区建设工作纳入智慧顺义和“七型”社区建设。通过座谈会、实地参观、现场观摩、印发典型经验等形式，提高各单位对开展智慧社区建设的认识。组织街道、镇和社区逐项进行梳理，形成工作台账，确保智慧社区建设工作底数清、情况明。各职能部门和属地整合资源，将信息化项目落地社区，在社区设施、社区服务、社区管理等方面取得进展。首批37个试点社区经过区县自评和互评，全部认定为星级社区，占比在北京市居前列。

（赵亚楠）

【区社区工作者队伍建设呈现新特点】 年内，全区社区工作者队伍建设力度进一步加大，呈现新成效、新特点：一是队伍发展速度快、流动性强。全区现有社区工作者1251人，较2010年增加358人，增幅达40%；从社区工作者岗位进入事业单位、国家机关、企业等有60人，占比5%。二是知识结构、年龄结构、政治素质明显优化。目前社区工作者平均年龄31岁，具有大专以上学历人员比例超过80%，社区党员人数517人，占全部社区工作者人数43%。三是专业化、职业化进程加快。截至2014年底，全区共有460名社区工作者取得国家（助理）社会工作师职业资格水平证书，持证率达33%。四是待遇大幅提高。目前，大学生社区工作者待遇水平已从2009年人均22000元/年提高到48600元/年。

（王　伟）

【裕祥花园社区加强社会服务管理创新试点建设】 年内，裕祥花园社区拓展五色管理内涵，构建绿色家园、蓝色港湾、金色乐土、红色舞台、粉色摇篮五色公益协会，统筹整合各类社会组织，建立符合社区实际、满足居民多样需求的社会组织体系。广泛征集社区居民需求，以社会服务管理创新指标工作台账的形式，建立创建美丽家园的“心桥目录”。将社区所有需求作为网格细胞融入社会服务管理创新指标工作系统。

（刘　玉）

【“智慧南法信”建设推进】 年内，“智慧南法信”建设取得三方面成果：一是智慧政务。OA 办公平台、AM 即时通讯系统已投入使用，建成短信信息平台，安装电子显示屏 6 块并发送社保、党建等信息累计 16 万余条。二是智慧村镇。3D 网格化城市管理平台基本框架已搭建完成。正在进行人口电子户籍、土地精细管理、视频监控、楼宇管理、应急指挥、社会治安等应用系统对接。试点村信息录入 227 户 3849 人；政府办公楼、中学、小学、幼儿园、卫生院、天博中心等重点商务办公楼已实现无线网络全覆盖。三是智慧民生。全镇有线电视入户率 90% 以上，马可汇、华英园社区数字电视入户率 96%；9 个村光纤入户率 89%、社区光纤入户率 98%。

（赵亚楠）

【仁和镇探索非公有制企业党组织组建工作创新模式】 年内，仁和镇在推进非公有制企业党建工作过程中，结合镇域实际，形成“1 + X”和“1 + 1 + 20”模式。“1 + X”模式，由 1 个村或经济实力雄厚、党建工作带动力强的企业，负责村域内或行业内 1 个或几个非公有制企业的党组织组建工作。“1 + 1 + 20”模式，即由 1 个镇理论中心组成员牵头和 1 个机关科室具体落实，负责镇域内 20 个非公有制企业组建党组织和党建工作指导。

（朱广娜）

【群防群治队伍激励表彰机制完善】 年内，区综治委进一步提高群防群治队伍激励表彰机制，将群众提供破案线索奖励从 100 元 ~ 1 万元提高到 500 元 ~ 10 万元，并进一步扩大奖励范围、简化审批手续、规范审批流程。该机制实施 3 年来，全区接到群众举报破案线索 1200 余件，抓获违法犯罪嫌疑人 940 人，发放奖金 128 万元，有效激发了群众参与治安防范的热情和群防群治队伍工作的积极性。

（赵亚楠）

【基层服务型党组织建设加强】 年内，区委组织部牵头，区委社会工委等 8 个工委及各镇、街、功能区积极配合，深化在职党员回社区（村）活动，拓宽为民服务载体。全区已有 2 万多名党员干部回社区（村）报到，认领服务岗位，服务社区居民，解决实际问题。深化“党群 1 + 1”工作模式，完善为民服务机制。全区共建立“党群 1 + 1”工作组 1.2 万余个，发放“党群联系卡”12.6 万余张，收集意见建议 6000 多条，有效化解了各类信访和邻里纠纷。深化“一助一”结对帮扶活动，搭建结对共建平台。“一助一”活动已开展 17 年，共建单位扩展到 598 家，累计帮扶资金 6 亿多元。深化党员“过政治生日，争做十表率”活动，提升党员党性观念。在党员政治生日时送贺卡、开展谈话，强化党员身份意识，体现党内关怀，促进党内和谐。

（朱广娜）

【光明街道构建社会组织服务体系新模式】 年内，光明街道构建“1 + 15 + 10 + 10”社会组织服务体系。“1”：建立街道级社区社会组织联合会，有效发挥“枢纽型”社会组织作用。“15”：联合会引导带动 15 个社区建立社会组织分会。“10”：各分会在社区培育发展 10 个以上社会组织。“10”：每个社会组织吸纳 10 名居民骨干。通过此模式，共培育发展 152 个社区社会组织，涉及社区服务、社区事务、志愿服务、文化体育、慈善救助、维权调解6大类，日常参与社区社会组织活动居民数量达7300余人次，提供服务8万人次。

（周二兰）

【胜利街道提升社区服务水平】　年内，胜利街道采取多种措施，提升社区服务水平。构建网格管理体系，200名网格管理人员、1486名志愿者组成“街道—网格—社区—楼栋小网格”四级网格管理体系，掌握网格内的社会治安、社会事务、重点人员基础信息。通过“一表化采集”，收集民政、计生、劳动统计、综治安全、城市建设、信访民调等信息，建立人、地、物、事、组织动态基础台账。通过新型办公系统，各部门高效协作，及时处理社区网格事件，办理社区业务。

（赵亚楠）

【马坡镇创新回迁社区服务管理模式】　年内，马坡镇在回迁社区服务管理中采取“1＋3”模式，即“1个核心，3个实施”，以基层党支部为核心，实施干部联系户制度，实施派出所、安全科、工商所、城管4方联动机制，实施社区青年汇队伍创建工作。目前，该镇组织动员社区老党员、离退休干部、退伍军人、大学生志愿者等社会力量，成立了科普宣传、医疗服务、帮困救助、纠纷调解4支义工队伍，义工人数160余人，开展活动11次。

（王　伟）

【购买专业社工岗位工作完成】　年内，区委社会工委利用市社会建设专项资金18万元，购买绿港社工事务所6个专业社工岗位，开展智力残疾人康复、青少年假期培训、社区社会组织培育、为老服务等活动，深化了“一街一社工”工作。

（周二兰）

【9个社会组织服务项目获得市级资金支持】年内，经过项目申报、专家评审、公示和会议审议，绿港社工事务所、京顺医院、家庭服务促进会等9家社会组织申报的9个项目获得市社会建设专项资金支持，共获批资金80万元。项目涉及社区基本公共服务、志愿服务、社会组织培育发展和服务管理、社会文明素养提升等多个方面。

（周二兰）

【3类社会组织党建工作模式确立】　年内，区委社会工委针对区域社会组织实际，探索确定3类党建工作模式。一是没有业务主管单位的社会组织，党建工作由社会组织党委负责。二是有明确业务主管单位的社会组织，党建工作由业务主管单位党组织负责，登记管理机关予以配合，在社会组织成立登记时要求提交党建工作资料，在年检时要求提交党建工作情况。三是以居家养老、职业介绍、就业培训等为主要内容的社会福利和社区服务类社会组织，党建工作由社区党组织负责。

（朱广娜）

【梳理城市社区问题并探索治理对策】　年内，在党的群众路线教育实践活动中，区社会办协同6个街道对全区城市社区亟待解决的问题进行梳理，将征集到的300余个问题归纳为历史遗留问题、开发建设问题等8个方面19类问题。在此基础上，探索建立区社会办负责的政府兜底保障机制、区住建委牵头的物业监管统筹机制、责权利相匹配的街道协调管理机制、多元参与的社区现代治理机制。

（赵亚楠）

【非公有制企业党建工作力度加大】　年内，全区大力加强非公有制企业党建工作。一是4月初组织召开全区非公有制企业党建专项工作部署会，明确以“两本台账、两个活动、两支队伍、一个中心”为工作重点，推动非公有制企业党建整体工作。二是统一制作并下发党群活动中心铜牌，组织全区各级党组织到活动开展好、工作突出的党群活动中心参观学习，推动党群活动中心更好地发挥作用。三是定期召开例会，各镇、街道、功能区交流非公有制企业党建工作进展情况，查找不足，共同研究改进措施。

（朱广娜）

【居家养老服务体系建设推进】 年内，区民政局牵头，各镇、街配合，着力构建居家养老服务体系。一是依托镇（街道）养老照料中心服务资源，搭建养老服务圈，制订引导扶持和补贴政策，引导餐饮企业在社区开办老年餐桌或老年流动餐桌。二是完善为老志愿服务管理制度，倡导志愿者和社区工作者与老人结对子，义务为孤寡和独居老人送餐。三是加大农村地区老年餐桌建设力度，鼓励个人或有资质的企业和社会组织与农村集体经济组织合作连锁经营老年餐桌。目前，全区共成立老年餐桌75家，发展志愿服务人员2233人，发放老年餐桌奖励补贴资金434万元，实现镇、街老年餐桌全覆盖。

（赵亚楠）

【《农民上楼指南》出版发行】 年内，针对全区60多个整建制行政村拆迁、9万多农民转居融入城市的状况，区“三农”研究会编写了《农民上楼指南》。该书分为上楼感恩、文明礼仪、邻里关系等10个篇章125条顺口溜，内容来自农民身边小事，通俗易懂、简明扼要，为“转居农民”提供了生活引导指南。

（周二兰）

【全区加大信息披露力度】 年内，区委宣传部、区广电中心等部门联合，以区电视台、电台、顺义时讯、顺义网城、“绿港顺义”官方微博五大平台为主要宣传阵地，按季度集中对外发布惠民政策、民生工程进展情况等信息。顺义电视台在黄金时段开设全新民生访谈栏目《政务·民声》，邀请重点部门一把手直接对话市民；顺义网城开设《信息披露》专栏，集中对外发布关于政府常务会信息，及时向公众披露政府工作进展情况；顺义网城推出区政府常务会议基层群众代表参加报名系统，政府常务会议邀请基层群众代表列席3次，累计邀请基层群众29人。

（赵亚楠）

【空港街道管理体制改革试点】 年内，空港街道作为试点，在街道管理体制改革中进行探索实践，取得一定成效。一是规划落实到位。管理范围由社区拓宽到区划全范围，街道作为唯一的行政主体，对辖区内的人、地、事、物、组织全权行使相关管理和服务职能。二是保障到位。街道机关调整设置为9个行政科室、6个事业机构，人员编制增至83名；购买三山社区北侧商业用房，建筑面积2700平方米，作为街道综合服务中心及居民活动用房；继续租用现街道办公楼；将原天竺镇多宝力公司3700平方米用房无偿拨付给街道作为派驻机构用房；完善财政保障体制，设立街道财政专户。三是职能落实到位。探索建立社会治理机制、社区动员机制、物业管理机制、社工队伍激励机制、经济发展机制“五个机制”，初步构建与现代化重点新城相适应的城市管理机制，辖区干部群众共享街道改革发展红利。

（赵亚楠）

昌平区

【概况】 年内，区委社会工委、区社会办以开展党的群众路线教育实践活动为主线，加大工作力度，扎实推进社会建设各项重点工作，取得一定成效。一是以开展党的群众路线教育实践活动为契机，全力推进社会领域党建工作。在机关和本系统开展了党的群众路线教育实践活动，共有60个党组织、569名党员参加教育实践活动，参与覆盖面达100%。二是完善制度，整合资源，全面推进社区建设。大力推进24个“一刻钟社区服务圈”示范点建设，积极推进社区办公和服务用房规范化建设，现已完成44个项目，累计投资约1.03亿元，大力推进42个智慧社区建设。三是科学管理，完善服务，社会工作队伍建设取得新成果。完成全区192个社区近1800名社区工作者全部轮训一遍的目标，落实2011届大学生社工的续签工作，采集1657名社区工作者基础信息。四是创新管理，动员社会力量，助推社会公益稳步发展。动员各级各类社会组织开展社会公益活动，出台昌平区社区志愿服务站规范提升工作方案。五是加强研究，强化协调，社会体制改革迈出新步伐。承担起区委全面深化改革领导小组社会事业与社会治理体制改革专项小组的牵头单位职责，开展了《“十三五”期间昌平区创新社会治理机制研究》课题研究。

（徐湘涛）

【2013年度政府购买服务项目中期评估推进会召开】 2月26日，区委社会工委、区社会办组织召开2013年度政府购买社会组织服务项目中期评估推进会。会上10个获批项目负责人分别汇报项目实施进展情况，并对工作中的具体问题进行沟通交流。

（李 祥）

【2014年政府购买服务项目申报工作部署会召开】 2月26日，区委社会工委、区社会办组织召开2014年政府购买社会组织服务项目申报工作部署会。区委社会工委委员、区社会办副主任徐湘涛作具体工作部署，区级“枢纽型”社会组织、部分区级社会组织的负责人参加会议。会上对区2013年政府购买社会组织服务项目获批情况作了介绍。去年全区获批市社会建设专项资金支持金额95万元。目前获批项目正在有序开展中，拟于2014年5月结项。

（王 伟）

【党的群众路线教育实践活动动员会召开】 3月12日，区委社会工委召开党的群众路线教育实践活动动员会。会上，区委社会工委书记、区社会办主任刘向东就开展党的群众路线教育实践活动重大意义作了阐述，并就下一步如何贯彻落实教育实践活动进行动员部署，提出四方面要求：一是要把学习教育和思想理论武装放在首位，牢固树立宗旨意识，强化群众观点；二是要把加强作风建设作为主要任务，认真查找“四风”具体表现；三是要认真落实“照镜子、正衣冠、洗洗澡、治治病”总要求，切实解决群众反映强烈的突出问题；四是要切实加强制度建设，建立改进工作作风、密切联系群众的长效机制。

（王 伟）

【教育实践活动集中学习开展】 3月至5月，区委社会工委按照《昌平区委社会工委开展党的群众路线教育实践活动工作方案》计划安排，立足机关实际，积极投入集中学习。一是把握活动节奏，制订学习方案。按照市委、区委工作要求，结合自身实际，认真制定《昌平区委社会工委党的群众路线教育实践活动集中学习方案》。二是严格学习考勤，保证全员参加。要求机关全体工作人员严格遵守考勤制度，积极参加每次集中学习活动。做到集中学习全员到位，工作之余个人自学。认真做好集中学习和自学两种形式的学习记录，踊跃参加集中学习期间研讨交流。三是丰富学习内容，创新学习形式。社会工委学习内容丰富全面，采取集中学习和个人自学、领导干部领学和全体人员研讨交流相结合的形式。四是做到五个坚持，确保活动成效。坚持不走过场，做到“五真”；坚持提高认识，做到知行统一；坚持出于公心，做到不存私念；坚持统筹兼顾，做到两手抓、两促进、两不误。

（王 伟）

【第五、六期社区工作者培训班举办】 4月16日至25日，区社会办按照“北京市万名社区工作者培训计划”，分两期对城北、城南、东小口、沙河等街道、镇共计1200余名社区工作者进行培训。至此，在2013年成功举办四期培训班基础上，已完成全区192个社区近 1800 名社区工作者全部轮训一遍目标。

（王　伟）

【教育实践活动学习心得交流会召开】　5 月 21 日，区委社会工委组织召开党的群众路线教育实践活动学习心得交流会。区委第十三督导组组长张文琪参加会议。交流会上，区委社会工委领导班子成员汇报交流学习心得体会。班子成员表示，要通过开展教育实践活动，认真查找整改“四风”方面存在的问题，切实做到“改进作风，提高效能，服务群众，促进发展”，树立新时期党员干部的良好形象，努力为推进全区社会建设工作做出更多贡献。

（王　伟）

【市绩效考评组检查政府购买社会组织服务项目工作】　6 月 20 日，市委社会工委绩效考评组到昌平区检查 2013 年度使用市社会建设专项资金购买社会组织服务项目工作。考评组首先听取了区社会办关于区 2013 年度政府购买社会组织服务项目实施情况的汇报。2013 年度全区共获批 10 个项目，于 2014 年 5 月底完成绩效目标，取得了预期效果。考评组查看了各项目业务和财务资料，对全区 2013 年度政府购买社会组织服务项目工作给予充分肯定：一是项目紧密联系实际，很有特点，各社会组织的专业优势得以充分体现；二是领导高度重视，宣传工作有力，项目实施有影响且在时间节点的掌握上很到位。同时，专家组还就实施中的一些具体细节提出了意见建议。

（王　伟）

【调研社会组织工作】　6 月 26 日，市委社会工委、市社会办调研组到回龙观地区调研社会组织工作情况，依次听取了全区社会组织工作汇报，回龙观地区社会组织工作开展情况介绍及与会基层社会组织负责人工作开展情况汇报。随后，调研组赴北店嘉园社区对基层社会组织活动开展情况进行实地调研。

（王　伟）

【社会事业与社会治理体制改革专项小组第一次会议召开】　7 月 18 日，中共北京市昌平区委全面深化改革领导小组社会事业与社会治理体制改革专项小组（以下简称专项小组）召开第一次会议，审议通过《中共北京市昌平区委全面深化改革领导小组社会事业与社会治理体制改革专项小组机构设置（审议稿）》《中共北京市昌平区委全面深化改革领导小组社会事业与社会治理体制改革专项小组工作规则（审议稿）》《中共北京市昌平区委全面深化改革领导小组社会事业与社会治理体制改革专项小组主要任务（审议稿）》。会议要求专项小组办公室对文件进一步修改完善后，以专项小组文件形式报区委改革办备案，并印发各成员单位贯彻执行。

（王　伟）

【专题民主生活会召开】　8 月 1 日，区委社会工委领导班子召开党的群众路线教育实践活动专题民主生活会，按照“照镜子、正衣冠、洗洗澡、治治病”的总要求，以“为民务实清廉”为主题，以“反对四风、服务群众”为重点，紧紧围绕保持党的先进性和纯洁性，对照党章，对照中央改进作风要求，对照群众期盼，对照廉政准则，对照“三严三实”要求，区委社会工委班子成员认真进行对照检查，以整风精神查摆“四风”方面存在的突出问题，深刻剖析原因，认真开展批评和自我批评，明确整改方向和整改措施。

（王　伟）

【社区用房规范化建设专题会召开】　8 月 7 日，区委常委、副区长孙启主持召开专题会，研究社区用房规范化建设有关问题。区社会办、区发展改革委、区财政局、区住建委、市规划委昌平分局、市国土局昌平分局、区国资委以及城南、城北、马池口、南口等街道（镇）相关负责人参加会议。

（王　伟）

【专题民主生活会情况通报会召开】　8月12日，区委社会工委召开党的群众路线教育实践活动专题民主生活会情况通报会。会上，通报了区委社会工委领导班子专题民主生活会会前准备情况、民主生活会上领导班子和成员进行对照检查和相互批评情况，以及工委班子查找出的“四风”突出问题、产生原因和整改措施等方面的情况，并简要传达了区委第十三督导组组长张文祺在领导班子专题民主生活会上的讲话精神。

（王　伟）

【社区用房建设工作会召开】　9月19日，为进一步推进全区社区用房达标建设，拓展社区服务用房面积，提升社区服务功能和质量，区社会办召开社区用房工作会。会议对全区社区用房达标建设现状进行了深入分析，对下一步推进方案及解决办法进行了研究。

（王　伟）

【“十三五”期间创新社会治理机制研究课题对接会召开】　10月9日，区社会办与市社科院召开“十三五”期间昌平创新社会治理机制研究对接会，就该课题研究思路、关注重点、调研计划、合作事项等进行交流研讨。双方一致表示，开展“十三五”期间昌平创新社会治理机制研究工作，具有十分重要的意义，必将为更好地推进全区社会治理创新，进一步提高社会治理水平起到重要的参考借鉴作用。

（王　伟）

【社区志愿“百千万工程”启动暨爱心车队成立仪式举办】　10月21日，区委社会工委书记、区社会办主任刘向东与霍营街道党工委书记刘宝君为爱心车队牌匾揭幕，标志着霍营街道社区志愿“百千万工程”正式启动以及社区志愿爱心车队正式成立。霍营街道实施社区志愿“百千万工程”，旨在创新社会治理、大力培育发展社会组织、弘扬志愿精神。“百千万工程”以百名社区干部为基础，以千名志愿者为依托，调动辖区万名居民共同参与社区建设，为社区群众提供优质服务。围绕发挥社区公益组织力量、提高社区志愿服务水平、拓展社区志愿服务项目、紧密围绕社会关注问题来开展社区需要的公益活动等四方面需求，努力推进社区志愿服务工作纵深发展，共同建设美好和谐的新霍营。区委社会工委书记、区社会办主任刘向东对霍营街道社区志愿“百千万工程”的开展给予充分肯定，希望社区志愿“百千万工程”在霍营的实施进一步动员社会和公众积极参与社会建设、整合社会资源、凝聚社会共识、增强社会活力，从而全面促进和谐社区实现。

（王　伟）

【社会动员试点工作检查开展】　10月22日，市委社会工委、市社会办到昌平区检查社会动员工作。检查重点围绕区社会动员2014年试点街道—城北街道开展，实地检查了城北街道史家坑社区市民劝导队活动开展情况；在西环里社区了解老旧小区广泛发动志愿者开展自治管理情况；到创新园“雪绒花”社区儿童中心，详细听取创办发展情况。

（王　伟）

【教育实践活动总结大会召开】　10月24日，区委社会工委召开党的群众路线教育实践活动总结大会，贯彻落实习近平总书记在中央党的群众路线教育实践活动总结大会上的重要讲话精神，认真总结本单位教育实践活动经验成果，并对活动后续工作和全面推进从严治党做出安排部署：一是加强政治理论学习，坚定理想信念；二是加强班子和队伍建设，强化服务意识；三是整风肃纪，强化责任意识；四是明确重点、创新推动，努力提升社会建设整体水平。

（王　伟）

【购买专业社工岗位工作对接会召开】 11月18日，区社会办组织昌平温心社工师事务所、各街道主管领导开展相关工作对接会。温心社工师事务所汇报了近年来在街道社区开展专业社工岗位服务情况。该所以“关注民生、热心公益、植根社区、服务社会”为宗旨，秉承社会工作专业精神，通过综合运用社会工作专业知识、技能和方法，两年来为社会提供学校社工服务、社区为老服务、残障社工服务、流动人口服务等优质专业的社会工作服务。各街道依次介绍拟购买专业社工岗的社区基本情况及岗位需求。区社会办要求街道与事务所做好需求、标准、时间三方面对接。

（陈北辰）

【社区建设重点项目迎接市级检查验收】 11月20日至21日，市委社会工委、市社会办社区建设处到区检查验收2014年社区建设重点项目。检查组先后查看了回龙观地区、天通苑北街道、霍营街道、城北街道、南口镇、阳坊镇等10个街道（镇）的16个社区，分别涉及到“一刻钟社区服务圈”和社区规范化示范点建设、老旧小区自我服务管理试点建设以及村级社会服务试点建设。

（陈北辰）

【社区办公活动用房专题工作会召开】 11月22日，区召开社区办公活动用房专题工作会，研究具体措施，确保2015年年底前补充社区办公用房18000平方米，解决89个社区办公用房不达标的历史遗留问题。会议要求：一是强化组织领导，健全工作机制；二是坚持因地制宜，拓宽解决途径；三是加大保障力度，加快建设进度；四是从严审批把关，坚决杜绝新增。

（陈北辰）

【社会工作师到中国政法大学社会学院参观交流】 11月26日，区社会办组织部分街镇具有中级社会工作师职称的社区工作者30人，到中国政法大学社会学院参观学习。中国政法大学社会学院郭伟和教授带领大家参观了社会学专业实验室，详细介绍了实验室日常运作、先进设备配备使用状况、小组活动开展情况以及社会工作实训教学情况，并以座谈会形式，就失独家庭关爱、母亲节活动举办经验、提高社工待遇、加强社工培养教育等问题进行了探讨交流。

（陈北辰）

【“一刻钟社区服务圈”示范点建设推进】 年内，区委社会工委、区社会办对“一刻钟社区服务圈”示范点申报社区进行现场指导和督查，从推进基本公共服务、培育志愿服务队伍、开发创新特色服务和完善社区便民利民服务入手，逐渐形成健全的服务体系。全区共有24个社区被认定为北京市“一刻钟社区服务圈”示范点。

（陈北辰）

【社区规范化示范点创建工作积极开展】 年内，区委社会工委、区社会办从社区服务站建设平台化、社区工作事项明晰化、社区运行机制联动化、社区志愿服务常态化、社区队伍建设专业化、社区设施使用最优化、社区经费管理科学化的“七化”标准指导创建工作，共有7个社区被认定为北京市社区规范化示范点。

（陈北辰）

【社区办公和服务用房建设推进】 年内，区委社会工委对全区第一、二批社区办公和服务用房进行收尾验收，两批社区用房项目共申报62个，现已完成44个，累计投资约1.03亿元。启动第三批社区用房规范化建设工作，共有购置项目7个，涉及4个街道（镇），向市委社会工委、市社会办和市发展改革委编制上报了《昌平区第三批社区用房规范化建设购置类项目实施方案》。

（陈北辰）

【智慧社区建设持续发展】 年内，区委社会工委从推进智慧社区基础设施建设、构建智慧社区服务体系建设、构建智慧社区管理体系建设出发，推动智慧社区建设升级完善，共有 42 个社区认定为 2013—2014 年度北京市星级智慧社区。

（陈北辰）

【社区工作者服务管理不断加强】 年内，全区努力推动社区工作者服务管理工作，取得良好效果。一是将大学生社工户口卡移交街道（镇）管理，方便大学生社区工作者借用户口卡；二是落实 2011 届大学生社工续签工作，对续签的 2011 届大学生社区专职工作者人员经费、出资渠道进一步加以明确；三是完成全区社区工作者全年工资预算、申报和核发工作，以及社区工作者取暖补贴报销工作，目前已将 681 名社区工作者取暖补贴约 133 万元发放到位；四是开展社会工作者数据信息采集工作，共采集 1657 名社区工作者基础信息。

（陈北辰）

【社工人才队伍建设多方位加强】 年内，根据《首都中长期社会工作专业人才发展规划纲要（2011—2020 年）》，全区积极开展推荐报名工作，3 名社区工作者取得北京城市学院社会工作专业硕士研究生入学资格。开展推荐党组织联系专家工作，积极推荐 5 名普遍联系范围专家，在提高社会服务水平、解决群众困难、化解社会矛盾、增加和谐因素等方面做出积极贡献。组织 30 余名持有中级社工师证的社区工作者走进政法大学，参观社工实验室，并与社工系教授深入探讨社区建设相关工作。在参加“我的社工一日”征文活动中有 2 名社区工作者获得优秀奖，在参与全市第三届“寻找首都最美社工”活动中有 4 名社工进入投票阶段。

（陈北辰）

【社会动员能力提升】 年内，区委社会工委出台《关于印发〈昌平区社区志愿服务站规范提升工作方案〉的通知》，要求全区 15 个街道（镇）上报计划规范提升的社区志愿服务站名单，已有 60% 的社区完成志愿者服务站标志安装工作。拓展市民劝导队深化推广工作，对社区管辖范围内违章停车、乱摆摊点、店外经营、非法烧烤、市民不良行为等进行善意提醒和规劝。

（陈北辰）

【社会组织公益服务常态化推进】 年内，全区大力践行“北京精神”、弘扬公益理念，以“践行公益、服务社会”为主题，以“发展社会组织，促进社会和谐”为目标，广泛动员本地区、本领域各级各类社会组织踊跃参与，开展各具特色、主题鲜明、服务社会的公益活动，促进社会公益活动进一步向纵深发展。

（陈北辰）

【社会领域党建基础工作得到加强】 年内，区委组织部、区委社会工委在 192 个社区居委会和 191 个社区党组织中继续开展述职述廉评议工作，加强党务工作者队伍建设，推动社区党建工作。加大非公有制企业党组织组建力度，今年新建党组织 11 个，实现党组织覆盖率 76.5%。开展外商投资企业调查工作，加强对外商投资企业党组织管理。加强直属党组织管理工作，新发展党员 23 名，壮大了党员队伍。

（陈北辰）

【南邵镇社区中心社区居委会工作培训会举办】 年内，南邵镇新成立北郡嘉源、国惠村、路劲家园、长滩庭苑 4 个社区居委会。这是该镇首次成立社区居委会。区委社会工委邀请社区建设与管理专家符正成教授，举办居委会工作培训会，共 30 名工作人员参加集中培训。对帮助居委会工作人员提高业务水平，明确社区居委会具体职能、任务以及如何组织开展社区公益活动起到了帮助指导作用。

（陈北辰）

大兴区

【概况】 2014年，区委社会工委、区社会办认真落实市社会建设工作会议精神和区委区政府相关工作部署，重点在推进社区服务管理、探索社会治理、创新“四有”机制、培育发展社会组织、拓宽网格覆盖力度、加强基层党建等方面开展工作，收到良好效果。一是社会服务管理模式取得新突破。新建4个市级社区规范化示范点、6个农村社区服务试点；建立20个“一刻钟社区服务圈”示范点；完成第二批58个社区办公用房购买新建工作；建立6个居民自治试点；成立13个老旧小区自我服务指导中心；建立社区居民诉求征集制度。二是探索社会治理新模式。构建街道统筹、社区管理、中介协作三方共治社区管理模式；拓展社区地下空间公益性用途；新筹建高米店、荣华、博兴3个街道办事处。三是深化“四有”工作机制。推行富余房屋中介公司集中托管代管模式，对回迁社区936套富余房屋实现代管；完成北臧村镇与天宫院街道办事处关于天宫院社区移交、与林校路街道办事处关于罗奇营社区移交，黄村镇与兴丰街道办事处关于三合北巷社区移交。四是加大社会组织培育和购买服务力度。新认定区级“枢纽型”社会组织2家；成立社会组织联合会，建立社会组织孵化中心；完成31个区级政府购买社会组织服务项目结项；建立政府购买社会组织公共服务项目名录。五是加强社工队伍和志愿服务建设。完成115名社区工作者报名招录和培训工作；完成50个城市社区志愿服务站建设工作；试行协管员队伍规范化管理。六是夯实智慧社区和网格化建设。完成第二批13个智慧社区工作试点；完成大兴区电子网格图，实现区、街道（镇）、社区（村）的区域全覆盖。七是创新社会领域党建工作机制。在非公有制企业开展“五进服务”（党建工作进企业、法律服务进企业、公益服务进企业、文化服务进企业、企业员工维权服务进企业）；组建天宫院社会组织党组织联合党支部；完善在职党员进社区考核评价体系；出台《党建指导员工作意见》。

（卢　鑫）

【“四风”专项整治座谈会召开】 1月13日，区委社会工委、区社会办邀请部分街道办事处社区办负责人代表、居委会主任代表，围绕整治工作中的“四风”问题进行座谈。会上，区委社会工委、区社会办领导传达了区委、区政府关于开展“四风”专项整治工作的文件精神。与会代表针对“四风”专治整治活动进行了讨论，对社区建设及智慧社区工作提出建议：一是加大对街道及社区政策以及资金支持，为社区提供更多便民服务工作支撑；二是多为居民办实事、好事，继续推进小区停车位改造工作，加大商家加入社区“一刻钟社区服务圈”政策支持，加快智慧社区工作推进；三是加大对社区工作者培训力度及落实提高社区工作者待遇。

（卢　鑫）

【老旧小区自管试点筹备会召开】 2月21日，区社会办、天宫院街道海子角西里社区就辛店小区物业自管问题，组织辖区居民代表召开座谈会。会上，海子角西里社区对辛店小区历史条件和现实状况进行了深入剖析，结合实际对引进专业物业公司和小区自管两种模式进行了详细讲解和对比。到会居民代表经过讨论，拟定辛店小区以自管方式进行物业管理，由居民代表完成入户征求居民意见工作，并达成一致共识：一是物业自管收费低，广大社区居民更易于接受；二是物业自管在城区已有成功经验可供借鉴，是探索老旧小区物业管理的新途径；三是物业自管更注重居民参与，增强社区居民参与社区活动积极性和主人翁责任感。

（卢　鑫）

【清源街道老旧小区自管推进会召开】 3月3日，区社会办、老旧小区自助服务指导中心在清源街道，组织辖区内相关社区负责人就老旧小区自管服务工作进行研讨。区社会办、指导中心相关负责人、清源街道主管领导就社区自管工作明确强调：一要充分发挥社区主任带头作用，发动社区能人共同参与自管服务；二要认真摸底居民诉求，有针对性地开展自管服务；三要加强学习其他社区先进经验，因地制宜做好自管服务；四要强调试点带动，从户数少的小区做起逐步全面推进自管服务。

（卢　鑫）

【社会组织负责人培训会召开】 3月4日，区社会办召开2014年度社会组织负责人培训会。区社会办、区民政局、区人保局的相关领导和300家社会组织负责人参加会议。会议以2014年市级政府购买社会组织服务项目工作为主题，部署了2014年市级政府购买社会组织服务项目申报工作，邀请社会工作事务所专业社工就提高社会组织项目书撰写水平和通过率开展培训。会议对各社会组织申报项目工作提出要求：一是要把握社会组织业务范围和队伍能力；二是要把握社会组织自身现状和承接能力；三是把握社会组织开展工作和社会需求；四是把握社会组织申报项目及实施水平。

（卢　鑫）

【市级政府购买社会组织服务项目中期评估工作推进会召开】 3月5日，区委社会工委召开市级政府购买社会组织服务项目中期评估工作推进会。一是要求各项目承接单位在项目实施周期内高质量完成服务内容，总结项目开展经验及成效，发现问题及时解决、做出调整；二是要求各项目承接单位提前整理好档案、财务等项目相关材料，积极配合市委社会工委、市社会办及第三方机构评估工作；三是邀请第三方机构开展绩效评估，就中期评估时间安排、流程、档案材料、财务检查等向各项目承接单位进行说明，并邀请会计师事务所专业人员和专业社工指导各项目的财务工作及服务实施，为项目开展提供各方面专业支持与帮助。

（卢　鑫）

【社区建设、智慧社区、信息报送工作会议召开】 3月14日，区社会办召开社区建设、智慧社区及基层信息报送工作会。区委社会工委委员、社会办副主任鲁大春及各街道、地区办事工作负责人参加会议。会议对三项工作提出部署要求：一是明确社区建设工作重点，高速、高效完成12个区内老旧小区自我服务管理试点工作。二是提高对智慧社区工作的认识，学习新印发的《北京市智慧社区建设指导标准》，立足自身实际，科学、合理、有序推进智慧社区建设工作，在已认定2013年北京市星级智慧社区基础上，继续做好2014年评定工作。三是要加强区社会建设领域信息报送工作，年终对各街道、地区办事处的得分情况从高到低进行排名。

（卢　鑫）

【“万名社区工作者培训”第三期培训班举办】 4月16日至18日，“北京市万名社区工作培训”大兴区第三期培训班举办，专家学者及市、区社会工委领导组成授课团，全区社区党支部、居委会以及社区服务站800名社区专职工作者参加。市委社会工委副书记、市社会办副主任张坚到培训现场视察指导。培训主要特点：一是重视理论学习和工作实际。二是加强规范管理和跟踪评估。三是注重学习总结和综合评定。截至目前，全区利用两年时间，分三期完成北京市“万名社区工作者培训”大兴区全部课程，培训人数共1842名。

（卢　鑫）

【“两网”融合，取得成效】 4月18日非紧急救助服务工作划转到区网格化管理办公室（以下简称区网格办）以来，领导高度重视，多措并举创新社会治理体系建设，取得显著成效。一是实现了网格化管理与非紧急救助服务工作“两网”融合。二是建立了问题和诉求数据分析机制。三是建立了区网格化管理与非紧急救助服务工作疑难案件长效处置机制。

（卢　鑫）

【物业自管试点工作开展】　年初，区委社会工委、清源街道及区自管会指导中心在清源街道滨河东里社区开展老旧小区物业自管试点工作。5月27日，社区居委会组织居民开展自管会候选人选举活动，被选举候选人3名，参加选举居民103人。通过选举，确定滨河东里社区自管会主要人员，为下一步建章立制奠定基础，进一步推进辖区无物业小区自我服务管理模式形成。

（卢　鑫）

【锅炉房改造利用工作加强】　7月22日，由区委社会工委牵头，协调区市政市容委、商务委等6家单位，对全区锅炉房整体现状及下一步利用工作进行部署。一是积极协调，实地调研。征求改造利用意见，查找问题。到顺义区学习调研，借鉴其他区县典型经验，更合理改造利用区属国有锅炉房资源。二是摸清底数，了解需求。对街道和锅炉房产权所属公司进行摸底，整理可以改造利用的14座锅炉房的地理位置、产权使用、可利用面积等实际情况。三是研究方案，分步实施。汇总辖区居民对教育、卫生、市政以及便民服务等各项工作的需求，综合分析需求情况，研究制订科学的工作方案，以14座锅炉房的改造利用为突破口，分步分批地改造利用好全区锅炉房资源。

（卢　鑫）

【市委社会工委领导调研网格化管理工作】　9月15日，市委社会工委委员、市社会办副主任王丽竹带队到区委社会工委、区网格办和海子角东里社区，进行网格化管理工作调研。听取了社区负责人关于社区网格化工作、社区规范化建设、社区公共服务等汇报，观看了社区网格化工作记录。调研组认为，区网格化管理工作有三“突出”：突出“强”，展现出大兴区社会管理精细化发展的定位与特征；突出“实”，使各委、办、局职能下沉到社区网格中；突出“好”，工作具有前瞻性，工作推进是从全局进行思考。同时要求抓住深化改革契机，加大力度进行网格化工作机制梳理，在区域治理体系和治理能力上实现突破。

（卢　鑫）

【老旧小区自我服务管理工作加强】　10月31日，区人大代表实地参观老旧小区自我服务管理工作情况，并根据实际提出建议，进一步明确了工作导向。年内，12个老旧小区成立自管组织，并运转良好，涉及居民楼94栋、服务总建筑面积1740933平方米、居民7787户、21803余人。区社会办继续协调区住建委调动镇街、社区和居民的力量，采取专业外包、居民自管等多种形式，因地制宜破解老旧小区物业服务难题。

（卢　鑫）

【智慧社区建设多层次推进】　11月26日，区委社会工委根据《北京市智慧社区建设指导标准》要求，遴选上报5个街道办事处13个社区作为2014年智慧社区建设试点；在2013年25个智慧社区试点中精选24个社区进行提升星级工作，进一步加大智慧社区推进力度；制订智慧社区双月报工作机制，定期搜集整理基层智慧社区工作亮点，如观音寺街道“一键通”便民养老服务系统。清源街道便民自助终端建设；在清源街道建设“智慧小屋”试点，以信息化手段体现“吃、穿、行、游、购、娱、健”的便民理念。

（卢　鑫）

【村居对接工作开展】　12月30日至31日，区将三个符合移交条件的社区管理权由镇政府移交至属地街道办事处，规范回迁社区治理，理顺社区管理体制，提升服务管理水平。

区“四有”办分别组织北臧村镇与天宫院街道签订天宫院社区管理权移交协议、黄村镇与兴丰街道签订三合北巷社区管理权移交协议，北臧村镇与林校路街道签订罗奇营社区管理权移交协议。天宫院社区、三合北巷社区、罗奇营社区人、地、物、事、组织等相关工作正式由天宫院街道、兴丰街道、林校路街道负责管理。

（卢　鑫）

【推行富余房屋委托代管机制】 年内，全区加强社区房屋管理，推行富余房屋中介委托代理机制。以政府为主导、以镇属资产管理公司、社区服务站、物业公司为主体，搭建富余回迁房中介代理平台，避免出现“群租房”等现象。一是集中托管模式。对拆迁村富余安置房进行统一回收，签订代租合同，以公租为主、散租为辅，直接与辖区企业进行对接；二是中介代理模式。成立房屋托管办公室，设专人负责登记房源，采取“以需定租”模式，免费为租房对象与社区居民搭建供需服务平台。黄村、瀛海、庞各庄等3个镇通过集中托管、中介代理等模式代管房屋936套，年租金达1866.87万元，出租家庭平均年增收2万元左右。既保障了搬迁村民长期稳定的收益，又加强了社区管理。

（卢　鑫）

【社区便民公告栏建设进一步强化】 年内，区委社会工委深入社区开展调研，掌握居民实际需求，制定社区便民公告栏建设工作办法；通过改造社区老旧公告栏、在单元门新增悬挂式公告栏等方式，规范便民公告栏设置；建立约谈机制，规范房产中介等单位广告宣传行为，从源头减少小广告；建立由“4050”人员组成的专职清理队伍，并发动在职党员、社区骨干共同清理小广告；充分发挥网格巡查员作用，及时发现、处置非法发放、张贴小广告行为。截至年底，设立便民公告栏1949处，覆盖社区110余个。

（卢　鑫）

【社会建设领域网格化工作多层次完善】 年内，区委社会工委采取多种措施，不断完善社会建设领域网格化工作。一是疏通工作网络。走访区内5个街道办事处，听取40余个社区工作人员意见建议并实地调研5个社区实际操作情况。二是疏通舆情渠道。增加社会服务管理网格化系统居民诉求模块，并根据调查走访、社会工委网站、官方微博等多条渠道收集整理，截至12月底，共调查走访城镇居民小区184个，村庄49个。访问收集居民诉求893项；其中网络检索居民诉求261项。三是疏通区级协作渠道。多次与区经信委、区网格办、区综治办等单位协调，减少基层信息重复录入。

（卢　鑫）

【在职党员进社区活动开展】 年内，全区机关、事业单位和国有企业在职党员共15169人，到社区报到总数14877人，报到率98.1%，认定服务岗位14368个，以单位党组织形式报到共计541个，办实事17244件，在职党员进社区工作取得预期效果。

（卢　鑫）

【区社会组织服务项目获得表彰】 年内，全区社会组织积极参与“北京社会组织公益服务品牌”评选活动，经过申报、推荐、初审、专家评审、综合投票、网上公示等环节，4个公益服务项目获得优秀品牌表彰。其中，朗润社会工作事务所的《朗润心理咨询服务》品牌项目获得银奖，清源街道志愿服务协会的《“清源”便民服务工程》、区科协的《科普益民进社区》、区妇联的《女性素质提升综合工程》3个品牌项目获得铜奖。

（卢　鑫）

【“六心”家园建设深入推广】 年内，区“四有”办围绕“六心”家园建设，不断提高服务管理水平，逐步实现回迁社区治理全覆盖。一是完善考核体系。制定南海家园社区经验推广方案，细化百分考核标准，将回迁社区建设纳入“四有”工作考核体系。二是组织参观学习。组织各镇主管领导、社区党支部书记代表等到南海家园社区进行参观学习，并分组进行经验交流。三是实地走访调研。坚持定期到社区进行实地走访，以南海家园社区为标杆，引导各镇细化工作方案。四是落实年终考核。检查各镇回迁社区“六心”家园创建情况，实现每个回迁社区有2～3个“六心”方面亮点。

（卢　鑫）

【社区建设工作不断完善】　年内，区社会办重点推进五项工作，不断完善社区建设。一是明确社区建设工作重点，年内完成12个老旧小区自我服务管理试点创建工作；二是全面推进社区基本公共服务全覆盖，年内完成167个建成社区基本公共服务全覆盖；三是做好“一刻钟社区服务圈”建设，年内创建完成市级服务圈示范点20个；四是推进社区办公服务用房项目，年内全面启动第三批19个项目的购置工作；五是加强锅炉房改造利用，年内对区内14座闲置锅炉房进行了实地调研，并根据各锅炉房的实际情况规划使用方案。

（卢　鑫）

【教育实践活动理论学习扎实开展】　年内，区委社会工委采取“五学措施”，扎实推进党的群众路线教育实践活动。一是领导带学。区委社会工委理论中心组积极开展学习活动，深入解读习近平总书记系列讲话、群众路线等方面的精神内涵，帮助机关党员更深层次的学习和理解中央精神。二是党员普学。教育实践活动领导小组办公室每周确定一个学习主题，统一印发学习材料，带领广大党员共同学习。三是科室促学。每个科室承办一周学习内容，结合各科室实际工作浅谈学习成果。四是微博、QQ助学。建立教育实践活动专题微博及QQ群，及时宣传社会建设中各地党组织活动动态，并将重要文件、安排及理论学习内容上传到QQ群。五是严把教学。每名机关党员每周至少学习2～3篇规定文章，写下学习心得，强化思想认识，确保学习教育工作落到实处。

（卢　鑫）

【教育实践活动三项重点工作开展】　年内，区委社会工委、区社会办在党的群众路线教育实践活动中，扎实做好三项重点工作。一是深化在职党员进社区工作。深化在职党员进社区服务工作，重点围绕“四个一”开展工作，即在职党员每年一次年度报到、签订一份承诺书、认领一个服务岗位、每年至少办一件实事。二是实施非公党组织创建“百日攻坚”行动。从4月1日至6月30日，集中时间，有序推进规模以下非公有制企业建立党组织，提高非公党组织覆盖率。三是选树社会领域党组织示范点。在全区社区、非公有制企业、社会组织和商务楼宇党组织中推选示范点，树立标杆，充分发挥“典型引领、示范带动”作用，推动社会领域党建工作。

（卢　鑫）

【社会组织“公益行”活动开展】　年内，全区共有正式登记的社会组织433家（其中社会团体168家，民办非企业单位265家），备案的社区社会组织652家。近两年来，大兴区结合城乡结合部和新区一体化发展实际，深度挖掘居民公益服务需求，培育和扶持社会组织发展，并以居民需求为导向组织开展“公益行”系列活动，取得了良好社会反响，累计开展公益活动2633场，服务城乡居民达370291人次。

（卢　鑫）

平谷区

【概况】　年内，全区社会建设工作围绕建设幸福平谷主线，坚持统筹城乡、长远布局、稳中求进、巩固提高，各项工作取得明显成效。一是深化社会领域党的建设。以党的群众路线教育实践活动为契机，组织基层党组织开展“八个一”活动，着力提高社会领域基层党组织服务能力。研究制定《平谷区2014年城市街道社区党的建设“三级联创”活动考评工作方案》。构建社区党建“三级联创”工作格局。全年新建社会领域党组织20个，新发展党员63名。全区非公有制企业党组织覆盖率达到76.5%。完善了党建指导员选派机制和考评机制，完成了全区首个银河建材城综合服务站建设。全年创建10个非公有制企业“五个好”党组织示范点。二是夯实社区规范化建设基础。再建成两个“一刻钟社区服务圈”示范点，累计创建23个。新创建社区规范化示范点5个，累计达到20个。扎实推进成5个村级社会服务管理创新试点和5个老旧小区自我服务管理试点建设。开展首批试点智慧社区升星建设，完成第二批试点智慧社区建设。多批次举办社区工作者培训班，完成“万名社区工作者培训计划”，培训达1500余人次。截至年底，持有国家社会工作师职业水平证书的社工占全区社工总数的52%。三是网格化社会服务管理体系建设扎实推进。新建10个乡镇网格分中心及区级指挥平台系统，每个乡镇网格化指挥分中心均不低于30平方米，配备专职网格管理员2~3名，共划分485个，配备网格力量1600余人。四是提升社会组织活力。争取市社会建设专项资金213万元，购买社会组织服务项目19个；推动“幸福平谷社会组织公益行”系列活动100余场。投入资金60万元，依托专业社会组织实施排难应急服务和法律援助两项温暖工程。

（胡天伟）

【党的群众路线教育实践活动机关动员大会召开】 2月27日，区委社会工委召开党的群众路线教育实践活动机关动员大会，会议对工委机关教育实践活动进行部署，对领导班子进行民主测评。街道工委书记、机关干部和非公有制企业党组织代表共40人参加。

（胡天伟）

【政府购买服务项目包装策划培训班举办】 2月27日，区委社会工委邀请市级专家，对全区参与市政府购买社会组织服务项目的社会组织负责人及业务骨干进行项目包装策划培训，约150人参加培训。

（胡天伟）

【非公党建指导员工作部署会召开】 3月3日，区委社会工委组织召开非公党建指导员工作部署会，将非公党建指导员纳入社会领域党的群众路线教育实践活动督导组，负责对非公经济组织和社会组织党组织督导工作。制定《平谷区非公有制经济组织党建工作指导员考评办法》，对非公党建指导员工作进行量化考核。30名非公党建指导员参加会议。

（胡天伟）

【第二批教育实践活动社会领域动员部署大会召开】 3月6日，区委社会工委组织召开第二批党的群众路线教育实践活动社会领域动员部署大会，对社会领域教育实践活动进行动员部署。27个城市社区党支部书记，全区非公有制企业和社会组织党组织负责人参加大会。

（胡天伟）

【社区建设重点工作部署会召开】 3月20日，区社会办召开2014年社区建设重点工作部署会。会议对“一刻钟社区服务圈”示范点创建、社区规范化示范点创建、智慧社区等工作进行了部署。3个街道主管领导和27个社区居委会主任参加会议。

（胡天伟）

【社区工作者集训完成】 3月26日至29日，区委社会工委举办社区工作者全员培训班，就“社会工作政策与法规”“社区工作实例分析”“社会组织建设理论与实践”等内容，对322名社区工作者进行培训。

（胡天伟）

【社会领域党组织短信互动平台开通】 3月28日，区社会领域党组织短信互动平台正式开通，将303个非公有制企业党组织、27个社区党组织和30名党建指导员纳入短信互动平台，实现了社会工委与社会领域各党组织的“线上线下”实时互动。短信互动平台信息发布不受时间和地域限制，能够有针对性地向社会领域党组织发布信息，为社会领域党组织广大党员提供贴心服务，有效解决社会领域党组织分散、信息接收不畅、工作部署不及时、咨询时间受限等问题。

（胡天伟）

【“最美北京人”宣讲活动开展】 4月至10月，区委社会工委组建由8名宣讲员组成的“两新组织”宣讲团，以“最美北京人”为主题，到企业、社会组织巡回宣讲10场，超过3000人次参加。同时在规模较大的非公有制企业中，组建本企业百姓宣讲团，通过讲述身边人的先进事迹，在企业中掀起学先进、争先进的良好势头，促进企业健康发展。

（胡天伟）

【老干部社区工作者选聘开展】 4月25日，区老干部局召开老干部社区专职工作者招聘工作会。区社会办、老干部局、人保局、财政局主管领导和业务科长参加。会议明确了招聘条件、公示时间、笔试内容、经费保障等问题。年内全区共选聘老干部社区专职工作者6名。

（胡天伟）

【建党93周年系列活动开展】 6月至7月，区委社会工委开展社会领域先进党组织和优秀个人表彰，共15个社会领域基层党组织、21名优秀党员、20名优秀党务工作者和10名优秀社区楼（单元）长受到通报表彰。同时，在企业开展“亮、争、促”“党员先锋岗”“党员先锋行动”等活动，为党员服务企业搭建平台。各基层党组织也通过召开座谈会、参观教育基地、举行文艺汇演、重温入党誓词等形式，纪念建党93周年。

（胡天伟）

【购买服务项目立项批复工作部署会召开】 8月12日，区社会办召开2014年度市政府购买社会组织服务项目立项批复工作部署会，全区19个项目通过市级专家评审，共获得213万元资金支持。会上，对项目实施工作进行了总体部署，19个项目组织负责人参加会议。制定印发了《关于开展2014年度使用市级社会建设专项资金购买社会组织服务项目工作的通知》《平谷区2014年度使用市级社会建设资金购买社会组织服务监督管理办法》。

（胡天伟）

【市领导调研建西社区】 8月27日，市政协副主席、市委党的群众路线教育实践活动第13督导组组长赵文芝到建西社区调研老旧小区自我服务自我管理工作情况。

（胡天伟）

【网格管理员培训工作开展】 9月23日至25日，区社会办开展10个乡镇街道的网格管理员培训工作。主要培训网格化信息采集、录入及系统使用等知识。

（胡天伟）

【第二批教育实践活动总结会召开】 10月16日，区委社会工委召开第二批党的群众路线教育实践活动总结大会，对社会领域教育实践活动进行总结，对领导班子进行测评，对整改措施落实和长效机制建设等后续工作进行部署。第二批教育实践活动开展以来，各基层党组织认真贯彻落实区委部署要求，围绕为民务实清廉，着眼反对“四风”、联系群众，按照“照镜子、正衣冠、洗洗澡、治治病”的总要求，坚持抓早、抓紧、抓严、抓准、抓实，做到进度服从质量、时间服从效果，扎实推进教育实践活动有序开展，顺利完成三个环节各项工作。通过教育实践活动，提升了党员领导干部党性修养，加强了领导班子作风建设，提高了科学管理和群众工作水平，解决了一批“四风”方面突出问题，推动了中心工作。

（胡天伟）

【与贵阳市乌当区结为社会建设友好合作单位】 11月14日，区社会办调研员、副主任李军参加“创新社会治理，加强社会建设”2014（贵阳）年会。会上，平谷区与贵阳市乌当区结成社会建设友好合作单位。

（胡天伟）

【社会组织负责人培训班举办】 12月8日至12日，区委社会工委举办2014年社会组织负责人培训班，邀请市委社会工委、市社会办、首都高校及专业社工机构专家学者，采取基础理论与社会实践相结合的方式，围绕社会组织与社会建设、政府购买社会组织服务项目申请与策划、社会组织项目管理等方面进行授课。16家“枢纽型”社会组织、23家民政登记注册社会组织及37家社区社会组织共150余名负责人、业务骨干参加培训。

（胡天伟）

【参加“寻找最美社工”评选】 年内，区委社会工委组织区内优秀社工参加第三届首都“寻找最美社工”评选活动。金谷园社区主任张亚军、光明社区主任熊玉香获评第三届首都“寻找最美社工”评选活动优秀社工。

（胡天伟）

【“幸福平谷社会组织公益行”系列活动开展】 年内，区委社会工委深入开展幸福平谷社会组织公益行系列活动。通过引领社会组织发挥公益性作用，搭建社会组织公益风采展示平台，形成区总工会、区妇联等50余家社会组织共同参与的良好氛围。一是定主体。以“枢纽型”社会组织和街道社会组织联合会为主体，辐射带动社区“草根型”社会组织，全年共有60余个社会组织开展活动。二是树品牌。指导社会组织结合自身特点，找准社会公益“定位”和活动“切入点”，形成区妇联“金玫瑰志愿服务”、金海社区“及时雨”应急服务社等一批示范效应好、影响力大的品牌项目。三是重实效。以服务群众为根本，以群众需求为导向，重点引导社会组织在扶老助残、就业帮扶、法律援助等方面开展公益服务活动100余场，受益群众3万余人。

（胡天伟）

【政府购买专业社工岗位工作开展】 年内，按照“一街一社工”标准，区委社会工委制订政府购买专业社会工作岗位工作方案，分别在滨河街道和兴谷街道购买法律咨询援助服务岗和为老服务岗两个岗位，为深入探索“一街一社工”积累了经验。

（胡天伟）

【5个乡镇级养老照料中心建成】 年内，区民政局争取市级扶持资金2000余万元，对马坊镇、南独乐河镇、滨河街道、山东庄镇和金海湖镇5个乡镇敬老院进行升级改造，建成乡镇级养老照料中心，面向周边乡镇老人提供日间照料服务。

（胡天伟）

【社区志愿服务站规范化建设开展】 年内，区委社会工委确定滨河社区等9个社区为第一批社区志愿服务站规范化建设试点，统一安装了社区志愿服务站标志系统。

（胡天伟）

【街道级“枢纽型”社会组织认定完成】 年内，滨河、兴谷街道办事处及渔阳地区各认定1家社会组织为街道级“枢纽型”社会组织。

（胡天伟）

【"我的社工一日"征文活动开展】　年内，区社会办在城市社区开展"我的社工一日"征文活动，共征集作品37份，其中2份获得优秀奖。

（胡天伟）

【社会动员试点工作开展】　年内，区委社会工委按照《2014年全市街道社会动员试点工作方案》部署，在兴谷街道开展社会动员试点工作。通过开展邻里守望相助、组建市民劝导队等，有效调动了社会力量参与城市管理服务积极性。

（胡天伟）

【建西社区"六共"模式推广】　年内，区委社会工委在全区城市社区推广建西社区"六共"模式促民生工作。"六共"：一是社区党建共商。发挥党组织的组织优势和政治优势，主动协调各物业公司和驻区单位党支部，成立社区事务共建领导小组，共同研讨重大问题和大型活动。二是社区事务共管。引导驻区单位参与社区事务管理，从居民最关心、最实际的问题出发，解决居民诉求。三是社区难题共解。协调驻区单位深入社区为居民办好事，解决"急、难、愁"问题。四是社区资源共享。采取"社区出一块、驻区帮一点"措施，把驻区单位社会资源转换为社区资源，拉近驻区单位、社区与居民距离。五是社区活动共办。与驻区单位建立协调有序的共建机制，共同开展形式多样的文体活动。六是社区文明共创。抓住市规范化、"一刻钟社区服务圈"、"六型"社区建设等时机与驻区单位、物业公司、门店共同开展环境整治、植树护绿等为群众服务行动。

（胡天伟）

【区首个建材城综合服务站成立】　年内，区委社会工委依托银河建材城党总支，建立全区首个建材城综合服务站。服务站发挥定期业务工作平台、服务交流平台、区域化党建工作平台作用，为建材城内企业提供党建工作指导、法律咨询、政策咨询等服务。

（胡天伟）

【网格化建设工作开展】　年内，全区完成网格化区级指挥平台系统及7个乡镇网格化项目建设，并通过专家组验收。每个乡镇网格化指挥分中心均不低于30平方米，同时配备大屏幕电子显示屏、电脑、桌椅等设备实施。每个乡镇配备专职网格管理员2～3名，负责网格指挥分中心日常维护；每个村（社区）配备1～2名网格管理员，负责本村（社区）基础信息维护、网格员培训指导等工作。组织开展相关培训400余人次，提高了专业技能水平。根据楼宇、商业街区、重点路段情况，结合农地、山场、景区、河流、工业区等空间分布特点，7个乡镇共划分485个网格，配备网格力量1600余人。将便民菜站、医疗卫生、交通服务、综治维稳、矛盾调处、一刻钟商圈等纳入网格。统一制定了"网格化社会服务管理联席会议制度""网格化社会服务管理员管理制度""镇网格化社会服务管理领导小组职责""镇网格化社会服务管理分中心职责"等规章制度。通过"四级管理"封闭流程，建立起职责明确、管理精细、渠道畅通、反应及时、运转高效的网格化工作体系。

（胡天伟）

【社区网站群建设推进】　年内，区社会办进一步提升社区网站群服务能力。一是建立舆情监测机制。区社会建设门户网站增设考核监督分析工具，对社会建设、社情民意和社会关注热点、焦点等信息做到及时了解、及时上报、及时反馈。二是建立服务信息推送机制。在社区网站、易畅网等发布便民资讯，为居民提供详尽的吃、住、行、游、购、娱、健等日常便民生活信息搜索服务。依托社区基础信息采集数据库，为社区内的老年人、残疾人和病患人群建立了完善的电子健康档案。将社区基本公共服务全覆盖的10大类、180项服务内容录入到数据库中，为组织开展便民服务工作提供数据支持。三是动态发布便民信息机制。在完成12个“一刻钟社区服务圈”上线基础上，新增9个社区上线工作，要求各社区设置专栏，制作平面图，不断丰富完善服务内容。此外，通过信息上报栏目收集信息1095条，直接将上报信息发布到门户网站相应栏目的309条，各子网站信息更新总量3289条，方便居民随时随地了解社区动态、知晓服务信息。

（胡天伟）

【社会组织公益行系列活动完成】 年内，区委社会工委开展社会组织公益行系列活动。制发“幸福平谷社会组织公益行”简报600余份，参与社会组织50余家，开展扶贫助困、为老服务等多个民生领域公益服务活动100余场，受益群众3万余人。

（胡天伟）

【应急排难、法律援助温暖工程实施】 年内，区委社会工委投入资金60万元，依托区老年人排难应急服务中心和法律服务协会实施温暖工程。为70周岁以上老人发放“一键通”手机2176部。为65周岁以上孤寡、空巢老人提供免费上门服务，解决生活应急困难2000余人次，主要包括通下水道、更换截门水嘴、更换灯具、维修电路、电器安装和维修等服务项目。为社区低收入者提供免费法律服务和法律援助810人次，代写法律文书72份。

（胡天伟）

【“学雷锋”志愿服务开展】 年内，区志愿者联合会牵头组织，以“践行群众路线 弘扬雷锋精神”为主题，在全区开展“学雷锋”志愿服务活动，发动2万余名志愿者投身其中，组织开展活动800多场，提供了邻里守望、法律咨询、义务理发、电器修理等多项志愿服务。

（胡天伟）

【社区规范化建设示范点创建】 年内，区委社会工委落实市社区规范化建设示范点实施方案精神，围绕社区服务站建设平台化、社区工作事项明晰化、社区运行机制联动化、社区志愿服务常态化、社区队伍建设专业化、社区设施使用最优化、社区经费管理科学化等7个方面建设，采取“走动式”工作法，定期下社区检查示范点创建工作，随时掌握建设过程中的困难和问题，同时就社区工作机制、制度建设等方面进行具体指导，全年共完成5个市级示范点创建工作。

（胡天伟）

【“一刻钟社区服务圈”示范点建设推进】 年内，全区完成2个“一刻钟社区服务圈”示范点创建。共建成市民学校2个，社区宣传栏17个，社区室内外活动中心2个，便民菜站2个，益民书屋2个，电子图书阅览室1个，制作《便民服务手册》3500余册，便民服务卡2500余份，分类收录辖区内银行、酒店、餐饮、医院等17项服务网点，详细提供具体地址、联系方式；绘制了“一刻钟社区服务圈”服务网点示意图2张；为进驻企业和居民提供高质量信息服务。

（胡天伟）

【社区老党员志愿服务工作开展】 年内，区委社会工委组建4支社区老党员先锋队，设立政策宣传、法律咨询等9个便民公益岗位，老党员、老干部充分发挥政治优势、文化优势、宣教优势和组织群众优势，在社区建设中发挥余热。

（胡天伟）

【老旧小区自我服务、自我管理试点工作开展】 年内，区社会办在5个社区开展老旧小区自我服务、自我管理工作试点，摸索出“三种模式”。一是“三位一体”治理模式。成立社区服务管理委员会，由居委会主任担任主任，物业服务公司负责人、业委会主任、各楼栋长为成员，建立联席会议制度，共同会商解决社区物业管理存在的热点、难点问题。二是社区志愿互助服务模式。拿出专项资金，积极培育社区志愿服务队伍。目前，27个社区共成立养老助残、人民调解、法律援助、文化娱乐、文明劝导等8类、70余支服务队，志愿者7000余人，为社区居民提供上门理发、老年人生活援助等40余个服务项目。三是小区自管会服务管理模式。本着自愿、自管、自律原则，选举产生由5~7名业主组成的小区自管会，内设会长、事务协调部和财务部，聘请小区居民担任物业工作人员，自行组织开展物业服务。建立自管会与居民代表联席会议制度，实现物业服务标准和收费标准共商共定。

（胡天伟）

【智慧社区创建工作推进】 年内，区社会办开展首批试点智慧社区升星建设：1个升级为五星级智慧社区，3个升级为四星级智慧社区，1个升级为三星级智慧社区。完成第二批试点智慧社区建设，建成3个三星级、1个二星级智慧社区。为智慧社区配备电脑、液晶电视、触摸读报机等数码设备，并进行网络连接，整合300万册电子图书、1万种电子期刊、50万册古籍、2000个中华文化视频、2万场专题讲座等数字文化信息资源，搭建了多媒体、跨平台、多终端的文化信息资源共享平台。

（胡天伟）

【信息化联络员队伍建设加强】 年内，区委社会工委采取多项措施加强信息化联络员队伍建设。一是按时召开例会。按照信息化联络员例会制度，每个季度召开一次信息化工作会议，加强信息沟通，提高工作质量。二是组织绩效考核。根据《平谷区信息化联络员管理办法》，将联络员绩效与考核挂钩，增强其责任意识，调动其积极性，稳定信息化联络员人才队伍。三是加强教育培训。聘请专业讲师，对全区27个社区负责人和信息化联络员进行社区信息化建设与智慧社区培训，切实提高认知水平。

（胡天伟）

【农村社会服务管理试点建设工作完成】 年内，全区完成了海子村、洙水村、黑水湾村、大庙峪村、张家台村5个农村社会服务管理试点建设。各村整合社区资源，组建了包括警务工作站、巡防工作站、流动人口管理服务站、民调室的“三站一室”的村级综合治理工作中心；建立社区服务站和便民服务中心，统一安装了门牌标志和上墙展板等。

（胡天伟）

【党建指导员队伍建设推进】 年内，区委社会工委研究制定《平谷区非公有制经济组织党建工作指导员考评办法》，构建三项管理机制：一是完善党建指导员选派机制。采取区委指派、乡镇（街道）选派、企业自聘相结合方式，选派党性觉悟高、政策理论精、组织能力强的同志作为党建指导员，入驻非公有制企业和“枢纽型”社会组织，保证非公有制企业党建指导员质量。二是完善党建指导员考评机制。明确两大项14条任务指标，对非公党建指导员工作进行量化考核，并与年底补贴挂钩，按照优、良、差三个等级进行奖惩。三是完善党建指导员培训机制。邀请市级党建及经管等方面专家，就非公有制企业党建工作实务、做好群众协调沟通工作等方面知识进行专题授课，提升党建指导员能力素质。

（胡天伟）

【4个“六型社区”创建】 年内，区民政局制定下发《关于创建“六型社区”建设幸福平谷的意见》，全年创建4个“六型社区”。分别是滨河街道南小区、金谷园、兴谷街道新星社区、乐园西社区。

（胡天伟）

【社会领域基层党组织建设规范提升】 年内，区委社会工委制定下发《关于社会领域党组织在开展群众路线教育实践活动中加强基层服务型党组织建设的工作方案》《平谷区社会领域群众路线教育实践活动督导组工作职责》《关于建立党的群众路线教育实践活动联系点的工作安排》等6个文件，有效提升了社会领域基层党组织建设规范化、制度化。

（胡天伟）

【非公有制企业党组织“微党课”活动开展】 年内，区委社会工委在全区非公有制企业党组织开展“微课堂”活动，提高党建政策宣传学习时效性。一是课堂“微”。“微党课”参加人员范围小、授课精短，改变了以往党课集中学习，挤占企业生产和员工休息时间的旧有模式。基本都以企业车间班组或部门为单位，时间一般控制在10～15分钟。二是内容“实”。“微党课”既讲授十八大精神、党的基础知识、有关政策法规等内容，又将微型党课与部署开展生产经营紧密结合起来，做到两不误、两相长。三是方式“活”。“微党课”课堂小、内容微的特点，使企业开展起来极为便利。企业联系各自实际将“微党课”与企业行政会议、党支部会议、组织生活、企业活动等相结合，激发了党员学习主动性和创造性，引导党员在学习中思考，在思考中学习。

（胡天伟）

【非公有制企业党组织工作品牌创建】 年内，区委社会工委结合社会领域党建工作实际，为党员服务企业、社区搭建平台，努力提升“党建工作品牌”创建成效，切实做到“一居一品、一企一品”。全年创建10个非公有制企业党组织工作品牌。

（胡天伟）

【党员发展工作开展】 年内，区委社会工委发展党员63名。工作中做到严把“四关”：一是考察关。切实把企业中拥护党的纲领、符合党员标准、自愿加入党组织的优秀分子确定为入党积极分子，进行重点培养，全年共培养积极分子300余名。二是教育关。实行定期汇报思想和及时谈话制度，及时了解入党积极分子、发展对象的思想动态，端正入党动机。三是审批关。加强政治审查，对其入党材料逐项审核，确保程序规范、内容齐全。同时对预备党员开展逐一谈话和集中宣誓活动，督促其不断提高自身素质，全年共发展党员63名。四是“监督”关。严格落实发展党员工作责任追究制，对在发展党员工作中违规的相关责任人进行批评教育，视情节轻重责令其做出书面检查或予以通报批评，构成违纪的严肃查处。

（胡天伟）

【城市社区“三级联创”考评开展】 年内，区委社会工委研究制定《平谷区2014年城市街道社区党的建设“三级联创”活动考评工作方案》。坚持以“群众评判为标准”，通过开展满意度测评、群众访谈等形式，拓宽评价主体，使考核内容与结果分析更趋于制度化、科学化。将各委办局参与社区党建纳入考评范围，分别制定考评办法，对街道社区进行考评。初步形成了街道社区上下互动、部门街道横向互动的社区党建“三级联创”工作格局。

（胡天伟）

【在职党员到社区报到工作开展】 年内，区委社会工委研究制定《关于积极倡导在职党员到社区报到为群众服务的通知》，按照组织报到和个人报到相结合原则，组织全区机关在职党员到社区报到。设置社区宣传教育岗、帮困助残服务岗、社区治安巡逻岗、便民服务互助岗、民事纠纷调解岗等公益岗位40个，要求党员自愿选择一个社区公益岗位，为社区居民服务。制定《在职党员承诺书》，要求在职党员做到带头不乱停车、带头不私搭乱建、带头不破坏公共设施等“十个带头”。全区共有54个单位党组织到城市社区报到，组织报到率100%；共有7580名党员到社区报到，个人报到率65%。全区单位党组织参与社区活动77次，党员个人参与各类社区志愿服务活动8000余人次。签订《在职党员承诺书》7800余份。初步形成驻区单位与社区协同落实在职党员积极参与社区建设的工作格局。

（胡天伟）

【社会领域党组织“八个一”活动开展】 年内，区委社会工委动员社会领域党组织开展“八个一”活动。即：讲一堂党课，集中观看一次教育片，撰写一篇心得体会，开展一次学习交流活动，开展“我为发展献一策活动”，开展一次公益活动，解决一批实际问题，搭建一个党员服务平台。社区党组织共办好事、实事82件，获得了社区居民高度认可，如建西社区党总支协调中卫世纪城开发商和天天友联物业公司在中卫地下室设立20平方米书画社、设立80平方米乒乓球馆、安装石桌石凳25套，府前社区党总支协调平谷区新奥燃气公司为178户居民家中接通天然气管道等。非公有制企业党组织共开展帮助困难群体、改善住宿环境、提高工资待遇等实事283件，受益职工4600余人，累计投入资金200多万元，如吉安达党支部在车间配置大型电扇、免费配送绿豆汤；维达北方纸业党支部增加员工休息室、增加员工鞋柜、为员工建立图书室。

（胡天伟）

【政府购买社会组织服务开展】 年内，区委社会工委争取市政府购买社会组织服务项目专项资金213万元，开展公益服务项目19个。为加强项目制度化管理，制定了《平谷区政府购买社会组织服务项目工作要求》等文件，将项目分成普通类和重点类实行分类指导。普通类项目进行阶段性检查、督促信息上报等；重点类项目派专职人员进行指导，及时纠正实施过程中存在的问题，保证项目完成时间和质量。与每个项目实施单位分别签订《购买专业社会工作岗位项目责任书》，定期查看原始工作档案及相关资料和资金使用票据，强化专款专用。

（胡天伟）

【社区工作者队伍建设加强】 年内，区委社会工委鼓励社区工作者积极参加国家社会工作师职业水平考试，持有国家社会工作师职业水平证书的社区工作者占全区社区工作者总数的52%，居全市前列。

（胡天伟）

怀柔区

【概况】 年内，全区社会建设工作以党的十八大和十八届三中全会、区委四届五次全会和区人大四届四次会议精神为指导，以“党的群众路线教育实践活动”和“精细化管理年”为契机，优先服务和保障APEC会议，不断推进各项工作的有效开展。一是扎实开展好群众路线教育实践活动，认真贯彻“照镜子、正衣冠、洗洗澡、治治病”的总要求，突出“为民务实清廉”的主题，紧紧围绕着解决“四风”问题，努力做好每个环节工作，切实提升活动整体效果。二是以网格化社会服务管理为平台实现社会治理精细化，网格化工作以完善系统建设、做实基础网格和推进三网融合为重点，取得了阶段性成绩。三是全力开创社会力量参与社会治理工作的新局面，立足于社会组织体系建设、服务APEC社会动员、规范政府购买社会组织服务，不断提升社会组织参与社会服务管理能力。四是让社区建设更富活力，用改革的视角探索社区建设新机制，通过打造示范点、培养品牌项目等举措不断提升社区治理能力和水平。五是推进社会领域党建工作水平，积极探索实现“双覆盖”的途径和方法，以平台建设为依托，增强社会领域党建工作水平。六是全面提升社会建设信息化水平，利用现代信息技术和融合的工作理念，全力打造社会建设信息化新局面。七是进一步加强社会人才队伍建设，社区工作者参与培训和教育的积极性明显较高，自身能力素质明显提升，树立了良好的服务社会、服务居民心态。

（朱　森）

【区领导到区委社会工委、区社会办调研】 2月7日，区委常委、副区长彭丽霞到区委社会工委、区社会办调研社会建设相关工作。彭丽霞要求，2014 年全区社会建设工作要通过完善网格运行体系、社会动员工作体系和社会组织服务体系，实现社会治理精细化，推进社会治理体系和治理能力建设；要加强社区文化建设和社区人才培养，使全区社区建设更加富有活力；要以非公有制企业和社会组织党的工作全覆盖和党组织全覆盖为目标，加强基层服务型党组织建设，切实推进社会领域党建上水平；要以资源整合、数据支撑，系统衔接，便捷便利为目标，全面提升全区社会建设信息化水平。

（朱　森）

【“我和我的社区”主题系列宣传活动结束】 2 月 26 日，“我和我的社区”主题系列宣传活动结束。此活动包括“悠悠发展史 · 喜乐在社区”摄影大赛、“浓浓邻里情 · 感动在社区”征文大赛、“乐享社区生活 · 共建美好家园”原创歌曲征集活动及区“十佳社区志愿者”“十佳社区工作者”“十佳社区服务品牌”评选活动，“我和我的社区”主题系列宣传活动总结表彰等五个部分。系列活动共收集摄影作品 222 幅、征文作品 131 篇、原创歌曲 15 首、街道（镇）报送十佳社区志愿者候选人 54 名、十佳社区工作者候选人 50 名、十佳社区服务品牌候选项目 33 个。经初评、公示、评委投票评选三个环节，最终确定优秀摄影作品 40 幅、优秀征文作品 26 篇、优秀原创歌曲 11 首，同时还评选出区“十佳社区工作者”“十佳社区志愿者”“十佳社区服务品牌”，另外还有 10 个社区服务品牌项目获得提名。

（朱　森）

【全区政法维稳、社会建设、矛盾调处工作会召开】 2 月 26 日，全区 2014 年政法维稳、社会建设、矛盾调处工作会召开。区委书记齐静出席并讲话。区委副书记、政法委书记萧有茂做报告。区委常委、常务副区长潘临珠传达习近平总书记在中央政法工作会议上的讲话精神。区领导彭丽霞、张明、徐占明、董林参加会议。会议强调，要全力营造和谐稳定的社会氛围，切实抓好政法维稳工作。把维护社会大局稳定作为基本任务抓紧、抓好，把促进社会公平作为核心价值追求，把保障人民安居乐业作为根本目标，不断深化“平安怀柔”建设，提高群众安全感和满意度。要全力提升社会服务管理水平，切实抓好社会建设工作。进一步推进网格化社会服务管理体系、基本公共服务体系、社会动员体系建设，提高社会领域党建工作水平。要全力维护人民群众合法权益，切实抓好矛盾调处工作。要把强化源头治理和解决矛盾问题相结合，把解决初信初访和化解信访积案相结合，把服务群众需求和维护信访秩序相结合。会议强调，2014 年是筹办 APEC 会议的决战之年，要高度重视 2014 年工作的极端特殊形势，全力以赴确保各项工作万无一失，为圆满完成 APEC 会议筹办任务提供坚强保障。

（朱　森）

【教育实践活动动员部署会召开】 2 月 27 日，区委社会工委召开党的群众路线教育实践活动动员部署会，区委社会工委机关全体人员 50 余人参加会议。区委第十二督导组出席会议。会议强调，要认清重大意义，切实增强开展教育实践活动的自觉性；把握工作重点，切实增强开展教育实践活动的主动性；紧密联系实际，切实增强开展教育实践活动的针对性和实效性。会上提出“六不”工作原则：即刚性内容不能减、主要要求不能变、重点任务不能少、结合工作不能虚、部门特点不能丢、实际效果不能弱；“六有”学习方式：网站上有论坛、机关内有园地、学习日有交流、调研中有体现、创新中有真招、机制中有固化；查摆问题时，坚持“四能”原则，即机关内部创造氛围能提出、干部个人触动灵魂能找到、上级部门立足发展能寻来、工作领域虚心求教能涉及。会议要求，全体党员领导干部要以高度的政治责任感、良好的精神状态和扎实的工作作风，开展好活动，推动全区社会建设工作迈上新台阶，为做好 APEC 会议服务保障工作不懈努力。

（朱　森）

【区领导调研网格化指挥中心】　3月4日，区委常委、副区长彭丽霞就社会服务、城市管理“两网”融合问题到区网格化指挥中心调研。区社会办、区政府信息中心、区市政市容委、区城管执法监察局、区交通局、龙山街道、泉河街道、区环卫中心行政主要负责同志参加调研座谈会。

（朱　森）

【深化基础网格功能建设汇报会召开】　3月26日，区召开阶段性深化基础网格功能建设汇报会。区委常委、副区长彭丽霞出席会议。各镇乡、各街道、雁栖开发区及区市政市容委、区综治办、区城管执法监察局、区政府信息中心、区环卫中心主管领导参加会议。各镇乡、街道对深化基础网格功能建设工作推进情况进行汇报，区网格办对全区整体情况进行了通报。

（朱　森）

【区领导指导网格化体系建设工作】　4月4日，区委组织部部长王红兵带队到区委社会工委指导网格化体系建设工作。

（朱　森）

【党建工作指导员工作会召开】　4月14日，区2014年度党建工作指导员工作会召开。区委组织部、区委社会工委相关领导、30名非公党建指导员参加会议。2014年全区非公有制企业党建工作以“抓规范、抓典型”为重点，提出“3+2”工程。“3”是指从阵地建设、制度建设、党员发展三方面实现活动场地规范、工作机制规范、工作程序规范；“2”是指积极培育党组织先进典型、积极培育党员先进典型。为确保“3+2”工程顺利推进，对30名党建工作指导员提出“四个一”工作要求，一是一周至少联系一个非公有制企业；二是一人至少培育一个优秀党组织或党组织先进典型；三是一人至少培育一名优秀党员或一名党员先进典型；四是一人至少发展一名预备党员或培养三名入党积极分子。

（朱　森）

【区主要领导调研网格化社会服务精细化管理工作】4月16日，区委书记齐静到区委社会工委调研网格化社会服务精细化管理工作，区委副书记、政法委书记萧有茂陪同调研。区委政法委、区市政市容委等单位负责人参加。齐静就精细化管理提出“四到位”即组织到位、职责到位、落实到位、考核监督机制到位要求。

（朱　森）

【网格化协调处置机制建立研讨会召开】　5月14日，区委常委、副区长彭丽霞组织相关部门召开网格化协调处置机制建立研讨会。区社会办、区市政市容委、区城管局、区政府信息中心、区综治办、区环境办等相关部门领导参加研讨会。

（朱　森）

【区领导到区委社会工委调研】　5月28日，区委常委、区纪委书记周燕一行到区委社会工委就党风廉政建设工作进行实地调研，并结合党的群众路线教育实践活动学习情况与工委领导班子成员进行交流。

（朱　森）

【社会事业与社会治理体制改革专项小组第一次工作会议召开】　6月6日，区委副书记、政法委书记萧有茂组织召开社会事业与社会治理体制改革专项小组第一次工作会议。区委社会工委、区财政局、区人力社会保障局、区发展改革委、区农工委、区卫生局、区民政局、龙山街道、泉河街道主要领导参加会议。会上，区委社会工委书记、区社会办主任赵海军通报社会事业与社会治理体制改革前一阶段工作情况，就专项小组主要职责及成员组成、专项小组工作机制、2014年改革任务和主要内容选定要求等进行沟通汇报。区委副书记、政法委书记萧有茂从什么是社会治理改革、为什么要进行社会治理改革、如何推进社会治理改革三个方面进行讲解，提出改革要采取用问题倒逼和上下互动、左右衔接的方法，体现出系统性、整体性和协同性。与会领导分别针对社会治理改革进行座谈并表态发言。

（朱　森）

【政府购买社会组织服务项目绩效考评】 6月18日，市项目绩效考评专家组一行对怀柔区2013年获得市级批复的5个政府购买社会组织服务项目进行绩效考评。参与5个项目的社会组织数量达18个，实施中联合社会组织61个，参与人数11840人，服务场次167次，累计服务4696小时，发放宣传材料19500份。项目绩效考评专家组对5个项目开展情况、图文资料、财务审计情况进行审核，并与项目负责人座谈。市专家组还对泉河街道群星艺术团《创新群众文化体系 弘扬践行“北京精神”》进行实地查勘。

（朱　森）

【《引领·服务·活力》编印出版】 7月，《引领·服务·活力——北京市怀柔区社会领域党建工作探索与实践》一书编印出版。该书对近年来各级社会领域党建相关政策文件、怀柔区社会领域党建相关调研及优秀党组织实践经验进行了整理汇编，发放到全区非公有制企业党组织、社区党组织及全区党务工作者、党建工作指导员手中，为其开展工作提供理论指导与实践参考。

（朱　森）

【教育实践活动专题民主生活会召开】 8月7日，区委社会工委领导班子召开党的群众路线教育实践活动专题民主生活会，领导班子和党员领导干部个人分别进行对照检查，深刻剖析自身存在的“四风”问题，开展批评与自我批评。

（朱　森）

【服务保障“APEC会议”社会动员工作暨志愿服务誓师大会召开】 8月21日，区委社会工委联合团区委在滨湖万米健身公园召开怀柔区服务保障“APEC会议”社会动员工作暨志愿服务誓师大会。区委副书记、区委政法委书记萧有茂，区委常委、人武部政委田一农，区委常委、副区长彭丽霞，区委常委、区委办公室主任周东金出席会议。2个街道、14个镇乡、17个委办局、5家驻区单位的主管领导以及21家“枢纽型”社会组织法人、社会组织代表、志愿服务队伍骨干参加大会。

（朱　森）

【《大气污染防治法》执行情况监察】 9月19日，区人大主任王仕龙带队就区《大气污染防治法》执行情况和城市管理综合行政监察工作进行监察，通过网格化指挥平台了解对大气污染问题及影响城市交通、治安和环境秩序问题的举报和查处情况。

（朱　森）

【国庆维稳安保“战时”调度机制启动】 10月1日至7日，区委副书记、区委政法委书记萧有茂利用区网格指挥系统进行维稳安保战时调度，听取维稳安保成员单位、区直相关部门和镇乡、街道社会维稳和社会动员工作情况，积极查找社会面防控和社会动员工作存在的薄弱环节，及时处置社会不稳定因素，确保国庆期间社会面治安秩序和城乡环境秩序。

（朱　森）

【党的十八届四中全会期间维稳安保“战时”调度机制启动】 10月20日至23日，区委副书记、区委政法委书记萧有茂利用区网格指挥系统进行维稳安保战时调度，听取维稳安保成员单位、区直相关部门和镇乡、街道社会维稳和社会动员工作情况，及时研判和会商解决相关问题，确保党的十八届四中全会期间社会面治安秩序和城乡环境秩序。

（朱 森）

【党的群众路线教育实践活动总结大会召开】 10月24日，区委社会工委召开党的群众路线教育实践活动总结大会，对区委社会工委党的群众路线教育实践活动开展情况进行全面总结，机关全体人员参加会议。

（朱 森）

【《社会领域党建工作手册》编印】 10月，区委社会工委编印《北京市怀柔区社会领域党建工作手册》，该书从党务实务、党务知识两个方面，将社会领域党建相关政策文件、规章制度、工作流程、规范要求、疑问解答等方面进行汇编整理，切实为全区社会领域党务工作者开展工作提供帮助。

（朱 森）

【社区“大党委制”工作文件印发】 11月5日，区委组织部与区委社会工委共同出台《关于推行社区“大党委制”工作的通知》，以文件形式明确了社区区域党委组织架构及任务、产生程序、工作职责、运行机制及相关工作要求，为进一步构建条块结合、优势互补、共建互促的区域化党建格局起到积极作用。截至年底，全区共有6个社区推行了“大党委”制，驻区单位参与社区共建共驻共享取得初步成效。

（朱 森）

【APEC会议期间启动维稳安保“战时”调度机制】 11月2日至11日APEC会议期间，区委副书记、区委政法委书记萧有茂每天利用区网格指挥系统进行维稳安保战时调度，听取维稳安保成员单位、区直相关部门和镇乡、街道社会维稳和社会动员工作情况，搜集、汇总、研判、报告、通报、评价涉及APEC会议安保的各类情报信息，协调督促、落实解决维稳安保工作中的问题，形成指挥高效、协调有力、整体联动、快速反应的工作局面，确保APEC会议期间社会安全稳定。

（朱 森）

【社会面稳定督导工作开展】 11月2日至11日APEC会议期间，区委社会工委作为牵头单位，负责北房镇、汤河口镇的社会面稳定督导工作。工委主要领导和分管领导深入两个镇所有村庄和社区，与镇、村（居）干部一起巡查并及时发现和解决问题，确保APEC会议期间两个镇所有村（居）社会安全稳定。

【社会管理科编制调整】 12月1日，根据区机构编制委员会《关于调整职责、人员编制的通知》，经区编委会研究，同意将区行政许可管理协调办公室内设机构社会管理科及4名行政编制、3名事业编制、2名编外补充人员，调整到区委社会工委。

（朱 森）

【社区办公用房投入使用】 12月中旬，区委社会工委将车站路社区办公用房装修改造完成后交付社区使用。馥郁苑社区、金台园社区办公用房已于4月1日交付投入使用。

（朱 森）

【社区党的建设“三级”联创活动开展检查】 12月27日，市委社区党的建设“三级”联创活动怀柔区检查正式开始，共检查了全区1个街道（龙山街道）、2个社区（杨家园社区、丽湖社区）。检查组对全区社区党建工作，特别是党建对社区管理、社区服务、社区环境、社区和谐等工作的政治引领和政治核心作用发挥给予肯定。

（朱 森）

【调查研究广泛开展】 年内，区委社会工委、区社会办广泛开展调研，进一步提升密切联系群众的积极性和能力。一是在年初确定的九大调研课题中划定重点课题，各位班子成员牵头，带领科室针对问题深入镇村、社区、社会组织、非公有制企业调研指导工作179次，参与调研35人。二是为抓实网格化和社会动员工作，成立4个督导组，4名副处级领导干部分别牵头带领1个督导组，每周对街道、镇乡及相关委办局和社会组织进行督导。三是针对社区用房协调困难等问题，一把手亲自带队，与相关部门座谈调研，共同研究解决办法，反复协调有关部门办手续，截至目前，部分社区用房已投入使用，其余年内交付使用。

（朱　森）

【网格化系统功能建设加强】 年内，全区网格化建设提升完善系统130多项内容，采集人口信息302033条、物件信息136742条、地所信息180071条（其中房屋信息118477条）、事项信息107451条、组织数据18359条，并将人口、房屋数据进行细化分类。8月29日，网格化服务管理信息系统正式通过专家组验收。

（朱　森）

【基础网格功能建设推进】 年内，全区扎实抓好基础网格功能建设。一是完成镇乡（街道）、村庄（社区）网格化平台建设，所有镇乡和街道均已成立网格化工作领导小组、组建网格化分指挥中心、配置分中心工作人员、编制《网格化工作手册》、制定网格化考核办法；所有村庄和社区中组建网格化协调处置中心的达97.5%，划分网格的达99.7%；目前全区共划分网格7595个，其中一级网格351个（社区32个、村庄283个、城市街路21个、景区14个、开发区1个），二级网格1221个（城市社区102个、村庄1115个、开发区4个），三级网格4571个，四级网格1452个。二是完善网格内基础设施建设，在一级网格中大力推进电子显示屏、居家动态信息栏、网格公开公示栏、网格制度、网格标志、村庄（社区）网格化工作手册、《村民公约》或《居民公约》等网格内基础设施和制度建设，网格系统正常运行率达85.44%。有效整合各种服务管理力量，在全区7595个网格内共配置工作人员18366人，其中专业力量1166人，城市街路网格力量118人，村居干部力量1890人，协管力量3700人，志愿力量11492人。三是完善网格化协调处置机制，横向将118个政府工作部门和专业公司纳入网格化系统，纵向搭建区、镇乡（街道）、村庄（社区）三级网格化工作平台，形成“三级接案、三级受理、三级闭环”的工作流程。

（朱　森）

【“三网”融合工作加强】 年内，全区在整合区域内会议、应急、城管、公安、民政、综治、纪检、药监、卫生、农业、气象等信息系统资源基础上，以网格化服务管理系统为基础平台，本着共享一个信息平台、一个处置流程、一个基础数据库的原则，积极推进城市管理、社会服务、社会治安三套业务在一个系统平台上运行。目前，已完成城市管理网和社会服务管理网的深度融合，系统、专职网格员、案件受理处置均已常态化运行。

（朱　森）

【网格化建设创新成果丰富】 年内，区委社会工委完成《网格化服务管理在推进基层社会治理中的探索与实践》、《深化基础网格功能建设综合情况的报告》调研报告，编印《怀柔区深化网格化服务管理工作典型经验汇编》。在《怀柔信息》发表社情民意10篇，解决5个影响面较大的疑难问题。通过深化基础网格功能建设，全区打造14个基础网格示范点，2个多网融合试点镇，为下一步网格化体系建设工作提供了可供借鉴的做法和典型经验。截至目前，区中心系统平台共受理社会服务管理事项1481件，处置率92.4%；分中心系统平台共受理社会服务管理事项23535件，处置率98.8%；基础网格共受理社会服务管理事项86935件，处置率99.7%。

（朱　森）

【社会组织体系建设逐步完善】　年内，全区社会组织体系建设有效推进。一是加快推进“枢纽型”社会组织体系建设工作，截至目前，完成认定区级、街道级“枢纽型”社会组织21家。二是加强对“枢纽型”社会组织的服务管理，健全“枢纽型”社会组织季度联席会议制度，建立起所联系社会组织的动态备案数据库，强化“枢纽型”社会组织对其所联系社会组织的服务管理职能。三是全力做好“社会组织公益行”系列活动，广泛动员全区“枢纽型”社会组织积极参与“公益行”系列活动，共征集项目23项，主要涉及文化、教育、商业等七大领域，争取社会建设专项资金予以支持，截至12月，共开展公益活动47场，1.8万余人参与活动，服务时长86小时，约3万余人受益。

（朱　森）

【全区社会动员工作体系初步搭建】　年内，以服务APEC会议为契机，初步搭建起全区社会动员工作体系。一是制定《怀柔区服务APEC会议社会动员工作方案》，明确社会动员工作六项重点任务，建立社会动员重大活动全响应、一般活动局部响应、特殊活动专业响应三种响应机制，在委办局层面组建15支专业志愿服务队伍，在街道（镇乡）层面组建起社会面志愿服务队伍。据统计，全区社会动员力量实名制注册人数为1.4万余人；组织召开服务APEC会议社会动员工作暨志愿服务誓师大会；国庆、十八届四中全会、APEC会议期间，启动重大社会活动全响应机制，其中国庆期间共1.4万余名志愿者参与服务，服务时长11.2万小时，累计服务30万人次。二是开展2014年社会动员试点建设工作，将龙山街道作为第二批社会动员试点单位，经验做法得到市高度肯定，在全市进行推广。三是强化志愿服务工作，深化专业志愿服务队建设，制订服务APEC会议志愿服务内容；完成志愿服务项目和岗位征集，向市委社会工委申报志愿服务项目266个，学雷锋志愿服务示范站、服务站20个，学雷锋志愿服务示范岗、服务岗20个。四是推进示范区维稳安保工作，每周向维稳安保指挥部报送推进社会组织、志愿服务和网格化工作进展情况。五是筹建区社会动员“五合一”服务中心，初步选定项目实施地址，逐步落实项目实施方案，加快筹建集社会领域党建、社会组织、社会动员“三位一体”的服务中心。

（朱　森）

【政府购买社会组织服务项目工作逐步规范】年内，区委社会工委完成了2013年市、区两级购买社会组织服务项目绩效考评工作，5个市级项目、19个区级项目均通过项目绩效考评小组检查验收。做好2014年市、区两级政府购买社会组织服务项目申报、评选工作，共申报市级项目70个，获得批复项目21个，资金支持共198万元；对获得市级批复项目以外的49个项目进行区级项目评审，获得批复项目18个，资金支持60万元。规范购买服务项目管理工作，组建项目评审专家组对2013年购买服务项目进行绩效考评和财务审计，对2014年购买服务项目进行评审立项。同时，建立购买服务项目库，对2012—2014年项目进行指导审核，对获批项目和未批项目纳入项目库分类管理，常年接受社会组织申报项目。

（朱　森）

【社会建设专项资金使用和项目管理进一步规范】　年内，区委社会工委统筹完成2013年市级523.5万元社会建设专项资金拨付和绩效考评工作，有序办理2014年市级社会建设专项资金拨付工作；规范管理、使用区级社会建设专项资金，将社会建设专项资金使用列入领导班子“三重一大”内容，实行集体决策、分管领导负责制；委托京北社工事务所进行项目事前、事中、事后评估、管理和考评，对立项、监管、绩效及资金使用情况提出指导性意见，提升专项资金使用科学性、规范性；与财政局建立决策对接机制，进一步对区级社会建设专项资金使用分配情况进行指导审核。

（朱　森）

【社区重点工作开展】 年内，全区扎实推进社区建设重点工作。一是各类示范点（试点）建设顺利完成，3 个社区规范化建设示范点、6 个老旧小区自我服务管理试点、10 个村级社会服务管理创新工作的村庄全部完成创建任务，规范了社区运行机制，提升了社区软硬件水平，创新了服务管理方式。二是折子工程成效显著，年初确定的社区共建共享机制完善项目、社区居民骨干培养项目、社区青少年助力项目等 7 项社区建设折子工程得到有效实施，在共建机制建设、居民骨干培养、社区品牌培育、服务水平提升等方面取得显著成效。三是社区用房项目有效落实，完成馥郁苑社区和金台园社区办公和服务用房改造装修工作，经验收后交付社区。杨家园社区和车站路社区的用房也在加紧进行改造装修，年内交付社区使用。

（朱　森）

【推进“两新”组织党组织和党的工作全覆盖】 年内，一是巩固非公有制企业党组织和党的工作全覆盖，加强非公有制企业党员和独立党组织发展，全年全区共发展非公有制企业党员 134 名，培养非公有制企业入党积极分子 120 余名，在全区非公有制企业党建覆盖率 98.5% 的基础上，继续推进建立党组织建设工作，新建非公有制企业单独党组织 2 家；加强社会领域党组织规范化建设，拨付市区两级专项资金 156 万多元，加强新建党组织、非公党建“五个好”示范点、商务楼宇示范点、已建党组织党建规范化等方面建设。二是推进社会组织党组织和党的工作全覆盖，实现全区“枢纽型”社会组织党组织和党的工作全覆盖，实体型社会组织党组织覆盖率达 30.1% 。三是加强全区社会领域党建人才党务建设。建立社区党建工作数据库和非公有制企业党务工作人才数据库；全面加强社会领域党组织负责人队伍建设，组织开展市、区社会领域党建培训各 5 期；加强党建指导员队伍建设，建立健全“平时督导 + 定期考核”工作机制，全区党建指导员共走访企业 1400 余次，培育优秀党组织 30 家，培育优秀党员 30 名。

（朱　森）

【社会领域党建典型培育得到加强】 年内，全区不断加强社会领域党建典型培育，建立定期走访机制，每周对非公有制企业、社会组织、社区等基层党组织进行走访，培育挖掘党建典型；培育“党群连心室”“金牌服务”“T 型网格”等社区党建品牌 8 个；评选 30 个基层示范党组织并予以奖励；加强典型宣传，利用各类平台对全区社会领域优秀党组织及党务工作者、党员进行宣传。

（朱　森）

【智慧社区建设有效推进】 年内，全区进一步加大智慧社区建设力度。一是完善系统所需的相关信息，共享网格化系统中人、房等基础数据，初步采集了社区、商家等数据。二是完善社会建设信息化队伍建设，逐步将智慧社区系统管理员、操作员纳入信息化联络员队伍。三是改进智慧社区服务管理系统平台，根据试点社区反馈的问题，对智慧社区试点建设的移动管理模块和综合服务模块进行修改，统一纳入“乐居怀柔”生活服务板块及手机 APP。四是全面推进智慧社区使用管理，完成 17 个社区硬件配备、街道社区人员培训、商家培训等工作，做好系统交付，运行后台维护、数据审核等工作。五是推进网格化与智慧社区系统整合，完成系统对接的程序模块开发、数据共享、平台整合、测试等工作，实现建筑物信息数据共享，房屋、居民、单位信息数据整合，案件信息数据整合、统计共享等功能。

（朱　森）

【社区工作者培训开展】 年内，根据全区社区工作者实际需求，区委社会工委、区社会办有针对性的开展2天集中培训、5场专题培训，内容涉及能力素质提升、心理健康及心理干预等方面，累计300余人次参加培训。

（朱　森）

密云县

【概况】 年内，县委社会工委、县社会办着力推进网格化、社区规范化、社会领域党建、社会动员四方面工作，全县社会建设和服务管理工作取得新成效。网格化系统全年记录事件110.1万件，较上年度提高40.3%，办结109.8万件，较上年度提高40.9%。推进城乡社区建设，完成12个市级“一刻钟社区服务圈”示范点建设，覆盖18个社区，累计建成30个服务圈，覆盖38个社区。健全社会领域区域化党建新格局，深化“非公党建推进工程”，全县新建17个非公有制企业党组织，非公党建覆盖率达到100%。创新镇街“3+1”社会组织工作机制。广泛开展社会动员，规范提升18个社区志愿服务站，在“平安密云”、和谐社区等8个领域打造志愿服务品牌，目前全县成立志愿者联合会分会21个，成立各级各类志愿服务队2053支，注册志愿者7.5万余人。

（李　悦）

【《密云县网格化社会服务管理标准》审议通过】 1月2日，县第6次政府常务会审议通过《密云县网格化社会服务管理标准》，会议对网格化标准建设工作给予充分肯定，认为此项工作契合党的十八届三中全会关于社会治理的指示精神，具有前瞻性、创造性、开创性，尤其是在保护环境、安全生产、拆除违法建设等方面结合全县实际，为创新社会治理、推进网格化纵深发展提供了政策依据。会议要求各部门、各镇街结合自身工作，加强与网格化融合衔接，切实发挥网格员作用，推动网格化工作深入开展。

（李　悦）

【《密云县网格化社会服务管理标准》发布】 1月27日，《北京市密云县网格化社会服务管理标准》以县两办名义下发。主要用以规范全县网格化工作运行，指导网格化社会治理实践，包含通用基础标准体系、综合管理标准体系和业务标准体系三部分45项标准。

（李　悦）

【贵阳市委群工委到县考察网格化体系建设】 1月16日，贵阳市委群工委领导带队到县考察网格化社会服务管理体系建设工作，县委社会工委、县网格办负责同志陪同考察。考察团实地查勘了县网格化综合指挥中心、东邵渠镇网格化指挥中心、镇便民服务中心及西邵渠村社会服务管理站，与县委社会工委、县网格办有关负责同志座谈。贵阳市考察团高度评价县网格化社会服务管理工作，希望进一步加强沟通交流，共同推动社会建设和社会治理工作。

（陈小忠）

【市委社会工委领导慰问社区工作者】 1月27日，市委社会工委委员、市社会办副主任刘占山到县慰问困难社区工作者。刘占山一行到穆林青家，送上新春祝福和慰问品，详细了解了工作和家庭生活情况，鼓励他克服困难，扎根社区，为居民提供更多更好的服务。副县长郭洪泉陪同慰问。

（席新娜）

【社区工作者面向社会公开招考启动】 2月24日，2014年面向社会公开招考社区工作者公告同时在县政府网和县社会建设网刊登，拟面向社会公开招考社区工作者38名，引起社会广泛关注。

（刘　杰）

【党的群众路线教育实践活动动员部署会召开】　2月25日，县委社会工委召开深入开展党的群众路线教育实践活动动员部署会。委办主要负责同志对本单位深入开展教育实践活动做出全面部署，县委第四督导组在会上讲话并提出要求。会议强调要坚决把思想和行动统一到中央、市委和县委要求上来，切实增强搞好教育实践活动自觉性、主动性，按照“照镜子、正衣冠，洗洗澡、治治病”总要求，找准找实“四风”方面的突出问题，深挖思想根源，切实做到立行立改。

（李　悦）

【政府专项资金购买社会组织服务培训会召开】　3月7日，2014年县政府专项资金购买社会组织服务培训会召开，共有31家社会组织负责人参与培训。会上，县社会办负责同志介绍了县政府购买社会组织服务工作的开展背景及进展情况，并邀请市有关部门专家和县优秀项目社会组织负责人分别从国家相关政策法规、购买服务方向、项目选题设计、项目论证、资金使用、申报流程等方面进行了详细辅导。

（李　钊）

【政府购买社会组织服务验收工作展开部署】3月，县社会办召集果园街道社会组织联合会、家业如心社会工作事务所等10家政府购买服务项目承接单位，对2013年政府购买社会组织服务结项工作进行部署，各承接单位从项目实施进度、取得成效、存在问题以及改进措施等方面做了详细汇报。县社会办负责同志对项目结项期限、活动档案资料整理、资金使用规范管理、社会效益覆盖面等四方面提出明确要求，确保2013年政府购买社会组织服务工作通过市级验收。

（李　钊）

【县委常委会研究社会建设工作】　3月19日，县委第54次常委会召开，对全市社会建设工作会议精神进行了专题学习研究，就贯彻落实会议精神、做好2014年社会建设工作安排。会议强调，要按照全市社会建设工作会议要求，继续深入推进网格化体系建设，结合贯彻实施网格化标准，在基层网格内下功夫，真正做到“有效、管用”。要用“解剖麻雀”精神深入研究，科学管理，把工作做实、做细，充分发挥网格化管理的优势和作用，推动全县社会治理能力进一步提升。

（李　悦）

【《网格化标准》培训工作启动】　3月25日，县《网格化标准》培训工作正式启动，具体包括：一是总体培训。由县社会办等部门组织各镇街、县级职能部门主管领导和网格化具体负责人、平台操作员进行总体培训，对推进网格化标准目的意义、工作方法进行说明，对8项综合管理标准进行系统讲解。二是分项培训。由城管、市政、公安、国土等起草部门自行组织本单位、本系统主管领导与网格对接的科室工作人员，分别对36项业务标准进行培训。三是镇街培训。各镇街负责培训融入网格科室工作人员、村（社区）两委干部、网格化社会服务管理站工作人员和网格员，使其熟悉标准操作流程、了解和掌握职责任务，推动网格化工作纵深发展。

（李　悦）

【政府购买社会组织服务申报工作完成】　3月31日，县社会办从社会组织资质及申报项目内容设计、项目论证、经费预算等方面进行严格把关和针对性指导。共从25家公益性较强、资源优势明显、社会效益较好的社会组织申报项目中，挑选出36个项目上报至市社会建设工作领导小组办公室，服务领域涉及社会公益服务、社会公共服务、社会治理服务、社区便民服务等四大类。

（李　钊）

【“科普之春”系列活动开展】　4月9日，县科协邀请市农科院林果所专家对古北口镇和西田各庄镇120余名果农进行了果树实用技能培训，“科普之春”系列活动正式启动。活动将利用春耕、春种前后时间，结合农民生产、生活需求，开展农业科学技术普及、送科技下乡等活动，在农村掀起学科技、爱科技、用科技热潮，提高农民科学素养和生产技能。

（李　钊）

【鼓楼街道社区监督委员会工作推进】4月16日，鼓楼街道召开社区监督委员会工作推进会议，在26个社区全面推进社区监督委员会工作。县纪委书记张岩出席会议。

（李　悦）

【鼓楼街道花园西社区获“平安社区”荣誉】4月17日，在首都综治办、市公安局、千龙网等单位联合主办的第四届“京华社区行——百姓心目中的平安社区评选”活动中，鼓楼街道花园西社区获得“平安社区”殊荣。

（李　悦）

【社会建设暨社会管理工作会议召开】　4月22日，2014年全县社会建设暨社会管理工作会议召开，会议传达了全市社会建设工作会议精神，部署了2014年社会建设和社会管理综合治理工作，宣布了县安监局等第三批16家融入网格职能部门名单。会议要求，各成员单位要深刻认识2014年面临的形势任务，从提高群众安全感满意率、深化网格化工作、化解社会矛盾、加强流动人口服务管理和出租房屋综合整治、切实加强组织领导等方面，认真落实2014年重点工作任务。县委副书记、政法委书记韩耕出席会议，县社会建设工作领导小组、县综治委成员单位主要负责同志参加会议。

（李　悦）

【市委社会工委领导调研网格化工作】　4月25日，市委社会工委委员、市社会办副主任王丽竹带队实地察看县网格化社会服务管理系统运行情况，听取了县社会办工作情况汇报，并就网格化信息系统建设进行座谈。王丽竹对县网格化工作给予充分肯定，认为县社会服务、城市管理、社会治安“三网建设”的成功经验，为推进全市网格化“多网融合，一网覆盖”提供了很好的借鉴，希望全县继续加强顶层设计和推进力度，进一步规范运行机制，完善基础数据库，深化网格化标准化建设，为全市推进网格化“多主体协同、多网融合、精准服务、协同治理”提供更多更好的经验。

（郑　策）

【社区工作者公开招考工作完成】　4月30日，2014年面向社会公开招考社区工作者工作完成。通过公开招考，45名社区工作者充实到镇街社工队伍。

（郑　策）

【县政协委员就网格化工作进行知情视察】　5月8日，县政协委员实地视察东邵渠镇网格化指挥中心和便民服务中心、西邵渠村社会服务管理站，听取县委社会工委、东邵渠镇负责同志工作汇报，并进行座谈，委员们对县网格化工作给予充分肯定，认为网格化工作经过4年发展，建立了体系，拓展了内容，制订了标准，形成了机制，探索出具有中国特色的社会治理模式，取得很好成效。委员们还从明确工作任务、规范体系运行、加强职能衔接、促进人员整合等方面提出意见建议。县政协常务副主席钱福生参加视察。

（李　悦）

【网格化社会治理试点村建设工作会召开】　5月9日，县社会办组织召开网格化试点村建设工作会，20个镇街副书记、网格化指挥中心主任参加会议。会议决定：一是先行试点，逐步推广。在东邵渠镇太保庄村、穆家峪镇大石岭村、十里堡镇程家庄村建设县级试点，其他14个镇每镇选取1个有代表性的村进行试点。二是科学配置，协同治理。每村以每500人左右实有人口为基数配置1名专职网格员，其他兼职网格员与其组团入格，形成齐抓共管、协同治理局面。三是明确职责，规范工作。明确专职、兼职网格员职责，由专职网格员负责网格内基础信息更新、事件发现上报、开展志愿服务、协调职能对接等工作。四是提高待遇，促进转型。以补贴形式提高专职网格员待遇，调动工作积极性，推动公益性岗位向就业型岗位转变。

（李　悦）

【“密云志愿者”微信公众平台注册启用】 5月12日，“密云志愿者”微信公众平台正式注册启用，该平台主要应用：一是发出志愿服务活动倡议或通知；二是展示优秀志愿服务平台、各类志愿服务活动、优秀志愿者风采及志愿服务活动取得的成绩；三是向县志愿者联合会反映志愿服务方面的困难、问题和建议；四是交流志愿服务感言、感受和体会。县志愿者联合会将定期对各理事单位信息上报情况、采用情况进行汇总，纳入积分管理。目前，全县已有1000余名志愿者加入该平台。

（李　悦）

【防灾减灾宣传周活动启动】 5月13日，县社会办、县民政局、果园街道办事处在果园新里北区社区开展“应急管理进社区”宣传活动，为社区居民发放家庭防灾减灾手册、城市社区防灾减灾手册、灾害自救手册等宣传材料，为社区居民普及防灾减灾知识和自救互救技能，提高社区居民安全意识和避险自救能力。

（李欣桐）

【首批专职网格员培训上岗】 5月26日，县社会办、县网格办对17个镇、49名专职网格员进行系统培训，要求专职网格员增强责任意识，熟知工作事项，切实履行职责。同时，为专职网格员配发网格化智能终端，就终端操作进行详细讲解。专职网格员上岗后，不再从事其他非网格化工作，主要负责网格内基础信息采集更新和环境秩序、社会治安、社会服务等网格化事件的发现上报、及时处置和结果反馈。

（李　悦）

【社会领域基层党组织“三项行动”进行部署】 5月30日，县部署在社会领域基层党组织中深入开展服务型党组织建设“三项行动”。一是社会领域党员突出“强作风、促效能”，深入开展“党员志愿服务示范行动”；二是非公经济组织和社会组织党组织突出“强引导、促凝聚”，深入开展“党员服务发展先锋行动”；三是社区党组织突出“强服务、促和谐”，深入开展“党员促和谐专项行动”。县将“三项行动”工作实效作为检验社会领域党建工作的重要标准，通过群众评议、党（工）委推荐、县委组织部和社会工委评选，在年底前选树一批社会领域先进基层党组织、优秀共产党员和优秀党建工作指导员。

（李欣桐）

【新招录社区工作者入职培训】 6月3日至6日，县委社会工委、县社会办邀请市县教授、学者及基层优秀社工代表对2014年新招录社区工作者进行培训。培训围绕社会工作理论与实践、社会工作职业前景与职业素养、社区沟通与交流技巧等课程进行系统讲解，帮助社工树立服务意识、了解岗位特点、丰富基本理论知识及实际工作技巧，顺利进入岗位角色。

（李欣桐）

【社会工作者职业水平考试考前强化班举办】 6月9日，县委社会工委聘请中国青年政治学院教授，进行2014年社会工作者职业水平考试考前强化培训。培训围绕社会工作综合能力和社会工作实务知识要点进行详细讲解，结合考试大纲，剖析考试重、难点，120余名社区工作者参加辅导。

（李欣桐）

【市委社会工委、市社会办调研县社会组织服务管理工作】 7月7日，市委社会工委、市社会办到县调研社会组织服务管理工作。调研组实地走访了鼓楼街道花园西社区“商管协会”和果园街道社会组织联合会，了解基层社会组织发展情况，就县社会组织工作开展情况进行座谈。调研组认为县社会组织工作有亮点、见成效，特别是在县级和镇(街)级“枢纽型”社会组织体系建设上基本实现了对全县社会组织的覆盖。同时，就县社会组织品牌建设、孵化基地建设和社会组织作用发挥等提出建设性意见，为下一步工作开展指明了方向。

(刘　杰)

【社区服务站领导职务任职资格考试举办】 7月15日，县组织符合条件的190名社区工作者参加了社区服务站领导职务任职资格考试，围绕社区工作综合能力对考生进行测试，成绩2年内有效，并将作为竞争上岗的必要条件。

(刘　杰)

【农村地区“三级联动”便民服务清单公布】 7月16日，县公布农村地区“三级联动”便民服务清单，清单共涉及服务事项600项，其中县级365项、镇级108项、村级127项，同时建立了相应的清单事项准入、公开和调整机制，主要包括：全部事项经县法制办等相关部门审核，确保服务事项合法；通过信息公开平台、服务手册和媒体宣传等方式向群众公开；实行清单动态管理，根据政策法规调整和群众需求予以及时调整。

(李　悦)

【教育实践活动民主生活会召开】 7月30日，县委社会工委、县社会办召开党的群众路线教育实践活动专题民主生活会。委办主要负责同志代表领导班子做对照检查，班子成员分别做个人对照检查并开展相互批评，县委第4督导组及县委组织部有关同志全程指导并做点评，对委办专题民主生活会充分肯定。

(李　悦)

【14个服务项目获市级社会建设专项资金支持】 8月11日，县25家社会组织申报了2014年政府专项资金购买社会组织服务项目，经市专家组评审，县社会组织联合会、鼓楼街道商管协会、家业如心社会工作事务所等12家社会组织的14个项目通过审批，获得169万元资金支持，服务方向涉及社会公共服务、社会公益服务、社会治理服务、社区便民服务等四大类。

(李　钊)

【“三社联动”试点启动】 8月25日，全县以鼓楼街道沿湖社区、花园东社区、果园街道果园西里社区为试点，探索构建社区、社团、社工“三社联动”机制，创新基层社会治理。通过推动“三社联动”，进一步转变政府职能，加快服务型政府建设。拓展和提高社区服务能力，健全完善社区服务供给方式，培育发展社区社会组织，提升社区服务社会化水平；创新社区社会组织培育机制，动员参与社区建设；加强社工人才队伍建设，进一步发挥专业社工引领作用。

(李　悦)

【西城区到县考察社会建设工作】 8月28日，西城区委常委王旭率区委社会工委、区城管监督指挥中心、区信息办和15个街道主要负责同志，到县考察网格化、志愿服务、社区建设、社会领域党建等社会建设重点工作。王旭对县社会建设工作给予充分肯定，认为整体设计到位，资源整合到位，推动落实到位，对西城区工作有很强的借鉴意义，希望两区县加强沟通交流，互相取长补短，共同推进社会建设工作迈上新台阶。副县长郭洪泉陪同考察。

(李　悦)

【优秀社工开展参观交流活动】 9月10日，

县乐群社区工作者俱乐部组织部分优秀社工实地参观蔡家洼村村庄社区化建设，并围绕如何加强社区工作者队伍建设进行互动交流，来自各镇、街、地区的95名社区工作者参加活动。

（李欣桐）

【社会领域志愿服务培训会召开】 9月18日，县召开2014年社会领域志愿服务培训会，总结近年来志愿服务工作取得的成绩，明确下一步志愿服务工作努力方向，就志愿服务活动积分管理工作进行部署。县委副书记、政法委书记韩耕出席会议并对志愿服务工作提出要求和希望。20个镇街主管领导和150余名志愿者骨干参加会议。

（刘　杰）

【社会领域志愿服务品牌部署打造】 9月22日，县确定部署打造社会领域8项志愿服务品牌：一是围绕县委县政府中心工作，打造“志愿服务进网格”志愿服务品牌。二是围绕“平安密云”建设，打造安保维稳志愿服务品牌。三是围绕服务社会，打造非公经济组织回馈社会志愿服务品牌。四是围绕和谐社区建设，打造便民服务志愿服务品牌。五是围绕保护环境和水源，打造“六护”志愿服务品牌。六是围绕帮扶弱势群体，打造敬老助残志愿服务品牌。七是围绕发挥专技人才优势，打造专技人才志愿服务品牌。八是围绕保障生命财产安全，打造应急救援志愿服务品牌。

（刘　杰）

【“我的社工一日”征文活动获奖】 10月，果园街道程丙发和馨欣社工事务所冯玉芝的征文在中国社会工作协会开展的“我的社工一日”征文活动中，分获二等奖和优秀奖，同时刊登在中国社会工作协会和中社社会工作发展基金会印发的《我的社工一日征文优秀作品选》中。

（李欣桐）

【教育实践活动总结大会召开】 10月22日，县委社会工委、县社会办召开党的群众路线教育实践活动总结大会。委办主要负责同志代表领导班子对教育实践活动情况作全面总结，就深化巩固教育实践活动成果、贯彻落实从严治党要求进行部署。县委第四督导组组长肖兴启对委办教育实践活动给予充分肯定，就巩固扩大教育实践活动成果提出明确要求。委办领导班子成员和全体党员干部参加会议。

（李　悦）

【社区工作者心理干预能力培训举办】 年内，县社会办组织开展社区工作者心理干预能力系列培训。培训开设咨询心理学、社会心理学、基础心理学等多门课程，采取理论学习和实务操作相结合方式，对全县86名社区工作者进行系统培训。经过培训，学员们普遍反映熟练掌握了压力管理、情绪调节、自我疏导、人际沟通交流等职业工作技巧，进一步提升了社区服务能力和工作水平。目前，有20余名学员提交了国家三级心理咨询师职业资格考试申请。

（郑　策）

【厦门市调研县网格化标准试点建设工作】 11月5日，厦门市质监局、标准化研究院调研组来县考察网格化国家级标准化试点建设工作。县社会办介绍了网格化国家级标准化试点建设情况，得到厦门市调研组充分认可。北京市质监局标准化处、市标准化研究院、县质监局有关领导参加调研。

（李　悦）

【社会建设网中文域名正式启用】 12月9日，县社会建设信息中心通过中国机构编制网申请了网站中文域名、网站标志。中文域名为“密云社会建设网·政务”，网站底部加挂中文标志，用户只需在浏览器地址栏输入“密云社会建设网·政务”便可登录，提高了县社会建设网安全水平，方便了用户快捷登录网站，及时了解、查询信息。

（孙　晖）

【社会组织治理创新培训开展】　12 月 16 日，县委社会工委邀请市委社会工委相关负责同志，就政府向社会组织购买服务进行专题讲解。21 家县级“枢纽型”社会组织、10 家镇街级“枢纽型”社会组织和30 家承接政府购买服务项目的社会组织负责人参加培训并进行经验交流。

（刘　杰）

延庆县

【概述】　2014 年，县委社会工委、县社会办深入学习贯彻党的十八大，十八届三中、四中全会精神，以创新社会服务管理为导向，以服务全县绿色发展为中心，在落实折子工程和实事工程上做了大量工作，为提高人民生活水平、促进社会和谐发展做出了应有贡献。一是持续推进物业改革，实现了全县 64 个小区全覆盖，物业服务水平和居民群众满意度进一步提高，物业改革效果不断显现。二是实现了网格化体系全覆盖和网格化体系上线试运行，并借助网格化工作契机，扩大了社会建设工作在农村地区覆盖范围和影响力度，初步构建城乡社会建设新格局。三是着力完善社区服务体系，以社区服务用房项目、社区规范化建设示范点创建工作、“一刻钟社区服务圈”特色项目及智慧社区创建为推动力，有效提升了社区服务水平。四是以构建“枢纽型”社会组织服务体系为基础，以政府购买社会组织服务为支撑，以社会组织公益行活动为平台，以社会组织孵化基地建设为补充，培养和扶持社会组织参与社会治理。五是推进社会工作队伍建设，不断规范社工管理，通过“专项培训 + 岗位锻炼”方式提高社工专业素质，社工服务能力进一步增强。六是推进社会动员创新，加强社区服务站和社会志愿服务队伍建设，选取试点街道、社区探索社会动员体制机制，不断拓宽居民参与社会治理的范围和途径。七是强化社会领域党建，进一步推进街道社区、非公有制企业、商业聚集区和社会组织党建工作力度，逐步构建区域化党建新格局。

（赵丹欣）

【党的群众路线教育实践活动深入开展】年内，县委社会工委扎实开展机关党的群众路线教育实践活动。学习教育环节，领导干部除参加全体党员学习外，个人自学累计达 18 次，时间超过一周；机关全体党员干部集中学习累计超过 14 次，时间超过一周；举行专项讨论超过 3 次。谈心谈话环节，共开展两轮谈心谈话活动，累计谈话 24 人次。征求意见环节，通过设立意见箱、开通热线电话、开办热线信箱、发放征求意见函等方式，梳理征求意见建议 91 条次。查摆问题环节，班子对照检查材料共修改 6 轮 6 稿，个人对照检查材料普遍修改 6 轮。整改落实环节，领导班子和个人整改材料修改 2 轮。建章立制环节，全面抓好社会工委 9 项整治任务落实；全面梳理现有制度，列出需要进一步修改完善的 10 项制度和需要新增添设立的 5 项工作制度清单，务求实效狠抓制度落实。通过开展教育实践活动，领导班子和党员干部“四风”问题得到遏制，基层群众反应强烈的突出问题得到解决，取得明显效果。

（赵　琳）

【社工心理服务专业能力培训班举办】　2 月 27 日，全县社区骨干心理服务专业能力培训班学员顺利结业。本次培训班自 2013 年 11 月开始，为期3 个月，来自 3 个街道、7 个乡镇及工会、民政、残联等部门的 50 名社区一线骨干社工参加培训。培训课程涉及理论知识、操作技巧、现实问题三部分内容，对社区心理学、基础心理学、发展心理学、变态心理学与健康心理学等理论知识及实务技巧进行系统讲解，有效提高了社工服务社区居民的能力和专业化水平。此外，县委社会工委还举办了社区骨干心理干预能力公益培训班，两届培训班共培训优秀社工和骨干社工117名。

（李　林）

【社工资格证考试辅导班举办】　5月8日，由县委社会工委主办的社工资格证考试辅导班顺利结束。本次培训班为报考社会工作者职业水平考试的150余名社区专职工作者进行了《社会工作实务》《社工综合能力》两门课程专项辅导，有效提高了社工职业资格考试通过率。年内，社会工作者职业资格考试中有33人获得职称，通过率高达22%。截至目前，全县持社工师和助理社工师资格证书的社工占社工总人数的37.5%。

（王星志）

【“春风行动”启动仪式举行】　5月8日，县社工学雷锋志愿服务队在县职教中心举行“春风行动”启动仪式，并向社区工作者学雷锋志愿服务分队进行授旗。“春风行动”期间，志愿服务队本着弘扬雷锋精神、展社工风采主旨，在各街道、社区广泛开展“助人奉献三服务”行动，包括以政策宣传、义务理发、测量血压、文明指路等为服务内容的免费便民服务，在节假日期间开展有组织的环境整洁服务和面向行走不便的孤寡老人开展常态化上门服务。年内，全县3个街道共组建3支社区工作者学雷锋志愿服务队，并为队员配发统一工具包，进一步推动县社区志愿服务行动蓬勃开展。

（李　林）

【新兴东社区网络超市开设】　6月15日，香水园街道新兴东社区“7号网超”正式成立。“7号网超”以电子商务运营方式提供食品、服装、日用品等5000余种商品，并以网络超市为平台组建便民服务队，确定每周日为“社区便民服务赶集日”，为社区居民提供家电维修、清洗油烟机、修理自行车、宅急送等14项暖心零距离服务项目。截至年底，共为社区20000余人次提供服务。

（李志东）

【社工学堂首场讲座举办】　6月27日，社工学堂讲座第一讲在县总工会会议室开讲。中央人民广播电台嘉宾主持江帆为社工们讲授《年轻的朋友来相会，恋爱与口才》，并与大家互动。通过讲座，社工们在沟通技巧、约会技巧等方面得到提高。全县160余名社区工作者参加讲座。

（李　林）

【物业改革工作调研】　7月15日，县人大常委会主任郭振清、副主任侯林兴到县社会办对县物业改革工作进行调研，副县长谢文征陪同。县社会办主任鲁振中做关于物业改革工作情况汇报。郭振清要求：一是要明确物业改革责任主体，并强化主体责任，以此来推动物业改革工作深入开展；二是要做好物业改革宣传工作，争取全民参与支持物业改革工作；三是完善物业企业招投标机制，充分发挥业主委员会作用，让优秀物业企业能够有市场，参与到物业改革中来，为居民提供优质服务，让广大居民享受到物业改革带来的实惠。

（翟玉萍）

【“美丽延庆人 最美北京人”宣讲活动开展】
8月15日，“美丽延庆人 最美北京人”宣讲活动正式启动。县委社会工委从县台球协会、集邮协会、摄影协会、诗词协会、雅兰协会、书画协会、自行车协会、“墨墨的祝福”爱心服务协会等社会组织中抽调人选组成“我的多彩生活”宣讲团，组织宣讲活动5场，受众300余人次。

（李　林）

【社会领域党建工作推进会召开】　8月22日，县委社会工委召开社会领域党建工作推进会。会议对前一阶段社会领域党建工作进行总结，对下一阶段工作重点进行部署，并向2013年新成立的非公有制企业党组织和非公有制企业党组织“五个好”示范点发放电教设备。全县各工委、乡镇、街道、“枢纽型”社会组织主管领导，社区及部分非公有制企业党组织负责人和党建指导员近百人参加会议。

（李 林）

【网格化体系培训会召开】 9月24日，县社会办召开对县、乡镇（街道）、村（社区）三级网格化平台工作人员培训会，来自全县18个街乡网格化管理中心的44名网格员参加培训。年内，县社会办围绕在网格化工作推进过程中出现的常见问题，建立县级、街乡、社区三级网格化培训体系，共举办专题培训班120次，培训5400余人次。并对《延庆县网格化社会服务管理系统使用手册》《延庆县网格化工作手册》进行修订，印发6000套。

（郝利梅）

【社工文化节落幕】 11月3日，历时4个月的2014年社工文化节落下帷幕。本届社工文化节包括“社工学堂”、社区志愿服务“春风行动”、社工才艺风采展示、“在社工岗位上”征文比赛、“十大最美社工”评选、文化节成果展暨闭幕式等系列活动，共评选出93名获奖社工，并将活动成果印制成册进行展示，充分展现了社工的专业能力和综合素质。

（王星志）

【“枢纽型”社会组织认定工作部署会召开】 11月14日，召开“枢纽型”社会组织认定工作部署会，认定县体育总会、县社会组织服务协会等6家单位为第二批县级“枢纽型”社会组织，认定百泉街道爱相随志愿者协会、香水园街道彩虹志愿者协会、香水园街道工会、儒林街道妇女联合会为街道级“枢纽型”社会组织，进一步扩大了县“枢纽型”社会组织工作体系覆盖面，建立起以“枢纽型”社会组织为核心的条块结合、上下贯通的社会组织服务管理网络。

（郝利梅）

【“枢纽型”社会组织座谈会召开】 11月14日，县社会办召开“枢纽型”社会组织座谈会，两批共计15家县级“枢纽型”社会组织和3家街道级“枢纽型”社会组织负责人参加座谈。会议对全县“枢纽型”社会组织体系工作情况进行了总结，并对下一步工作进行了部署，各“枢纽型”社会组织负责人针对相关工作情况做交流发言。副县长谢文征参加座谈。

（郝利梅）

【物业服务企业准入标准进一步完善】 年初，县物业改革领导小组办公室根据前期物业改革工作试行情况及考核过程中出现的问题，对规范类小区物业服务企业准入标准进行修改完善，涉及到物业企业自有人员最低比例、专业人员资质、企业基本服务场所等方面的限定，进一步提高了物业企业管理规范程度和物业服务人员整体素质。截至11月15日，共有17个住宅小区进入规范化管理范围，有效促进了物业企业服务质量提升。

（赵丹欣）

【物业改革居民满意度调查工作完成】 上半年，县社会办联合县教委向县城内中、小学及幼儿园在校学生、幼儿家长发放居民满意度调查问卷，征求以家长为主体的社区居民对物业改革的意见建议，有效了解居民对当前物业服务的满意程度，及时掌握居民关注的物业问题，为有针对性地开展物业改革提供有力参考。经调查统计，上半年居民满意度为69.51%。

（赵丹欣）

【物业企业考核形式改进】 年内，根据物业改革相关文件精神，县物业改革领导小组办公室进一步完善三类小区物业服务考核细则，引入县园林绿化局、县市政市容委等专业职能部门参与专项考核，将日常考核、集中考核、民意测评、专项考核等评价形式相结合，对物业公司服务情况进行考评，进一步提升考核工作专业化程度。

（赵丹欣）

【聘请21名物业改革社会监督员】 年内，通过考核选拔，县物业改革领导小组办公室从社区居民中聘请了21名物业改革社会监督员，对物业公司服务进行监督，进一步拓展了居民参与物业改革工作渠道，促进物业改革监督考核工作更加公开透明。

（赵丹欣）

【街道物业服务中心建设进一步规范】 年内，县物业改革办公室进一步规范街道物业服务管理中心的服务和管理工作，结合街道实际情况和老旧小区特点，按照“一处服务场所、一部服务电话、一支服务队伍、一系列管理制度、一套工作设施设备、一定额度资金保障”的“六个一”建设标准，提升街道物业服务管理中心服务能力和服务质量，并给予物业服务中心基础运行管理、维修设施设备购置、“4050”人员绩效奖励等资金扶持，切实发挥物业服务管理中心在物业改革中的托底作用，实现保障类小区物业服务全覆盖。

（赵丹欣）

【网格化及信息采集工作完成】 年内，全县完成剩余12个乡镇的网格划分工作，共划分基础网格301个，微网格8040个。全县共划分基础网格414个，微网格9743个，安排网格化工作人员共10452人，其中格长3189人，格员7263人，基本实现网格划分全覆盖，网格之间无缝对接。设计印发了“人、地、物、组织”信息采集表19万余份，采集人员信息101915人，组织信息764个，楼房、井盖等18类物件信息43918个。

（赵丹欣）

【网格化服务平台建设完成】 年内，县—乡镇（街道）—村（社区）网格化三级平台建设完成。全县共建成18个街乡网格化服务中心。各级平台均抽调骨干力量组成专门机构，确定办公场所，配备必要硬件设备，安排专人值守，并制定了相应平台运行制度。

（赵丹欣）

【社区视频探头接入网格化体系】 年内，县社会办与县信息中心协调，对各社区1074个视频监控探头进行维修，并将各小区视频监控系统接入社区网格化工作站，提高网格化体系发现问题的能力。

（赵丹欣）

【“三网”融合初具规模】 年内，县社会办与县市政市容委、县园林绿化局、县公安局、县工商局、县食药监管局等15家单位协商，作为第一批入格单位试点，将相关工作人员1715人融入网格，协助基层发现和处理事件，推进城市管理、社会治安、社会服务“三网”融合。

（赵丹欣）

【网格化系统修正】 年内，县社会办按照《北京市网格化社会服务管理体系建设指导标准》要求，针对试点单位反馈的信息采集录入及事件上报不便等问题，对网格化系统进行修改完善，设计出可根据实际情况自行选择上传方式的手机APP。

（赵丹欣）

【网格化宣传广泛开展】 年内，县社会办大力开展网格化宣传工作，共印发海报2000张、《致居民的一封信》30000份，制作宣传展板1000余套，动员群众主动参与网格化工作，进一步发挥网格化体系作用。

（赵丹欣）

【网格化社会服务管理示范站创建】 年内，县社会办采取“点站共建”模式，选取12个村作为村级社会服务管理创新示范点及网格化社会服务管理示范站。县社会办与县行政服务大厅、县民政局沟通协调，整合各项创建任务，出台相关制度规范。与乡镇接洽，为村级社会服务管理创新示范点配备必要硬件设备，制定相应规章制度，安装标志系统。该项工作得到乡镇认可，部分乡镇主动要求增加创建示范点，年内实际创建示范点16个，增加了33.3%。

（赵丹欣）

【第二批社区服务用房项目结项工作完成】 年内，由县政府主要领导和主管领导牵头，多次召开协调会，在县发展改革委、县财政局等部门配合下，顺利完成第二批社区服务用房项目结项工作，共涉及19个社区服务用房。

（赵丹欣）

【第三批社区服务用房项目顺利申报】 年内，按照第三批项目申报新要求，县社会办及时召集县社区办公和服务用房领导小组成员单位，召开协调会对第三批22个项目进行调整，对符合申报条件项目收集调整所需资料，聘请专业公司对原申报方案进行调整，经县社区服务用房项目领导小组办公室逐个讨论审核，决定上报17个社区服务用房项目，项目申报资金12747.85万元，其中购置项目15个，新建项目2个，建筑面积共7429.55平方米。

（赵丹欣）

【4个社区规范化建设示范点创建工作完成】 年内，县社会办按照“八化标准”，制定《延庆县社区规范化建设示范点评分细则》，要求各示范点比对创建标准，对社区工作进行自我评分，并召开专题工作会议，对各社区自评情况进行通报，对自评中存在的普遍问题提出整改意见，协助各街道做好相关整改工作。对反映突出的硬件问题，由县社会办牵头，为示范点安装统一标志及相应规章制度，发放统一的胸牌及宣传栏等相关设施。同时通过日常检查、集中检查等多种方式督促社区落实创建任务。全年共完成4个社区规范化建设示范点创建工作。

（赵丹欣）

【“一刻钟社区服务圈”示范点创建完成】 年内，县社会办按照市“一刻钟社区服务圈创建标准”，完成4个服务圈创建任务，共签订入圈协议407份，服务居民10000人次。创建期间，以居民服务需求为导向，摸清辖区内商户分布情况和联系方式等基本信息，制作“一刻钟社区服务圈”便民手册，发放便民服务卡3000张。同时，围绕群众服务需求，上报“一刻钟社区服务圈”便民服务项目；以政府购买服务方式筹措资金，对居民和商户给予适当资金支持，引导商户为社区内孤寡老人等特殊人群提供上门服务，为居民生活提供便利。2014年共推出2个“一刻钟社区服务圈”特色项目，百泉街道以孤寡老人、失独老人为服务对象，通过发放消费券方式，提高商家参与、居民使用“一刻钟社区服务圈”的积极性。香水园街道采取“社会+社会组织+社工+社会志愿者”四社联动方式，为辖区特殊人群提供便民服务，得到居民广泛好评。

（赵丹欣）

【社会建设信息化工作推进】 年内，县社会办研究出台《延庆县社会领域信息化工作考核管理办法》。该办法从工作职责、工作内容、工作要求、考核指标等方面，对信息化工作任务进行量化，使具体工作人员明确工作职责和工作方向，同时建立必要的奖励措施，对发挥作用好的单位及具体工作人员给予适当奖励，保证信息化工作队伍形成工作合力，共同推进县社会建设信息化。

（赵丹欣）

【社区服务信息化水平提升】 年内，县社会办充分发挥社会建设网和30个社区网站群作用，构建社会组织网上服务体系，推进县社区服务信息化水平进一步提升。

（赵丹欣）

【7家智慧社区创建工作完成】 年内，按照智慧社区创建标准，县社会办会同县民政局、

县经信委共同完成7家智慧社区创建工作，所有创建社区达到三星级创建标准，并完成网上认定。

（赵丹欣）

【2013年政府购买社会组织服务项目结项工作完成】 年内，县社会办聘请会计师事务所对政府购买社会组织服务项目进行资金审计，2013年18个项目资金使用均符合资金使用管理办法。同时，为提高政府购买社会组织服务项目知晓率，县社会办制作了《2013年度政府购买社会组织服务项目图册》和专题宣传片，面向公众展示各项目实施进展情况。

（赵丹欣）

【政府购买社会组织服务项目申报实施】 年内，县社会办积极做好2014年政府购买社会组织服务项目申报和实施工作。在项目申报初期组织各“枢纽型”社会组织、优秀社会组织及有申报经验的社会组织召开动员会和项目申请书撰写、项目包装培训会，增强其参与能力和积极性。年内共申报67个项目，批复22个项目，批复资金293万元。

（赵丹欣）

【政府购买社会组织服务项目工作部署会召开】 3月10日，县社会办组织政府购买社会组织服务项目承接单位召开工作部署会，着重强调项目实施过程中的注意事项和任务目标，进一步规范项目承接主体行为，严格督促项目资金专款专用，项目实施落实到位。

（赵丹欣）

【“社会组织公益行”项目对接会召开】 年内，县社会办组织街道和社会组织召开4次社会组织“公益行”项目对接会，为双方合作开展公益活动提供平台。项目对接会从“公益行”活动中精选出健康教育、心理健康、亲子关系、应急救助、低碳环保、特殊人群关怀等项目与3个街道对接，将各公益项目用菜单形式罗列，由相关社会组织负责人现场介绍，再由街道选择并合作实施。共促成公益活动290余场，直接服务居民超过46000人次。

（赵丹欣）

【开展“社会组织公益行”活动】 年内，县社会办动员县妇联、团县委、红十字会、自行车协会、环境保护协会、社会组织服务协会、医师协会、社工联合会、地震应急志愿救援队、登山志愿救援队等60余个社会组织，在全县15个乡镇、3个街道全面开展公益活动，实现“公益行”活动全县覆盖。其中“墨墨的祝福”爱心服务协会等两个社会组织申报项目获北京市社会组织公益服务品牌铜奖。

（赵丹欣）

【县级社会组织孵化基地搭建】 年内，以县社会组织服务协会为平台，全县培育了“墨墨的祝福”爱心服务协会、康大姐志愿服务队、门球协会等一批品牌社会组织，在丰富居民业余生活、推动公益事业发展等方面有效提升了社会组织影响力。动员成立了书法协会、二胡协会、老干部文化艺术联合会等社会组织，为全县社会组织发展注入了新的血液。

（赵丹欣）

【社会组织治理创新系列培训班举办】 年底，县社会办举办社会组织治理创新系列培训班，对县域18个街乡、15家“枢纽型”社会组织主管领导和科室负责人及知名社会组织负责人进行为期4天的集中培训，共260人次参训。本次培训将社会组织与社会治理的关系、社会组织能力建设等内容作为教学重点，进一步提高了县社会组织政策掌握和生存发展能力。

（赵丹欣）

【推荐社工参加硕士选拔考试】 年内，根据县社会建设实际，县委社会工委择优推荐3名理论功底较深、实践经验丰富的优秀社区工作者参加北京城市学院硕士研究生考试，培养社工拔尖人才。

（赵丹欣）

【军嫂社工招录完成】　年内，全县面向驻延部队随军家属定向招聘社区工作者，通过笔试、面试、体检、考察等环节，共招录军嫂10名，并结合工作实际分配到相关单位，进一步促进了随军家属就业，分担了驻延官兵后顾之忧。

（赵丹欣）

【社区志愿服务制度化】　年内，县委社会工委结合《北京市社区志愿服务站规范提升工作方案》要求，为城区30个社区服务站配备社区志愿服务站标志，为社区志愿服务站安排志愿服务工作负责人，并制订志愿者招募注册、服务计时、日常培训、表彰激励等制度，加强社区志愿服务工作，推进志愿服务制度化。

（赵丹欣）

【文明劝导队工作规范化】　年内，县委社会工委制定下发《关于进一步规范街道、社区市民劝导队工作的通知》，印发文明劝导员登记表和工作记录手册，为文明劝导员配备服务工具、服务标志并统一服装，促进文明劝导队进一步规范化。

（赵丹欣）

【社会动员试点街道和社区选树完成】　年内，县委社会工委将香水园街道和儒林街道作为社会动员试点街道，儒林街道康安社区作为社会动员试点社区，探索创新社会动员体制机制、方式方法。试点街道专门成立社会动员工作领导小组，建立社会动员统一指挥平台，健全街道、社区两级社会动员工作网络，初步建立街道统筹、部门分工负责、社会单位和公众广泛参与的工作体制，利用网络、手机、微博等新技术、新媒介开展社会动员工作，极大提高了街道社会动员信息化水平。试点社区把居务公开作为社区居民自治的一项重要内容来抓，成立社区在职党员工作委员会和社区议事委员会，每月召开党员、居民代表会议，通过协商沟通，做到社区居务情况及时反馈、及时整改，将社区工作失误降到最低。

（赵丹欣）

【社区居民参与平台创新发展】　年内，香水园街道新兴东社区聘请人大代表、政协委员、在职领导和有威望的离退休老党员设立“小巷总理论坛”，积极“经营”好每月一期的“小巷总理论坛”和“社区事务听证会”。居民代表从讨论居委会财务预算、讨论通过重大事项等环节参与社区实质管理，通过“社区是我家，建设靠大家”的论坛活动，整合资源解决百姓难题，激发居民的参与社区建设和管理热情，有效提高了社区居民的参与意识和实际参与率。

（赵丹欣）

【社区青年汇作用明显】　年内，儒林街道温泉东科普场馆社区青年汇、香水园街道动岚澳诚健身俱乐部社区青年汇和川北东社区梦之翼社区青年汇，依托社区资源，一方面通过在社区设立宣传站点，张贴宣传海报、发放宣传材料、现场咨询讲解等形式，广泛宣传推广社区青年汇，提高青年汇认知度；另一方面通过开展“阳光课堂 放学来吧”活动、自行车骑游、外来务工青年座谈培训、爱心募捐等活动，不断提高青年汇参与度，起到了整合资源为青年服务、推动青年参与社会建设的积极作用。

（赵丹欣）

【志愿服务队便民服务力度加大】　年内，儒林街道以辖区党员、青年团员、社区妇女、驻区企业职工为主体的“红袖标”“青苹果”“绿丝巾”“同心缘”四支志愿服务队，定期开展“爱心服务日”“志愿服务月”活动，形成长效志愿服务机制。香水园街道12个社区成立了12支“马上零距离”党员志愿服务队，对辖区弱势群体和人员实施“1+X”帮扶，帮扶志愿者由两委干部、党员、党代表、居民代表、县直机关单位工作人员、学校学生、党员居民志愿者等人员组成，为孤寡老人办理代买粮菜、整理房间、打扫卫生、心理疏导、上门理发等实事500余件。

（赵丹欣）

【“在职党员服务社区”活动深化】 年内，县委组织部联合县委社会工委和县委教育实践活动领导小组办公室下发《关于进一步推进县直单位与社区结对共建和“在职党员服务社区”工作的通知》，对县直单位与社区结对共建工作和“在职党员服务社区”活动进行再动员再部署，将在职党员到社区报到、县直单位与社区结对共建工作与为群众服务活动、学雷锋志愿服务活动、“知民情、听民意、问民生”等活动结合起来，开展岗位服务、团队服务、集中服务和网络服务。年内，共9999名在职党员到社区报到，95家处级单位党组织负责人以社区席位制委员身份参与30个社区服务。

（赵丹欣）

【街道社区党的建设“三级联创”活动开展】 年内，县委社会工委会同县委组织部下发活动通知，研究制订创建“五个好”街道党工委和社区党组织实施意见和考评标准，加强考核与日常督查，确保“三级联创”活动取得实实在在的效果。

（赵丹欣）

【非公有制企业党组织数量增加】 年内，香水园街道成立红耀新经济组织党总支，下辖建雄之星党支部、国美电器党支部、大中电器党支部、恒生市场党支部、日上市场党支部、满都呼商贸有限公司党支部、云涛汽修党支部和百信厨具8个非公党支部，康庄镇成立了北京中能发电力设备有限公司，沈家营镇成立了北京岭北筑路材料中心党支部。目前，全县非公有制企业党组织组建率达到83.13%。

（赵丹欣）

【商业聚集区建设推进】 年内，香水园街道成立东外大街商务区建雄之星和日上市场两个党建服务站，通过在日上市场推动党员示范户亮身份、提升销售额等方式，吸引广大党员积极亮明身份。积极申请市级财政支持，为日上市场党支部配备电脑、电视等党员活动设备，按规范要求完善党员活动室，为商业聚集区开展党建活动奠定基础。结合市委社会工委商务楼宇“五站合一”工作站建设集中推进月活动，对日上和建雄两家“五站合一”工作站建设落实《北京市商务楼宇工作站服务管理办法（试行）》情况，启动经费、“五站合一”补贴和示范点以奖代补等社会建设专项资金使用情况，工作站专兼职人员岗位设置，办公活动场地保障，办公设施配备，活动组织开展等方面情况进行摸底检查。

（赵丹欣）

【社会组织党组织建设加强】 年内，香水园街道成立彩虹协会新社会组织党总支，下辖自行车协会党支部和空竹协会联合党支部，包括妫川广场健身队、两仪太极健身队、妫川好声音合唱队、妫川女子金镲表演队，填补了社会组织党组织建设空白。

（赵丹欣）

【区域化党建课题调研开展】 年内，县委社会工委组建2支调研队伍，对在职党员服务社区活动及非公有制企业党组织建设情况开展调研，撰写了《延庆县在职党员服务社区工作调查》和《延庆县非公有制经济企业党建工作调查》，积极探索区域化党建工作创新方法，搭建党建活动平台。

（赵丹欣）

【非公有制企业党建指导员年底考评开展】 年内，县委社会工委按照《延庆县非公有制经济组织党建工作指导员日常管理办法（试行）》规定，制定《延庆县2014年度非公有制经济组织党建工作指导员考核内容及评分表》和《2014年度考核表》，结合党建指导员工作实绩，做好续聘和新聘工作，对考评成绩优秀的党建指导员按标准给予奖励。

（赵丹欣）

【参与做好“世葡会”保障工作】 县委社会工委全面参与做好“世葡会”保障工作：一是加强值班值守，坚持领导带班责任制，实行值班人员岗位责任制，确保“世葡会”期间政令信息传达安全畅通。二是组织社区专职工作者、社区志愿者、在职党员等开展治安巡逻，定点守护路口，及时发现突发状况，确保“世葡会”期间辖区安全。三是各街道食药所认真制订食品安全保障方案，对承接单位食品做好事前监督和安全审查，确保“世葡会”期间餐饮安全。四是结合在职党员进社区举办“迎世葡、讲文明、提素质”知识竞赛和“迎世葡、保稳定、展风采、做文明美丽延庆人”文艺演出等系列活动，发动广大在职党员、退休党员和广大居民充分开展邻里守望，确保“世葡会”期间社区安全。

（赵丹欣）

加强社会建设　创新社会治理

北京市各区县
社会建设工作巡礼

BEIJING SHI GE QUXIAN
SHEHUI JIANSHE GONGZUO XUNLI

东城区
DONG CHENG QU

加强社会建设
创新社会治理

★ 1月29日，市委社会工委、市社会办领导到建国门街道调研并慰问社区工作者

★ 1月8日，朝阳门街道史家社区睦邻文化节举办

★ 3月4日，东城区志愿者参加全市学雷锋推动日活动，开展志愿服务

★ 4月24日，交道口街道南锣鼓巷社区中华母亲节主题活动举办

★ 5月30日，朝阳门街道成立社工工会

★ 7月8日，和平里街道志愿者服务队开展志愿服务

东城区
DONG CHENG QU

加强社会建设 创新社会治理

★ 7月19日，东城区社区工作者招考进行笔试

★ 7月30日，和平里街道汇丰中国社区建设计划授标仪式举办

★ 8月6日，东花市街道无围墙养老为老年人办餐桌

★ 8月12日，龙潭街道社区多元参与治理开展月悦谈活动

★ 8月24日，景山街道领头羊协会组织居民文体活动

★ 3月8日，永外街道“三八”节巧手作品展举办

西城区
XI CHENG QU

加强社会建设
创新社会治理

★ 12月4日，2014年社会治理创新·西城论坛举办

★ 6月10日，社会组织代表参观党的群众路线档案展览

★ 4月12日，陶然亭街道米市社区“守护一片绿，增添一份美”活动举办

★ 8月29日至31日，西城区第三届“爱在西城”公益文化节暨公益展洽会召开

★ 9月25日，西城区理论家走基层报告会举办

★ 9月28日，“西城老人·百年记忆”——百岁老人口述史主题展览举办

★ 12月2日，仁助社会工作事务所为红莲小学教师开展减压系列活动

★ 12月13日，“相约新街口 让爱永相伴”新街口楼宇青年联谊会举办

★ 椿树街道红线社区老人集体生日会举办

★ 6月23日，全响应指挥调度系统及街道平台建设推进会召开

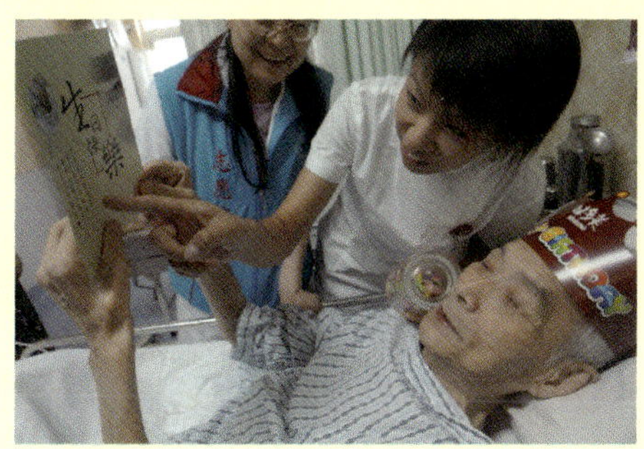

★ 社会工作者开展老年人临终关怀服务

★ 天桥街道太平街社区老人防跌倒讲座举办

朝阳区

CHAO YANG QU

加强社会建设 创新社会治理

★ 1月17日，朝阳区表彰爱岗敬业模范社工

★ 2月21日，朝阳区街道系统“践行群众路线 推进社会建设”工作部署会召开

★ 2月26日，2014年朝阳区“六型社区”创建工作培训会召开

★ 4月11日，朝阳区街道系统群众路线教育实践活动社区书记巡回报告会举办

★ 5月9日，颐天悦社工事务所在常营保障房地区开展服务

★ 5月28日，朝阳区社会组织服务中心“社会组织与企业的互动与合作”工作坊成立

朝阳区
CHAO YANG QU

加强社会建设 创新社会治理

★ 8月10日，2014年朝阳区政府购买社会组织服务项目工作部署会召开

★ 7月1日，朝阳区“凝聚党旗下 服务我先行”社会领域基层党组织践行群众路线事迹报告会举办

★ 朝外街道开展非公五好企业评比活动，激发非公企业党建工作活力

★ 垡头街道建立社区“和谐驿站”倾听民意、为民解忧

★ 呼家楼街道为楼宇青年白领举办交友会

★ 双井街道党政群共商共治居民代表商讨议题

海淀区
HAI DIAN QU

加强社会建设
创新社会治理

★ 2月14日，2014年海淀区网格化社会服务管理领导小组（扩大）会议召开

★ 2月26日，海淀区委社会工委党的群众路线教育实践活动启动

★ 4月3日，花园路街道首届文化艺术节开幕

★ 5月9日，甘家口街道组织中学生参加传统文化体验活动

★ 5月16日，清河街道“服务连心、邻里守望”志愿服务活动启动

★ 6月26日，海淀区社区志愿者服务站规范提升工作部署会召开

海淀区
HAI DIAN QU

加强社会建设 创新社会治理

★ 10月23日，海淀街道组织创建全国文明城区弘扬社会主义核心价值观文艺演出

★ 八里庄街道社区规范化建设制度上墙

★ 10月29日，海淀区委统战部、区社会办和北京交通大学举办向社区捐赠电脑，支持社区建设

★ “夕阳在晨”科技助老活动受到社区居民欢迎

★ 社区“益民书屋”一角

★ 学院路街道老年模特队风采展示

★ 1月17日，丰台区社区工作者新春联欢会召开

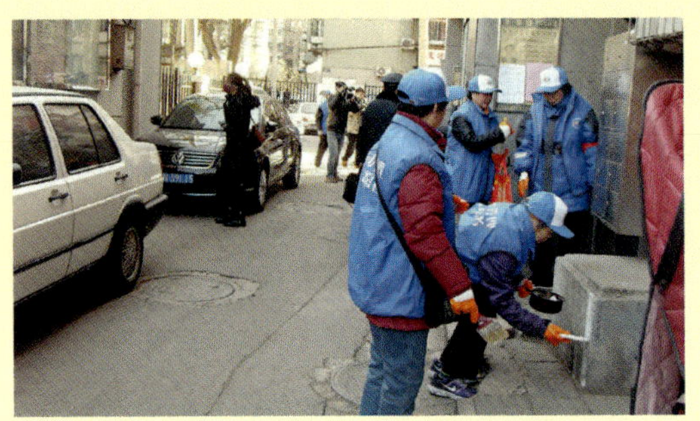

★ 3月5日，市民劝导队开展环境志愿者学雷锋日活动

★ 4月16日，丰台区网格化社会服务管理体系建设工作会召开

★ 4月28日，中福丽宫商务楼宇党建工作站成立

CERTIFICATE

质量管理体系认证证书

证书编号：00214Q15352R0S

兹证明

北京市丰台区东高地街道万源西里社区

住所：北京市丰台区东高地斜街2号

认证地址：北京市丰台区东高地万源西里50栋西侧（100076）

管理体系符合

GB/T 19001-2008/ISO 9001:2008

《质量管理体系 要求》

覆盖的产品及其过程

东高地街道万源西里社区公共服务

生效日期：2014年09月26日　　有效期至：2017年09月25日

注册号：CQM-00-2014-0047-0001

二零一四年九月二十六日

方圆标志认证集团

★ 9月26日，东高地街道万源西里社区获得ISO 9001质量管理体系认证证书

丰台区
FENG TAI QU

加强社会建设 创新社会治理

★ 便民服务手册和社区帮帮卡方便群众办事

★ 花乡新发地菜篮子直通车方便社区居民购菜

★ 马家堡街道星河苑社区组织和韵京剧社丰富居民文体活动

★ 社区工作者耐心为老年人解释养老政策

★ 宛平地区办事处城南第二社区开展规范化服务

石景山区
SHI JING SHAN QU

加强社会建设 创新社会治理

★ 2月28日，2014年石景山区社会工作人才能力建设培训班举办

★ 5月21日，2014年石景山区公开招聘社区工作者

★ 6月12日，石景山区统筹规范协管员队伍现场观摩会召开

★ 6月17日，石景山区网格化社会服务管理体系建设全覆盖工作现场推进会召开

★ 6月27日，石景山区社会领域庆祝建党93周年暨创建服务型基层党组织工作推进会召开

★ 9月17日，石景山区第八期“北京市万名社区工作者”培训举办

★ 10月24日，广宁街道高井路社区物业服务管理互助委员会成立大会召开

★ 12月17日，石景山区青年社工骨干开展拓展训练

★ 长庚社会工作事务所定期开展健康知识普及活动

★ 社区居民共商共治，共议社区发展

★ 社区志愿服务队服务社区居民

★ 智慧生活便民终端系统方便居民

门头沟区
MEN TOU GOU QU

加强社会建设 创新社会治理

★ 4 月 23 日，门头沟区社会组织培育暨政府购买社会组织服务项目发布会召开

★ 4 月 23 日，门头沟区第四期“北京市万名社区工作者培训”举办

★ 城子街道龙门三区实施“牵手连心”工程，打造党建特色社区

★ 大峪街道增产路东区社区“一刻钟社区服务圈”建设成效明显

★ 东辛房街道石门营新区六区开展阳台绿化培训

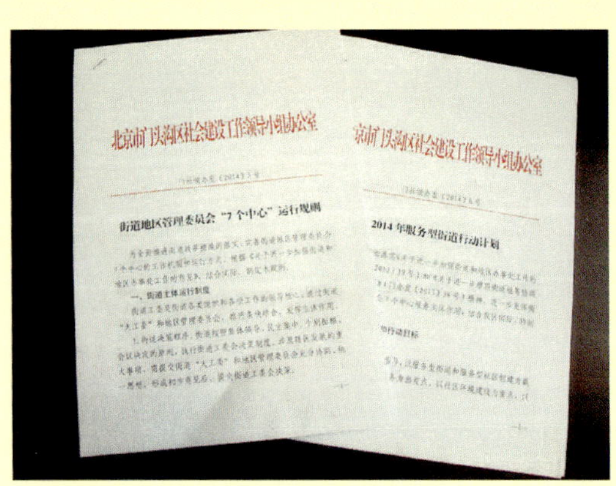

北京市门头沟区社会建设工作领导小组办公室

街道地区管理委员会“7个中心”运行规则

2014年服务型街道行动计划

★ 门头沟区街道地区管理委员会“7 个中心”运行规则出台

★ 社区居委会换届选举顺利完成

★ 社区青年汇组织社区跳蚤市场，倡导绿色环保理念

★ 社区定期组织开展老年人健康监测

★ 市民劝导队清理小广告，美化社区环境

★ 社区文体活动丰富居民精神文化生活

★ 4月15日，房山区大学生社工艺术团“国际社工日”唱响社工之歌

★ 4月18日，房山区委社会工委“让优秀成为习惯”主题青年论坛举办

★ 4月29日，房山区非公有制企业党建工作推进会召开

★ 7月2日，房山区庆祝建党93周年暨区社工艺术团“永远跟党走”专题晚会举办

★ 7月4日，房山区社会工作者联合会“爱心书籍捐赠月”活动圆满结束

★ 7月10日，房山区选派第三批社区指导员工作会召开

★ 9月25日，窦店镇金鑫苑社区迎国庆共筑中国梦文艺演出举办

★ 11月20日，房山区未成年人“云呵护”工程启动仪式举行

★ 12月24日至26日，房山区社会组织治理改革创新培训班举办

★ 12月26日，房山区社区指导员、非公企业党建指导员培训会召开

★ 良乡地区办事处社工志愿者服务队开展社区艺术课堂活动

★ 优秀社工与打工子弟创唯学校学生共庆“六一”儿童节

通州区
TONG ZHOU QU

加强社会建设 创新社会治理

★ 1月17日，通州区社区工作者迎新春联欢会在北工大实验学院举行

★ 5月6日，通州区首批文明示范小区授牌暨观摩仪式举行

★ 5月16日，通州区2014年社区节开幕

★ 6月18日，梨园镇社区社会组织联合会筹备成立大会召开

★ 7月6日，通州区社会工作者联合会换届大会召开

★ 7月18日，通州区社会领域优秀党组织负责人专题培训班动员会举办

★ 7月30日，通州区举办楼门文化建设成果展示

★ 9月18日，通州区文联组织艺术家到公益书画讲堂授课

★ 10月16日，玉桥街道社区社会组织联合会举办“加强和创新服务管理　全面推进社区建设”专题培训

★ 12月30日，通州区2014年楼门文化建设工作总结会召开

★ 社区老年活动站开展“浓浓敬老意　情暖中秋节”主题活动

顺义区
SHUN YI QU

加强社会建设 创新社会治理

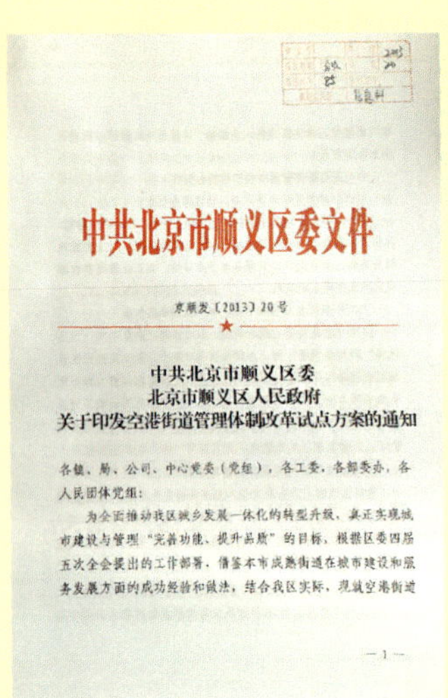
中共北京市顺义区委文件

京顺发〔2013〕20号

中共北京市顺义区委
北京市顺义区人民政府
关于印发空港街道管理体制改革试点方案的通知

各镇、局、公司、中心党委（党组），各工委，各部委办，各人民团体党组：

为全面推动我区城乡发展一体化的转型升级，真正实现城市建设与管理“完善功能、提升品质”的目标，根据区委四届五次全会提出的工作部署，借鉴本市成熟街道在城市建设和服务发展方面的成功经验和做法，结合我区实际，现就空港街道

—1—

★ 1月20日，顺义区空港街道管理体制改革试点方案印发

★ 2月25日，石园街道社区社会组织联合会分会协会授牌授旗仪式大会召开

★ 4月至7月，顺义区开展“走群众路线·促转型升级·助科学发展”百姓宣讲团选拔赛活动

★ 9月9日，顺义区开展肢体残疾人无障碍体验活动

★ 9月10日，牛栏山镇芦正卷村便民服务站为民服务

★ 9月23日，顺义区第六届社会组织人才专场招聘会举办

★ 9月28日，顺义区“喜迎国庆　欢度重阳”活动举办

★ 9月29日，顺义区第五届“牛栏山杯”道德模范颁奖典礼举行

★ 10月25日，中国道德文化宣传（北京）社区行顺义区节目选拔进行

★ 12月8日，顺义区第四期“北京市万名社区工作者培训班”开班

★ 社区党组织深入开展党的群众路线教育实践活动

★ 旺泉街道社区社会组织开展小组培训活动

★ 3月20日，回龙观地区龙兴园社区举办厨艺比赛

★ 4月1日，志愿者开展中小学应急演练活动

★ 4月16日，昌平区社区工作者培训班举办

★ 4月20日， 昌平区红十字会开展义诊活动

★ 5月10日，回龙观地区龙兴园社区举办居民趣味运动会

★ 7月23日，城北街道西环里社区举办暑期青少年文体活动

★ 9月5日，温心社工事务所开展社工助推社区社会组织发展“1+1”活动

★ 9月15日，京北丽人科学服务队开展早教知识宣传活动

★ 10月21日，霍营街道社区志愿“百千万工程”启动暨爱心车队成立

★ 11月26日，昌平区社会工作师到中国政法大学社会学院参观交流

★ 天通苑南街道奥北中心社区组织开展居民文体活动

★ 天通苑志愿者协会定期开展“天通苑大学堂”居民讲座

大兴区
DA XING QU

加强社会建设
创新社会治理

★ 1 月 23 日，“社会组织公益行”活动进社区

★ 2 月 6 日，大兴区市级政府购买社会组织服务项目——中期评估工作会召开

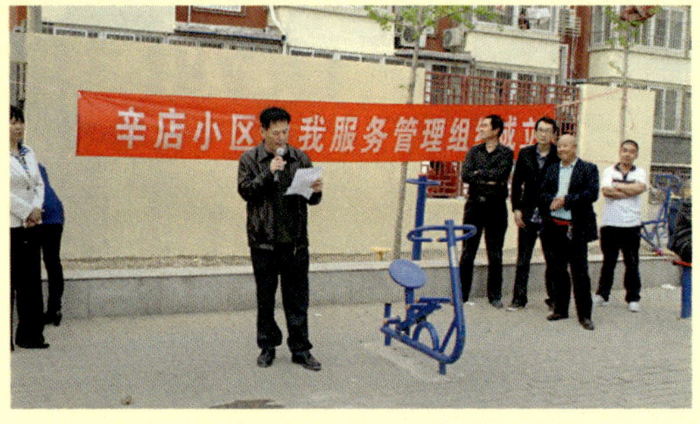

★ 4 月 8 日，天宫院街道海子角西里辛店物业自管会成立

★ 12 月 9 日，大兴区社会组织联合会成立

★ 社会组织送服务进社区

大兴区
DA XING QU

加强社会建设 创新社会治理

★ 社区定期开展情系夕阳银发课堂讲座

★ 社区居民向物业自管会赠送锦旗

★ 社区利用辖区学校体育场地举办退休老年人趣味运动会

★ “六心”家园回迁社区服务管理不断加强

★ “志愿服务银行”系列活动为居民提供服务

★ 社区志愿者开展社区自管服务

★ 1月23日，平谷区滨河街道2014年新春团拜会举办

★ 3月5日，平谷区私个协开展学雷锋活动

★ 3月26日，平谷区2014年社区工作者教育培训班举办

★ 4月9日，平谷区开展社会领域基层党组织书记专题培训

★ 8月13日，平谷区公益法律服务协会向居民发放法律宣传材料

★ 8月14日，平谷区社会领域基层党组织组织生活会部署大会召开

平谷区

PING GU QU

加强社会建设
创新社会治理

★ 9 月 4 日，平谷区社会领域“最美北京人”百姓宣讲活动举办

★ 11 月 29 日，平谷区“爱心融服务　真情满绿谷”授旗活动举行

★ 社区大讲堂定期开展活动

★ 社区居民共度端午节

★ 社区居民喜迎国庆唱红歌

★ 社区开展绿色阳台活动，美化社区环境

怀柔区
HUAI ROU QU

加强社会建设
创新社会治理

★ 5月23日，泉河街道第八届社区邻里节开幕

★ 6月25日，龙山街道迎宾路社区举行反邪教知识竞赛

★ 红领巾驿站开展“手拉手”活动

★ 龙山街道“展党员风采　做时代先锋”演讲比赛举办

★ 社区居民积极开展“健步走”活动

★ 社区腰鼓队排练

★ 社区书法班开展日常活动

★ 望怀社区合唱团参加廉政歌曲大赛

★ 望怀社区举行如意书画苑揭牌仪式

★ 志愿者帮助社区居民学习英语

★ 志愿者积极投身 APEC 会议服务保障工作

密云县

MI YUN XIAN

加强社会建设
创新社会治理

★ 5月13日，密云县开展防灾减灾宣传进社区活动

★ 5月22日，密云县网格化专职社会管理员培训班举办

★ 5月29日，密云县社会领域服务型党组织建设暨党建工作指导员培训会召开

★ 6月4日，密云县新入职社区工作者培训班举办

★ 10月8日，密云县30余家社会组织参与社会组织公益风采宣传活动

★ 10月25日，密云县社区工作者心理干预能力培训班开班

★ 11月26日，果园街道社会组织联合会"电子保姆"加盟服务商培训会召开

★ 12 月 5 日，密云县文化志愿成果展示会举办

★ 12 月 16 日，密云县社会组织治理创新培训班举办

★ 密云县志愿服务队为老年人做身体检查

★ 密云县志愿者联合会开展“种子变绿植　中和碳排放”活动

★ 祥和社会工作事务所组织回迁居民家庭开展亲子活动

★ 志愿者为居民免费发放图书

延庆县

YAN QING XIAN

加强社会建设 创新社会治理

★ 4月13日，百泉街道志愿服务队服务“世葡会”

★ 5月15日，永宁镇永宁社区举办老年人趣味运动会

★ 5月29日，儒林街道第二届“人口文化节”开幕

★ 7月18日，儒林街道第三届社区文化艺术节举办

★ 8月22日，延庆县社会领域党建工作推进会召开

★ 10 月 26 日，香水园街道举办闲置物品交易会，倡导绿色生活

★ 8 月 26 日，百泉街道启动"扶老助残"一刻钟社区服务圈服务卡资金兑现工作

★ 康庄镇"康大姐"志愿服务队服务社区居民

★ 市民劝导队参与社区环境整治

★ 网格化工作人员定期进行网格化宣传

·大事记·

2014年大事记

1月

1月3日 市委社会工委书记、市社会办主任宋贵伦到贵阳市调研，并为全市领导干部做社会建设工作报告。

同日 市委社会工委副书记、市社会办副主任张坚参加市政府专题会议。

同日 市委社会工委副书记、市社会办副主任张坚参加市委第一督导组座谈会。

同日 市委组织部、市委社会工委联合召开全市民办非企业单位党建工作专题研讨会。市委组织部副部长刘宇辉出席会议并讲话，市委社会工委委员、市社会办副主任陈建领主持会议。

1月6日 市委社会工委副书记、市社会办副主任张坚主持召开标准化心理服务试点工作推进会。

同日 市委社会工委委员、市社会办副主任陈建领调研市妇联商务楼宇工作站、“姐妹驿站”建设等工作。

同日 市委社会工委委员、市社会办副主任刘占山调研东城区社会工作队伍建设情况。

1月7日 市委书记郭金龙到西城区调研党的群众路线教育实践活动。市委社会工委书记、市社会办主任宋贵伦参加调研。

同日 市委社会工委书记、市社会办主任宋贵伦参加市委党的群众路线教育实践活动领导小组办公室座谈会。

同日 市委社会工委委员、市社会办副主任陈建领参加北京市非公有制经济人士理想信念报告会暨优秀中国特色社会主义事业建设者表彰大会。

同日 市委社会工委委员、市社会办副主任王智玲参加2014年第一季度全市公共安全形势分析会。

1月8日 市委社会工委书记、市社会办主任宋贵伦主持召开2014年第1次工委会议。会议研究了委办2013年工作总结和2014年工作要点、2014年春节前“送温暖”活动方案等事宜。

同日 市委社会工委书记、市社会办主任宋贵伦主持召开2014年第1次主任办公会议。听取各处室2013年12月份工作完成情况及2014年1月份工作计划汇报，研究部署近期重点工作任务。

同日 市委社会工委书记、市社会办主任宋贵伦与北京师范大学中国社会管理研究院负责人及专家座谈研究2014年合作举办第四届中国社会治理论坛事宜。

同日 市委社会工委委员、市社会办副主任陈建领参加全市城乡基层党的建设“三级联创”检查调研情况通报会。

同日 市委社会工委委员、市社会办副主任王丽竹参加第四届中国智慧城市大会。

1月9日 市长王安顺主持召开第27次市政府常务会议。市委社会工委书记、市社会办主任宋贵伦参加会议。

同日 市委社会工委副书记、市社会办副主任张坚参加市“两会”政府部门宣传工作部署会。

同日 市委社会工委委员、市社会办副主任陈建领参加社会组织承接政府转移职能调研工作研讨交流会并讲话。

同日 市委社会工委委员、市社会办副主任王丽竹参加北京市信访系统王荣安事迹报告会。

同日 市委社会工委委员、市社会办副主任王智玲参加2014年北京市民防工作会议。

同日 市委社会工委委员、市社会办副

主任王智玲与市志愿者联合会座谈研究近期市志愿者工作。

1月9日至17日 贵阳市社会建设考察团来京学习考察社会建设工作。考察团与市委社会工委、市社会办进行座谈交流，分别到市委社会工委、市社会办6个业务处室和西城区、朝阳区蹲点学习，深入市妇联、东城区、丰台区、怀柔区、密云县实地考察市级“枢纽型”社会组织建设、社工人才建设、志愿者工作、农村社会建设和治理等情况。市委社会工委委员、市社会办副主任刘占山接待考察团一行。

1月10日 市委社会工委书记、市社会办主任宋贵伦赴海淀区参加市、区人大代表座谈会。

同日 市委社会工委副书记、市社会办副主任张坚参加北京市宣传部长会议。

同日 市委社会工委委员、市社会办副主任陈建领参加北京市科委人才交流中心党支部2013年度党建工作总结暨表彰会，并调研流动党员教育管理情况。

同日 市委社会工委委员、市社会办副主任陈建领参加北京侨校侨届联谊会活动。

同日 市委社会工委委员、市社会办副主任王丽竹参加2014年北京市对外宣传工作会议。

1月11日 国家创新与发展战略研究会召开“社会治理面临突出问题专题座谈会”。市委社会工委书记、市社会办主任宋贵伦主持会议。国家创新与发展战略研究会会长郑必坚、副会长吴建民，中央政法委宣教室原主任李宝柱、民政部办公厅副主任王金华、国家行政学院决策咨询部副主任丁元竹、北京师范大学社会学系主任赵孟营及广东、上海、南京、贵阳、大庆等地社会建设工作部门负责人出席，委办领导赵小卫、张坚和北京市援疆指挥部副指挥长王想平参加会议。

1月12日 市委社会工委委员、市社会办副主任陈建领参加北京市慈善义工协会“中国梦·义工情——寻找最美慈善义工风采展示会”并致辞。

1月12日至13日 市委社会工委书记、市社会办主任宋贵伦参加市委十一届四次全会。

1月13日 市委社会工委书记、市社会办主任宋贵伦主持召开委办处以上干部会，传达市委十一届四次全会精神。

同日 市委社会工委委员、市社会办副主任刘占山参加北京芳华社会工作服务发展中心成立大会并讲话。

1月14日 市委社会工委副书记、市社会办副主任张坚参加北京市政协十二届二次会议开幕式。

同日 市委社会工委副书记、市社会办副主任张坚调研北京红枫妇女心理咨询服务中心“欣巢”失独家庭心理关爱计划项目。

同日 市委社会工委委员、市社会办副主任刘占山与市委组织部人才处座谈，介绍2013年社会工作人才队伍建设情况及2014年重点工作。

同日 市委社会工委委员、市社会办副主任王丽竹与同方公司有关人员座谈研究“北京社会服务之窗”建设工作。

同日 市委社会工委委员、市社会办副主任王智玲与市发展改革委有关同志座谈研究推进社区用房项目建设工作。

1月16日 市委社会工委委员、市社会办副主任陈建领参加北京市建筑业联合会年会并讲话。

同日 市委社会工委委员、市社会办副主任陈建领参加北京市住建委系统“枢纽型”社会组织工作会并讲话。

同日 市委社会工委委员、市社会办副主任王智玲参加2014年第一次志愿者工作联席会议。

1月16日至22日 市委社会工委书记、市社会办主任宋贵伦参加北京市十四届人大二次会议。

1月17日至19日 市委社会工委副书记、市社会办副主任张坚参加北京市政协十二届二次会议部分会议和活动。

同日 市委社会工委委员、市社会办副

主任王智玲参加朝阳区爱岗敬业模范社工“金蜜蜂奖”颁奖仪式。

1月20日 市委社会工委书记、市社会办主任宋贵伦参加中央党的群众路线教育实践活动第一批总结暨第二批部署会议第一次全体会议电视电话会。

1月21日 市委书记郭金龙主持召开市委党的群众路线教育实践活动领导小组第七次会议。市委社会工委书记、市社会办主任宋贵伦参加。

同日 市委社会工委副书记、市社会办副主任张坚参加延庆县社工心理服务能力培训试点经验座谈会。

同日 市委社会工委委员、市社会办副主任陈建领与市总工会座谈研究加强商务楼宇工作站“五站合一”建设工作。

同日 市委社会工委委员、市社会办副主任王智玲参加全市安全生产和消防工作电视电话会议。

1月22日 北京市党的群众路线教育实践活动第一批总结暨第二批部署会议召开。市委书记郭金龙主持会议并讲话，市委社会工委书记、市社会办主任宋贵伦参加。

同日 市委社会工委委员、市社会办副主任陈建领与团市委有关同志座谈研究加强商务楼宇工作站“五站合一”建设工作。

同日 市委社会工委委员、市社会办副主任王丽竹走访慰问丰台区云岗街道翠园社区和大兴区兴丰街道三合南里社区志愿者。

同日 市委社会工委委员、市社会办副主任王智玲参加市文联“‘中国梦’·乐在社区”系列公益文化活动——“盛世欢歌百姓大舞台”文艺演出。

1月23日 市委社会工委副书记、市社会办副主任张坚参加市社科类社会组织服务管理创新课题评审会。

同日 市委社会工委委员、市社会办副主任陈建领参加全市部分新经济组织党委书记新春团拜会。

同日 市委社会工委委员、市社会办副主任刘占山与中国社工协会、《公益时报》社座谈研究“最美社工”宣讲团组建事宜。

同日 市委社会工委委员、市社会办副主任王丽竹与银长城社区网络公司有关人员座谈研究智慧社区建设工作。

同日 市社会办、市发展改革委联合召开全市社区用房项目建设专项工作推进会。市委社会工委委员、市社会办副主任王智玲参加会议并讲话。

1月24日 市委社会工委书记、市社会办主任宋贵伦参加市委防范和处理邪教问题领导小组会议。

同日 市长王安顺主持召开第28次市政府常务会议。市委社会工委书记、市社会办主任宋贵伦参加。

同日 北京市老龄产业协会会长、原常务副市长翟鸿祥到委办调研政府购买社会组织服务工作。委办领导宋贵伦、陈建领、王丽竹、王智玲参加。

同日 市委社会工委书记、市社会办主任宋贵伦与中国志愿服务联合会秘书长赵津芳、首都文明办主任滕盛萍、市志愿者联合会秘书长郭新保座谈研究“2014年北京志愿服务推动日”活动。

同日 市委社会工委副书记、市社会办副主任张坚走访慰问门头沟区大峪街道退休干部。

同日 市委社会工委委员、市社会办副主任陈建领参加北京市社会领域党的建设研究会党建带群建项目立项座谈会。

同日 市委社会工委委员、市社会办副主任刘占山走访慰问怀柔区、密云县基层社区工作者。

同日 市委社会工委委员、市社会办副主任王丽竹与同方公司有关人员座谈研究“北京社会服务之窗”建设工作。

同日 市委社会工委委员、市社会办副主任王智玲走访慰问昌平区城南街道社区志愿者。

1月25日 市委社会工委书记、市社会办主任宋贵伦与《社会时代》专题片摄制组座谈。

1月26日 市委社会工委书记、市社会办主任宋贵伦参加市纪委十一届三次全会暨全市党风廉政建设工作会议。

同日 市委书记郭金龙主持召开区县委书记会议。市委社会工委书记、市社会办主任宋贵伦参加。

同日 市委书记郭金龙主持召开第84次市委常委扩大会议。市委社会工委书记、市社会办主任宋贵伦参加。

1月27日 市委社会工委书记、市社会办主任宋贵伦参加市政府第3次全体会议。

同日 市委社会工委、市社会办党的群众路线教育实践活动总结大会召开。市委社会工委书记、市社会办主任宋贵伦主持会议并做总结，市委第一督导组组长雷显武出席会议并讲话，市委第一督导组有关同志，委办领导张坚、刘占山、王丽竹、王智玲及全体机关干部、事业单位人员参加。

同日 市委社会工委副书记、市社会办副主任张坚参加2014年北京市发展改革和财政工作会议。

同日 市委社会工委委员、市社会办副主任陈建领参加市委政法工作会议。

同日 市委社会工委委员、市社会办副主任陈建领走访慰问石景山区苹果园街道、房山区城关街道社区干部。

同日 市委社会工委委员、市社会办副主任王丽竹与市第十二届政协委员孙步新座谈研究将邮政公共综合服务平台纳入北京市智慧社区规划提案工作。

1月28日 市委社会工委书记、市社会办主任宋贵伦参加2014年北京市春节团拜会。

同日 市委社会工委书记、市社会办主任宋贵伦送原市委社会工委委员、市社会办副主任刘轩到市水务局报到。

同日 市委社会工委书记、市社会办主任宋贵伦看望市老领导王大明、徐惟成、李志坚。

同日 市委社会工委副书记、市社会办副主任张坚参加房山区社工心理服务能力培训试点经验座谈会。

同日 市委社会工委委员、市社会办副主任刘占山参加全市外事暨港澳工作会议。

同日 市委社会工委委员、市社会办副主任王智玲参加全市2014年春节应急保障部署会。

同日 副市长戴均良带队检查节日特种设备安全保障、民族宗教场所和社区安全等工作情况。市委社会工委委员、市社会办副主任王智玲陪同。

1月28日至29日 市委社会工委书记、市社会办主任宋贵伦走访慰问退休老干部、社区工作者。

1月29日 市委社会工委委员、市社会办副主任王智玲走访慰问朝阳区朝外街道社区工作者。

2月

2月1日 市委社会工委书记、市社会办主任宋贵伦与中共中央党校学术委员会主任、原常务副校长，国家创新与发展战略研究会会长郑必坚座谈研究社会治理问题。市援疆指挥部副指挥长王想平陪同。

2月7日 市长王安顺主持召开第30次市政府常务会议。市委社会工委书记、市社会办主任宋贵伦参加。

2月10日 市委社会工委、市社会办向市委、市政府主管领导系统汇报全市社会建设工作情况。市委社会工委书记、市社会办主任宋贵伦作主汇报，市社会建设工作领导小组办公室副主任赵小卫，委办领导张坚、陈建领、刘占山、王丽竹、王智玲作补充发言。

同日 市委社会工委书记、市社会办主任宋贵伦参加首都绿化委员会第33次全体会议和首都环境建设委员会第4次全体会议。

2月11日 市委社会工委书记、市社会办主任宋贵伦参加国务院第二次廉政工作电视电话会议及市政府第二次廉政工作会议。

同日 市人大常委会主任杜德印听取近

年来全市社会建设工作进展情况汇报。市委社会工委书记、市社会办主任宋贵伦，市社会建设工作领导小组办公室副主任赵小卫参加。

2月12日 市委社会工委书记、市社会办主任宋贵伦主持召开2014年第2次工委会议。会议研究了实施社会组织领导人才（会员证）项目、申报2012—2013年度全市优秀调研成果等事宜。

同日 市委社会工委书记、市社会办主任宋贵伦主持召开2014年第2次主任办公会议。会议听取了各处室1月份工作完成情况及2月份工作计划汇报，研究部署了近期重点工作任务。

同日 市委社会工委、市社会办召开2013年度局级领导班子和领导干部考核测评会、处级及以下干部考核述职测评会。委办领导宋贵伦、张坚、陈建领、刘占山、王丽竹、王智玲参加。

2月13日 市委书记郭金龙主持召开第87次市委常委扩大会议。市委社会工委书记、市社会办主任宋贵伦参加。

同日 市委社会工委委员、市社会办副主任陈建领到合众人寿保险股份有限公司调研非公有制企业党建工作。

同日 市委社会工委委员、市社会办副主任陈建领参加全市统战部长会议。

同日 市委社会工委委员、市社会办副主任王智玲到北京西客站走访慰问春运服务志愿者。

同日 市委社会工委委员、市社会办副主任王智玲与市志愿者联合会商讨“邻里守望——2014年北京学雷锋志愿服务推动日”活动安排事宜。

2月14日 市委社会工委书记、市社会办主任宋贵伦参加首都生态文明和城乡环境建设动员大会。

同日 市委社会工委书记、市社会办主任宋贵伦参加市委市政府理论学习中心组学习扩大会。

同日 市委社会工委书记、市社会办主任宋贵伦主持召开2014年第3次工委会议。会议传达了第87次市委常委扩大会议、首都生态文明和城乡环境建设动员大会、市委市政府理论学习中心组学习扩大会有关精神，研究了委办处级及以下干部2013年度考核奖励事宜。

同日 市委社会工委委员、市社会办副主任刘占山参加市委组织部推进在线学习精品课程开发工作部署会。

2月17日 市委社会工委书记、市社会办主任宋贵伦参加首都综治委2014年第一次全体（扩大）会议。

同日 市委社会工委委员、市社会办副主任王智玲到房山区协调推进社区用房建设工作。

2月17日至21日 市委社会工委副书记、市社会办副主任张坚参加全市学习贯彻习近平总书记系列讲话精神第3期轮训班。

2月18日 市委书记郭金龙、市长王安顺会见并宴请中国国民党荣誉主席连战一行。市委社会工委书记、市社会办主任宋贵伦参加。

同日 市政协主席吉林听取近年来全市社会建设工作进展情况汇报。市委社会工委书记、市社会办主任宋贵伦，市社会建设工作领导小组办公室副主任赵小卫参加。

同日 市委社会工委书记、市社会办主任宋贵伦就购买服务问题接受新华社《半月谈》专访。

同日 市委社会工委委员、市社会办副主任陈建领参加全市商务工作会议。

同日 市委社会工委委员、市社会办副主任王丽竹到朝阳区团结湖街道、石景山区八角街道调研，听取对《北京市网格化社会服务与城市管理体系建设指导标准（征求意见稿）》的意见建议。

同日 副市长戴均良陪同台湾参访团到朝阳区亚运村街道安慧里社区参观考察社区建设工作。市委社会工委委员、市社会办副主任王智玲参加。

2月19日 市委社会工委委员、市社会办副主任陈建领参加北京工经联第五届理事会四次会议并讲话。

同日 市委社会工委委员、市社会办副主任王丽竹到通州区梨园镇，怀柔区委社会工委、区社会办调研，听取对《北京市网格化社会服务与城市管理体系建设指导标准（征求意见稿）》的意见建议。

同日 市委社会工委委员、市社会办副主任王智玲参加市城管执法协调领导小组2014年第一次会议。

2月20日 副市长戴均良听取市社会办2014年承办市政府折子工程和为民办实事项目有关情况汇报。委办领导宋贵伦、陈建领、刘占山、王丽竹、王智玲参加。

同日 市委社会工委、市社会办组织2014年面向社会公开招考公务员面试工作。市委社会工委委员、市社会办副主任刘占山担任面试主考官。

同日 市委社会工委委员、市社会办副主任王智玲参加首都标准化委员会第二次全体会议。

2月21日 市委社会工委书记、市社会办主任宋贵伦参加市维护稳定工作领导小组扩大会议。

同日 市委社会工委委员、市社会办副主任陈建领参加北京抗癌乐园理事大会并讲话。

同日 市委社会工委委员、市社会办副主任王丽竹主持召开《北京市网格化社会服务与城市管理体系建设指导标准（征求意见稿）》征求意见座谈会。

同日 市委社会工委委员、市社会办副主任王丽竹与首信公司座谈研究“四网六库”系统运维工作。

同日 市委社会工委委员、市社会办副主任王智玲参加2014年全市共青团工作会议。

2月22日 市委社会工委书记、市社会办主任宋贵伦参加“善的传承”第二届寻找北京最美慈善义工颁奖大会。

2月23日 市委社会工委委员、市社会办副主任王智玲参加2014年第二次市志愿者工作联席会，商讨“邻里守望——2014年北京学雷锋志愿服务推动日”活动方案等事宜。

2月24日 市委社会工委书记、市社会办主任宋贵伦参加2014年北京市审计工作电视电话会议。

同日 市委社会工委书记、市社会办主任宋贵伦参加北京市突发事件应急委员会第十次全体会议暨全国“两会”安全保障工作部署会议。

同日 市委社会工委书记、市社会办主任宋贵伦就“社会治理的历史方位”问题接受市委党史研究室采访。

同日 市委社会工委书记、市社会办主任宋贵伦与中央电视台《社会主义核心价值观》专题片摄制组座谈。

同日 市委社会工委委员、市社会办副主任刘占山与北京超越青少年社工事务所座谈研究司法社工人才队伍建设工作。

2月24日至28日 市委社会工委委员、市社会办副主任王丽竹参加全市学习贯彻习近平总书记系列讲话精神第4期轮训班。

2月25日 市委社会工委委员、市社会办副主任陈建领到通州区调研联东U谷党建和北苑街道党员“双向积分”工作情况。

2月26日 市委社会工委、市社会办召开第一届机关党员大会、工会会员大会，投票选举产生新一届机关党委、纪委委员，机关工会、经审委员会委员。市委社会工委书记、市社会办主任宋贵伦，市直机关工委委员李兵参加会议并讲话。委办领导张坚、陈建领、刘占山、王智玲参加会议。

同日 市委社会工委书记、市社会办主任宋贵伦主持召开2014年第4次工委会议。会议研究了印发《北京市离退休党员干部担任非公有制经济组织党建工作指导员的管理办法（试行）》、2014“国际社工日”暨首都社工风采展示活动方案等事宜。

同日 市委社会工委委员、市社会办副主任陈建领参加全市社会组织建设及党建工作专题会。

2月27日 市委社会工委委员、市社会办副主任陈建领参加市社科联系列科普和社区大讲堂工作总结部署大会。

同日 市委社会工委委员、市社会办副主任王智玲与市商务委座谈研究推进“一刻钟社区服务圈”示范点建设等事宜。

同日 市委社会工委委员、市社会办副主任王智玲参加全国计划生育工作电视电话会议北京分会场会议。

2月27日至28日 市委社会工委委员、市社会办副主任刘占山参加北京市组织系统学习贯彻《党政领导干部选拔任用工作条例》第一期培训班。

2月28日 市委社会工委书记、市社会办主任宋贵伦与中共中央党校学术委员会主任、原常务副校长，国家创新与发展战略研究会会长郑必坚座谈研究社会治理问题。

同日 市委社会工委书记、市社会办主任宋贵伦参加市党建研究会第六届四次常务理事会、理事大会。

同日 市委社会工委书记、市社会办主任宋贵伦参加北京师范大学中国社会管理研究院“新时期中国社会建设大事典”编纂研讨会。

同日 市委社会工委副书记、市社会办副主任张坚参加市人大内务司法委对口联系单位工作通报会。

同日 市委社会工委副书记、市社会办副主任张坚参加北京联合大学“北京智慧街道（社区）突发事件应急管理研究”专题座谈会。

同日 市委社会工委、市社会办召开第二届机关党委（纪委）、机关工会委员会（经审委员会）第一次全体会议。市委社会工委委员、市社会办副主任陈建领参加会议并当选为第二届机关党委书记、机关工会主席。

同日 市委社会工委委员、市社会办副主任陈建领主持召开市级“枢纽型”社会组织工作部署交流会并讲话。

同日 市委社会工委委员、市社会办副主任王智玲到门头沟区大峪街道调研社区用房建设、社区减负等工作。

3月

3月1日至2日 市委社会工委书记、市社会办主任宋贵伦参加市委十一届五次全会。

3月2日 市委社会工委书记、市社会办主任宋贵伦参加中央党的群众路线教育实践活动第二巡回督导组征求意见谈话。

3月3日至4月25日 市委社会工委委员、市社会办副主任陈建领参加北京市第80期区县局级领导干部进修班培训。

3月4日 全国“邻里守望”志愿服务活动工作座谈会和“邻里守望——2014年北京学雷锋志愿服务推动日”活动在京举行。市委社会工委书记、市社会办主任宋贵伦，市委社会工委委员、市社会办副主任王智玲参加。

同日 市长王安顺主持召开第32次市政府常务会议。市委社会工委书记、市社会办主任宋贵伦参加。

同日 市委社会工委委员、市社会办副主任刘占山与朝阳区委社会工委座谈研究2014“国际社工日”活动方案。

同日 市委社会工委委员、市社会办副主任王丽竹与北京银长城社区网络科技有限公司座谈研究全市社区网站规范化建设工作。

同日 市委社会工委委员、市社会办副主任王丽竹与中鼎社会工作事务所座谈研究网站建设工作。

3月5日 市委社会工委委员、市社会办副主任王丽竹到房山区调研，听取对《北京市网格化社会服务管理体系建设指导标准（征求意见稿）》的意见建议。

3月6日 在北京市委全面深化改革领导小组社会事业与社会治理体制改革专项小组第一次会议上，市委社会工委书记、市社会办主任宋贵伦汇报社会治理改革工作方案，市委社会公委副书记、市社会办副主任张坚参见。

同日 市委社会工委书记、市社会办主任宋贵伦参加市委党的群众路线教育实践活动领导小组第八次会议。

同日 市委社会工委委员、市社会办副主任陈建领主持委办“庆‘三八’妇女节——职场女性形象设计”讲座。市委社会工委委员、市社会办副主任王智玲参加。

同日 市委社会工委委员、市社会办副主任刘占山参加2014年“万名社区工作者培训”任务部署会并讲话。

同日 市委社会工委委员、市社会办副主任王丽竹主持召开《北京市网格化社会服务管理体系建设指导标准（征求意见稿）》征求意见会。各区县社会工委、社会办主管领导参加。

同日 市委社会工委委员、市社会办副主任王智玲参加2014年全市市政市容管理工作会议。

同日 市委社会工委委员、市社会办副主任王智玲与国家大剧院座谈研究制作以社区工作者典型事迹为主题的话剧及到社区收集素材等事宜。

3月7日 市委社会工委副书记、市社会办副主任张坚参加北京城市学院2013年度政府购买决策咨询服务项目中期检查报告会。

同日 市委社会工委副书记、市社会办副主任张坚到友成企业家扶贫基金会调研互助合作、资源共享等事宜。

同日 市委社会工委委员、市社会办副主任王智玲参加2014年第三次市志愿者工作联席会，商讨筹备召开市志愿者联合会第一次会员代表大会事宜。

3月10日 市委社会工委书记、市社会办主任宋贵伦主持召开委办理论学习中心组学习扩大会。会议全文传达学习了习近平总书记重要讲话和市委书记郭金龙在市委十一届五次全会开、闭幕式上的讲话精神。委办领导张坚、陈建领、刘占山、王丽竹、王智玲及全体机关干部参加。

同日 市委社会工委委员、市社会办副主任王丽竹参加全市保密工作会议。

3月11日 市委社会工委委员、市社会办副主任王丽竹与北京市8家社区服务网站座谈研究网站便民服务工作。

3月12日 2014年北京市社会建设工作会议召开，总结了2013年工作、布置了2014年任务。

同日 市委社会工委书记、市社会办主任宋贵伦主持召开2014年第5次工委会议。会议研究了在第二批教育实践活动中建立调研联系点、2014年北京市“万名社区工作者培训”经费使用等事宜。

同日 市委社会工委书记、市社会办主任宋贵伦主持召开2014年第3次主任办公会议。会议听取了各处室2月份工作完成情况及3月份工作计划汇报，研究部署了近期重点工作任务。

同日 市委社会工委副书记、市社会办副主任张坚参加市委改革办各专项小组工作进展情况汇报会。

3月13日 市长王安顺主持召开第33次市政府常务会议。市委社会工委书记、市社会办主任宋贵伦参加。

同日 市委社会工委委员、市社会办副主任刘占山参加市委组织部2014年第一季度“组工论坛”。

同日 市委社会工委委员、市社会办副主任王丽竹与市市政市容委座谈研究城市管理网格、社会服务网格和社会治安网格有序对接工作。

同日 市委社会工委委员、市社会办副主任王智玲与市体育局座谈研究全市社区全民健身体育设施建设及利用等工作。

3月14日 市委书记郭金龙主持召开市委市政府理论学习中心组学习扩大会。市委社会工委书记、市社会办主任宋贵伦参加。

同日 市委社会工委委员、市社会办副主任王丽竹参加市地方志第七届编委扩大会议。

同日 市委社会工委委员、市社会办副主任王丽竹与市人民政府便民电话中心、市非紧急救助中心座谈研究“12345”热线与网格化社会服务管理体系对接工作。

同日 市委社会工委委员、市社会办副主任王智玲参加北京市第三次全国经济普查领导小组扩大会议。

3月17日 副市长戴均良召开深化社会体制改革和赴台学习考察相关工作汇报会。市委社会工委书记、市社会办主任宋贵伦参加。

同日 市委社会工委委员、市社会办副主任王丽竹与首都综治办座谈研究城市管理网格、社会服务网格和社会治安网格有序对接工作。

同日 市委社会工委委员、市社会办副主任王智玲参加全市水价调整社会稳定风险方案评估讨论会。

3月17日至21日 市委社会工委委员、市社会办副主任王智玲参加全市学习贯彻习近平总书记系列讲话精神第5期轮训班。

3月18日 市长王安顺主持召开第34次市政府常务会议。市委社会工委书记、市社会办主任宋贵伦参加。

同日 市委社会工委委员、市社会办副主任陈建领与市社会领域党建研究会社会组织专委会座谈交流习近平总书记系列讲话、市委十一届五次全会和北京市社会建设工作会议精神。

同日 市委社会工委委员、市社会办副主任刘占山参加北京市城乡接合部建设领导小组第十一次（扩大）会议。

同日 市委社会工委委员、市社会办副主任刘占山参加市财政局政府向社会力量购买服务工作协调会。

同日 市委社会工委委员、市社会办副主任王丽竹参加市委改革办关于《市委全面深化改革领导小组2014年工作要点》征求意见座谈会。

3月18日至28日 市委社会工委副书记、市社会办副主任张坚参加国家行政学院社会治理创新研讨班。

3月19日 广东省委副书记马兴瑞率团来京调研，并与北京市有关部门负责人座谈交流社会建设工作。市委社会工委书记、市社会办主任宋贵伦汇报了北京市社会建设工作情况，市委社会工委委员、市社会办副主任王丽竹参加。

同日 市委社会工委书记、市社会办主任宋贵伦参加中宣部和江苏卫视十八届三中全会社会治理精神解读访谈节目录制。

3月20日 市委社会工委委员、市社会办副主任刘占山调研通州区“万名社区工作者培训”情况。

3月21日 市委社会工委委员、市社会办副主任王丽竹主持召开2014年全市社会建设信息化工作例会。

3月24日 市委社会工委委员、市社会办副主任王丽竹主持召开全市区县网格化体系建设工作调度会。

同日 市委社会工委委员、市社会办副主任王智玲参加北京市全民科学素质纲要实施工作会。

3月24日至28日 市委社会工委委员、市社会办副主任刘占山参加全市学习贯彻习近平总书记系列讲话精神第6期轮训班。

3月25日 市委社会工委书记、市社会办主任宋贵伦与中央办公厅调研室加强党对群团组织工作领导专题调研组座谈。

同日 市委社会工委委员、市社会办副主任王丽竹参加市妇联换届工作会议。

同日 市委社会工委委员、市社会办副主任王丽竹参加市委常委会2014年议题计划部署会。

同日 市委社会工委委员、市社会办副主任王智玲参加北京市科学技术奖励大会暨2014年北京市科技工作会议。

同日 市长王安顺主持召开第35次市政府常务会议。市委社会工委委员、市社会办副主任王智玲参加。

3月26日 市委社会工委书记、市社会办主任宋贵伦主持召开2014年第一季度区县社会工委书记工作例会并讲话。会议听取了各区县学习贯彻全市社会建设工作会议精神和社会领域开展第二批党的群众路线教育实践活动情况汇报，研究部署了下一阶段重点工作任务。委办领导王丽竹、王智玲，各区县社会工委书记、社会办主任参加。

3月27日 市委社会工委书记、市社会办主任宋贵伦参加中纪委调研组新形势下加强党内政治生活问题座谈会。

同日 市委社会工委委员、市社会办副主任陈建领与市社会领域党建研究会非公专委会座谈交流习近平总书记系列讲话、市委十一届五次全会和北京市社会建设工作会议精神。

同日 市委社会工委委员、市社会办副主任王丽竹到石景山区金顶街街道开展第二批教育实践活动联系点调研。

同日 市委社会工委委员、市社会办副主任王智玲参加2014年全市社区建设工作推进会并讲话。

同日 市委社会工委委员、市社会办副主任王智玲参加北京市重点青少年群体服务管理和预防犯罪工作推进会。

3月28日 公安部直属机关党委、北京市委社会工委共同组织的“百名青年干部进社区”志愿服务活动启动。公安部政治部副主任王亚茹，市委社会工委书记、市社会办主任宋贵伦出席启动仪式并讲话。市委社会工委委员、市社会办副主任王智玲介绍北京市社区建设有关情况。

同日 市委社会工委书记、市社会办主任宋贵伦出席第七届“十大感动社区人物”评选活动并致辞、颁奖。

同日 市委社会工委委员、市社会办副主任王丽竹参加2014年市直系统机关党的工作会暨“三进两促”活动推荐会。

同日 市委社会工委委员、市社会办副主任王丽竹到昌平区回龙观街道开展第二批教育实践活动联系点调研。

3月29日 市委社会工委委员、市社会办副主任刘占山参加北京城市学院社区工作者硕士研究生入学考试面试评审会。

3月31日 副市长戴均良主持召开北京市社会建设赴台团组行前会。市委社会工委书记、市社会办主任宋贵伦参加。

同日 西城区委常委王旭来委办征求对西城区开展第二批党的群众路线教育实践活动意见建议。市委社会工委书记、市社会办主任宋贵伦，委办领导刘占山、王丽竹、王智玲参加。

同日 市委社会工委副书记、市社会办副主任张坚参加北京市深入贯彻落实中央八项规定精神和市委实施意见情况交流会。

同日 市委社会工委委员、市社会办副主任王丽竹与团市委座谈研究“邻里节”活动等工作。

同日 市委社会工委委员、市社会办副主任王智玲参加市交通委交通运输局2014年停车管理工作会议。

4月

4月1日 市委社会工委书记、市社会办主任宋贵伦参加区县委书记、系统负责人党建工作述职会议。市委社会工委委员、市社会办副主任刘占山参加。

同日 市委社会工委委员、市社会办副主任王智玲参加市政府应急工作会议。

4月2日 市委社会工委书记、市社会办主任宋贵伦出席市级“枢纽型”社会组织党组织负责人培训会并讲党课。市委社会工委委员、市社会办副主任陈建领参加。

同日 市委社会工委副书记、市社会办副主任张坚到北京交通大学社会建设研究基地对2013年度政府购买决策咨询服务项目进行中期检查。

同日 市委社会工委委员、市社会办副主任刘占山参加“最美社工宣讲团”素质与能力提升培训班结业仪式。

同日 市委社会工委委员、市社会办副主任王丽竹与北京普昂科技有限公司座谈研究北京数字科学传媒平台项目建设工作。

同日 市委社会工委委员、市社会办副主任王智玲参加北京市重大决策社会稳定风险评估工作会议。

同日 市委社会工委委员、市社会办副主任王智玲参加市应急委2014年第二季度公共安全形势分析会。

4月3日 市委社会工委书记、市社会办主任宋贵伦参加市委党的建设工作领导小组暨市建设学习型党组织工作协调小组会议。

同日 市委社会工委书记、市社会办主任宋贵伦与市纪委副书记杨逸铮座谈研究社会领域纪检监察工作。

同日 市委社会工委书记、市社会办主任宋贵伦主持召开2014年第6次工委会议。会议研究了2014“国际社工日”暨首都社工风采展示活动、2013年北京国际老龄产业博览会展位经费等事宜。

同日 市委社会工委书记、市社会办主任宋贵伦主持召开2014年第4次主任办公会议。会议传达学习了习近平总书记考察兰考时的重要讲话，听取了各处室3月份工作完成情况及4月份工作计划，明确了近期工作有关要求。

4月4日 市委社会工委书记、市社会办主任宋贵伦与民革北京市委座谈研究政府购买公共服务工作。市委社会工委委员、市社会办副主任王智玲参加。

同日 市委社会工委副书记、市社会办副主任张坚参加北京市委全面深化改革领导小组城市管理体制改革专项小组第一次全体会议。

同日 市委社会工委副书记、市社会办副主任张坚到北京师范大学社会建设研究基地就2013年度政府购买决策咨询服务项目进行中期检查。

同日 市委社会工委委员、市社会办副主任王智玲参加迎接国务院2013年消防工作考核准备会议。

4月6日至12日 副市长戴均良率京味文化之旅社区交流团赴台交流。市委社会工委书记、市社会办主任宋贵伦参加。

4月8日 市长王安顺主持召开第37次市政府常务会议。市委社会工委副书记、市社会办副主任张坚参加。

同日 市委社会工委委员、市社会办副主任王丽竹参加北京市委原常委、原常务副市长韩伯平遗体告别仪式。

4月9日 市委社会工委副书记、市社会办副主任张坚参加市委党的群众路线教育实践活动领导小组第九次会议。

同日 市委社会工委委员、市社会办副主任王丽竹参加委办2014年建议提案办理工作会议并讲话。

同日 市委社会工委委员、市社会办副主任王丽竹参加市委机关东办公区搬迁工作会。

4月10日 市委社会工委委员、市社会办副主任刘占山指导“最美社工宣讲团”试讲活动。

同日 市委社会工委委员、市社会办副主任王丽竹为首都综治系统专题培训班授课。

同日 市委社会工委委员、市社会办副主任王智玲参加全市社区服务用房工作推进会并讲话。

4月11日 市委社会工委委员、市社会办副主任王丽竹与北京市邮政公司座谈研究智慧社区建设工作。

同日 市委社会工委委员、市社会办副主任王智玲参加2014年北京市社会建设专项资金绩效考评入户调研座谈会并讲话。

4月12日 市委社会工委委员、市社会办副主任陈建领参加“北京市文物安全保护志愿服务行动”启动仪式。

4月14日 市委社会工委书记、市社会办主任宋贵伦主持召开专题会议，研究民生金融中心E座办公用房分配及机关搬迁工作。

同日 市委社会工委委员、市社会办副主任刘占山指导2014“国际社工日”暨首都社工风采展示活动彩排工作。

4月15日 市委社会工委书记、市社会办主任宋贵伦陪同来京学习考察的南京市党政代表团到东城区建国门街道调研。

同日 2014“国际社工日”暨首都社工风采展示活动举办。中国社会工作协会会长徐瑞新、副会长兼秘书长赵蓬奇，市委副秘书长王翔，市委社会工委书记、市社会办主任宋贵伦，市委社会工委委员、市社会办副主任刘占山等参加活动。

同日 市委社会工委委员、市社会办副主任王丽竹参加市妇联十二届九次执委会。

4月16日 市长王安顺主持召开第38次市政府常务会议。市委社会工委书记、市社会办主任宋贵伦参加。

同日 市委社会工委副书记、市社会办副主任张坚到友成企业家扶贫基金会调研并签署合作备忘录。

同日 市委社会工委委员、市社会办副主任王智玲参加迎接国务院2013年度消防工作考核会议。

4月17日 中组部副部长陈向群到北京市调研社会组织党建工作。市委社会工委书记、市社会办主任宋贵伦，市委社会工委委员、市社会办副主任陈建领参加。

同日 副市长戴均良到朝阳区望京街道开展北京市城市管理体制改革专项小组专题调研。市委社会工委委员、市社会办副主任王智玲参加。

同日 市委社会工委副书记、市社会办副主任张坚参加全国“十三五”规划编制工作电视电话会议。

同日 市委社会工委委员、市社会办副主任王丽竹参加北京市第二届老年节工作协调会。

同日 市委社会工委、市社会办搬迁至市委机关东办公区（民生金融中心E座）办公。

4月18日 市委社会工委书记、市社会办主任宋贵伦参加2014年市人才工作领导小组会议。

同日 市委社会工委书记、市社会办主任宋贵伦与市志愿者联合会秘书长郭新保座谈研究志愿者工作。市委社会工委委员、市社会办副主任王智玲参加。

同日 市委社会工委副书记、市社会办副主任张坚参加“第四届中国社会治理论坛暨《社会体制蓝皮书》”新闻发布会并演讲。

4月19日 市委书记郭金龙、市长王安顺等市领导到首都图书馆参加图书整理等志愿服务活动。市委社会工委书记、市社会办主任宋贵伦参加。

同日 市委社会工委书记、市社会办主任宋贵伦出席北京师范大学中国社会管理研究院“当代中国社会大事典”编委会第一次会议。

同日 市委社会工委委员、市社会办副主任陈建领参加第十届“中韩友谊林”植树活动。

4月21日 市委社会工委委员、市社会办副主任王智玲参加国务院考核组来京考核全市2013年度消防工作会议。

4月22日 市长王安顺主持召开第39次市政府常务会议。市委社会工委书记、市社会办主任宋贵伦参加。

同日 市委社会工委副书记、市社会办副主任张坚参加市委改革办专题座谈会。

同日 市委社会工委副书记、市社会办副主任张坚主持召开社区民主自治座谈会。

同日 市委社会工委委员、市社会办副主任陈建领参加市友协第七届理事会第一次会议并当选理事。

同日 市委社会工委委员、市社会办副主任王丽竹主持召开座谈会，听取长风联盟对怀柔区、通州区、房山区信息系统建设调研情况报告，讨论网格化技术标准制订工作。

同日 市委社会工委委员、市社会办副主任王智玲参加国务院考核组到东城区考核2013年度消防工作。

4月23日 市委书记郭金龙主持召开十一届市委常委会第98次会议（扩大）。市委社会工委书记、市社会办主任宋贵伦参加。

同日 市委社会工委副书记、市社会办副主任张坚与社会心理联合会会员单位座谈并讲话。

同日 市委社会工委委员、市社会办副主任陈建领参加中组部老干部局调研北京市离退休老干部发挥作用相关活动。

同日 市委社会工委委员、市社会办副主任刘占山参加2014年北京市机构编制工作电视电话会议。

同日 市委社会工委委员、市社会办副主任王智玲参加国务院考核组考核北京市2013年度消防工作情况反馈会。

4月23日至25日 贵阳市委群工委考察团来京学习考察社会建设工作。市委社会工委书记、市社会办主任宋贵伦会见考察团一行，委办领导刘占山、王丽竹及各处室相关同志分别与考察团座谈交流。

4月24日 市委社会工委书记、市社会办主任宋贵伦参加北京市工会工作会议和市工会第十三次代表大会开幕式。

同日 市委书记郭金龙主持召开市委市政府理论中心组学习扩大会。市委社会工委书记、市社会办主任宋贵伦参加。

同日 市委社会工委副书记、市社会办副主任张坚到中国人民大学社会建设研究基地就2013年度政府购买决策咨询项目进行中期检查。

同日 市委社会工委委员、市社会办副主任王丽竹与团市委信息中心座谈交流信息化工作。

同日 市委社会工委委员、市社会办副主任王智玲参加全市地理国情普查领导小组第一次会议。

同日 市委社会工委委员、市社会办副主任王智玲与北京经济技术开发区座谈研究街道办事处成立及主要职责、机构设置等工作。

4月24日至26日 市委社会工委委员、市社会办副主任陈建领参加北京市工会第十三次代表大会并选任为第十三届工会委员。

4月25日 市委社会工委书记、市社会办主任宋贵伦出席“2014年北京市体育公益活动社区行启动仪式暨第四届北京西城国际金融体育康乐节”开幕式。

同日 市委社会工委书记、市社会办主任宋贵伦出席首都慈善公益组织联合会第二届会员大会第一次会议。

同日 市委社会工委副书记、市社会办副主任张坚到北京工业大学社会建设研究基地就2013年度政府购买决策咨询项目进行中期检查。

同日 市委社会工委副书记、市社会办副主任张坚主持召开社区心理服务标准化试点工作推进会。

同日 市委社会工委委员、市社会办副主任刘占山参加市农民工工作联席会议第五次全体会议。

同日 市委社会工委委员、市社会办副主任王丽竹调研密云县网格化社会服务管理体系“三网融合”工作。

同日 市委社会工委委员、市社会办副主任王智玲参加2014年全市社会动员工作座谈会。

4月27日至30日 市委社会工委委员、市社会办副主任王丽竹参加北京市第十三次妇女代表大会相关活动并当选北京市妇联第十三届执行委员会委员。

4月28日 全国政协副主席、台盟中央主席林文漪来京调研座谈网格化社会服务管理工作。市委社会工委书记、市社会办主任宋贵伦，市委社会工委委员、市社会办副主任王智玲参加。

同日 市委社会工委委员、市社会办副主任陈建领参加丰台区南苑街道中福丽宫商务楼宇工作站成立仪式暨“青春同行”交友联谊活动。

同日 市委社会工委委员、市社会办副主任陈建领参加首都互联网协会党委党建工作专家顾问团相关活动。

同日 市委社会工委委员、市社会办副主任王智玲与市发展改革委及部分区县座谈研究社区用房建设项目。

4月29日 市长王安顺主持召开第40次市政府常务会议。市委社会工委书记、市社会办主任宋贵伦参加。

同日 市委社会工委书记、市社会办主任宋贵伦主持召开2014年第7次工委会议。

会议研究了2014年高级社会管理服务人才培训、2014年购买社会组织服务第一批项目评审结果等事宜。

同日 市委社会工委书记、市社会办主任宋贵伦主持召开委办机关副处级职位选任民主推荐会。委办领导张坚、陈建领、刘占山、王智玲及全体机关干部参加。

同日 市委社会工委委员、市社会办副主任陈建领参加市商联会“展职工风采，树服务品牌”演讲比赛活动。

同日 市委社会工委委员、市社会办副主任王智玲参加2014年北京市标准化工作会议。

同日 市委社会工委委员、市社会办副主任王智玲参加2014年度市级社会建设专项资金绩效考评工作动员部署会。

同日 市委社会工委委员、市社会办副主任王智玲参加委办维护稳定工作座谈会。

4月30日 市委社会工委书记、市社会办主任宋贵伦出席北京市志愿服务联合会第一次代表大会。委办领导陈建领、王智玲参加。

同日 市委社会工委、市社会办举办机关“读书、荐书、评书”演讲交流活动。市委社会工委书记、市社会办主任宋贵伦出席并讲话，市委社会工委委员、市社会办副主任陈建领主持，委办领导张坚、刘占山、王丽竹、王智玲及机关和事业单位全体人员参加。

同日 市委社会工委书记、市社会办主任宋贵伦主持召开2014年第8次工委会议。会议研究了委办机关副处级职位选任等事宜。

同日 市委社会工委委员、市社会办副主任王智玲参加2014年度全市养犬管理工作会。

5月

5月4日 市委社会工委、市社会办举办纪念“五四”运动95周年活动。委办领导张坚、陈建领、刘占山、王丽竹及全体机关干部参加。

5月5日 市委社会工委委员、市社会办副主任王智玲参加2014年全市养犬管理工作部署会。

5月6日 市委社会工委书记、市社会办主任宋贵伦参加首都纪念“五四”运动95周年座谈会。

同日 市委社会工委书记、市社会办主任宋贵伦参加中央党的群众路线教育实践活动视频会议北京分会场会议。

同日 市委社会工委委员、市社会办副主任陈建领参加北京市民族联谊会“美丽北京，多彩节日”56个民族团结日活动。

同日 市委社会工委委员、市社会办副主任王智玲与市统计局座谈研究统计基层基础工作。

同日 市委社会工委委员、市社会办副主任王智玲参加委办2014年度社会建设专项资金绩效考评工作会并讲话。

5月7日 市委书记郭金龙主持召开十一届市委常委会第100次会议。市委社会工委书记、市社会办主任宋贵伦参加。

同日 市长王安顺主持召开第41次市政府常务会议。市委社会工委书记、市社会办主任宋贵伦参加。

同日 市委社会工委书记、市社会办主任宋贵伦主持召开2014年第9次工委会议。会议研究了2013年网络舆情监测服务项目尾款支付、委办机关副处级职位选任等工作。

同日 市委社会工委书记、市社会办主任宋贵伦主持召开2014年第5次主任办公会议。会议传达学习了市纪委十一届三次全会和《关于政府向社会力量购买服务实施意见》有关精神，听取了各处室4月份工作完成情况及5月份工作计划汇报，研究部署了近期重点工作任务。

同日 市委社会工委委员、市社会办副主任刘占山参加委办2014年新录用公务员报到会并讲话。

同日 市委社会工委委员、市社会办副主任王丽竹参加全市2014年社会信用体系建设联席会议。

5月8日 市委书记郭金龙主持召开市委党的群众路线教育实践活动领导小组第十次会议（扩大）。市委社会工委书记、市社会办主任宋贵伦参加。

同日 市委社会工委书记、市社会办主任宋贵伦参加全市侨务工作会议暨首届“京华奖”颁奖大会。

同日 市委社会工委委员、市社会办副主任陈建领到平谷区、顺义区调研社会领域党建工作。

同日 市委社会工委委员、市社会办副主任王丽竹参加市委全面深化改革领导小组城市管理体制改革专项小组第二次全体会议。

同日 市委社会工委委员、市社会办副主任王智玲与北京国际城市发展研究院院长连玉明座谈研究社会动员工作培训事宜。

同日 市委社会工委委员、市社会办副主任王智玲参加市老龄工作委员会2014年第一次全体会议暨“推进养老服务体系建设，加快养老服务业发展”议案办理工作会。

5月9日 北京师范大学中国社会管理研究院院长、中国行政体制改革研究会会长、国务院研究室原主任、国家行政学院原常务副院长魏礼群到北京国际城市发展研究院调研。市委社会工委书记、市社会办主任宋贵伦，市委社会工委委员、市社会办副主任王丽竹陪同调研。

同日 市委社会工委书记、市社会办主任宋贵伦与北京社会工作者协会会长李新京座谈。委办领导陈建领、刘占山参加。

同日 市委社会工委委员、市社会办副主任陈建领参加2014年市政府残工委全体会议。

同日 市委社会工委委员、市社会办副主任陈建领参加委办机关党风廉政建设及反腐败工作会议并讲话。

同日 市委社会工委委员、市社会办副主任刘占山到通州区现场指导2014北京市高级社会管理服务人才培训班筹备工作。

同日 市委社会工委委员、市社会办副主任刘占山与委办2014年新任副处级干部任前集体谈话。

同日 市委社会工委委员、市社会办副主任王智玲参加全市大气污染治理专项组第二次全体会议。

5月10日 市委社会工委书记、市社会办主任宋贵伦出席“纪念陆学艺先生逝世周年学术座谈会”，为北京工业大学“陆学艺思想研究中心”揭牌并做主题演讲。

同日 市委社会工委委员、市社会办副主任王智玲参加市防汛抗旱指挥部预备会议。

5月12日 全国政协副主席、台盟中央主席林文漪率台盟中央调研组到朝阳区调研社会服务管理精细化工作。市委常委、市委统战部部长牛有成陪同，市委社会工委书记、市社会办主任宋贵伦参加。

同日 市委社会工委委员、市社会办副主任王丽竹主持召开“三网融合”方案研究制订工作第一次联席会议。首都综治办副主任苗林、市市政市容委委员张春贵参加。

5月12日至16日 2014北京市高级社会管理服务人才培训班举办。市委社会工委委员、市社会办副主任刘占山做动员和总结讲话。培训由市委社会工委、市社会办与市人力社保局、市外专局联合举办，聘请韩国、新加坡和中国台湾地区5名专家学者及资深社会工作者授课，来自全市各区县社会工委、社会办、街道、专业社工机构和委办机关的140名学员参加培训。

5月14日 在社会事业与社会治理体制改革专项小组第二次全体会议上，市委社会工委书记、市社会办主任宋贵伦汇报了《关于深化北京市社会治理体制改革的意见》起草情况，委办领导张坚参加。

同日 市委社会工委副书记、市社会办副主任张坚到北京联合大学社会建设研究基地进行2013年度政府购买决策咨询项目中期检查。

同日 市委社会工委委员、市社会办副主任王智玲参加全市2014年第三次消防工作联席会议。

5月15日 市委社会工委书记、市社会办主任宋贵伦召集有关部门和西城区负责人研究协调北京“红丹丹”教育文化交流中心发展事宜。

同日 市委社会工委委员、市社会办副主任陈建领参加全市维护稳定工作领导小组（扩大）会议。

同日 市委社会工委委员、市社会办副主任陈建领参加中央国家安全办到北京市开展国家安全立法调研座谈会并发言。

同日 市委社会工委委员、市社会办副主任王丽竹参加研究部署北京市非法集资和金融风险排查及案件处置等有关工作会议。

5月16日 副市长戴均良到东城区东花市街道、建国门街道调研城市管理体制改革工作。市委社会工委副书记、市社会办副主任张坚参加。

同日 市委社会工委委员、市社会办副主任陈建领参加市维稳办有关涉越维稳会议。

同日 市委社会工委委员、市社会办副主任陈建领参加通州区2014年社区节开幕式暨“聚爱通州，助推通州创建文明城区城乡居民公益服务汇”活动。

5月18日 市委社会工委书记、市社会办主任宋贵伦出席“第四届中国社会治理论坛”并做主旨演讲。委办领导张坚、陈建领、王丽竹及各处室负责人，各区县社会工委、社会办及市级“枢纽型”社会组织负责人参加。

5月19日 市政协、市委统战部联合召开政协北京市第十二届委员会第三次议政会。市委社会工委书记、市社会办主任宋贵伦，市委社会工委委员、市社会办副主任王智玲参加。

同日 市委社会工委委员、市社会办副主任陈建领参加市直系统“三进两促”活动座谈会。

同日 市委社会工委委员、市社会办副主任王丽竹主持召开“三网融合”方案研究制订工作第二次联席会议。首都综治办、市市政市容委有关同志参加。

5月20日 国家创新与发展战略研究会会长郑必坚主持召开社会治理工作座谈会。市委社会工委书记、市社会办主任宋贵伦参加座谈会。

同日 市委社会工委副书记、市社会办副主任张坚参加社会心理联合会会员单位第二次交流座谈并讲话。

5月21日 市长王安顺主持召开市政府常务会议。市委社会工委书记、市社会办主任宋贵伦参加会议。

同日 市委社会工委副书记、市社会办副主任张坚参加市委全面深化改革领导小组城市管理体制改革专项小组第三次全体会议。

同日 市委社会工委委员、市社会办副主任陈建领参加抵御和防范境内外地下宗教向高校渗透专题研讨会。

5月22日 国家创新与发展战略研究会会长郑必坚主持召开社会治理工作座谈会。市委社会工委书记、市社会办主任宋贵伦参加座谈会。

5月22日至23日 市委社会工委、市社会办组织机关全体党员干部分批观看影片《焦裕禄》。委办领导宋贵伦、张坚、陈建领、刘占山、王丽竹、王智玲一同观看。

5月23日 市委社会工委书记、市社会办主任宋贵伦参加市委市政府理论学习中心组学习（扩大）会。委办领导张坚、陈建领、刘占山、王丽竹、王智玲参加。

同日 市委社会工委书记、市社会办主任宋贵伦主持召开专题会，传达市委防恐反恐工作会议精神，部署社会领域防恐反恐工作。

同日 市委社会工委副书记、市社会办副主任张坚到朝阳区朝外街道吉祥里社区调研社区民主自治工作。

同日 市委社会工委委员、市社会办副主任陈建领参加首都综治办“社会各方依法参与社会治理主题座谈会”。

同日 市委社会工委委员、市社会办副主任刘占山参加怀柔区泉河街道“以德为邻，共筑和谐—知心互助暖邻里、和谐共融迎盛会”第九届邻里节活动。

同日 市委社会工委委员、市社会办副主任王智玲参加市反恐怖工作电视电话会议。

同日 市委社会工委委员、市社会办副主任王智玲与市发展改革委座谈研究社区用房建设项目推进工作。

5月25日 市委社会工委书记、市社会办主任宋贵伦参加新华社“首都民生对话”大型访谈节目录制。

同日 市委社会工委委员、市社会办副主任陈建领参加“红丹丹”盲人救援队成立新闻发布会并致辞。

5月26日 市委社会工委书记、市社会办主任宋贵伦参加首都综治委专项组工作汇报会并汇报“两新”组织专项组工作情况。

同日 市委社会工委副书记、市社会办副主任张坚参加北京市第二轮《共产党志》编委会成立大会。

同日 市委社会工委委员、市社会办副主任陈建领参加韩国“新天地教会”处置工作专题会。

同日 市委社会工委委员、市社会办副主任陈建领参加北京市出租汽车行业“创建基层服务型党组织大会”。

同日 市委社会工委委员、市社会办副主任王丽竹到朝阳区团结湖街道调研，征求对“三网融合”方案的意见建议及工作需求，并考察智慧社区建设情况。

5月27日 市委社会工委委员、市社会办副主任陈建领到石景山区调研社会组织工作开展情况。

同日 市委社会工委委员、市社会办副主任王丽竹到西城区广内街道、金融街街道调研，征求对“三网融合”方案的意见建议及工作需求，并考察智慧社区建设情况。

同日 市人大常委会副主任柳纪纲主持召开社区居家养老服务工作座谈会。市委社会工委委员、市社会办副主任王智玲参加。

5月28日 市委社会工委书记、市社会办主任宋贵伦主持召开2014年第10次工委会议。会议研究了《北京市社会组织负责人服务联系卡管理办法》《北京市网格化社会服务管理体系建设指导标准》等事宜。

同日 市委社会工委委员、市社会办副主任陈建领到西城区调研社会组织工作开展情况。

同日 市委社会工委委员、市社会办副主任陈建领参加海淀区社会治理与养老服务专题培训相关活动。

同日 市委社会工委委员、市社会办副主任王丽竹参加大兴区庞各庄“西瓜小镇”举办的“城南绿海，生活大兴——第二十六届北京大兴西瓜节”。

5月29日 国家创新与发展战略研究会会长郑必坚调研北京市社会建设工作。市委社会工委书记、市社会办主任宋贵伦参加。

同日 市委社会工委书记、市社会办主任宋贵伦应约与北京师范大学中国社会管理研究院院长、国务院研究室原主任魏礼群等研究合作编写《中国当代社会建设大事典》事宜。

同日 市委社会工委副书记、市社会办副主任张坚到中央财经大学社会建设研究基地进行2013年度政府购买决策咨询项目中期检查。

同日 市委社会工委委员、市社会办副主任陈建领参加全市离退休党员干部非公党建指导员市级示范培训相关活动。

同日 市委社会工委委员、市社会办副主任刘占山到延庆县调研社会工作队伍建设情况。

同日 市委社会工委委员、市社会办副主任王丽竹到怀柔区调研，征求对“三网融合”方案的意见建议及工作需求，并考察智慧社区建设情况。

5月30日 市委社会工委书记、市社会办主任宋贵伦为全市非公经济党建指导员培训班做学习辅导报告。市委社会工委委员、市社会办副主任陈建领做动员报告。

同日 市委社会工委副书记、市社会办副主任张坚参加全市司法行政基层建设中期推进会。

同日 市委社会工委委员、市社会办副主任陈建领到市友协走访座谈。

同日 市委社会工委委员、市社会办副

主任王丽竹到密云县调研，征求对“三网融合”方案的意见建议及工作需求，并考察智慧社区建设情况。

同日 市委社会工委委员、市社会办副主任王智玲到朝阳区安贞街道调研社区、社会动员和志愿者工作。

同日 市委社会工委委员、市社会办副主任王智玲参加2014年全市防汛抗旱电视电话会议暨市防汛抗旱指挥部第一次会议。

5月31日 市委书记郭金龙主持召开十一届市委常委会第103次会议（扩大）。市委社会工委书记、市社会办主任宋贵伦参加。

同日 市委社会工委书记、市社会办主任宋贵伦与国家创新与发展战略研究会会长郑必坚等研究社会治理创新工作。

6月

6月3日 市长王安顺主持召开第43次市政府常务会议。市委社会工委书记、市社会办主任宋贵伦参加。

同日 国家行政学院第13期青年干部培训班学员围绕“北京市激发社会（公益）组织活力、创新社会治理体制的做法与经验”主题到市委社会工委、市社会办调研。市委社会工委委员、市社会办副主任刘占山参加座谈。

6月4日 市委社会工委书记、市社会办主任宋贵伦主持召开机关全体干部会议，民主推荐1名市社会办副巡视员人选。委办领导张坚、陈建领、刘占山、王丽竹、王智玲及市委组织部有关同志参加。

同日 市委社会工委书记、市社会办主任宋贵伦主持召开2014年第11次工委会议。会议研究了市委社会工委委员、市社会办副巡视员推荐人选有关事宜。

同日 市委社会工委书记、市社会办主任宋贵伦主持召开2014年第6次主任办公会议。会议传达学习了第二次中央新疆工作座谈会和市委常委会、市近期维稳反恐应急专题会议、中办《关于加强基层服务型党组织建设的意见》有关精神，听取了各处室5月份工作完成情况及6月份工作计划汇报，研究部署了近期重点工作任务。

同日 市委社会工委委员、市社会办副主任陈建领参加北京市境外非政府组织规范管理工作推进会。

6月5日 市委组织部到市委社会工委、市社会办考察工委委员、副巡视员人选。委办领导宋贵伦、张坚、陈建领、刘占山、王丽竹、王智玲及有关人员参加谈话。

同日 市委改革办专职副主任胡雪峰到市委社会工委、市社会办调研社会事业与社会治理体制改革专项小组秘书处工作情况。市委社会工委副书记、市社会办副主任张坚，市委社会工委委员、市社会办副主任陈建领参加座谈。

同日 市委社会工委委员、市社会办副主任陈建领参加2013年度使用社会建设专项资金购买社会组织服务项目绩效考评专家评审会。

同日 市委社会工委委员、市社会办副主任刘占山主持召开“2014北京市高级社会管理服务人才培训班”总结座谈会并讲话。委办部分参训学员参加座谈。

同日 市绩效考评组到西城区实地考察2013年度市社会建设专项资金支持项目。委办领导王丽竹、王智玲参加考察。

同日 市委社会工委委员、市社会办副主任王智玲参加市妇儿工委三届一次全体委员（扩大）会暨北京市政策法规性别平等评估委员会成立大会。

6月6日 市委社会工委书记、市社会办主任宋贵伦到国家创新与发展战略研究会，研究社会治理调研报告。

同日 市委社会工委委员、市社会办副主任陈建领调研门头沟区社会组织工作开展情况。

同日 市社会办、市发展改革委召开全市社区服务用房项目建设专项工作会。市委社会工委委员、市社会办副主任王智玲参加并讲话。

6月9日 市委社会工委副书记、市社会办副主任张坚参加国务院稳增长促改革调结构惠民生政策措施落实情况督察动员电视电话会议和北京市贯彻落实部署会。

同日 市委社会工委委员、市社会办副主任刘占山参加东城区2014年社区工作者培训班开班仪式。

同日 市委社会工委委员、市社会办副主任王智玲参加推进市“紧急救援亭”进社区工作座谈会。

6月10日 市长王安顺主持召开市政府常务会议。市委社会工委书记、市社会办主任宋贵伦参加。

同日 市委社会工委委员、市社会办副主任陈建领参加市委对台工作领导小组（扩大）会议。

同日 市委社会工委委员、市社会办副主任王丽竹主持召开《北京市关于推进城市管理网、社会服务管理网、社会治安网“三网”融合的方案》（初稿）征求专家意见座谈会。

同日 市委社会工委委员、市社会办副主任王智玲参加全市社区志愿服务站规范提升工作部署会。

6月11日 市委社会工委书记、市社会办主任宋贵伦主持召开委办理论学习中心组学习（扩大）会。会议传达了《国务院关于对稳增长促改革调结构惠民生政策措施落实情况开展全面督察的通知》和《习近平同志在同中央办公厅各单位班子成员和干部职工代表座谈时的讲话》精神。委办领导张坚、陈建领、刘占山、王丽竹、王智玲和机关全体干部参加学习。

同日 市委社会工委书记、市社会办主任宋贵伦主持召开2014年第12次工委会议。会议研究了全市深化街道社会服务管理体制改革试点工作、委办承办建议提案办理工作等事宜。

同日 市委社会工委委员、市社会办副主任刘占山参加委办机关年轻干部到基层锻炼动员部署会并讲话。

同日 市委社会工委委员、市社会办副主任王智玲参加全市防火动员部署会。

6月12日 市委社会工委书记、市社会办主任宋贵伦出席委办网格化工作办公室成立工作会并讲话。委办领导刘占山、王丽竹参加。

同日 市委社会工委书记、市社会办主任宋贵伦到国家创新与发展战略研究会，研究社会治理调研报告。

同日 市委社会工委委员、市社会办副主任陈建领调研大兴区社会组织工作开展情况。

同日 市委社会工委委员、市社会办副主任王智玲参加推进全市社区养老服务业发展情况通报会。

同日 市委社会工委委员、市社会办副主任王智玲参加全市反恐工作机制专项调研座谈会。

同日 市委社会工委委员、市社会办副主任王智玲与市绩效考评组座谈交流社区服务管理创新项目绩效考评有关工作。

6月13日 市委社会工委副书记、市社会办副主任张坚主持召开“推进社区服务体制改革”调研座谈会。

同日 市委社会工委委员、市社会办副主任陈建领到市妇联走访座谈。

同日 市委社会工委委员、市社会办副主任陈建领参加首都无偿献血工作暨2012—2013年度先进集体和先进个人表彰会。

6月15日 市委社会工委书记、市社会办主任宋贵伦审看电视专题片《社会时代》第六集。

6月16日 市委社会工委委员、市社会办副主任王丽竹主持召开“三网”融合工作第三次联席会议，讨论《北京市网格化服务管理信息资源目录》（初稿）。

同日 市委社会工委委员、市社会办副主任王智玲参加市政协养老问题提案办理协商会。

6月16日至17日 国家创新与发展战略研究会会长郑必坚主持召开社会治理工作座谈会。市委社会工委书记、市社会办主任宋贵伦参加。

同日 市长王安顺主持召开第45次市政府常务会议。市委社会工委书记、市社会办主任宋贵伦参加。

同日 市委社会工委委员、市社会办副主任陈建领调研顺义区社会组织工作开展情况。

6月18日 市委社会工委书记、市社会办主任宋贵伦与市财政局副巡视员师淑英座谈研究社会建设专项资金使用及社工待遇调整、社区公益金政策调整工作。委办领导刘占山、王智玲参加。

同日 市委社会工委书记、市社会办主任宋贵伦主持召开2014年第13次工委会议。会议研究了委办承办建议提案办理、2014年社会动员工作试点方案、使用社会建设专项资金购买社会组织服务项目等事宜。

同日 市委社会工委副书记、市社会办副主任张坚到西城区调研"推进社区服务体制改革"工作。

同日 市委社会工委委员、市社会办副主任陈建领参加北京市新经济组织党组织负责人庆"七一"座谈会。

同日 市委社会工委委员、市社会办副主任陈建领调研通州区社会组织工作开展情况。

同日 市委社会工委委员、市社会办副主任王智玲与市绩效考评组座谈交流社会动员机制建设项目和协管员队伍整合创新试点项目绩效考评有关工作。

6月19日 市委社会工委书记、市社会办主任宋贵伦到市委党校为北京市第6期区县局级领导干部研修班做社会建设工作辅导报告。

同日 市委社会工委副书记、市社会办副主任张坚到海淀区调研"推进社区服务体制改革"工作。

同日 市委社会工委委员、市社会办副主任刘占山调研门头沟区社会工作队伍建设情况。

6月20日 副市长戴均良主持召开城市管理体制改革专项小组第五次会议。市委社会工委书记、市社会办主任宋贵伦，市委社会工委委员、市社会办副主任王丽竹参加并汇报《关于加快推动"三网"融合促进网格化服务管理体系建设的实施意见（征求意见）稿》研究制定情况。

同日 市委社会工委副书记、市社会办副主任张坚参加北京市社会心理工作联合会会员单位第三次交流座谈并讲话。

同日 市委社会工委委员、市社会办副主任陈建领参加市文联纪念中国共产党成立93周年暨社会组织党组织成立大会。

同日 市委办公厅信息综合室到市委社会工委、市社会办调研社会治理有关工作。市委社会工委委员、市社会办副主任王丽竹及有关处室负责同志参加座谈。

6月23日至27日 全市社区党组织书记示范培训班举办。市委社会工委书记、市社会办主任宋贵伦围绕"深化社会体制改革，创新社会治理体制"为培训班授课。市委社会工委委员、市社会办副主任陈建领参加培训班小组讨论并在结业式上讲话。全市203名社区党组织书记（含拉萨市13名）参加培训。

6月24日 市委书记郭金龙调研基层党建工作并慰问老党员 。市委社会工委书记、市社会办主任宋贵伦等参加。

同日 市长王安顺主持召开第46次市政府常务会议。市委社会工委书记、市社会办主任宋贵伦参加。

同日 市长王安顺主持召开北京市依法行政工作领导小组扩大会议。市委社会工委书记、市社会办主任宋贵伦参加。

同日 副市长戴均良调研西城区西长安街街道及义达里社区"三网"融合工作。市委社会工委委员、市社会办副主任王丽竹参加。

同日 市委社会工委副书记、市社会办副主任张坚参加市人大社区居民自治工作座谈会。

6月25日 市委社会工委委员、市社会办副主任王丽竹到通州区社会管理服务中心征求对《北京市网格化服务管理信息资源目录》（初稿）的意见建议，并了解通州区网格化社会服务管理信息系统建设情况。

同日 市委社会工委委员、市社会办副主任王智玲参加市实名注册志愿者团体人身意外伤害保险项目签约仪式。

同日 市委社会工委委员、市社会办副主任王智玲与市志愿服务联合会副会长兼秘书长郭新保座谈研究志愿服务工作。

6月26日 市委社会工委书记、市社会办主任宋贵伦参加北京市纪念建党93周年座谈会。

同日 市委社会工委书记、市社会办主任宋贵伦主持召开北京市社会建设工作领导小组办公室主任会议。会议通报了2014年上半年全市社会建设工作情况及下半年重点工作安排，研究了新一批市级“枢纽型”社会组织认定工作，审议了2014年度购买社会组织服务项目。市社会建设工作领导小组办公室成员单位有关负责人，委办领导赵小卫、张坚、陈建领、王智玲参加。

6月27日 北京市离退休干部纪念中国共产党成立93周年座谈会召开。市委常委、组织部部长姜志刚出席会议并讲话。市委社会工委书记、市社会办主任宋贵伦，市委社会工委委员、市社会办副主任陈建领参加。

同日 市委社会工委书记、市社会办主任宋贵伦参加市委市政府理论学习中心组学习（扩大）会。委办领导张坚、刘占山、王丽竹、王智玲参加。

同日 市委社会工委委员、市社会办副主任刘占山参加全市专业社工机构座谈会。

同日 市委社会工委委员、市社会办副主任刘占山调研大兴区社会工作队伍建设情况。

同日 市委社会工委委员、市社会办副主任王智玲参加市综治办深化平安社区建设座谈会。

6月28日 市委社会工委委员、市社会办副主任刘占山参加北京城市学院2014届社会工作专业硕士研究生毕业典礼并讲话。

6月29日 市委社会工委书记、市社会办主任宋贵伦出席北京市社科联与北京师范大学联合召开的“首都社会治理架构研究”开题研讨会。

6月30日 市长王安顺主持召开市政府常务会议。市委社会工委书记、市社会办主任宋贵伦参加。

同日 市委社会工委委员、市社会办副主任王智玲参加全市大气污染防治专题研讨班。

7月

7月1日 市委书记郭金龙主持召开市委网络安全和信息化领导小组第一次会议。市委社会工委书记、市社会办主任宋贵伦参加。

同日 市委社会工委书记、市社会办主任宋贵伦参加2014年北京市人才工作领导小组第二次会议。

同日 市委社会工委副书记、市社会办副主任张坚参加市委改革办2014年上半年改革工作形势分析会。

同日 市委社会工委委员、市社会办副主任陈建领参加朝阳区社会领域基层党组织践行群众路线事迹报告会并讲话。

同日 市委社会工委委员、市社会办副主任陈建领参加京东集团纪念建党93周年暨七一表彰大会并讲话。

同日 市委社会工委委员、市社会办副主任刘占山参加海淀公安分局预审大队未成年人案件审查中队成立仪式。

同日 中央党校省部级领导干部研讨班调研西城区“全响应”社会服务管理指挥中心。市委社会工委委员、市社会办副主任王丽竹陪同调研。

7月1日至2日 市委社会工委委员、市社会办副主任王智玲参加“大气污染防治专题研讨班”培训。

7月2日 市委社会工委书记、市社会办主任宋贵伦主持召开2014年第14次工委会议。会议研究了委办参加2013年北京国际老龄产业博览会展览展示制作费用、《北京日报》2014年北京社会组织公益行活动专版费用等事宜。

同日 市委社会工委书记、市社会办主任宋贵伦主持召开2014年第7次主任办公（扩大）会议。会议传达学习了习近平总书记在中央政治局第十六次集体学习时的重要讲话和市委书记郭金龙在北京市纪念建党93周年座谈会上的讲话精神，听取了各处室上半年工作完成情况及下半年工作计划汇报，研究部署了下一步重点工作任务。

同日 市委社会工委书记、市社会办主任宋贵伦主持召开专题会议，研究修改《关于全面深化社会体制改革的意见》。委办领导张坚、陈建领、刘占山、王丽竹、赵济贵及各处室负责人参加。

同日 市委社会工委委员、市社会办副主任王丽竹主持召开座谈会，听取西城区西长安街街道、德胜街道关于网格化社会服务管理体系信息系统建设情况汇报。

7月3日 市委社会工委书记、市社会办主任宋贵伦参加国务院稳增长促改革调结构惠民生第六督察组工作汇报会及惠民生专题组座谈会。

同日 市委社会工委、市社会办举办“远离毒品 奉献公益”主题教育活动，集体观看《黑夜及点灯人》公益话剧演出。委办领导陈建领、赵济贵及机关全体党员干部职工参加活动。

同日 市委社会工委委员、市社会办副主任王智玲主持召开2013年市级社会建设专项资金绩效考评沟通协商会，总结前一阶段工作，部署下一步重点任务。

7月4日 国务院稳增长促改革调结构惠民生第六督察组副组长、民政部副部长窦玉沛到西城区西长安街街道义达里社区调研网格化工作。市委社会工委委员、市社会办副主任王丽竹陪同调研。

同日 市委社会工委、市社会办组织2014年接收军转干部面试。委办领导宋贵伦、张坚、陈建领、刘占山、王丽竹、王智玲、赵济贵担任面试考官。

同日 市委社会工委委员、市社会办副主任王智玲主持召开2013年市级社会建设专项资金绩效考评沟通协商会，部署绩效考评材料完善工作。

7月5日 市委社会工委书记、市社会办主任宋贵伦参加国务院稳增长促改革调结构惠民生第六督查组交换意见会。

7月6日 市委社会工委书记、市社会办主任宋贵伦出席北京师范大学中国社会管理研究院国家社科规划重大委托课题《当代中国社会大事典（1978—2015）》编委会暨编纂负责人会议。

7月7日 市委书记郭金龙主持召开十一届市委常委会第110次会议。市委社会工委书记、市社会办主任宋贵伦参加。

同日 市委书记郭金龙主持召开市委党的群众路线教育实践活动领导小组第11次会议。市委社会工委书记、市社会办主任宋贵伦参加。

同日 市委社会工委委员、市社会办副主任王智玲参加2014年第三季度全市公共安全和安全生产形势分析会议。

7月7日至11日 市委社会工委委员、市社会办副主任陈建领参加第八次全国厂务公开民主管理工作第十检查组赴河北省石家庄、唐山、秦皇岛等地进行省区市互检。

7月7日至11日 市委社会工委委员、市社会办副主任王丽竹参加市委组织部“提升首都城市精细化管理水平专题研讨班”培训。

7月8日 市委社会工委书记、市社会办主任宋贵伦出席中国社会科学院社会学所“首都社会治理架构研究”开题研讨会。

同日 市委社会工委书记、市社会办主任宋贵伦参加市政协协商恳谈会。

同日 市委社会工委委员、市社会办副主任王智玲陪同市绩效考评组到丰台区实地调研2013年度市级社会建设专项资金支持项目。

同日 市委社会工委委员、市社会办副巡视员赵济贵代表委办与东城区龙潭街道左安漪园社区对接在职党员进社区工作。

7月9日 市长王安顺主持召开稳增长促改革调结构惠民生市政府专题会。市委社会工委书记、市社会办主任宋贵伦参加。

同日 市委社会工委委员、市社会办副主任王智玲陪同市绩效考评组到东城、西城区实地调研2013年度市级社会建设专项资金支持项目。

同日 市委社会工委委员、市社会办副巡视员赵济贵参加社会领域党建研究会社区专委会工作座谈会。

7月10日 市长王安顺主持召开第48次市政府常务会议。市委社会工委书记、市社会办主任宋贵伦参加。

同日 市委社会工委书记、市社会办主任宋贵伦主持召开委办处以上干部会，传达中央第二巡视组巡视北京工作反馈意见。

同日 市委社会工委书记、市社会办主任宋贵伦为市老干部工作培训班做社会治理专题报告。

同日 市委社会工委书记、市社会办主任宋贵伦参加市级部门预算执行工作会议。

同日 市委社会工委委员、市社会办副主任刘占山调研顺义区社会工作队伍建设情况。

7月10日至12日 市委社会工委副书记、市社会办副主任张坚赴武汉参加2014年度中国社会学年会。

7月11日 副市长戴均良主持召开城市管理体制改革专项小组第四次全体会议。市委社会工委书记、市社会办主任宋贵伦参加，市委社会工委委员、市社会办副主任王丽竹汇报《关于加快推动“三网”融合，促进网格化服务管理体系建设的实施意见（送审稿）》研究制定情况和主要内容。

同日 市委社会工委书记、市社会办主任宋贵伦主持召开《关于全面深化社会体制改革的意见》征求部分区县分管领导、市级“枢纽型”社会组织负责人、非公有制企业党组织负责人及街道社区“两代表一委员”意见座谈会。委办领导刘占山、王智玲、赵济贵参加。

同日 市委社会工委委员、市社会办副主任王智玲与市体育局座谈推进社区龙舟赛活动事宜。

7月12日 市委社会工委书记、市社会办主任宋贵伦主持召开《关于全面深化社会体制改革的意见》征求区县社会工委书记、社会办主任意见座谈会。市委社会工委委员、市社会办副主任王丽竹，市委社会工委委员、市社会办副巡视员赵济贵参加。

7月14日 市委社会工委书记、市社会办主任宋贵伦主持召开《关于全面深化社会体制改革的意见》征求专家学者意见座谈会。市委社会工委副书记、市社会办副主任张坚，市委社会工委委员、市社会办副主任陈建领参加。

同日 市委社会工委委员、市社会办副巡视员赵济贵参加第八次全国厂务公开民主管理工作第十检查组北京汇报会。

7月15日 市委社会工委书记、市社会办主任宋贵伦主持审看《社会时代》专题片。委办领导张坚、刘占山、王丽竹、赵济贵及各处室负责人参加。

同日 第八次全国厂务公开民主管理工作第十检查组到集美家居集团和北京经贸职业技术学校检查厂务公开民主管理工作。市委社会工委委员、市社会办副主任陈建领陪同检查。

同日 市委社会工委委员、市社会办副主任王智玲与市发展改革委座谈研究社区用房项目建设工作。

7月16日 市长王安顺主持召开第49次市政府常务会议。市委社会工委书记、市社会办主任宋贵伦参加。

同日 在社会事业与社会治理体制改革专项小组第三次全体会议上，市委社会工委书记、市社会办主任宋贵伦汇报了《关于深化北京市社会治理体制改革的意见》修改情况。市委社会工委副书记、市社会办副主任张坚参加。

同日 市委社会工委委员、市社会办副主任王智玲到丰台区协调指导社区用房项目建设工作。

7月17日 委办领导宋贵伦、陈建领、赵济贵接待上海市社会工作党委代表团。

同日 市委社会工委委员、市社会办副主任陈建领参加2014年全市社会领域党建工作例会。

同日 市委社会工委委员、市社会办副主任王智玲到门头沟、房山区协调指导社区用房项目建设工作。

同日 市委社会工委委员、市社会办副巡视员赵济贵与上海市社会工作党委来京调研组座谈交流“两新”组织党建工作。

7月18日 市委社会工委书记、市社会办主任宋贵伦到第二批党的群众路线教育实践活动联系点——大兴区瀛海镇南海家园社区调研。

同日 市委社会工委委员、市社会办副主任陈建领参加北京市纪检监察学会第三次会员大会。

同日 市委社会工委委员、市社会办副主任王智玲参加第十六届北京科普之夏活动启动仪式。

同日 市委社会工委委员、市社会办副主任王智玲到朝阳区协调指导社区用房项目建设工作。

同日 市委社会工委委员、市社会办副巡视员赵济贵参加北京市思想政治工作研究会企业文化示范单位专家评审会。

7月19日 市委社会工委书记、市社会办主任宋贵伦参加“共识与责任”——妇女儿童社会服务发展论坛暨服务资源对接会。市委社会工委委员、市社会办副主任陈建领参加。

7月21日 市委社会工委委员、市社会办副主任王智玲到怀柔区、延庆县协调指导社区用房项目建设工作。

7月22日 市长王安顺主持召开第50次市政府常务会议。市委社会工委书记、市社会办主任宋贵伦参加。

同日 市委社会工委副书记、市社会办副主任张坚到北京市家庭教育研究会调研，参加北京市社会心理工作联合会会员单位第四次座谈交流并讲话。

同日 市委社会工委委员、市社会办副主任王丽竹与全国智能建筑及居住区数字化标准化技术委员会来京调研组座谈研究智慧社区建设指导标准。

同日 市委社会工委委员、市社会办副主任王智玲到石景山区协调指导社区用房项目建设工作。

7月23日 市委社会工委书记、市社会办主任宋贵伦主持召开2014年第15次工委会议。会议研究了《社会组织公益服务品牌创建及评选工作方案》、北京社会心理研究所心理实验疏导研究室建设等事宜。

同日 市委社会工委书记、市社会办主任宋贵伦与市委组织部副部长闫成研究市委社会工委、市社会办班子建设和干部队伍建设工作。

同日 市委社会工委委员、市社会办副主任刘占山参加《首都中长期社会工作专业人才发展规划纲要（2011—2020年）》中期推进会并讲话。

7月24日 市委社会工委副书记、市社会办副主任张坚与清华大学、北京社会科学院专家座谈研究社区民主自治问题。

同日 市委社会工委委员、市社会办副主任陈建领参加商务楼宇“五站合一”建设部门联席会朝阳区片会。

同日 市委社会工委委员、市社会办副主任王智玲，市委社会工委委员、市社会办副巡视员赵济贵参加2014年市级社会建设专项资金绩效考评专家评审会。

同日 市委社会工委委员、市社会办副巡视员赵济贵参加朝阳区党的建设研究会非公经济组织分会成立大会。

同日 市委社会工委委员、市社会办副

巡视员赵济贵与郑州市委办公厅就派团考察北京社会建设事宜进行先期沟通对接。

7月25日 市政协主席吉林听取深化社会事业与社会治理体制改革文件起草工作情况汇报。市委社会工委书记、市社会办主任宋贵伦参加。

同日 市委社会工委副书记、市社会办副主任张坚参加第九期中国社会组织促进会基金会双月沙龙交流活动。

同日 市委社会工委委员、市社会办副主任陈建领参加北京市社科联首都区域化党建工作格局研究开题会。

同日 市委社会工委委员、市社会办副主任王智玲与市政府侨办座谈研究社区侨务工作。

7月25日至26日 市委社会工委书记、市社会办主任宋贵伦参加北京市2014年上半年经济形势分析会。

7月26日 市委社会工委书记、市社会办主任宋贵伦听取市人大常委会主任杜德印关于社会体制改革文件修改工作的意见。

同日 市委社会工委副书记、市社会办副主任张坚到"成功之道"教育集团调研，并参加该集团成立15周年庆典活动。

同日 市委社会工委委员、市社会办副主任陈建领参加市注册会计师协会"诚信杯"足球赛颁奖仪式。

7月28日 2014年北京市社会建设半年工作会议召开。市委社会工委书记、市社会办主任宋贵伦做工作报告。会议宣读了认定第四批市级"枢纽型"社会组织的通知并授牌。委办领导张坚、陈建领、王丽竹、王智玲、赵济贵及各处室负责人，各区县社会工委、社会办领导，各市级"枢纽型"社会组织及部分非公有制企业党组织负责人共100余人参加会议。

同日 市委社会工委委员、市社会办副主任陈建领主持召开市级"枢纽型"社会组织工作例会。市委社会工委委员、市社会办副巡视员赵济贵及36家市级"枢纽型"社会组织负责人参加。

同日 市委社会工委委员、市社会办副主任刘占山参加2014年民革北京市委干部到委办挂职报到会。

同日 市委社会工委委员、市社会办副主任刘占山参加北京市贯彻落实第二次中央新疆工作座谈会精神专题会。

7月29日 市长王安顺主持召开市政府专题会议。市委社会工委书记、市社会办主任宋贵伦参加。

同日 市委社会工委委员、市社会办副主任陈建领参加2014年第二次全市组织系统"组工论坛"并发言。

同日 市委社会工委委员、市社会办副主任王丽竹，市委社会工委委员、市社会办副巡视员赵济贵参加市直机关运动会乒乓球比赛。

7月30日 市委书记郭金龙主持召开十一届市委常委会第116次会议。市委社会工委书记、市社会办主任宋贵伦参加。

同日 市委社会工委书记、市社会办主任宋贵伦列席市政协第九次常委会。

同日 市委社会工委副书记、市社会办副主任张坚到中国心理学会调研，就社会心理服务工作有关问题达成合作意向。

同日 市委社会工委委员、市社会办副主任陈建领与委办教育实践活动联系点东城区龙潭街道左安漪园社区座谈在职党员进社区工作。委办机关及事业单位各党支部书记参加。

7月31日 副市长戴均良主持召开会议，研究第二批群众路线教育实践活动上下联动项目整改工作。市委社会工委副书记、市社会办副主任张坚参加。

同日 副市长陈刚主持召开会议，研究第二批党的群众路线教育实践活动上下联动项目整改工作。市委社会工委委员、市社会办副巡视员赵济贵参加。

同日 委办领导宋贵伦、张坚、刘占山与郑州市委副书记、市政协主席王璋率领的郑州市社会建设考察团座谈交流社会建设和社会治理工作。

同日 2014年北京市社会动员工作专题培训班举办。市委社会工委书记、市社会办主任宋贵伦为培训班授课。市委社会工委委员、市社会办副主任王智玲参加培训班并做开班动员及社会动员试点工作部署。各区县社会工委、社会办主管领导、科长，第一批试点街道、社区负责同志，第二批试点街道负责同志约150人参加。

8月

8月1日 市委书记郭金龙主持召开市委党的群众路线教育实践活动领导小组第十二次会议（扩大）。市委社会工委书记、市社会办主任宋贵伦参加。

同日 市委社会工委委员、市社会办副主任陈建领参加委办军转干部纪念“八一”建军节赴中国人民抗日战争纪念馆参观学习活动。

同日 郑州市社会建设考察团到西城、朝阳区考察社会建设工作。委办领导陈建领、王丽竹、赵济贵陪同。

同日 市委社会工委委员、市社会办副主任王智玲参加2014年北京市社会动员工作专题培训班并做总结讲话。

同日 市委社会工委委员、市社会办副巡视员赵济贵参加《引领——北京新经济组织党建巡礼》图书终审会。

8月2日 市委社会工委书记、市社会办主任宋贵伦参加北京市慈善义工协会成立三周年汇报会。

8月4日 市委社会工委委员、市社会办副主任陈建领参加2014年度使用市级社会建设专项资金购买社会组织服务项目批复部署会并讲话。

同日 市委社会工委委员、市社会办副主任陈建领参加全市区县社会组织半年工作例会并讲话。

同日 市委社会工委委员、市社会办副主任王智玲参加赴台学习考察行前会。

8月5日 市委社会工委书记、市社会办主任宋贵伦主持召开2014年第16次工委会议。会议研究了2013级、2014级社会工作硕士专业学位研究生委托培养，2014年第三届寻找“首都最美社工”活动等事宜。

同日 市委社会工委书记、市社会办主任宋贵伦主持召开2014年第8次主任办公会议。会议传达学习了市长王安顺在北京市推进依法行政工作领导小组扩大会议上的讲话精神，听取了各处室7月份工作完成情况及8月份工作计划汇报，研究部署了近期重点工作任务。

同日 市委社会工委委员、市社会办副主任王丽竹与北京巴士传媒座谈研究《微心理》、北京社会服务之窗、智慧社区和网格化服务管理工作公益宣传事宜。

8月6日 市长王安顺主持召开市政府专题会议，研究昌平区北四村外来人口管理问题。市委社会工委书记、市社会办主任宋贵伦参加。

8月6日至12日 市政府副秘书长戴卫率团赴台湾地区考察社区建设工作。市委社会工委委员、市社会办副主任王智玲参加。考察团重点了解了台湾地区社区管理规划、智能社区、社区医疗、社区养老等服务工作的开展情况。

8月7日 市委社会工委委员、市社会办副巡视员赵济贵到市商联会调研社会组织党建工作。

8月8日 市委社会工委副书记、市社会办副主任张坚与清华大学专家座谈研究社会动员课题。

同日 委办领导陈建领、赵济贵参加市委组织部贯彻落实全国社区党建工作座谈会精神研讨会。

同日 市委社会工委委员、市社会办副巡视员赵济贵参加朝阳区呼家楼街道社会建设综合服务中心启动仪式并讲话。

8月9日至9月27日 市委社会工委委员、市社会办副主任刘占山赴美国参加“创新社会治理”专题培训班。

8月11日 市长王安顺主持召开第51次市政府常务会议。市委社会工委书记、市社会办主任宋贵伦参加。

8月12日 市委社会工委副书记、市社会办副主任张坚主持召开社区工作者心理干预能力培训工作协调会。西城、丰台、石景山区委社会工委主管领导和培训承接机构相关人员参加会议。

8月13日 市委社会工委书记、市社会办主任宋贵伦到市检察院参加市人大代表考察调研活动。

同日 市委社会工委书记、市社会办主任宋贵伦与《社会时代》专题片摄制组研究后期修改工作。

8月14日 市委社会工委书记、市社会办主任宋贵伦到首都师范大学与上海华夏社会发展研究院院长鲍宗豪座谈研究《中国社会建设蓝皮书·北京社会发展报告2014》编写工作。

同日 市委社会工委书记、市社会办主任宋贵伦到首都师苑大学与北京超越青少年社会工作事务所代表座谈，并围绕“深化社会体制改革创新社会治理体制”主题授课。

同日 市委社会工委副书记、市社会办副主任张坚到丰台区大红门街道世华水岸社区调研标准化心理服务试点推进情况。

同日 市委社会工委委员、市社会办副巡视员赵济贵到集美集团调研企业文化示范单位创建情况。

8月15日 市委社会工委书记、市社会办主任宋贵伦参加部分市直系统单位案件工作协调会。市委社会工委委员、市社会办副巡视员赵济贵一同参加。

同日 市委社会工委书记、市社会办主任宋贵伦与北京电视台台长赵多佳座谈研究大型电视系列片《社会时代》播出和宣传事宜。

同日 市委社会工委副书记、市社会办副主任张坚到西城区广外街道红莲北里社区调研标准化心理服务试点推进情况。

8月17日 市委社会工委副书记、市社会办副主任张坚参加第八届中国心理学家大会。

8月18日 市委社会工委书记、市社会办主任宋贵伦主持召开委办网格化工作会议。市委社会工委委员、市社会办副主任王丽竹介绍网格化近期工作情况，重点研究2014年对区县网格化经费支持原则和总体方案。

同日 市委社会工委委员、市社会办副巡视员赵济贵参加北京福田·康明斯发动机有限公司“绿色富康、绿动世界”主题活动启动仪式。

同日 市委社会工委委员、市社会办副巡视员赵济贵到安利集团调研企业文化示范单位创建情况。

8月19日 市委社会工委副书记、市社会办副主任张坚与市交通委委员荣军座谈研究心理健康动画片播放事宜。

8月21日 市长王安顺主持召开第52次市政府常务会议。市委社会工委书记、市社会办主任宋贵伦参加。

同日 市委社会工委书记、市社会办主任宋贵伦出席委办选派年轻处级干部到基层锻炼动员部署会并讲话。

同日 市委社会工委副书记、市社会办副主任张坚参加全市“十三五”规划编制部署电视电话会议。

同日 市委社会工委副书记、市社会办副主任张坚参加北京市社会心理工作联合会第五次会员单位调研交流会并讲话。

8月22日 市委社会工委书记、市社会办主任宋贵伦主持召开2014年第17次工委会议。会议研究了《市委社会工委、市社会办领导班子整改落实情况》材料修改、《关于进一步推进社会工作者与志愿者联动工作的实施方案》等事宜。

同日 市委社会工委委员、市社会办副主任陈建领参加商务楼宇“五站合一”工作站建设联席会丰台区片会并讲话。

同日 市委社会工委委员、市社会办副主任王丽竹参加市政协推进网格化社会服务管理体系建设提案督办工作协调会，并代表提案主办单位发言。

8月24日 市委社会工委书记、市社会办主任宋贵伦到中央党校参加中国特色社会主义理论研究会理事会。

8月25日 市委社会工委委员、市社会办副主任王丽竹到市保护健康协会调研智慧社区建设工作。

同日 市委社会工委委员、市社会办副巡视员赵济贵参加2014年委办接收安置军转干部报到会。

8月26日 市委社会工委书记、市社会办主任宋贵伦与上海市社会工作党委书记陆晓春等领导班子成员座谈交流社会建设与社会治理。

同日 市委社会工委委员、市社会办副主任王智玲与市人力社保局座谈研究“魅力社区”评选活动。

同日 市委社会工委委员、市社会办副主任王智玲到西城、朝阳区调研社区建设和社会动员工作。

同日 市委社会工委委员、市社会办副巡视员赵济贵参加银泰百货商务楼宇工作站暨华谊兄弟影院社区青年汇揭牌仪式。

8月27日 市委社会工委书记、市社会办主任宋贵伦到北京师范大学社会管理研究院为深圳市“社会治理现代化”专题培训班做报告。

同日 市委社会工委副书记、市社会办副主任张坚主持召开北京市社会心理工作联合会第一届第四次理事会。

8月28日 市长王安顺主持召开第53次市政府常务会议。市委社会工委书记、市社会办主任宋贵伦参加。

同日 市委社会工委、市社会办教育实践活动整改落实情况座谈会召开。市委社会工委书记、市社会办主任宋贵伦汇报委办教育实践活动整改落实情况。市委组织部副部长、市委活动办检查组组长闫成讲话。委办领导张坚、陈建领、王智玲、赵济贵及市委活动办检查组同志参加。

同日 市委社会工委副书记、市社会办副主任张坚与北京工业大学课题组座谈“十三五”时期社会组织改革发展调研课题。

同日 市委社会工委委员、市社会办副主任陈建领参加全市干部监督工作会议。

同日 市委社会工委委员、市社会办副主任王丽竹参加上海市“创新社会治理，加强基层建设”研讨会，介绍北京市推进网格化社会服务管理体系建设情况。

8月28日至29日 市委社会工委委员、市社会办副主任王智玲参加2014年全市社区建设工作专题培训班。培训班围绕社区建设重点工作、社区治理、社会形势等内容进行专题培训，交流基层典型经验。各区县、街道、社区相关工作人员共160余人参训。

8月29日 市委社会工委书记、市社会办主任宋贵伦与北京市社团办主任温庆云到北京“太阳村”调研。

同日 市委社会工委委员、市社会办副主任陈建领参加2014年度全市金融安全宣传工作会暨首都金融安全巡展启动仪式。

同日 委办领导王智玲、赵济贵参加北京市第二届老年节活动。

8月29日至30日 市委社会工委委员、市社会办副主任王丽竹赴沪学习考察“感知上海”移动客户端建设、上海市智慧社区建设等情况。

9月

9月1日 市委社会工委委员、市社会办副巡视员赵济贵参加全国公务用车制度改革电视电话会议。

9月2日 市委社会工委书记、市社会办主任宋贵伦审看大型电视纪录片《社会时代》。

同日 市委社会工委委员、市社会办副主任陈建领参加北京社会领域党的建设研究会非公党建专委会交流座谈会。

同日 市委社会工委委员、市社会办副主任王丽竹与致公党广州市委调研组座谈“北京社会服务之窗”建设情况。

9月2日至17日 市委社会工委委员、市社会办副主任王智玲参加国家行政学院社会事业改革创新研讨班。

9月3日 市委社会工委书记、市社会办主任宋贵伦出席"润心工程"——北京居民心理健康疏导爱心公益行动启动仪式并讲话。市委社会工委副书记、市社会办副主任张坚一同参加。

同日 市委社会工委书记、市社会办主任宋贵伦主持召开2014年第18次工委会议。会议研究了委办外聘专家劳务支出认定标准、《中国社会建设·北京社会建设2014》协议签订及经费预算等事宜。

同日 市委社会工委书记、市社会办主任宋贵伦主持召开2014年第9次主任办公会议。会议传达学习了习近平总书记在纪念邓小平同志诞辰110周年座谈会上的讲话及全市干部监督工作会议等精神，通报了市委检查组检查委办教育实践活动整改落实、昌平区回龙观镇"北四村"新蚁族问题调研、市领导赴上海市考察社会治理等情况，听取了各处室8月份工作完成情况及9月份工作计划汇报，研究部署了近期重点工作任务。

同日 市委社会工委委员、市社会办副主任王丽竹到市城管执法局调研网格化服务管理体系建设及市政协重点提案答复工作。

9月4日 副市长戴均良到昌平区东小口地区调研城乡接合部地区城市管理体制改革工作。市委社会工委副书记、市社会办副主任张坚参加。

同日 市委社会工委书记、市社会办主任宋贵伦接待北京"太阳村"创办人张淑勤等。委办领导陈建领、赵济贵参加。

同日 市委社会工委委员、市社会办副主任陈建领与赴香港社工人才高级培训班座谈交流。

同日 市委社会工委委员、市社会办副主任王丽竹就"十三五"规划编制到昌平区调研网格化服务管理体系和智慧社区建设工作。

9月5日 市委书记郭金龙主持召开十一届市委常委会第120次会议。市委社会工委书记、市社会办主任宋贵伦列席。

同日 市委社会工委副书记、市社会办副主任张坚与清华大学、北京市社会科学院专家座谈研究社区民主自治问题。

同日 市委社会工委委员、市社会办副主任王丽竹就"十三五"规划编制到平谷区委社会工委、马坊镇、滨河街道调研网格化服务管理体系和智慧社区建设工作。

9月9日 市长王安顺主持召开市政府常务会议。市委社会工委书记、市社会办主任宋贵伦参加。

同日 市委社会工委委员、市社会办副主任陈建领参加市委组织部第三季度"组工论坛"。

同日 市委社会工委委员、市社会办副主任王丽竹就"十三五"规划编制到通州区调研网格化服务管理体系和智慧社区建设工作。

9月9日至12日 2014年度社会领域心理咨询师心理干预技术培训班举办。市委社会工委书记、市社会办主任宋贵伦出席开班式并做《深化社会体制改革　创新社会治理体制》专题报告。培训班邀请知名心理专家就心理干预基本理论、主要方法、实务操作等进行授课。北京市社会心理工作联合会会员单位180余名优秀心理咨询师参加培训。

9月10日 市委社会工委委员、市社会办副主任陈建领参加第八届北京民办教育园丁奖颁奖典礼并讲话。

同日 市委社会工委委员、市社会办副主任王丽竹与长风联盟座谈研究《北京市网格化服务管理体系建设技术指导标准》修改完善工作。

同日 市委社会工委委员、市社会办副主任王丽竹就"十三五"规划编制到门头沟区调研网格化服务管理体系和智慧社区建设工作。

9月11日 市委社会工委委员、市社会办副主任王丽竹到市市政市容委调研网格化服务管理体系建设工作，听取对《北京市网格化服务管理体系建设业务指导标准》修改意见。

9月12日 市委社会工委书记、市社会办主任宋贵伦接受千龙网采访，介绍构建"枢纽型"社会组织工作体系情况。

同日 市委社会工委书记、市社会办主任宋贵伦审看大型电视纪录片《社会时代》。

同日 市委社会工委委员、市社会办副主任陈建领参加市直机关工委第四届运动会总结会。

同日 市委社会工委委员、市社会办副主任王丽竹就"十三五"规划编制到怀柔区调研网格化服务管理体系和智慧社区建设工作。

9月15日 市委社会工委副书记、市社会办副主任张坚组织召开社工心理干预能力培训承办机构经验交流会。

同日 市委社会工委委员、市社会办副主任陈建领主持召开机关党委会议，研提《市直机关党建工作动态管理考核细则（征求意见稿）》修改意见。

同日 市委社会工委委员、市社会办副主任王丽竹就"十三五"规划编制到大兴区调研网格化服务管理体系和智慧社区建设工作。

9月15日至16日 市委社会工委书记、市社会办主任宋贵伦赴贵阳参加"创新社会治理 加强社会建设"2014（贵阳）年会筹备会议。

9月16日 市长王安顺主持召开市政府常务会议。市委社会工委副书记、市社会办副主任张坚参加。

同日 市委社会工委书记、市社会办主任宋贵伦主持召开大型电视纪录片《社会时代》新闻媒体通气会。新华社、人民日报、光明日报等20家中央及市属媒体参加。

同日 市委社会工委书记、市社会办主任宋贵伦与市委宣传部新闻处座谈研究大型电视纪录片《社会时代》新闻发布事宜。

同日 市委社会工委书记、市社会办主任宋贵伦参加国家行政学院社会建设考察团座谈会并做社会建设与社会治理专题报告。市委社会工委委员、市社会办副主任王智玲一同参加。

同日 市委社会工委副书记、市社会办副主任张坚参加《2014年北京社会建设分析报告》发布会。

同日 市委社会工委委员、市社会办副主任陈建领到北京社会工作者协会走访座谈。

同日 市委社会工委委员、市社会办副主任王丽竹就"十三五"规划编制到顺义区调研网格化服务管理体系和智慧社区建设工作。

9月17日 市委社会工委书记、市社会办主任宋贵伦参加市妇联第十三届执委培训班并做专题报告。

同日 市委社会工委书记、市社会办主任宋贵伦接待北京师范大学副校长杨耕等，研究京师园业主委员会备案事宜。

同日 市委社会工委委员、市社会办副主任陈建领与市文联事业发展部、京昆少儿京剧教育学会负责人座谈社会组织发展工作。

同日 市委社会工委委员、市社会办副巡视员赵济贵到西城区陶然亭街道调研区域化党建工作。

9月18日 全国人大常委会副委员长、民革中央主席万鄂湘来京调研北京市志愿服务法制化建设并召开座谈会。市委社会工委委员、市社会办副主任王智玲参加。

同日 市委社会工委书记、市社会办主任宋贵伦与中央党史研究室副主任高永忠座谈社会治理创新，并出席中国中共党史学会社会建设与生态文明史专业委员会专题会议。

同日 市委组织部副部长张建春带队到市委社会工委、市社会办调研社会建设和社会领域党建工作。委办领导宋贵伦、陈建领、赵济贵参加座谈。

同日 市委社会工委副书记、市社会办副主任张坚参加石景山区社工心理干预能力培训动员会并讲话。

同日 市委社会工委委员、市社会办副主任陈建领参加商务楼宇"五站合一"工作站建设联席会海淀区片会。

同日 市委社会工委委员、市社会办副主任陈建领带委办军转干部参观中国人民抗日战争纪念馆。

同日 市委社会工委委员、市社会办副主任王丽竹参加市信访办“信访与社会矛盾·理论与实践”系列座谈会第八次会议。

同日 市委社会工委委员、市社会办副主任王智玲参加赴台湾考察总结会。

同日 市委社会工委委员、市社会办副巡视员赵济贵参加市财政局到委办入户检查座谈会。

9月19日 市委书记郭金龙围绕“深入贯彻落实习近平总书记视察北京重要讲话精神，加强城市建设与管理创新”主题到丰台区方庄地区调研。市委社会工委书记、市社会办主任宋贵伦参加。

同日 市委社会工委副书记、市社会办副主任张坚参加市委全面深化改革专项小组联络员会议。

同日 市委社会工委委员、市社会办副巡视员赵济贵参加“展望养老金融创新之路”论坛。

同日 市档案局到市委社会工委、市社会办进行2014年度档案行政执法实地检查并召开座谈会。市委社会工委委员、市社会办副巡视员赵济贵主持会议。

9月20日 市委社会工委委员、市社会办副主任王智玲参加第八届“和谐杯”乒乓球比赛颁奖仪式。

9月21日 市委社会工委书记、市社会办主任宋贵伦参加首都癌症患者“五评”表彰大会并讲话。

同日 市委社会工委委员、市社会办副主任陈建领参加南方电网总法律顾问温和同志追思会。

9月22日 市委社会工委、市社会办召开理论学习中心组学习（扩大）会，集中观看大型电视纪录片《社会时代》。市委社会工委书记、市社会办主任宋贵伦出席并讲话，市委社会工委委员、市社会办副主任陈建领主持，机关全体干部参加。

同日 市委社会工委委员、市社会办副主任王智玲参加北京平安建设调研电视电话会议。

同日 市委社会工委委员、市社会办副巡视员赵济贵参加安利集团党建促进工作委员会成立仪式暨第一次工作会议并讲话。

9月23日 北京市政府督察工作暨贯彻中发七号文件精神动员部署电视电话会议召开。市长王安顺出席并讲话。委办领导宋贵伦、赵济贵参加。

同日 市长王安顺主持召开第56次市政府常务会议。市委社会工委书记、市社会办主任宋贵伦参加。

同日 市委社会工委委员、市社会办副主任陈建领参加中央第二巡回督导组对北京市党的群众路线教育实践活动群众测评。

同日 市委社会工委委员、市社会办副主任陈建领到北京人民调解员协会走访座谈。

同日 市委社会工委委员、市社会办副主任王丽竹就“十三五”规划编制到朝阳区调研网格化服务管理体系和智慧社区建设工作。

同日 市委社会工委委员、市社会办副主任王智玲与市台办主任汪明浩等座谈研究京台社区发展合作交流项目。

9月24日 “创新社会治理　加强社会建设”2014（贵阳）年会筹备会议召开。委办领导宋贵伦、张坚及贵阳市委领导，国家创新与发展战略研究会、中国中共党史学会社会建设与生态文明史专业委员会、北京师范大学中国社会管理研究院相关负责人参加。

同日 市委社会工委书记、市社会办主任宋贵伦出席公安部直属机关党校第62期处级干部进修班开班式并做专题报告。

同日 市委社会工委副书记、市社会办副主任张坚参加北京城市学院2014级新入学研究生导论讲座。

同日 贵阳市委考察团来京学习考察北京市社会建设工作。委办领导王丽竹、王智玲、赵济贵陪同考察。

同日 市委社会工委委员、市社会办副主任王丽竹就“十三五”规划编制到东城区调研网格化服务管理体系和智慧社区建设工作。

9月24日至25日 全市商务楼宇“五站合一”工作站负责人示范培训班举办。培训采取集中授课、经验交流和分组讨论相结合的方式，重点围绕基层服务型党组织建设、社会管理服务创新和工青妇部门业务实操等内容进行。市委社会工委书记、市社会办主任宋贵伦做《深化社会体制改革 创新社会治理体制》授课辅导，市委社会工委委员、市社会办副主任陈建领主持，市委社会工委委员、市社会办副巡视员赵济贵参加。全市第一批商务楼宇示范工作站负责人、各区县党建科负责同志、部分街道组织部长共150人参加培训。上海社会组织党组织负责人培训班40余名学员参加部分教学活动。

9月24日至25日 市委社会工委委员、市社会办副主任陈建领参加朝阳区优秀人才和人才工作先进单位评审活动。

9月25日 市委社会工委、北京电视台、17创意机构联合举行大型电视纪录片《社会时代》观众座谈会，邀请社会各界代表畅谈观后感。市委社会工委书记、市社会办主任宋贵伦主持会议，市委社会工委委员、市社会办副主任王智玲参加。

同日 市委社会工委副书记、市社会办副主任张坚参加北京市社会心理工作联合会第六次交流座谈会。

同日 市委社会工委委员、市社会办副主任王丽竹就“十三五”规划编制到西城区调研网格化服务管理体系和智慧社区建设工作。

9月26日 市委书记郭金龙主持召开市委党的群众路线教育实践活动领导小组第十三次会议（扩大）。市委社会工委书记、市社会办主任宋贵伦参加。

同日 市委社会工委委员、市社会办副主任王丽竹就“十三五”规划编制到石景山区调研网格化服务管理体系和智慧社区建设工作。

同日 市委社会工委委员、市社会办副主任王智玲陪同公安部直属机关党校处级干部进修班学员到东城区学习考察。

同日 市委社会工委委员、市社会办副巡视员赵济贵参加北京市第九届残疾人运动会开幕式。

9月27日 市委社会工委副书记、市社会办副主任张坚主持召开2013年购买决策咨询项目结项评审会。

9月28日 市委书记郭金龙主持召开新中国成立65周年庆祝活动北京市筹备工作领导小组第二次会议（扩大）暨区县委书记会议。市委社会工委书记、市社会办主任宋贵伦参加。

同日 市委社会工委书记、市社会办主任宋贵伦会见香港著名社会活动家吴康民先生。北京市社科联原主席陶西平等参加。

同日 市委社会工委副书记、市社会办副主任张坚参加“中国调解高峰论坛”。

同日 市委社会工委委员、市社会办副主任陈建领到北京市农民专业合作社联合会走访座谈。

9月29日 市委社会工委书记、市社会办主任宋贵伦参加市政协领导检查督促重点提案办理座谈会并汇报“关于推进网格化社会服务管理体系建设的提案”办理情况。市委社会工委委员、市社会办副主任王丽竹一同参加。

同日 市委社会工委书记、市社会办主任宋贵伦主持召开2014年第19次工委会议。会议研究了全市非公党组织负责人示范培训班方案、2014年第三届寻找“首都最美社工”活动方案及预算等事宜。

同日 市委社会工委书记、市社会办主任宋贵伦主持召开2014年第10次主任办公会议。会议传达学习了新中国成立65周年庆祝活动北京市筹备工作领导小组第三次会议（扩大）暨区县委书记会，《关于做好烈士纪念日纪念活动的通知》《关于加强国庆节期间全市公共安全和应急管理工作的通知》

等精神，通报了市政协重点督办提案办理情况，听取了各处室9月份工作完成情况及10月份工作计划汇报，研究部署了近期重点工作任务。

10月

10月8日 市委社会工委书记、市社会办主任宋贵伦参加中央党的群众路线教育实践活动总结大会视频会议。

同日 市委社会工委书记、市社会办主任宋贵伦参加北京市做好2014年亚太经合组织领导人非正式会议筹备工作动员大会。

10月9日 市委社会工委副书记、市社会办副主任张坚参加2015年度社会心理基础理论研究基金招标会并讲话。

同日 市委社会工委委员、市社会办副主任陈建领参加全市商务楼宇“五站合一”工作站建设集中推进月活动部署会并讲话。

10月10日 市委书记郭金龙主持召开市委常委会专题学习交流会。市委社会工委书记、市社会办主任宋贵伦列席。

同日 市委社会工委、市社会办召开理论中心组学习（扩大）会议，传达学习习近平总书记在中央党的群众路线教育实践活动总结大会上的重要讲话并交流学习体会。委办领导宋贵伦、张坚、陈建领、刘占山、王丽竹及机关处以上干部参加。

同日 市委社会工委委员、市社会办副主任陈建领参加“2014北京社会科学普及周”开幕式。

同日 市委社会工委委员、市社会办副巡视员赵济贵参加北京市无证办园治理工作会议。

10月11日 市委书记郭金龙主持召开北京市党的群众路线教育实践活动总结大会。市委社会工委书记、市社会办主任宋贵伦参加。

同日 市委书记郭金龙主持召开全市领导干部会议。市委社会工委书记、市社会办主任宋贵伦参加。

同日 市委书记郭金龙主持召开北京市培育和践行社会主义核心价值观工作经验交流会。市委社会工委委员、市社会办副主任陈建领参加。

同日 市政协主席吉林主持召开《关于加强社会主义协商民主建设的意见（征求意见稿）》征求意见座谈会。市委社会工委副书记、市社会办副主任张坚参加。

同日 市委社会工委委员、市社会办副主任陈建领率队到东城区督导检查商务楼宇“五站合一”工作站建设情况。

10月13日 市长王安顺主持召开市政府常务会议。市委社会工委书记、市社会办主任宋贵伦参加。

同日 市委社会工委委员、市社会办副主任刘占山与公益时报社负责人座谈研究第三届（2014）“寻找首都最美社工”活动相关工作。

10月13日至14日 市委社会工委委员、市社会办副主任陈建领率队到东城区督导检查商务楼宇“五站合一”工作站建设情况。

10月13日至14日 市委社会工委委员、市社会办副主任王丽竹率队赴贵阳市考察指导网格化社会服务管理工作。

10月14日 市委社会工委书记、市社会办主任宋贵伦参加市委组织部对西城区政府法制办党组书记、副主任苏泳延伸考察谈话。委办领导王丽竹、赵济贵分别参加。

同日 市委社会工委委员、市社会办副主任王智玲参加北京市大气污染治理体制改革专项小组第三次全体会议。

同日 台湾金马台澎两岸交流协会会长苏进强一行到北京市考察社会建设工作。市台办主任汪明浩，市委社会工委委员、市社会办副主任王智玲等参加。

10月15日 市委社会工委委员、市社会办副主任王智玲与市社团办主任温庆云、市台办副巡视员杜德平座谈研究北京海峡两岸社区发展研究中心成立事宜。

10月15日至17日 2014年全市非公有

制企业党组织负责人示范培训班举办。培训围绕贯彻落实中央关于加强非公有制企业党建工作有关精神，深化社会体制改革、创新社会治理体制等专题进行。市委社会工委书记、市社会办主任宋贵伦做报告，市委社会工委委员、市社会办副主任陈建领参加分组讨论及结业式活动。全市95名非公有制企业党组织负责人参加培训。

10月16日 副市长戴均良到海淀区调研城市管理体制改革工作。市委社会工委委员、市社会办副主任王智玲参加。

同日 市委社会工委与中国中共党史学会社会建设专委会、《前线》杂志社联合举办学习习近平总书记在中央党的群众路线教育实践活动总结大会上的重要讲话座谈会。市委社会工委书记、市社会办主任宋贵伦主持会议并讲话，委办领导陈建领、王丽竹、赵济贵及首都党史党建专家、市级“枢纽型”社会组织、区县社会工委负责人及街道、社区、“两新”组织党组织代表100余人参加会议。

同日 市委社会工委副书记、市社会办副主任张坚主持召开全市社情民意调查问卷设计专家研讨会。

同日 市委社会工委委员、市社会办副主任陈建领参加石景山区商务楼宇工作站党组织负责人培训班开班仪式并讲话。

同日 市委社会工委委员、市社会办副主任王智玲参加APEC空气质量保障工作动员部署会。

10月17日 市委社会工委书记、市社会办主任宋贵伦为中央党史研究室与人民网联合录制“深化社会治理体制改革”专题讲座录像。

同日 市委社会工委书记、市社会办主任宋贵伦出席委办机关党委（扩大）会议并讲话。市委社会工委委员、市社会办副主任陈建领主持会议。机关各党支部10名代表交流了学习习近平总书记在中央党的群众路线教育实践活动总结大会上的重要讲话体会。

同日 市委社会工委副书记、市社会办副主任张坚主持召开城区社区民主自治座谈会。

同日 市财政局事前绩效评估组到委办了解网格化社会服务管理体系建设项目有关情况。市委社会工委委员、市社会办副主任王丽竹主持座谈会。

同日 市委社会工委委员、市社会办副主任王智玲参加北京市APEC会议安保维稳工作誓师动员大会。

同日 市委社会工委委员、市社会办副巡视员赵济贵参加全国社会扶贫工作电视电话会议。

10月18日 市委社会工委委员、市社会办副主任陈建领参加“同心共筑中国梦——中共北京注册会计师协会委员会庆祝建国65周年文艺演出暨党的群众路线教育实践活动总结大会”。

同日 市委社会工委委员、市社会办副主任陈建领参加京东集团党委换届选举大会并讲话。

同日 市委社会工委委员、市社会办副巡视员赵济贵参加第三届“兰亭北青杯”北京市中小学生书法大赛评比表彰活动。

10月20日 市委社会工委书记、市社会办主任宋贵伦为北京师范大学继续教育与教师培训学院什刹海街道社区工作者全员培训班做《深化社会体制改革 创新社会治理体制》授课。

同日 市委社会工委委员、市社会办副主任陈建领参加北京企业联合会“2013—2014年北京优秀企业家表彰大会”。

同日 市委社会工委委员、市社会办副主任陈建领参加全市基层党建工作推进会。

10月21日 市委社会工委书记、市社会办主任宋贵伦在北京超越青少年社会工作事务所与首都师范大学党委书记张雪等座谈。市委社会工委委员、市社会办副主任刘占山一同参加。

同日 委办领导陈建领、赵济贵率队分别到朝阳、海淀区督导检查商务楼宇“五站合一”工作站建设情况。

同日 市委社会工委委员、市社会办副

主任王智玲参加首都综治办迎接2014年度中央综治考评工作部署会。

10月22日 市委社会工委书记、市社会办主任宋贵伦与中国医药卫生事业发展基金会、北京民力健康传播中心负责人座谈。市委社会工委委员、市社会办副主任陈建领一同参加。

同日 市委社会工委书记、市社会办主任宋贵伦参加中央党校党建部副主任戴焰军调研北京市区域化党建工作座谈会。市委社会工委委员、市社会办副巡视员赵济贵一同参加。

同日 市委社会工委委员、市社会办副主任陈建领参加瑞华会计师事务所党的群众路线教育实践活动总结大会并讲话。

同日 市委社会工委委员、市社会办副主任刘占山与北京青年政治学院社工培训协调办公室负责人座谈研究“万名社区工作者培训”总结及后续合作事宜。

同日 市委社会工委委员、市社会办副主任王智玲与北京人民广播电台协调“北京魅力社区评选”工作。

10月23日 市委社会工委副书记、市社会办副主任张坚参加房山区社工心理干预能力培训开班仪式并做动员讲话。

同日 市委社会工委委员、市社会办副主任陈建领率队到朝阳区督导检查商务楼宇“五站合一”工作站建设情况。

同日 市委社会工委委员、市社会办副主任王智玲参加京台社区发展合作交流项目座谈会。

同日 市委社会工委委员、市社会办副主任王智玲参加北京市贯彻中国质量（北京）大会精神会议。

同日 市委社会工委委员、市社会办副主任王智玲参加北京市2014—2015年度冬季供热扫雪铲冰工作动员部署大会。

10月24日 致公党中央副主席、全国人大常委会委员闫小培一行调研北京市社区治理和养老服务工作。市委社会工委委员、市社会办副主任王智玲陪同调研。

同日 市委社会工委委员、市社会办副主任陈建领率队到海淀区督导检查商务楼宇“五站合一”工作站建设情况。

10月25日 市委社会工委副书记、市社会办副主任张坚主持召开郊区社区民主自治座谈会。

同日 市委社会工委副书记、市社会办副主任张坚参加密云县社工心理干预能力培训开班仪式并做动员讲话。

10月26日 市委社会工委委员、市社会办副主任陈建领参加北京福建企业总商会活动。

10月27日 市委社会工委委员、市社会办副主任陈建领率队到朝阳区督导检查商务楼宇“五站合一”工作站建设情况。

10月27日至31日 市委社会工委委员、市社会办副主任王智玲率队对首都城市环境建设进行月检查。

10月28日 市委社会工委委员、市社会办副主任陈建领参加市直机关学习贯彻党的十八届四中全会精神首场报告会。

同日 委办领导宋贵伦、王丽竹等研究《关于加快推进“三网”融合　全面加强网格化体系建设的指导意见》修改工作。

同日 市委社会工委委员、市社会办副主任陈建领参加市红十字会“中国首架专业航空医疗救援直升机启航仪式”。

同日 市委社会工委委员、市社会办副主任陈建领与北京外商投资企业协会负责人座谈工作。

10月29日 市委社会工委书记、市社会办主任宋贵伦主持召开2014年第20次工委会议。会议研究了2014年社会建设专项资金拨付、社会组织系列培训等事宜。

同日 市委社会工委书记、市社会办主任宋贵伦到国家创新与发展战略研究会，研究“创新社会治理　加强社会建设”2014（贵阳）年会有关工作。

同日 市委社会工委书记、市社会办主任宋贵伦参加中央党校与深圳市宝安区委组织部举办的“全面深化改革专题培训班”座谈交流会。

同日 市委社会工委委员、市社会办副主任王丽竹参加石景山区广宁街道智慧生活便民综合服务站揭牌仪式。

同日 市委社会工委委员、市社会办副主任王智玲参加 APEC 会议冲刺阶段火灾防控再动员再部署暨2014 年度今冬明春火灾防控工作会议。

同日 市委社会工委委员、市社会办副主任王智玲参加北京市非紧急救助服务系统工作会。

10 月 30 日 市委书记郭金龙主持召开市委党的群众路线教育实践活动领导小组第 14 次会议（扩大）。市委社会工委书记、市社会办主任宋贵伦参加。

同日 市委社会工委书记、市社会办主任宋贵伦主持召开委办领导班子扩大会，传达学习党的十八届四中全会文件。

同日 市委社会工委书记、市社会办主任宋贵伦主持召开 2014 年第 11 次主任办公会议。会议传达学习了党的十八届四中全会、习近平总书记重要讲话、全市培育和践行社会主义核心价值观工作经验交流会及全市基层党建工作推进会精神，听取了各处室 10 月份工作完成情况及 11 月份工作计划的汇报，研究部署了近期重点工作任务。

同日 市委社会工委副书记、市社会办副主任张坚参加延庆县社工心理干预能力培训开班仪式并做动员讲话。

10 月 31 日 市委社会工委书记、市社会办主任宋贵伦主持召开工委会议研究学习贯彻党的十八届四中全会有关问题。

同日 委办领导宋贵伦、张坚、陈建领、刘占山、王智玲参加市委市政府理论学习中心组学习（扩大）会，学习党的十八届四中全会精神。

同日 市委社会工委书记、市社会办主任宋贵伦主持召开委办领导班子扩大会，继续学习党的十八届四中全会精神。

同日 市委社会工委副书记、市社会办副主任张坚主持召开 2014 年北京社会建设研究基地工作会议。

同日 市委社会工委委员、市社会办副主任王智玲参加“民防进社区”暨纪念新中国人民防空创立 64 周年社会宣传月启动仪式。

11 月

11 月 1 日 市委社会工委委员、市社会办副主任王丽竹参加全国“心系”系列活动组委会办公室 2014—2015 年度“健康路　幸福家　中国梦”家庭营养健康进社区活动。

11 月 2 日 市长王安顺主持召开第 59 次市政府常务会议。市委社会工委书记、市社会办主任宋贵伦参加。

11 月 2 日至 3 日 市委社会工委委员、市社会办副主任陈建领率队到石景山、丰台区督导检查商务楼宇“五站合一”工作站建设情况。

11 月 3 日 市委社会工委委员、市社会办副主任陈建领参加市级“枢纽型”社会组织工作协商会。

同日 市委社会工委委员、市社会办副主任王智玲参加京台社区发展合作交流工作会。

11 月 5 日 市委社会工委书记、市社会办主任宋贵伦出席北京师范大学“首都社会治理架构研究”专题研讨会。

同日 市委社会工委委员、市社会办副主任王智玲到大兴区调研督察社区用房建设和年度社区建设重点任务完成情况。

11 月 6 日 市委社会工委书记、市社会办主任宋贵伦参加北京市委党校党性教育基地建设研讨会。

11 月 13 日 市长王安顺主持召开市政府常务会议。市委社会工委委员、市社会办副主任王智玲参加。

同日 市委社会工委书记、市社会办主任宋贵伦主持召开“创新社会治理　加强社会建设”2014（贵阳）年会预备会议。上海、广东、贵阳、南京、大庆、嘉兴、温州等地社会建设工作部门负责人参加会议。

11月14日 市委社会工委委员、市社会办副主任王丽竹与长风信息技术联盟领导、专家座谈研究《网格化服务管理体系建设技术指导标准》项目实施工作。

同日 市委社会工委委员、市社会办副主任王智玲参加市政府禁毒工作会议。

同日 市委社会工委委员、市社会办副主任王智玲与市统计局副巡视员孟素洁座谈研究加强基层统计工作。

同日 市委社会工委委员、市社会办副主任王智玲参加委办迎接2014年度中央综治考评工作部署会。

同日 市委社会工委委员、市社会办副巡视员赵济贵参加2014北京国际老龄产业博览会开幕式并参观“北京社会建设视野下的老年服务”展览。

11月14日至15日 “创新社会治理 加强社会建设”2014（贵阳）年会召开。国家创新与发展战略研究会会长，中央党校学术委员会主任、原常务副校长郑必坚，北京师范大学中国社会管理研究院院长、国务院研究室原主任、国家行政学院原常务副院长魏礼群分别演讲。市委社会工委书记、市社会办主任宋贵伦做主旨演讲。委办领导赵小卫、张坚、刘占山一同参加。

11月15日 贵州省委常委、政法委书记、副省长秦如培，省委常委、贵阳市委书记陈刚，省委常委、宣传部部长张广智接见北京市委社会工委、市社会办出席“创新社会治理 加强社会建设”2014（贵阳）年会代表。委办领导宋贵伦、赵小卫、张坚、刘占山参加。

同日 市人大代表赴朝阳区六里屯街道十里堡北社区、朝阳区社会组织服务中心视察社区建设与社会组织培育工作。委办领导陈建领、王智玲陪同视察。

11月16日 市委社会工委委员、市社会办副主任陈建领参加市法学会“首都青年普法志愿者基层公益行启动仪式暨培训”。

同日 市委社会工委委员、市社会办副主任陈建领参加市农民专业合作社联合会“2014北京国际农业产业化展览会”。

11月17日 市委社会工委副书记、市社会办副主任张坚参加市人大常委会改革立法项目建议座谈会。

同日 市委社会工委委员、市社会办副主任刘占山参加“专业社会工作创新项目”事前绩效评估情况入户调研座谈会。

11月17日至21日 “北京大学——北京市社会组织治理创新高级研修班”（第一期）举办。委办领导宋贵伦、陈建领为培训班授课。市级“枢纽型”社会组织、市级行业协会商会150名相关负责人参加培训。

11月18日 市委社会工委书记、市社会办主任宋贵伦与中央电视台“社会与法”栏目负责人研究《社会时代》精华版编播工作。

同日 市委社会工委委员、市社会办副主任王智玲与市科委委员王建新座谈研究安全蔬菜进社区事宜。

11月18日至21日 2014年北京市创新社会治理专题研讨班举办。市委社会工委书记、市社会办主任宋贵伦做专题报告。十八届四中全会文件起草组、国家行政学院、市委党校有关专家和市民政局领导进行专题辅导。委办领导张坚、陈建领、刘占山、王智玲、赵济贵参加分组讨论。各区县政府社会建设工作主管领导，区县社会工委书记、社会办主任，市级“枢纽型”社会组织主管领导，河北省廊坊市交流干部及市委社会工委、市社会办部分机关干部等66人参加。

11月19日 市委社会工委书记、市社会办主任宋贵伦为公安部直属机关党校第63期处级党员干部进修班做专题报告。

同日 市委书记郭金龙主持召开十一届市委常委会第131次会议。市委社会工委副书记、市社会办副主任张坚列席。

同日 市委社会工委委员、市社会办副主任陈建领参加全市商务楼宇“五站合一”工作站建设东城区督导检查情况通报会。

11月19日至21日 全市社会组织党组织负责人示范培训班举办。市委社会工委书记、市社会办主任宋贵伦为培训班授课，市委社会工委委员、市社会办副主任陈建领参加分组讨论及结业式活动。全市100名社会组织党组织负责人参加培训。

11月20日 市委社会工委委员、市社会办副主任陈建领参加全市中共党史工作会。

同日 市委社会工委委员、市社会办副主任陈建领参加市私个协“让党旗在非公经济领域高高飘扬”宣讲会。

11月22日 委办领导宋贵伦、张坚参加国家行政学院社会治理研究中心“以法治精神推进社会治理”——学习十八届四中全会精神暨专家聘任会，并被聘为特约研究员。

同日 市委社会工委书记、市社会办主任宋贵伦出席北京市委党校北京社会建设研究会成立大会暨首都社会建设学术研讨会。

11月24日 市委社会工委书记、市社会办主任宋贵伦与北京国际城市发展研究院院长连玉明座谈研究《当代中国社会大事典(北京卷)》《北京街道百科全书》编纂工作。

同日 市委社会工委副书记、市社会办副主任张坚参加《北京社会心态蓝皮书(2013—2014)》发布会并讲话。

同日 市委社会工委委员、市社会办副主任陈建领参加“北京市第十四次归侨侨眷代表大会”开幕式。

同日 市委社会工委委员、市社会办副主任刘占山参加“北京市妇联系统社会工作骨干培训班”开班式并讲话。

同日 市委社会工委委员、市社会办副主任王智玲与市台办副巡视员杜德平座谈研究京台社区论坛和赴台交流调研事宜。

11月24日至28日 全市街道党工委书记集中培训班举办。市委社会工委书记、市社会办主任宋贵伦为培训班授课，市委社会工委委员、市社会办副主任陈建领参加分组讨论及结业式活动。全市街道党工委书记、相关主管部门工作人员共165人参加培训。

11月24日至28日 “北京大学——北京市社会组织治理创新高级研修班”（第二期）举办。委办领导宋贵伦、陈建领为培训班授课。各区县社会工委、社会办及“枢纽型”社会组织、部分街道办事处150名相关负责人参加培训。

11月24日至28日 市委社会工委委员、市社会办副主任王丽竹带队赴重庆市、厦门市考察学习网格化社会服务管理工作。

11月25日 市长王安顺主持召开第61次市政府常务会议。市委社会工委书记、市社会办主任宋贵伦参加。

同日 市委组织部“选人用人”工作检查组进驻委办并召开“选人用人”工作民主评议会。委办领导宋贵伦、张坚、陈建领、刘占山、赵济贵及机关全体副处级以上干部参加。

同日 市委社会工委委员、市社会办副主任陈建领参加全市商务楼宇“五站合一”工作站建设西城区督导检查情况通报会。

同日 市委社会工委委员、市社会办副主任陈建领参加市民交协“第四届北京国际民间组织沙龙汇”。

同日 市委社会工委委员、市社会办副主任王智玲参加市民族工作会议筹备工作领导小组第一次会议。

同日 市委社会工委委员、市社会办副主任王智玲到东城区调研京台社区论坛准备工作。

11月25日至26日 市委组织部“选人用人”工作检查组组织个别谈话。委办领导宋贵伦、张坚、陈建领、刘占山、王智玲、赵济贵及各处室主要负责人、部分副处级干部参加。

11月26日 市委社会工委副书记、市社会办副主任张坚参加市委十一届六次全会报告征求意见座谈会。

同日 市委社会工委委员、市社会办副主任王智玲参加全市2014年度冬季消防和预防煤气中毒工作会议。

11月27日 市委组织部“选人用人”工作检查组反馈委办“选人用人”工作检查

情况。市委社会工委书记、市社会办主任宋贵伦参加。

11月28日 市委社会工委委员、市社会办副主任刘占山参加“专业社会工作创新项目”事前绩效评估专家评审会。

12月

12月1日 市委社会工委书记、市社会办主任宋贵伦与市委组织部常务副部长张志伟、部务委员张彤军座谈并参加党建工作处处长葛永泽同志报到会。委办领导陈建领、刘占山参加。

12月1日至5日 全市街道办事处主任集中培训班举办。市委社会工委书记、市社会办主任宋贵伦做专题报告，委办领导张坚、陈建领、刘占山、王丽竹、王智玲、赵济贵参加分组讨论。全市街道办事处主任、西藏自治区拉萨市和河北省滦平县交流干部，以及相关主管部门工作人员共170余人参加培训。

12月1日至5日 “北京大学——北京市社会组织治理创新高级研修班”（第三期）举办。市委社会工委书记、市社会办主任宋贵伦为培训班做报告，市委社会工委委员、市社会办副主任陈建领参加学员论坛。全市150名相关公益组织负责人参加培训。

12月2日 市长王安顺主持召开第62次市政府常务会议。市委社会工委书记、市社会办主任宋贵伦参加。

同日 副市长戴均良召开2014年度民主生活会征求意见座谈会。市委社会工委书记、市社会办主任宋贵伦参加。

同日 市委社会工委副书记、市社会办副主任张坚参加北京市社会科学界联合会第六次代表大会并当选市社科联常委。

同日 市委社会工委副书记、市社会办副主任张坚参加城市管理体制改革专项小组第五次全体会议。

同日 市委社会工委委员、市社会办副主任陈建领参加北京市红十字会造血干细胞宣传推广活动。

同日 市委社会工委委员、市社会办副巡视员赵济贵参加市人大内务司法对口联系单位市级预算编制情况汇报会。

12月2日至3日 市委社会工委委员、市社会办副主任陈建领率队到海淀、丰台区集中反馈督导商务楼宇“五站合一”工作站建设情况。

12月4日 市委书记郭金龙主持召开市委市政府理论学习中心组学习（扩大）会议。委办领导张坚、陈建领、刘占山、王丽竹、王智玲、赵济贵参加。

同日 市委社会工委书记、市社会办主任宋贵伦出席“2014年社会治理创新·西城论坛”。市社会建设工作领导小组办公室副主任赵小卫一同参加。

同日 市委社会工委书记、市社会办主任宋贵伦参加北京市人大理论研究会“人大制度在首都社会治理体系创新中的优势和作用”课题开题。

同日 首个国家宪法日，委办组织机关干部学习会，委办领导张坚、陈建领、王丽竹和机关党员干部集体观看中央电视台“社会与法”频道播出的《法在心中·民情日记》。

12月5日 市委社会工委委员、市社会办副主任王丽竹参加国务院农民工工作领导小组第五督察组与本市农民工工作联席会议成员单位交换意见会。

12月6日 市委社会工委委员、市社会办副主任刘占山到委办所属事业单位公开招聘工作人员笔试考点巡视。

12月8日 副市长戴均良与市委社会工委书记、市社会办主任宋贵伦个别谈话，征求对市政府领导班子和戴均良本人民主生活会意见。

同日 市委社会工委书记、市社会办主任宋贵伦参加市委老干部工作领导小组会。

同日 市委社会工委委员、市社会办副主任陈建领参加市建设学习型党组织工作协调小组调研。

同日 市委社会工委委员、市社会办副

主任刘占山参加北京市专业社工机构委员会成立大会。

12月8日至12日 “北京大学——北京市社会组织治理创新高级研修班”（第四期）举办。委办领导宋贵伦、陈建领为培训班做报告。来自全市2014年度购买社会组织管理岗位的150名在岗聘用人员参加培训。

12月9日 市委社会工委书记、市社会办主任宋贵伦主持召开2014年第22次工委会议。会议研究了《当代中国社会大事典（1978—2013）·北京卷》编撰经费、《中国社会改革评论（第2辑）》出版等事宜。

同日 市委社会工委书记、市社会办主任宋贵伦主持召开2014年第12次主任办公会议。会议传达学习了《中共北京市委关于落实党风廉政建设责任制党委主体责任和纪律监督责任的意见》有关精神，通报了2014年全市党风廉政建设责任制检查、《2013年北京市市级大额专项资金绩效评价报告》等情况，听取了各处室11月份工作完成情况及12月份工作计划汇报，研究部署了近期重点工作任务。

同日 市委社会工委副书记、市社会办副主任张坚主持召开北京市社会心理工作联合会第一届第五次理事会。

同日 市委社会工委委员、市社会办副主任陈建领参加大兴区社会组织联合会成立大会。

同日 市委社会工委委员、市社会办副主任刘占山参加“北京市社会工作行业组织发展研修班”开班仪式并讲话。

同日 市委社会工委委员、市社会办副主任王丽竹与市经信委领导座谈研究2015年网格化体系建设项目前置审批事宜。

同日 市委社会工委委员、市社会办副巡视员赵济贵率队到朝阳区集中反馈督导商务楼宇“五站合一”工作站建设情况。

12月10日 市委社会工委书记、市社会办主任宋贵伦与市法学会党组书记苗林、市对外友协党组书记田雁等领导座谈“枢纽型”社会组织工作。市委社会工委委员、市社会办副主任陈建领参加。

同日 市委社会工委委员、市社会办副主任陈建领参加全国基层党建研究中心到通州区调研社会领域服务型党组织党建工作情况。

同日 市委社会工委委员、市社会办副主任陈建领与北京商务服务联合会负责人座谈。

同日 市委社会工委委员、市社会办副主任王丽竹与全国“心系”系列活动委员会座谈研究网格化“心系”系列活动服务体系工作。

12月11日 市长王安顺主持召开第63次市政府常务会议。市委社会工委书记、市社会办主任宋贵伦参加。

同日 市委社会工委书记、市社会办主任宋贵伦与中国社会报社社长周蔚华、副总编吴贵民等座谈加强合作事宜。委办领导陈建领、刘占山参加。

同日 市委社会工委委员、市社会办副主任陈建领率队到石景山区集中反馈督导商务楼宇“五站合一”工作站建设情况。

同日 市委社会工委委员、市社会办副主任王丽竹与北京银长城信息技术有限公司座谈研究智慧社区建设。

同日 市委社会工委委员、市社会办副主任王智玲参加市、区人大代表社会建设意见座谈会。

12月12日 市委书记郭金龙主持召开十一届市委常委会第135次会议（扩大），传达学习中央经济工作会议精神。市委社会工委书记、市社会办主任宋贵伦列席。

12月13日 市委社会工委书记、市社会办主任宋贵伦出席北京师范大学中国社会管理研究院专家咨询委员会全体会议。

同日 市委社会工委书记、市社会办主任宋贵伦出席全面建成小康社会新阶段社会建设系列调研专家课题成果交流会。市委社会工委副书记、市社会办副主任张坚参加。

同日 市委社会工委副书记、市社会办副主任张坚参加北京交通大学第三届首都社会建设与社会诚信论坛并致辞。

同日 市委社会工委委员、市社会办副主任陈建领参加“京郊优质农产品进社区”活动。

12月14日 市委社会工委书记、市社会办主任宋贵伦参加全市干部在线学习精品课程录制。

同日 市委社会工委委员、市社会办副主任王智玲到东城区台湾会馆指导京台社区发展论坛筹备工作。

12月15日 首届京台社区发展论坛在北京举办。论坛以“同心筑梦 共促发展”为主题，由市台办、市社会办主办，北京海峡两岸社区发展研究中心、台湾金马台澎两岸交流协会承办。台盟中央副主席、中华全国台湾同胞联谊会副会长苏辉、北京市副市长戴均良出席论坛并致辞。市委社会工委书记、市社会办主任宋贵伦发表主旨演讲，市委社会工委委员、市社会办副主任王智玲主持论坛主题演讲。京台两地专家学者，街道、社区及媒体代表200余人参加。

同日 市委社会工委委员、市社会办副主任刘占山与中国社工协会副会长兼秘书长赵蓬奇座谈研究社区社会工作形势与发展前景。

同日 市委社会工委委员、市社会办副主任王丽竹赴海淀区中关村街道和东城区北新桥街道调研智慧养老工作。

同日 市委社会工委委员、市社会办副主任王智玲参加“饮水思源——南水北调中线工程展”开幕式。

12月15日至19日 北京市社区工作者深化培训示范班举办。委办领导宋贵伦、刘占山参加培训班结业式。全市各区县社区党组织、居委会、服务站业务骨干130余人参加培训。

12月15日至19日 “北京大学——北京市社会组织治理创新高级研修班”（第五期）举办。委办领导宋贵伦、陈建领为培训班做报告。来自全市2014年度购买社会组织管理岗位的部分在岗聘用人员及社会公益组织负责人共150人参加培训。

12月15日至31日 委办领导张坚、陈建领、刘占山、王丽竹、王智玲、赵济贵分别参加分管处室务虚会，研究2015年重点工作思路。

12月16日 市长王安顺主持召开市政府常务会议。市委社会工委书记、市社会办主任宋贵伦参加。

同日 市委社会工委书记、市社会办主任宋贵伦与市委第一指导组座谈研究2014年度委办领导班子民主生活会有关事宜。

同日 市委社会工委书记、市社会办主任宋贵伦主持召开2014年第23次工委会议。会议研究了2014年度社会组织公益服务品牌评审表彰等事宜，传达了市委指导组进驻委办座谈会有关情况。

同日 市委社会工委副书记、市社会办副主任张坚参加全市“十三五”规划前期重大课题《“十三五”时期首都社会治理创新研究》中期评审会。

同日 市委社会工委副书记、市社会办副主任张坚参加市委改革办改革实施规划编制对接会。

同日 市委社会工委委员、市社会办副主任陈建领主持召开市直机关工委检查委办贯彻《中国共产党党和国家机关基层组织工作条例》及实施办法落实情况迎检工作会并汇报。

同日 市委社会工委委员、市社会办副主任王丽竹参加第二轮《政府志》编纂委员会全体会。

同日 市委社会工委委员、市社会办副主任王丽竹参加“非遗助教”工作现场会。

同日 市委社会工委委员、市社会办副主任王智玲参加2014年全市社会动员与志愿服务工作座谈会。

12月17日 市委社会工委书记、市社会办主任宋贵伦出席委办与中国中共党史学会、市社科联举办的党史讲堂活动。市委社会工委委员、市社会办副主任王丽竹一同参加。

同日 市委社会工委副书记、市社会办副主任张坚参加北京市社会心理工作联合会第二届年会并做大会报告。

同日 市委社会工委委员、市社会办副主任陈建领参加全市2014年社会领域党建工作例会。

同日 市委社会工委委员、市社会办副主任陈建领为市科协“科技社团能力建设研讨班暨学会沙龙”做报告。

同日 市委社会工委委员、市社会办副主任王智玲参加2014年全市社区建设总结座谈会并讲话。

12月17日至24日 市委社会工委委员、市社会办副巡视员赵济贵参加赴台社区建设参访团，就落实京台社区发展合作交流项目与台湾基层社区和民众深入交流。

12月18日 市委社会工委书记、市社会办主任宋贵伦参加市政协委员视察西城区社会建设工作座谈会。市委社会工委委员、市社会办副主任陈建领参加。

同日 市委社会工委书记、市社会办主任宋贵伦参加市人大代表“社会工作与法治”座谈会。

同日 市委社会工委、市社会办组织所属事业单位公开招聘工作人员面试。委办领导张坚、刘占山、王丽竹，北京双高朝阳人力资源开发中心专家及委办相关处室负责人担任考官。

同日 市委社会工委委员、市社会办副主任王丽竹与北京长风信息技术产业联盟座谈研究《北京市网格化服务管理体系技术指导标准》修改完善工作。

同日 市委社会工委委员、市社会办副主任王丽竹与市体育局协商将《北京市体育健身站点数据库》纳入全市网格化体系建设数据资源目录。

12月19日 市委社会工委委员、市社会办副主任王丽竹参加市委组织部举办的党的十八届四中全会精神培训班。

12月22日 市委社会工委委员、市社会办副主任陈建领与北京支部生活杂志社领导座谈。

12月22日至24日 市委社会工委书记、市社会办主任宋贵伦参加北京市十一届委员会第六次全体会议。

12月23日 市委社会工委委员、市社会办副主任陈建领参加北京市水产业商会党委年度工作总结暨表彰大会。

同日 市委社会工委委员、市社会办副主任王丽竹与北京市屋顶绿化协会座谈屋顶绿化及家庭园艺进社区、进网格事宜。

12月24日 市委社会工委书记、市社会办主任宋贵伦主持召开委办理论中心组学习扩大会。会议传达学习了习近平总书记在中央经济工作会议上的重要讲话和市委十一届六次全会精神。委办领导张坚、陈建领、刘占山、王丽竹、赵济贵和机关全体干部参加会议。

同日 市委社会工委、市社会办组织干部观看《“小官巨腐”警示录》电视片。委办领导宋贵伦、张坚、陈建领、刘占山、王丽竹、赵济贵和机关全体干部一同观看。

同日 市委社会工委书记、市社会办主任宋贵伦主持召开2014年第24次工委会议。会议研究了2014年度社会组织公益服务品牌评审表彰、社会建设系列调研课题追加经费有关事宜。

同日 市委社会工委委员、市社会办副主任刘占山向市委组织部检查组汇报2014年社会工作人才队伍建设情况及2015年重点工作。

12月25日 市委社会工委书记、市社会办主任宋贵伦参加2014年北京市区县委书记抓基层党建工作述职评议考核会。

同日 市委社会工委委员、市社会办副主任陈建领参加全国非公有制企业党建论坛（2014年会）暨“万丰奥特”杯非公有制企业党建主题征文交流研讨会。

12月26日 市委社会工委副书记、市社会办副主任张坚参加委办赴台湾交流访问团组行前培训会。

同日 市委社会工委委员、市社会办副主任王丽竹主持召开全市社会建设信息化2014年工作总结及2015年工作部署会。

12月26日至31日 委办领导宋贵伦、张坚、陈建领、刘占山、王丽竹、王智玲、赵济贵分别主持召开2014年度民主生活会征求意见座谈会，听取工作对象和服务对象的意见建议。

12月27日 市委社会工委委员、市社会办副主任王丽竹参加“梦圆南水北调·建设美丽北京”通水活动。

12月29日 市委社会工委书记、市社会办主任宋贵伦主持召开2014年第25次工委会议。会议研究了2014年度领导班子民主生活会召开前有关事项。

12月29日至30日 市委社会工委委员、市社会办副主任陈建领参加“2014年社会组织工作总结交流会”。

12月30日 市委社会工委书记、市社会办主任宋贵伦参加北京市委人大工作会议。

同日 社会事业与社会治理体制改革专项小组第四次全体会议召开。委办领导宋贵伦、张坚参加。

同日 市委组织部组织王智玲同志试用期满转正任职考察谈话。委办领导宋贵伦、张坚、陈建领、刘占山、王丽竹、赵济贵参加。

同日 市委社会工委委员、市社会办副主任王智玲参加全市维稳工作专题会议。

同日 市委社会工委委员、市社会办副巡视员赵济贵参加东城区2015年新年音乐会。

·理论文章与调研考察报告·

外出考察报告

美国社会管理创新学习考察报告

2014 年 8 月至 9 月间，笔者有幸参加了北京市创新社会治理境外培训班学习，用 50 天的时间在美国芝加哥大学学习社会治理理论，拜访政府部门、走访 NPO 组织、观摩社区和宗教活动、深入美国友好家庭，比较真切地了解美国社会生活，对美国的社会治理，有很多认识和感悟，现就重点收获总结汇报如下。

一、基本情况

（一）美国法律制度比较完备，依法治理与地区自治有机结合

美国最高法律是联邦《宪法》，任何人（组织）不得违反《宪法》，联邦设立《宪法》法院，负责审理违反《宪法》案件。各州有权制定本州《宪法》和法律，但是，州、郡、市、社区和村确立的法律、规章，不得与上位法相悖，各种法律、规章也都不得与联邦《宪法》相悖，只能对上位法没有规定的事情做出规定。总的看来，美国法律不仅条款完备，而且内容具体明确，有很强的操作性。例如，美国《宪法》第三款明确规定，“参议员于第一次选举后举行会议之时，应当立即尽量均等地分成三组。第一组参议员的任期，到第二年年终时届满，第二组到第四年年终时届满，第三组到第六年年终时届满，即每两年有三分之一参议员改选”，这样，既保证了参议员的连续性与稳定性，又不断有新选出的参议员补充进来，保证了参议员的代表性和先进性；又如，《宪法》第二条、第二款中规定“凡根据一州之法律应在该州服役或服劳役者，逃往另一州时，不得因另一州之任何法律或条例，解除其服役或劳役，而应依照有权要求该项服役或劳役之当事一方的要求，把人交出”，此项法规具体明了，便于严格执行。

美国法治，由于是以块为主，逐层立法，依法治理，法律的覆盖面宽，政府、社会（民众）和执法机构都能严格依法办事，法律公信力很高。例如，伊利诺伊州对钓鱼、狩猎、公开场合饮酒、养狗以及宰杀动物等都有明确的法律规定。而且，伊州每年都会通过议会确立新的法律，规范社会生活，确保法律不滞后于社会发展，行政管理有法可依。伊州街道环境卫生局一年依法处罚违章罚款收入达 4700 万美元，可见执法力度之大。美国市以下行政区依法自治，居民参与社会活动热情很高，此次观摩的 9 月 1 日劳工节游行、每年一度的芝加哥航展以及社区文体娱乐活动，所到之处，无不感到居民热情参与的积极性。特殊功能区政府为居民提供了良好的休闲文化体育场所和设施，居民生活情趣广泛，生活质量高。

美国在联邦和州层面设立司法机构。联邦大法官由总统任命，终身制；州法官由议会选举，并由州法官委员会任命助理法官，参与法律诉讼。在郡设州巡回法院，州巡回法院在市级也可设专项法院。州郡设首席检察官，设有检察官办公室。地方检察官机构大多和律师机构关联，也有的市把检察官职能和法律咨询、法律顾问服务外包给律师事务所。美国在全国没有统一的警察机构，联邦、州和地方政府依法选举警察局局长，设

立独立的警察队伍。警察局会根据本地情况设立内设机构，一般设巡警单元，刑侦单元和打击黑帮、贩毒单元。所有的市以上行政单元都设有消防局，负责消防、应急和急救工作，而且，集中三项功能于“一车”，服务效率很高。

（二）美国税收制度比较合理，税收条目与支出清单公开透明

美国的税收体制公开透明，各级政府收多少税、公民个人缴多少税，税收支出花到哪里，清清楚楚。从联邦到各州、郡、市、街区政府，每年收什么税、税率多少，全年支出多少、用于何处，都要经过议会审议批准。每年经议会批准的预算方案中，税收收入分别用于公共安全、社会保障、公共医疗、教育卫生、文体设施以及环境维护和基础建设等。例如，下表是芝加哥瑞博市一家住户2013年缴纳7600美元房地产税的分配情况：

房地产税分享机构	各机构分享房地产税比例	说明
本市学区 社区大学 高中学区 小学、初中学区	总计62.64%，其中 2.66% 24.14% 35.84%	美国公立小学、初中、高中没有学费，学校开支（包括教师工资）完全依靠房地产税。社区大学基本学制为2年，学费很低，开支（包括教师工资）相当大程度依靠房地产税
本市市政府 市政府开支 市立图书馆 福利院 政府补助基金 市镇政府	总计23.25%，其中 14.72% 5.85% 0.89% 0.29% 1.50%	市政府开支包括城市公共设施建设及维护、政府工作人员、警察、消防员的工资及其他行政开支，但不包括市立图书馆及公园开支（另外单列）。市镇政府是美国行政体系特有的，管理老年人及青少年事务，以及房地产税评估与申诉。政府补助基金为低收入家庭所用
Cook郡政府 森林保护局 电力补助 郡政府开支 郡公共安全开支 郡医疗机构开支	总计5.39%，其中 0.56% 0.25% 2.25% 1.79% 0.54%	电力补助是地方政府对低收入家庭电费的补助。郡政府开支包括郡政府工作人员及行政开支。郡公共安全开支包括郡警察的工资。郡医疗机构开支主要是郡公立医院开支
其他机构 蚊子防治 水资源保护 市立公园	总计8.72%，其中 0.13% 3.41% 5.18%	

由此可见，公民个人税单会明确告知所缴纳的税收总额，会分给每个政府多少，用在哪些部门多数，公民一目了然，心悦诚服。

（三）美国非营利组织发达，政府部门与社会组织是合作伙伴

美国的非营利组织发展历史较早，与其宗教背景有关。第二次世界大战期间，由于战争需要，非营利组织大量出现，进入20世纪80年代，由于经济危机出现，政府与社会都需要非营利组织帮助，于是，非营利组织发展再次出现高潮。从2000年以来非营利组织增长了24%，平均每175人就有一个非营利组织。截至目前，美国有230万个非营利组织，其中正式登记的有160万个。

在美国，非营利组织发挥其优势，已成为政府服务社会不可或缺的合作伙伴。例如，库克郡应急食品供应储备中心是非营利组织，服务于全郡大约80万食品困难人群，每年运营成本3100万美元，80%来自民间捐助，20%政府拨款。每年为86700人次提供5500万顿应急食品供应，全部食品的50%来自食品加工企业、超市和农场主捐助，20%政府

提供，30%自采购，与政府共同解决了食品困难者需要。政府、企业和非营利组织共同参与社会治理，克服了各方缺陷，实现优势互补、良性互动，取得明显的社会效果。同时，非营利组织不断发展壮大，更好地实现了自身的使命价值。

非营利组织也是政府服务公益的重要合作伙伴，2012年，全美国政府共为非营利组织拨款810亿美元，伊利诺伊州平均每个注册非营利组织可获得政府7个服务订单的拨款，来自政府的拨款占非营利组织收入60%左右。芝加哥市政府家庭服务局每年预算3.3亿美元，全部服务项目外包给全市300家非营利组织。2008年以来，非营利组织不论员工数量还是工资收入都有了很大的增长。非营利组织的发展也带动了志愿者队伍的扩大，2011年，全美有27%的人参与一次以上志愿服务，总计服务时间152亿小时，价值和个人捐款等同。

（四）芝加哥适时、成功转型，世界城市建设与经济社会发展同步推进

芝加哥历史上是印第安人的一个要塞，白人占领以后发展成为农产品交易中心和重要交通枢纽。19世纪末期以来，经济的高速发展给芝加哥带来了城市环境上的沉重负担，湖滨地区和芝加哥河两岸布满了工厂、铁路、码头和仓库，废水直接排放，导致密西根湖和芝加哥河水污染严重，芝加哥人的生活受到严重影响，改造的呼声越来越大。

1871年，一场大火使全市1.8万栋建筑几乎化为灰烬，10万人无家可归。同时，这场大火给芝加哥带来了重新规划和建设的机会。1909年，受芝加哥市政府委托，丹尼尔·伯纳姆提出了著名的“芝加哥规划”。从此，开始了芝加哥新城建设。1893年，芝加哥主办了世界哥伦布博览会，获得极大成功，共吸引2750万游客参观。在此前一年，芝加哥大学也在此创建。20世纪50年代起，中上层居民逐渐开始向城市郊区的迁移，导致城市中心很多地段的衰落和贫民窟化。这期间，芝加哥曾主办1968年民主党全国大会，建成了标志性希尔斯大厦、麦考密克会展中心和奥黑尔机场。

1990年以后，由于污染严重，城市居民大量外迁，城市可持续发展受到影响，市政府开始注重实施政策提升芝加哥环境质量，并努力由工业城市向知识导向型城市发展。实施了一些复兴衰落街区、改善城市基础设施、沿湖和沿河城市景观的项目，并且大力发展现代企业、科技服务业和金融服务业，使地区经济有了极大发展。现任市长伊曼纽尔先生把发展商业作为主要政务之一，市政府设立招商局，加大招商力度，实行经济多元化，保障经济稳定发展。目前，芝加哥是全美经济最全面的地区，单独计算经济总量，可以排名在世界前22名之列。目前芝加哥地区的人口有800多万，占全州人口1100万的75%，主要从事钢铁、金属、食品加工、电子、石油加工、印刷和运输机械设备工业，但各行业占比均不超过13%。从产品产量看，肉类加工也居全美首位，钢铁工业占美国第一位，有著名的美国钢铁公司和加工钢厂。美国500家最大的公司中，有33家的总部设在芝加哥及附近地区。《福布斯》500强企业中有47家在此落户。同时，芝加哥还是美国中西部一个重要的金融中心，也是世界金融中心之一。芝加哥证券交易所是美国境内仅次于纽约市的最大证券交易所。芝加哥商业交易所、芝加哥期货交易所和芝加哥交易局举世闻名。芝加哥商业交易所是世界上最大的一个易损货物交易市场。芝加哥期货交易所的成交额超过美国国内任何一个交易所。芝加哥交易局是世界上最大、最早的期货、期权交易市场，它的股票成交额在美国国内名列前茅。芝加哥是美国一些大银行和大金融机构的总部和分支机构所在地。它拥有300多家美国银行、40家外国银行分行和16家保险公司。这些银行和金融机构在商业贷款数额上名列美国全国前3名，各种金融资产总额居美国联邦储备委员会管区的第三位。芝加哥是美国GDP第三高的大都会区（仅次于纽约和洛杉矶），2013年GDP高达

6400亿美元，其中芝加哥市区GDP总量5200亿美元。芝加哥城市的几次适时、成功转型，为北京乃至世界城市发展提供了宝贵经验。

二、学习体会

（一）顺应时势、战略布局，是社会治理创新前提

经验之一：“领先一步”，善于发现并利用机遇。芝加哥历来比其他城市善于抓住机遇。例如，它的地质条件比洛杉矶稳定，地理位置比华盛顿居中，防恐安全度比纽约高，气候比佛罗里达合适，交通比其他城市便捷，已经成为“北美灾害破坏复原中心”，是存放全美政府和企业最重要文件及复制件、备用件的安全储存中心。经验之二：自然条件加上人的努力。芝加哥有着得天独厚的自然优势和社会优势，每年1000毫米降水和4.9亿立方米库容的密歇根湖，给芝加哥提供了充沛的淡水资源，公路、铁路四通八达，大工业发展奠定了城市基础设施，这些客观条件，经过人的挖掘开发，由“潜在优势”变为“显性优势”。经验之三：从“肌肉型”产业变成“头脑型”产业。芝加哥优质而相对便宜的高等教育，优秀的科研机构，丰富的艺术生活，著名的球队，是芝加哥适时成功转型的保证，也是适时成功转型的标志。除了淡水资源外，芝加哥很多优势，北京都具备，如何顺应时势，做好战略布局，是北京加快世界城市建设、推进社会治理创新的前提。

（二）依法治理、区域自治，是社会治理创新基础

以芝加哥为代表，美国实施政府依法行政、社会依法参与、企业依法履行社会责任、社区依法开展居民自治。总的看来，依法治理和以税权定事权，是美国社会治理的基本特色，法制和税制是美国稳定发展的两个轮子。法制是社会稳定保障，税收是社会发展动力。在不断加强法制作用的同时，大力发挥区域自治作用，既节省政府社会管理成本，又体现了市民的主人地位，调动社会各方的积极性，实现良性互动，达到了社会稳定发展目标。但是，美国区域自治发展也不平衡，一般黑人居住区相对较差。有的黑人街区法纪松弛、秩序混乱、商业凋敝，形成破败的景象。

（三）文化教育、素质提升，是社会治理创新重点

芝加哥市大量发展学校、图书馆、文化馆、博物馆、体育馆等各级各类文化设施建设，并且把教育、文化、公园等单独设置为特殊政府功能区，征收专门税收用以各种设施建设和使用。有的市还把文体设施管理单位设为公益机构，享受免税政策，收入直接用以设施建设和举办市民活动，有的充分发挥非政府组织参与作用，最大限度利用文化设施资源，提供给市民使用，获得了良好社会效益。因此，芝加哥有一句名言“多建图书馆，等于少建监狱”。

（四）多元共建、合作治理，是社会治理创新方向

美国社会治理形成了政府、企业、社会（组织和公民）共同参与的良性互动局面，对社会稳定和发展起到了重要作用。在社会治理、服务过程中，美国政府非常注意发挥社会参与作用，凡是政府不好管、管不了、管不好的，都交由社会来管，政府负责埋单。例如，联邦政府为解决家庭住房困难投入专款在各地推动公共住房建设，并成立了直属联邦的公共住房局，但是，发现多数住户是黑人家庭，对政府并不满意，于是把所有的公共住房承包给黑人物业公司管理，成功地化解了矛盾。

三、几点启示

（一）积极推动城市转型

芝加哥几次适时、成功转型的经验值得北京借鉴，要充分认识首都资源禀赋和社会优势，选择好作为首都主要功能和产业发展

的大方向，大力疏解城市功能和产业置换，保持高科技、服务业、金融业、教育和一定的现代制造业，加快美丽乡村建设，实现乡村公共产品、服务城市化发展，改革农村土地政策，加快农村城市化建设速度，大力发展郊区配套产业，尽快形成农村对城市人口的吸引和安置作用，疏解城市过剩人口。

（二）依法加强社区自治

合理划分社区规模，依法设立居民委员会和居民业主委员会，让居民和业主依法参加居住区的治理，真正自己管理、服务自己生活。居民委员会在上级党政组织指导下依法开展自我教育、自我服务、自我管理。理顺居民委员会与居民业主委员会、居民、物业公司之间关系，居民委员会是当地居民最高自治组织，居民业主委员会接受居民委员会监督领导，经业主授权收取和管理居民物业费，负责向市场招标物业公司，并监督服务质量，每年度按服务质量和业主满意度支付物业公司费用。物业公司实行市场化运作、行业化管理，按市场规律优胜劣汰、健康发展。

（三）不断提升市民素质

始终不渝地抓好文化建设，不断提升市民素质，是美国社会治理的成功经验，也是努力把北京建设成为全国首善之区的需要。大力支持教育、文化、体育、科普设施建设，支持公益机构自身发展和开展公益活动，对公益性、半公益性活动适当收取的费用免收地方税，收入用于自身发展和开展新的公益活动，努力调动积极性，打破“干与不干一个样、干多干少一个样”的状态。同时，寓教于乐，大力开展爱国主义、集体主义教育活动，提高市民国家意识和公民意识，加强社会公德、职业道德、家庭美德教育，提高市民道德水准，加强普法宣传，不断提高公民的法制意识，促进依法治国方略的实施。

（四）加快公共服务社会化

大力发展非营利组织，放宽审批限制，对公益性非营利组织实行备案制度，尽快让公益性非营利组织发展形成规模。同时，完善政府购买服务政策，放宽范围，增加投入，尽快把政府“不好管、管不了、管不好”的事项交给社会，实现党委、政府、企业和社会共治的良好局面。加快推进事业单位改革，大部分公益性事业单位均可改变行政隶属关系，转化为非营利组织，参与政府购买社会服务。政府可以不再拨付公益性事业人头费，转为引导事业单位参与购买社会服务，通过提供服务获取经费，努力在加快壮大非营利组织同时，精简政府事业机构，减少财政负担，实现公共产品、服务社会化。

（此文为市委社会工委委员、市社会办副主任刘占山2014年8月9日至9月27日参加北京市“创新社会治理”专题培训班后撰写的考察报告）

关于赴重庆市、福建省厦门市学习考察网格化工作的报告

为学习兄弟省市网格化工作经验，加快推进北京市网格化体系建设，11月24日至28日，北京市委社会工委委员、市社会办副主任王丽竹带队一行8人赴重庆市、福建省厦门市学习考察网格化工作。现将学习考察情况报告如下：

一、基本情况

（一）重庆市网格化工作基本情况

重庆市把城乡社区网格化服务管理作为创新社会治理方式、提升基层社会治理水平

的重要举措，以城市和城镇社区为重点，以“五个落实”（人员、待遇、职责、管理制度、工作保障）为抓手，推动全市城乡社区网格化服务管理工作。截至2014年10月，重庆全市2749个社区8304个行政村分别有2306个社区4778个行政村推行网格化服务管理，覆盖率分别为83.9%和57.5%，其中主城区及其他区县城的1516个城市城镇社区已实现了全覆盖。

（二）厦门市网格化工作基本情况

厦门市充分运用网格理念和现代信息技术，建立以“格”为工作基础、以“网”为运行依托，所有条块力量进“网”、所有服务管理入“格”的社区服务管理方式，探索形成了以“责任网格化、平台信息化、管理精细化、服务人性化”为主要特征的社区网格化服务管理新模式。自2012年7月全面启动社区网格化建设以来，目前已经覆盖了全市176个社区和45个“村改居”社区、农村社区。预计到2014年底，全市将基本完成社区网格化服务管理信息平台升级改造和镇（街）、区级网格化信息平台建设任务，实现跨部门信息共享和业务协同。

二、主要做法

（一）重庆市渝北区主要做法

渝北区按照“社会治理网格化，网格治理清单化，清单管理制度化”的思路，探索形成了一个集“问题发现、问题处置、问题评估”为一体的社区网格化治理工作新格局。

一是围绕问题发现，配强网格治理队伍。目前，渝北全区城乡社区被划分为2831个基础网格。在网格化工作全覆盖的基础上，对现有的楼栋长、治安巡逻员、平安信息员、流动人口协管员、矛盾纠纷调解员等进行职能整合，已经建立起了一支由18877名专、兼职网格管理员组成的常态化社会治理队伍。并探索建立了网格党支部（小组）、家庭轮值网格长等工作制度。按照城乡统筹、城乡有别的原则，整合建立常态化社会治理网格化队伍。主城市社区采取“1+N+X”模式，农村社区采取“0+N+X”模式（农村地区地广、人少，事情相对简单，故不设专职网格管理员）。1或0：专职网格管理员（有报酬）；N：信息员（治安巡逻员、隐患排查员、矛盾纠纷调解员、平安信息员等八大员，无报酬）；X：志愿者（社区党员、居民小组长、热心居民，无报酬）。积极推广“领导成格员、干部当义工、群众当主力”工作法，区委书记、区长带头深入基层网格做义工，起到了极大的引领示范作用。

二是围绕问题处置，健全网格工作机制。按照“问题导向、清单管理、结果倒逼”方法，对群众反映出来的问题，实行“三色”分类、“三级清单”管理、“三清三进”倒逼推进的处置机制，确保网格内问题及时解决。具体做法：渝北区各社区居民反映的问题，由各网格长按“红、橙、黄”三色归类，建立清单，经社区书记、主任分析研判后，实行“三清三进”处理——把社区能够处理的问题归为“红色”类；把社区不能处理的问题，录入服务群众工作信息管理平台，由街道归入“橙色”类；上报街道以上层级处理的问题归入“黄色”类，由此做到让群众反映的问题件件有着落、事事有回音。“三清三进”指：日清周进（一般事项当日处理，每周工作要有进步，下同）、周清月进、月清季进。据统计，2014年1月至9月，渝北区和镇街两级收集到的9719个问题已办结8266个，办结率达85%，其中“红色”类问题办结率超过95%，“橙色”类问题办结率达到80%，“黄色”类问题办结率达到54%，群众满意率均达90%以上。

三是围绕问题评估，提高网格治理实效。成立渝北区社会治理联动中心，目前正在市编办报批。组建网格民意调查组，每季度开展一次民意测评，推选“优秀网格管理员”进行表彰。把社区网格化服务管理纳入区社会治理委员会例会研究内容，定期听取工作汇报，督促重大部署落实，协调解决复杂难题。发挥市场作用，构建“政府搭台、市场运作、社会参与”的运营服务模式，建设一个全区统一的为民服务综合呼叫中心。整合全区97个非紧急类呼叫热线，确定一个为市民、企业和商旅等服务的统一电话号码“96007”。同时，建立机关干部参加网格义工服务定量考核制度。市管干部每年累积时长不少于48小时，区管干部不少于72小时，一般干部不少于96小时。

（二）重庆市南岸区主要做法

南岸区网格化工作以民生需求为导向，以社区自治为基础，以信息化平台建设为载体，切实发挥网格化体系在服务社会民生、维护社会稳定、促进社会和谐等方面的重要作用。

一是推行“三事分流”，明确网格事项分类。南岸区东路社区自2013年开始探索“三事分流”自治模式，居民个人事务属于“私事”，由居民自己解决或寻求市场服务解决；涉及邻里关系、互助服务、公益事业等“小事”，由村居委会通过居民自治解决；涉及市政设施、公共安全等基本公共服务的“大事”，由政府职能部门或街道办事处解决。“三事分流”后，原本社区承担的251项、村承担的153项行政性事务，归并整合保留为62项。社区不再“眉毛胡子一把抓”，逐渐回归了服务自治的本位，同时也为深入网格，服务群众“最后一公里”腾出了更多的精力。在东路社区，社区开发了自己的“社区伙伴”APP，居民办事查询，直接找“线上居委会”，24小时都能提供服务。

二是做实网格化城市管理信息平台，确保快速响应，快速处置。该区数字化城市管理信息系统主要包括8个方面的支撑模块：①开发建设手机APP，即“智慧城管APP”；②开发建设城管执法单兵系统；③开发建设下水道化粪池井盖监管系统；④开发建设下水道化粪池危险漏气监管系统；⑤开发建设特种车辆管理系统；⑥开发建设城市照明路灯监控管理系统；⑦开发建设井盖开放监控系统；⑧开发建设城市管理视频监控系统。为推动网格化城市管理信息平台有效运行，南岸区综合行政执法局采取了三项创新措施。①开通区级微信平台。把城市管理问题向区级微信平台中的区长、主管区领导、街镇长、经办人员进行发布。各部门领导仿照建立内部微信群，及时把区级微信公布的城市管理问题在内部通报，相关责任人处置后第一时间在内部微信群报告。各相关部门负责人第一时间向区级微信平台报告处置结果。②执法队员全部下沉到网格中。通过城管执法单兵系统进行管理。接受任务分派、处置问题、报告处置结果全过程实现视频音频记录。③开展市民抽奖活动，鼓励市民下载运用APP，并通过手机报告城市管理问题，指挥平台通过短信向市民回复处理情况。

（三）厦门市海沧区主要做法

海沧区以共同缔造为理念、以信息化为支撑，探索“责任网格化、平台信息化、管理精细化、服务人性化”的“四化”管理体系，形成了基层网格化治理新模式。厦门市海沧区社区网格化管理服务标准项目被国家标准化管理委员会确定为全国唯一的社区网格化试点。

一是责任网格化。实行“以网格为责任单位、全责管理”的工作模式，社区工作前移、管理服务下沉，将社区所有事务在网格中统筹整合，实现了社区管理的扁平化。划分网格，遵循“街巷定界、规模适度、动态调整”的原则，以街巷、小区、楼栋为基础，按照每个网格管辖300～400户的标准划分网格单元。配备人员，整合“六大员”由社区统一管理使用，有效解决了“六大员”管理使用“两张皮”的问题。

二是平台信息化。2014年海沧区率先完成三级全区网格化信息平台升级改造。新的信息平台是按照“一个网络、一个终端、一个入口”的要求，对原有网格化信息平台进行升级改造，并建立区级数据分中心，通过市、区两级共享协同平台，完成市、区两级数据对接和服务调用，实现了村（居）、镇（街）、区三级网格化平台的互联互通、信息共享、业务协同和联勤联动功能。社区信息平台包括基础数据平台、便民服务平台和移动管理平台，强化分类管理、动态管理和重点管理，实现了一站式服务、管家式服务和菜单式服务，网格自治管理能力不断提升。网格化信息平台运用后，居民可通过基于网格化信息平台建立的智慧社区门户网站中的沟通板块，将社区周边的大小事，反映给所属社区的网格员，网格员可以实时查看居民反映的问题并及时进行处理。

三是管理精细化。创新防控模式。建立治安防控网格化，细化防控措施，问题在第一时间发现、隐患在第一时间排除，实现了管理精细化，大大增强了居民群众的安全感。延伸管理触角。结合社区网格化信息平台，成立了全省首个城管社区工作站，实现了城市管理的无缝隙、全覆盖。在其他事务的管理中，通过定人定责，管理范围更加明确、措施更加有力、责任更加清晰，使各项管理工作在基层得到更好的落实。拓宽监督渠道。在城乡社区设立效能纠风受理点，及时受理和解决影响群众办事的效能问题。

四是服务人性化。帮助居民排忧解难。出台一系列民生保障政策，帮助居民解决医疗、养老、助残、教育等问题，重点关注空巢老人、儿童、残疾人、未就业人员等特殊人群，海沧区海沧街道海虹社区搭建“一网一厅一校”服务平台，使广大社区居民受惠，提升居民生活质量，营造良好生活环境，实现了“零诉讼、零上访、零刑案”的目标。

（四）厦门市湖里区主要做法

我们重点考察了湖里区禾山街道禾山社区在社区综合信息服务平台建设方面的做法。

社区综合信息服务平台主要包括社区网格化管理后台系统和移动办公端。禾山社区网格化管理后台系统，包括网格地图联动、社区台账、楼栋房屋管理、综合统计、用户权限、系统管理等内容。移动办公端，网格员通过手机入户信息系统（录入程序简单便捷，同时信息会自动归档到相应业务信息系统中），现场录入采集信息，可在手机上查阅网格内居民信息和重点人群类管理等信息。

在网格化配套服务方面，主要包括社区户网站、社区微信公众服务平台。两个平台都设有网格化管理专栏。专栏的主要内容包括网格划分地图、网格长、网格员基本信息（照片，联系电话，责任网格）和网格人员职责（网格长、网格员、网格助理员职责）。

在网格化运行机制方面，主要是禾山街道正在推行的“两网”（业务网、应急网）运作模式。即街道将日常业务管理和应急管理工作有机结合起来。一是“业务网”。根据街道各部门日常业务职能，把五大部门80多名工作人员下派到各社区网格中，确保每个社区网格中都有熟悉街道各业务部门的工作“协调员”，使街道、社区日常业务工作紧密对接，做到信息收集、传递、处理、反馈及时。二是“应急网”。重点对街道涉及的综治维稳、防汛防台、文明创建等需要集中人力才能应对的应急工作，以街道各办公室为单位，把工作人员下派到所挂点社区的网格中，确保应对突发事件责任明确、反应迅速，有效处理。通过“两网”模式运作，目的是要解决网格化实行中的4个瓶颈问题：解决业务性和应急性工作网格划分冲突；解决目前网格员“一岗多能”难的实际；解决“条与块”的管理矛盾，加强社区包片领导和分管领导的沟通协调；解决街道、社区网格“两张皮”，两级网格不能完全融合的问题。

三、对北京市网格化服务管理体系建设的启示

纵观重庆市、厦门市网格化工作的成功经验，我们认为做好网格化服务管理体系建设工作需要把握以下几个关键点。

一是领导重视是网格化工作的关键。网格化服务管理体系建设涉及方方面面，是一项不折不扣的“一把手”工程。无论是在重庆还是厦门，乃至北京，我们清楚地看到，网格化工作做得好的地方都得益于“一把手”的高度支持，得益于“一把手”对网格

化工作的深刻认识。比如渝北区区委书记、区长深入基层网格做义工，还明确市管干部每年累计时长不少于48小时，区管干部不少于72小时，一般干部不少于96小时，对网格治理队伍起到了极大的引领示范作用。比如厦门市把网格化工作作为社会治理创新的重要手段，主要领导亲自抓，加强顶层设计，加强资源共享，“大事小情”尽量在网格内解决。

二是服务为先是网格化工作的核心。服务为先、民生导向是重庆、厦门网格化工作最为突出的特点，也是最大的亮点。只有坚持服务为先的理念，网格化工作才能切实发挥作用，才能持续保持旺盛的生命力。重庆市融合网格、网络两张大网，畅通了百姓诉求渠道，快速响应和处置网格事件。近期，重庆市开发了重庆市服务群众工作信息管理系统，旨在为群众办好事、让群众好办事，畅通联系服务群众“最后一公里”。居民通过群工平台、电话、QQ等形式反映自己的诉求和问题后，反映人会得到一个流水号，以后就可以凭此号查询事情办理进度。群众反映的问题，一般事项的处理不超过3个工作日，比较复杂的事项原则上应在7个工作日内办理答复，最多不超过15个工作日。截至10月9日，渝北“群工平台”已受理群众事项4455件，办结4408件，办结率达到98.9%。厦门市充分利用首批TD-LTE规模试验城市的优势，开发了一站式惠民服务平台“i厦门”。该平台是厦门市政府实名认证中心在基于网络实名身份认证的基础上，逐步整合政府公共服务、社会公共服务等相关资源，通过PC端、移动终端、自助终端、智能电视等多渠道，为市民提供的一站式惠民服务的平台。市民可以在任何时间、任何地点、任何终端获得跨部门的政务办事服务、便民应用服务以及个性化的定制服务等，实现了“多走网络，少走马路”的目标。社区网格化信息系统与一站式惠民服务平台“我的社区”板块已经实现对接，可以让市民更直接地了解社区周边发生的新鲜事，享受社区提供的服务。海沧区还联合中国电信厦门分公司开发“美丽厦门”智慧家庭信息服务平台，通过内嵌在智能网络机顶盒中，与网格化信息平台资源对接，打通联系市民的“最后一百米”服务，让市民足不出户也可了解更多的社区公共管理和服务。网格化服务管理体系切实深入到百姓生活，成为群众生活的贴心人、好帮手。

三是社会参与是网格化工作的基础。网格化社会服务管理体系的基础是广大群众，是将政府“大包大揽”的传统模式转变为政府主导、各类社会主体合作治理的新模式。这一点在重庆和厦门的网格化工作中得到了充分体现。重庆市充分利用微信、微博、QQ、APP应用等信息手段拓宽市民与政府、市民与社区、市民与市民间的便捷化互动渠道，引导社区居民以主人翁精神深度参与网格化工作。比如南坪街道东路社区的“社区伙伴”APP，春晖街道翠华社区微信平台成为联系社区与居民重要的桥梁。在网格工作力量配备上，重庆市十分重视志愿者的作用，领导干部带头进网格当义工、群众做主力，社区党员、居民小组长、热心居民作为网格志愿者帮助发现问题，调解矛盾，通过社区居民自治、购买社会组织服务等方式激发社会活力，服务民生需求。厦门市海沧区开展“网格化，微治理”让社区居民真正当家做主。比如海虹社区成立“同心合议厅”，社区网格员、各小区物业代表及居委会人员等共同参与、协商社区大小事务。海沧区借助“微项目”“微组织”，以网格化信息平台为支撑的社区网格“微自治”模式得以建立，在网格内部建立起横向联系，打破了传统社区管理模式的桎梏，激发社会多元参与，居民自治的意识和能力明显提升。

四是资源整合是网格化工作的保障。信息共享是社区提供高速优质服务的基础。社区建有统一的终端数据库，把收集起来的信息进行整合分类，使得社区居民信息“一次集中收集，多处分散共享”，这样不但保证了信息的一致性，而且去除了大量冗余信息，提高服务效率。另外，对于社区居民，网格化管理将各个部门的服务端口共享起来，一旦居民有需求，只需向该网格负责人或者受理中心直接反映即可，社区居民可以享受到“一站式”的集成服务。重庆市渝北区以云平台和大数据中心为支撑，对现有公安、计生、市政、党建、信访、综治等数十个党政部门信息系统进行统一整合，建设了一个以服务对象为中心，以问题和需求为导向的综合信息化平台。厦门市以“一个网络、一个终端、一个入口”的建设目标，对镇（街）、村（居）网格化服务管理信息平台进行升级改造工作，创立了“纵向到底、横向到边、互动共治”的基层治理新模式。通过单点登录功能，可以实现一个入口、一次登录访问所需的社区所有业务系统。

四、加强北京市网格化服务管理体系建设的工作思路

北京市网格化工作正处在全面实现全覆盖、规范化，加快推进“三网”融合的关键阶段，如何在新的起点上推进工作，在借鉴重庆、厦门两市经验的基础上，提出如下建议。

一是统一认识，从首都社会治理创新角度高起点谋划网格化服务管理体系建设工作。网格化体系建设离不开高起点的顶层设计，离不开各级领导特别是“一把手”的高度重视。要紧紧围绕今后5年首都经济社会发展整体目标、建设国际一流和谐宜居之都的总体要求，特别是首都治理能力和治理体系现代化的现实需要，认真做好全市“十三五”期间网格化服务管理体系建设规划编制工作，对全市网格化服务管理体系建设未来5年发展总体框架、发展目标、基本任务做出全面规划和安排。要基于云计算、大数据和物联网等先进技术，本着“面向未来，适度超前”的原则谋划好网格化服务管理体系建设。

二是以人为本，更好地发挥网格化体系服务管理功能。重庆、厦门网格化系统具有强大的服务功能，因此获得了广泛的好评和显著的成效。下一步，北京网格化工作要按照“小网格、大民生、全响应、幸福网”的工作思路，构建网格化走访联系群众服务体系、网格化信息集成服务体系、网格化志愿服务体系、网格化文体服务体系、网格化社会组织服务体系、网格化市场服务体系、网格化特色服务体系、邮政综合服务体系、微网格（微信公众账号）服务体系、街道一站式大厅服务指南体系、社区服务指南体系、“一刻钟社区服务圈”指南体系等。依托网格化服务管理综合信息系统，分步完成集各区县政务大厅、街道一站式服务大厅、社区服务站于一体的综合信息系统建设，建立“一网式”服务大厅，致力于为居民提供便利，让居民不出社区，就能享受到计生、劳动保障、民政救助、文化体育、居家养老、医疗、卫生等各项服务，彻底解决居民办事难问题，切实发挥网格化体系的作用。

三是扩大参与，实现网格化工作的多元治理。党的十八届三中全会将社会管理转变为社会治理，要求我们转变政府职能，扩大社会参与，通过合作治理来加强社会服务管理。第一，拓宽公众参与网格化工作的渠道。利用APP应用、微信公众服务平台等信息技术手段开发“微网格”，使市民随时随地监督网格工作，反映服务诉求，使大事小情在网格内得到妥善解决。第二，提高居民自治能力。借鉴重庆市南坪街道东路社区“三事分流”做法，明确网格内事项分类，居民个人事务等“私事”，由居民自己解决或寻求市场服务解决；涉及邻里关系、互助服务、公益事业等“小事”，由村居委会通过居民自治解决；基本公共服务的“大事”，由政府职能部门或街道办事处解决。通过民主议事、恳谈、评论等方式，激发居民村务自议自理、自建自管的主体意识，协调各方利益。大力培育各种公益性、服务性和互助性社会组织体系，发挥社会组织协同作用。第三，搭建各级领导参与网格化体系建设适当平台，进一步扩大网格化体系建设的影响力。开展

各级领导干部进网格活动，市、区（县）、各部门领导干部基层联系点纳入网格化服务管理体系。

四是加强整合，构建统一高效的网格化社会服务管理云平台。打破“信息孤岛”，整合利用资源，实现公共服务流程再造是网格化服务管理的重要特征和优势。结合北京市网格化服务管理体系建设的现状，重点做好三项工作。第一，加快推进“三网”融合。按照即将出台的《关于加快推进“三网”融合全面加强网格化体系建设的指导意见》，加快推进城市管理网、社会服务管理网、社会治安网“三网”信息系统、网格划分、指挥体系、网格队伍、基础数据、热线系统、办理流程、办理事项、考评机制等9个方面的融合任务。第二，加快区（县）、街道（乡镇）系统升级改造，推进标准化、规范化建设。按照《北京市网格化体系建设基本规范（试行）》，进一步加强基础建设，尽快实现区（县）、街道（乡镇）、社区（村）三级网格化体系规范化建设，加快推进后进落后地区特别是农村地区的全覆盖。第三，做实社区（村）网格化服务管理信息平台。按照“三全”服务和管理的理念（全员，全生命周期，全过程。概括为：为所有人提供基于公民体验的全生命周期的全过程服务）完善社区网格化服务管理信息平台。以人、地、事、物、组织为类别，建立四大数据库，即：基础数据库、需求数据库、服务数据库、管理数据库。通过社区网格化服务管理信息平台实现跨部门协作式服务管理，为百姓提供一站式服务、管家式服务和菜单式服务。

（此文为市委社会工委委员、市社会办副主任王丽竹2014年11月24日至28日带队赴重庆市、福建省厦门市学习考察网格化工作后撰写的报告）

上海市社会建设信息化考察报告

按照北京社会服务之窗信息资源平台研发及示范应用课题安排，2014年8月27日至30日，市委社会工委委员、市社会办副主任王丽竹率领课题组一行7人赴上海进行学习、考察和调研。课题组先后考察了上海市IPTV、东方网智慧社区线下概念店、闵行区古美路街道智慧社区、“上海发布”政务新媒体、“感知上海”和“Touch Shanghai”移动客户端的建设和运行情况，取得了较大收获。现将考察情况报告如下。

一、基本情况

（一）上海市IPTV及其智慧社区频道建设情况

IPTV就是交互式网络电视，是一种向家庭用户提供数字电视和交互式服务的新应用。上海市IPTV的建设和运营工作由上海电信和上海文广分工合作，由上海电信负责网络接入和内容传输，上海文广负责内容播控，双方实现优势互补、利益共享。截至2014年6月，上海市IPTV用户达204万户，其中高清IPTV用户达81万户，用户活跃度（每月使用4天次以上）达90%以上，已得到市场和用户的认可。

闵行区政府与上海电信合作，在IPTV上开通了“闵行智慧社区”频道，并于2012年8月首家选取古美路街道做试点。“闵行智慧社区—古美路街道”开通了“天气预报、广告推荐、上海旅游、上海发布、社区信息、便民地图、挂号信息、古美党建、闵行电视台、物价信息、数字教育、老年关爱、老有所乐、民政服务、民防疏散、昂立教育、公交查询、市民投诉、本地新闻、云家政”等

20多个栏目，与区政府各相关委办局的信息系统相连，将各类服务信息直接推送到居民家庭。目前，古美路街道IPTV用户全部开通“闵行智慧社区”频道，用户数已达2万户。

（二）古美路街道智慧社区建设情况

上海市于2012年启动智慧社区试点建设工作，每年推动一批，2014年是第三批。古美路街道是全市首批试点之一，以“智慧古美 品质生活”为目标，按照“一项基础、三个统一、四大领域、若干重点项目”的思路，全面推进智慧社区建设。一项基础，就是进一步完善信息化基础设施。三个统一，就是指统一标准、统一平台、统一发布渠道。四大领域，就是将与社区建设和百姓生活密切相关的公共服务、城市管理、社区治理、政务办公四大领域作为重点建设领域。若干重点项目，就是在上述四大领域内积极推进智慧医疗、智慧养老、智慧教育、应急告警、智慧交通、社区微博、智能化社区服务站、政府精细化管理等重点建设项目。

古美路街道智慧社区建设主要集中在以下6个方面：一是完善信息化基础设施。与各大运营商积极沟通，加强社区通信网络等基础设施建设，城市光网建设实现社区全覆盖，实现主要公共区域Wi-Fi免费覆盖。二是开通和完善IPTV社区频道。新增了社区信息发布、市级三甲医院预约挂号、民防疏散提示、中高考分数查询等功能。三是开展智慧养老试点工作。开发居家养老管理系统。通过移动终端和3G网络，改善“社区助老服务社”的各项服务管理和考核制度，提升老年人对上门服务满意度。四是加强智慧医疗建设。依托社区卫生服务中心，借助移动终端和3G网络，建立GP医生上门随访系统、远程健康管理系统和癌症患者关怀系统，运用信息化手段远程实现家庭保健、慢性病监测、重症监护、视频问诊等功能。五是打造智慧政务“云桌面”。街道每位工作人员的办公电脑上都有一个“云桌面”，并可链接至古美政务系统、区电子政务平台、区人房系统，提高行政效能。六是正在开发“智慧古美”客户端。包含街道门户网站、《古美家园报》、社区地图、就业创业、鲁冰花等板块，预计9月份上线。下一步，古美路街道将引导智慧产业在古美集聚发展，最终实现“智慧社区”和“智慧产业”相互促进、共同发展的良好局面。

（三）东方网智慧社区线下概念店基本情况

由东方网投资建设的智慧社区线下概念店——“智慧屋”，是与京东网上商城、携手网美味购物网站、票务旅游电子商务网站等线上互联网平台相对应的线下实体店，旨在通过线上和线下的双向互动，形成智慧社区互联网产业新模式——“社区O2O”（注：O2O即“Online To Offline”，意指线上到线下）。“智慧屋”目前30%的服务为公益便民服务，70%为商业服务。社区居民在这里可办理快递自取、水电缴费、手机充值、票务订购、体检评估、旧电器预约回收、社区事务预约办理，甚至可以在线购买蔬菜生鲜、聘用住家保姆月嫂，等等。东方网计划于2014年底前完成10家“智慧屋”建设，到2015年底，“智慧屋”将在全市铺开达到100家。

（四）“上海发布”政务新媒体基本情况

1.“上海发布”部门设置和工作机制

“上海发布”是上海市政府新闻办主办的政务新媒体，有微博和微信两个产品。为做好“上海发布”日常工作，上海市专门成立了“上海发布”办公室，目前有固定工作人员8名，分别来自市政府新闻办、市政府办公厅和新闻媒体，都是80后、90后。“上海发布”办公室接受市政府新闻办的业务领导，后勤保障由市政府办公厅提供。“上海发布”实行扁平化管理，一般情况下，信息内容审定工作由“上海发布”办公室主任负责，特殊情况下，可以请示市政府新闻发言人或市政府秘书长。原则上，微博发布时间从每天早上7：00至晚上9：30，突发事件时，随时响应；实行全年每天发布机制，每个工作日发布25~30条，双休日和节假日发布12条左右。

2．“上海发布”发展现状

2011 年 11 月 28 日，“上海发布”微博在新浪、腾讯、东方网、新民网上线，截至目前，总粉丝数超过 1100 万。“上海发布”的微博粉丝中，30 岁以下的超过七成，年轻人是主力受众。2013 年 6 月 8 日，“上海发布”微信在腾讯微信平台上线，目前粉丝数量超过 35 万。“上海发布”的微信粉丝中，上海本地用户近八成，本地人是主力受众。

3．“上海发布”的实践经验

一是必须始终坚持定位。定位于市政府新闻办官方微博、官方微信；定位于政府机构，而不是新闻媒体。二是必须保证可靠信源。核心来源是政府机构的信息；其次来源于新闻媒体的报道；此外还有上海发布团队的自主策划。三是必须增强核心竞争力。发挥市政府新闻办的无可替代性，坚持鲜明定位，力争第一信源，确保权威解读，尽可能第一时间发声。四是必须积极对待互动。对于真实、确切、具体、有普遍意义的问题，有问必答。普遍性问题公开回复，个性化问题点对点答复，政策问题主责单位解答。宽容对待质疑和谩骂，不涉及恶意攻击、人身攻击的评论不随便删除。五是必须保持平等姿态和亲和力。

（五）“感知上海”移动客户端基本情况

为进一步适应全媒体时代对外传播规律，探索利用移动互联网开展上海城市形象对外宣传，上海市政府新闻办于 2011 年 11 月推出“感知上海”和“Touch Shanghai”苹果版客户端，截至目前，客户端下载总量 18500 次，用户覆盖中国和美、澳、英、加、日等国家和地区。

“感知上海”是中文版，主要面向来沪人士，包括《玩转上海》《问答上海》《上海发布》《解读上海》《媒介上海》《图说上海》《动感上海》等栏目。“Touch Shanghai”是英文版，主要面向境外人士，栏目设置与“感知上海”基本相同，仅少了一个《上海发布》栏目。《玩转上海》通过文字、图片和自制短片等形式，由“962288”上海对外信息服务热线不定期更新美食、住宿、文化、酒吧、购物、健身、娱乐、逸闻等实用生活资讯。《问答上海》通过分析来沪人士最常见问题，按上海概貌、餐饮、住宿、交通、居住、休闲、购物、旅游、医疗和服务分为 10 大类 100 个问答信息，还公布了“12345”上海市民信息服务热线。《上海发布》与政务微博实现对接，同步更新其内容。《解读上海》发布由市统计局和市政府新闻办编辑的《上海概览》资源，每年一期，提供上海市国民经济和社会发展权威数据和信息。《媒介上海》提供上海主流媒体的网站链接。《图说上海》发布能够展现上海城市地标和各区县发展特色的外宣图片，已累计发布上千张高清图片。《动感上海》汇总本市及各区县形象宣传片，制作成适合 iPhone/iPad 播放的长度和码率，搭载土豆网平台供用户观看。英文版中，“Shanghai Q&A”和“Shanghai Media”与中文版有所不同。“Shanghai Q&A”中的问答是针对境外人士量身定做的，并公布了“962288”上海对外信息服务热线。“Shanghai Media”对上海外宣媒体进行简要介绍，并提供其网站、微博或客户端的链接。

二、主要收获

（一）创新体制机制，为上海市加强基层信息化建设注入强大动力

一是街道设立专门部门。2014 年初，闵行区委印发《关于进一步推进“智慧闵行”建设的若干意见》，明确要求各街道成立“科技和信息化办公室”（简称“科信办”），人员编制 3～5 人。二是街道成立领导小组。古美路街道成立了街道智慧社区建设和推进精细化管理试点工作领导小组，由主要领导任组长。领导小组下设若干个专项工作组，由相关分管领导负责，明确组成人员，落实责任分工，基本形成了顺畅的工作机制。三是经费保障比较充裕。闵行区与上海市其他区县不一样，街道可以办经济，财政独立。因此，智慧社区试点建设和运维经费，主要

由街道自筹，区里对做得好的街道给予一定的配套资金作为奖励。古美路街道每年自筹的信息化经费是400万~500万元。四是条块结合非常紧密。古美路街道与区科委、经委、建交委、卫生计生委、教育局、民政局等条线部门密切合作，在推进智慧化、信息化的民生服务中整合资源、共享信息。

（二）区级层面加强统筹，是上海市智慧社区成效明显的关键所在

当前信息化建设中，难度最大的就是信息资源共享。闵行区在信息资源的共享整合和开发利用方面花大力气、下大功夫，统筹协调作用发挥得较好，在区级层面建立了信息资源共享交换平台，与区卫生计生委、区物价局、区教育局等各个部门的信息系统对接，实现信息资源共享交换，还将适于公开的数据信息进行加工，通过IPTV闵行智慧社区频道、智慧闵行网站、智慧闵行客户端、智慧闵行微信公众平台发布出去，实现同步发布、多屏互动。

（三）坚持以需求为导向，是上海市社会建设信息化的核心要义

IPTV闵行智慧社区频道，让“一老一小一特”足不出户，就能用电视享受各类服务，是社会服务管理各类人群全覆盖的重要途径之一。古美路街道以改善民生为重点，在IPTV上率先推出养老、医疗、教育、物价、便民等居民需求迫切的民生服务，不断提高居民幸福指数。同时，注重以人为本，在为老年人安装室内监控设备前需要征得老年人同意，把好事办好。东方网“智慧屋”以社区“O2O”为重点，以服务居民为方向，以线上互联网平台和线下实体店相结合为手段，以资源优势互补为原则，为居民解决“最后一公里”的服务需求。“上海发布”微信以服务至上，首推“便民信息数据库”和专题信息库查询功能，积极发挥新媒体在服务民生中的作用。“感知上海”和“Touch Shanghai”分别面向来沪人士、境外人士的实际需求提供有针对性的服务。

（四）创新社会服务方式，是上海市社会建设信息化迅速发展的重要基础

闵行区科委相关负责同志表示，闵行区与上海电信合作近3年来，没有向上海电信支付任何费用，而是采用允许上海电信在IPTV上引入广告、第三方合作分成等盈利模式，此外，推广IPTV也为上海电信带来大量用户和月租，这种模式为智慧社区建设工作提供了持续动力。古美路街道采取政府向社会力量购买服务的方式，为80岁以上的老年人购买第三方专业机构的居家养老服务。上述都是上海市完善社会服务体系、发展社会服务业的创新举措。社会力量的进入，带来了资金、人才和技术，快速提升了社会建设信息化基础设施水平。

三、启示与建议

上海市城市管理精细化程度高、社会服务信息化水平高，实践经验丰富，理论成果多，认真研究和借鉴上海市的做法和经验，对北京市推进社会建设信息化工作非常有益。

（一）健全社会建设“云网端”服务体系，提升社会治理体系现代化水平

上海市的先进经验，对于我们进一步深化和完善社会建设“云网端”服务体系具有重要借鉴意义。一是打造资源集聚的“北京社会建设云”。率先整合《北京社会建设信息》、北京社会建设网站群、四网六库、智慧社区、《网络舆情快报》、《北京社会建设手机报》、北京社会服务之窗的信息资源，逐步汇集网格化服务管理体系的信息资源，运用大数据技术打造全市统一的社会建设信息枢纽——“北京社会建设云”。二是建设互联互通的社会信息高速路。通过政府购买服务等方式，在全市社区服务站、商务楼宇工作站、社会组织孵化和服务中心、社区电子显示屏、报刊亭等地建设无线局域网，为公众获取社会服务信息提供免费无线接入，让社会服务地点同时成为市民享受高速无线上网服务的聚点。三是推出丰富多彩的社会建设客户端。针对不同人群的需求，推出一批以

北京社会建设网站群为代表的电脑客户端，以北京服务之窗、微网格为代表的手机客户端，以IPTV社会建设频道为代表的电视客户端，以一键通、自助缴费机为代表的便民服务终端，以智能手环、智能腕表为代表的可穿戴设备，以便民服务手册为代表的纸媒客户端。

（二）推动网格化服务管理体系建设体制创新，提高社会治理能力现代化水平

闵行区在推进智慧社区建设中抓住了重点，那就是有专门部门负责此项工作，特别是在街道层面全部成立相应的机构——科信办，让智慧社区建设工作得到切切实实的落实。当前，北京市正在大力推进网格化服务管理体系建设工作，要将这项工作落到实处，就需要有专门部门、有专人负责。建议在市、区县层面都成立网格化服务管理体系建设办公室（简称“网格办”）。

（三）加大引入社会资本参与提供社会服务的力度，大力培育社会信息化服务业

上海市在动员社会力量参与社会建设、提供社会服务方面创造了经验，北京市应以深化社会治理体制改革为契机，加快推进社会服务方式创新，在社会服务信息化领域先行先试，更多引入市场经济机制，为社会力量发展和发挥作用让渡空间。一是进一步转变政府职能，改进公共服务提供方式，完善多来源、多方式、多层次的社会信息化服务供给机制，加快形成政府主导、社会参与、覆盖城乡、日趋完善的社会信息化服务体系，努力为广大人民群众提供更加方便、优质、高效的公共服务。二是创新社会服务信息化投资体制，加大引进社会资本参与社会信息化服务产品的开发和运营的力度。推进社会服务信息产业发展，建立政府主导、社会参与、多元供给的社会信息化服务模式。三是把握时代脉搏、顺应社会需求，以互联网为依托，以大数据为基础，以电子商务为内容，以金融为纽带，以物流为触角，大力培育社会信息化服务业，构建社会信息化服务生态圈，为公众提供更加便利的社会服务。

（四）充分利用新媒体传播性强和覆盖面广的优势，不断完善网上社会服务体系

当前，《北京社会建设手机报》可以说是北京市社会建设领域的内宣新媒体，不断提高手机报的可读性、覆盖面、好评度。在北京社会服务之窗中，可集成“北京发布”微博、微信等模块，新增北京社会建设网站群信息同步功能，做到信息实时发布、内容天天更新，此外，可借鉴“上海发布”团队整合媒体资源和“感知上海”依托“962288”提供服务资讯的经验，借助委办与千龙网的良好合作关系，由千龙网负责一部分新闻信息的提供和服务资讯的更新工作。在推动全市社会建设微信公众服务体系建设方面，必须坚持服务为先，要方便群众、联系群众、服务群众；必须坚持“短平快”，真正做到信息简短、管理扁平、发布迅速；必须坚持用网友语言，努力实现接地气、暖人心、受欢迎；必须坚持依靠年轻人，培养一批80后、90后的骨干力量。

（考察组成员：王丽竹　王森林　蔡芬芬　李浩，执笔：李浩）

北京社区考察团赴台考察报告

在全面推进首都社会建设、改革与治理的重要时期，应台湾金马台澎两岸交流协会的邀请，市政府副秘书长戴卫于8月6日—12日，率领市台办、市委社会工委、市民政局、市经信委、市科委等相关部门负责同志一行13人，赴宝岛台湾进行了社区交流学

习。结合对习近平总书记一系列重要讲话精神的学习、理解，考察团通过座谈交流、实地参观等形式，重点了解了台湾社区管理规划、智能社区、社区医疗、社区养老等服务工作开展情况。

一、基本情况

在7天时间里，社区考察团参加了1天半时间的两岸和平创富论坛及北京·花莲之夜，随后实地参访了台湾7个市县的11个单位，包括6个社区（含养老服务机构）、4个企业、1个文化会馆，其中包括新北市太平洋时代社区，台中市台湾文化会馆、乡林皇居社区、新社庄园（香菇社区），屏东县林边乡永乐村，高雄市信展集团长生养老服务机构，桃园县新浦里社区活动中心及发展协会等。

总体上看，这次考察具有以下三个特点：一是考察内容多。包括社区管理规划、智能社区、社区医疗、社区养老、健康服务等，涉及社区的方方面面，并重点考察了“社区总体营造”计划的推广和社区NGO的培育发展情况。同时，考察团还参访了富士康科技集团鸿海精密工业股份有限公司、花莲观光渔港鳗鱼养殖基地、台肥集团海洋深层水公司、高雄市河边餐厅与便宜坊合作项目，增进了对台湾历史文化和经济社会发展状况及成果的了解。二是互动交流深。考察团每到一处，都有8~10人负责介绍交流，京台相关部门、村里长、社区工作人员、文史工作者、志工等多个层面，就社区治理与自治、服务工作进行了深入座谈和交流，相互学习借鉴、共同发展提高。经过多次沟通，目前北京与金马台澎两岸交流协会就京台社区发展合作交流项目形成了初步合作意向，构建了对台社区交流机制和各部门对台社区交流合作格局。三是接待安排实。接待组织安排精细到位，参加人员有台湾政界、党派、社会、企业界等各个层面，人员范围广，仪式隆重，考察团所到之处受到了热烈欢迎和热情款待。

二、台湾社区建设的主要特点和基本经验

通过实地考察发现，台湾地区经济社会比较发达，政府及社会各界对社区建设工作高度重视，社区管理模式采取的是“政府引导+民众自主参与”的新模式。其主要特点是“自上而下”与“自下而上”相结合，政府引导、社区自主、社会协同、民众参与相结合。主要体现在以下五个方面。

（一）政府积极指导支持

台湾“内政部”专设有“社区发展委员会”，将社区发展纳入社会可持续发展规划，通过实施计划来引导和支持社区居民广泛参与社区发展，并使社区发展与经济发展和社会改革同步进行；在不同时期制定和推出配套政策，并提供专项资金，协调各行政部门进行分工、配合，建立分级辅导体系，为台湾社区建设可持续、多元化发展提供强有力的保障和支持。

（二）社区居民高度自治

台湾基层社会治理强调自治，居民自治组织——社区发展协会、农会或农户合作社起着关键性的作用，社区精英通过成立社区居民自治组织，各自制定章程，凝聚社区居民共识，谋划社区发展事宜，表达社区居民诉求，维护社区居民利益，与政府形成良性互动关系。可以说，台湾基层社会实现了在社区精英带动下的自治，社会实现和谐稳定。政府只是提供相应公共服务，社区的重大决定都是由居民自己拿主意。如，考察团参访的新北市太平洋时代社区，一是建立社区自治组织。坚持本土化原则，由住户选举产生，成立了15人组成的社区管委会，设有主任委员、副主任委员、监察委员、财务委员、环境委员等，全部都是本社区住户。二是加强制度建设。社区管委会制定了社区规约、住户生活须知（社区各项管理办法），包括住户生活公约、门禁管理、停车场管理、安全

巡逻及事故预防处理、访客临时停车管理、财务管理、垃圾处理等15项具体管理办法，要求各住户共同遵守。三是举办社区各类活动。在农历春节、元宵节、母亲节、端午节、中元节、圣诞节等民俗节庆活动，由社区管委会策划，组织开展乐团表演、赠送礼品等活动，吸引住户参加社区建设。又如，桃园县新浦里社区成立发展协会，作为社区发展的组织实施者，设有理事、监事、会务人员等。主要任务是从事社区公共建设与社区发展的非营利性公共服务。截至2013年6月底，全台共有社区发展协会6712个，大大提升了社区参与及社区的共同体意识。

（三）社区文化引领发展

台湾的社区营造可追溯到20世纪90年代初的日本。当时，日本受长期经济低迷的影响，便开始实践打造魅力新城乡，并取名曰“发现乡村之光”，即依靠每个乡村的独特魅力，通过社区营造弘扬起来，从而推动社区经济和文化的发展。借鉴日本经验，1994年，台湾“行政院”提出“台湾健康社区六星计划”之社区营造项目，通过“产业发展、社福医疗、社区治安、人文教育、环境景观、环保生态”这六方面的提升，积极推动社区居民参与治理，创建一个安居乐业的健康社区。台湾社区营造具有以下三个鲜明特点：一是强调“社区主义”。认为最主要的是人的因素，培养社区自己的营造人才、让社区自己来营造是最关键的。当时的“文建会”（现为“文化部”）是台湾社区总体营造的中枢部门，时任“副主委”李仁芳曾说：“社区营造以社区在地的创意生活达人为制作人，以社区历史人文为布景，以在地山川城乡街廊为舞台，以社区创意工艺和商品设计为道具，以所有参与体验过程的居民与旅客为演员，在可居可游的城乡社区中出演一场创意生活的大戏，为城乡社区的人文环境与地方经济通史带来一个更好的明天。”二是强调多元融合。鼓励各类社区特别是乡村社区结合实际，坚持生态环保优先，挖掘自身资源，以文化为经，以产业为纬，推动历史与文化、社区人文地景产服“六位一体”、民研校企政相结合，增进社区各方了解、有机融合、协调联动。三是强调永续经营。把社区营造作为持之以恒、持续推进的一个过程，逐步巩固深化，逐步引导居民群众围绕共同的需要，形成共同的感动、共同的文化、共同的生活、共同的记忆、建设共同的精神家园。

（四）社区服务体系比较完善

台湾社区发展致力于满足社区居民的多样化生活需求。社区建有大量的社区活动中心，能够提供多种功能和用途，为社区老年人、青少年、妇女开展公共活动提供场所与服务，也是社区居民休闲、娱乐、聚会的重要场所。通过举办各种讲座、开展青少年教育休闲活动、妇女及老年人健康活动等丰富多彩的社区公共文化活动，提升社区的凝聚力。如，我们参访的信展集团，共建立信展、永虹、长生、真善美、快乐家族等五家老人照顾机构，共有床位192个，主要为老年人提供手术疗养、洗肾及复健接送、晚年养老、喘息服务、临时托顾、就医陪诊及取药等多项服务。特别是社区志愿服务非常普遍，政府鼓励社区内退休人员、家庭主妇、青年学生等人力参与社区志愿服务，共同建设和谐社区家园。在台湾，随处可见提供各类志愿服务的志工。志工，是台湾社会对志愿者的通称。台湾还将每年的5月20日定为“志工日”，特别设立了最高奖项“金驼奖”，专门用来奖励贡献突出的志工，对志愿服务给予肯定。

（五）社会组织充分发挥作用

在台湾，NGO组织数量非常庞大，可谓无所不在。有资料显示，全台共有各类基金会6000多家、其他协会1万多家，共计2万多家。按台湾2300多万人口计算，平均1000人就有一个NGO组织，NGO已经实实在在地影响着台湾人民的生活。相比台湾当局，NGO组织赢得了更多台湾民众的赞誉。特别是在1999年的“9·21”地震中，从物资配给、心理咨询、社会工作到政策构建、捐款监督以及发起成立“9·21”抗震基金会，台湾NGO的动员力、系统性、完善性和快速反应能力都超过了当局。

三、主要启示

台湾社区建设经验，对北京市相关工作有一定借鉴意义。通过学习考察，主要有以下启示。

（一）必须进一步完善社区治理体系，凝聚共建共享合力

社区治理是国家治理的基础环节。台湾城乡社区实行不同的管理模式，取得了良好成效。目前，北京社区尚未有统一的分类标准。根据地域、人口居住特点等情况，社区大致可分为商品房社区（含别墅社区）、老旧社区（含胡同社区）、保障房社区（含回迁房社区）、国际化社区（外籍人员聚居的地区）、单位大院社区、功能型社区（主要是指商务楼宇比较集中的地区）、城乡接合部社区、农村社区8种类型。除了面临社区居委会行政性负担较重等共性问题外，不同类型社区还面临不同的问题，不同人群还有不同的服务需求。要针对这些情况，充分调动社区多元主体的积极性，加快推进社区治理体系和治理能力现代化，创建“融合式”社区服务管理新模式，搭建社区服务“零距离”、社区管理“全覆盖”、群众诉求“全响应”的工作平台，逐步构建政府调控机制同社会协调机制互联、政府行政功能同社会自治功能互补、政府管理力量同社会调节力量互动的城乡社区治理新格局，努力把社区建设成为服务完善、管理民主、充满活力、和谐幸福的社会生活共同体。

1. 加强分类指导

要在摸清社区人口构成和服务需求的基础上，针对居民群众的多元化、个性化需求和诉求，依托社区服务站和社区网格平台，通过线上线下相结合，提供精细化、智能化服务，不断提高社区服务管理水平。

2. 完善社区治理结构

整合辖区各类设施资源，强化辖区单位的社区建设责任，不求所有，但求所用，推动形成以社区党组织为核心、以社区自治组织为基础、以社区服务机构为依托、以社区社会组织为补充、驻社区单位密切配合、社区居民广泛参与的现代社区治理结构，努力实现保障民主自治权利与最大限度维护居民利益的有机统一。

（二）必须进一步深化社区居民自治，增强社区自治动力

党的十八大和十八届三中全会都明确提出，要发展基层民主，促进群众在城乡社区治理、基层公共事务和公益事业中依法自我管理、自我服务、自我教育、自我监督，实现政府治理和社会自我调节、居民自治良性互动。这些年来，社区自治组织协助政府承担了一些与群众日常生活相关的行政职能和服务职能，但同时也存在部分社区的自治功能发挥不够，居民参与度、对社区认同度不高的问题，这也是我们要始终下力气解决好的难题。新形势下，贯彻落实中央的决策部署，在加强社区居民自治方面要重点抓好“四个坚持”：

1. 坚持把党的领导作为政治保证

毫不动摇地坚持和强化党的领导，发挥社区党组织的领导核心作用，引导社区居民依法行使民主权利，促进社区内各利益主体达成共识，以良好的党群关系带动和促进社区民主自治机制的和谐运转，维护基层社会稳定。

2. 坚持把理顺社区各方关系作为重要着力点

推动社区组织重构，发挥业主大会和业委会、物业服务企业在小区服务管理中的积极作用，建立健全社区党组织、居委会、业委会、物业服务企业、驻区单位协调机制，及时协调解决物业服务纠纷，维护各方合法权益。

3. 坚持把解决社区建设难题作为主攻方向

紧紧围绕群众反映比较强烈的物业管理、

老旧小区管理、社区养老、环境、养犬、治安、停车难等问题，通过采取有效措施去破解，使社区民主自治工作在社区建设中发挥更大的作用，取得更大的实效。

4. 坚持把发挥居民主体作用作为重要基础

要紧紧依靠居民群众，充分发挥居民群众的主体作用，最大限度地激发他们的参与热情和创造活力，实现居民的自我教育、自我管理、自我服务、自我监督，使社区建设成为广大居民群众的自觉行动。特别是要充分发挥社区内老党员、老干部、老教师和德高望重的长辈的作用，使他们成为社区发展“参谋员”、重大工程“监督员”、社情民意“联络员”、居民矛盾“调解员”、社会风险“防范员”、基层社会“管理员”、困难群体“帮扶员”。要根据居民群众的爱好、兴趣、能力，培育和发展社区自治组织以及社区志愿者组织，提高居民的组织化程度，不断提高社区的亲和力、凝聚力和向心力，增进居民对社区的认同感和归属感。

（三）必须进一步培育社区社会组织，激发基层社会活力

要使我们的社区服务管理工作像台湾一样，真正达到弥补政府之能所难达、市民之力所难为的效果，必须大力培育扶持社区社会组织的发展。要着眼“放”，改革登记制度，优化登记管理程序；着力“转”，转变政府职能，让渡发展空间；着手“育”，加强培育扶持，创造发展条件；着重“管”，规范内部管理，形成监管合力；着实“用”，激发创造活力、促进作用发挥。

目前，北京市有各级各类社会组织近3万个，其中已登记社会组织8763个，备案登记社区社会组织16674个，在社会服务管理中发挥着重要作用。但是，平均每万人拥有登记社会组织数4.2万个，万人拥有备案社区社会组织7.6万个（两项相加，北京市万人拥有社会组织量为11.8万个），与世界发达国家50万个的水平差距较大。因此，我们必须加快对社会组织的培育，认真落实培育扶持社区社会组织的相关政策和措施，努力促进其健康有序发展。

1. 加大培育扶持力度

要大力培育社区服务性、公益性、互助性社会组织，积极协调有关部门制定完善培育发展社区社会组织的资金支持、税收优惠、银行信贷、人才引进等优惠政策。要建立健全社区社会组织孵化机制，依托社区综合服务设施建设社区社会组织孵化基地，为新建社区社会组织提供组织运作、办公场地、服务场所、启动资金等必要支持，为它们发挥作用搭建平台、提供舞台。要加快建立政府向社区社会组织购买服务机制，逐步扩大购买服务资金来源和数量，拓展购买服务领域和范围，规范购买服务程序和方式，优先支持服务老年人、妇女、儿童、残疾人、失业人员、农民工等特殊群体的社区社会组织。要按照“政府扶持、社会运营、专业发展、项目合作”的思路，积极探索“社区、社会组织、社工”三社联动，推动建立以社区为平台、社会组织为载体、专业社会工作人才队伍和社会志愿者为支撑的社区服务管理新机制。

2. 完善服务管理机制

充分发挥街道“枢纽型”社会组织的骨干和龙头作用，努力实现对社区社会组织服务管理全覆盖。社区党组织对社区社会组织实行政治领导，培养其负责人队伍。社区居委会明确专人负责社区社会组织的日常服务管理，并在备案管理、组织运作、活动场地、人才培养等方面提供指导和帮助。

3. 突出公益品牌导向

建立健全公共财政对社区社会组织的资助和奖励机制，重点扶持一批具有示范导向作用的公益性社会组织，打造一批示范性强的公益服务项目和便民服务品牌，不断扩大社会组织影响力，提升社会组织服务能力。

（四）必须进一步完善社区服务体系，展现社会参与魅力

社区服务是社区建设的重要内容，与民生利益密切相关。要积极构筑行政机制、市场机制、志愿机制有效衔接的社区服务体系，不断拓展服务领域和功能，广泛吸纳社区社会组织、社区服务企业信息资源，促进社区公共服务、便民利民服务、志愿互助服务共同发展。要借助现代信息化手段，构建设施智能、服务便捷、管理精细、环境宜居的“智慧社区”，更好地服务居民、更好地惠及民生，这是“智慧社区”建设的要义和生命，也是有效解决过去困扰地方政府公共服务均等化“最后一公里”难题的重要路径。

（五）必须进一步加强社区文化建设，构筑社区发展潜力

台湾社区营造是此行考察的重点，是社区建设的亮点，给考察团留下了最深刻的印象。目前，北京社区文化建设得到了较快发展，应借鉴台湾成熟经验，借助本地区十分丰富的文化资源，深入推动此项工作。要涵养社区文化，把践行社会主义核心价值观作为社区建设的重要内容，融入制度建设和治理工作中，加大宣传力度。要推动融合发展，在城乡接合部、农村地区，坚持绿色低碳、生态环保优先的理念，挖掘自身资源，发挥文化引领、产业支撑作用，积极推动社区历史与文化、人文地景产服“六位一体”、民研校企政相结合，打造出一批新型社区。要完善社区公约、村规民约，强化规章制度实施力度，培养和强化社会生活共同体意识，在日常社区治理中鲜明彰显社会主流价值，实现家庭和谐幸福，邻里团结互助，人际关系融洽。

（此文为市委社会工委委员、市社会办副主任王智玲 2014 年 8 月 6 日至 12 日参加北京社区考察团赴台考察交流后撰写的考察报告）

北京市社会建设工作办公室高级社会工作人才培训班总结报告

2014 年 9 月 14 日至 27 日，来自全市 14 个区县社会办、北京市社会建设研究基地和市社会办机关的 19 名同志在香港大学 SPACE 中国商业学院接受了社会服务、社会工作方面的培训。培训期间，全体学员牢记使命、遵守纪律、勤奋学习、团结互助，圆满完成了培训任务。现总结如下。

一、香港社会服务、社会工作的主要做法和经验

（一）成熟的服务理念

1.“小政府、大社会”

香港政府一直秉承“小政府、大社会”的理念，在面对老龄化、贫穷等社会问题时，将具体的服务工作主要交给非营利组织承担。政府则负责进行宏观监管与服务，从政策制定、资源投入、服务监督、表彰激励等方面，大力培育社会服务机构，积极发展和推广义工服务，支持社会服务机构与义工组织共同开展服务项目，形成了社会服务主要由社会提供的良性发展局面。政府放手将大部分社会服务交由非营利组织去做，原因有以下几方面：一是政府欠缺相关的直接服务经验；二是非营利组织承担服务成本较低；三是非营利组织灵活性较强；四是非营利组织与社会实际联系紧密，利于吸收信息及聚集资源。

2.“民办官助”

香港的社会服务肇始于慈善团体的救济扶持，首先是从民间发展起来的。到了 20 世纪 70 年代，政府开始对救济工作承担责任，通过政府资助的不断增长，非营利组织的服务范围和种类增长迅速。目前，香港有非营利组织近 2 万家，所提供的服务有 7 个类别：家庭及儿童福利、社会保障、安老服务、康复及医务社会服务、违法者服务、社区发展

和青少年服务等。相应的，政府投入也越来越多。目前，香港社会服务开支虽然占GDP的不到10%，但占政府开支的60%，全社会福利开支的80%由政府资金提供。而香港的非营利组织聘请了40余万的全职受薪人员，不少大机构聘用超过1000名员工，成为重要的就业领域。

3. “伙伴关系”而非“伙计关系”

在社会服务提供方面，作为政府机构之一的社会福利署具体承担统筹社会服务的职责，负责制定服务政策、拟定发展路向、向立法会申请拨款、分配资源、选择和监察非营利组织的服务。非营利组织则受政府委托，利用政府资助和公益善款向市民提供优质的公共服务，向政府反映服务需求及市民意见。二者形成了平等的“伙伴关系”而非“伙计关系”，其区别在于，前者是一种合作关系，后者是一种服从关系。

（二）完善的运行机制

1. 整笔拨款制度

2000年以前，中国香港政府对非营利组织的支持实行的是标准成本资助制度，即对提供社会福利服务的非营利组织实行“实报实销”（相当于全额资助），对其服务目标和项目、人员和物资设备实行标准化配置。此后，为建立一种更加灵活的资助制度，2001年开始实施“整笔拨款”制度。在该制度下，资助拨款水平仍以提供服务所牵涉的项目，即薪酬及津贴、公积金供款、其他费用（包括活动开支、雇员赔偿保险、公众责任保险及其他运作费用等）为基础，但资助总额以整笔拨款形式向机构发放，并授权机构可以灵活调配整笔拨款的款项，允许资金在受助项目间调剂使用，允许机构在不同项目之间调剂人员。与实报实销的资助方式相比，整笔拨款方式对每年资助额度进行封顶，机构需根据自身情况制定人力资源政策，政府只监察服务的产出和成效，而不再监督资金的具体使用情况，增加了机构运作的灵活性，促进了服务效率的提升。

2. 社会服务竞投制度

为了在社会服务领域引入竞争机制，香港普遍以公开招标和竞争性投标的方式确定新服务单位。公开招标是以面向社会公开招标的形式，根据服务质量和价格甄选服务的提供者，由政府与中标的服务提供机构建立合约约束关系，政府提供合约规定的经费资助，相应地，服务提供机构则遵守合约规定提供服务。竞争性投标的方法是由社会福利署邀请非营利组织提交服务建议书，评选出最佳建议书后，相互签订时段性津贴及服务协议，由社会福利署以整笔拨款的方式向该组织提供定额资助，后者则遵守津贴及服务协议所订立的规定提供服务。这种确定新服务单位经办者的方式逐步得到推广。

3. 服务表现监察制度

社会福利署通过颁布《服务质素标准及准则》和标准化的《津贴与服务协议》，对确定承担服务工作和接受政府财政资助的非营利组织，进行招标资格审查和年度考核、审计、评估及日常工作的指导。具体的评估考核方法大致有以下几种：一是自我评估。各服务提供者每年须向社会福利署提交自我评估报告，陈述其服务单位“基本服务规定”及“服务质素标准”的执行情况；如有未达标准之处，同时提交改善计划。二是统计报告。服务提供者采用特定表格，向社会福利署提交服务单位在“服务量标准”和“服务成效标准”方面的统计报告；社会福利署则按照协议规定，分析有关数据。三是评估探访。社会福利署会经常对服务机构进行实地调查，除了定期的评估探访以及为调查投诉而进行的巡查外，社会福利署还会抽样对服务机构进行突击巡查，并系统地收集服务使用者的意见。

（三）完备的职业体系

截至2014年9月，香港共有注册社工19307人。在香港，社工是一个普遍受人尊重的职业。目前香港社工的岗位要求和经济收入，基本参照公务员的条件和标准，总体经济收入在香港社会居中上水平。社工的这种职业地位与其专业化教育、法制化管理、成熟化的行业发展等因素密切相关。

1. 专业化的教育体系

目前，香港有6所大学设有社会工作系及相关专业，提供包括证书，文凭，学士、硕士以至博士课程，每年培养相关人才1000余人。社会工作专业课程强调心、头、手并重，心是代表价值观念的培育及发展，头代表知识的传授，手代表技能的训练。学生要顺利毕业，除了必须通过社工理论知识课程的考试，还必须完成900小时的社会工作实习。在实习过程中，每周至少接受1.5小时的导师督导，在导师的帮助下对实习中遇到的各种情况进行分析、总结经验并解决问题。

由于资格认证与学位挂钩，所以香港对各大学社工课程的评估尤为严格。每隔三年，就有一支由政府官员、机构代表、社工注册局专家和从国外聘请的专家组成的团队对各大学的社工课程进行全方位评估。如果本科生的课程被评估为不合格，那么该大学社工专业的学生即使合格毕业，也不能获得注册社工的资格。中立、严格、完善的监督制度，保证了社工专业发展的规范和毕业生的高素质。

2. 法制化的管理体系

为建设一支专业化、职业化的社工队伍，香港出台了《香港社会工作者注册条例》，成立了由社会福利署代表和社工选举的注册社工组成的社会工作者注册局。注册局有成员15人，每届任期3年，每个成员任期不得超过9年。负责该局日常事务的工作人员共有10余人，其工资收入以会费为主，政府不投入任何资金。注册局的主要职责有两项，一是根据条例规定，经审核对符合条件的社工人员给予注册发证，并于每年进行一次换证注册；二是接受社会对社工人员的投诉审理工作。只有获得注册局认可的“用以注册的社会工作学历”的人士，方可进行社工注册登记，注册登记后方可从事社工职业，保证了社工队伍的整体素质。同时，社工注册局制定并颁布了《注册社会工作者工作守则》《纪律程序》《评核准则及认可学历》等政策法规，对社工的注册条件、职业道德、专业水平以及社工与服务对象的权益保护等做了明确规定。

3. 成熟化的行业管理

香港的注册社工大部分在非营利组织工作。而非营利组织和社工均有多个行业性的联合组织，通过各种方式为会员提供服务管理。除上述社会工作者注册局这一法定机构外，还有香港社会服务联会（简称“社联”）、香港社会工作人员协会（简称“社协”）、社会工作者总工会（简称“社总”）这样一些行业组织。这些组织主要以业务指导、项目资助、考核评估、研究开发、对外交流等方式领导入会的组织和个人，致力于发挥“枢纽型”作用，推动参与社会福利界事务，提高社会工作专业水平，维护社会工作者合法权益，并就有关的社会政策向政府提供意见建议，发挥着不可替代的重要作用。

二、对首都社会建设工作的启示

党的十七大以来，北京市高度重视社会建设，不断创新体制机制、政策体系、工作体系和实践模式，形成了具有中国特色、时代特征、首都特点的社会建设“北京模式”。但与党的十八大和十八届三中全会的要求相比，与香港社会服务管理经验相比，还有不少需要借鉴和完善之处。

（一）深化顶层设计，转变政府职能，加强立法工作

1. 加强顶层设计，着力构建符合首都发展的社会服务模式

当前，随着经济社会的快速发展，人民群众对于社会服务提出了更高的要求，需求也越来越多样化，单靠传统的服务提供方式和手段必然难以满足社会的需要。同时，面对社会服务资源分散统筹难、条块共同治理协调难、政社合力服务互动难、服务需求对接难等问题，应注重加强顶层设计，尽快建立起政府统筹发展—社会组织负责实施—社会公众积极参与的社会服务管理模式，为广

大群众提供更加高效、便捷、共享的社会服务。

2. 切实转变政府职能，加快服务型政府建设

转变政府职能一直以来是我国各领域改革的重点和难点，在发展社会事业，提高社会治理水平方面具有更加重要的现实意义。要进一步强化政府在社会管理和公共服务方面的职能，切实把管理和服务有机结合起来，真正将管理寓于服务之中。同时，要树立“小政府、大社会”的理念，下放本该由社会、市场自主提供服务的权力，做到“有所为有所不为”，为其他主体承担相应职责提供空间。要加大对公共服务的投入，建立公共服务支出占财政支出比重逐年递增的增长机制，为推进社会管理创新提供充足的资金保障。

3. 提高立法水平，为社会建设提供法治保障

政治、经济、社会的发展都要依靠法律和制度保障。目前，我们的法律体系尤其是与社会服务、社会治理相关的法律法规还存在着不科学、不完善、数量少的问题，许多的社会关系需要以法律的形式加以调整，许多的社会问题需要运用法律的方式进行规范，相当多的实践经验需要通过法律制度加以固化。应加快形成一套比较完善的法律法规配套机制，为社会治理、社会服务提供法治保障。

（二）注重培育组织，提供社会服务，加强服务监管

1. 大力培育社会组织

社会组织是社会治理的重要主体，也应是社会服务的主要提供者。目前，北京市的社会组织总量仍然偏小，还不能完全担负起社会服务主要提供者的职能，因此要大力培育发展社会组织，打造一个数量合理、规模适当、能力突出的社会组织群体。社会治理的基础在社区、重心在社区，尤其要大力培育发展基层社区社会组织，采取建立“街道社区社会组织服务中心”“社区社会组织协会”等方式，加强对社区社会组织的服务管理，重点扶持发展社会管理类、公益慈善类、社区服务类的社区社会组织，引导其直接在社区参与社会治理和提供社会服务，不断提高街道社区对社会的服务能力和动员能力。

2. 充分发挥社会组织作用

要通过政府职能转变，推动政府向社会组织转移部分职能，向社会组织开放更多的资源和领域，为社会组织发展和发挥作用让渡更大空间。应积极鼓励社会组织承担、试办或先行提供适当的社会服务，不断拓展和丰富提供公共产品的路径和方式，打造一批具有综合性、针对性和特色性的社会组织品牌。可采取先自愿再支持、先培育再帮扶、先购买再发展的“三先三再”工作思路，鼓励社会组织更加积极地参与到社会治理中来，使其成为党和政府处理社会问题的合作伙伴和桥梁纽带，成为提供社会服务的重要来源，充分起到协调社会矛盾和利益、帮扶社会弱势群体、提供就业机会和方式、满足社会多元化服务需求的作用。

3. 强化政府服务监管职能

应在深入调研的基础上，通过合理划分服务类别、制定服务考核标准、明确服务评估办法等形式，引导社会组织向着标准化、规范化的方向发展。通过服务报告、专项评估、突击检查等多种方式，加强对社会组织日常服务工作的监管。加大对社会组织在社会诚信以及在提供服务中出现贪腐情况等方面的审查督察力度，确保社会组织健康发展。建立健全服务投诉机制，充分利用信息、媒体等技术手段，加强对社会组织服务质量的监督，满足公众对社会服务的期望和要求。

（三）提升队伍素质，拓宽发展空间，激发社会合力

1. 提升社工队伍整体素质

经过近几年的不懈努力，目前我市已有1.8万余人取得助理社工师和社工师职业水平证书，为社会工作专业化、职业化发展奠定了一个坚实的基础。今后要注重进一步提升社会工作者的实务能力和整体素质，在社

会工作相关教育体系中加大实习要求，强化实务督导，提升其实际操作和解决问题的能力。通过进一步整合首都地区各类高等院校、职业学院和社会培训机构等资源，加大继续教育培训力度，以开发“社区工作者在线学习平台”，加强与国际机构合作开展交流培训等形式，实现“线上学习”与“线下学习”相结合，“走出去”与“请进来”相结合，不断提升社会工作队伍的整体能力和水平。

2. 拓宽社会工作者职业发展空间

逐步将社会工作者纳入全市专业技术职务制度统一管理，制定社会工作专业技术职位设置管理办法，形成初、中、高级相衔接的社会工作专业技术职级体系，制定职称、待遇、管理、培训等方面的配套政策。鼓励政府相关部门和群团组织重点在社会福利、社会救助、精神卫生、残障康复、矫治帮扶等领域，积极培育一批专业社工机构。引导民政、人力社保、卫生、教育、信访、工会、共青团、妇联、残联等有关单位，根据职责需要探索开发设置符合单位业务需求的专业社工岗位，并向社工事务所或专业社工机构购买社工服务，为社会工作者发挥所长提供更加宽广的平台。

3. 充分发挥志愿者作用

目前，北京市志愿者实名注册超过220万人，有专业志愿者队伍20多支。要进一步健全志愿者招募机制，发展壮大参与广泛、贴近需求、专业志愿者与通用志愿者相结合的志愿服务队伍。建立完善培训制度，结合服务项目有针对性地开展相关知识技能培训，不断提高志愿服务能力和水平。着力开发重点项目和特色项目，逐步形成覆盖全市、符合社会需求的项目体系。建立全市志愿服务信息发布平台，实现服务项目与社会需求有效对接。继续完善志愿服务长效机制，力争在社区、社会组织、非公经济组织和商务楼宇实现志愿服务组织和工作全面覆盖。通过充分发挥社会工作者专业优势、完善志愿服务长效机制、引导公众有序参与，形成“社工+义工+公众”的多元治理、共建共享工作格局。

（此报告由培训班全体学员研究起草）

台湾基层社会治理考察报告

2014年10月，市委研究室“台湾基层社会治理调研”课题组一行10人赴台调研，参加单位包括市台办、市委社会工委、市交通委、海淀区委研究室。从12日至18日，课题组深入台湾的市县政府部门、基层社区，并与各相关社会团体交流座谈，从政府治理、民众参与、社会组织推进等多方面考察了台湾基层社会治理基本情况及经验，现将有关情况报告如下。

一、考察调研的基本情况

课题组一行主要任务是多角度全面考察台湾基层社会治理的主要做法，考察了桃园县桃园市龙冈里、彰化县秀水乡马兴村、台东县台东市知本里三个社区发展协会，参访了台北市民政局、台北市中正区公所、台东县原住民族行政处，并与高雄市理事长协进会、高雄市文教协会、台湾乡镇市民代表会联合总会进行了座谈交流，深入考察了社会政策制定、社区志愿服务、社会组织发展、社区文化营造、基层民主参与等内容。

通过7天的考察调研，主要收获有如下三点：一是深入了解了台湾基层社会治理。台湾基层的社会治理结构与政府治理体系相对接，整个台湾的社会治理分为县、市（乡镇）、里（村）三个层级，台北、高雄等“直辖市”之下设区，区之下为里。在县（“直辖市”）层面，设立民政处（局）、社会处（局），制定社区发展和社会治理相关政策，区乡镇设立社会课、民政课，对基层社会治理工作进行督导。在里、村，里长和村长是本区域内的行政负责人，社区发展协会则协同推动实施社区发展。考察了解到，台湾基层治理具有鲜明的自下而上的特征，通过发挥志愿服务的主导作用，积极争取各方支持，动员各类经济社会资源，形成了台湾基层充分自主、高度自治的特征。二是熟悉了台湾的经济社会情况。台湾接待方的工作人员详细讲解了台湾的历史发展脉络、经济社会状况、台湾民主转型，并通过参访台湾“故宫博物院”，深入与各社会团体负责人、社会群体、基层居民的交流，加深了对台湾各方面情况的了解，也为多角度深入了解台湾基层社会治理提供了宽广的视野。三是增进了两岸人民之间的情感交流。考察组所到之处，均得到了对方热情接待和精心安排。座谈中的沟通交流、参访中的提问咨询、餐叙中的深入探讨，增进了双方的了解，加深了两岸一家亲的感情认同。

二、台湾基层社会治理的主要做法和特点

在台湾，与其特定的经济政治社会状况紧密相连，基层社会治理呈现高度自治、上下互动、多方参与、协同推进的局面。

（一）基层社区实行高度自治

台湾的里、村实行高度自治，里长、村长是由居民直接选举产生，具有一定行政权力，负责行政区域内全部事务，社区基础建设事务一般由其主导推进。里、村一般会成立办公处，里（村）下的各位邻长成为里长、村长推动市政的重要依靠力量。由于里长、村长是由民主选举产生，里长村长推动工作必须反映居民真实愿望，造福居民。

社区发展协会在社区自治中发挥了重要作用。社区发展协会基本上是由有公益服务精神的社区精英发起和主导，动员各类社会力量协同村长、里长推进社区事务。一般情况下，一个村、里会成立社区发展协会，也有两个以上里或村成立一个社区发展协会的。协会的理事长不少由村长、里长兼任，按照法律规定，理事长连任不能超过两届。因为村里长或社区发展协会都是本着服务居民的宗旨，具有较高的服务热情，总体上都能很好合作，并协力推进社区发展事宜。

社区发展协会推进社区服务的工作覆盖面非常广泛，包括环境景观、产业发展、人文教育、社区安全、生态环保、社会福利等，而推进福利社区化是其工作目标。协会经费来源主要包括社区产业发展、社会赞助、政府补助、会费等，筹资渠道呈现多元化特征，政府补助只占其中的小部分。在桃园市龙冈社区，社区产业收入占58.04%，政府补助占31.03%，会费占5.83%，捐助占5.06%，利息占0.04%。

为推进城市社区的均衡发展，政府有关部门推进先进社区帮带后发社区。在桃园龙冈社区实施旗舰社区领航计划，通过组织社区发展成果展、社区发展项目带动等方式，先进社区带动周边社区一同发展，成为桃园县唯一横跨乡镇市、覆盖三个里的旗舰社区。

（二）志愿服务在基层治理中发挥主体作用

台湾的志愿者也称志工，其志愿服务在行政机关、司法、社区组织等各类单位广泛存在。志愿服务分为两种：一种是普通的志愿服务，不需要经过专门培训；另一种是需要专门技能或特殊技术的，则需要专业部门经过一定时长的培训，方可上岗提供服务。台湾的志愿服务有健全的制度和工作机制，志愿者（志工）的基本信息纳入统一的数据库进行管理，志工的服务时间可以实时进行登记和查询。同时，为优秀志工建立了基于精神奖励的激励机制，当志愿服务时间累积达到一定小时数，相关部门会发放荣誉证书，按照不同层级在社会文化生活等方面享受一定优惠。

在基层社区，社区发展协会开展的工作都是志工无偿提供服务加以完成的。参访的马兴社区，是一个农村社区，共有村民1542人，组建了5个志工服务队：河川巡守队

(36人)、守望相助队(36人)、环保志工队(78人)、关怀志工队(34人)、青少年志工队(22人),合计206人,志工每周或每月定期组织开展工作。协会执行长陈明灶先生介绍说,“社区的志工妈妈(指中年妇女志志工)每天为长者准备美味午餐,让老人吃饱后再回家;还在小学生放学后将孩子接到社区中心来,让大学生志工大手拉小手辅导小学生功课。”龙冈社区负责人介绍说,社区协会所有的工作都是志工免费提供服务,不拿一分钱;有一位老大爷,主动坚持每天来社区活动中心打扫卫生,让人感动,大家对他非常敬重。

正是志工的无私奉献,推动了社区的建设,也在社区邻里之间营造了和谐友爱的氛围,弘扬了乐于助人的良好风尚。

(三)各类社会组织深度参与社区服务

台湾社会组织非常发达,只要在法律框架内,可以自由组建各类社会团体、协会。而基层社区治理,得益于各类协会的积极参与。

除了前面提到的社区发展协会发挥主导作用外,各类协会组织发挥自身特长和优势,加强相互合作,整合社会资源,提升居民的技能素质,丰富精神文化生活,帮助解决生活中的具体问题。参访的高雄市文教协会在社区培训方面实效显著,成绩斐然,引起社会关注。培训班课程设置紧紧围绕居民实际工作生活需求,内容包括厨艺、健身、手工艺、文艺、电脑等,受到居民广泛欢迎。对于低收入者等弱势群体,培训费用则有较大优惠,幅度达30%左右。再如台东县台东市的知本里,是一个汉族、少数民族混居社区。为解决小学生放学后看管问题,当地天主教会将空余房间腾出建立了“知本书屋”,添置课外书籍、桌椅等设施,供小学生放学后学习玩耍;同时,市文教协会主动配合,招聘、培训人员,每天下午对放学后的小学生进行学习辅导。

动员社会力量参与化解基层矛盾。台北市中正区设立了调解会,通过严格程序选聘了律师、社会热心专业人士等15名,于每周五下午免费为社区邻里纠纷、各类民事案件进行调解。其所受理的案子既有社区上报的,也有法院认为适合调解分派而来的,调解成功后制成的调解意向书经法院认定后,则具备法律效力,必须执行。调解会的负责人说,这种做法,一方面缓解了法院的办案压力,另一方面,也通过调解促进了双方当事人及时沟通,互相谅解,化解矛盾,增进和谐。

(四)政府相关部门对社区自治给予指导支持

在基层治理上,政府部门的作用主要体现在提供政策指导和资金支持,而这种指导和支持是建立在上下互动,并保障基层自治主体作用的基础之上。

在推进社区建设或活动项目时,发展协会拟定详细的工作方案和经费开支需求,上报政府有关部门,政府部门进行材料审核或实地考察,再根据部门经费和项目实际情况,对项目内容和经费进行适当调整。如参访的台北市民政局,设立有自治行政科,主要负责邻里长管理、社区基本建设与公共服务、公民养成及友善邻里关系等,每年都制定社区工作规划,并对各区上报的项目进行审核把关,同时按照部门资金情况拨付一定资金给予支持。

政府对里、村的常规工作给予一定资金保障,助力里长、村长更好地服务居民。如高雄市政府每年给每里20万台币基层建设费,主要用途为除草、排水沟清疏维修、路灯更新、里活动中心维修、广播系统建置维修及绿化美化等。当然,各地财力不同、社区情况各异,经费数额也不等,如桃园县每个里60万台币,台北市30万台币,而台南市仅13万台币。

(五)公共意识的培育为基层治理奠定坚实思想基础

台湾基层治理的有序发展,是各方合力推进的结果,而合作得以实现,其根源在于民众良好的公共意识。因为思想观念决定行动,只有民众真正产生了思想认同,才能积极投身社区共同体的治理。

优秀传统文化在公共意识培育中起到浸润心灵的作用。在台湾，中华文化保存比较完好，学校教育、社区活动都比较注重宣扬传统文化重仁爱、讲品行的观念。考察时看到，在道路、社区、学校等的命名上，传统文化中的仁、德、孝、贤等核心词汇高频率出现在人们的视野中。如高雄市的德仁里、博爱里、尚义里；桃园市的育仁街、孝一街、勇一街等。传统文化中重集体、讲责任、讲忠恕的观念，使人们在日常生活中潜移默化地受到影响。各地的孔庙也举办各类活动，大力推广儒学，使中华文化在各年龄群体得以传播。

宗教礼俗对人们行为起到规范和调节作用。台湾宗教信仰自由，佛教、道教、天主教、妈祖等各种教堂，寺庙分布在社区、遍布在居民身边，并定期举办各种传统庆典活动，成为市民精神生活的重要组成部分。不少社区还将庙宇里的部分捐赠用于社区建设，推进社区福利。如桃园市面积只有34.8平方公里，而土地公庙数量达到255座，每平方公里有7座以上的土地公庙。市里每年还举办土地公文化节、关公文化节、中元普度、妈祖文化节等，这些集体文化活动得到居民积极响应。台北市民政局设立了宗教礼俗科，其中职能包括表扬宗教团体、办理公益慈善与社会教化事业；改善民俗和民众礼仪规范，弘扬传统美德，改善社会风气。宗教礼俗与人们的日常生活紧密结合在一起，在净化人的心灵、凝聚民众人心、营造社区文化等方面发挥着独特作用。

（六）为民务实成为基层社会治理的基本价值取向

与台湾高层的政党政治纷争不同，在基层社区治理中，民众更为看重的是领导团队能否具有为民服务的公益精神，真正反映民众需求，解决实际问题。因此，为民务实成为基层民众和领导团队在推动社会治理中的首要价值准则。

台湾基层民众对于村、里长人选的首要标准就是看其能否增进基层民众福祉，而不太关心其党派色彩。考察期间恰逢“九合一”选举前夕，大街小巷挂满了各类候选人的宣传标语，其中用得最多的词汇是热心、公益、服务、奉献之类。参访的高雄市立德里林平长先生，是国民党高雄市党部副主任委员，作为里长候选人，其竞选的宣传册上写着：“跨越政党色彩，深耕基层服务”，其名片的背面也写着“支持公益、关怀弱势”字样。作为一名在政界、实业界有着丰富人生履历和人脉关系的社会精英人士，其服务基层、投身公益的热情仍然甚高。

采取务实举措促进不同族群融合。台东县是原住民人口大县。截至2014年9月底，原住民人数为79290人，占全县总人口的35%。2000年初，台东县政府成立原住民族行政处，下设文教行政科、部落经济科、部落建设科、保留地管理科、社会福利科，全面推进部落经济发展、文化教育、社会福利、居住环境。特别是通过办理部落大学、举办各类节庆活动等致力原住民文化传承与保护，同时通过特殊福利政策促进原住民族的繁荣稳定，推进不同族群的融合发展、和谐相处。对于来台的外来“移民”，政府与社会组织会帮助新移民尽快适应新环境。如台北市有来台的“移民”4.6万人，对于来台的“移民”，民政局会整合各民间团体的资源、开办培训辅导班等，加快新移民的生活融入。

总的来看，台湾基层的有效治理是多重因素共同作用的结果，有其特殊的政治制度背景和经济社会环境，从而形成其独有的特征。其一，台湾在20世纪90年代实现从威权型的党国体系向竞争性的政党体系转型，基层治理推进与民主实践紧密结合，从社会组织自由成立到村里长的竞争性选举，民众政治参与的广泛、主体权利意识的彰显，为基层治理提供了自由、开放、透明的政治制度环境。各级议会或市（乡镇）民代表会中的议员或代表由民众依法选举产生，能够畅通民意表达，监督政府作为，迅速解决基层治理出现的问题。其二，中华传统文化在各群体中得到较大认同，儒家文化中的仁爱、忠恕观念得到传承，传统文化重群体利益、重集体生活深刻影响着社区成员公共意识的培育，通过学校教育、政府引导而不断强化的传统礼俗在规范人们行为、构建和谐邻里关系中发挥着独特的作用。其三，从政社互动角度来看，在基层治理中，政府与社会上下互动的工作机制也确保了政社之间的动态平衡，权力自下而上的运行体制使得民众的诉求得到及时回应，政府的政策制定和督导使得社会治理有序发展、平稳运行，各种社会政策、资源投入保持在合理区间。其四，从社会冲突的理论视角来看，经济保持较高的发展水平，整体上具有稳定可靠的社会保障体系，经济社会精英通过参与各类协会、社会团体，深度融入社会、投身公益、服务基层，民众广泛的社会参与、充分的利益表达，消弭了基层社会对抗的张力，缓和了社会矛盾，促进了基层治理的良性运行。

三、台湾基层社会治理的启示和借鉴

当前，北京正在认真贯彻落实党的十八届三中、四中全会和习近平总书记系列重要讲话精神，按照京津冀一体化发展战略，加快推进首都治理体系和治理能力现代化，努力创新社会治理，建设法治社会，这为加强基层治理工作提供了难得的发展机遇。结合台湾基层治理的做法和经验，针对目前工作中存在的问题，在今后的基层治理工作中，应该从以下方面加大工作力度。

一是要推动社区治理结构和工作机制的科学化。当前社区工作行政化倾向严重，承担行政分派的工作任务偏重，社区居委会具有准行政机关的性质，从工作安排到工作考核，自下而上的工作运行机制尚未真正建立。社区居委会要坚持党的领导，进一步发挥作为居民自治组织的作用，及时准确掌握居民实际需求，开展多种形式的工作协商，切实解决部分工作与需求脱节的问题。整合社区内各类单位和组织的资源，动员各方参与社区建设，增强社区吸纳社会资源的能力。完善公益金使用工作程序，简化审批流程，增大居委会的自主权，加强居民和街道办事处的监督力度。

二是要以提高组织内生动力为核心优化提升社会组织。目前各类组织发育不均衡，社会化、专业化运作程度偏低，运用市场化手段吸纳资源、投身公益能力整体不足，不少社会组织处于半休眠状态，未能充分协同参与基层治理。为此，要继续推进枢纽型社会组织体系建设，培育各类社区社会组织。要联系、动员社区意见领袖、经济社会精英参与社区治理，支持、引领社会组织发展。要着力增强社会组织能力建设，以资源整合、品牌塑造、人才培养为核心，增强社会组织内生动力，优化社会组织治理体系，提高组织生存能力，投入社区公益事业，推动社区建设永续发展。

三是要推动志愿服务成为基层治理的新常态。当前社区治理中，居民参与程度偏低、形式单一，一些工作未能充分反映民众真正需求；志愿服务制度化程度不高，缺乏上下贯通、系统化的工作机制；社区工作过于倚重行政体系主导下的社区工作人员，民众的公益意识和奉献精神有待培育和提升。社区事务关系千家万户，涉及居民切身利益，纷繁复杂，包罗万象，如果仅仅依靠居委会工作人员或社区工作者，不可能从根本上实现社区良好治理。要着力加强志愿服务的制度化建设，让志愿服务成为社区治理中的新常态。深入宣传志愿服务精神，挖掘社区志愿服务人才，建立志愿服务基础信息，健全志愿服务激励机制。只有通过志愿服务人才队伍建设，完善志愿服务工作制度，动员居民广泛参与，才能从根本上走出社区工作人才缺乏、人员流失的困境。

四是以培育共同体意识为重点加强社区文化建设。居民从总体上缺乏社区共同体意识，缺少相互之间的精神连接纽带。践行社会主义核心价值观，必须在生活实践中化为具体的日常行为，变为可以不断重复的行为习惯，从而建立相互尊重、相互关爱、相互理解的人伦新风。要通过社区宣传栏等大力宣传优秀传统文化，弘扬中华传统美德，与邻里友好相处，树立“孝悌忠信礼义廉耻”的基本观念，促进敦厚民风的养成。动员居民参与社区活动，培养共同体意识，养成公共精神。建立完善社区公约、村民公约，引导居民关怀公共事务和公共利益，逐渐形成奉献仁爱的思想观念、自律自治的行为规范，实现家庭幸福，邻里团结，社区和谐。

（此文为市委社会工委、市社会办研究室副主任向德行2014年10月12日至18日参加市委研究室“台湾基层社会治理调研”课题组赴台调研后撰写的报告）

赴港培训学习体会

2014年9月14日至27日，笔者随市委社会工委高级社会工作人才培训班赴香港进行了为期14天的培训。此次培训主要是在香港大学听取了由香港特别行政区卫生福利局原副局长等政府官员、香港大学社会工作及行政学系教授等学术界专家、香港神托会社会服务总监等一线执业者组成的讲师团队主讲的13堂主题讲座，并实地对基督教励行会、明爱筲箕湾综合家庭服务中心运行情况进行了调研，深入学习了解香港在社会组织和社会工作人才方面的做法和成效。下面笔者就自己的学习体会做如下汇报。

一、香港基本情况简述

（一）香港社会福利服务

香港特别行政区政府一直奉行“小政府”政策，大部分的社会福利服务均由非政府机构提供。政府负责制定服务政策、拟定发展路向、向立法会申请拨款、监察非政府机构的服务表现以及向市民直接提供包括社会保障在内的法定及核心的福利服务。非政府机构则负责按政府的既定服务政策向市民提供优质核心及非核心的福利服务。这些服务包括家庭及儿童福利、社会保障、安老服务、康复及医务社会服务、违法者服务、社区发展以及青少年服务，由社会福利署和173家非政府机构提供。

香港对非政府机构的管理和支持表现在：引入福利服务竞争性投标，更着重于成本效益和物有所值；运行整笔拨款津贴制度，对资助总额会以整笔拨款形式向非政府机构发放，非政府机构在符合《津贴及服务协议》的原则下，可自行决定如何调配运用政府的资助金额；实行服务表现监察制度，与服务单位签订《津贴及服务协议》，内容包括服务单位所提供的服务性质和必须达至的服务水平。

香港社会福利服务的特色还表现在强化社会资本，推动官商民三方合作上。要建立稳定和谐的社会，不单有赖政府提供福利服务，还需要社会各界发挥互助互惠的精神，共同分担责任和提供小区支持。香港特别行政区政府致力协助市民自力更生，并透过动员小区资源和建设社会资本，促进政府、商界和第三部门（即非牟利界别）这三方协作；并鼓励市民互相帮助，携手推动社会发展，把有限的资源投放到最有需要的人身上，以确保福利服务的可持续性。

（二）香港社工队伍建设

香港社工队伍经过半个多世纪的发展，由于其专业化和职业化，为香港大力发展社会福利服务做出了显著的贡献。所谓香港社工，是指运用一种专业的知识体系，包括专业理论、知识、方法及技巧，在其行业内建立了特定的机制以考核或确认专业资格的从业人员。专业人士的专业地位在社会和法律上获得认同的同时，也会受到某种程度上的制约。

香港社会工作训练始于20世纪50年代，但当时毕业学生人数远远不及政府及志愿机构要求的工作人员数目。70年代，教育开始普及，居民社会意识提高，社会日趋复杂，于是政府在经济盈余情况下，大力发展社会福利服务以改善市民生活，社会需要一些拥有专门知识、理论及技巧的人才开展多元化的社会服务。1970年，香港大学开始有学士学位的社会工作毕业生。1972年实行社会工作专业化，规定申请助理社会福利主任者均须持有社会工作学位。社会福利署于1973年成立“社会工作训练学院”，为从事社会福利服务而未受专业训练的在职人士提供培训，让其成为专业社工。1977年进行社会福利职级检讨，将部门分为社会工作部及社会保障部，将曾受训之社工调往社会工作部从事专职社会工作。

至今，香港已有6家大学提供超过20多个不同程度的专业社会工作训练课程，包括社会工作学位课程及社会工作文凭、高级文凭、副学士课程。1997年6月6日，《香港社会工作者注册条例》正式生效。香港的专业社工在修毕认可的社会工作课程后须向香港社会工作者注册局申请注册，方可使用“社会工作者”的名衔或其他相关描述的称谓。截至2013年9月，全港注册社工有18273人，其中仅有12.9%的人员在政府工作，59.3%的社工在非政府机构工作。从社工的发展历史可以看出，香港社工的发展，经历了从非专业化到专业化，从只要有善心便可以做善事到重要岗位必须用受过专业教育的注册社工的过程。

二、主要学习收获

在培训期间，重点学习了香港的社会工作在香港社会服务、非营利性组织与管理、香港社区福利服务与非政府组织管理、香港社会工作者培训、香港社会福利服务、香港社会共融、危机管理及构建和谐社会、长者社会服务及管理领域的发展情况的经验做法和取得成果，经过讲座培训、研究讨论和实地考察，总结为以下两点。

（一）社会组织将发挥更大的作用

与政府和市场相对应，社会组织被称作“第三部门”。在从“大政府”走向“小政府”的过程中，不仅要精简政府职能部门，更重要的是政府要在许多具体的公共服务领域退出，同时，通过购买服务的方式加大对公共服务的投入，从而形成一个“官退民进”的局面，社会组织将承接越来越多从政府转移出来的工作并发挥越来越重要的作用。政府与社会组织将建立起合作伙伴关系，让社会组织成为实现社会多元主体协商互动、和谐善治与可持续发展的重要力量。

（二）需加快建设社会工作者队伍

从社会发展的方向来看，社会工作需要社工理论。随着全面建设小康社会、构建社会主义和谐社会进程的不断深入，社会建设部门的任务越来越重，工作领域越来越宽，服务对象越来越广，迫切需要进一步转变管理方式。就其工作运行来讲，必须走政府主导与社会参与相结合的道路，形成行政力量与社会力量互动、政府工作与社会工作互补的格局。这就需要大力引进社会工作理论，积极培育和发展社会工作专业服务机构，进一步创新党委领导、政府负责、社会协同、公众参与的社会建设工作机制。

三、思考与启示

（一）政府

（1）资金的投入、政策的鼓励与制度的完善是推动社会工作发展的基础。政府可以从以下几个方面进行努力：完善社工注册制度，树立社会工作的公信力及专业形象；完善社会工作岗位设置，加大资金支持，通过多渠道吸纳社会工作人才；建立刚性的激励保障机制，以提高社工人才的社会地位和工资福利待遇；在全社会倡导一种热心社会工作、尊重社会工作者的风气，转变人们对社工的传统观念。

（2）与社工机构搭建积极的“合作伙伴”关系。政府官员应抱着双方互助合作的心态与社工机构打交道。双方应形成一种相互认可和信任的持久关系，一方出钱、一方出力，即社工不需要顾虑资金的压力，只需要把专业服务做好；政府对于社工具有一种职业信任，无须去干预社工如何进行实务操作。

（二）机构

（1）坚守“第三方角色”定位。由于在解决社会问题中的特殊身份，社工必须遵循严格的专业伦理和行为价值观，这些伦理和价值观有时候甚至与社会总体的价值观相冲突。这就要求我们的社工需要具备强大的心理素质和承压能力，不因外界压力或诱惑丧失其参与社会建设应有的价值。随着国内社会对社工的需求在不断扩张和城市经济的发展，社工的作用、价值、不可替代性会日渐凸显，国内的社会工作者应对未来充满信心，树立积极的职业观，以饱满的热情投入到崇高的、“用生命影响生命”的社会事业中去。

（2）不断学习，提升社会工作者综合素质。社工需要根据时代变迁的特点来发现、解决各类社会问题。适应时代发展的社会工作者不仅需要掌握多领域的专业知识，还需要懂得心理学知识，具备演说、沟通和培训的技巧和必要的社交能力。社工机构可通过开展常态化培训及学习活动来促进社工人员的自我学习，建立激励制度鼓励社工持证上岗，提供与中国港、澳及英、美等地区和国家的社工机构交流学习或进入院校继续深造的机会。

（3）建立多样经费来源，实现“社会企业”发展模式。香港社工“社会企业”的新型运行模式对内地的启发是根本性的：公益事业不能仅仅局限于爱心的付出，社工机构仅依靠政府的资助很难走得长远，我们需要发散性思维，我们的社工机构需要积极“造血”，通过发展“社会企业”，争取更多的资源来开展公益事业；积极培养或吸引富有社会责任感和商业能力的管理者；积极争取政府在免税、购买服务、完善法律法规等方面的支持力度；善于学习欧美地区发达的社会企业，多方合作开展学习型交流活动。

（4）提供优质创新服务，塑造社工机构品牌。社工机构的品牌主要指社会公众对机构规划项目、开展活动、机构名称、内部结构、人员组成等方面的认知度和评价。香港社工机构十分重视机构品牌的构建及推广，以香港青年协会为例，其极具品牌特色的“领袖培训”项目已为2万多名香港青年提供系统的专业训练。内地的社工机构可借鉴香港社工机构品牌塑造的经验，立足本土需求，积极开拓多样化项目，提供人性化、创新性服务产品，如此不仅可向普通民众普及福利理念，扩大机构公信度，还能在宏观层面为构建和谐社会发挥一己之长。

（三）企业

（1）树立“互惠合作”意识，在与社工机构的多样化合作中寻找商业机会。香港的社工手中都掌握了许多的资源，并且对这些资源有很大的动用权，他们在资源的利用方面做得非常好。我们的企业同样可以通过合作获取丰富的外部资源。我们的企业要善于整合社会资源。例如，企业的慈善捐款、捐赠可以流向社工机构，这不仅对国内社工的发展是件好事，企业也能从社工机构的社会关系网中收获更多的资源。

（2）树立社会企业家精神，投资设立社工组织机构。这种发展模式可以很好地解决国内社工机构缺乏资金的困境。一方面企业设立社工组织机构是本着取之于民用之于民的理念，在社工机构开展服务的同时宣传到了企业，改善企业的社会形象，提升企业的知名度；另一方面企业也可以为机构提供一定程度的资金支持、硬件支持，从而达到了多赢的效果。

（3）善于挖掘和利用社工专业人才的优势为企业创造价值。一方面，社工作为社会的润滑剂，能够在企业融资、公关、咨询等方面发挥重要作用；另一方面，社工的专业性对企业决策及开展各项业务也十分具有实践价值。

（四）高校教育

高校在日常教学中注重培养学生对本专业的信心和认同感，使学生明确今后的学习和就业方向；可着眼于当地需求，制订教学培养计划，对学生进行针对性、系统化培养；提供更多社会实践机会，重视学生实习经验；积极开展交流活动，学习先进地区的教育经验。值得一提的是，社会创业是当下最热的话题之一。对大学生来说，社会创业是全新的道路选择。目前，国内有多个机构已在关注社会创业，通过层层筛选，优秀的“公益企业项目”将得到创业资金。在理论与实践两个层面为学生提供创业载体，培养他们的社会企业家素质，或许将成为我国社工人才培养体系改革的突破口。

（此文为延庆县社会办副主任马向东2014年9月14日至27日参加市社会办高级社会工作人才培训班撰写的体会文章）

北京市有关部门理论研究与调研

首都社会治理方式创新研究

市委社会工委、市社会办研究室（政策法规处）

党的十八届三中全会从推进国家治理体系和治理能力现代化的总目标出发，提出了创新社会治理的理念，标志着我们党关于社会治理理论与实践创新进入了新的发展阶段。当前，首都经济社会快速发展，由此衍生的人口、资源、环境、公共安全、服务管理等一系列问题，给经济社会协调发展、社会治理以及城市管理等带来巨大压力。应对这些问题和挑战，必须全面深化改革，着力创新社会治理体制、改进社会治理方式，进一步增强首都社会发展活力，不断推进社会治理体系和治理能力现代化。

一、基本现状

一是加强理论创新，完善政策法规体系。理论创新是实践创新的先导。北京市大力加强社会建设理论体系创新，深入研究探讨社会建设、社会体制改革及社会治理的重大现实问题，社会建设理论与实践不断深入探索、创新发展和丰富完善，并向法治化方向拓展延伸。从加强社会建设“1+4”文件到《中共北京市委关于加强和创新社会管理　全面推进社会建设的意见》《北京市“十二五”时期社会建设规划纲要》，以社会服务、社会管理、社会动员、社会环境、社会关系和社会领域党建“六大体系”为框架的具有时代特征、中国特色、首都特点的北京社会建设与治理体系基本形成。

二是加强顶层设计，深化体制改革创新。顶层设计是全面深化改革的关键。党的十七大闭幕不久，北京市成立市委社会工作委员会、市社会建设工作办公室。同时，为加强全市社会建设与治理工作的统筹协调和综合指导，2008年下半年成立社会建设工作领导小组，建立市社会建设工作领导小组全体会议和专题协调会议制度。2009年底，北京市各区县社会工作机构和社会建设工作领导小组及其办公室全部成立，并在街道（乡镇）建立社会工作党委，初步形成全市社会建设和社会治理统筹协调新格局，进一步健全和完善了党委领导、政府负责、社会协同、公众参与、法治保障的社会建设与治理体制。

三是统筹城乡发展，完善社会服务体系。社会服务体系是城乡社会协调发展的重要保障。多年来，北京市始终坚持“以人为本、关注民生、构建和谐、服务社会”的理念，以保障和改善民生为体制机制创新根本出发点和落脚点，加快完善社会服务体系。健全和完善城乡一体的社会保障体系，着力推进城乡基本公共服务全覆盖和均等化。不断完善社区基本公共服务体系，制定并实施《北京市社区基本公共服务指导目录》，明确10大类60项基本公共服务项目进社区，健全覆盖各类人群的城乡社区公共服务体系。不断创新社会公共服务方式，设立社会建设专项资金，同时规范专项资金的使用办法和投入方向，形成了以社会需求为导向、以改善民生为重点的项目申报、评估、立项的制度体系。

四是推进政社分开，创新社会组织体制。社会组织是党和政府联系服务社会的重要桥梁。近年来，北京市按照“推进政社分开、管办分离，把各级各类社会组织纳入党和政府主导的社会组织工作体系”的总体思路，加快推进社会组织管理体制改革，大力构建“枢纽型”社会组织工作体系，加快培育和发展社会组织，初步形成政社分开、责权明确、依法自治的现代社会组织体制。2009年以来，共认定市级“枢纽型”社会组织36家，区县级211家，街道（乡镇）级403家。目前，全市“枢纽型”社会组织市、区县、街三级网络体系基本形成。

五是整合力量资源，创新社区治理模式。社区治理是社会治理的基础工程。北京市探索实践社区区域化党建、多元性自治、开放式服务“三位一体”的工作格局，搭建社区综合服务管理平台，推动形成以社区党组织为核心、以社区自治组织为基础、以社区服务站为依托、以社区社会组织为补充、驻区单位密切配合、社区居民广泛参与的现代社区治理结构，从而构建党委政府领导、部门密切配合、社区依法自治、社会积极协同、公众广泛参与的社区治理新格局。2009年以来，北京市开展社区规范化建设试点，目前全市所有城市社区基本达到规范化要求，社区办公和服务用房达标率由18%上升为86%。

六是健全运行机制，激发社会生机活力。增强社会活力是社会治理体制改革的重要目标。近年来，北京市不断加强社会工作者和志愿者队伍建设，加快推进社会工作队伍专业化职业化、志愿服务常态化规范化，完善社会工作者与志愿者互动、社区与社会组织互联、政府社会市场互补的协同机制。出台《首都中长期社会工作专业人才发展规划纲要（2011—2020年）》，实施大学生社工计划，建立健全社区工作者管理使用长效机制，探索购买专业社会工作岗位机制，大力推进社会工作者专业化职业化建设。着力推进志愿服务常态化规范化，通过及时转化奥运志愿服务成果、建立长效性和应急性志愿服务机制。大力推动市级“枢纽型”社会组织、商务楼宇、规模以上非公有制企业、社工事务所建立志愿服务组织，初步形成志愿服务“1+5”工作体系。

七是抓住党建龙头，实现党建工作全覆盖。党建工作是社会建设与治理的龙头。北京市充分发挥社会领域党组织的政治优势和组织优势，以党建工作创新引领和推动社会服务管理创新、以党建工作全覆盖引领和推动社会治理全覆盖。在市、区两级社会工委成立党建工作处（科），在全市所有街道（乡镇）组建社会工作党委，初步形成市、区（县）、街道（乡镇）、社区四级社区党建工作新格局。充分运用社会组织“枢纽型”工作平台，在市级“枢纽型”社会组织建立党建工作“3+1”工作机制。建立健全非公有制企业党建工作联席会议机制和商务楼宇社会工作站、党建工作站、工会工作站、团建工作站、妇联工作站“五站合一”工作机制。

二、主要问题

一是社会治理理念需要进一步深化。当前，我们对社会治理内涵还没有形成统一的思想认识，社会治理多元化主体还未真正形成，政府与社会的治理边界尚未清晰。实践中，特别是在基层社会治理中，政府公共服务意识不强，居民广泛参与不够，社区自治基础薄弱，社会发展活力不足。

二是社会治理体制需要进一步完善。当前，首都社会建设与治理的体系框架刚刚形成，体制机制不适应经济社会协调发展的现象依然存在，全市社会建设与治理综合协调力度不够，政社关系仍不够清晰顺畅，社会治理模式还需创新。

三是社会服务体系需要进一步健全。北京市公共服务体系目前存在诸如公共服务供给水平与经济发展水平、人口结构变化不相适应，基本公共服务均等化不够，公共服务财政保障机制还有待完善，公共服务供给模式低效、单一等问题。

四是社会治理法治化水平还比较低。当前，全市社会治理法规体系不完善、政策法规滞后的问题还比较突出，社会建设与治理的成熟实践模式和经验未上升到法律法规层面，社会治理法治化水平依然较低。

五是社会治理基础还比较薄弱。社区服务管理行政化倾向十分突出，社会组织参与社会治理还不充分，社会单位参与社区治理的潜力有待进一步挖掘，志愿服务还未实现常态化，社会工作人才队伍专业化职业化水平有待进一步加强，公众参与社会治理的热情不高、渠道不畅。

六是社会矛盾纠纷化解机制有待完善。当前，社会矛盾纠纷化解重“堵”不重“疏”，重“处置”不重“预防”的问题依然突出，群众诉求表达机制不完善，日常潜在的社会矛盾较多，对由互联网等新媒体带来的社会治理新现象、新问题有效治理还处于探索阶段。

三、对策思考

（一）进一步健全基本公共服务体系

一是加快推进社会服务体系全覆盖。坚持以需求为导向，加快完善社会服务体系。通过加快推进“一刻钟社区服务圈”全覆盖，加快推进社区公共服务体系“十大覆盖工程”，即社区就业、社会保障、社会救助、卫生养老、文化教育体育、流动人口、安全、环境美化、便民、志愿服务体系全覆盖。

二是加快推进社会服务方式转变。在基本公共服务领域，不断扩大购买服务范围。在非基本公共服务领域，凡适合社会力量承担的，可以通过委托、承包、采购等方式交给社会力量承担。加大政府购买社会服务力度，向社会发布年度政府购买社会服务指导目录、有资质承担公共服务职能的社会单位（社会组织、企业等机构）名录，公示年度购买社会服务项目，促成供需对接。

三是加快推进政府向社会力量购买服务。深化行政审批制度改革，取消和下放行政审批项目。创新政府基本公共服务投资体制，加大引进社会资本参与基本公共服务设施建设和运营管理的力度。推进经营性公共服务产业化，建立政府主导、社会参与、多元供给的公共服务模式。深化事业单位体制改革，扶持社会企业发展，促进社会组织发展，有序引导社会力量参与公共服务。

（二）进一步构建现代社会组织体制

一是推进政府向社会组织转移职能。进一步规范政府、市场和社会三者关系，厘清边界、让渡空间，培育并增强社会依法自治功能。进一步转变政府职能，凡是社会主体能够自主解决、市场机制能够自行调节、行业组织能够自律解决的事项，都应转移或委托出去；凡是政府继续承担但适合社会组织承办的事项，都应通过政府购买服务等形式，委托社会组织办理。制定政府向社会组织转移职能的指导意见和转移、购买事项目录。

二是加强“枢纽型”社会组织工作体系

建设。加快完善市、区县、街道（乡镇）三级“枢纽型”社会组织工作体系，将社会组织日常服务管理工作纳入相应的“枢纽型”社会组织职责范围。支持“枢纽型”社会组织通过备案管理、吸纳会员、活动引导等方式，将各级各类社会组织有效聚合起来。

三是改革社会组织登记制度。降低登记门槛，对行业协会商会类、科技类、公益慈善类、城乡社区服务类社会组织由民政部门依法直接登记。成立社会团体和民办非企业单位，可以降低或减免注册资金。探索取消行业协会、商会“一业一会”限制。取消社会团体、基金会分支机构的登记审批，可将基金会和异地商会登记管理权限下放至区县。委托第三方机构对申请登记的社会组织进行评估。

四是完善社会组织支持服务体系。支持社会组织在提供社会服务、规范行业关系等方面发挥积极作用。完善北京市社会组织孵化中心职能，加快完善“一中心、多基地”社会组织服务（孵化）网络。通过公益创投、公益博览会等形式，撬动市场和社会力量，促进企业、社会组织及相关主体间的资源对接。研究制定社会企业培育发展政策，培育发展新兴社会主体。

五是完善社会组织治理结构。充分发挥党建政治引领、政府依法监管、“枢纽型”社会组织日常服务管理作用，加快形成政社分开、权责明确、依法自治、发挥作用的现代社会组织体制。

（三）进一步创新社会运行机制

一是完善流动人口服务管理。健全全员人口管理体制，完善全员人口管理信息系统，建立实有人口属地服务管理机制。加快实行居住证制度，为流动人口提供基本公共服务。保障流动人口正常生活水平和合法劳动权益，科学调控流动人口分布和规模。统筹规划、引导劳动力有序转移和合理配置，完善外来务工人员继续教育培训和就业服务政策。

二是完善互联网新媒体服务管理。提高政府运用互联网新媒体能力，提升政府虚拟社会管理能力。建立健全网上网下综合防控体系和网上动态监管机制，依法打击网络违法犯罪。加强网络舆情收集、研判，有针对性进行跟踪引导和管控。加强依法治理，完善网络社会管理、网络问政、微博微信使用等政策措施。加强互联网新媒体舆论监督机制、依法监管和行业自律建设。

三是加强社会诚信体系建设。建立健全政府主导、专业机构监管、行业组织自律、社会舆论监督、公众参与的社会诚信体制。加快建立社会诚信制度，建设覆盖全社会的征信系统，加强信用服务市场培育和监管，加大信用行为激励和惩戒力度。完善政府信息公开机制，健全社会听证、公示制度。完善企业信用发布、信用档案和信用系统，推动各类企业依法纳税、守法经营。健全事业单位信用评价、信用公开和信用奖惩机制。加强社会组织诚信建设，完善信息公开机制和信用管理制度。加强个人诚信建设，建立个人信用档案。

四是加强网格化工作体系建设。构建条块结合的服务管理模式和支撑保障体系，实现对人、地、物、事、组织的精确定位、精准服务、精细管理。加快推进社会服务网、城市管理网、社会治安网“三网”融合，基本实现区（县）、街道（乡镇）、社区（村）三级网格化体系全覆盖。制定发布社会服务管理精细化测评指标体系，加快社会领域信息化建设，完善网上社会管理和公共服务平台建设，加快推进智慧社区创建。

（四）进一步规范社会工作机制

一是着力推进社会工作者职业化进程。逐步将社会工作师纳入全市专业技术职务制度统一管理，制定社会工作专业技术职位设置管理办法及职级体系。制定职称、待遇、管理、培训等配套政策，建立社会工作师专业技术职务聘任制度，实行评聘分离。在非公经济组织和社会组织开展政工人才职称评定，实行专业技术资格与岗位挂钩、岗位与工资待遇挂钩。探索建立与国际接轨的社会工作执业制度。

二是积极拓宽社会工作者发展空间。重

点在社会福利、社会救助、精神卫生、残障康复、矫治帮扶等领域，积极引入社会组织服务，培育一批专业社工机构。民政、人力社保、卫生、教育、信访、工会、共青团、妇联、残联等有关单位，探索开发设置符合单位业务需求的专业社工岗位，并向社工事务所或专业社工机构购买社工服务。

三是健全社区工作者管理使用机制。推行社区工作者“准编制化”管理，建立社区工作者队伍总额控制机制，确保队伍规模合理、有序发展。加快社区工作者职业体系建设，探索社区工作者职业资格认定标准和职业晋升制度。在社区聘任一定数量的专业社工，实现评聘分离。完善配套薪酬体系及福利制度，进一步加大激励保障力度。

（五）进一步形成社会动员机制

一是健全应急社会动员机制。完善统一指挥、分级负责、部门联动的应急社会动员领导体系，着力加强街道（乡镇）、社区（村）等基层应急动员组织体系建设，完善统一权威的应急动员信息发布渠道。加强应急动员宣传教育，提高公众风险意识和自救互救能力。分类做好自然灾害、事故灾难、公共卫生事件、社会安全事件等应急动员预案，在街道、社区开展社会动员试点工作，完善常态动员与应急动员相互衔接的工作机制。

二是推进志愿服务常态化专业化。进一步完善全市社会领域志愿服务体系，加快现实社会领域志愿服务组织全覆盖。加强应急志愿者队伍建设，分级分类开展专业志愿者和应急志愿者培训，提高专业服务和应急救援能力。有序推进为老服务、交通秩序维护、环境保护、关爱农民工等志愿服务项目。以“志愿北京”网站等为依托，建立全市志愿服务项目与需求信息发布平台，探索科学有效的志愿服务供需对接机制。

三是引导企业积极履行社会责任。建立企业社会责任领导协调机制，引导企业积极构建和谐劳动关系，维护消费者合法权益，支持公益事业，参与驻区建设。分类制定企业社会责任标准体系。健全企业社会诚信监督机制，适时公布企业履行社会责任情况。加大宣传表彰力度，营造企业积极履行社会责任的良好氛围。

（六）进一步深化街道社区体制改革

一是转变街道服务管理职能。进一步把社会服务与城市管理职能下沉到街道，加强街道区域党建、落实公共服务、统筹辖区治理、组织联合执法、指导社区建设、促进社会和谐的职能定位。按照专业管理、属地统筹的原则，由街道对各派出机构工作进行统筹调度。建立和完善街道层面联合执法机制，开展城市管理综合执法和各类专项联合行动，形成长效常态工作机制。

二是加强街道资源力量整合。进一步理顺街道与政府专业管理部门、驻区单位的工作关系，建立和完善街道层面地区社会服务管理委员会及其职能作用。深化街道“大部制”改革，建立分工合理、职能清晰，关系理顺、协调配合，结构优化、效能提高的工作机制。优化街道“一站式”办公服务大厅运行机制，拓展街道社区服务中心功能。清理面向街道、社区层面的各级各类考核评比，减轻街道、社区负担。整合优化协管员队伍，建立统筹协调机制，形成条块结合、以块为主的管理体系。

三是完善社区治理创新。围绕推进社区治理现代化，进一步完善区域化党建、多元性自治、开放式服务的社区“三位一体”治理格局。不断完善基层群众自治机制，发挥居民在基层社会治理中的主体作用，推广和完善参与式协商民主治理、社区居民代表常务委员会等模式，拓宽居民参与范围和途径，丰富居民参与内容和形式。引导居民积极参加社会组织活动，动员居民有序参与社会治理，鼓励和支持居民协助政府做好社会服务，依法保证居民对社会治理和社会服务的知情权、参与权、决策权、监督权。逐步建立健全社区事项准入机制，减轻社区负担，强化社区自治功能。

（七）进一步加强社会领域党建工作

一是健全社会领域党建领导体制。完善

社会领域党建工作联席会制度。探索区县直接联系、双重管理规模以上非公有制企业和社会组织体制机制。形成市、区（县）、街道（乡镇）三级“枢纽型”社会组织党建工作网络。进一步完善街道（乡镇）社会工作党委和社区区域化党建工作机制，健全党凝聚社会各方力量的区域化党建格局。

二是构建社会领域党建组织体系。统筹推进区域内党组织设置、党员发展和教育管理、党建阵地建设。完善商务楼宇“五站合一”、社区联建门店、街区商管协会、自律组织、网格化党建等工作机制。依托市、区（县）人才（职介）服务中心、街道（乡镇）社会工作党委、新居民互助服务站，建立流动党员联合党组织。加大综合市场、产业基地、行业协会等党组织组建力度，推进构建园区统筹、街区统筹、商圈统筹、楼宇统筹、行业统筹等区域化党建模式，实现区域化党建格局全覆盖。

三是完善社会领域党建运行机制。健全在职党员进社区、党员责任区、党员志愿服务机制。健全区域协商议事会议制度，建立区域党建信息资源库，建设党群服务活动中心，创新流动党员教育管理方式，推动区域各类组织结对共建、党群活动一体化，提升社会领域党组织服务群众、整合资源、畅通诉求、协调利益能力。

北京市购买社会组织服务项目评估机制研究

市委社会工委、市社会办综合处（宣传处）

政府购买社会组织公共服务是政府履行公共服务职能的方式之一，是符合社会主义市场经济和公共财政发展要求的一种改革和创新。党的十八届三中全会审议通过的《中共中央关于全面深化改革若干重大问题的决定》中指出，“政府要加强发展战略、规划、政策、标准等制定和实施，加强市场活动监管，加强各类公共服务提供。……推广政府购买服务，凡属事务性管理服务，原则上都要引入竞争机制，通过合同、委托等方式向社会购买”。北京市自2010年在全市社会组织开展购买社会组织服务工作，较早地开展了政府购买社会组织服务的探索，已经建立起基本的管理框架。随着社会建设专项资金项目的规模及种类的不断扩大，如何对购买服务进行有效的绩效评估，以促进和发挥社会建设专项资金的利用效率，规范和引导社会组织的公共服务，提供人民满意的社会服务，成为管理部门亟待解决的问题。

一、基本情况

2010年以来，北京市连续4年投入约3亿元社会建设专项资金，累计向社会组织购买了1100多个公共服务项目，在资金管理、购买流程、项目监督、制度化建设等方面取得一定的成绩，摸索出一套经验。主要表现在：

一是购买社会服务项目呈逐年递增状态，购买规模和数量快速增长。2010年北京市投入2020万市级社会建设专项资金，购买社会服务，包括社会基本公共服务、社会公益服务、社会便民服务、社会管理服务、社会建设决策研究信息咨询服务等5大方面40个类别共300个项目；2011年资金投入增加到近7800万元，购买了363项社会组织服务项目；2012年投入资金近8100万元，购买了368项社会组织服务项目；2013年投入资金1.2亿元，购买社会组织服务项目500项。

二是购买社会组织服务的内容不断优化。自开展购买社会组织服务以来，根据人民群众的迫切需要、社会服务亟待加强和提高的问题，以及社会建设的工作重点，不断调整、优化购买内容。目前已经形成 5 大方面 40 个类别的基本模式，每年会根据当年社会需要情况进行微调。

三是购买社会组织服务的管理日益规范化。在开展购买服务工作过程中，不断完善管理制度，规范管理流程，相继推出《北京市市级社会建设专项资金管理办法（试行）》《使用北京市社会建设专项资金购买社会组织服务的暂行办法》等规范性文件，逐步规范了专项资金的使用和管理办法，同时每年度的《政府购买社会组织服务项目实施指引》和《政府购买社会组织服务项目指南》，完善了从项目申报、评审、监管、验收的购买社会服务流程。初步建立了以项目主责单位参与监督和指导、各项目承接单位具体落实的工作模式。

二、目前存在的主要问题

随着购买社会组织服务的不断推进和开展，其社会影响力不断增加，在转变政府职能，促进社会组织发展方面发挥了重要作用。特别是由于政府与制度的支持，以及竞争机制的引入，“枢纽型”社会组织服务网络逐步完善，社会组织的创新活力不断激发，专业化和规范化的社会服务惠及更广泛的群体。但是在调研过程中，通过对购买项目深入了解以及对项目承接方负责人的访谈，我们也发现了目前政府购买项目在项目立项、管理机制等方面的问题：

一是资金管理方面。由于政府财政资金审批等原因，项目资金到位滞后，但项目周期不变，使得社会组织垫付资金运作项目，提供服务，给社会组织带来经济压力，不但会影响社会组织服务提供的质量，而且限制了社会组织自身的发展。

二是购买服务的流程不够规范。虽然在北京市购买社会组织服务流程的基本框架已经确定，即“申报、评审、立项、公示、评估、监管、验收”7 个基本环节，但是各个环节的严谨性、规范性有待提高。具体表现为：

在申报环节：社会组织对主责单位依赖性较大，大多依赖主责单位告知项目申报时间、要求等，信息渠道不畅通，从某种意义上讲，使得购买服务缺乏透明度和竞争性。

在评审环节：目前的评审办法，由专家委员会，依据社会组织网上申报资料，通过项目必要性、项目可行性以及预算合理性三方面，进行综合评定打分，确定项目是否通过，这种评审方式使得项目过分重视文字资料，而缺少对社会组织资质及实际执行能力的评估；从而使一些实践执行能力较强，相对文字功底较弱的社会组织被拒之门外。

在立项环节：目前项目立项，与项目承接单位只签订承诺书作为契约，所有项目承诺条款相同，其重点是项目承接单位承诺，按照财政及规定使用专项资金，保证项目按时完成。但是作为购买契约，缺少服务质量的约束条款，没有明确双方的责任与义务以及违约责任的条款，同时缺少对项目的监管与效果的约束条款，这就不可避免地产生了合同漏洞。

在评估与监管环节：目前主责单位的项目监管工作重点在于项目资金的管理，主要是依赖社会组织自己呈报项目资料，忽视了对项目执行情况、项目进展的监督。

在结项环节：服务评价和监督体系不完善。目前在北京市购买社会组织服务项目的实施过程中，缺少必要的监督机制，鲜有项目进行中期考评，基本依靠社会组织自身申报资料；项目验收主要是对结项资料的审核，第三方机构是指会计师事务所，主要是做财务合规的审计，而对项目的实施及效果没有明确的评估指标。购买服务的绩效评价体系一般包括两个方面：①购买服务的效率评价体系。主要是评价购买服务的效率，即相同的财政资金是否购买了尽可能多的社会服务，使得这些资金发挥最大效用。②购买服务的效果评估体系，主要指评价服务的享用者是否满意，这种评价通过公众满意度来测量购买服务的效果。由于该环节的缺失，无法全面反映政府购买项目绩效情况。

三是购买社会组织服务的相关制度不够健全，缺乏法律保障。该项工作在我国属于新生事物，相关制度需要在实践中进一步地总结、摸索，逐步完善制度体系建设。

四是目前只有少数的社会组织参与到购买服务中，无论是从社会组织现有的规模还是参与度，相对发达国家都有待进一步的发展，需要引入竞争机制，以促进社会组织自身的发展，从而提高社会服务质量。

综上所述，北京市社会建设专项资金购买社会组织服务项目，规模发展迅速，社会影响不断扩大，在评估机制上尚待健全，存在以下几方面的问题。

第一，从评估对象角度讲：立项前缺乏对服务项目的社会需求评估；缺乏对承接项目社会组织实际执行能力评估；项目执行过程监管体系不完善；缺少对购买项目服务对象满意程度的评估体系；政府购买项目绩效评估体系不完善；发展时间较短，机制不健全。

第二，从评估主体角度讲：评估主体界定模糊，各个环节评估主体不够明确，不能根据不同的评估对象确定明确的评估主体；缺乏评估的专业技术人员，评估缺乏可信性、权威性。

第三，从评估的原则讲：没有充分体现责任、义务对等原则；政府购买公共服务项目的评估，应该既有针对项目承接方的评估，也有针对政府绩效的评估，双方的责任义务对等，而目前的评估多集中于对项目承接方，有悖客观性原则。

第四，从评估流程上讲：没有清晰的评估流程描述，尚待规范。

第五，从评估指标体系讲：各个环节的评估指标有待完善。目前尚没有形成一套完整的评估指标体系，对社会服务的评价标准无法量化，主观因素较大。

三、北京市政府购买社会组织服务评估机制建立的对策建议

为保证购买社会组织服务的良性、健康发展，北京市政府必须建立规范的评估机制，从机制上保证工作流程的规范化。购买社会组织服务涉及财政资金的使用，保证财政资金安全是根本，同时使财政资金的效益发挥最大化，最终实现购买服务的初衷，完善的评估监督机制是有力保证。建议市政府吸收成功国家的先进做法，将评估贯穿整个流程，以保证购买社会组织服务在公开、公正、公平的环境下，健康发展，最终实现促进服务质量，提高购买绩效的目标。

（一）建立健全评估机制

规范、完善的评估机制，可以促进购买社会组织服务的良性发展。应结合北京实际情况，借鉴美国等其他国家的成熟经验，建立一套实用性强，有指导意义的，严格的购买社会组织服务操作流程。在此基础上，完善评估流程，从而保证评估机制的可实施性。目前北京市已经形成了申报、评审、立项、公示、评估、监管、验收的工作流程，但每一步都需完善。

一是开展社会公众需求评估。以需求为导向，将需求评估纳入购买社会组织服务的工作流程，在启动本年度的购买服务工作之前，组织相应的需求调查，收集与拟购买服务项目相关的需求信息，确保每年购买的社会组织服务能够体现“以人为本”的服务初衷，更好地解决社会问题。

二是在申报环节增加社会组织的资质审核。参考北京市民政局对注册的社会组织的年度考核评估结果，对考核评估不达标的社会组织，暂不允许参与购买社会组织服务项目。

三是在评审环节引入竞争机制。对于重点项目（根据政府购买的规模，确定重点项目的标准），可以采用公开招标的方式，不仅评审社会组织的项目申报书，而且评估其项目执行能力，评估其预算是否符合购买服务要求，保证财政资金的合规、合理使用；必要时可以组织专家评审组，让社会组织就项

目计划做具体陈述，专家组按照既定的指标体系，打分确定是否立项。

四是在立项环节签订明确的购买合同。合同中明确购买内容，服务标准，计划、评估方式、资金额度，预算方案，违约责任等，为购买服务项目的执行，确定规范的标准。

五是在验收环节进行全面综合的绩效评估。应从项目绩效及服务效果两方面进行评估。项目绩效评估应以是否按照预算用途及标准合理使用为评估前提，同时评估该项资金是否发挥了最大效用，相同的资金是否可以购买更多的服务，或者解决更多的社会问题，以促进财政资金的效用最大化。服务效果评估，应充分调动社会公众参与的积极性，邀请服务对象参与服务效果评价，以促进公共服务质量的提高。同时通过多元评估主体的参与，促进社会组织全方位多角度地认识到组织机构的优势和不足，明确使命、坚定目标、提升公信力。

（二）加强信息管理，建立统一的信息化平台

目前，北京市使用市级社会建设专项资金购买社会组织服务工作，是通过北京市社会建设网进行项目申报。作为统一的发布平台，购买社会组织服务管理平台只有项目类别，没有详细的项目信息，无法保证信息公开透明、公平公正。对于政府采购项目的发布，可以参照目前政府采购网，硬件设施采购的发布办法，结合服务本身的特点，将采购信息完整地提供给社会公众。

同时，应建立以政府为主导的监督机制，充分发挥政府职能部门的作用，对购买社会组织服务项目流程、财政支出以及服务过程做全面的监督，监督结果要做到公开发布，以提升购买社会组织项目公信力。

政府各职能部门之间，应该加强协同合作，建立信息共享机制。例如，北京市民政局每年要对在其登记注册的社会组织进行年检，并且按照当年各方面评估标准，评出社会组织级别，该信息可以通过信息渠道，与其他政府部门共享。在其他部门进行购买社会组织服务项目时，不必再花费额外的资金评估社会组织的资质，从而实现资源的有效利用，发挥财政资金的最大效用。

（三）引入第三方评估机构，提高评估的专业性、规范性

第三方机构不仅可以帮助政府节约人力成本，更基于其非利益相关的特点而保证评估的中立性。为保证政府购买项目评估机制的顺利推行，第三方评估机构的引入是十分有效的手段。

在第三方机构的选择上，应该遵循独立、科学、合理、全面的原则，第三方机构既要协助政府完成评估工作，又要保持其工作的相对独立性，对评估结果负责，保证结果的客观性和公正性。

第三方机构可以是专业的社会组织，如北京市政府现在委托的会计师事务所，也可以是专家委员会，其成员可以来自企业、社会组织、领域内专家、社会组织等各个方面，但是评估过程中，与评估的公共服务项目有利益关系的成员，不能参与该项目的评估，以保证评估结果的公正性和有效性。

（四）加大对社会组织的能力建设，使项目执行更加专业化、正规化，从而推进评估机制建设

社会组织是购买服务项目的执行机构，同时担负着帮助政府解决社会问题的重要职责，其自身的能力建设尤为重要。在服务过程中更多地整合资源，加强自身建设，为社会公众提供专业、规范的社会服务，这是对承接服务的社会组织的基本要求。社会组织必须建立健全内部的规章制度，在自查的同时，接受社会公众的监督和评估，同时要把服务内容、标准等信息及时披露，保证信息公开、透明，以提升其公信力。

建立社会组织信用评价机制，在购买社会组织服务项目完成后，根据统一的评估体系，评价社会组织的信用程度，对于不满足信用标准的社会组织则不能参与以后的购买服务项目。社会组织的信用评价应与资格审核同步进行，必须两方面都通过，才可以参与购买社会组织服务的项目申报工作。

北京市社会领域流动党员服务管理工作问题研究

市委社会工委、市社会办党建工作处

随着社会主义市场经济的深入发展和人们就业方式的日益多样化，外出外来经商务工和人才流动中的党员越来越多，形成了一支具有分散性、随意性的流动党员队伍。目前全国流动党员人数为400万~500万，北京市约有10.2万人。近年来，北京市社会领域①各基层党组织，为加强对流动党员的服务管理，进行了积极的探索，取得了一些经验，但也存在不少困难和问题。因此，围绕流动党员服务管理问题进行实际调查、总结经验教训、探索解决路径、完善工作机制，十分必要和紧迫。

我们成立课题调研组，就此进行了专题调研。8个月来，课题组先后在3个领域分层次（级）实地走访了136家单位，召开了67场座谈会，重点访谈了13名相关领域的专家学者，发放问卷10000余份。在对调研情况进行深入分析研究和认真吸收课题立项、中期检查和成果交流会上专家意见建议的基础上，形成了课题报告。

一、北京市社会领域流动党员服务管理的基本状况

近年来，北京市社会领域各级党组织高度重视流动党员的服务管理，也积累了许多宝贵经验和做法。从组织设立来看，社会领域多数党组织从“流动党员能找到组织，组织能凝聚人心，党组织和党员都能发挥作用”的目标出发，立足实际，通过自建、双管、托管等形式，实现了党组织的覆盖。这次参加座谈和问卷调查的10000余名流动党员，都在流入地党组织服务管理范围内，95%的调研对象认为，他们的单位流动党员都参加了党的组织生活并接受组织的管理教育，没有“口袋党员”。从工作机制来看，一些党组织已建立完善了流入流出两地之间工作互管、情况互通、联络互访、激励互评的“四互机制”，逐渐由“两不管、两头松”向“两地管，双落实”转变。调查显示，63%的流动党员认为，流出地党组织都要求他们每月汇报情况；59%的流动党员认为能积极配合流出地党组织做一些力所能及的工作；46%的流动党员通过电话、短信、书函等向流出地党组织汇报情况。从服务功能来看，86%的受访流动党员认为，不论是社会组织党组织，还是非公有制企业党组织、社区党组织（居委会）都能围绕学习宣教、培养考察、计生优教、法律咨询等，为他们提供有益的服务管理。座谈流动党员普遍认为，他们虽打工在外，但时刻能感受到党组织的关怀。从发挥作用来看，党组织和流动党员作用比较突出。调查中发现了许多好的经验和做法。丰台区卢沟桥街道党工委所属或所托管的20个流动党员党组织较好地发挥了战斗堡垒作用，400多名流动党员较好地发挥了先锋模范作用；西城区金融街街道党工委根据流动党员的特点，确立了“无组织抓组建，有组织抓规范，已规范抓创新”的工作思路，分层次、有重点地开展对流动党员的服务管理工作，在社区党支部设立流动党员服务岗，在街道党工委设立流动党员服务站；通州区新华街道党工委针对拆迁产生的临时安置居住的流动党员（他们称为“拆迁党员”，短的为4~5个月，长的已达3~4年），建立

① 社会领域主要指社区、社会组织、非公有制经济组织等领域。

"拆迁党员"服务管理网络、广渠道丰富"拆迁党员"教育培训方式、多层次搭建"拆迁党员"作用发挥平台、零距离完善"拆迁党员"关爱服务体系，积极为他们提供各种服务。北京民办教育协会各民办高校党组织，围绕民办高校高知识群体流动党员特点，建立人才数据库，实现了人才资源共享。北京金秋果实电子科技有限公司党委为调动党员员工发挥作用，增强他们的荣誉感和责任感，在公司内推行了党龄工资制度。

二、流动党员服务管理存在的主要问题

北京市社会领域流动党员的服务管理工作虽已取得一定成效，但通过与部分区县社工委、街道党工委以及一些社会组织和非公有制企业代表的座谈与实地考察，通过调查问卷分析，社会领域当前流动党员服务管理教育工作存在以下三个方面主要问题。

（一）身份不掌握，组织难建立

调查过程中，有少数同志反映：为数不少的非公有制企业、个体工商户、社会组织以及社区中，都有一定数量的隐形党员，但组织上并不掌握。问卷统计，有19%的流动党员外出、返回不向关系所在地党组织报告，就业、上班不与流入地党组织联系，"来无影去无踪"，完全成了一名"失联党员"。某区一位商务楼宇工作站党建指导员座谈时这样说道：一家有300多名员工的非公有制企业，明明知道里面肯定有党员，但就是没有人站出来承认。确实，没有党员，怎么建立组织？而没有组织，何谈服务管理？何谈作用发挥？可以说，"身份不掌握，底数不清楚"，不仅影响、阻碍流动党员工作，也是党建资源的一种极大浪费。

（二）情况差异大，活动难开展

调研中感到，流动党员群体内部构成比较复杂，生存状况差异性较大。从身份结构来看，5%为外出务工的农村党员，23%为国企下岗、辞职职工党员，21%为部队退伍、33%为大专学校毕业的学生党员；从年龄结构来看，69%为26～50岁的青壮年党员；从教育程度看，具有大专及以上学历的占61%；从流动趋向来看，33%的党员分布在商业零售、建筑运输、餐饮服务等行业，就业和生活稳定性较差。由于受市场波动影响大、用工体制灵活性强等因素的影响，除少数在非公科技企业、律师事务所、会计师事务所等单位就职的收入相对较高、生活较稳定的流动党员外，不少流动党员一般没有相对固定的职业，收入水平低，生活缺乏稳定性。要让这些自身情况各异，分散在不同层次、不同行业、不同就业岗位的流动党员正常参加学习培训、民主评议、党内选举等活动，难度确实较大。即便勉强组织了活动，也往往因为客观上精力、时间难以保证，主观上积极性主动性不够，导致活动效果大打折扣。

（三）缺乏认同感，作用难发挥

不少流动党员身处激烈的就业竞争压力下，经常遭遇解聘、下岗等风险。人的趋利性特点削减了一些流动党员内在的政治诉求，雇员身份成了首选。在自身生存的经济问题尚未完全解决的情况下，他们对党组织认同度较低，缺乏参加党组织正常活动的动力、热情和意识，党员"群众化"趋于明显，发挥作用也就很难实现。调查中发现，仅有40%左右的流动党员表示愿意亮明身份，有25%的流动党员认为，"对我来说，参加不参加党组织活动，无所谓；发挥不发挥党员作用，都一样"。加上流动党员的劳动报酬权、党员权利往往得不到切实保障、专项培训经费落实不到位、流动党员服务体系不健全、专门服务机构作用发挥不明显，不能为流动党员解除后顾之忧等因素，更使流动党员缺乏归属感、认同度。

三、流动党员服务管理工作相对薄弱的原因分析

（一）目前的一些措施规定执行主体不明确

为加强流动党员的服务管理，1994年1

月，中组部颁发了《关于加强党员流动中组织关系管理的暂行规定》，同年12月，下发了《关于〈流动党员活动证〉制度的通知》。2006年6月，中央办公厅印发了《关于加强和改进流动党员管理工作的意见》，（以下简称《意见》）。《意见》和其他一些关于流动党员工作的措施、要求的执行主体——一些流出地、流入地党组织认识不到位，工作现状与当前全面深化改革、建立服务型基层党组织的要求不相适应，主要表现：认为对流动党员服务不服务、管理不管理并不影响大局；认为流动党员情况复杂、管理难度很大，无能为力；有相当多的流出地党组织认为党员外出了，就不必管了；有一些流入地党组织觉得流入党员不是自家人，不需要管。

（二）管理缺位现象明显

目前还没有构建统一有序的流动党员管理机制。特别是流动党员较集中的社会组织和非公有制企业党组织，隶属关系不规范，有的归机关工委或组织部门管，有的归街道党工委管，有的归工商联等部门中的党组织管理，有的归区县委社会工委和非公工委管；有的业务上走条条（行业）、党建上按块块（社区）。管理部门分散，职责不明，都管，又都不管，有重管或漏管现象。在提及“您对加强流动党员联系、教育和管理工作的意见和建议”时，多位受调查者表示，“应当有统一的管理部门，应建立流动党员管理的相关制度”。问到“您所在党组织是否建立了加强流动党员的管理制度”时，54.4%的被调者答案为“否”，27.1%的被调查者表示“不清楚”。

（三）教育管理方式单一

传统的党员管理工作对行政组织的依赖性很大，侧重于静态管理，具有固定性、集中性等特点。而流动党员远离行政组织，具有流动性、松散性和广泛性等特点。静态的属地管理滞后于动态党员教育管理的实际，加之操作的简单化和固定化，进一步弱化了党组织对流动党员的吸引力和号召力。40%的被访者表示不愿意参加活动的主要原因是注入地党组织的“组织活动形式单一，不吸引人”。71%左右的受访者说，流出地党组织不管不问，即使搞些教育也是发个信息，没有什么意义。

（四）相关制度某些实操环节缺乏刚性

《意见》对流动党员的管理服务提出了原则和要求，但显得比较宏观和空泛，缺乏实际执行的刚性规定。实践中，流动党员数量的统计和去向掌握是一个非常棘手的问题。本次调研中，几乎所有参加座谈的党务工作者对此都感同身受，反映强烈。由于《意见》制定时间较早，而形势发展又很快，在某些方面已表现出滞后性。例如，对不少流出地党组织不发放流动党员证，流动党员不向流入地党组织登记报到等问题，到底应如何处理解决，《意见》在实际操作程序上缺乏必要的刚性规定，影响了《意见》的权威性。再如《意见》虽然规定“流动党员原则上按月交纳党费，因外出地点变动频繁等原因按月交纳有困难的，可以按季交纳”，但对于不能按时足额交纳党费的党员如何处理，则缺乏明确具体的规定，影响了《意见》执行力。

四、加强和改进流动党员服务管理工作的对策建议

（一）完善管理体制，理顺管理关系

进一步完善在党委统一领导下，由组织部门牵头，社会工委具体负责，人保局、科委、投资促进局、中关村科技园区等有关部门密切配合联席会机制，加强全市社会领域流动党员服务管理的统筹协调，定期研究解决流动党员服务管理中存在的突出问题。按照属地管理原则，统筹协调流出地与流入地党组织及行业、社区党组织之间的关系，使党员无论流动到哪里，都不离开党组织的视野。对拒不接收流入党员或对流出党员漠不关心，放任去留，不按规定出具流动党员证的党组织，由上级党组织对其进行通报批评，情节严重的应根据党章规定给予严肃的党纪处理。确保党员“流动不流失”。简化组织关系接转程序，在严格党纪的前提下，下放接转组织关系的权限。迁移组织关系应以自

愿为主，不愿转组织关系的，可凭活动证到流入地党组织参加正常的组织生活，为流动党员的动态管理提供方便。普及使用智能活动证，探索制作一种具有电脑识别功能的IC智能型活动证，并组建网络信息系统，存储党员个人信息，实行党员网上年度注册管理制度，避免“隐形党员”的出现，实现流动党员管理数字化。

（二）强化服务功能，创新教育方式

2014年，中央下发了《关于加强基层服务型党组织建设的意见》。强调“各级党组织要充分认识加强基层服务型党组织建设的重要性紧迫性，以服务型党组织建设引领基层党建工作，使服务成为基层党组织建设的鲜明主题”。应牢固树立“寓管理于服务，以服务促进管理；融教育于关心，从关心出发进行教育”的理念，建立健全服务管理网络。建立流出地与流入地的“互访制度”，通过书信、电话、电子邮件、短信、QQ等方法和互访等形式，实现流出地与流入地党组织工作对接、双向管理；探索创建“一家一站一中心”的党内服务三级网络，即在社区建流动党员之家、街道设流动党员登记站、在区（县）委社会工委设流动党员管理服务中心，并安排专职人员进行管理。建立完善激励、关爱机制，设立“扶助基金”，对丧失劳动能力及有特殊困难的流动党员给予一定的救济，帮助他们解决生活中遇到的难题；设立“奖励基金”，用于奖励和表彰在各行业做出突出贡献的流动党员，充分发挥优秀党员的示范效应；以“民情直通车”等活动为载体，拓宽反馈情况渠道，协助辖区内流动党员办理流动人口计划生育证、暂住证等事宜，为流动党员排忧解难。流动党员走南闯北，接触新生事物多，思想活跃，加之内部差异性大，他们需要的教育管理内容是多维度的。党组织应根据流动党员职业技能、业务知识需求的实际，开展针对性教育。把教育管理与企业的生产经营、企业文化建设、人的发展结合起来，开展党建理论、专业技能、维权知识等方面的教育与培训，使党员的政治素质和业务能力得到提高，人生价值得以更好实现。解决流动党员工作与学习的矛盾，以“上门送学、专人帮学、电话督学”等灵活的方式为流动党员创设方便地学习条件；实施远程教育和管理。利用现代网络平台和信息媒介平台，建立流动党员网站、手机信息发布平台等，加强沟通，及时了解流动党员情况，并提供指导和帮助。

（三）明确领导责任，实施目标管理

建议中央在《意见》的基础上，尽快完善相关政策措施，进一步明确相关责任。建立考核责任制，区（县）委，街道（乡镇）党工委（党委）、社会工作党委，社区党组织要把加强和改进流动党员教育管理服务工作摆在重要位置，纳入党政干部考核和基层先进党组织评比指标体系，建立定期通报和批评制度。建立各级领导抓联系点制度，上级党组织负责人要选择1～2个基层党组织作为联系点，经常检查、督促流动党员教育管理服务工作，及时发现问题、解决问题。严肃党的纪律，各级党组织对在转移和接收流动党员组织关系等工作中不负责任、推诿扯皮的党组织和党员，要及时纠正和处理；对在流动党员教育管理工作中违反党的纪律和规定的，要给予有关责任人相应的组织处理；对不能履行党员义务，经过多次批评教育仍不改正的流动党员，按照稳妥、慎重的要求，结合党性分析和民主评议党员，开展不合格党员处置工作。

（四）注重资源整合，加强宏观协调

流动党员的服务管理要在实践中不断探索，在探索中持续创新，逐步走出一条开放式、服务型、社会化的新路。市委社会工委要进一步整合社会资源，继续搞好基层设计；区（县）委社会工委要统筹人保、工商、民政、工商联等相关部门，街道（乡镇）社会工作党委要统筹区域相关单位，整体联动、齐抓共管；社区党组织要充分利用社区或企业内现有的各种文化活动设施，为流动党员活动提供场所，拓展其活动空间。市区两级要继续加大服务管理流动党员的经费保障，通过政府财政补一点、街道创收出一点、收缴党费返一点、社会各方募一点的方式，解决党组织活动经费问题。加快流动党员活动场所和服务中心的建设，为流动党员的教育管理服务提供物质保障。

北京市专业社工机构现状及发展对策研究

市委社会工委、市社会办社会工作队伍建设处

专业社工机构是以社会工作专业人才为主体，坚持“助人自助”宗旨，遵循社会工作专业伦理规范，综合运用社会工作专业知识、方法和技能，开展困难救助、矛盾调处、权益维护、人文关怀、心理疏导、行为矫治、关系调适、资源链接等服务的民办非企业单位。从名称上看，全市专业社工机构包括社会工作事务所、社会工作服务发展中心等机构。

一、专业社工机构建设和发展现状

（一）在组建模式上，依托不同主体发起成立

1．依托草根组织

依托民间社会工作类草根组织，对其在组织架构、队伍结构、专业资质、工作规范等方面进行提升改造，使其达到专业社工机构的要求，并正式注册为民办非企业单位。全市有21家专业社工机构通过这种方式组建。

2．依托高校

由相关高校社会工作院系动议，与市、区县相关部门或街道合作组建。由相关部门提供办公场地、资金等支持，高校提供专业理论指导、专业社工人才等支持。全市有78家专业社工机构采取这种方式发起成立。

3．依托企业

一些具有社会责任的企业，与有关的社会工作专业人士及组织合作，出资成立专业社工机构，作为企业履行社会责任的重要平台。全市有8家专业社工机构采取这种方式组建。

（二）在队伍构成上，形成了“督导+社工+志愿者”的结构

1．专业社工

专业社工指接受过社会工作专业教育的高校毕业生或者具有社会工作者职业水平证书的专业人员。目前，107家专业社工机构共有专业社工1454人，其中专职936人，兼职518人。在专业社工中，大专学历占37%，本科学历占47%，硕士及以上学历占16%。

2．专业督导

专业督导负责对专业社工机构自身的管理、发展，并对专业社工的专业服务和心理建设等给予指导和帮助。107家专业社工机构共有督导师132人，其中专职89人，兼职43人，大部分具有社会工作或社会学专业中级以上职称。

3．志愿者

志愿者指有一定社会工作热情，志愿投身到为民服务之中的志愿力量，分为专业性和非专业性两类。全市107家专业社工机构共吸纳志愿者13256人，在校学生、职中青年、社区中的退休老年人是三大主要来源。初步形成了“社工+志愿者”的联动服务模式。

（三）在资源支撑上，形成了以政府支持为主、社会资源补充为辅的机制

1．行政性资源

一是给予开办经费。为解决多数专业社工机构开办之初资金紧张的问题，市社会建设资金按照每个专业社工机构5万元的标准给予开办经费补贴，主要用于必备的办公用品购置支出、室内宣传展板制作等宣传支出，以及成立初期其他所必需的支出。2010年至2014年，已累计投入370万元。

二是购买专业社会工作岗位。2010年，全市启动了市社会建设资金购买专业社工岗

位工作，根据“一个街道一个专业社工岗位”“一个社会工作事务所一个专业督导岗位”的原则，按照每个岗位3万元/年的标准，已累计在16个区县的街道、社会工作事务所购买了934个，投入2802万元。

三是政府购买公共服务项目。鼓励和引导专业社工机构申请市社会建设资金购买公共服务项目。据不完全统计，2010年以来，全市专业社工机构独立承接或参与承接市社会建设资金购买服务项目达200多个，总金额达1000多万元。

在市级资金支持基础上，各区县在资金、办公场地、工作条件等方面对专业社工机构不同程度地给予了支持，保障了本地区专业社工机构的发展。

2. 社会性资源

在争取各级政府支持的同时，一些专业社工机构还积极争取社会资源，如对一些项目进行低偿收费；争取高校、企业等单位在项目、资金、智力等方面支持。2014年，北京市专业社工机构年均经费收入57.5万元，其中社会性资金占21%。

二、专业社工机构的作用

（一）提高了社会治理的能力水平

专业社工机构正在成长为首都社会治理中不可忽视的力量，为首都社会治理注入了社会工作的专业价值理念，引入了新的更加专业的工作方式和方法，在极大提高社会治理效率的同时，也在潜移默化地改变着首都社会治理的方式和方向，促使首都社会治理朝着更加多元和专业的方向发展，从宏观和微观两个方面，提高了社会治理的能力和水平。

（二）培养了社会领域专业人才

专业社工机构为各类专业社工人才开展实务提供了新平台，有效减少了社会工作专业毕业生因找不到对口工作而流失的现象。同时专业社工机构已经成为培养专业社工骨干的重要载体，2012年以来，有3名专业社工获得“中国十大社工人物”、1名获得“中国优秀社工人物”、11名获得“中国最美社工”，6名获得“首都最美社工”、15名获得“首都优秀社工”的荣誉。

（三）推动了社会服务的专业化发展

一方面，专业社工机构运用各种专业技术和方法为服务对象提供专业化服务，提高了服务效率和效果。据不完全统计，2014年北京市专业社工机构开展专业服务超过2.5万次，服务对象超过11.5万人次。另一方面，也拓展了社会服务的领域和范围。目前，全市专业社工服务项目涵盖了20余个社会服务领域（图1），使更多的群众享受到了更加专业的社会服务。

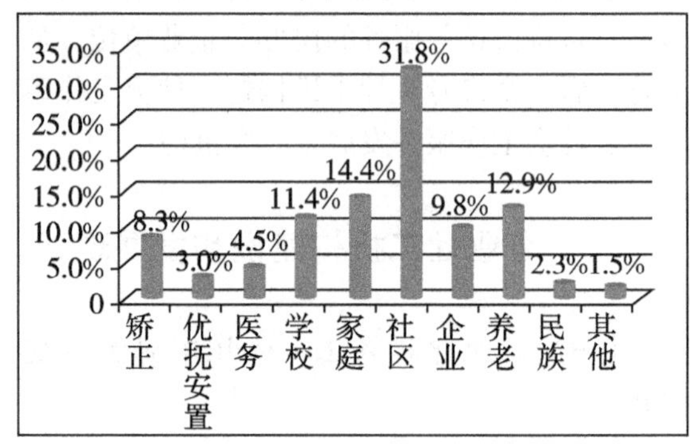

图1 专业社工机构社会服务覆盖领域

（四）促进了社会和谐与稳定

专业社工机构在各级党委及政府的领导和指导下，运用社会工作专业的技术和方法，在开展专业服务、帮扶弱势群体、解决社会问题、舒缓社会矛盾、增进社会团结、维护社会稳定等方面发挥了积极作用，在一定程度上增进了社会福祉、促进了社会和谐，为首都社会建设做出了重要贡献。

三、专业社工机构发展面临的困难和问题

（一）法律保障体系尚不健全

目前，国家和本市层面尚未针对专业社会工作进行专门立法，专业社工机构的税收减免，专业社工的薪酬、职称职级体系、职业身份等都没有相应的法律保障，一定程度

上阻碍了社会工作的发展及专业社工机构的壮大。由于受到法律法规的限制，目前90.9%的专业社工机构未享受过相关的税收减免等优惠政策。

（二）政府支持力度有待加强

专业社工机构在与政府联系过程中都不同程度地遇到困难和问题，其中最多的是政府支持经费到位慢，其次是支持经费少。此外，管理程序复杂、项目竞标困难等也是反映相对集中的问题。这表明目前北京市在对专业社工机构的资金拨付程序、项目竞标方式、管理程序等方面还存在不足，需要进一步完善相关政策措施。

（三）自我发展能力“先天不足”

与发达国家和地区实践不同，北京市大部分专业社工机构在成立之初，是由行政力量推动并给予大力扶持，造成其具有较强的依赖性，自我发展和运营能力“先天不足”。从经费来源上看，79%的经费来自政府；从专业社工薪酬看，目前北京市专业社工机构中的专职工作人员月平均实发工资为2446元，总体上低于北京市社区工作者平均工资水平，导致人员流动性较大，2014年离职率达18.9%。

（四）专业服务能力有待加强

目前北京市专业社工机构中，具有社会工作专业教育背景及持有社会工作者职业水平证书的比例不到50%，具有3年以上专业服务经验的比例不到40%。另外，由于理论与实务经验兼备的督导人员比较稀缺，专业社工机构在项目设计、具体服务等方面难以及时有效获得更高层次的指导和帮助，以致政府、市场以及社会相关主体对其缺乏认可和支持，进而阻碍了其自身的发展壮大。

四、推动北京市专业社工机构发展的对策建议

（一）推动规范化发展

1. 加强规范化和标准化建设

对已成立的专业社工机构参照相关标准逐步规范提升，对新成立的专业社工机构严格按照标准做好筹备和成立工作。制定发布《北京市社会工作者职业道德规范》，指导专业社工机构制定和完善本机构的社工从业规范和社工行为准则，规范专业社工的职业行为。

2. 完善项目化运作机制

引导各专业社工机构密切关注居民迫切需要解决的困难和问题，开发“社会需要、社工能为”的专业社工服务项目，实施项目化运作，明确任务目标、监督服务过程、开展结果评估、提高服务效率。同时鼓励专业社工机构积极申请政府及各类基金会的项目支持，促进自身规范、健康、快速发展。

3. 加强分类指导

对于基础好、工作成效显著的机构，将提升管理水平、壮大规模和扩大影响作为发展重点；对于基础较好、工作成效较为显著的机构，将提高业务水平和拓展业务范围作为发展重点；对于基础较为薄弱的机构，将巩固基础、提升能力作为发展重点。同时，依法加强监管，确保北京市专业社工机构依法有序运行。

（二）强化自我“造血”能力

1. 建立多元筹资机制

引导专业社工机构增强自身动员和整合社会资源的能力，除积极申请政府支持外，鼓励积极争取社会力量支持，如与企业建立合作关系；分类开发服务项目，设计一批低偿收费服务项目，并按照市场定价原则开发一批特色化、高端化专业服务项目，从而实现机构自身的可持续发展。

2. 拓展专业人才来源渠道

在培养好、使用好社会工作专业毕业生的基础上，通过专业督导和专业社工的指导、帮助，促使优秀社区工作者转化成为专业社工；吸引志愿者长期参加相关服务活动，鼓励优秀志愿者通过自学、考试等方式转化提升为专业社工。

3. 提升服务和管理能力

引导专业社工机构增强自身服务需求调

研、服务项目开发、服务过程管理、服务结构评估等方面能力，通过高质量的服务，赢得社会的理解和认同。同时，促进其加快完善机构内部治理结构，完善机构内部财务、人力资源等管理制度，努力降低机构运行成本，提高机构运行效率。

（三）建立健全第三方评估和管理机制

1. 建立第三方专业评估机制

推动建立独立的社会工作专业评估机构，组织社会工作专业技术力量，对专业社工机构进行评估。通过发挥专家和专业评估机构的专业技术优势，增强透明度，保证评估的客观性、公正性和专业性。

2. 完善评估指标体系

将基本指标体系分为“机构管理”和“机构服务”两个部分及“基础建设”、“组织建设”、“队伍建设”、“服务能力”、“整合能力”和“服务效果”六大方面（图2），全方位、多角度对专业社工机构自身建设及服务效果进行综合评估。

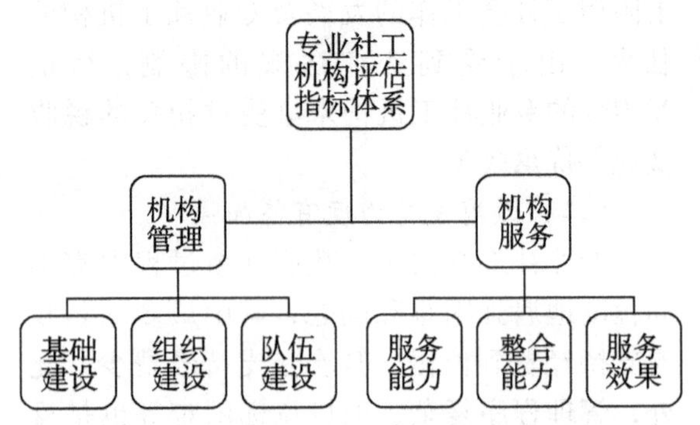

图2 专业社工机构评估指标体系示意图

3. 充分发挥行业组织作用

充分发挥北京社会工作者协会及北京市专业社会工作机构委员会的行业组织作用，为专业社工机构提供社会工作者登记注册、教育培训、权益维护、派出社工等服务，并制定行业伦理守则和工作标准，充分发挥其管理、服务、监督功能，不断提高北京市专业社工机构整体的服务和发展水平。

新常态下创新城市老旧小区治理的思路与对策

市委社会工委、市社会办社区建设处

加强城市老旧小区治理、服务，关系老百姓切身利益，关系小区和谐稳定，是城市发展过程中普遍遇到的一个新课题。党的十八大和十八届三中全会明确提出，要“发展基层民主，促进群众在城乡社区治理、基层公共事务和公益事业中依法自我管理、自我服务、自我教育、自我监督”，这为加强老旧小区治理、服务创新指明了方向。

城市老旧小区，是与新建商品房住宅小区相对而言的一种居民住宅类型，尽管国内各地对老旧小区的界定不尽相同，但一般是指早期规划设计标准低、配套不全、设备过时老化、管理不善、人文环境差的旧住宅小区。改革开放以来，随着市场经济不断发展，城市居民住房制度也发生了深刻变革。自20世纪80年代末开始，北京市开始实施住房制度改革，原来计划经济体制下的大量单位公房出售给个人并进行了产权登记，城市居民住房逐步走向商品化和市场化，居住小区居民与产权单位逐步脱离，相关配套政策滞后，从而出现了老旧小区产权多元化、无产权单位承接以及治理、服务不到位的现象。

北京市老旧小区一般建于20世纪90年代以前。据统计，全市现有老旧小区1582个、建筑面积5850万平方米，涉及117万户292万人，占全市居住小区53%。由于受历史局限，这些老旧小区无论在公建配套设施规划设计、建设标准方面，还是在治理模式、运作机制方面，都与居民日益增长的居住生活需求有较大差距，相关社会治理、服务任务日趋繁重；与新建小区相比，低收入群体、困难群体高度集聚，老旧小区社会性特征非常明显，改善民生问题尤为迫切。因此，加强老旧小区治理、服务，已经成为首都城市治理和基层自治、服务的瓶颈问题。

一、老旧小区治理面临的问题与挑战

与商品房小区中驻有物业服务企业不同，由于没有明确的物业收费标准，绝大多数老旧小区缺乏正规的物业管理服务，也很难吸引物业企业进驻。为了维持小区居民基本居住生活条件，当下老旧小区主要是由政府负责提供一些最基本的公共服务，同时随着老旧小区综合整治工作的完成，后续治理、服务问题更加凸显。

基础设施陈旧。绝大多数老旧小区建于1990年以前，有的甚至更早。过去住宅小区的规划、设计和建设标准，已远远无法满足社区居民的生活需求。如主体建筑陈旧，无法达到现代建筑抗震、节能等标准要求；水电气热管线等设施设备老化，消防设备不足；小区公共服务配套设施匮乏，活动场所相对狭小，公共绿地缺失，停车设施严重不足等问题普遍存在。

小区情况复杂。一是小区产权主体组成复杂。老旧小区普遍存在产权单位多、形式多样的特点，有商品房、单位房改房、回迁房、承租房等。有的小区产权单位已不复存在。二是小区居住主体构成复杂。由于老旧小区居住条件较差，住户以老年人、低收入家庭、城市流动人口等群体居多。三是小区问题繁杂。由于涉及房屋建设质量、公共配套设施建设不足和个别房屋维修不及时等，给老旧小区带来诸多历史遗留问题。

在小区治理方面，小区安全治理不到位，由于处于半封闭或开放状态，存在治安隐患；环境治理不到位，一些小区堆物堆料，小区道路楼道无人打扫，小广告多；停车管理不到位，由于规划滞后，停车难、乱停车、道路拥堵等问题突出；违建治理不到位，还存在私搭乱建、“居改商”等现象。特别是实行住房制度改革后，产权人的权责关系不清晰，缺乏相应的物业收费标准和服务标准，致使一些小区缺乏专业的物业服务，与新建商品房小区形成较大反差，影响着居民的日常生活质量，居民归属感不高。一些实行物业管理的小区，由于物业收费标准偏低，管理人员不足，服务质量跟不上，小区物业服务难以进入良性循环。

二、创新老旧小区治理服务模式

加强城市老旧小区治理、服务，关键在于加强小区自治、自我服务，发动居民群众和辖区单位参与。要按照党的十八届三中全会提出的“改进社会治理方式，加强党委领导，发挥政府主导作用，鼓励和支持社会各方面参与，实现政府治理与社会自我调节、居民自治良性互动”的要求，针对城市老旧小区治理、服务中存在的难题，加强顶层设计，推进依法治理。经济新常态和现有体制条件下，需要总结提炼基层实践经验，积极引导和发挥居民自治作用，推进老旧小区多元化治理，完善老旧小区治理、服务体系，进一步提升老旧小区治理、服务水平，夯实基层基础。

加强城市老旧小区治理、服务的总体思路是以居民自治为核心，以解决突出问题为重点，创新体制机制、方式方法，积极动员社会协同、公众参与，完善社区治理结构，推动老旧小区治理、服务向规范化、社会化、精细化发展。通过开展老旧小区治理、服务工作，基本形成依法自治、各具特色、作用明显的小区治理、服务组织体系，在不同类型的老旧小区创建一批服务完善、自治民主、充满活力、和谐幸福的典型，逐步实现“五好”目标，即自治组织建设好、自我管理机制好、自我服务效果好、驻区单位协同好、突出问题解决好。

建立组织体系。由社区居委会围绕老旧小区存在突出问题和居民共同需求，通过组织召开社区居民会议，选举关心小区事务、责任心强、民意基础好、有居民自治组织经验或能力突出的常住居民、产权单位和驻区单位代表组成小区自治、服务组织。小区自治、服务组织可在街道（乡镇）备案或登记注册为民办非企业单位。社区党组织、居委会加强与小区自治、服务组织的工作衔接和互补。社区党组织对小区自治、服务组织实行政治领导，培养负责人队伍；社区居委会由专人负责监督指导小区自治、服务组织日常工作，并在备案管理、组织运作、活动场地、人才培养等方面提供支持，形成政府引导、社区居委会指导、小区自治、服务组织运作、居民群众参与的自治、服务机制。

完善治理、服务模式。可在老旧小区采取以下三种治理、服务模式，并鼓励小区结合自身实际探索相关行之有效的新模式。一是物业自主式模式。对物业服务企业已进驻的小区，由物业服务企业按照有关规定实行“物业自主式治理、服务”。发挥业主大会和业委会在小区治理、服务中的积极作用，社区居委会积极支持物业服务企业开展多种形式的社区服务，业委会和物业服务企业要主动接受社区居委会的指导和监督。形成社区党组织、居委会、业委会、物业服务企业、驻区单位的共同协调机制，及时解决物业服务纠纷，维护各方合法权益。二是社区自治式模式。对物业服务企业未进驻的小区，实行“社区自治式治理、服务”。由街道办事处（乡镇政府）牵头，结合老旧小区综合整治工作，指导小区自治、服务组织或社区居委会以“有安全防范、有绿化保洁、有维修维护、有停车管理”（四有）为基本目标，通过服务外包、聘请专职人员、培育相关志愿服务队伍等多种方式，并依法协助相关部门做好与居民利益有关的小区停车管理、房屋维修、清洁卫生、绿化养护、秩序维护、下水管道疏通、水电故障排除、简单电器维修等工作，满足小区居民对基本物业服务的需求。三是单位自助式模式。单位（大院）自主管理的小区实行“自助式治理、服务”。明确产权单位责任，一个产权单位管理的小区，由该产权单位组织实施治理、服务；由两个及以上产权单位管理的小区，探索建立小区共商共议机制，整合小区资源，共同解决小区房屋修缮、停车管理、绿化保洁、安全防范等方面问题；对于涉及地区性、社会性的重要问题，小区所在的街道（乡镇）和社区会同产权单位进行研究协商解决。

创新治理、服务方式。一是创新服务提供方式。坚持自治、自我服务为主、政府引导扶持为辅的原则，探索通过政府购买服务、设立项目资金等途径，调动社区多元主体的积极性，推动小区治理、服务提供的政府单一主体向政府、市场、社会组织、驻区单位、居民个人等多方主体转变，形成多元参与、合作治理的局面。二是创新治理机制。探索建立各级党代表、人大代表、政协委员联系社区制度，了解社情民意，听取基层意见和建议。探索“社区、社会组织、社区工作者”三社联动机制，积极培育小区服务性、公益性、互助性社会组织，提高小区居民组织化程度。建立小区资源共享机制，推动驻区单位将文化、教育、体育等活动设施，以及食堂、停车场等生活设施向小区居民开放，形成小区共驻、共建、共享的良好氛围。三是创新工作平台。整合小区已有信息网络资源，探索网上论坛、民情恳谈、小区对话等形式，开展小区楼门文化建设、邻里节等居民活动。引导和鼓励小区居民广泛参与小区事务管理，发挥小区自治、服务组织和社区志愿者在反映群众诉求、化解矛盾纠纷、服务居民群众、融洽邻里关系、促进小区和谐稳定等方面的积极作用。

建立多元筹资机制。建立政府、市场、社会、居民个人多元参与的资金筹集机制。各区县政府、街道办事处（乡镇政府）可根据实际情况，加大对老旧小区治理、服务试点工作的资金支持力度。市财政可采取奖励方式对试点工作成效突出的小区给予一定支持。在物业服务企业未进驻的小区，要深入调研，加快研究制定物业收费标准和服务标准，使物业服务依法依章开展。在已有条件下，应鼓励小区自治、服务组织和产权单位按照有关法律法规，根据服务需求和质量标准，在广泛征求产权人、使用人意见基础上，适当收取一定数额的停车、垃圾处理、卫生等服务费用，用于小区绿化、保洁、治安、停车等方面运行经费。

总之，加强城市老旧小区治理、服务，是一项复杂的系统工程，需要一个长期的提升过程。需要强化系统治理、多元治理、依法治理理念，强化居民群众主人翁意识和辖区单位社会责任，大力宣传和引导居民践行社会主义核心价值观，鼓励基层创新，完善多元参与、多方联动机制，让群众的微行动迸发出大能量、带来新活力，共同把小区建设成为美好家园。

北京市社会组织承接政府转移职能和委托事项的调研报告

市委社会工委、市社会办社会组织工作处

为贯彻落实党的十八大，十八届二中、三中及十二届全国人大一次会议精神和市委、市政府工作部署，促进政府同社会组织之间更好地明晰权责关系、增强良性互动，市社会办在市级层面就社会组织承接政府转移职能和委托事项等情况进行了专题调研，形成报告如下。

一、调研的基本情况

（一）调研目的

社会组织是社会治理的重要主体和依托。推进政府向社会组织转移职能，将适合社会组织提供的公共服务和解决的事项交由社会组织承担，是激发社会组织活力、促进社会组织发展的重要举措，也是进一步理顺政府、市场、社会三者之间关系的必然要求。本次调研，旨在从社会组织作为承接方和受托方的角度，了解本市社会组织已经承接的有关政府职能及承办的工作事项，准确把握其意愿、需求和工作状态，在此基础上进行综合分析、提出对策建议，以期有的放矢地促进政府相关部门做好顶层设计，合理有效地为社会组织发展创造条件。

（二）调研主题

从一般意义上讲，政府向社会组织转移职能，是指政府将某项具体职责或功能让渡出去、不再直接承担，而是从宏观或中观角度进行监督指导，属于政府权利边界的收缩，具有制度性和根本性；但在理论和实际工作中，由于对“政府职能”的理解存在多样化，往往又在一般意义上趋向于将一些具体工作或服务事项的委托、承办理解为“职能的转移与承接”。为了不囿于以上概念的混淆或纠结，本次调研将“转移职能”及“委托事项”一并进行调查了解，并力图将二者进行必要的综合或解构分析。

（三）调研过程

调研工作启动后，依托市科协、市社科联、市文联、市工商联、市法学会、北京工经联、市商联会、市建筑业联合会、市志愿者联合会、市体育总会、首都民间组织发展促进会、中关村社会组织联合会共12家市级“枢纽型”社会组织，向相关领域有代表性的社会组织发放了调查问卷，主要内容包括“过去已承接的政府转移职能或委托事项情况”“希望今后承接哪些职能或事项”“对此项工作的意见建议”等。据统计，共计发放调查问卷412份，有效回收388份，回收率达94.2%。在此过程中，北京工经联等单位多次召开专题研讨会，同市社会办工作人员一起，面对面地征求社会组织负责人的意见建议。在这些工作的基础上，经认真分析、提炼和整理，形成了本调研报告。

（四）调研涉及领域

从回收的346份有效问卷来看，主要涉及16个领域或行业，包括：工业领域47家、商业流通领域23家、建筑业领域16家、自然科学领域58家、社会科学领域42家、文化领域32家、涉法领域20家、体育领域31家、工商联系统20家、中关村高科技领域22家、社会服务领域53家（含社会救助、养老服务、教育卫生等），其他综合类14家（图1）。

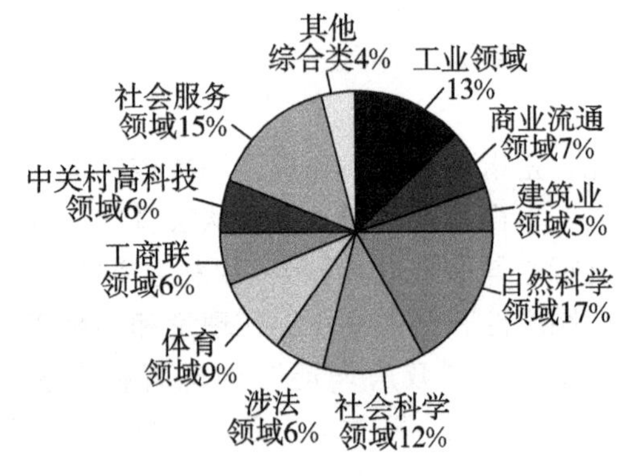

图1 涉及领域

二、北京市社会组织承接政府转移职能及委托事项的现状分析

（一）承接政府转移职能情况

在回收的问卷中，有53家社会组织提出共承接了131项“职能”。但通过分析这些“职能”的实质内容发现，相当一部分明显属于“委托事项”范畴，比如，“协助政府起草文件”“举办职工技能培训”“提供政策咨询”等。相对而言，具备“政府职能”初步特征的内容不多，主要集中在资质审查、标准认定、行业监督等几个方面。经进一步核实情况了解到，即便是这些仅具“政府职能”初步特征的工作内容，其最终主导权一般仍在政府部门手中，相关社会组织从事的主要是基础工作或预审核。为了将这些工作内容与纯粹的工作事项适当有所区别，本次调研姑且将其视为“政府转移职能”内容，并分析甄别出55项，大体分为“行业监督管理”“资质审查认定”“专业职称评审”“行业评优推荐”“技术标准认定”“行业统计调查”6大类（表1）。

表1

序号	职能类别	承接职能的数量（项）	典型事例
1	资质审查认定	13	北京软件行业协会经市科委授权，从1999年开始，负责本市软件企业认定、年审和软件产品登记工作。截至目前，共办理软件产品登记业务28814件，办理企业认定8665家，办理企业年审22911件
2	专业职称评审	12	北京市政工程协会经市人力社保局授权，负责市政工程技术系列中级职称评审。截至2013年底，共评审848人，其中660人获得正式资格，通过率达77.8%
3	行业监督管理	10	北京洗染协会经市工商局授权，对洗染企业经营场所、合同条款、洗衣设备、人员资质等进行现场查验。截至目前，共对150多个洗染总店、2000多家洗染网点进行了指导和规范
4	技术标准认定	8	北京医学会经市卫生局授权，负责医疗事故技术鉴定及损害程度分级评定。2011—2013年，共完成各类鉴定128例，其中医疗事故技术鉴定100例、预防接种异常反应鉴定28例

续表

序号	职能类别	承接职能的数量（项）	典型事例
5	行业评优推荐	7	北京建材行业联合会受市住建委委托，负责建材行业“科技进步奖”评选，2013 年共评审推荐 18 家企业的 44 个项目，有 23 个项目获奖，占申报项目的 52.3%
6	行业统计调查	5	北京租赁行业协会经市商务委授权，定期统计本市融资租赁行业经营状况，及时向行业主管部门反馈数据和信息

（二）承接政府委托事项情况

参与调查的社会组织共提出“承办委托事项”668 项。其中：

按工作内容划分：起草行业发展规划、准入标准等相关政策，共 174 项，占 25.2%；开展课题研究，共 141 项，占 21.2%；举办行业技能培训，共 101 项，占 15.2%；承办行业展览、论坛、会议等活动，共 86 项，占 12.9%；开展行业政策宣讲活动，共 73 项，占 11.0%；开展行业自律、诚信建设活动，共 34 项，占 5.1%；参与重大项目前期论证，共 24 项，占 3.6%；开展科普宣传、法律援助、社会救助、环境保护等相关大型公益活动 35 项，占 5.8%（图 2）。

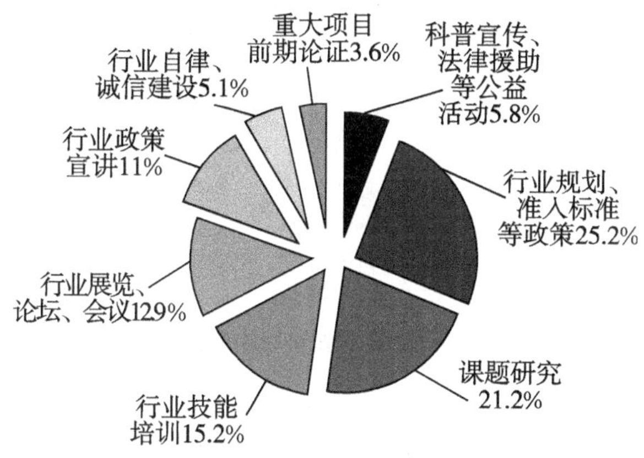

图 2 工作内容

按承接方式划分：公开竞标的有 21 项，占 3.1%；签订协议的有 312 项，占 47.1%；临时交派的有 284 项，占 42.9%；其他方式（如文件批复等）有 45 项，占 6.9%（图 3）。

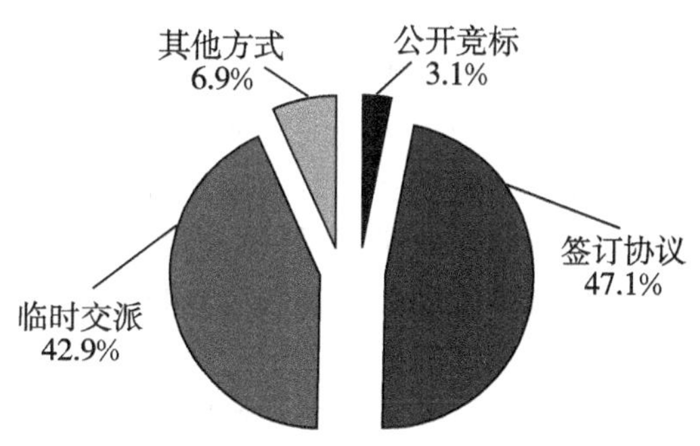

图 3 承接方式

按委托部门划分：共涉及 34 个政府部门，其中委托事项较多的分别是：市经信委 44 项，市住建委 36 项，市商务委 35 项，中关村管委会 33 项，市工商局 19 项，市科委 16 项，市人力社保局 15 项，市发展改革委 13 项，市质监局 12 项，市知识产权局 10 项。

（三）对北京市社会组织承接政府转移职能和委托事项整体状况的基本判断

1. 政社合作关系初步建立

从调研情况看，近年来北京市相当一部分社会组织在政府部门的引导和支持下，积极参与市场监管、行业协调、社会服务等工作，发挥了重要作用。在此过程中，很多政府部门逐渐认识到社会组织的独特优势和作用，不再简单地将其视为“附属物”或管理对象，而是本着合作共赢的姿态，找准双方利益的契合点，在一些适合社会组织承担的方面初步形成了良性互动的伙伴关系。这也充分说明，随着经济结构的深刻调整和社会结构的深刻变化，传统的“一元化”管理理念及方式已经不能满足时代发展的新要求，政府加强同社会组织合作，实现多元参与、共同治理，是一种必然趋势。

2. 转移职能工作尚未根本开展

某种程度上讲，政府向社会组织转移职能，是双方进行战略合作的“高端形态”，只有在职能上厘清二者的边界，才会有更深层次的合作与互动，从而构建新型的“政府—社会”关系。从此次调研情况来看，真正意义上的“政府向社会组织转移职能”的深度和广度极其有限，也可以说还没有真正“破题”。造成这一状态的原因是多方面的：一是认识不到位。比如，有的部门出于自身利益考虑，主观上不愿意“放权”；有的部门认为社会组织没有能力承接，因此选择自己来做，等等。二是边界不清晰。从“三定”角度看，目前对政府部门的职能表述一般都比较原则，实际工作中，哪些可以整建制地转移、哪些可以适当分解后实行部分转移，没有明确标准，各方面的理解和认识也不一致，因此很多时候难以操作。三是体制不合理。在一些系统和领域，政府部门往往把一些剥离出来的职能交给下属事业单位承担，形成“体内循环”，没有真正实现市场化和社会化。四是制度不明确。本市尚没有就政府向社会组织转移职能一事做出明确的制度性安排，因此，一些部门和单位即便有此意愿，也不便或不能“自主”性地从根本上开展相关工作。

3. 委托事项在操作上需要进一步规范

相对于转移职能，政府部门向社会组织“委托事项”更趋普遍和常态化。这充分说明，政府部门借助社会组织开展一些技术性、辅助性、事务性工作的意识是明确的。但由于工作机制和规则的整体性缺失，实际运作中也还存在一些具体问题。比如：有的部门工作方法相对简单，不签协议、临时交派的任务多，随意性较强；有的部门习惯于把社会组织当作工作处室使用，政社不分，工作运行不规范；有的部门实行“内外有别”，在委托工作时，往往优先考虑“关系亲疏”而不是工作素质等等。对这些问题，应通过制度设计统筹考虑。

三、社会组织的需求和意愿

（一）对政府转移职能的需求

调研过程中，社会组织普遍提出，为了更好地适应经济社会的发展需要，政府在行业及社会事务管理中的功能定位应该更加“宏观”，把可以由社会组织承担的有关职能主动让渡出来，实现真正意义上的“简政放权”和“职能转移”。

调查问卷显示，共有156家社会组织提出希望承接政府转移职能178项。在这些需求中，对行业统计的需求最为突出，共62项，占34.8%；行业标准制定43项，占24.1%；行业资质认定36项，占20.2%；专业技术职称评定15项，占8.4%；行业评优、评奖12项，占6.7%；其他日常管理职能（如项目方案论证、建立行业公共服务平台等）10项，占5.8%（图4）。

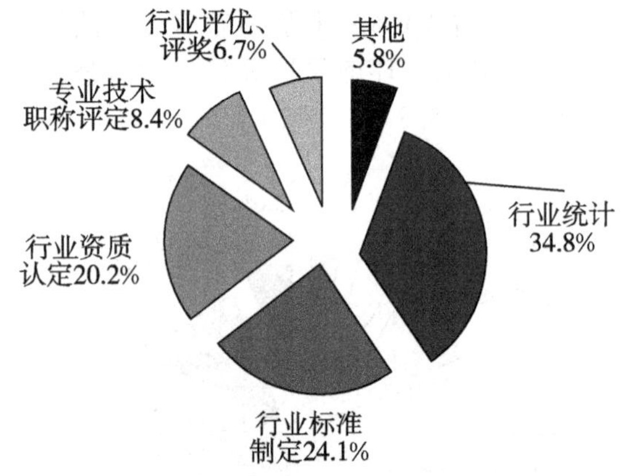

图4 对政府转移职能的需求

（二）对政府委托事项的需求

调查问卷显示，388家社会组织均提出了希望政府委托的工作事项，共721项。这些事项主要集中在行业调研、经济运行分析及预测、行业技能培训、行业政策宣传等方面。其中：开展行业调研及数据分析，共171项，占23.7%；开展行业技能及业务培训，共144项，占20.0%；起草行业政策、行业规划等管理规范，共118项，占16.4%；

开展行业政策宣讲，共95项，占13.2%；承办专业会议、展览等重要活动，共82项，占11.4%；开展法制宣传、体育健身、志愿服务、社区建设等公益活动76项，占10.5%；其他事项（如业务咨询等）共35项，占4.8%（图5）。

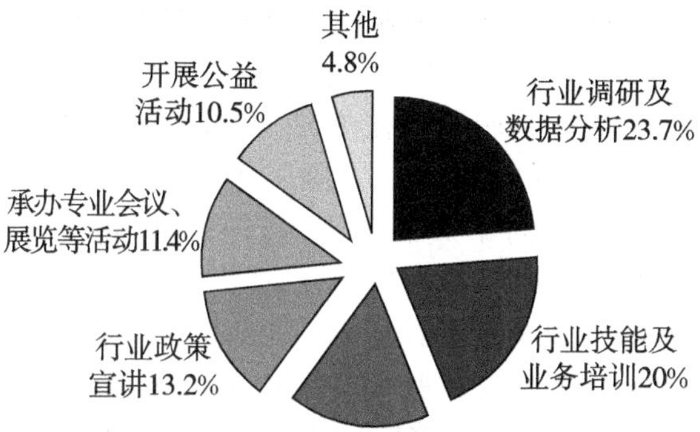

图5 对政府委托事项的需求

（三）对该项工作中存在问题的原因统计

调查问卷显示，针对“目前在承接政府转移职能或委托事项中面临的主要障碍”这一问题：185家社会组织认为信息不对称、无法获知信息，占受访组织总数的47.6%；141家认为缺乏顶层设计，占36.3%；131家认为法律法规不健全，占33.8%；121家认为政府部门不愿放权，占31.2%；114家认为社会组织自身能力有待提高，占29.4%；165家认为“缺乏公开、透明的采购标准和程序”，占42.5%。（注：以上选项为多选，因此有所交叉）（图6）

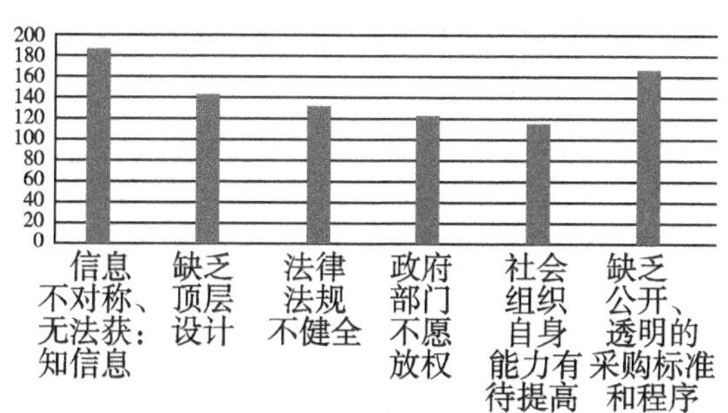

图6 面临的主要障碍

（四）社会组织对推进该项工作的意见与建议

调研过程中，一些社会组织结合自身实际，对下一步政府转移职能和委托事项提出了具体意见和建议。概括起来，主要有以下几个方面。

一是希望政府部门切实转变观念。参与调研的社会组织普遍认为，目前影响政府转移职能、委托事项的一个重要原因是一些部门认识不足、观念滞后，总认为社会组织没有能力承接。对此，一些社会组织明确表示，目前的主要矛盾不是社会组织能力不够，而是政府部门不愿意“放权”；如果政府不切实让渡空间，社会组织就永远不会激发活力、发展壮大。

二是建议建立规范化的运行机制。一些社会组织提出，无论是“转移职能”还是“委托事项”，政府都要有“明确的授权或委托文件”“及时公布相关信息”“实行公平竞争”，“制定转移职能和委托事项的工作流程”“建立管理考核机制”。同时，一些社会组织希望政府部门在转出相关职能事项后，必须“要按照市场规律办事”“费随事转”“不能把社会组织当作免费劳动力”，等等。

三是建议先行先试、逐步推开。一些社会组织提出，过去几年协助政府做了很多工作，积累了一定经验，完全有能力继续承担有关职能或事项。同时，也有一些社会组织认为，现阶段让政府一次性地将有关职能转移出来不太现实，“应该允许过渡”，建议“把过去做得比较好的列为试点”，总结经验、逐步开展。

四是建议进一步加大培育扶持力度。参与调研的社会组织普遍认为，目前外部发展环境需要进一步改善，比如在税收优惠、人才培养、政策辅导等方面，希望得到政府部门的更大支持。同时，一些社会组织特别提出，下一步面临与主管部门“脱钩”的任务，担心会因此失去原来的一些支持，工作会面临较大困难，希望对此有一个整体上的考虑。

四、思考与对策

（一）有关思考

党的十八大以来，中央对社会组织建设发展有一系列重要论述，其核心是加快建立现代社会组织体制，激发社会组织活力，充分发挥社会组织在现代社会治理中的积极作用。在此背景之下，研究和推进政府向社会组织转移职能，具有特殊意义。对此，有以下几点思考。

第一，政府向社会组织转移有关职能是一种必然趋势和时代要求。转变政府职能，是我国行政管理体制改革的核心，是当前全面深化改革的重要环节。在社会领域，随着政府的管理方式由直接管理向宏观、间接管理转变，必然会有部分政府职能让渡出来，交由相关社会主体来承接，这是大势所趋、不可阻挡的。中央做出的建设国家治理体系的重大部署充分说明，在现代社会治理中，不可能是政府“唱独角戏”，而必须处理好政府、市场、社会的关系，在此基础上，形成各方互动、多元治理的格局。在此形势下，应该从战略和全局高度来认识政府向社会组织转移职能问题，主动应对、顺势而为、力求突破，而不能“等待观望”“摇摆不定”。

第二，“简政放权”对社会组织而言是最大的改革红利。社会组织活力不强，“造血”功能不足，是多年的“顽疾”，其根本原因在于社会组织主体性弱、依附性强，尚没有成为独立力量活跃于社会舞台。改变这一局面，突破点在于政府要切实简政放权、为社会组织发展让渡空间。在这一问题上，一直以来存在两种观点：一是有些政府部门坚持认为，社会组织没有能力承接政府职能，因此不如不转；二是很多社会组织认为，如果政府的职能不转移出来，社会组织就没有发展空间、“永远长不大”。应该说，这两种观点各有侧重、互为因果，是同一矛盾的两个方面。但同时也要看到，当前在构建新型政社关系的形势和背景下，矛盾的主要方面是政府能否真正“放权”。在调研研讨过程中，一些业内专家认为，对这一问题，可以借鉴经济学上供给学派的观点，即在一个特定的经济时期，企业提供的产品总会创造出相应的需求，而不会无人问津；套用这一观点用于政府向社会组织转移职能一事就是：在当前政府供给短缺的情况下，只要有职能转出（供给），总会创造出相应的社会组织来承接这一职能（需求），并且最终会比政府做得还好。因此，实际工作中，切不能以社会组织尚不成熟为理由，采取“拖延”、“迂回”或“绕着走”的态度，这样势必会形成一种逻辑“怪圈”，即“政府不放权—社会组织难以发展—社会组织无法承接政府职能—政府更不放权”，使改革遥遥无期、始终难以突破。

第三，推进政府向社会组织转移职能需要统筹考虑、综合实施。政府向社会组织转移职能、委托事项、购买服务三者之间既有联系，也有区别。一定意义上讲，在现阶段，转移职能是根本、委托事项是途径、购买服务是保障。因此，需要立足实际、统筹考虑、综合实施。从该项工作的阶段性特点和实际运作情况看，当前可以将一些具体工作事项作为政府某一职能的细化和延伸，通过明确的制度安排和购买服务等形式转移或委托出去，交由社会组织承担（接），在此基础上稳步推进、拓展空间，从而逐步“积小胜为大胜”，实现由“量变”到“质变”的提升。

（二）对策建议

基于以上思考，为推进政府向社会组织转移职能和委托事项，仅从具体操作上提出以下几点建议。

（1）突出工作重点，明确“转什么”的问题。如前所述，鉴于“职能”的内涵、外延均比较宽泛，为便于促进工作开展，建议将目前社会组织需求度较高、有一定工作基础、且同“职能”的本来含义比较贴近的有关事项，初步界定为政府应当转出的“职能”，主要包括：行业（专业）统计调查、资质审查认定、技术职称评定（初评）、行业评级评优、技术标准制定、行业协调管理。在此基础上，将凡属事务性、辅助性，尤其是能够增加社会净福利的管理或服务事项，都逐步通过合同、委托等方式交由社会组织或相关社会力量承接，主要包括“起草行业规范”“进行专业研究”“举办技能培训”“提供业务咨询”“开展便民服务”“法规政策宣讲”“举办公益活动”“参与社会管理”等。

（2）加强顶层设计，解决“怎么转”的问题。推进政府向社会组织转移职能、委托事项，政策性强、涉及面广、工作难度大，因此必须做好顶层设计，明确操作路径。从目前的实际状况看，应着重从三个方面入手构建起必要的实施框架：一是明确基本制度，制定并出台《北京市推进政府向社会组织转移职能及委托事项的工作意见》，提出推进这项工作的原则要求、目标任务及相关操作规定，为各方面开展工作提供政策依据。二是建立领导机制，由编制、财政部门牵头，发展改革、社会建设、民政、审计等部门配合，建立工作联席会议机制，统筹、指导和推进整体工作开展。三是发布转移职能及委托事项目录，在上述联席会议框架下，政府相关职能部门按照统一要求，每年集中对本部门应该或可以转出的职能及事项进行梳理、汇总，统一以“目录”的形式对外公布，分批、分期地加以推进和落实；在操作步骤上，也可以试点先行、分步实施，选择工业、商业、建筑业、高新技术等领域进行试点，积累经验后再稳步推广。

（3）建立配套机制，搞好“转得顺”的问题。如前所述，鉴于转移职能、委托事项、购买服务三者具有高度关联性，在现阶段共同构成同一事物的有机组成部分，特别是购买服务在整体工作中具有一定“托底”作用，因此为了更加顺畅地推进工作开展，当前应围绕“政府购买社会组织服务”这一重要环节，配套提出一些新的办法和举措。一是按照国家统一部署，加快出台政府向社会力量购买服务的实施意见，为各部门购买社会组织服务提供更加明确的工作依据。二是依托市社会建设工作领导小组办公室，搭建全市统一的政府采购社会组织服务平台，按照“发标—申报—评标—签约”的基本流程，更好地促进信息公开和资源对接，推进工作规范、有序和可持续开展。三是结合社会组织实际，在国家税收政策的整体框架下，对政府购买服务等社会组织所得（收入）予以免税，更好地体现公共财政的公平、公正性，为激发社会组织活力提供支持。四是根据实际情况，制定严格的管理制度，允许社会组织在购买服务的经费额度中持有一定比例（如不超过5%）的管理费，促进其不断加强自身建设，更好地完成所承担的工作事项。

（4）加强监督考核，解决“如何管”的问题。政府将某项职能让渡出去后，并不是“一转了之”，而应根据实际需要，采取适当形式进行必要的监督管理。因此，为确保相关职能或委托事项能够得到有效落实，对社会组织的监督、考核应该贯穿于工作的全过程。一是事前要对承接主体的资质及专业水平进行严格把关，适时公布具备相应资格的社会组织目录；事中及事后要及时对相关工作进行督查、考核和评估、验收。二是在监督主体上，一般应明确转移职能或委托事项的具体政府部门为第一责任主体，依法依规履行相关职责。三是坚持齐抓共管，编制、财政、社会建设、民政、审计等综合或专业部门也要结合自身职能，在一些具体环节或领域，制定统一的政策和操作细则，履行必要的监督、指导和管理职责，促进工作规范有效开展。

总体上看，推进政府向社会组织转移职能，是一个长期复杂的社会系统工程。市社会办将认真贯彻中央和市委、市政府的决策部署，以本次调研为契机，积极配合、协调有关部门，进一步深入研究、积极探索，共同推进工作开展，为建设现代社会组织体制、激发社会组织活力、促进首都社会治理体系和治理能力现代化提供新助力。

北京市社会动员工作调研报告

市委社会工委、市社会办社会动员工作处（志愿者工作处）

社会领域社会动员工作是指在党委领导、政府主导下，动员社区居民、社会组织、非公经济组织、驻区单位等社会力量参与社会治理的一项重要工作。近期，按照委办关于开展“十三五”前期社会治理重点问题专题调研的要求，市社会办社会动员工作处成立了由主管领导牵头的社会动员工作调研组，先后深入全市16个区（县）30多个街道开展集中调研，多次召开有关专家学者、市级相关委办局负责人、区县社会建设部门负责同志、街道、社区代表参加的社会动员工作研讨会，全面了解全市社会动员工作情况，特别是在街道社区、社会组织、新经济组织、社会单位等社会领域开展社会动员工作的情况，认真梳理了学术界关于社会动员研究的典型理论成果，深入分析了当前工作面临的形势，研究提出了下一步推进工作的思路对策，形成了北京市社会动员工作调研报告。

一、工作现状

长期以来，最大限度地把广大人民群众动员起来，一直是我党的政治优势和工作法宝。2007年底，市委社会工委、市社会办成立后，围绕加快形成党委领导、政府负责、社会协同、公众参与、法治保障的社会管理体制的总要求，广泛动员社会力量依法、有序地参与首都经济社会建设，首都的社会动员工作经历了北京奥运会、新中国成立60周年、APEC会议等重大活动以及应对“7·21”暴雨等突发事件的考验，取得了圆满成功，初步探索了首都社会动员的体制机制。

近两年来，市委社会工委、市社会办立足街道、社区开展社会动员试点工作。结合每年的形势任务，围绕大事、难事和急事，制定印发了社会动员工作试点方案、重点任务分解以及街道、社区社会动员试点任务指南，研究提出了社会动员试点工作标准，重点在共驻共建、居民自治、治理“大城市病”、应急动员、志愿服务、创新动员方式手段等方面进行了探索。目前已在全市58个街道（乡镇）、808个社区开展了社会动员试点工作，占全市城市社区总数的36%，培育了一批社会动员典型，试点工作取得了阶段性成效，为全市社会动员体系的建立奠定了基础。

（一）初步建立与社会动员有关的政策法规

2007年以来，北京市先后出台了《北京市志愿服务促进条例》《北京市实施〈中华人民共和国突发事件应对法〉办法》《北京市志愿者管理办法（试行）》《北京市加强社会建设实施纲要》《关于进一步加强和改进志愿者工作的意见》《关于加强和创新社会管理　全面推进社会建设的意见》《“十二五”时期社会建设规划纲要》等系列政策法规文件，初步形成了具有首都特色的社会动员政策法规。各区县结合实际出台了系列社会建设、社会管理以及志愿者工作等相关规范性文件。例如，密云县在全市率先制定印发了第一个社会动员工作文件，即《关于加强社会动员工作推进和谐社区建设的意见》，明确规定了社会动员的主体、对象、平台、任务、方式和组织实施等6个方面内容，积极探索社会动员工作在区县的落地实施。

（二）初步建立社会领域社会动员工作体制

全市社会领域社会动员工作主要依托全

市社会建设工作体制开展工作，构建了市、区（县）、街道（乡镇）三级党委政府（或派出机构）领导，社会建设工作领导小组办公室统筹协调，各部门分工负责，以社区、社会组织、新经济组织和商务楼宇为平台的社会动员工作体制。市委社会工委、市社会办专门成立了社会动员工作处（志愿者工作处），各区县先后明确了相关科室承担社会动员工作职责，形成了纵向从市、区（县）延伸到街道（乡镇）、社区，横向通过“枢纽型”社会组织覆盖到全市80%的社会组织，通过街道（乡镇）覆盖到全市所有商务楼宇的社会动员工作网络。

（三）初步建立社会领域社会动员工作机制

一是社会动员工作统筹协调机制。形成了市、区（县）社会建设工作领导小组及其办公室协调机制、“枢纽型”社会组织工作协调机制、信息沟通协调机制等。例如，怀柔区作为APEC会议的主筹办单位之一，充分发挥区社会建设工作领导小组的统筹协调作用，利用网格化信息平台指挥调度，建立了社会动员全响应、局部响应、专业响应三种机制，日均动员1.6万余名社会力量参与服务保障工作，社会动员工作机制发挥了有效作用。

二是志愿者动员工作机制。形成了党委政府领导，有关部门统筹协调，志愿者联合会具体实施，相关单位密切配合的志愿者工作机制，构建了市、区（县）“枢纽型”志愿服务组织，建立了志愿者工作联席会议制度，打造了“志愿北京”综合平台，形成了市、区（县）、街（乡镇）、社区（村）四级志愿服务组织网络。截至12月2日，全市实名制注册志愿者2454905人，注册志愿服务团体36957个，积极参与重大活动服务、经常性服务和应急性服务。

三是基层自治工作机制。街道、社区在实践中探索形成了街道问政会、社区居民常务会、社区自管会、村务监督委员会等工作机制，推动了群众依法自治，有效解决了小区停车无序、买菜难、环境脏乱差、违法乱摆摊点等群众反映强烈的热点难点问题，社区自治意识和能力不断提升。例如，朝阳区朝外街道吉祥里社区探索形成了“社区三分法”居民自治模式，即分类治理小区，探索特色楼院自治模式；分层推进自治，构筑主体化自治服务体系；分级处置问题，固化老旧小区管理长效机制。在全市推广丰台区市民劝导队工作经验，全市建立了2300多支市民劝导队，10万多名劝导队员在劝导违章停车、乱摆摊点、店外经营、非法烧烤、环境脏乱等严重影响居民正常生活的行为中发挥了积极的作用。

四是地区共驻共建工作机制。广泛动员社会单位参与驻区共建，引导企业参与公益事业，通过政府购买服务等形式培育扶持社会组织的发展，进一步完善了街道、社区与驻区单位的资源共建共享机制。例如，西城区制定印发了引导社会单位资源开放推进区域共建共享的实施意见、社会单位资源开放共享奖励办法及资源开放共享评价指标，引导近400家驻区单位将内部的车位、食堂、运动场、图书馆等资源向周边居民开放，惠及10万余人。

五是应急社会动员工作机制。联合应急部门，研究拟定了进一步加强本市应急管理社会动员能力建设的指导意见，探索构建具有首都特色的应急管理社会动员体系。动员社会力量参与扫雪铲冰、防汛工作，依托北京市社会建设手机报，建立预警信息、动员通知及工作动态发布机制。

六是社会领域维护稳定工作机制。市、区（县）社会建设部门建立了维稳工作领导小组和联络员队伍，制定了重大节日、重要活动、敏感时期和突发事件维稳形势研判制度和情报信息日报告制度。广泛动员社会单位、社区工作者、志愿者、社会公众等社会力量，积极配合有关专业部门，做好重大活动和重要敏感期社会面安全稳定和服务保障工作。与市信访办联合出台了《关于在社区、社会组织、新经济组织中进一步加强信访和矛盾纠纷排查化解工作的指导意见》等文件，进一步健全完善了社会领域维护群众权益机制。

二、存在问题

（一）工作体制机制有待进一步理顺

目前，人们对社会动员的主体、对象、内容等方面存在着不同的理解和认识，进一步做好社会动员工作还受到工作体制机制不顺等多种因素的制约，在按职责分工负责的社会动员格局下，各部门分头动员，属地各项力量的统筹整合还有较大空间。

（二）政策法规体系有待进一步健全

目前北京市在应对突发事件、动员志愿者方面已经出台了专门法规，但并不能涵盖日常社会动员以及社会动员的对象，尤其是涉及体制外的社会单位、自治组织以及个人在社会动员过程中的权利、义务，缺乏明确的法律政策依据。在强调法治建设的大背景下，关于社会动员工作的专门政策法规亟待出台。

（三）体制外社会力量动员有待进一步加强

社会领域社会动员对象包括社会单位、社会组织、新经济组织和广大公众，多元化特征明显。相比较而言，我们做得更多的是社区、居民等体制内力量的动员，而社会单位、非公经济组织等体制外力量始终是社会动员的薄弱领域，参与的积极性不高、动员的载体、内容不明确。

（四）动员方式方法有待进一步创新

新的信息网络时代给传统的社会动员方式带来了冲击，主要依靠政府、依靠行政手段的传统社会动员和管理模式，已经不能适应当前多元化的社会生活，社会动员方法呈现出多样化、网络化发展倾向。

三、思路建议

针对上述问题，结合当前的形势要求，下一步社会动员工作将紧紧围绕加快推进社会治理体系和治理能力现代化的主线，不断完善工作机制，改进方式方法，不断健全党委领导、政府主导、各部门分工负责、鼓励和支持社会各方面参与的新型社会动员格局，实现政府治理和社会自我调节、居民自治良性互动，确保社会既充满活力又和谐有序。

（一）抓好顶层设计

进一步健全党委领导、政府主导、社会建设工作领导小组及办公室统筹、各部门分工负责、社会参与广泛、条块结合紧密、属地管理为主的覆盖城乡的社会动员体制。进一步建立健全信息、会商、决策、评估、考核的工作制度。以网格化、信息化建设为手段，以项目驱动、市场化运作等多种方式创新社会动员的方法，不断完善志愿者动员、社会自治、共驻共建、应急动员、维护稳定等各项工作机制。

（二）健全政策法规体系

加快研究制定社会动员的专门政策文件，进一步明确社会动员的工作职责、工作体制、工作机构和工作机制。建立健全社会动员的组织机制、激励机制和保障机制等，使社会动员有据可依、依法办事、规范有序、健康发展。

研究出台关于进一步加强本市应急管理社会动员能力建设的指导意见。总结北京市自然灾害等突发事件应对中社会动员工作的经验和教训，研究制定重大活动、突发事件、特定时期等非常态状态下社会动员的预案和方案。

（三）完善动员工作机制

继续深化试点工作成效，指导区县和试点单位在动员驻区单位参与社会治理、完善应急动员机制、开展“参与式协商”自治模式、参与治理首都“大城市病”等方面深入探索，及时总结推广试点经验，形成工作机制，转化成制度政策。在巩固传统社会动员工作优势基础上，充分利用网络、手机、微博等新技术、新媒介开展社会动员工作，尤其是以网格化、信息化建设为手段，探索新形势下社会动员的有效方式方法。加强社会动员工作队伍建设，举办社会动员骨干人员培训，加强基层工作指导和社会动员工作队伍建设，提高做好社会动员工作的能力。

一是推进资源共建共享。制定完善相关政策，推进政府参与引导资源开放共享，通过“组织对组织”的资源共享模式，即以街道、社区或协会等组织机构为团体，与社会单位对接，明确开放资源的责任主体，避免矛盾纠纷，同时采用“购买服务”的方式，统计资源成本和管理成本，适当向居民收取费用，政府继续给予相关单位资金补贴，深入推进社会资源开放共享。

二是完善基层民主自治。围绕社区物业、停车、养犬、出租房屋管理、卫生、治安、文化活动等居民关心的热点难点问题，引导居民积极参与，自主解决关系自身利益的公共事务。进一步发挥市民劝导队的带动引领作用，促进社区实现自我管理、自我服务，提升社区居民文明水平。动员各类社会力量积极参与治理“大城市病”，配合搞好人口调控、雾霾治理、交通管理、环境整治等重点难点工作。着力配合做好大气污染防治工作，广泛动员社区居民、志愿者、市民劝导队、驻区单位等各类社会力量，积极响应政府号召，加大大气污染治理宣传普及，提升公众的大气环境保护意识和全民参与意识；针对所在生活区出现的露天烧烤、露天焚烧、扬尘污染等违反大气污染治理的现象，进行监督举报；对违反大气污染防治的行为进行纠正及劝导，及时消除大气污染环境隐患。

三是健全志愿服务体系。加强志愿服务组织建设，完成全部社区志愿服务站规范提升工作，继续在商务楼宇依托工作站分批建立志愿服务站，在非公有制经济组织建立志愿服务组织，在“枢纽型”社会组织分批分类建立专业性志愿服务协会组织，在专业社会工作机构建立志愿服务站或志愿服务组织，逐步实现社会领域志愿服务组织建设全覆盖。广泛开展志愿服务，创新志愿服务项目，开发志愿服务岗位，深入开展优秀志愿服务示范项目评选工作，努力打造社会领域志愿服务品牌，扩大社会领域志愿服务工作影响，逐步实现社会领域志愿服务工作全覆盖。

四是完善应急动员机制。充分发挥社会力量在应对突发事件中的重要作用，探索构建具有北京特色的应急管理社会动员体系。健全完善扫雪铲冰社会动员工作机制，提高本市扫雪铲冰社会动员能力，依法组织协调动员社会组织、商务楼宇、驻区单位、志愿者、社区（村）居民等各类社会力量，自觉履行公民扫雪义务，共同维护城市环境，保障市民正常出行。开展应急管理社会动员演练，组织动员志愿者、社区居民、驻区单位等社会力量，开展防汛、防灾减灾等应急演练，进一步提升应急处置和社会动员能力。

关于2014年全市智慧社区建设情况的调研报告

北京市社会建设信息中心

为研究如何科学、高效地深入推进智慧社区建设工作，构建基础设施网络、智慧服务体系、智慧社区管理体系，加快实现5A服务模式。2014年8月至10月，市社会办赴各区（县）、街道（乡镇）通过座谈会、实地调研等方式对全市智慧社区建设工作开展调研。现将调研情况报告如下。

一、全市智慧社区建设发展现状

两年来，全市试点社区建设成效显著，创新了一批“服务专、特色强”的智慧社区应用案例，在基础设施、智慧服务、智慧管理等方面均取得显著提高。各区（县）推进智慧社区试点建设工作的力度不断加大，全市智慧社区试点建设呈现出以下 5 个方面特点。

（一）各级领导的认识和指导水平明显提高

一是对智慧社区建设的认识和指导水平显著提升提高。通过两年的不断摸索，大家对智慧社区已从陌生到认识、从认识到熟悉的转变。二是制定了符合区域特征的智慧社区顶层设计及实施方案，资金投入力度不断加大。如西城区将智慧社区建设纳入到《西城区全响应信息化三年建设规划概要》，制定了 2013 年至 2015 年的发展目标；东城区将“智慧东城”行动计划绩效与信息化建设绩效管理考核办法相互结合，全面地考察与评价，以促进信息化建设的提高；海淀区从区级层面制订了智慧社区顶层设计方案，批复 635 万元用于社会建设信息化工作。

（二）全市首批试点社区顺利完成星级认定工作

2013 年全市首批智慧社区试点建设验收认定工作经过区县自评、互评、网上公示等阶段，共认定智慧社区试点 524 个。其中，认定 421 个社区为“北京市三星级智慧社区”；认定 73 个社区为“北京市二星级智慧社区”；认定 30 个社区为“北京市一星级智慧社区”。随着首批试点社区建设的不断推进，基层的思路越来越清晰、定位越来越准确、目标越来越清楚。各街道能够结合地区实际，以居民需求为导向，创新推进试点建设工作。东城区北新桥街道打造“智慧社区”精细化服务，在完善辖区内电子显示屏、门禁卡、监控系统等设施的基础上，依托“智慧安居工程”，推行智慧养老服务体系建设；海淀区借助区域优势，打造“智慧中关村”5A 信息化街道，在基础设施建设、智慧服务、社会管理等方面均取得突破；朝阳区团结湖街道根据老龄化社区的特点开发了智慧信息机，将社区管理和服务功能融为一体，以图、文、视频等多媒体形式把政府机构呈现到社区群众面前。奥运村街道提出“五环”智慧树构想，以数字化、网络化、智能化、互动化、协同化为基本特征，全力推进“日常办公信息化、业务管理信息化、社区服务信息化”建设。安贞街道开发了“智慧安贞生活圈”手机应用载体，扩大服务范围和影响范围。麦子店街道针对外籍居民较多的特点，在社区服务网上开发了双语服务。CBD 首期 WiFi 商圈网络在财富购物中心商场内开启。

（三）各街道积极推进第二批智慧社区建设工作

在完成首批试点社区星级认定的基础上，2014 年全市已全面启动第二批 500 个智慧社区建设工作。通过走访调研，各区（县）积极总结首批试点建设经验，加大第二批智慧社区建设投入力度，将首批建成的特色服务、创新案例在第二批智慧社区中开展，并提高服务水平。如延庆县加大资金投入力度，为第二批试点社区配备用于培训的教室、电脑及配套桌椅，安装了电子显示屏，并完成社区摄像头检修工作。房山区结合社区规范化和网格化建设，申请资金为第二批试点社区配备电脑、打印机、投影仪等办公设备，提高社区智慧办公、为民服务水平。

（四）职能部门密切合作成效显著

智慧社区建设工作并不是另起炉灶，而是整合各部分现有资源，利用信息化手段发挥最大价值便民、惠民。一是要健全协调机制，建立和完善长效的沟通机制，加强相关职能部门的工作沟通和协调，增强工作的合力。二是要推进资源共享，实行信息互通，整合资源力量，共同把智慧社区建设工作落到实处。这就要求在智慧社区的建设中，要充分统筹相关职能部门共同推进此项工作。各区（县）在与经信委、民政局等部门联合制定机制的基础上，2014 年纷纷创新推进此项工作。西城区制定了《西城区落实“北京市智慧社区指导标准”职责分工》，将责任落实到区民政局、区信息办、区综治办、区市政市容委、区教委、区文委等相关部门。朝阳区社会办牵头区农委、区信息办成立智慧社区领导小组，分工协作、统筹推进智慧社区建设工作，各街乡成立智慧社区工作组织机构，制定组织职责，完善制度，着实推进智慧社区各项目工作。延庆县本着整合资源、节约共享的原则，将县文委的数字文化社区与智慧社区相结合，把智慧社区试点全部列入2014年县文委数字化社区建设名单，确保智慧社区试点能够按时完成数字文化社区建设。

（五）广泛动员社会力量积极参与成效显著

要推进智慧社区服务体系建设，加快形成更加智能高效便民的智慧服务体系，离不开社会力量的广泛参与。两年来，区（县）和街道在推进试点建设过程中，加强舆论宣传，鼓励企业参与，积极引导社会组织、企业等社会力量参与到智慧社区建设中，已经构建政府主导、多方参与的建设模式。石景山区金顶街街道通过与歌华有线合作，在全市率先开通了基于高清交互数字电视的“智慧金顶街”资讯项目，居民在家中通过遥控器就能享受到全方位的智慧社区服务，如在线观看视频、及时了解市区街三级资讯、政策法规、办公指南、招工招聘、生活服务、文化动态等信息。房山区采取企业化运作的模式，建立房山区老年智能化综合养老服务平台，开展居家养老助残综合化专业养老服务，以“关爱行老年智能手机”为终端，为老年人提供健康咨询、膳食指导、配餐订餐、日间照料、心理咨询、代购物品及免费体检等多项服务。同时，引入北京集群电子商务公司，以城关街道为试点，搭建“智慧生活—便民终端”电子商务平台，居民可享受多种折扣优惠和24小时免费送货上门服务。

二、全市智慧社区建设存在的问题

各区（县）在建设智慧社区的过程中，积累了丰富经验，取得了可喜的成绩，但同时也暴露出存在的问题：

（一）建设成效方面存在着各地区差距较大的现象

主要表现在城区与郊区差距较大、区（县）内不同街道差距较大。由于全市16个区（县）所处地理位置不同，发展程度也不同，普遍存在城区经济发展优于郊区，在智慧社区基础设施上存在差距。城区发展迅速，成果显著，而部分郊区信息化基础较差，起步较晚，发展相对滞后，这就造成了全市智慧社区建设整体呈现城区优于郊区的现状。此外，区（县）由于发展策略不同，重点建设街道发展较快，而偏远街道则发展较慢，从而造成区（县）内不同街道差距较大。

（二）人才队伍建设方面存在着缺乏专业化综合型人才

智慧社区建设是一项技术性强、涉及面广、关联度高的复杂工程，对人才素质要求高，需要既懂业务、又懂技术和社区工作的人才。通过全市走访调研，各区（县）、街道、社区已全部实现智慧社区建设专职人员全覆盖，但专职人员自身素质参差不齐，专业化综合型人才依然严重缺乏，限制了智慧社区长远发展，人才队伍建设亟须解决。

（三）建设经费方面需进一步加大资金保障力度

要保证智慧社区建设的长效发展需要相关职能部门、各区（县）和街道加大资金投入。一是要建立长效机制，将智慧社区建设经费纳入财政预算，并建立动态保障机制。二是要坚持政府引导与市场推动相结合，积极发挥市场的作用，探索政府搭台、企业运作、社会参与、群众受益的多方投入机制。通过调研我们发现，目前部分区（县）街道仍未能将智慧社区建设经费纳入财政预算，资金支持存在不足。

（四）智慧服务方面存在着“重技术、轻服务”的现象

智慧服务是智慧社区建设的重点，要坚持专业化发展与群众性普及相融合。通过开展智慧社区建设，区（县）已基本摸索出符合各地区情况的发展战略，并建成了一批示

范街道，推出了一批创新应用案例，形成了各区（县）品牌特色。但通过走访调研，我们发现部分区（县）、街道的服务项目、创新案例虽已建成，但存在着过度依赖信息化技术，而忽视了群众参与和惠民服务的重要性。如有的街道推出政务微信，但存在着内容少、更新慢、定位偏等问题；有的街道推出网站服务项目，存在着内容不接地气、网站用户访问量低等问题。

三、推动智慧社区建设的思路与策略

目前，全市智慧社区建设正处在首批智慧社区升星与第二批建设验收阶段，下一步应重点做好以下几项工作。

（一）切实做好首批智慧社区升星与第二批智慧社区验收认定工作

采取区（县）自评、互评，实地抽查等方式，做好首批智慧社区升星及2014智慧社区建设验收工作。一是要求区（县）完成智慧社区验收总结与互评工作。二是与市经信委、市民政局一起共同组建试点工作验收小组，采用抽查、实地验收的形式，对首批智慧社区升星及2014智慧社区建设的督导工作。三是对全市智慧社区工作进行深入总结，表彰推广先进经验，提高区（县）积极性，为2015年智慧社区全面总结验收阶段做好铺垫准备工作。

（二）积极引导区县建成品牌文化使特色产业由点到面全面铺开

各区（县）在建设智慧社区过程中，普遍形成了“一街道一品牌”的布局，重点突破，有的放矢。但存在特色项目多、布点分散，未能形成整体示范带动效果。下一步，建议积极引导区（县）推进特色服务项目由点到面铺开，创新社会力量参与智慧社区建设的新模式，形成区域示范效应，带动周边辖区，形成合力，最终建成全市智慧社区示范区。

（三）鼓励区县建立长效机制培养专业化综合型人才

针对调研过程中各区（县）和街道中存在的专业化综合性人才短缺的问题，一是要积极开展区（县）、街道、社区三级信息化人才培训，提高专业化技能。二是建立绩效奖励机制，鼓励人才主动提高。三是探索建立在职进修、挂职锻炼等机制，多方位做好信息化建设人才保障工作。

（四）加强统筹协调相关职能部门共同推进

理顺职能部门工作职责，建立部门间的沟通平台。下一步，继续加大相关职能部门共同推进智慧社区建设。一是要进一步加大与各部门的对接力度，提高大家对智慧社区建设的认识水平，调动各部门的积极性，建立部门间的沟通平台，更多地参与到建设中来。二是要进一步整合各部门已有资源，消除资源整合未充分利用的现象，为社区居民做好“最后一公里”服务，并建立多部门配合长效机制。

（五）探索确定2015年智慧社区全面验收总结阶段工作思路

按照《关于在全市推进智慧社区建设的实施意见》，全市智慧社区建设组织实施共分为启动准备、试点建设、推广部署和全面验收总结4个阶段。全市智慧社区建设已完成启动准备、试点建设，正处在推广部署阶段，2015年智慧社区建设将完成全面验收总结阶段。下一步，将积极探索并确定全面验收阶段工作思路、方案等，并将区（县）中优秀的特色服务、创新应用积极在全国示范推广，全面完成全市智慧社区建设工作。

北京市心理援助热线情况调研报告

北京社会心理研究所

为了摸清北京市心理援助热线的现状，心理所通过资料查询、网络搜找、电话查证、同行互荐的方式，联系到了部分从事心理援助热线（下称心理热线）的服务机构，第一次针对心理热线情况开展了专题调研。据不完全统计，北京市正常运转的心理热线现有17条。我们从中选取了具有代表性的6家机构，召开了座谈会，对这个行业有了初步了解。现将有关情况报告如下。

一、心理热线发展历程和当前政策环境

心理热线指通过电话提供的心理危机干预、心理健康教育及咨询服务。当前，心理咨询的方式主要有现场咨询、电话咨询、网络咨询、传统媒介咨询（电台、电视台、报纸杂志进行的公开咨询活动）等。现阶段，在社会公众对心理健康关注度不高、对心理问题存在偏见和歧视的状况下，心理热线因其经济便捷的优势，已成为大众接受度最高的咨询形式之一。

1. 心理热线发展历程

心理热线源于西方、兴于西方。最早见于20世纪50年代的英国，随后逐渐在西方发达国家兴起，成为深受大众欢迎的心理援助方式。我国的心理热线建设起步较晚，1987年天津开设了国内第一条公益心理热线，此后，北京、上海等地也相继开通了类似的电话咨询服务。最初，心理热线被称为“生命线”，主要是为处于危机状态的人群提供心理支持、进行危机干预，降低自伤或自杀风险，帮助其寻找解决问题的途径，鼓励其寻求专业的治疗。而今，心理热线已不再拘泥于危机干预，而是广泛涉及婚姻家庭、亲子教育、两性科学以及身心保健、职业发展等多方面的心理问题。其中，“希望24热线”为第一条旨在面向全国开通的统一服务号码（400－161－9995）的心理热线，截至2014年6月，已在上海、北京等9省市开通接线室。

2. 当前政策环境

2010年，卫生部为应对经济社会转型中出现的各种心理失调问题，制定了《心理援助热线电话管理办法》和《心理援助热线电话技术指导方案》，明确规定了心理热线服务为社会公益性质，应当设在具备心理治疗和心理咨询服务能力的精神专科医院或者有精神科特长的综合性医院。之后，北京市制定了《北京市心理援助热线管理办法》，明确了分级建设、属地管理的原则，但该办法只是针对16区县设立心理热线提出的要求，而且只规定了卫生部门赋有对办法的解释权，在管理权限上仅提到“热线机构日常工作接受并积极配合北京市心理援助热线的监督、检查和评估等活动”。鉴于此，我们认为，北京市对心理热线实质上推实的是行业管理模式。

当前，卫生部在全国范围内共认证了26条心理热线，回龙观医院开设的北京市心理援助热线（800－810－1117）为北京唯一通过认证的心理热线。从该机构介绍的情况看，热线于2010年正式建成，并经几次升级改造，受市卫计委的监管，并由市卫计委提供部分资金支持。

由此可见，从全国范围来讲，除正式认定的26条热线外，其余正在执业的都是自行开设且无合法手续的机构。虽然它们在普及心理知识与解决心理问题上起到积极作用，但均处于“违规做公益”的尴尬处境。这种情况，即便政府想给予资金等方面的支持，都没有规范合理的渠道。尤其需引起重视的

是，在参加座谈会的6家热线服务机构中，除回龙观医院的代表外，其他机构竟无一知道国家颁布的管理办法和技术规范。这也就意味着执业的机构处于“五无状态”——无统一的技术标准、操作规程、培训督导、效果评估、监督管理。通过在民政部和北京市民政局社会组织登记网上查询发现，没有一家含有“热线”字眼的社团、民非、基金会和国际性机构，侧面反映出现有的政策法规不允许这类机构独立注册。这可能是我们熟知的“爱心传递热线”多年来无法正式注册的重要原因之一。该机构目前虽然已经注册，但名称已改为“北京爱心传递老人关爱中心”。希望24热线作为全国性热线，其设在上海的总部也未正式注册。

二、心理热线机构的基本情况

据不完全统计，当前北京市正常运转的各类心理热线共有17条（不含民营心理医院、门诊的接待电话），全部为公益性质。

1. 心理热线分类情况

心理热线行业没有明确的分类标准，我们通过座谈交流和现状分析，认为现有的热线类型可按照机构性质进行区分。心理热线可分为政府扶持的热线、学校支持的热线、公司出资的热线、非营利性组织自筹的热线。政府扶持的热线是由政府出资开设的热线，在心理热线行业中起到示范作用。这类热线的代表是“北京市心理援助热线”（市卫计委支持）、保安心理咨询热线（市公安局支持）、双井街道心理服务热线（双井街道工委支持）等。学校支持的热线以学校的心理咨询中心为依托，咨询员以在校学生为主，是高校大一、研一的学生进行教学实习和社会实践的形式之一，此类热线主要解决学生与家长的心理问题。这类热线的代表是北京师范大学的“雪绒花”热线。心理热线在高校的分布广泛，数量最多，但主要集中在中央部属高校，北京市属的23所高校均未开通心理热线。公司出资的热线是以公司资源为依托开设的热线，是其开展业务工作中的一部分，有的是真正的咨询热线、有的只是本机构对外宣传的一种形式，比如红枫妇女公益热线咨询作用就发挥得非常好。非营利性组织自筹的热线是非营利性组织自筹资金开设的热线，这些机构同时开展线上服务与线下服务，比如爱心传递热线、希望24热线等。其中，爱心传递热线就开设了2条“800”电话，线上线下服务遍布全国。此外，还有军队、公安监狱系统开办的心理热线，但一般不对社会公众开放服务。

2. 心理热线机构现状

在参与座谈的机构中，从成立年限看，从10个月到22年不等。其中成立10年以上的机构都有广泛的受众群体和良好的口碑，有的还在无形中承担了行业培训基地的功能，影响力、辐射力较强。比如大多数机构都有在红枫参加过培训或工作的经历。从人员构成看，多数机构招聘咨询员的基本条件是具有本科以上学历，有人力资源部颁发的心理咨询师资格证书。6家机构中，其中2家机构的咨询员以专职人员为主，其余4家机构的咨询员均以志愿者为主，志愿者从30～400人之间。从服务时间看，北京市心理援助热线提供7×24小时有服务，其他机构均在某一固定时段提供服务，学校开设的热线通常在寒暑假期间关闭。从设备设施看，5家热线会对热线电话进行录音，但只有1家具备独立的隔音接线室。从服务费用来看，北京市心理援助热线是完全免费的热线，其余5家机构需要求助者向电信部门支付市话或长途费用。从操作规程看，多数机构都具有自己的流程规范，包括招聘条件、岗前培训、接线流程、回访制度、督导机制等。但是，这些流程规范各异，科学性尚待检验。从服务群体看，3家热线面对的是普通公众，3家热线针对的是特定人群。通过座谈会还了解到，各机构除通过电话服务外，均有以面询或心理健康知识宣传为主要形式的线下活动。

总体上说，这个行业优胜劣汰的特点较

为明显，对专注精神和持续能力要求较高，而且具有一定的自我净化能力。其中存在10年以上的机构都是经过大浪淘沙和市场洗礼的优秀品牌，新成立的机构则更注重服务的专业性和精细化。但有关部门的监管还不到位，整个行业对技术规范执行的力度有待加强。

3. 心理热线开展服务情况

经统计，北京市心理援助热线2002—2011年共接听来电近17万次，这其中也包括一小部分骚扰电话。希望24小时在成立的10个月内共接听来电7073次。红枫妇女儿童热线2013年共接听来电7939次。平均测算，心理热线年均接听量在10000次左右，反映出大众对心理热线的巨大需求。心理热线经济便捷、保护隐私是大众选择这类方式的重要原因。据了解，当面咨询的费用是100~1000元/小时（视咨询师的资历而定），而心理热线全部免费或仅需支付普通电话费。心理热线拨打和接听双方都是匿名的，咨询员只需报出自己的工号，而求助者也不是必须暴露自己的真实姓名及身份。双方只需涉及具体事件与个人情绪，更容易使求助者吐露真实的隐私，更有利于问题的解决。这些优势，使热线的服务人群非常广泛，北京的心理热线也并不限于北京市，而是辐射到全国各个地区。据北京市心理援助热线的统计，40%的求助者来自北京，60%的求助者来自全国各地。

三、心理热线行业的问题

尽管心理热线这种个体心理咨询形式的公众接受度较高，行业自律性也较好，公益属性值得宣传和推广，但仍然存在诸多问题，需要加以重视和解决。

1. 整个行业处于各自为政的无序状态，缺乏统一的行业标准。心理热线在国内已有20多年的发展历史，对于一个小行业来说应当过渡到稳定期。但从了解的情况看，整个心理热线行业目前仍然处于无序发展阶段。行业准入制度不严格，导致一些热线缺乏前期调研与准备工作，仅凭一部电话就开起热线。虽然每家机构都有自身的流程规范，但缺乏统一的标准。比如培训时间，有的机构培训时间是1个月，有的机构培训时间是3天。再如督导次数，一些机构每周督导一次，一些机构每周督导两次。

2. 整个行业处于“灰色地带”，缺乏必要监管，发展随意性较大。目前，单独的热线没有在任何部门备案，而是挂靠在医院、学校、公司、非营利性组织等机构。由于缺乏明确的监管部门与必要的政策引导，这导致心理热线行业的监管仍处于无人问津的“灰色地带”。当求助者对服务过程或服务效果不满意时，找不到对应的投诉部门。此外，各个热线机构的发展目标不清晰，发展过程随意性大，多采取以小组为基础的分散工作模式，情况互通、案例移交、持续跟踪等存在较大问题。

3. 多数热线机构缺乏稳定的资金来源，设备设施不够齐备，可能会有潜在法律风险。由于热线多为免费服务，因此，热线机构在业务上没有稳定收入。除政府支持的热线机构得到部分资助外，多数热线机构没有稳定的资金来源，仅凭短期项目资金或个人捐助。有些热线的工作场所是发起人免费提供自有居民房，有些是设在公共办公区的角落里。受资金条件的限制，许多热线“一切从简”，并不具备开展热线咨询的基本条件，比如没有单独的隔音接线室，没有必要的电话录音设备、存储设备、服务器、网络交换机等，对通话记录保留时间也没有明确的标准和要求。一旦求助者出现自杀、自伤或其他危害社会的行为，当追究责任时，机构的责任、当班咨询员的责任或求助者自己的责任难以界定清楚，即便能够界定，机构由于没有注册，不是法律主体，无法担责，当班咨询员又没有劳动合同，可随时离职逃责，具有很大的法律风险。

4. 多数热线机构以志愿者为主，从业人员来源复杂，服务质量难以保障。为了节约成本，多数热线机构招募志愿者，完全免费或按接线时长支付低廉报酬。参与热线志愿者来源各异，包括社工、精神科医生、心理咨询机构人员、普通职员等。其从业心态各异，有的纯粹是爱专业、为公益，有的是积累工作经验，为今后自我发展打基础，还有的仅仅是完成实习任务，这就很容易出现人员流动率过大、素质参差不齐的现象，导致质量难保证、问题难界定、责任难追究的现象。对于接线的志愿者培训也处于“自导自演”的状况，自己培训、自己评估，缺乏客观性与系统性。当真正面对求助者命悬一线的棘手事件，现有人员恐怕难以胜任，难以做出正确有效的处置。

四、对策建议

随着心理服务需求增加和新媒体技术发展，包括心理热线在内的非现场心理咨询形式，因其经济便捷、匿名隐私等优势，将会吸引众多专业机构和公益人士参与其中，会被更多民众所接纳，对社会稳定和提升幸福指数所起的作用也会愈发明显。因此，应未雨绸缪，加强对这个行业的引导和规范，促进其健康有序发展。

1. 实行分类管理，建立双向转介制度。建议与有关部门沟通协商，将公益性的心理热线分为紧急援助、非紧急援助和专向援助三类，建立统一平台，进行分类管理。根据心理热线从业人员的专业背景和自身实力，划定服务“红线”，引导他们做力所能及之事。紧急援助主要干预有自杀行为或倾向、暴力危害社会行为和重大自然灾害后严重心理创伤等对象；非紧急援助主要面向生活、工作、人际关系方面压力较大、情绪不稳定的人群；专向援助面向比如家庭暴力、性侵害等特定范围的群体。尽快建立双向转介制度，紧急援助、非紧急援助、专向援助之间实现即时无缝的对接。比如，当从事非紧急援助的热线接听到有自杀行为或倾向的求助时，应先稳定住情绪，并立即转介到紧急援助热线，提高干预的效果；当紧急援助热线接听到一般求助时，应根据服务范围向非紧急援助或专向援助热线转介，以免干扰或影响其他紧急求助者求助。

2. 统一操作规程，提供标准化服务。在座谈中发现，虽然各类心理热线都有自己的操作规范，但来源不同，标准不一，随意增减规程。北京市心理援助热线是经卫生部认证的全国示范性热线，可以项目的形式给其一定资助，为其他心理热线提供岗前培训、设备使用、工作督导、效果评估等方面的服务，促进和提升其他心理热线服务的质量和水平。同时，支持其打造心理热线服务交流平台，整合各类心理服务资源，实现不同专业优势互补，做好热线数据收集与汇总工作，并在此基础上开展资料分析与理论研讨，进一步提升心理热线行业的服务质量。

鼓励线上线下同步，服务向社区延伸。心理热线的覆盖面广，不受时间、环境和地域的局限，是对建立全天候社会心理服务体系的有利补充。在规范线上服务的同时，注重发挥心理热线从业人员的专业优势，鼓励把服务链向社区延伸，对线上服务中遇到的普遍问题进行整理总结，面向社区大众进行预防性的知识普及。在社区的配合下，对线上服务时掌握的线索进行跟踪，必要时可深度介入疏导，协助社区解决现实问题。

综上，在当前政策环境下，考虑到心理热线身份的合法性、服务的可靠性、设备的完备性和存在潜在法律风险等诸多因素，在为心理热线提供具体支持方面，我们建议：

暂不对心理热线的电话咨询服务提供支持和资助，但可针对其基于社区的线下服务予以资助。比如希望24小时的小丸子心理剧团、爱心传递热线的敬老院服务、红枫妇女热线的失独家庭干预、“雪绒花”中小学心理健康宣讲活动等有一定知名度和影响力的社会活动。可根据活动规模，分别给予3万~5万元的资金支持。

如建议可行，我们将组织进行项目申报和评审。由于这些机构都没有独立法人资格，根据专项资金管理规定，资助经费可由北京市社会心理工作联合会代为管理，各机构实报实销。对于有依托的机构，也可直接拨付给其依托单位。如北京市心理援助热线的依托单位是回龙观医院，可由回龙观医院代为管理。

北京市区县理论研究与调研

关于东城区协管员队伍规范化管理问题的调查与思考

赵小平

为摸清全区街道、社区协管员的总体情况，促进街道、社区协管员队伍的规范化管理，区委社会工委（区社会办）采取问卷调查、电话访谈等形式，对全区 17 个街道开展了一次大规模摸底调查，在收集基础数据的基础上，重点对全区在街道、社区工作的协管员队伍的现状、存在问题加以汇总、分析和研究，并提出对策建议，以期为今后规范协管员队伍的管理提供参考。

一、发展现状

目前，全区在街道、社区工作的协管员大致可分为两类，即公益性就业组织协管员和非公益性就业组织协管员。公益性就业组织协管员主要包括：残疾人协管员、养老（助残）员、劳动保障协管员、城管协管员、社区公共设施维护协管员、社区保安等 6 类；非公益性就业组织协管员主要包括残疾人专职委员、工会协管员、社区联合工会干事、计划生育协管员、住保协管员、城市管理监督中心监督员、社区矫正协管员、夜巡队协管员、流动人口和出租房屋管理员、禁毒协管员等 10 类。据不完全统计，截至 2013 年，全区 2 大类 16 小类协管员共计 1279 人，基本情况如下。

（一）队伍组成情况

1279 名协管员中，公益性就业组织协管员共 740 人，占总数的 57.9%，其中，残疾人协管员 30 人，占 2.3%；养老（助残）员 48 人，占 3.7%；劳动保障协管员 158 人，占 12.4%；城管协管员 83 人，占 6.5%；社区公共设施维护协管员 40 人，占 3.1%；社区保安 381 人，占 29.8%。非公益性就业组织协管员共 539 人，占总数的 42.1%，其中残疾人专职委员 156 人，占 12.2%；工会协管员 12 人，占 0.9%；社区联合工会干事 40 人，占 3.1%；计划生育协管员 24 人，占 1.9%；住保协管员 3 人，占 0.2%；城市管理监督中心监督员 5 人，占 0.4%；社区矫正协管员 7 人，占 0.5%；夜巡队协管员 146 人，占 11.4%；流动人口和出租房屋管理员 142 人，占 11.1%；禁毒协管员 4 人，占 0.3%。

（二）人员构成情况

1279 名协管员中，男性 812 人，占总数的 63.5%，女性 467 人，占总数的 36.5%；年龄在 40 岁以下的 173 人，占总数的 13.5%；具有大专以上学历的 196 人，占总数的 15.3%；政治面貌为中共党员的 72 人，占总数的 5.6%；获得全国社会工作者职业水平证书的共计 4 人，占总数的 0.3%，其中获得社会工作师证书的 1 人，获得助理社会工作师证书的 3 人。从以上统计数据可见，目前全区在街道、社区工作的协管员队伍中以 41 岁以上男性人员居多，年龄结构总体偏大且学历水平较低，绝大多数人员为高中（中专）及以下学历。

（三）招聘来源情况

1279 名协管员中，从人员来源来看，从离退休人员中招聘 124 人，占总数的 9.7%；从“4050”人员中招聘 855 人，占总数的 66.8%；从应届毕业生中招聘 4 人，占总数的 0.3%；其他人员中招聘 296 人，占总数的 23.2%。从招聘渠道来看，市统招 2 人，占总数的 0.2%；区县统招 568 人，占总数的 44.4%；街道自主招聘 623 人，占总数的 48.7%；其他招聘渠道 86 人，占总数的 6.7%。由此可见，目前在街道、社区工作的协管员招聘对象主要为“4050”人员，占总数的一半以上，且绝大部分协管员都由区、街自主招聘，市统招的很少。

（四）工资福利情况

目前，东城区协管员工资水平大致可以分为四个档次，第一档为月工资 2000 元（含）以上的，为部分流动人口和出租房屋管理员（2473 元）、部分养老（助残）员（2200 元）、禁毒协管员（2033 元）；第二档为月工资 1500 元（含）~2000 元的，绝大部分协管员工资水平处于此档；第三档为月工资 1000 元（含）~1500 元的，为部分养老（助残）员和部分计划生育协管员；第四档为月工资 1000 元以下的，为部分计划生育协管员。从五险一金缴纳情况来看，16 类协管员中，绝大部分协管员均建立了社会保险，并缴纳了住房公积金。

二、存在问题

从此次调查来看，当前协管员队伍存在诸多亟待解决的问题，主要表现在以下几方面。

一是协管员的概念不清底数不明，且日常管理比较混乱复杂。从此次调查结果来看，目前东城区协管员管理存在的首要问题是对协管员的定位不清概念不明且在街道层面缺少统一管理部门，由此导致协管员的底数不清情况不明，漏统漏报现象严重。各街道上报的数据中，协管员种类最多的街道报了 15 类，最少的只报了 5 类，其原因在于协管员的名称五花八门，一些街道的职能科室认为所属的编外聘用的工作人员并非协管员而拒绝提供相关数据。并且由于街道缺少一个对协管员统一协调和管理的科室，各街道承担此次调查工作的科室也不一致，有的街道由社区办承担，有的由行政办承担，有的由人事科承担，还有的由社工委承担，但均表示此项工作超出自身职责范围，进行调查统计有很大困难。总的来说，目前在街道、社区工作的协管员管理处于比较混乱的状态。

二是人员设置和使用以条为主，工作中各自为政的现象明显。在协管员的设置上，全市层面还没有统一的文件依据。目前，在街道、社区工作的两大类协管员中，除劳动保障协管员、社区保安等公益性就业组织协管员统一依据市人力社保局《关于印发〈社区公益性就业组织安置就业特困人员专项补贴管理办法〉的通知》设置外，其他非公益性就业组织协管员大多依据市、区相关职能部门的文件而设置。如残疾人专职委员依据市残联《关于印发〈北京市社区（村）残疾人专职委员管理办法（试行）〉的通知》而设置，计划生育协管员依据区人口计生委《关于配备街道流动人口计划生育协管员的意见》而设置。在协管员的使用上，由于依据不同部门的文件而设置，造成街道相应职能科室各管各的、各用各的，难以形成一盘棋的合力。

三是缺少严格统一的人员配备标准，容易导致队伍无序膨胀。目前，协管员的配备标准均由市、区相关职能部门自行确定，往往是新增一项工作，就新增一类协管员。如市总工会《印发〈关于进一步推进社区联合工会建设的意见〉的通知》里提出“每个社区联合工会至少配备专职社区联合工会干事

1名；企业数100家以上的社区，根据需要可申请增加配备专职社区联合工会干事1名”。市民政局《关于贯彻落实〈北京市市民居家养老（助残）服务（“九养”）办法〉的意见》提出“在全市各街道（乡镇、地区办事处）聘用5~7名养老（助残）员；每个城乡社区（村）至少聘用1名”。虽然协管员不占用机关事业单位编制，但其工资、保险均由财政负担，从长远考虑，如对其配备标准不加统一和适当限制，难保其队伍规模不无序膨胀。

四是招聘渠道和条件各不相同，不利于资源整合和统一管理。由于目前协管员设置依据和标准是由各职能部门自行确定，因此协管员招聘也呈现出分系统、分部门各自负责的特征。有的协管员由市相关部门统招、有的由区相关部门统招、有的由区相关部门委托街道相关部门招聘，还有以劳务派遣形式加入到协管员队伍，有的在同一系统协管员队伍中还存在上述情况混杂的现象；各部门招聘协管员的条件，如人员来源、年龄、学历、户口等方面也各不相同；各部门与协管员签订劳动合同或服务协议的期限有所不同，还有的单位在录用协管员时没有签订任何劳动合同或服务协议，增加了协管员管理的难度。同时，各部门分头开展招聘，也造成了人力、物力、财力及时间资源的浪费。

五是工资福利差异很大，待遇上的不平衡易影响工作积极性。由于协管员的工资标准由各职能部门确定，造成了不同协管员工资待遇存在明显差异，如有的街道流动人口和出租房屋管理员月实发工资最高的达到2473元/月，并建立了五险一金；而有的街道计划生育协管员月实发工资最低的仅600元/月，且没有建立五险一金。同时，各类协管员在享有过节费、加班费、防暑降温费等福利方面也各不相同。由于这些协管员的工作性质都是“协助管理”，且都在街道、社区办公，日常接触密切，对各自工作职责、工作强度和工资待遇都比较了解。在工作性质相近、工作强度差别不大的情况下，工资、福利方面的差异很容易造成部分工资偏低的协管员心理上的不平衡，从而影响工作的积极性。

六是队伍素质不高且纪律较松散，需要加强培训和严格考核。出于安置就业和维护社会稳定的需要，协管员招聘很多是面向“4050”的下岗失业人员进行。目前在街道、社区工作的协管员队伍中“4050”人员占到了总数的66.8%；41岁以上人员占到了总数的86.5%，高中及以下学历人员占到了总数的84.7%，呈现出下岗失业人员多、中年及以上人员多、低学历人员多的“三多”现象。这种情况导致了协管员普遍理论基础较差，专业知识缺乏，管理工作经验较少，在实际工作中往往难以主动地、创造性地开展工作。同时，一些街道反映少数协管员因下岗失业时间较长，工作责任心较差，不服从管理，纪律松散，人员流动性强。这些现象表明东城区协管员队伍整体素质有待进一步提高，需要加强培训和严格考核。

三、对策建议

针对当前协管员队伍存在的问题，建议从以下6方面入手，推动协管员队伍的规范化管理。

（一）建立统筹机制，规范人员管理

目前，在街道、社区工作的协管员以区各职能部门派驻为主，街道相应职能科室负责日常管理和使用。为便于今后的统一管理和使用，建议按照属地管理、统筹使用的原则，将安排在街道、社区工作的协管员的管理权限从区各职能部门剥离出来，交由街道全权管理和使用。在此基础上，建立区、街两级统筹协调机制，其中区级层面建立协管员队伍规范管理工作领导小组，区社会办负责总体协调，区编办负责科学界定协管员概念、种类并核定协管员队伍的总量、规模，区人力社保局负责测算协管员队伍的工资标准和组织招聘，区财政局负责协管员队伍的经费保障，其他相关职能部门负责提供业务指导、政策解读等；街道层面，针对目前各职能科室在协管员队伍管理和使用上各自为政，造成协管员底数不清、情况不明、管理混乱，且难以整合利用的问题，建议可由各街道结合实际，安排一个科室统筹负责本街道纳入规范化管理的协管员队伍的统筹管理和调配使用，其他相关职能科室则负责做好相关业务指导、培训和考核等。

（二）整合工作岗位，合理调配使用

在街道、社区工作的协管员种类繁多、人数众多，但由于分属不同部门，因此在实际工作中基本只负责其主管职能科室分派的任务，对街道、社区其他需要协助配合完成的任务较少过问，使得协管员的力量难以统筹综合利用。针对这种情况，可以考虑在街道安排一个科室统一管理的基础上，对协管员的岗位进行有机整合以便于更加合理地调配使用。从各类协管员的工作性质看，在街道、社区工作的协管员大致可归为两类，如计划生育协管员、社区矫正协管员、城管协管员、社区保安、社区公共设施维护员等，可整合为社会管理协管员；劳动保障协管员、残疾人协管员、残疾人专职委员、养老（助残）员、工会协管员、社区联合工会干事等，可以整合为公共服务协管员。同时，为了明确工作职责，应将工作内容和岗位进行细化，如社会管理协管员可设社区矫正岗、城市管理岗等；公共服务协管员可设劳动保障岗、养老助残岗等。在分工负责的同时，街道主管科室可根据工作需要调配使用同一类别的协管员，实现人员力量统筹利用。

（三）推动定岗定编，实现总量控制

协管员虽然属于编外人员，但其工资、保险均由财政负担，为避免其规模无序膨胀增加财政负担，建议对其严格实行定岗定编，实现各街道协管员队伍规模的总量控制。对公益性就业岗位协管员，因此类岗位属于政府开发、购买的适合就业特困人员就业的辅助性岗位，只要符合条件的人员必须安置其就业，故对此类协管员可不作总量和人数限制，但其人员情况应定期报区编办和区财政局备案，并建立动态调整机制。对非公益性就业岗位协管员，则建议严格采取定岗定编的形式，对各街道人员实行总量控制。目前有两种思路可供选择：一是借鉴其他区县的经验，综合考虑各街道社区数、居民数等因素，并参照当前各街道协管员实际数量，由区编办直接核定全区协管员总额，并以区协管员队伍规范管理工作领导小组的名义直接下达给街道，再由各街道结合自身情况确定具体岗位；二是继续执行市、区相关文件规定的协管员配备标准，但由区编办统一根据相关标准核定各街道协管员总额，且无特殊情况一般不得调整。

（四）严格准入制度，统一聘用渠道

目前，协管员的招聘缺少统一规划，各自为政现象突出，建议严格准入制度。对公益性就业岗位协管员，因其性质特殊，故招聘继续按照原有形式进行。对非公益性就业岗位协管员，建议采取全区统一招聘的形式。要统一招聘部门，明确区人力社保局是全区协管员招聘工作的主管部门，每年由各街道根据区编办核定的协管员总额和在岗人数的差额提出用人需求，区人力社保局负责组织开展招聘，除此之外各部门各街道均不得组织开展招聘。在统一招聘部门的基础上，要统一招聘形式。目前由两种方案可供选择。方案一是区人力社保局直接组织面向社会公开招聘协管员，受聘者与街道办事处签订劳动合同。此方案优势在于可节约劳务派遣经费，财政支出较小，劣势在于街道日常管理负担较重，且日后出现劳动纠纷，处理程序复杂。方案二是区人力社保局统一委托劳务派遣公司开展招聘，对其提出用人需求和报名条件，由劳务派遣公司按照要求提供人选，人员与劳务派遣公司签订劳动合同。此方案优势在于减轻了街道的日常管理负担，避免了可能的劳动纠纷，劣势在于会增加额外的劳务派遣经费。

（五）规范工资待遇，健全福利保障

规范协管员管理的重要内容就是规范协管员的工资福利。一是规范工资标准，由区人力社保局统一测算协管员工资。有两套方案：方案一，统一全体协管员的工资待遇。即按照现有协管员的最高工资标准，提高所有协管员的工资。此方案优势在于便于街道的工资管理，减少核发工资的工作负担，劣势在于会较大幅度增加区财政负担。方案二，适当调整协管员的工资待遇，缩小目前不同类别协管员之间的工资差距。根据街道设置的协管员岗位，按照不同岗位的工作内容和工作强度差异，科学测算协管员的工资标准，适当提高目前待遇较低的协管员工资水平，但不同岗位仍存在一定差异。此方案优势在于能够调动不同岗位协管员的工作积极性，也不会对区财政造成太大负担，劣势在于工资的核算、发放比较烦琐，且调配使用协管员分担其他岗位工作时容易引发不满情绪。二是统一开支渠道，由区财政拨付人员经费到各街道，由街道或劳务派遣公司统一发放工资。三是规范福利待遇，所有纳入规范管理的协管员均享有“五险一金”和带薪休假等，进一步提高其工作积极性。

（六）强化培训考核，完善退出机制

针对协管员理论基础较为薄弱、专业知识较为缺乏，以及部分协管员工作责任心较差、不服从管理、纪律松散的现状，建议协管员规范化管理后，对每名人员定岗定责，并加强培训、考核，建立能进能出的用人机制。一是健全培训机制。按照协管员岗位职责和应知应会，做好培训计划，对协管员进行岗前培训、岗位轮训和专项培训，并采取多层次、多形式的技能培训和岗位练兵。同时按照社会管理协管员和公共服务协管员的分类，对本类协管员进行全部岗位的业务知识普及，使其在工作中能够加强协作、相互补台。二是健全考核机制。每年年底对协管员进行年度综合考核，采取定性与定量考核相结合的方式，对协管员的业务工作和群众满意度进行考核。考评办法由区相关职能部门负责制定。年度考核结果作为协管员续签或解除劳动合同的主要依据。三是健全退出机制。结合年度考核结果，建立起能进能退、进退有序的机制。新招录人员试用期满，综合考核合格的，继续聘用，试用期不符合录用条件的，解除劳动合同；年度考核合格的，继续签订聘用合同；考核不合格的，或出现违纪、违法行为的，解除合同或到期不再续聘。

（此文作者为东城区委社会工委书记、区社会办主任）

东城区律师行业党建工作的现状与思考

东城区委社会工委

近年来，我国社会主义法治建设进程顺利推进，律师行业迅速发展，从业人员不断增加，伴随着律师事务所从国有所向合伙所转变，律师也由国家工作人员向社会法律服务者转变。律师行业专业性、趋利性和独立性的特点，决定了律师行业党建工作的重要性。党的十八大强调，要加大非公有制经济组织、社会组织党建工作力度，扩大党组织和党的工作覆盖面，充分发挥推动发展、服务群众、凝聚人心、促进和谐的作用。这对包括律师行业在内的社会组织党建工作提出了明确要求。如何在新形势下进一步加强和改进律师行业党建工作，创新和完善律师党建工作机制，充分发挥律师行业党组织的战斗堡垒作用和党员律师的先锋模范作用，促进律师行业的健康发展，是当前党建工作面临的崭新课题。

为此，区委社会工委对东城区律师行业

党建工作开展调研。本次调研采取发放调查问卷、召开座谈会、实地调研等形式进行。通过调研，对律师行业特性有了更深入的了解，对东城区律师行业党建工作现状有了细致的掌握，对工作中的亮点和存在问题有了更加清醒的认识，并就如何加强东城区律师行业党建工作进行了思考，提出了一些对策建议。

一、东城区律师协会党建工作开展的基本情况

近年来，东城区律师业呈现出健康快速发展的良好势头。全区注册律师事务所2014年创税2亿7000万元，律师事务所数量和律师执业人数位列全市第四位。东城区律师行业党的建设也随着律师队伍的发展壮大而不断加强。截至2014年11月，东城区律师协会共有律师事务所248家，执业律师3107人，党员867名，占从业人员的28%；有党员的律师事务所206家。东城区律协党委下设党组织65个，其中总支1个（君合律所党总支），联合党支部2个。党员的平均年龄低，文化程度高。执业律师全部具有大学本科以上学历，其中研究生以上学历448人，占党员总数的51.4%；大学本科以上学历397人，占党员总数的45.6%。

2011年12月东城区律师协会党委成立。党组织关系隶属于东城区委社会工委。律协党委由7人组成，设书记1名，副书记1名，委员5名。书记、副书记分别由东城区司法局局长、副局长兼任，其他委员由律师协会下属律师事务所是党员身份的主任或合伙人担任。在开展律师党建工作中，东城区始终坚持党建工作与律师管理相结合、与行业自律相结合、与业务发展相结合的原则，扎实推进律师行业党建工作，取得了一定成效。

二、律师行业党建工作的主要做法

一直以来，东城区对律师行业党建工作高度重视，把律师行业党建工作纳入党的建设总体布局，与非公经济组织党建、社会组织党建工作一起规划、一起部署、一起抓落实，按照中央和市、区委的相关文件和规定，扎实开展律师行业党建工作，并取得了一定成效。

（一）提高认识，筑牢律师行业党建工作思想基础

律师行业党建工作是新时期党建工作的一个重要组成部分。加强和改进新形势下律师行业党的建设工作，是坚持党对律师工作领导、确保律师工作正确方向的必然要求，是推进党的建设新的伟大工程的重要内容。

（1）加强律师行业党建工作，是律师事业坚持正确的政治方向的重要保障。我国律师是社会主义法律工作者，律师制度是社会主义法律制度的重要组成部分，律师工作必须始终坚持中国特色社会主义方向。加强党对律师工作的领导，是坚持律师工作正确方向的根本保证。党的思想、理论、主张需要党的基层组织和广大党员去宣传，党的路线、方针、政策需要党的基层组织和广大党员去贯彻，党对律师工作的决策部署需要律师行业党的基层组织和广大党员律师去落实。只有进一步加强和改进律师行业党建工作，建立健全律师行业党的基层组织，发展壮大党员律师队伍，才能确保党对律师工作的领导，确保律师工作的正确方向。

（2）加强律师行业党建工作，是律师工作围绕中心服务大局的客观需要。为党和国家工作大局提供优质高效的法律服务，是律师工作的重要使命。只有进一步加强律师行业党建工作，不断增强律师行业基层党组织的创造力、凝聚力和战斗力，充分发挥律师党组织的战斗堡垒作用和党员律师的先锋模范作用，团结和带领广大律师积极履行职责，进一步拓展法律服务的广度和深度，才能不断提高律师党组织服务党和国家工作大局的能力和水平。

（3）加强律师行业党建工作，是推进律师事业又好又快发展的政治保证。律师队伍

是社会主义法治国家建设进程中的一支重要力量，律师党员应当是律师队伍的中坚力量。进一步加强律师行业党的建设，巩固和扩大律师行业党建工作成果，不断提升律师党员数量和素质，以党建带队建，对于促进律师队伍建设至关重要。只有通过加强律师行业党的建设，充分发挥党组织和党员作用，把广大律师团结、凝聚在党组织周围，才能建设一支“政治坚定、法律精通、维护正义、恪守诚信”的高素质律师队伍，为促进律师事业健康发展提供保障。

（二）加强“两项建设”，实现党的组织和工作全覆盖

目前，东城区律师行业党建工作实行区委统一领导、区委社会工委具体指导、业务主管单位主动配合、律协党委具体实施的律师行业党建工作体系。通过坚持组织建设、队伍建设“两手抓”，律师行业党建工作的基础进一步夯实，党组织的“引领、凝聚、服务、保障”作用进一步凸显。

（1）加强组织建设，扩大组织覆盖。根据律师群体流动性、分散性、社会性强等特点，采取“单独建、联合建、挂靠建、依托建”等多种组建形式和方法，做到对符合条件的律师事务所限期建立党组织；党员人数较少不能单独建立党组织的，按照“规模相近、地域相邻”的原则，联合建立党组织；对暂时没有党员的采取派驻党建工作指导员或联络员等方式开展党的工作。党组织的广泛建立，极大地推动了社会组织党建工作的顺利开展。

（2）加强队伍建设，夯实发展根基。抓好律师党员队伍工作，是加强律师行业党建工作的基础工程。一是开展群众路线教育实践活动。全区律师行业有 66 个党组织 850 名党员参加了学习教育。针对律师党员工作“场所不固定、时间不统一、上下班不规律、且流动性大”的特点，坚持把学习教育贯穿始终，做到教育和实践两手抓、两结合，边学边查边改，坚持把开展活动与推动业务工作相统一，做到两不误、两促进。二是重视青年律师党员的培养。做好在优秀律师特别是优秀青年骨干中培养入党积极分子工作，壮大青年律师业务骨干中的党员力量。自律协党委成立以来，律协党委先后组织入党积极分子培训班两期，培养入党积极分子 40 名，发展党员 28 名。三是坚持“输血”与“造血”同步。在招聘管理人员和律师时，党组织做好参谋，同等条件下优先推荐聘用党员律师，从而吸引大批优秀党员律师向律师事务所靠拢。四是建立党员学习教育培训机制。运用网络、手机短信、电子邮件、远程系统等新型方式，发送党建信息、传达上级指示，增强工作时效性。开展集中式培训，三年来相继有 54% 的律师事务所党组织负责人参加了市司法局党务工作培训，100% 的律师事务所党组织负责人参加了区律协党委组织的律师事务所支部书记培训。

（三）实现“三个对接”，提升律师党建工作科学化水平

（1）把党建工作与律师事务所业务发展对接。区律协党委注重引导不同性质的律师事务所根据自身的发展定位，把党的建设与业务发展紧密结合，形成了不同特色的党建模式。例如，大成律师事务所党委提出“三培养”工程，即：把党员培养成品牌律师、把品牌律师培养成党员、把品牌党员律师培养成高级合伙人，将践行党的创新理论，贯彻党的路线方针政策落实到了律师日常管理中。天同律师事务所党支部将党建工作与培养律师事务所核心价值理念相结合，坚持“精品建所、党建强所、文化兴所”理念，实现党建工作与企业文化的共同发展。

（2）把党员教育管理与律师执业管理对接。充分利用律师管理信息平台，将对律师党员的组织管理与律师的执业管理紧密结合，建立党员基本情况信息库，集中管理律师党组织关系。强调三个同步，即：在律师事务所成立时，党组织建设同步跟进；在律师申请执业时，将律师党员及时编入党支部，做到律师申请执业与接转组织关系同步；在办理律师转所执业手续时，做到办转所手续与

转组织关系同步，律师党员即使频繁转所，也能够做到“流动不流失，远飞不断线”。

(3) 把律师事务所法律资源与推进社区建设对接。律师事务所党组织积极参与社区建设的各项工作，主动参与到社区建设的各项事务当中，定期参加社区党建协调会，主动与社区党组织联系沟通，积极搭建律师党组织服务社区建设的平台和发展空间。律协党委还采取结对、共建、联建等方式，在社区开展法律讲堂、法律咨询台、模拟小法庭等公益活动，组建了“律师网格法律服务团”，下沉到各网格为居民提供各类法律服务，切实帮助解决实际困难。

(四) 搭建“三个平台”，拓宽党组织和党员发挥作用渠道

深化和拓宽服务渠道，自觉围绕经济社会发展大局组织开展党建活动，为党员律师施展才华提供更高的平台、更广阔的空间和更多的机会，发挥党员律师在服务经济建设、参与社会管理、维护群众权益方面的积极作用。

(1) 搭建沟通交流的平台。区律协党委创办电子刊物《东城律协党建动态》，开辟了东城律协网站，充分运用网络、手机短信等信息化手段，发送党建信息、传达上级指示精神、通报律师行业最新消息，开辟沟通交流空间。易和律师事务所录制《一个青年律师的成长历程》，丰富党支部党员教育管理资源；君合律师事务所出版《君合人文》杂志，倡导先进文化，丰富律师业余生活，展示现代律师风采。

(2) 搭建维护社会稳定的平台。各律师事务所党组织主动参与社会治安综合治理工作，在社区设立“法律服务岗”，开通400-8900-148法律服务热线，自2011年12月以来，累计化解矛盾纠纷56300件，调处信访积案33630起；收集整理并解决群众反映强烈的突出问题35700个；在窗口单位和服务行业设立了230个党员先锋岗，210个党员责任区。

(3) 搭建服务社会的平台。区律协党委组织各律师事务所党组织广泛开展“共产党员献爱心”活动，坚持开展志愿服务活动。君合律师事务所党总支开展捐资助学活动，向革命老区河北阜平县白石台小学贫困学生捐献学习用品。律协党委开展“法律服务进农村”活动，通过签订法律服务承诺书、担任新农村建设法律顾问、上门现场咨询和法律讲座等方式，为新农村建设提供法律保障。

经过三年多的不懈努力，东城区律师行业党建工作逐渐探索出了一条符合东城特色的“以党建带所建、以党务强业务、以党风促行风”的律师行业党建工作之路。2011年12月以来，东城区共有35家律师事务所、84名律师先后荣获中央、市、区级各类奖项。其中大成律师事务所党委、天同律师事务所党支部被评为全国律师行业创先争优活动先进集体称号，连艳等6名律师被授予全国律师行业先进个人称号。

三、律师行业党建工作存在的问题

东城区律师行业党建工作经过三年多的探索实践，虽然取得了一定的成绩，但仍然存在不少困难和问题，仍然需要加以解决。主要体现在：

(一) 对律师行业党建工作重视程度不高，认识存在偏差

有些律师事务所对新形势下律师行业党建工作存在模糊认识，担心过分抓党建工作会影响律师事务所业务的拓展，进而把党建工作与律师事务所的发展割裂开来，往往就党建谈党建，导致党建工作与律师事务所发展、与律师个人的发展相脱节。一些律师党员政治意识不强，不重视学习，不关心政治，价值观念扭曲，宗旨意识、党性观念淡薄，对党组织活动热情不高，在执业中急功近利，重经济利益轻社会效益。

(二) 律师党组织定位不够清晰，缺乏制度设计

律师执业机构改制后，其经营理念更趋

向于追求利润最大化。但对于律师行业党组织的地位、作用、任务等方面却没有明确界定，各级党委和有关部门也没有出台相关文件，因而党组织在开展工作过程中因缺少制度化的保证，在实际工作中有被边缘化的倾向。这种情况下，除少部分由主要合伙人担任律师事务所党组织负责人，其党建工作效果较为明显外，其他律师事务所党组织对律师事务所发展过程中的重大事件没有影响力，对律师事务所的人、财、物没有实际控制力，其党组织作用发挥的空间也十分有限。

（三）党建工作力量较为分散，难以有效集聚

各律师事务所规模、实力之间的差异，导致党建工作质量不均衡。一些事务所基本运作、生存尚不稳定，无暇顾及党建工作，使得党组织活动不能有效开展。一些小规模的律师事务所，往往流失一名律师，整个律师事务所就不得不解散。已建立党支部的小型律师事务所，因为律师党员的流失，党组织也只好跟着撤并。有的律师事务所党支部书记工作流动频繁，或支部工作由行政人员兼职完成，影响了党组织威信和作用的发挥，律师对党组织的依附性不高。另外，党组织可支配的资源有限，无法对律师产生足够的吸引力，难以快速扩大影响力。种种情况直接导致了党建工作基础的不稳固。

四、加强和改进律师行业党建工作的建议

当前，从中央到地方各级党委都非常重视律师行业党建工作。加强和改进律师行业党建工作，必须重视研究律师行业党建工作的特点和规律，勇于创新、大胆实践，努力提升律师党建工作的科学化水平，构建上下贯通、整体联动、交流畅通、协调有力的律师行业党建工作格局。

（一）创新工作思路，进一步凝心聚力促共识

加强和改进新形势下律师行业党的建设工作，是坚持党对律师工作领导、确保律师工作正确方向的必然要求，是推进党的建设新的伟大工程的重要内容。司法行政机关和律师事务所要从政治和全局的高度，充分认识进一步加强和改进律师行业党建工作的重要性和必要性，切实增强并保持抓好律师行业党建工作的责任感和使命感。党委主管部门要高度重视，加强组织领导，将律师行业党建工作纳入重要议事日程，强化分管领导负责的意识，必须加大党建工作力度，坚持常抓、常讲、常议，确保党建工作层层有人抓、层层有责任。业务主管部门要切实担负起加强律师队伍管理的重要职责，积极履行业务主管部门的职能作用，采取行之有效的措施配合党委抓好律师党建工作，实现党对律师行业的领导。律师事务所党组织负责人要提高政治素质，要澄清模糊认识，把加强党建工作与加强律师行业的管理、发展联系起来，从实际出发，帮助、引导、促进律师行业健康发展。

（二）加大党组织组建力度，进一步夯实基础促覆盖

提高律师党组织的组建率，是律师行业党建工作的难点，也是律师行业党建工作必须着力解决的重点。要按照便于党员参加活动、便于党组织发挥作用的要求，探索务实管用、灵活便捷的党组织设置形式和工作方式，扩大律师事务所党的组织覆盖，实现应建尽建。应建立挂销账制度，业务主管部门和律协党委要组织专门力量，定期对律师党组织组建情况逐个排查，建立工作台账，对符合条件尚未建立党组织的律师事务所，要了解情况帮助其尽快成立党组织。凡新登记成立的律师事务所，具备建立党组织条件的，要指导督促其同步成立党组织。探索把律师事务所中的兼职党员组织起来，成立党的组织，让兼职党员亮明身份，使其在兼职岗位上发挥党员应有的作用。

（三）创新工作机制，进一步理顺关系促落实

一是加强顶层设计。深入研究律师行业

党建工作内在规律，制定相关政策，通过明确责任、理顺关系、健全组织、规范程序，确保律师行业党建工作有法可依、有章可循。二是完善管理机制。律协党委和司法局要发挥各自优势，把好律师事务所登记和年检“两个关口”，坚持律师事务所经营业务和党组织建设同步而行，形成律师党建工作与管理工作的合力。三是健全运行机制。积极推动党组织参与律师事务所的建设和管理，把党的政策和党组织的决议、意图体现到律师事务所的决策、执行、监督的全过程。完善交叉任职制度。鼓励和倡导律师事务所党组织书记由律师事务所中是党员身份的主任兼任，推荐符合条件的党员合伙人担任党组织班子成员，实现党务、所务一岗双责。完善联席会议制度。探索建立合伙人和党组织负责人联席会议制度，党组织书记参加或列席合伙人会议、所务会议制度，完善律师事务所党组织与律师事务所决策层、管理层重大问题会商、重要情况通报制度。四是加大经费保障。加强对律师党组织活动经费的规范和管理，将律师党组织的工作经费纳入律师事务所管理经费范畴，建立并落实税前列支制度。探索党费返还制度，尝试参考非公有制经济组织党组织党费返还的相关规定，对律师行业党费实施全额返还，使律师党组织开展党建活动有充足的经费保障。

（四）加强队伍建设，进一步解决难题促发展

重点解决由于党员流动性大带来的党员管理难、发展党员难、交纳党费难，以及处理党员难等问题。一要选好配强党组织负责人。切实把党性强、业务精、善于团结群众、热爱党务工作的业务骨干选拔到党组织负责人岗位上来。上级党组织要制订培训计划，定期对律师事务所党组织负责人进行培训，切实提高党务工作者的能力素质。二要做好党员的教育、管理和服务工作。已建立党组织的律师事务所，律师党员要及时将组织关系转移到律师事务所党组织；领导班子成员及其他兼职工作人员中的党员，在还未接转组织关系的情况下，也要参加党组织活动，过双重组织生活。尚未建立党组织的，律师党员可以把组织关系转到律协党委或挂靠单位党组织。对流动党员，应坚持以流入地党组织为主、流出地和流入地党组织共同管理。三要做好发展党员工作。要把律师事务所负责人、业务骨干作为重点培养对象，做好发展党员工作。在保证质量的前提下，注重在没有党员和未建立党组织的律师事务所中发展党员，努力消除发展党员的空白点，为建立党组织创造条件。要做好在优秀青年律师中发展党员工作。

（五）创新工作载体，进一步提升水平促活力

具体要坚持做到“三靠”：一是靠活动吸引。要根据律师党组织的不同特点，研究改进开展活动方式方法，本着“小型、灵活、多样”的原则，因地制宜、灵活多样地开展工作，使党的工作与律师执业活动相互融合，与律师事务所发展有机结合，如积极组织党员律师开展法制宣传、法律咨询、法律援助、信访维稳等活动，不断探索党员律师和党组织发挥作用的途径和方法，充分发挥党组织团结凝聚职工群众、维护各方合法权益、促进健康发展等职能作用，切实增强律师党组织的创造力和凝聚力。二是靠服务凝聚。律师党组织要在围绕为党员提供什么样的服务、怎样提供服务的问题上积极动脑筋、想办法，不断强化上级党组织为下级党组织服务、党组织为党员服务、党组织和党员为群众服务的意识。三是靠共建带动。要坚持党建、工建、团建一起抓，特别是在青年比较集中的律师事务所，应优先建立群团组织，促进党组织的建立。

西城区全响应网格化社会治理创新研究报告

艾 丽

为进一步推进西城区全响应网格化社会服务管理工作体系，2014 年 5 月—12 月，西城区委社会工委、北京市社会科学院组成联合调查组，深入考察了西城区 15 个街道办事处，5 个社区，与 15 个街道的相关科站队所及社区工作人员共约 150 人进行了座谈，与区相关职能部门进行了交流探讨。现将调研结果报告如下。

一、西城区全响应网格化社会治理创新的主要做法

2010 年，西城区提出了构建以改善民生为重点的社会服务管理工作体系，经过 5 年多的探索实践，西城区初步完善了全响应网格化社会服务管理体系的建设模式。主要做法是：

（一）以推进“三网融合”为契机，进一步规范社区网格的划分

区社会办、综治办和城市管理监督指挥中心共同拟定了“西城区网格责任区划分参考标准”。按照“街巷定界、规模适度、无缝覆盖、动态调整”的要求，在现行行政区划框架下，西城区以 15 个街道 257 个社区和社区工作者“分片包户”工作责任制为基础，在综合考虑人员组织、地理建筑、部门事务状况、网格工作量和资源大体平衡的基础上，按照权属和服务管理人口数量等要素合理划分网格责任区，一般按 500 户左右居民户的规模，将社区划分为若干个网格责任区。截至 2014 年 6 月，西城区 15 个街道重新划分了 1623 个网格，完成了网格空间标绘，形成了 GIS 电子地图。

（二）以增强社区网格力量为目标，进一步强化社区网格的力量配置

西城区印发了《关于进一步加强街道统筹辖区发展规划日常管理的指导意见》，积极发挥街道统筹辖区发展作用，推动政府职能部门管理重心下沉。加强了街道对协管员的统筹管理，将 9 类协管员管理权限从委办局拿出来，赋予街道统筹管理各类协管员的权限，规范了工资福利待遇、妥善变更协议。各街道按照全区统一部署，已经完成基础网格的人力资源配置工作，初步构建了“基础力量一员一格，专业力量一员多格，社会力量一格多员”的网格人力资源配置格局。据初步统计，西城区 15 个街道及各科站队所力量均已经基本实现向基础网格的配置，全区 1623 个网格均配置了由社区工作者兼任的网格管理员；由街道办事处处级领导、科级领导及公务员等兼任的网格联络员；由公安派出所社区民警、城管执法监察、人力社保、司法、卫生监督、工商、食品药品监管、消防、文化等专业力量担任的网格执法员；由房管员、综合协管员、社区巡防员、社区保安员等担任的网格服务员；由社区党员、社区居民代表、楼门院长、社区志愿者、市民劝导队、社区保安、小区物业服务管理人员、社区社会组织成员、人大代表、政协委员等社会力量担任的网格共建员。

（三）以细化网格工作要求为准则，进一步明确社区网格责任区的工作职责

根据社区基础网格的力量配置，西城区进一步明确了社区网格责任区的工作职责和要求：要求网格管理员即网格责任人要及时了解掌握网格内人、地、物、事、组织的基本情况，做好相关信息的采集、录入、维护和更新工作；及时了解社情民意，反映群众意愿，特别是困难群体、特殊人群的需求，代理居民信访事务；及时发现并报告流动人口管理、出租房屋管理、社区管理、社会治安、安全生产、城市运行等方面存在的问题和隐患；及时发现和反映各类突发事件；及

时了解、定期排查矛盾纠纷，力所能及地做好调解工作，解决不了的及时报告；推动社区民主自治，动员社区居民、社会单位、志愿者等参与社会治理，开展社区公益活动，创建社区文明，构建社区和谐。西城区还要求各类社区网格责任人主动深入开展“访民情、听民意、解民难”工作，定期了解社情民意，为方便群众办事实行社区错时工作制度。建立网格责任人员应急替补制度，试行相邻近的两个网格管理员互为AB角制度，防止因生病、休假等出现网格管理真空。加强对网格责任人管理，对各街道社区、各部门网格责任人在工作中因不作为或滥作为，因瞒报漏报问题隐患引发不良影响的社会事件或安全生产事故的，要按照相关规定予以严肃处理。

（四）以畅通社区网格信息联通为手段，探索完善网格运行管理工作机制

围绕“更清晰地掌握情况、更及时地发现问题、更迅速地处置问题、更有效地解决问题”，西城区充分发挥区、街道全响应社会服务管理指挥平台功能，规范“区—街道—社区—网格责任区”四级服务管理流程，形成“信息采集、源头发现、任务分派、问题处置、核查反馈”的闭环工作机制。其中，信息采集维护机制要求以网格为单元，全面准确搜集掌握人、地、物、事、组织的基础信息，区、街统筹建立社会治理综合数据库，重点完善“人、房”数据信息，建立人口、房屋和事件数据关联关系，实现“人房关联、以房管人”。各部门以实名制方式明确到网格的责任人，负责与本部门相关的基础信息的搜集、核查和上报，其他信息由社区网格责任人负责。问题源头发现机制由社区网格管理员、城市管理监督员、治安巡防员担任综合巡查员，及时发现并报告各类安全隐患。广泛应用电话、短信平台、手持终端、互联网、视频探头等多种手段，拓展发现问题的渠道。各职能部门根据各自工作特点对本部门网格责任人巡查网格的周期、内容、要求作出具体规定，每次巡查结果在综合信息系统备案。巡查中发现的问题、隐患要及时处置解决，上报处置结果。街道运用全响应社会治理指挥信息平台，通过PDA移动终端、APP软件、电话、互联网等渠道收集了解城市管理问题和社会治理需求、社会面防控发现的矛盾隐患、“访民情、听民意、解民难”发现的问题，按照职责范围上报到街道分中心进行协调处置，并进行统一的汇总分析、派转、办理和反馈。按照网格、社区、街道、区等从下往上的路径协调有关职能部门按照职责和权限分层逐级解决。

（五）以规划信息化建设为抓手，推进全响应网格化社会服务管理指挥平台建设

2014年初，西城区研究制定了《北京市西城区全响应网格化社会服务管理信息化建设规划》，对全响应信息化建设的目标、主要任务、保障措施和重点项目进行了详细规划。西城区全响应总体架构由全响应基础设施、全响应协同服务体系构成，业务架构涵盖城市管理、社会管理、行政服务、社会服务、应急指挥5个方面，明确了区级和街道两级信息化平台的服务管理支撑体系。2014年6月底，西城区城市管理监督指挥中心全响应信息平台二期正式建成。2014年7月1日区级平台与各街道信息平台实现对接。西城区德胜、金融街、什刹海、新街口、月坛、白纸坊、椿树、陶然亭、大栅栏、牛街、西长安街、广内、广外、天桥等14个街道已经建成街道全响应网格化社会治理信息系统和指挥平台。各街道指挥中心逐步整合全响应调度系统、电视电话会议系统、公安监控系统、人流监控系统、城管网络管理系统与综治网格管理系统等6个系统，实现智能化集中控制，直观、立体，全方位地掌握本地区应急保障工作的开展情况，大大提升了信息收集、领导决策、应急指挥的水平。在软件建设方面，15个街道均建成数据中心，13个街道建设完成分中心协同平台并投入使用。“访听解”软件已经嵌入区级指挥中心，34个事项实现了全区通办。85个事项实现了网上大厅和实体大厅的统一，极大地提高了办事效率。

（六）以实现分类精细管理为追求，探索对网格责任区进行分级分类管理

西城区按照“区、街道、社区、网格责任区”的层次，对辖区内各类资源、事件、力量进行配置、监控和分析，实现事件的上报、接收、分流、处置等一系列业务高效流转。各街道将所有社区网格责任区统一进行分级分类管理，根据社会秩序、治安状况、城市环境、服务人群等综合情况，将所有网格划分为“日常管理”“一般关注”“重点关注”“综合治理”四个等级。根据区域功能的差异，西城区还将网格责任区划分为住宅、商务商业、企事业单位、人员密集场所 4 种类型，根据不同类型网格的服务管理需求差异，有针对性地配置相应的服务管理力量，形成不同类型网格服务管理力量与资源配置的不同模式。

二、西城区全响应网格化社会治理创新的主要成效

（一）多方共同治理已经成为西城区全响应网格化社会治理的重要共识

尊重民意，重视民智，收集民需，发挥民力，保护民安，解决民难，实现民利，改善民生，是西城区全响应网格化社会治理创新一以贯之的一个重要特征。在西城区委、区政府的统一领导下，党委政府各部门、各行政执法部门、各人民团体、市政基础设施各管理维护单位、其他企事业单位、各物业服务单位、各社会团体、各居民自治组织、社区网格工作人员、各类协管员及综合协管员、居民志愿者等都成为西城区全响应网格化社会治理的重要主体，共同对各种社会服务管理需求做出及时的“响应”，共同研究解决网格化服务管理中出现的各种问题，形成了强大的社会治理合力。

（二）网格责任明确已经成为西城区全响应网格化社会治理的重要基础

划分网格，明确职责，落实责任，细化任务，监督考核，各方评价，使网格化社会服务管理工作真正做到精细化。西城区十分重视网格工作机制建设，各街道也开展了很多的探索，比如西长安街街道的“一格五员”、广内街道的“三员六进”、大栅栏街道的“一岗四员”的网格人员配备经验，为西城区网格化工作推进提供了重要的实践经验。

（三）网格力量整合已经成为西城区全响应网格化社会治理的重要举措

尽最大可能地贴近居民群众和社会单位，听取居民群众和社会单位的呼声，及时了解和响应居民群众和社会单位的服务管理需求，就必须把社会服务管理的力量和触角延伸进社区网格，就必须与居民群众和社会单位保持最紧密的接触与合作，打通社区网格与街道及各科站队所、区级各委办局、社会单位的信息联络通道，使社区网格收集的社情民意、民生需求和问题案件都能通过便捷的信息系统在各部门之间实现即时的互通。

（四）信息互联共享已经成为西城区全响应网格化社会治理的关键支撑

现代高效的社会治理在于信息数据的海量存储，在于灵敏的社情民意收集，在于各类情报信息的准确分析、快速流转，在于各项工作进展的实时跟踪，在于各项工作的实时评价，这一切都有赖于统一的社会服务管理数据库和联通的全响应网格化社会服务管理信息系统，并借助视频技术、移动终端、APP 软件、互联网实现超越时空和人力限制的即时收集与上报。西城区对信息互联共享十分关注，做出了信息化建设规划，并建设了西城区社会服务管理指挥中心和 14 个街道社会服务管理指挥中心。

（五）部门协作联动已经成为西城区全响应网格化社会治理的工作基础

西城区把推动部门协作联动作为全响应网格化社会治理创新的一个重大战略来抓，提出了各部门纳入全响应网格化社会治理创新的构想和步骤，德胜等街道与各委办局派驻街道的科站队所开展了较为紧密的合作，初步探索了一条部门协作联动的路子，提升

了全响应网格化社会治理的效能。

三、西城区全响应网格化社会治理创新存在的问题

调研过程中发现，西城区全响应网格化社会治理工作仍然存在一些亟待进一步解决的问题，需要引起关注和重视。

（一）全响应网格化社会服务管理信息系统的联通有待进一步推进

调研发现，部分街道办事处在推进全响应网格化社会服务管理工作时存在一定的“本位主义”，考虑街道办事处自身的较多，考虑统筹地区社会服务管理特别是各科站队所的还比较少，大部分街道的信息系统与各科站队所还没有实现有效的联通。除了工商等部门较为积极主动外，其他委办局普遍存在一定的消极观望等待思想。除德胜街道与各科站队所实现了信息系统对接和移动终端配置到位，广内街道、金融街街道运用APP软件实现局部的互联互通外，其他街道的信息系统只是连接了街道部分科室与社区，与各科站队所还没有实现互联互通，分派任务时依靠传统的电话、邮件等方式送达。全响应网格化社会治理信息系统还没有实现区指挥平台、各委办局、各街道办事处的互联互通。

（二）全响应网格化社会治理体系的工作内容整合与分流有待进一步深化

调研中发现，随着计算机技术的广泛应用，各委办局已经形成了各自的内部信息系统和工作流程，但这些信息系统和工作流程仅在部门内部使用。全响应网格化社会治理信息系统与各委办局来自更上级的信息系统在对接、联通、数据、共享、工作内容、整合、工作任务、分流等方面还有很大的工作空间。

（三）全响应网格化社会治理体系的工作标准有待进一步细化

调研中发现，尽管各街道对全响应网格化社会治理工作有一定的认同度，但对全响应工作究竟如何开展，工作的要求是什么，工作的标准是什么，各街道的认识是很不一样的。推广提升全响应网格化社会治理体系，就必须为全响应网格化社会治理工作量身定做一套完整、规范、科学、合理、实用、管用的工作标准，从而把目前分散在各个街道、各个部门、各个单位、各个社区的工作内容尽最大可能地通过全响应信息系统整合起来，对纳入全响应网格化社会治理体系的每一项工作明确各自的工作对象、工作要求、工作范围、工作流程、评估指标等详细性标准。

（四）全响应网格化社会治理体系的监督考核评估有待进一步跟进

全响应的核心理念是“有求必应”，必须通过建立统一的全响应网格化社会治理信息系统和指挥高度平台来解决“谁来响应”“响应什么”“如何响应”等问题，这就需要在设计全响应网格化社会治理工作体系，推进全响应网格化社会治理信息系统建设时，必须紧紧围绕“谁来响应”“响应什么”“如何响应”“响应的评价”等问题进行全面的设计，将社会治理各项工作的内容、问题、事件、要求等贯穿在“发现、上报、分流、处置、反馈、评估”等全过程中，使社会治理各项工作在信息系统中有迹可循，有据可考，有案可查，有绩可评，从而实现全区、各街道、各部门对各自社会治理工作的精细高效监督管理和精准评价考核。

（五）全响应网格化社会治理体系的法律政策支撑有待进一步加强

调研中发现，各街道不仅对哪些部门和哪些工作纳入全响应网格化社会治理工作体系有着不同的认识和理解，而且大家对纳入全响应网格化社会治理工作体系各项工作的法律政策依据理解也存在着较大的差异，导致工作推进中由于大家的认识和理解水平，存在着对相同或相似问题的不同处置解决办法，在不同街道中产生的不同处理结果，引起了不必要的冲突与矛盾，这与现阶段全响应网格化社会治理工作处于推进的初期阶段有关。推进全响应网格化社会治理工作体系建设，必须推动各委办局认真梳理各项工作的法律政策依据，并将各项法律政策依据按

照完整和分开的原则，全部纳入全响应网格化社会治理工作信息系统，使每一层面的工作人员在社会治理工作实施过程中，随时从全响应网格化社会治理工作信息系统得到支持。

四、进一步推进西城区全响应网格化社会治理创新的对策建议

（一）进一步明确全响应网格化社会治理工作的全局性战略性定位

明确全响应网格化社会治理工作体系在西城区总体工作格局的全局性战略性定位。

一是继续提升全响应网格化社会治理工作的地位，要把全响应工作作为西城区各级党委政府一把手亲自抓的重点工程，一级抓一级，一层抓一层，确保各委办局、各街道办事处、各相关单位真正用全响应工作统领全局工作。

二是把全响应工作开展情况及绩效等纳入区委区政府对各委办局、各街道办事处年度工作考核的重要内容，作为各级领导干部选拔任用、奖励惩处的重要依据。

三是细化网格编码操作办法。结合西城区的区位特点及北京网格化管理的未来发展趋势，研究制定全区网格编码的具体操作办法，形成全区统一的网格化编码体系，确保西城区每一个网格都有其唯一的编码，推动网格力量、网格编码、网格基本情况等情况纳入全响应网格化社会服务管理信息系统。

四是区全响应网格化社会治理指挥中心作为全区全响应工作的核心枢纽，横必须与各委办局及派驻西城区的各相关单位实现互联互通，纵必须与各街道办事处、各科站队所、各社区网格、各社会单位实现互联互通，并根据实际工作需要，全面实现全响应工作的移动办公。

（二）分类推动相关委办局融入全响应工作体系，进一步扩大全响应网格化社会治理工作的覆盖面

必须将各委办局和相关单位逐步纳入全响应网格化社会治理体系，各委办局和相关单位可分为4种类型分类融入全响应网格化社会治理工作体系。

一是全响应工作组织推动部门。社会建设办公室、社会治安综合治理委员会办公室、城市管理监督指挥中心是发动机和指挥棒。

二是全响应工作核心部门。如公安、城市管理综合执法、工商、消防、交通管理、司法、卫生监督、食品药品监管等具有执法权并在街道派驻有工作机构的部门及街道办事处其他内设科室。

三是全响应工作外围部门。包括党委政府其他部门及工青妇等机构。

四是全响应工作相关专业单位。必须把市直管的电力、供水、供热、通信、供气、有线电视等部门，各管委会、房管部门、物业服务、停车管理、环卫保洁、园林绿化、公益性社会组织、驻区单位等全部纳入。

（三）进一步划分社会治理工作的种类，细化全响应网格化社会治理工作的标准

根据当前社会治理工作的重点和覆盖面，建议在目前“社会服务、社会管理、应急处置、行政服务、城市管理”五大类别的基础上适当增加公共安全、社会事业、社会保障、物业服务或房屋维护、专业服务等类别，并根据实践发展需要适当调整和增减事件类别，在十大类别基础上，进一步细化各项工作、事件及问题的分类。根据国家法律法规及相关政策要求，对纳入全响应网格化社会治理工作体系的每一项工作、每一个事件、每一个问题，进一步明确各自的工作要求、工作标准、工作流程、工作责任，并全部纳入全响应网格化社会治理信息系统，按照“网格—社区—街道—区”四级平台的不同功能分工，实现社会治理事项的全面备案和逐级上报。

（四）进一步推动全响应网格化社会治理工作的分级分类考核

实行“区”“街道”“社区”三级监督考核，相应的各部委办局、专业公司实行

"部委办局、分公司"和"科站队所"两级监督考核。考核评估结果作为年度评优奖惩的重要依据，作为组织人事部门干部选拔晋升的重要依据，作为纪检监察部门考察干部不作为、乱作为等情况及违纪情况的重要依据。

（五）进一步梳理相关法律政策，为全响应网格化社会治理工作提供强有力的法律政策支持

根据纳入全响应网格化社会治理工作体系和信息系统的先后和轻重缓急，各部委办局、各管委会、各专业公司负责梳理本部门、本系统的法律法规和政策措施，逐步纳入全响应网格化社会治理信息系统，作为全响应网格化社会治理工作体系和信息系统的后台支撑，为前端工作人员解答或处理各种社会治理需求和问题提供强有力的法律政策支持。

（六）以全响应网格化社会治理信息系统数据为依据，进一步引导社会治理资源向基层配置

对全响应网格化社会治理信息系统的数据，要进行充分的挖掘和利用，根据一定时期，如一年、二年……五年的社会治理数据，对全部委办局及其下属机构、各管委会、各专业公司的工作职责、工作任务、工作难度、工作情况进行全面的梳理和分析。对各部委办局及其下属机构的设置、编制及人力配置进行检讨和优化，定期进行调整，进一步优化基层社会治理资源，引导优秀人才在基层建功立业。对各专业公司、各公益性社会组织、驻区单位等提出优化社会治理资源配置的意见和建议，进一步加强西城区与各专业公司、各公益性社会组织、驻区单位的联系和合作。

（此文作者为西城区委社会工委书记、区社会办主任）

开展党政群共商共治工程　切实提高朝阳区社会治理水平

谢　莹

朝阳区作为首都城市功能拓展区，是北京市面积最大、人口最多的城区，总面积470.8平方公里，下辖24个街道、19个乡，常住人口384.1万人，随着农村城市化、城市现代化、区域国际化同步推进，正处于改革攻坚、社会转型和矛盾凸显的发展阶段。作为基层工作者，常常面对的是"党委政府拼命干、居民群众一边看"的尴尬，为改变群众对政府工作的不满意和不理解。朝阳区在试点基础上，从2013年创新开展了党政群共商共治工程，在基层党组织领导下，由政府、社会单位、社会组织、居民"四方"协商，共同解决服务群众"最后一公里"难题，探索形成了社会治理新途径。

一、主要做法

通过坚持四大理念、搭建四级平台、突出四个阶段，形成动员社会各方主体开展党政群共商共治的完整闭环。

（一）创新工作理念，做到四个坚持，确保正确方向

坚持党委统一领导，结合党的群众路线教育实践活动要求，在工作中严格坚持四大理念，探索创立新型的基层协商民主模式。

一是坚持以人为本。坚持群众主体地位，发挥群众首创精神，思想上尊重群众、感情上贴近群众、工作上依靠群众，着力解决好居民群众最关心最直接最现实的利益问题，

把群众满意不满意作为创新社会治理的出发点和落脚点。

二是坚持多元主体。支持鼓励广大居民、驻区单位、社会组织、人大代表和政协委员、专家学者及新闻媒体等多方力量积极参与社区事务管理，通过分层实施、分类推进，形成基层社会治理合力。

三是坚持民主协商。从群众反映最强烈、最迫切的需求入手，通过民主协商，共同寻求解决和处置办法。在解决问题的同时，充分调动群众参与社区事务的积极性。

四是坚持依法治理。坚持法治思维和法治方式，依法、有序推进党政群共商共治制度化、规范化、程序化，在宪法和法律范围内依照规则开展议事协商。

（二）创新工作体系，搭建四级平台，实行充分协商

在楼院、社区、街道、区四个层级分别建立民主协商平台，规范共商共治工作流程和权责。

一是搭建楼院民主协商基础平台。以自然形成的楼院、单位、小区为基础，将社区划分为若干自治单元。发挥居民党支部、居民小组的作用，通过成立小区议事协商会、小区管委会、业主委员会等自治组织，提高自治组织化程度。通过民主协商，发动小区志愿者、居民代表、和谐促进员、楼门组长、物业公司以及社会单位人员，参与自议治理事项、自筹治理资金、自定治理制度、自办治理活动，夯实全区党政群共商共治工程的基础。

二是搭建社区民主协商自治平台。成立社区议事协商会，在社区党组织领导下，建立议事平台，收集、形成、上报建议案，形成《社区问需工作报告》。组织社区议事代表推举、选举产生由本社区“两委一站”“两代表一委员”、居民、业主委员会、驻区单位和社会组织等代表组成的议事代表。建立社区议事厅，按照项目陈述、质询答辩、投票表决、结果公示等四个步骤，确定由社区办理的项目，并上报需街道支持和解决的问题及工作建议，组织社区层面项目实施及效能评议。

三是搭建街道民主协商枢纽平台。成立街道议事协商会，街道组织专门力量负责议事协商会的运行。推举街道议事协商会代表，街道议事代表由本地区人大代表、政协委员、社区党员代表、居民代表、驻区单位、社会组织代表、流动人员代表及特邀人士（专家学者、委办局代表）等组成。建议案要经过初审、实地踏勘、制作问需工作报告等三个程序，形成《街道问需工作报告》。确定由街道办理或扶持社区办理的项目，并上报需区级解决的问题及工作建议，组织街道层面项目实施及效能评议。

四是搭建区级民主协商中枢平台。对需由市、区办理的事项，按照一事一案的原则，报区委社会工委、区社会办进行初审、筛选和汇总，按照业务归口原则提请区相关职能部门出具合法、合规等可行性论证意见。然后召开由提案群众代表、选区人大代表、政协委员、街乡和社区干部代表、专家学者、相关政府部门、相关区领导等参加的议事协商会，确定区级实事项目，组织区级层面项目实施及效能评议。

（三）创新工作方法，突出四个阶段，严把推进节奏

按照能力储备、问需立项、协商办理、效能评价四个重点阶段，统筹把握工作节奏，确保共商共治工作有头有尾、全面落实。

一是能力储备阶段突出规则性。开展党政群共商共治，既需要居民的参与热情，更需要居民议事协商能力的提升。我们在利用社区居民议事厅、社区听证会等形式培养的同时，聘请专家授课，引入专业社会组织，帮助居民掌握议事规则，使居民学会围绕文化、环境、治安、服务等主题，采取提案的方式，参与社区建设，逐步实现了居民“想自治、能自治、会自治”。

二是问需立项阶段突出广泛性。每年1—3月，开展“问政、问需、问计”活动，引导居民组织化参与实事项目的提炼、筛选、论证、决策、监督等各环节。组织机关干部

和社区工作者采取问卷调查、入户走访、网络问政等形式，详细了解群众需求和意见建议，召开由地区居民代表、人大代表、政协委员、驻区单位、社会组织等参加的大型问政会，在“三上三下”反复协商的基础上，采取项目说明、现场陈述、投票表决等形式，共同研究确定拟办实事项目，实现了“干什么由居民定”。

三是协商办理阶段突出共治性。有效整合各方资源，各实施主体采取一个项目一个实施小组、一件实事一套方案的项目化解决方法，由街道办事处组织机关、物业、驻区单位、社会组织、居民等，共同开展项目实施。对居民自己能解决的问题，由社区党委、居委会或楼院发动居民，以自治、互助的方式解决；对需要社会单位解决的问题，由社会单位解决；对可由社会组织解决的，引入专业社会组织解决；对需要政府解决的，由政府部门统筹各方解决，实现了“怎么干由大家议大家干”。

四是效能评议阶段突出实效性。把实事项目纳入社会建设行政效能监察范围，做到“事前有标准、过程有跟踪、事后可追溯”。社区和楼院利用公示栏、社区报，将自治项目情况及时向社会公示。全程对实事项目进行开放，组织各级议事代表和居民实地检查。12月底或次年初，召开年度评议大会，项目负责人说明项目完成情况，接受质询和群众满意度评议，实现了“效果怎么样由群众评”。

二、工作成效

党政群共商共治在为群众办实事的同时，也为居民自治提供了机制和手段，探索了加强基层民主和基层政权建设的新途径，较好地实现“四个转变”。

（一）社区事务由“要我参与”向“我要参与”转变

过去居民参与社区建设，往往只是部分党员、楼门长等积极分子，通过开展党政群共商共治，极大激发了社会各方参与社区建设热情。参与人群既有社区常住人口、专家学者，也有人大代表、政协委员等群众“代言人”，大家共同为社区建设提需求、出主意。

（二）执政理念由“大包大揽”向“协商共治”转变

党政群共商共治的核心是发挥基层党组织的统筹引领作用，整合政府各部门和社会各界资源，通过“项目化管理、专业化支撑、透明化运作”的方式，引导居民、社会单位、产权单位和政府进入自治共治程序，形成党政群共同协商、共同参与、共同治理的工作模式，改变了过去“政府做主”，促进了各方协商共治。

（三）管理体制由“条块分割”向“条块结合”转变

条块关系一直是街道管理体制改革难点问题。通过党政群共商共治，打通了为居民解决难题的通道，楼院、社区和街道解决不了的问题，通过区级议事平台得以解决。党政群共商共治形成的楼院、社区、街道、区四级议事协商机制，对区级没有职权解决的问题，由区统一协调市有关部门，建立了为基层解决问题的“直通车”，形成了“发现问题在属地、解决问题在部门”的条专到底、块统到位、条块结合的工作新格局。

（四）作风建设由“眼高手低”向“务实高效”转变

通过共商共治，街道党员干部主动加强与群众的沟通联系。以前为民办实事进度自己可以把握，现在四个环节始终有百姓监督，拖拉作风无处藏身，效率意识明显增强。通过项目实施，机关干部克服“大事做不来、小事不想做”的不良习气，树立了从小处着手、从实际出发、密切联系群众的务实作风。

三、几点启示

开展党政群共商共治，架起了联系群众

的桥梁和纽带，为广泛动员群众参与社区建设，引导社会单位、社会组织参与社会治理搭建了平台，给我们带来以下三点启示：

（一）政府由前台到幕后是实现职能转变的必然选择

党政群共商共治重新理顺了政府职能定位，改进过去大包大揽的服务管理方式，对该由社会来做的事，向社会放权，解决政府越位与承载过重等问题。通过“干什么由大家定”“怎么干由居民议”“效果怎么样由群众评”，让群众在整个公共服务中参与决策、参与实施、参与监督，实现了基层治理主体多元化、治理方式法治化和治理程序规范化，具有较强的生命力。

（二）广泛开展协商民主是促进社会和谐的基础工程

党政群共商共治，是落实协商民主的有效载体，是加强基层社会建设，解决服务群众最后一公里难题的有力举措。通过党政群共商共治，使不同利益、不同职业、不同角色的社会人群得到新的整合，社会治理基础得到巩固和加强。

（三）引导居民学会自治是开展社区治理的内在要求

在推进共商共治工程中，居民之间相互协商、共同决策，社区内的各类问题实现了由无人管到自己管的转变，居民从自治的旁观者向参与者转变，居民对成果的维护意识、对各项制度的监督意识、参与小区公共事务决策意识不断增强。

治理有良方，创新无止境。面对创新发展的新要求、社会治理的新形势、居民群众的新期待，党政群共商共治还需要进一步巩固成果、完善机制。我们将不断积极探索、创新实践，为推进社会治理体系和治理能力现代化做出新的贡献！

（此文作者为时任朝阳区委常委、宣传部部长）

城市街道基层党建工作体系建设问题研究

张永新

随着农村城市化以及城市国际化进程的加快，城市街道在推进社会治理工作中的地位和作用明显强化，城市街道基层党组织建设的成效将直接影响城市社会建设水平的高低，而城市街道基层党建最重要、最基础、最核心的内容就是基层党建工作体系的建设问题，其成效将对社会治理及社会建设的效果起到不可忽视的重大影响。

一、城市街道基层党建工作体系建设的现状

要研究城市街道基层党建的工作体系，首先要弄清城市街道基层党建的组织体系、保障机制、工作运行及其存在的问题。为此，我们进行了深入、广泛的调研，并结合群众路线实践教育活动，让居民群众对基层党建工作的成效进行评价。

（一）朝阳区城市街道基层党建组织体系

目前，朝阳区城市街道基层党组织的组织架构总体上来说，可以用“四纵四横一网”来概括。

“四纵”即四条纵线：一纵即“街道工委—社区党委—居民党支部及社工党支部”，主要作用是做好居民党建工作；二纵即“街道工委—街道社会工作党委—街道两新党组织”，主要作用是做好非公有制企业、社会

组织党建工作；三纵即“街道工委—街道社会工作党委—楼宇党组织”，主要作用是做好商务楼宇党建工作；四纵即“街道工委—街道机关党总支—机关干部党支部及退休干部党支部”，主要作用是做好街道机关党建工作。

“四横”即四个党建领域及其所对应的四个横域：一横即社区党建领域，在社区党委的领导下，各个居民支部在自身区域内发挥核心作用，形成一个街道范围内社区内部有机联系、社区之间无关联的全覆盖党建网络；二横即两新组织党建领域，街道社会工作党委在街道工委的领导下，负责指导两新组织党组织在本组织内发挥核心作用，形成一个街道范围内零散分布、与社区有交叉、与楼宇有关联、个别有遗漏的党建网络；三横即商务楼宇党建领域，街道社会工作党委在街道工委的领导下，负责指导辖区楼宇服务站在所辖楼宇中开展两新组织党建工作，形成一个街道范围内涵盖主要楼宇、与社区有交叉，还未完全覆盖的党建网络；四横即街道机关党建领域，机关党总支在街道工委领导下，指导机关干部支部及退休人员支部在街道区域内发挥模范带头作用，形成一个以街道办事处为拳头、对全街道有带动示范作用、“以点带面、辐射区域”的党建网络。

“一网”就是由以上“四纵”为纵线、“四横”为横线所组成的一张街道范围的区域化党建网络。就目前而言，这张网已经基本达成了全覆盖。

（二）朝阳区城市街道基层党建工作保障情况

经费保障方面：2013 年朝阳区城市街道党建经费总额为 2686 万元，人均 317.8 元。其中，包括专职党务工作者人员经费 511.8 万元及兼职党务工作者的补贴经费 320.8 万元。在人均经费方面，社区党建人均 140.9 元，两新组织党建人均 240.6 元，街道机关党建人均 690 元（图 1）。

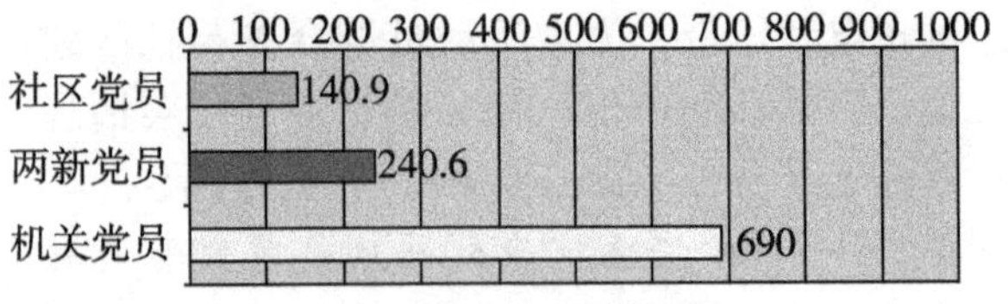

图 1　人均党建经费比较

场地保障方面：朝阳区城市街道党建阵地总面积为 72476 平方米。其中，党建专用场地 16957 平方米，合用场地 55519 平方米。233 个社区共有党建工作场地 29220 平方米，其中专用场地 5322 平方米，主要用于办公，很多社区无法独立组织室内党建活动。两新组织党建工作场地 7600 平方米，其中专用场地 1400 平方米；商务楼宇党建工作场地 7997 平方米，其中专用场地 4784 平方米，按照 357 座楼宇计算，平均每座楼宇只有 13.4 平方米专用场地。

党务人才建设方面：朝阳区城市街道社区 233 个，建立党组织 1120 个，社区党员 75124 人，按现有标准应配党务专职 333 人，实配 255 人，缺额 78 人。全区城市街道共有非公有制企业 36671 家，按现有标准应配党建指导员 688 人，实配 246 人，缺额 442 人。城市街道共有商务楼宇 357 个，建立中心服务站 44 个、普通服务站 159 个，68 个楼宇未建服务站，按现有标准应配党务专职 304 人，实配 144 人，缺额 160 人（图 2）。

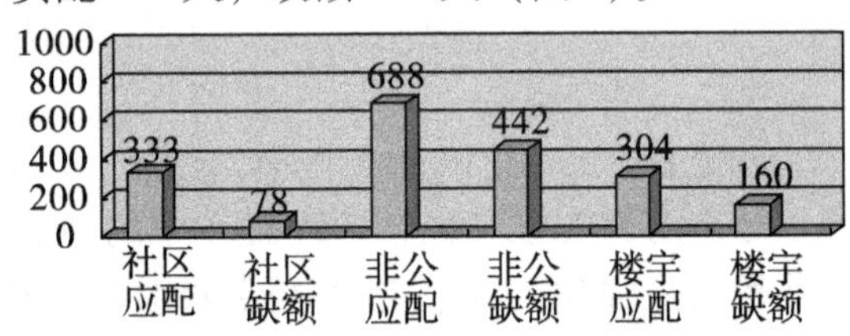

图 2　城市街道党务工作者缺额情况

（三）群众对城市街道基层党建工作的评价

城市街道基层党建现有的工作体系取得了一些成绩，但离居民群众的要求还有较大差距。

一是党员教育管理方式缺乏创新。管理方式比较单一，处于自成体系、自我封闭、上下不沟通、左右不联络的状态；工作方法比较单调，习惯于凭老经验办事，缺乏新思路、新举措、新招术；教育手段比较陈旧，沿用多，创新少，影响党建工作效果。调查显示，对“当前党员能否真正发挥主体作用”问题的回答：认为可以充分发挥的181人，占59.3%；较难发挥作用的109人，占35.7%；基本没有发挥的15人，占4.9%，超过四成的党员对现阶段党员主体作用的发挥效果不予认可（图3）。

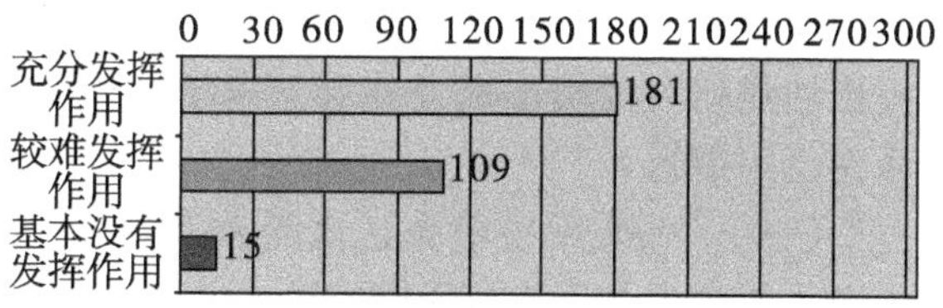

图3 当前党员能否真正发挥主体作用调查

二是党员组织生活形式比较单一。不能准确把握党员群众的思想脉搏，有的放矢地开展学习活动；不能针对党员群众关注的热点难点问题释疑解惑，理顺情绪；不能帮助党员群众排忧解难，调动党员群众的积极性。调查显示：对于“个人最希望参与哪些支部活动”问题的回答：参加基层选举活动的有197人，占64%；社区重大事务决策的有84人，占28%；开展公益志愿服务的有24人，占8%。说明大多数党员高度关注自身的民主权利，希望参与社区决策（图4）。

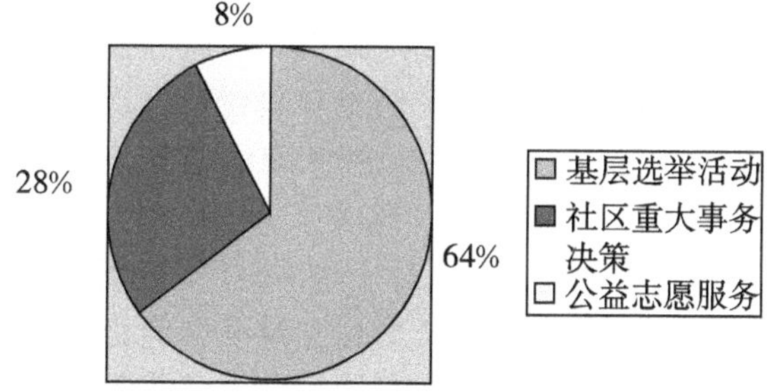

图4 党员个人最希望参与哪些支部活动调查

三是基层党建工作效果有待提升。部分基层对党建工作认识不够，往往是说起来重要，做起来次要，忙起来不要。一些基层书记身兼数职，抓党建工作的时间和精力不够；有的居民书记和委员年龄超过70，身体不好，家庭负担重，无法担负党务工作；部分支部设置不合理，存在一个支部上百人的现象，还有一些支部60%党员人户分离，活动难以开展。调查显示：65%非公有制企业把建立党组织视为计划经济产物，不愿建立党组织；46%非公有制企业只注重经济效益，不希望员工加入党组织，不支持开展组织活动；50%外企不愿意招聘党员员工（图5）。

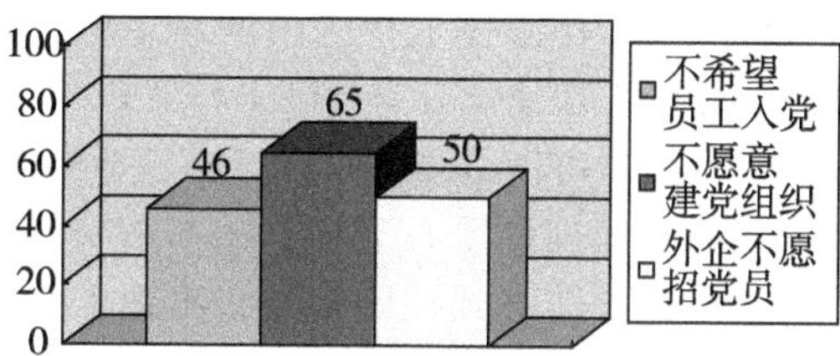

图5 基层党建工作效果调查

二、城市街道基层党建工作体系建设存在的问题

目前，朝阳区城市街道基层党组织已经建立起了比较完备的组织体系和工作机制，同时也存在着不少问题。认清这些不足，并深刻分析产生这些问题的深层次原因，对于加强和改进基层党建工作体系建设具有重要的现实意义。

（一）组织体系相对僵化，统筹协调力度不够

如前所述，朝阳区城市街道基层党组织的组织架构总体上可用“四纵四横一网”来概括，目前的这张网已经基本覆盖社会领域党建的各个领域，但还不够完美，没有形成一张无缝链接的网络。其中，有些地方有薄弱环节，有些地方有部分重叠，存在责任不清、工作不力、成效不佳的现象。比如，目前街道社会工作党委，其职责是负责整个街道的社会领域党建工作，但由于缺乏必要的平台和人员，使得其履行职责存在诸多漏洞。大部分社区书记既管党务又管政务，角色定位不准，党建意识不强，忽视了书记的责任，特别是对辖区非公及楼宇党建缺乏统筹协调的意识和能力。

（二）政府职能转变不够，社区党委职能不准

按照构建区域化党建工作的要求，社区作为一个区域，本应将社区居民、两新组织以及商务楼宇党建工作统筹起来，但由于历史原因及现有法规，目前社区党委的法定职能主要是社区居民党建工作，虽然部分街道根据形势的发展，将一部分非公党建工作划归社区党委，但总体上社区内两新组织及商务楼宇党建工作还没有与社区工作有机结合。同时，目前城市街道政府职能转变还不到位，一些部门片面理解重心下移，把本来属于政府的工作任务转移到社区党委，出现了社区党组织行政化的倾向，增加了社区党委负担，其自身党员教育管理和服务职能却逐渐弱化。

（三）党员参与意识不强，企业支持配合不够

目前，由于社会保障机制尚未完全建立，社区体制改革尚未完全配套，机关、事业、院校、军队等单位的社会职能还没有完全剥离，由此造成一部分党员缺乏参与社区党建的意识。同时，朝阳区数量庞大的非公有制企业以及星罗棋布的商务楼宇中部分非公有制企业主对党建工作的重要性认识不够，担心建立党组织后会影响企业生产发展，怕接受监督，行为受约束，因此对党建工作不够支持，导致企业中存在数量庞大的“口袋党员”，不愿亮明身份，企业无法建立党组织，党员也接受不到管理教育，参与不了组织活动。

（四）经费场地保障不够，工作人员不堪重负

经费保障方面：一是经费不足。上级拨付的经费不能完全满足要求，流动党员没有活动经费。二是使用不规范。对党建经费的使用缺乏具体的使用范围和实施规定，导致党建经费被混用，不能完全用于党的建设。场地保障方面：一是老旧小区没有大型活动场所。二是楼宇服务站和非公党建场所无法充分保障。党务人才建设方面：一是社区党员多，配备的党务人员少。加之社区担负区域化党建工作的职责越来越重，党务工作者工作压力极大。二是非公和楼宇单位多，配备的党务人员少，无法满足需求。

三、加强城市街道基层党建工作体系建设的措施

调查朝阳区城市街道基层党组织工作体系的现状并分析其中存在的问题，目的还是提出加强朝阳区城市街道基层党组织工作体系建设的措施。

（一）加强领域融合，改革组织体系，促进基层党建工作格局区域化

一是改革社会工作党委。做实社会工作党委，完善街道社会领域党建工作架构。街道工委书记直接领导社会工作党委，物色一名工作资历、能力较强的非现职领导干部任专职副书记，委员由组织科长、社区办主任、社区书记及两新党组织代表组成，邀请部分社会单位党组织负责人为席位制委员。下设街道社会领域党建工作中心，负责日常工作，并为辖区两新组织提供服务。中心设站长1名，由组织科长兼任，同时设专职副站长1名、专职成员3~5名。社会工作党委可直设非公党总支，以及社会组织、楼宇、门店联合党组织，负责相应领域基层党建工作。二是改革社区党委。在两新组织、商务楼宇数量较多的社区，社区党委必须在社会工作党委的领导下，将非公、楼宇及门店党建工作统筹起来。可在社区党委下设非公党总支，以及社会组织、楼宇、门店联合党组织。社区党委书记兼任非公党总支及联合党组织书记。社区党委下设社会领域党建工作站，将辖区现有商务楼宇党建工作站从街道社会工作党委转隶进来，由社区统一管理。工作站人员由社区党委工作人员以及楼宇服务站工作人员兼任。三是撤销机关离退休支部。机关离退休党员组织关系留在机关作为一名党员已经很难发挥太大作用。他们主要生活在社区，一般远离原单位，参加机关组织生活非常不便，而参加社区活动却很方便，也能

发挥较大作用。同时，这些党员年高体弱，需要得到社区党组织的就近关心和照顾。建议统一撤销机关离退休党支部，将其全部转往所在社区，就近参加活动，就近接受管理，就近接受服务，就近发挥作用。

（二）强化社区党委，加强区域统筹，完善社区基层党建工作网格化

一是完善社区党委工作职责。通过赋予社区党委统筹辖区社会领域党建工作的职责，除居民党建外，将辖区两新组织、商务楼宇以及六小门店党建工作统筹起来，统一领导，协调发展。在人、财、物等方面给予社区党委更多支持，努力将社区党委建设成为领导社区基层区域化党建工作的坚强司令部，使社区党建与居民工作、两新组织以及商务楼宇等在工作上相协调、部署上相呼应、管理上相衔接、活动上相渗透、工作成效上相促进。二是强化社区党委工作力量。建议社区书记不兼任居委会主任，将书记从繁重的行政工作中解脱出来，认真管好党务工作。居民党员在300人以上的社区，配备2名专职副书记，分别负责居民党建及社会领域党建工作；在300人以下的，配备1名专职副书记，专门负责社会领域党建工作。社会领域专职副书记，兼任非公党总支专职副书记及社会领域党建工作站站长。根据社区党员数量，在社区党委专设1~4名专职委员，分别担任居民、非公、楼宇及门店委员，负责相应领域具体工作，同时兼任社会领域党建工作站工作人员。三是完善社区党建网格化管理。构建“社区党委—网格党支部—党小组”三级组织架构，推行“网络化管理、片区化联系、组团式服务”，适当扩大支部数量，同时，依据党员兴趣爱好和专业特长，组建功能性党支部，方便党员开展活动，就近发挥作用，实现党员服务管理网格化。

（三）强化两新党建，完善服务职能，促进两新组织党建驶上快车道

一是加强两新党建工作力量。在街道、社区成立社会领域党建工作中心（站）、非公有制企业党总支（支部），建立“4+4双层网格化”管理模式。对商务楼宇非公有制企业实行“社会工作党委—街道中心站—社区工作站—楼宇工作站”四级化管理；对不在楼宇非公有制企业实行“社会工作党委—社区党委—非公党总支—非公党支部”四级网格化管理模式。强化社会工作党委工作力量，增配商务楼宇专职党务，做到一个楼宇配备一名专职党务、一名兼职联络员。二是加大两新党组织覆盖。通过积极开展“双找双培”活动，帮助党员找到党组织、确保党组织找到党员，指导企业把党员培养成骨干、把骨干培养成党员，让非公领域流动党员尽快亮明身份，尽快在非公有制企业建立党的组织，扫除非公有制企业党组织覆盖盲点。三是完善两新党建服务体系。充分发挥政治核心、文化引领作用，大力开展以服务企业谋发展、服务员工聚人心、服务社会促和谐为中心的服务型党组织建设，主动上门，主动问需，认真梳理，尽快解决。

（四）加大各类投入，完善保障体系，开足助推基层党建工作发动机

一是加大经费投入，适当倾斜非公和楼宇。建议区委将人均党建活动费提高到每人每年350元，年底按照实有党员数拨付次年活动经费，适当拨付流动党员活动经费。彻底解决社会领域专职党务工作者工资来源没有固定渠道的现状，按适当高于社工待遇标准进行保障。对于临时聘用的党建指导员，也要按照市区1∶1的配比适当增加补贴。以区委名义出台党建经费使用规定，街道财务增加党建科目，加大对社区投入，提升社区党委在经费使用方面话语权。适当加大对非公党建经费投入，对非公和楼宇进行重点保障。二是加强场地建设，重点保障社区党委。争取上级支持和单位扶持，改善社会领域党建办公条件。社区党建阵地以政府投入为主，争取社会单位支持为辅。通过加大投入、接受配套、整合资源等形式，为老旧社区整合出面积较大的阵地。适应社区党委的扩大，为社区党委、社会领域党建工作站整合合适的办公场所。两新党建阵地以争取社会单位

支持为主，政府投入为辅。通过统筹协调，积极争取社会单位支持，完善两新组织党建阵地体系。积极动员有条件的两新组织为其党组织提供专门的办公场地及兼用的活动场地。积极争取商务楼宇支持，尽可能为楼宇服务站提供专门的场所。三是增配党务人才，重点满足两新人员配备。明确社会领域专职党务工作者身份，将其全部纳入社区工作者范畴，完善激励机制，切实提高待遇，增强党务岗位对优秀人才的吸引力，解决引得进、用得上、留得住的问题。突破身份、行业、地域界限，采取公开招录、选聘等方式，吸引热爱党务、有一定政策理论水平的社会党员，特别是大学毕业生党员，重点充实街道和社区两级社会领域党建工作中心（站）。

（此文作者为朝阳区委社会工委书记）

海淀区社区治理体系研究

徐永全

社区建设是一个长久而持续的系统工程，既需要工作方法和实践理论的创新，更需要多元主体的广泛参与。只有调动政府、市场、社会的多方力量，积极构建“多元主体、协同共建”的社区治理体系，才能夯实社会治理基础。

一、海淀区社区治理的现状

1．多元主体参与格局基本形成

通过同驻共建，驻区单位、广大群众变“看戏”为“唱戏”。无论是大院大所，还是混合型社区；无论是商务楼宇，还是老旧小区；社区多元参与的格局基本形成。近年来，羊坊店街道办事处积极统筹街道力量、专业力量以及地区单位力量，在街道的层面建立了“社区治理协商会”，共商共治社区的事务，使地区环境面貌、社会公共秩序、群众文明素养得到有效提升。

2．社区社会组织体系建设阶梯发展

海淀区构建了街道、社区两级阶梯式社区社会组织培育机制，首先在街道层面规范了“枢纽型”社会组织的培育机制，同时构建了“一街一社工”的专业社工岗位购买模式；完善了以购买社会组织公共服务为核心内容的培育扶持社会组织发展的长效机制，建立健全了对各类社会组织的培训，评估激励机制；特别是在发挥社会组织服务社会的功能上做了初有成效的探讨。西三旗街道建设了“社会组织孵化基地（社会组织创新园）”，创建了“社会组织联盟”，28个社区建有公益联盟。

3．社区治理体制逐步完善

在市社工委指导下不断完善社区管理体制，努力推进社区服务站组织建设，加大社区资源整合力度。社区公共服务体系不断健全，建立了工作联动机制，政策保障机制，资金激励机制，加强了社区工作者队伍建设。

4．社区治理目标清晰明确

为能实现社会管理规范化、基本公共服务均等化、社区服务多样化、社区网络信息化、社区工作专业化、城乡社区一体化这一更高层次的社会建设目标，海淀区明确了社会治理的四大类专项改革任务：一是做实街镇、加强社区（村），夯实基层基础；二是深化网格化社会服务管理体系建设；三是激发社会组织活力；四是健全公共安全体系。

5．网格化治理规范运行

推动《关于深化社会管理体制改革，增强街、镇统筹协调能力，深入推进网格化工作的实施意见》相关要求落实，不断做实街镇在地区社会治理中的主体地位；加强网格工作实地督导，进一步推动基层健全综合服务管理平台，完善相关工作机制流程，确保网格化工作体系和平台发挥实效；针对全区网格人员下沉情况进行调研，督促推动相关部门把服务、管理、执法各类资源力量下沉整合到网格，把工作延伸到网格，把社会服务管理责任落实在网格；修改完善网格化考核工作指标体系，进行半年及全年绩效考评。规范全区协管员队伍管理。按照“实行岗位管理、街镇统一管理、部门业务指导、实行一岗多责、严格总量控制、鼓励购买服务”的原则，出台《关于进一步规范协管员队伍管理的办法（试行）》，充分发挥协管员在社会服务管理工作中的作用。

二、海淀区社区治理中存在的主要问题

针对海淀社区治理的现状，通过对海淀区 18 个社区的集中调研，并对 18 位社区居委会主任或社区书记的访谈，海淀区社区治理工作中还存在以下几个问题。

1. 年轻人参与社区活动积极性不足

居民参与是社区实现自治的主要手段，但调研发现，经常参与社区活动的居民主要是老龄人或社区中的弱势群体，社区居民中的年轻人、儿童既没有时间，也不愿意参与社区活动。

2. 社区自我发展能力不够

即使在“三高”（维权意识高、社会地位高、收入水平高）人群集中的高档社区，小到一个垃圾桶的申请与摆放，大到道路的维修、物业价格的谈判与补偿，居民和开发商、物业公司博弈的结果是社区努力从政府各相关部门争取更多的优质公共资源。全能式的政府形象在社区层面无所不在。

3. 居委会行政性事务过于繁杂

社会基层治理中居委会承担了相当数量的公共服务与管理事务。这就导致社区工作者在实际工作中绝大部分精力是应对自上而下的政府部门部署的各类工作任务，以及由此带来的考核和检查工作。“权随责走、费随事转”没有真正落实。

4. 社区工作者队伍建设面临较大压力

社区工作者普遍对工作待遇不满意，对于自己的社会地位也不满意。许多人表示一旦有更好的出路，就会离开社区。社区工作者队伍的流动性对于需要长期熟悉社区情况的社区工作并非好事，如何保持社区工作者队伍的稳定性、提高社区工作者的社会地位和待遇、保持社区居委会干部的年轻化、常态化发展是摆在海淀区社区发展中的现实问题。

5. 社区流动人口的管理压力大

海淀区辖区面积较大，有城乡接合部社区，也有繁华的商业社区，这些地区是流动人口的主要聚集地，从调查的社区情况来看，有的社区中流动人口比例高达 2/3 以上，在市中心城区，流动人口一般居住在价格便宜的地下室或群租的楼房中，而在城乡接合部，流动人口居住在平房集中的社区中。流动人口数量大、流动性强、环境意识、安全意识都不够强，这给社区管理带来一系列难题。

三、健全海淀社区治理体系的对策建议

社区治理体系创新的根本动力是日益增长的社会公共服务需求，以及由此产生的社区自治问题，创新的核心是构建一个高效的、管理成本低的社会共治网络。从政府层面（地方顶层设计）考虑如何“政府退一步，社会进一步”构建社会治理的“共治空间”，从根本上解决政府社会管理“不到位”、“缺位”和“越位”的问题，做到“职能上收，权力下放，服务下沉”。解决街道办事处“权力不大，责任不小”的尴尬局面和社区从协助变成执行主体的错位状况。海淀区试点的各种改革都试图在减少管理层级，增强基层社区的自我管理能力。

（一）广泛推进社区共治理念，促进社区共同参与

海淀区社会经济成分、组织形式、就业方式、利益关系和分配方式的多元化，在社区当中，多元关系已经从人与人、家庭与家庭、邻居与邻居扩展至群体与群体、法人与法人、机构与机构之间的互动。固有的社区边界逐渐被打破，使得原本可以在单个社区内解决的问题逐渐放大，突破了社区与社区之间的边界，而这背后更多的是制度意义与社会结构之间破与立的交织变化。

在这种氛围中，人们对个人利益的保护变得更加突出，权利意识逐渐觉醒，对资源的索取更加急迫，但个人拥有的资源又是相对短缺的，更多的人要借助资源互惠满足自身需求，社区的重要性得以凸显。特别是当个人利益与社区公共事务相连，人们开始关心公共事务，并通过不同的参与方式进入社区事务的治理领域，在这个背景下，传统社区治理的方式已经不能完全满足人们对公共事务的关心。比如在街道层面，一项公共事务可能涉及政府机构、社会组织、企业、居民等多方的利益，传统上只由政府独家出面作出决定的方式已经无法得到众多主体的一致赞同，而如果让每一方主体均按照自己的准则提出要求，也会由于不同主体之间的规则差异无法达成共识，这就需要一种新的治理方式解决此类的公共问题。社区共治恰恰可以在这样的情况下发挥作用，它不承认任何一方主体对其他主体的绝对统治地位，代之建立一种平等协商的共治准则，在协商过程中表达声音，酝酿方案，解决问题。更进一步，社区共治在应对新情况和新问题时有着较强的灵活性，也就是当新问题出现时，共治方法能够针对该问题采取与之适应的人员、资源配备和方式方法，克服传统管理思路的单一和僵硬。

从全社会来说，社区共治的探索刚刚起步，在制度建设上，要设立为最大多数人认可和共享的文本规定和行动章程，对社区共治予以指导约束。在实践推进上要鼓励社区主体采用共治方式处理社区事务，同时回应共治制度，创新社区治理模式。当制度建设与实践推进结合，能够帮助人们形成在制度框架下运用共治方法的观念，更重要的是培育人们参与公共事务的能力和素养，让更多的人关心社区事务，增进社区认同，使共治成为处理社区跨界事务的首选。

（二）尝试建立社区专业委员会，促进社区民主协商

海淀区社区治理中的有些问题是普遍问题，存在于全国的各个城市。物业与居委会的关系、物业与居民的矛盾；物业管理与居委会公共管理、资质管理的矛盾，是当今中国社区普遍难以解决的问题。地方政府采取了多种措施缓解这些矛盾，但成效微弱。这些问题的形成，一是在法律的前提下，公共权力的界限不分；二是物业管理经济利益的驱使；三是各组织之间的相互排斥。所以，在治理的前提下，解决问题的最佳方案是主体性协商与沟通，既建立由社区主体公共组织为主的统筹协商平台，齐心合力协商共治，建立社区专业委员会。

社区专业委员会作为统筹体制内外各类资源的重要载体和联系纽带，由街道党政部门、属地单位、社会组织、企业法人、社会名人等社区主体组成，是施行社区共治的平台。社区专业委员会在社区（街道）党工委的领导下，对涉及社会性、公益性、群众性的社区事务，进行议事、协商、评议、监督。作为共同协商、共同治理的议事平台，社区委员会具有“四议”功能，即提议、协议、建议、评议。其中，提议即畅通民意表达，并进行专业评估，是形成公共议题的过程。协议即协调各方利益，是凝聚各方共识的过程。建议即提交相关方处理，是明确主体职责的过程。评议即从主客观两方面进行评价，是反映共治绩效的过程。社区专业委员会是社区民主协商的良好形式，也是完善社区自治的平台。

社区居委会下设若干专业委员会行使具体职能，在社区功能的建设与维护中，专业

委员会的划分方法有两种，一种是功能划分办法，对应社区管理委员会的职能，最为典型的做法是分为社区发展、社区综治、社区卫生、社区保障、社区财务监督 5 个专业委员会，不同专业委员会负责共商共治不同领域的社区事务（图 1）。另一种是流程划分办法，根据社区共治项目执行的流程分为民意征询委员会、协商议事委员会、监督评议委员会。三个专业委员会围绕社区公共事务，在将公共事务立项基础上，根据项目进度由相互递进的三个专业委员会对项目展开协商讨论（图 2）。

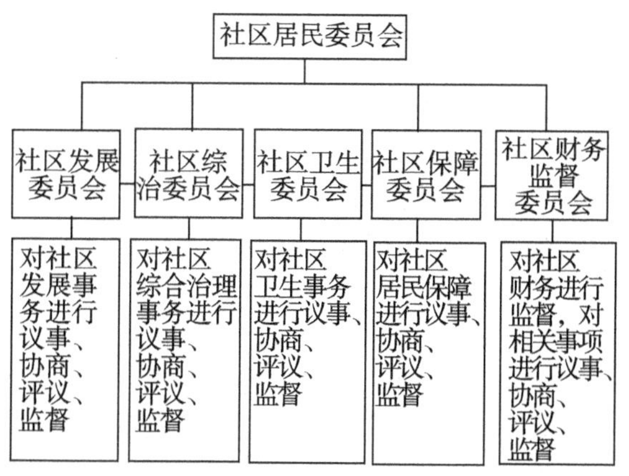

图 1　按功能划分的专业委员会设置

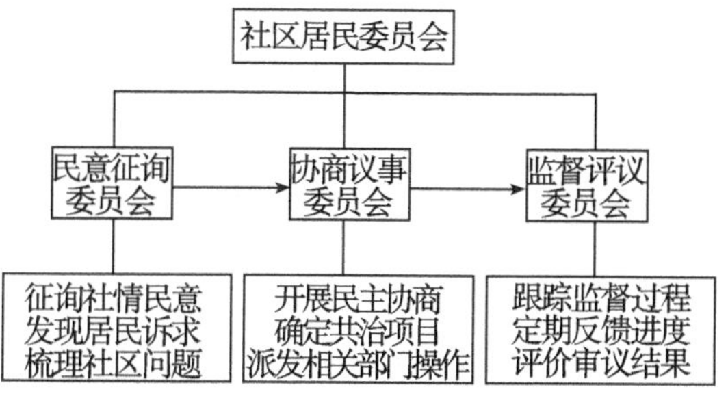

图 2　按流程划分的专业委员会设置

功能划分的专业委员会强调社会分工，能够发挥专业优势，对应已有社区行政机构的职能，一目了然，但在具体实施过程中效果不佳，其原因是社区共治正处于起步阶段，即便是社区委员会的委员对于共治也并非驾轻就熟，还处于学习掌握的过程。功能划分的专业委员会适合于已经熟练掌握共治技术的社区，要求每一项社区事务都由分管的专业委员会使用共治方法，这对于目前的社区发展状况略显超前。流程划分的专业委员会强调社区事项的针对性，按照社区事项解决的过程设置专业委员会，协商共治的目标更加聚焦，每一位委员能够清楚知晓在每个阶段应该具有的职责，其行动指向更加明确。特别是目前社区共治还处于初步阶段，并非所有的社区事务都纳入共治平台，选择有代表性的典型案例使用共治方法协商处理，既能够发挥共治方法的相对优势，同时又锻炼了共治代表的治理本领，为迈向全面的社区共治做好铺垫。

（三）推广社区公共服务项目化运作，理清居委会繁杂事务

面对居委会繁杂的公共事务，“减负”只是一个方面，因为减去的负担（公共事务），并没有凭空消失，而仍然存留在社区与政府和社会的空间。所以，社区公共服务的项目化运作也是理清居委会繁杂事务的较好途径和必要的手段。

可以尝试将社区所有工作纳入项目化管理，按照重大项目、年度重要工作、特色工作、常规工作分为四级，社区所有工作人员都可申报项目成为“项目经理”，然后由党政联席会议讨论立项，明确牵头负责人、责任人、工作目标、时间节点等要求，并配备相应的预算和人员。其次，由“项目经理”按需“点兵”组成工作团队，打破原有部门、条块分割，变条线负责为团队重组。如“街面秩序管理”项目，由街道分管领导任“项目经理”，公安、城管、社保、安监、房产、市场协管、保洁等多家单位共同组成工作团队。再次，加强项目督查，对未严格按计划执行的项目“亮黄灯”警示，引入社会第三方评估，采用项目测评、团队自评、社会评议、专家合议、加权分析等方法，按照项目完成程度、制度规范、流程控制、质量控制、社会满意度等指标进行综合考评，考评结果与集体和个人年终绩效奖励、评优等直接挂钩，激发项目组成员的积极性、主动性和创造性。社区专业委员会成立后，项目

的征询、提议、建议和评议中的很大一部分工作交给了社区委员会，引入更多的社会化因素，社区共治的功能不断加强。

（四）创新减负增效的自治体系，促进社区自治组织的回归

减负增效是社区自治的前提，是居委会自治组织回归自身的途径。面对居委会普遍的“负担过重”的牢骚，减负已成为社会治理中急需解决的问题。也是我国社区建设普遍需要解决的问题。所以，海淀区首先要在政策层面减负增效，要高位推动，出台相关文件，突出重点减负事项。其次要体制改革减负增效，推进街居体制改革，实施“社区服务中心”回收社区行政服务职能，社区服务中心直接承接社区政务，社区去行政化。社区公共服务外包，社工转身份，政府只买项目不养人。社区社会组织全面介入、承接社区专业服务，解决社区专业不足、人力不足、资源不足、活力不足问题。再次要网络信息减负增效。全力推动智慧社区平台建设，提升社区信息化水平，实现一次采集、一次录入、全面共享、一网向下。最后要整合资源减负增效，合理利用社区场地，社区场地去“衙门化、割据化”，根据社区需求，功能综合布局，探索社区自治模式。

（五）培育社区社会组织体系，提升社区自我发展能力

社区自我发展能力欠缺的原因，一是社区自身意识的模糊，即社区居民不知道自己是谁，只是住民的概念，没有公民的概念，只有自身的利益，没有公共的利益，所以，一旦需要居民发表意见，自我处理一些公共事务的时候，社区的自我发展能力和自治能力凸显薄弱。二是居民不在组织中，缺乏组织的核心力和凝聚力，一盘散沙，遇到问题所采取的方法往往表现为疏于管理的过激行为等。所以，在社区中，培育社区社会组织，让居民在各个组织中找到自身，参与社区事务，有利于社区的治理和社区自我发展能力的提升，同时，有利于社区公共事务的处理和政府公共管理，更有利于社区自治。

社会组织是政府公共服务的承接载体，是社会治理的有机力量，培育发展社会组织，是海淀区社会治理工作的重点。要建立社区社会组织的立体培育体系，建立区、街两级社区社会组织孵化基地；深化社区社会组织直接登记改革，本着“依法行政、稳步推进、均衡发展”的原则，提高社区社会组织登记的数量与质量。

（六）完善社区服务站建设，促进社工留用机制的形成

面对社区服务站建设的诸多问题，可参考的方案与选择的路径大致分为两种模式：一是一站多居模式，即一个服务站覆盖几个居委会，这种模式的优势在于可以集中资源，直接服务于社区居民，避免资源浪费和资源短缺，集中社工的力量，缺憾是加大了服务半径。二是一站一居模式，即一个居委会一个服务站，这种模式的优势在于缩小了社区公共服务的半径，完成了社区公共服务的最后一公里建设，其缺憾在于如何解决资源不足问题，等等。因此，从长远的发展而言，建议按照资源配置和功能结构，重新调整社区，建立功能型社区，在功能型社区的基础上合理配置服务站。

完善社区服务站更重要的是留住社工，要创新社工的留用机制，让社工有进口，也有出口，需要出台区域范围的基本政策，一是优秀社工的提升政策，二是社工的福利政策，三是社工的评估办法。同时健全社工的管理机制，一是明确聘用年限期间的权利与义务，二是制定社工的工作目标和考核指标，三是实施动态的社工招聘，及时补充新鲜血液。

（此文作者为海淀区副区长）

丰台区网格化社会服务管理体系建设调研报告

王珮琦

一、基本情况

网格化社会服务管理体系，是针对区域内的人、地、物、事、组织等社会服务管理内容，以责任制为核心，在社区以下层面划分单元网格，并通过网格整合力量、共享资源、优化流程，同时充分运用电子地图和现代化信息技术，进行精细化服务管理的一种集约化、制度化、智能化的模式。丰台区网格化社会服务管理体系建设，是在原有网格化城市管理信息平台的基础上，通过建立三级网格化社会服务管理信息平台和网格“社管通”终端，整合区域现有的综治维稳图像监控系统、3G视频实时传输系统、96005城市环境热线、12345北京市非紧急救助服务热线等政务服务平台资源，以问题为导向，形成“信息采集、源头发现、任务分派、问题处置、核查反馈”的闭合工作机制，从而促进基层、政府各部门工作效率的提高，实现群众安全感和满意度的提升。

2011年，丰台区启动了网格化社会服务管理体系建设，探索建设区域社会服务管理新模式，明确将“建设网格化社会服务管理体系，搭建信息平台”作为丰台区“十二五”规划纲要的主要工作任务之一。截至2014年底，丰台区网格化社会服务管理体系已覆盖了16个街道302个社区以及5个乡镇65个行政村。网格化社会服务管理体系在城市精细化管理中发挥出重要作用。

二、主要做法

（一）立足区情、先行试点，分步推进全区网格化社会服务管理体系建设

丰台区是典型的城乡接合部，属城市功能拓展区，网格化社会服务管理体系建设不能照抄硬搬先进城区经验。按照市委、市政府的统一要求，丰台区确定了“先试点、后推广”的工作原则。

2012年，丰台区将此项工作列入了《区委常委会2012年工作要点》和《区政府2012年折子工程》，区委常委会研究通过了《丰台区网格化社会服务管理试点工作实施方案》，明确了构建“三级平台、四级管理”和“网格五员”的工作机制，在对全区21个街乡镇开展调研的基础上，确定在右安门（老旧小区多）、马家堡（新建小区多）和东高地（单位型街道）3个街道开展试点，区财政投入专项经费391.4万元用于试点工作，初步建立了试点地区基于地理信息系统的、涵盖“人、地、物、事、组织”五位一体的社会服务管理综合数据库，重点完善了“人、房”数据信息，建立人口、房屋和事件数据关联关系，实现“人房关联、以房管人”。

2013年，在总结试点经验的基础上，全面推广网格化社会服务管理体系。由区领导带队，对街道社区运行情况进行了专题调研。区财政投入1556万元，在街道、社区配备电脑307台、“社管通”1285部。经过优化调整，全区16个街道共划分“社会服务管理网格”979个，配备了979名“格长”及其他网格督导员、信息员共9600余人，并组织了相关人员的培训和运行测试。依托地理信息技术，采集基础数据5大类40小类共1000多万条，同时，协助有关部门将工地管理、环卫保洁、道路管护、地下空间、文化文物场所等基础数据信息纳入系统平台数据库，为相关职能部门和街道社区开展工作提供支持。在此基础上，区农委、区社工委、区综治办、区城指中心通过走访调研、召开工作会、制订工作方案，启动了农村地区网格化

试点工作。

2014年，在完成城市地区网格化社会服务管理平台建设和5个试点村工作的基础上，街道社区网格化社会服务管理系统在实现全覆盖的基础上强化运行，方庄、丰台等5个街道整合资源、调整机构，建立街道网格化服务管理指挥中心；乡镇农村从5个试点村覆盖至22个村，实现农村地区工作体系全覆盖。

（二）下沉力量、搭建平台，建立“网格五员”“三级平台、四级管理”的管理运行机制

丰台区根据自身特点，下沉职能部门管理人员，整合基层管理力量，建立“网格五员”工作机制，将工作延伸到网格，将任务落实在网格，将问题尽量解决在网格。建立岗位责任制，逐一明确在网格的工作人员及岗位，并以实名制方式挂牌公布。社区书记和主任作为社区范围内网格工作的总负责人，负责统筹协调社区内所有网格的社会服务管理工作。每个网格设“网格五员”，负责网格内各项具体事务。

一是网格管理员（格长）：是网格管理第一责任人，专职负责每日网格巡查，采集社会管理问题和社会服务需求，对发现问题进行前期处置并利用“社管通”实时上报。

二是网格助理员：由各相关职能部门的各类协管员组成，负责完成上级职能部门部署的任务，并发挥自身的业务优势协助格长工作。

三是网格派驻员：由公安、城管、人力社保、司法、工商、卫生、文化、安监、消防等各职能部门派驻到网格的工作人员组成，负责在网格内开展职能部门业务和行使执法职责。

四是网格督导员：由街道干部担任，负责督促、指导、协调网格内各项社会服务管理工作。

五是网格信息员：由社区党员、社区志愿者、市民劝导队、社区保安、小区物业等人员组成，是网格重要的协管力量，负责采集各类信息，反映群众诉求，引导社会参与。

丰台区以“网格五员”日常巡查、问题发现、前期处置为基础，以信息化系统为依托，构建“区中心—街道分中心—社区工作站”三级指挥平台和“区级—街道—社区—网格”四级管理流程的工作模式，即“三级平台，四级管理”运行机制，做到“小事不出社区、大事不出街道、疑难区级协调”。同时完善社会监督机制，区、街道、社区各级平台全面收集热线电话、新闻媒体，社会各方面问题举报，及时立案并纳入网格化社会服务管理流程进行处理。

一是网格层级。以“网格五员”日常巡查处理为基础，充分发挥居民自治作用，尽量将问题解决在网格之中，网格层面无法解决的，利用“社管通”进行上报至社区平台。

二是社区层级。每个社区建立“社区网格化社会服务管理指挥平台”，负责处理网格上报的一般问题，并协调社区内的执法力量、各类协管人员、社会单位及其他相关人员等各种力量配合处置。社区层面解决不了的重点问题，及时上报至街道分中心平台。以“网格五员当时解决”与“社区协调解决”为保障，做到“小事不出社区”。

三是街道层级。每个街道建立“街道网格化社会服务管理指挥分中心”，负责辖区内网格化社会服务管理工作，及时处理社区上报的各类事件，并下达街道各相关科室处理。同时协调和协助职能部门处理各类事件，指导社区做好网格管理工作。对确实需要区属职能部门协调解决的疑难问题，及时上报区级平台进行处理。实现“大事不出街道”。

四是区级层级。区级建立“区网格化社会服务管理指挥中心”，负责接收各街道上报的疑难问题，并派遣至各职能部门。区各职能部门建立平台终端，与区级平台对接，负责接收区级平台派遣的问题，按办理时限及时处置并反馈。“区网格化社会服务管理指挥中心”下设综合协调办公室和运行监测办公室。综合协调办公室设在区综治办，由区综

治办牵头，负责组织各相关部门定期召开协调会协调解决各相关部门难以独立解决完成或存在争议的案卷，必要时经区委副书记或区政府主管副区长同意后，提交区地区环境和社会建设协调委员会解决，实现“区级协调疑难”。运行监测办公室设在区城市管理监督指挥中心，负责日常网格化社会服务管理信息平台的技术维护和案卷的接收并将街道上报的案卷首次派遣至相关部门，并负责各类数据的统计分析和运行监测等工作。

（三）围绕中心、服务大局，以夯实的基础保障重点工作有效开展

丰台区网格化社会服务管理工作内容始终与市区重点工作相结合。网格化工作在环境整治、社会治安维稳和社会矛盾化解、人口调控等方面发挥出积极作用。截至2014年10月中旬，系统共上报案卷334054件，工作日均运行1816件。河西农村地区从8月中旬实现全覆盖以来，22个村共运行案卷2172件，工作日均运行案卷56件。从街道、乡镇的案卷类型来看，环境秩序类、社会服务类、综合治理类案卷分别占总量的58%、23%和13%。其中，环境秩序类和综合治理类案卷分别比2013年同期下降了10个、11个百分点，治安维稳案卷中，流动人口、出租房屋管理案卷占20%；社会服务类案卷增长迅速，其中，老龄服务案卷占30%，反映出丰台区养老需求比较突出。从案卷处理的层级来看，网格、社区和街道内处置的问题占99%以上。在掌握问题线索后，街道、社区在第一时间内响应、研究和解决，初步发挥出将问题解决在萌芽状态的作用。

（四）部门联动、建立制度，促进网格化社会服务管理体系规范运转

区委社会工委、综治办、城指中心建立了每月联席会议制度，确定了由区社会工委牵头、区综治办推进、城指中心保障的工作机制，推进各项工作开展，针对区级疑难案卷不定期召开协调会和现场会，共同研究解决问题；城指中心组建了专门科室，招录了接线员队伍，负责网格化工作具体的建设、协调和运行，建立了网格巡查、核实核查等7项制度，修订64小类案卷上报照片标准、制定培训手册和网格化工作手册，完善了各级平台的运行管理制度和机制，研究建立网格化社会服务、信息化城市管理、12345和96005便民服务热线3个系统的协调运转机制，有效将各类群众诉求纳入网格化管理机制进行解决。

（五）创新实践、注重实效，积极探索基层网格化管理新模式

马家堡、方庄、丰台、大红门、西罗园等街道积极将街道社会服务、城市管理、便民热线、视频监控、应急指挥等现有系统资源进行整合，调整组织机构，探索建立便捷高效的街道网格化服务管理指挥中心。马家堡街道将网格化社会服务管理工作与智慧社区建设相结合，提出“幸福网格我来拍”的理念，通过与网格化系统对接，实现全体居民对环境及秩序问题的随手拍，引导公众参与到社区建设与管理中来。方庄地区办事处从提高服务能力和效率出发，推出了全市第一款结合走访管理、社区巡查和政策服务为主要功能的移动办公平台，即“智慧社区动态管理软件”“智慧社区动态管理软件”的使用全面提升方庄地区社区服务和社区管理的能力，使得工作有计划，执行有记录，统计有数据。方庄为16个社区240名社工配备了平板电脑，在这个系统中“社区巡查”功能的启用，率先实现了全员参与网格化管理，将每一个社工都纳入到其中，同时，也将背街小巷，甚至楼道暗角等都纳入了网格监控的范围。丰台街道实行“多网接收到一网办理”的运行机制，对现行的各系统案卷事件类别、办理时限、承办部门等细化完善，实现流程化操作、动态式管理，并借助现有办公自动化系统逐步打造街道网格工作系统平台。东高地街道将网格工作与社区平安创建工作相结合，做到“网格有人巡、民意有人听、案件有人办”。南苑、新村街道积极探索利用网格工作促进社区服务和群众参与的联系群众常态机制，注重了解和解决群众诉求，

有效提高了群众的满意度。

三、取得成效

网格化社会服务管理工作全面开展以来，经各级平台的共同努力和创新，成效初显。

一是有效推进了各级社会服务管理力量的职责落实和资源整合，加强了对相关问题的发现、协调、解决力度，努力做到事事有回音、事事有记录，促进了工作效率的提高和工作效果的落实。

二是各社区网格化管理实践促进了社区工作方式和工作作风的转变，将网格巡查常态化、精细化，通过网格职责的落实，更加贴近群众、服务群众，提升了辖区群众的满意度和安全感。

三是通过基础数据采集，基本实现了日常管理过程中的“底数清、情况明”。借助网格化信息系统的便捷化，及时有效了解情况、掌握动态、解决问题。

四是促进相关部门和各街道积极探索符合自身实际的工作机制和工作方式，推动网格化社会服务管理的深入开展，有效推进社会管理和社会服务创新。

四、存在问题

丰台区的网格化社会服务管理工作总体开局良好、进展顺利。但由于刚刚起步，工作上还存在不少问题，需要我们结合实际去解决。

（1）主要领导负责和各级职能落实机制有待进一步加强。相关部门和街乡镇主要领导牵头负责网格化社会服务管理工作机制需要进一步明确，网格事务的每个工作环节对应的部门及职位有待于进一步细化，网格格长的职责需要进一步规范强化，网格内相关职能部门的工作人员（网格派驻员）的职责还需要进一步明确实化。街乡层面内部协调机制有待进一步落实，机构整合、职能整合、平台整合方面须加强研究和探索。

（2）上与下、条与块的结合还不够紧密，职能部门与街道社区的关系有待理顺。职能部门的原有工作流程有待优化，职能部门人员对应的网格职责和工作标准有待明确，职能部门下沉力量不足甚至缺失，容易出现职能部门的网格事务再次推回街道、乡镇、社区、村，而涉及执法权的问题，经常是街道、乡镇有责无权。

（3）网格员队伍配置有待加强。网格员队伍以社区工作者和各类协管员为主，而社区工作者是兼职担任网格员，时间和精力较难保证。此外，网格化信息系统和终端使用对人员素质有一定要求，须选拔技能水平较高的人员担任网格员，同时对现有网格员的培训力度有待加强。

（4）系统平台和终端设备有待进一步优化更新。网格化社会服务管理系统平台由于刚刚上线运行，还存在工作内容分类不完整，部分操作较烦琐、终端性能不强、基础数据不够完善等方面的不足。我们将根据社区实际需求，修订分类，简化操作，优化流程，有计划地更新终端设备，提高可操作性。

（5）政府在网格化社会服务管理中的职能边界有待明确。网格化社会服务管理在“党委领导、政府负责”的同时，也需要“社会协同、公众参与”。在推进网格化社会服务管理的过程中，要发挥市场在资源配置中的决定性作用，能够由社会和市场承担和管理的就不纳入网格管理范畴。政府不该管、管不好、管不了的事情应该交由市场和社会承担，避免直接干预微观社会活动；对于社会服务管理中市场和社会管理不了、管不好、不愿管理的事情，政府应该及时“补位”，主动承担职责。

（6）要进一步理顺网格化建设与智慧城市建设的关系。网格化与智慧城市同属城市服务管理信息化的范畴，二者之间有着一定的联系，为避免信息化建设过程中的资源浪费，二者之间的关系还需要进一步理顺，从而实现资源最大限度的整合与共享。

五、推进"三网融合"的建议

通过调研，了解到丰台区基层目前使用的信息系统有：北京市社会建设信息系统、社区管理信息系统、北京市全员管理系统、北京市养老服务与管理信息平台、北京市流动人口和出租房屋管理平台、北京市社区志愿者管理系统、志愿北京、北京市城乡社区社会组织备案管理系统、北京长城网—首都党员在线等，且系统采集的信息内容有交叉，须定期更新，一定程度上加重了社区工作人员的负担。

"三网融合"实为多网融合，是通过技术手段实现多个系统之间数据信息资源的互联、互通与共享，对于减轻基层工作负担，提高基层工作效率、服务响应度和群众满意度意义重大。因此，建议市级部门将同类的平台进行整合，进行统一管理，并出台相应的标准和指导意见，各部门加强联动，加大对基层的指导和支持力度。针对已有信息系统，开放相应的技术端口，并根据各部门的业务内容，做好数据的匹配和对接，并根据各部门的职能权限，设置数据库的访问权限，确保信息安全。信息技术发展日新月异，城市服务管理需求与日俱增，信息化也是一个不断发展演进的过程，因此在新建信息系统时，要加强对现有信息系统和功能模块的顶层设计，并预留新系统的数据端口，为后续的融合打好基础。

（此文作者为丰台区委社会工委书记、区社会办主任）

关于商务楼宇党建工作的调查与思考

沈代平

近几年，随着石景山区"大招商，招大商"政策的出台，商务楼宇逐渐成为"两新"组织的重要办公场所。入驻商务楼宇的"两新"组织中大部分为中小企业，这些企业规模小、党员少，无法成立党组织，企业党建工作比较薄弱，企业员工很难在第一时间学习党和政府的文件、政策，听到党和政府的声音。2009年，石景山区为加强商务楼宇党建力量，率先在全市推行商务楼宇党建工作站、社会工作站、工会工作站、团建工作站、妇联工作站"五站合一"的工作模式，有效整合资源，为楼宇内非公有制企业和员工提供全方位的服务管理，从而填补商务楼宇内"两新"组织党建空白，夯实党建基础。

一、基本情况

石景山区共有41个商务楼宇工作站，覆盖商务楼宇101栋，商务楼宇工作站配备专兼职工作人员148人，其中专职工作人员60名，兼职工作人员88人。商务楼宇内有非公有制企业2455家，社会组织37家，其他组织42家，吸纳就业人数37476人，其中党员1320人。非公有制企业成立73个党组织，其中建立党总支2个、独立党支部53个、联合党支部18个、群团组织256个。

近年来，石景山区积极研究商务楼宇工作站"五站合一"工作模式，探索出强化"立体社区"内的"两新"组织服务和管理的新途径，取得了较好的效果。

2010年《北京市社会服务管理创新行动

方案》中将石景山区商务楼宇“五站合一”党建工作模式在全市进行了推广。

2012 年，全国妇联第十届副主席、书记处第一书记宋秀岩，中央政法委副秘书长兼中央社会管理综合治理委员会办公室主任陈训秋，市委书记郭金龙、市长王安顺等同志先后视察石景山区商务楼宇工作站，对商务楼宇“五站合一”工作模式，给予充分肯定。北京市十一次党代会报告中多处要求加强商务楼宇“五站合一”建设。

2014 年，石景山区编制印发了《石景山区商务楼宇工作站工作手册》，按照构建新时期基层社会治理体系“一元主导、多元主体、社会协同、普遍参与”的基本思路，细化工作流程，明确工作内容，完善岗位责任制，由上至下逐级细化推进商务楼宇工作站建设，使商务楼宇党组织能够更好地协调各类企业党组织的资源，在推动区域共建、楼宇共建方面发挥更大作用。

二、主要做法

（1）统筹谋划，科学设计，不断完善商务楼宇党组织体系框架。按照总体谋划、整体融合、分层设计、务实推进的原则，健全完善了工作体系。一是整体把握运行。把商务楼宇党建纳入街道社区、机关、事业单位、“两新组织”、国企五大领域基层党建中，作为构建区域化大党建格局的主阵地，形成条块结合、以块为主、上下联动的总体格局。2010 年 12 月，出台了《石景山区关于加强商务楼宇工作站建设的实施意见》，明确商务楼宇工作站建设的指导思想、总体目标、工作职责、建设标准。成立由区委组织部和区委社会工委牵头，27 个委办局组成的商务楼宇综合服务联席会，制定了章程，定期召开会议，研究商务楼宇开展工作的有关事项。二是搭建组织平台。区级层面建立起区委统一领导、组织部门牵头、社会工委具体负责、各有关部门密切配合的分类管理与分级负责相结合的社会领域党建网络化服务管理体系。所有街道通过“三推一选”的方式选举产生社会工作党委，下设新经济组织党总支、社会组织党总支、流动党员党总支、商务楼宇党建工作组、居民区党建工作组、社会单位党建工作组六个分支机构。在商务楼宇内全部建立党组织，实现了在街道党工委领导下，以社会工作党委为平台，商务楼宇党组织有效联动的纵向管理机制。三是进行融合发展。把商务楼宇工作站与街道各科室、各职能部门派出站（所）工作有机衔接，明确商务楼宇工作站与街道及相关部门的对应关系，充分发挥商务楼宇工作站的桥梁、纽带、平台作用。

（2）教育引导，强化认识，不断增强商务楼宇党组织服务意识。以“服务”为基本价值取向和功能定位，引导党组织围绕服务改革、服务发展、服务民生、服务群众、服务党员开展工作。一是增强党组织负责人和党员的宗旨意识。围绕提高党组织负责人抓好党组织自身建设、谋划全面建设、管理教育和服务党员、开展党务活动、整合党建资源、做好群众工作等方面的能力，有的放矢地进行培训。二是妥善解决员工的切身利益问题。把握商务楼宇内员工需求变化的新特点，加强和改进便民服务工作，让员工办事更加便利、得到更多实惠。几年来，商务楼宇开展职工权益保障、妇女权益保障、招商引资政策、计划生育政策等教育宣传活动 500 多场，联系相关单位为企业和员工提供政策和法律支持 1000 多次，慰问困难党员 116 人，协调有关部门，妥善解决员工在交通、医疗、培训及子女入托、入学等方面的实际困难 1500 多件，依托“志愿北京”平台，积极参与各类公益服务活动 3000 多次。三是不断提高党组织服务能力。推广商务楼宇党建全程纪实系统、“四议两公开”、员工问政等成功做法，实现员工对商务楼宇事务的广泛参与、民主管理和有效监督，使党组织的工作更加符合民意。指导商务楼宇处理好服务员工和员工自我服务的关系，培育员工中的服务骨干力量，组织、动员广大员工积极参与互助服务和公益服务，使广大员工成为服务的参与主体和受益主体。

（3）创新载体，灵活方法，不断拓展商务楼宇党组织活动范围。把服务员工、凝聚人心、优化管理、维护稳定落实到商务楼宇党组织活动始终。一是持续开展“我是党员我承诺”主题实践活动。把保持党的先进性的客观要求和党员彰显身份价值的内在需求紧密结合在一起，激活了内在动力、叫响了党员称号。活动开展中，商务楼宇每年参与承诺的党员在75%以上，承诺兑现率保持在98%以上，承诺履诺已经成为商务楼宇党组织和广大党员的自觉行动。二是全面实施党建项目管理。按照基层申报、研讨论证、区委支持、检查验收、组织推广的流程，启动了商务楼宇党建项目建设，充分调动商务楼宇党组织创新工作的积极性和主动性。实施“一月一典型”“一楼宇一品牌”等党建精品创建工程。推出了商务楼宇“五站合一”、非公党建“1234凝聚力工程”、非公“向日葵工程”等一大批有聚集效应、有导向性、有影响力的党建工作品牌，在楼宇内营造了良好的创先争优氛围。三是探索完善组织设置。根据商务楼宇内非公有制企业的规模和党的工作基础，对人员稳定、条件成熟的企业，建立独立型党组织；对规模小、党员少、条件有限的企业，建立联合型党组织；对产业相关、地域相邻的企业群，建立区域型党组织；对暂时不具备建立党组织条件的企业，选派党的建设指导员，主动联系、跟踪指导、加强服务。

（4）完善制度，规范运行，不断提升商务楼宇党组织服务质量。坚持“重在持续、重在提升、重在运作、重在实效”的工作原则，建立健全工作机制。一是建立联席机制。每年专题召开两次联席会，共同查找商务楼宇党建方面存在的薄弱环节，研究解决问题的办法，以便达成共识、协调推进。建立完善工、青、妇等相关社会单位联席会等制度，充分借助党员、团员、工会会员、青年志愿者服务队的力量，满足各类企业的多层次、多样化需求。二是完善服务机制。利用互联网、远程教育网、手机短信平台等现代传媒和信息技术手段，开展舆论宣传、评价反馈和联系服务等工作。完善便民措施，并狠抓落实，对服务对象反映的问题能够及时解决，跟踪问效，做到件件有着落、事事有回音。三是严格考评机制。把商务楼宇党建工作纳入基层党建工作的检查内容，把考核评价权力交给基层、交给党员、交给群众，加大党员群众对基层党组织和党员干部服务评价的权重，把考核结果作为评价党组织工作业绩以及党员评先评优的重要依据。

（5）配强人员，保障有力，不断夯实商务楼宇党组织工作阵地。加强党组织书记、党建指导员和党员“三支队伍”的建设。一是选优配强党组织负责人。为加强商务楼宇党组织力量，石景山区为每个工作站配备了2～3名专职工作人员（中心站配备3～5名），并从社区优秀党组织书记和优秀党员大学生社会工作者中选拔了工作站站长。二是培育高素质党员队伍。制定党员轮训制度和党员教育培训计划，建立非公党建网、非公党员QQ群、网上党支部等学习交流平台，不断提高广大党员能力素质。三是强化基础保障。石景山区商务楼宇工作站都严格按照“五个一”的标准进行基础保障。即：有一间20平方米左右的独立办公场所、一套健全的工作制度、一个宣传阵地、一套完善的办公设备、一套规范的工作站标识。在北京市委社会工委下拨专项经费的基础上，石景山区财政每年给每个工作站3万元基础保障经费，用于日常性经费支出。同时，协调发展改革、财政、住房城乡建设、工商、税务等部门，按照各自职能和权限，采取有效政策措施，推动重心下移、资源下沉，为商务楼宇党组织开展服务提供保障。

三、面临问题与现状

近几年，尽管加大了商务楼宇党建工作力度，工作覆盖面不断扩大、影响力日益增强，但由于大部分商务楼宇内党组织建立时间较短，还存在以下问题。

（1）企业负责人有畏难情绪。商务楼宇内大部分非公有制企业出资人不是党员，政治思想和政治意识还不够强，怕组建党组织占用时间影响企业正常生产经营秩序，怕开展党建活动增加开支，给企业带来经济负担。加之这部分企业因规模不够大，也不够重视党员的聘用、发现和培养，致使企业无党员，给党组织开展工作增加了难度。

（2）“隐形”党员发现难。近年来，石景山区全面开展党组织找党员活动，党员找组织的“双找”活动，先后有103名“隐形”党员亮出了党员身份，但也有少数非公有制企业党员存在临时观念和雇佣心态，不愿亮明身份，不愿参加组织生活，不愿发挥带头作用。还有的党员根本不登记政治面貌，致使“隐形”党员很难发现。

（3）新发展党员流动快。2009年以来，石景山区加大非公有制企业党员发展力度，特别是侧重对企业出资人、企业管理人员、一线技术骨干和高学历、高职称、高技术的员工的发展力度。先后发展党员308名，转正党员25名，培养积极分子534名。但通过2014年党建数据分析，新发展的308名党员中，87名党员因企业和个人原因流失，流失率为28.2%。党员队伍不稳定，党员流动快，影响非公有制企业推荐、培养、发展党员的积极性，导致企业党组织力量比较薄弱。

四、对策措施

（1）要强化商务楼宇党组织的核心作用，必须坚持构建以党组织为核心、全社会共同参与的服务格局。一是落实从严治党责任。把加强服务型党组织建设作为深化商务楼宇党建工作的核心任务，纳入党的建设总体规划。督导各级党组织书记认真履行第一责任人的职责，把抓好商务楼宇党建工作作为最大的政绩，带头建立商务楼宇服务型党组织建设联系点，经常深入商务楼宇调查研究、指导工作、解决问题。二是加大党组织组建力度。以商务楼宇内非公有制企业为重点，实施非公党建推进工程，对辖区内非公有制企业进行全面调查摸底，依托“四网六库”信息工程建设，建立动态数据库。对楼宇内非公有制企业进行分类分析，针对不同情况，通过单独组建、挂靠组建、区域联建、楼宇统建等有效方式，加大党组织的组建力度，实现非公有制企业党建工作全覆盖。三是建立开放式的组织和活动架构。依托“信息化+责任制”的网格化社会管理平台，将党组织建设与网格化管理融合互促，着力实现对区域内所有人群和组织的有效覆盖。结合网格管理加强对流动人员特别是流动党员的服务管理，健全流入地党组织属地管理、流出地党组织延伸管理、流入地与流出地党组织双向共管的管理方式，保障流动党员就近就便参与党的组织生活。

（2）要提高商务楼宇党组织的服务能力，必须坚持创新贴近实际、贴近员工的服务载体。一是创新服务内容。推广商务楼宇党组织与楼宇内非公有制企业“菜单式”“点单式”双向服务机制，每年年初双方结合实际列出需求“菜单”和可提供服务“菜单”，结合各自优势，认领服务项目，实现相互服务、互促共赢。二是拓展服务范围。通过区域共建、政府购买服务等形式，协调和指导楼宇内社会组织发挥优势，开展面向员工的公共服务、市场服务和社会服务。培育非公有制企业员工中的服务骨干力量，组织、动员广大员工积极参与互助服务和公益服务，使广大员工成为服务的参与主体和受益主体。要强化群团组织的桥梁纽带作用，以服务为主题深化党建带工建、带团建、带妇建活动，开展多样化、个性化、精细化的便民利民服务。三是培育服务骨干。依托“志愿北京”服务平台，将群众服务工作和党员志愿者活动紧密结合、统筹推进，通过加强服务，形成“党员服务就在身边”的浓厚氛围。组建社会志愿服务团队，把楼宇内各类人员组织动员起来，支持和推动公益性、志愿服务性社区团队健康发展，倡导“人人争当志愿者、有困难找志愿者”的健康氛围。四是营造服务氛围。根据实际，将党建服务与面上工作同步推进，集中力量打造一批具有特色、影响广泛的商务楼宇服务型党组织建设示范点。通过报刊、杂志、电台、广播、网络等媒体，大力宣传商务楼宇服务型党组织建设的好经验好做法，加强对商务楼宇党员、员工的正面宣传，形成良好舆论导向。

（3）要推动商务楼宇党组织的全面建设，必须坚持打造带头服务、带领服务、带动服务的骨干队伍。一是抓好基层党组织班子建设。严格规范“三会一课”、党员双重组织生活等制度，增强商务楼宇党组织班子议事干事能力。强化商务楼宇党组织书记队伍建设，拓宽选任渠道，引导党员出资人或高级管理人员担任非公有制经济组织和社会组织党组织书记，加强商务楼宇党组织后备人才队伍建设，建立后备人才库，实行动态管理。二是加强专兼职党务工作者队伍建设。每个商务楼宇至少配备1名社区工作者专职负责党建工作，每个商务楼宇党委和未建立楼宇党委的商务楼宇示范站、中心站至少有2名专职党务工作者、1名党建工作指导员、1名群团工作专职工作者，增强商务楼宇党建工作力量。三是培育高素质党员队伍。按照“控制总量、优化结构、提高质量、发挥作用”的原则，不断提高发展党员和党员管理服务工作的科学化水平。积极探索党员发挥作用的有效途径和方式，培育和选树一批群众广泛认可、社会影响较大的非公有制企业党员先进典型，通过激励先进、典型引路等方法，最大限度发挥楼宇党组织战斗堡垒作用和党员先锋模范作用。

（4）要夯实商务楼宇党组织的阵地建设，必须坚持提供必要的保障支持。一是落实经费保障。严格按照党员年人均不低于200元标准核定并落实基层党组织工作和活动经费。在区财政每年为每个工作站下拨3万元基础保障经费的基础上，鼓励街道增加党建工作的经费投入。通过财政支持、党费返还、党员自愿捐助等途径，多渠道解决商务楼宇党组织的工作经费。二是强化阵地建设。集中力量加强中心站、示范站建设，做好小、散、弱站的整顿、撤并。以中心站为主站，发挥综合引领作用，以周边其他工作站为卫星站，侧重其地理、人力、资源优势，发挥特定功能作用。三是完善机制建设。在商务楼宇党建工作中，借鉴社区党建工作成熟经验，使商务楼宇党组织能够更好地协调各类企业党组织的资源，在推动区域共建、楼宇共建方面发挥更大作用。

（此文作者为石景山区委社会工委书记、区社会办主任）

门头沟区城市管理工作体系研究

王培兰

一、门头沟区城市管理的目标、原则与内容

（一）城市管理的目标

城市管理必须着眼于城市建成区的长期稳定运行和协调发展，以居民需求为出发点和落脚点，具有以下三个层面的目标（图1）。

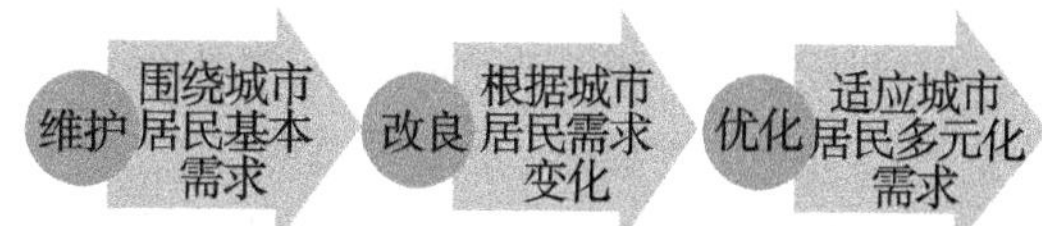

图1　城市管理目标体系

1．围绕城市居民基本需求，维护城市功能运行

为居民衣食住行等日常生活提供基本保障，形成安全、有序、便捷、舒适的生活环境，是城市管理的基本目标。具体来讲，维护城市功能运行，首先是确保城市能源、交通等工程基础设施和行政、文教、卫生等社会性基础设施的正常运行，保持相对稳定的社会秩序，且城市居民对当前的社会基础设施运行和社会秩序普遍认同，能够感受到城市生活的美好。

2．根据城市居民需求变化，改良城市功能运行

经济社会的发展，对城市管理提出了更高的要求。一方面，居民生活水平的提高，必然形成更广泛的权利意识，从而对城市管理的合法性、程序、效率提出更高的要求；另一方面，居民需求层次的提高，势必对拓宽城市管理内容、提升城市管理质量提出更高的要求。这就需要以前瞻性的视野，及时发现和总结城市管理的疏漏和体制机制问题，持续创新管理方式，改良城市功能运行。

3．适应城市居民多元化需求，优化城市功能运行

多元化是现代社会的根本特征。城市管理更高层次的目标，是适应城市居民的多元化需求，通过持续优化城市功能运行，尤其是依托区域性城市功能优化和基层社区治理创新，为各类城市子文化系统创造生存和发展空间，满足城市居民合理的个性化需求。这是城市文化和城市精神的内核。

（二）城市管理的原则

以人为本。城市居民既是城市管理和服务工作的对象，也是城市管理的主体。城市管理工作必须紧密围绕居民需求，畅通居民意见表达渠道和信息反馈渠道，搭建居民参与城市管理的坚实平台。

循序渐进。城市管理必须立足城市经济发展水平和社会发展实际，因地制宜制定工作规划，做到各项工作适时、适度、适当，既不滞后也不超前，切忌生搬硬套、好高骛远。

依法治理。党的十八届四中全会确立了全面推进依法治国的总目标，城市管理也必须在法制框架下运行，做到有法可依、有法必依、执法必严、违法必究，切实保障城市各类主体的权利，形成政府主导、各城市管理主体依法履职的格局。

（三）城市管理的内容

厘清城市管理边界，明确城市管理内容，并由此确定管理的责任主体，是城市管理工作体系构建的基础。与城市管理的三大目标相一致，围绕城市居民不同层次的需求，城市管理的内容可以划分为三大领域，即城市基础设施与城市秩序维护、城市秩序与城市空间优化、城市文化心理建设（图2）。其中，基础设施和秩序维护是城市管理的基础性工作，指向城市居民生活的基本需求；秩序与空间优化着力于城市新秩序、新空间的建设，指向城市居民生活需求的变化；文化心理建设则主要是培育城市居民的共同价值观念和行为规范，以此建设城市居民生活多元化需求得以满足与城市可持续发展的根本协调机制。

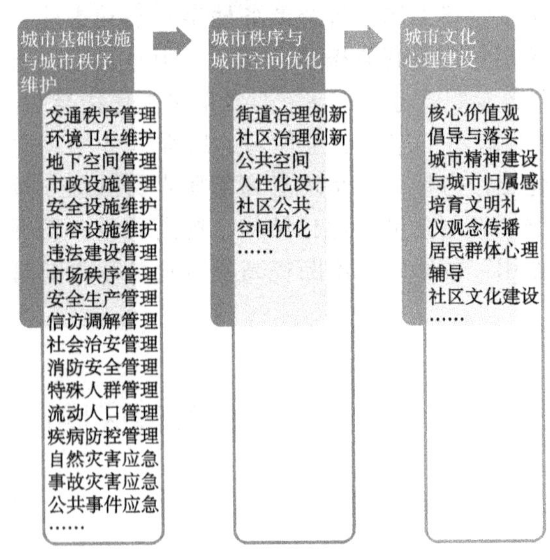

图2 城市管理内容体系

二、门头沟区城市管理的现状与问题

党的十八届三中全会明确了全面深化改革的总目标和创新社会治理体制的重要任务。

近年来，门头沟区按照市委部署，立足经济社会发展转型实际，提出以社会服务工作创建优先的思路，推动社会服务、城市管理、治安管理的三网合一，建立街道“大工委”和社区“大党委”，成立地区管理委员会并设立“七个中心”，推动地区协商机制建设和管理服务工作整合，在城市管理工作领域取得了新成效，形成了新经验。也面临一些新问题，主要表现为：秩序层面的问题处置难题、制度层面的城市管理权责困境、文化心理层面的结构性管理焦虑（图3）。

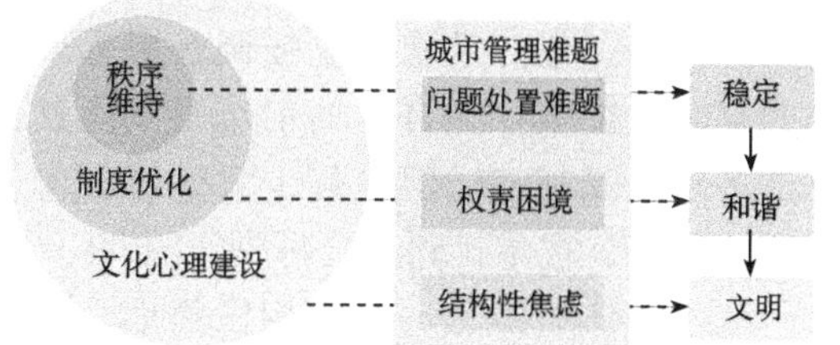

图3 门头沟区城市管理问题

（一）城市管理问题处置难题

从门头沟的实践来看，当前城市管理处理面临的难题主要表现在以下几个方面。

1. 问题发现机制单一，被动性应急性特征突出

能否及时发现问题并加以处理，在很大程度上决定了城市居民对于城市管理工作的满意度，是衡量城市管理水平的重要标志。目前，门头沟区通过启动网格化管理和建设为民服务信息平台，已经在很大程度上畅通了居民反映城市管理问题的渠道，形成了城市管理问题发现的重要机制。但是，政府部门及派出机构和社区主动发现城市管理问题尚未形成常态化的机制，城市管理的被动性、应急性特征比较突出。这一方面与基层管理事务内容繁多庞杂、街道社区管理服务人员投入时间精力不够有关，另一方面也是缺乏系统的问题发现机制建设的结果。

2. 问题分析机制缺位，管理责任不清难以落实

门头沟区为民服务中心是依托信息化手段搭建的政府、市场、社会和群众互联互通的信息交流服务平台。但是由于城市管理涉及事务十分庞杂，在对城市管理各类事项缺乏系统、详尽梳理的情况下，居民反映的问题应该由哪个部门解决、按什么程序解决、解决的时限如何，都只能由中心的工作人员来进行主观判断。这容易导致两个问题：将居民反映的城市管理事项交由非责任部门办理；倾向于将居民反映的大小事项简单地交由属地办理，但属地可能并不具有处理该事项的权限和能力。这可能会造成为民服务中心与相关部门、街道及社区的紧张关系，从而影响城市管理的履职效率和质量。

3. 问题处理联动性弱，管理越位缺位并存

从街道办事处的机构设置来看，科室设置具有追求与区政府相关机构对应的倾向，分工过细，横向协调成本高，综合管理和协调的难度较大，处理城市管理问题联动性弱，难以应对综合性的复杂事务，导致管理工作的“越位”和“缺位”并存。门头沟区建立街道“大工委”和社区“大党委”，成立地管会并设立“七个中心”等举措是以破解这些难题为导向的组织结构顶层设计，但相对原有的科层体系是一种“叠加”而非“替代”，因此在街道和社区层面的实践中还面临若干阻碍：一是大量基层管理服务人员对于改革的认识不到位，缺乏在新的组织架构下实践创新、提升管理水平的内在动力；二是“七个中心”的架构和原有的街道事务分管体制之间存在一些冲突，如有科室的分管领导和所属中心的主任并非同一人，在实践中接受双重领导的结果常常是中心被架空。

4. 监督反馈机制不健全，管理服务质量缺乏稳定性

城市管理水平和效率也与管理过程中的监督和反馈机制是否发挥作用有关。从目前来看，门头沟城市管理问题处理的监督反馈机制还不健全。虽然在加强监督反馈方面做了一定的努力，如，为民服务信息平台的“督办”制度建设，但在目前的人、财力投入条件下这种“督办”工作的制度化程度是

比较弱的，缺乏系统的政策支持，也常常是有选择性的。监督反馈机制不健全导致管理服务质量不稳定，管理成效在很大程度上依赖于基层管理者个人的态度和能力。从门头沟的基层实践来看，大量受到政府肯定的基层治理创新活动，常常是与个别基层管理服务人员倾力奉献、执着努力分不开的。

（二）城市管理的权责困境

城市管理问题处理难题需要从体制和制度层面去寻找原因。在目前“条条管理为主，块块管理为辅”的社会管理基本格局下和“两级政府、三级行政、四级落实”的城市管理体制下，门头沟区与诸多城区一样，城市管理问题处理难题的背后是城市管理的权责困境：区职能部门“权大责小”、街道办事处“责大权小”，条专不到底、块统难落实。大量管理资源由“条条”掌握，很多区职能部门在街道一级都设有派出机构，这些机构接受上级部门领导，完成上级部门下达的任务。街道办事处没有足够的权力协调与他们的关系，在处理一些城市管理问题时，只能“求”和“请”助于这些派出机构。这种权责不符的状况导致管理乏力，使街道办事处对问题“看得见，摸得着，管不了”，区职能部门对问题“看不到，管不到”。

这一困境的形成，有其制度根源。街道办事处在性质上是城市基层人民政府的派出机关，在法理上其权力只能来自于法律法规和上级政府授予，在授权的范围内从事管理活动，不具备独立的行政执法资格。因此，尽管目前很多区职能部门跨过区政府直接向街道办事处布置工作，但从法理上讲，这只是一种行政委托，街道办事处接受的只是职责而不是职权，也不可能获得独立的行政执法权和行政管理权。

不过，街道办事处显然不会甘于被这种困境束缚，其突破困境的张力使其在城市管理实践中常常具有两方面的倾向：一是相对消极地对待区政府职能部门委派的工作，尤其是那些监管薄弱、配套资源不足的工作；二是通过对人员配置、经费配置的控制，将大量应该由其承担的行政职能或工作事项委派给社区居委会。这种“上推下派”不仅导致城市管理工作乏力，而且形成了对社区自治的干预，影响了城市基层社会自治功能的发挥，也制约了基层以系统解决问题为导向的创新和活力。

（三）城市管理中的结构性焦虑

与城市管理权责困境有关，城市管理基层的群体焦虑有所显现，具体表现为：部分街道、社区基层管理服务人员对当前城市问题的担忧，对解决城市管理难题缺乏信心，在工作中的委屈远多于成就感，对自己的生活状态不满。他们常常反复强调基层管理工作的复杂、困难，在自己的工作领域能够提出诸多理念和观点，但是较少对整体工作进行系统思考，很难找到系统解决问题的路径。

这种群体焦虑是一种结构性焦虑，在当前城市管理乃至社会治理的宏观体制中有其必然性。尤其是在新媒体环境下，人们获取信息的“碎片化”与基层管理工作实践的“碎片化”叠加，进一步挤压了基层管理服务人员系统思考的空间，也促使了以“工作亮点”为核心的绩效评价机制的形成。同时，这种结构性焦虑，也反映了大量基层管理服务人员对当前城市治理结构缺乏理解和认同，尤其是很多人还不能适应政府职能从管理转向服务的现实，实际工作常常脱离城市管理本身的目标和原则。

当然，基层管理服务人员无疑具有摆脱这种群体焦虑的意识，但是不同年龄阶段的人员具有不同的实践方向。年轻的街道和社区管理服务人员常常希望通过向上流动摆脱这种焦虑，而年长的管理服务人员则普遍地通过相对消极的工作方式来化解这种焦虑。长此以往，形成三种结果，一是基层管理服务人员出现自然分化，很难形成认知上的共识；二是基层管理服务工作岗位很难留住年轻人，尤其是富有理想和创新精神的年轻人；三是基层管理服务体系对上位推进的治理结构创新具有本能式的排斥和消解，对深化改革形成了一定的阻碍。

焦虑的不仅是基层管理服务人员，普通城市居民对于城市管理的焦虑也是普遍存在的。交通拥堵、停车难、环境脏乱等城市病没有得到及时解决，政府大力推进城市管理改革创新的话语暂未落实为城市生活环境的普遍改善，是这种焦虑的直接来源，其反映的是城市管理的基层实践创新不足，精细化程度不够，难以及时满足城市居民日益快速增长的多元化需求。

三、门头沟区城市管理深化改革思路与工作体系优化路径

总体来看，门头沟处于经济社会发展的转型时期，产业基础相对薄弱，经济发展质量不高，同时由于地处北京西部山区，可利用土地资源不足且发展受到资源环境的约束，地形地貌和人口分布特征决定了其单位管理成本相对中心城区更高。在这种情况下，门头沟区用于支撑城市管理的经济资源是相对匮乏的。

但是，相对中心城区而言，门头沟区当前推进城市管理工作也具有一些优势条件。首先，城市管理工作虽然存在一些问题和矛盾，但并未外显为剧烈的社会冲突，相对于中心城区而言，门头沟居民对于城市管理工作的期望更为基础和集中，主要在市容环境、交通秩序、社会治安等领域。其次，门头沟区仅辖4个街道办事处，相对其他城区常住人口总量少，流动人口比例低，城镇人口比例高且相对集中，这种规模较小、同质性强、相对集中、流动性弱的人口结构，使门头沟城市管理可以更多地考虑各地区的特殊性，探索自己的城市管理模式。再次，与中心城区相比，门头沟辖区内国家党政机关、大型企事业单位较少，在城市管理过程中不需要面临大量的协调难题。最后，目前其他区县在城市管理领域的探索实践已经积累了诸多经验和教训，门头沟区可以把握后发优势，同步解决城市管理各个层面的问题。

综上考虑，门头沟有条件从顶层设计出发全面系统深化城市管理改革，同步推进城市管理问题处置、城市管理机制体制创新和城市文化心理建设，形成城市管理工作体系的门头沟模式。具体来说，需要推进组织层面、制度层面和技术层面的改革和发展（图4）。

（一）城市管理组织结构优化与队伍建设

组织结构优化与队伍建设是城市管理工作体系的基础性内容和重要突破点。对于门头沟而言，首先要就各管理主体在城市管理中的职能和关系进行清晰界定，以破解当前面临的权责困境。结合前文对城市管理内容的分类，门头沟区重塑城市管理主体的职能定位与关系可以遵循以下思路。

首先，区城市管理工作领导小组办公室统筹全区城市管理工作。主要工作包括：协调、评价各职能部门做好城市基础设施与城市秩序维护工作，指导、支持各街道做好城市秩序与城市空间优化工作，领导各街道与相关部门合作做好城市文化心理建设工作。

其次，城市基础设施与城市秩序维护工作实行“条专到底”。区政府各职能部门依照政府职能划分，对城市基础设施与城市秩序维护工作负责，根据居民需求处置城市管理问题。

再次，城市管理分层次“块统”。城市管理执法工作由区城市管理综合行政执法监察局组织协调各相关职能部门“块统”，相关部门联合组建若干综合管理执法队伍，分别落实责任区域，如有必要责任区域的划定可以适当突破街道区划；城市秩序与城市空间优化工作由社区“块统”，充分发挥社会组织和社会力量参与区域性城市管理创新；城市文化心理建设由街道“块统”，在城市管理工作领导小组办公室的领导下进行。

最后，街道和社区在城市基础设施与城市秩序维护工作中承担监督和反馈职能，包括及时发现上报城市运行管理问题、对问题处置过程进行记录监督、及时将问题处置结果向相关城市居民反馈、与居民就城市管理问题进行沟通等。

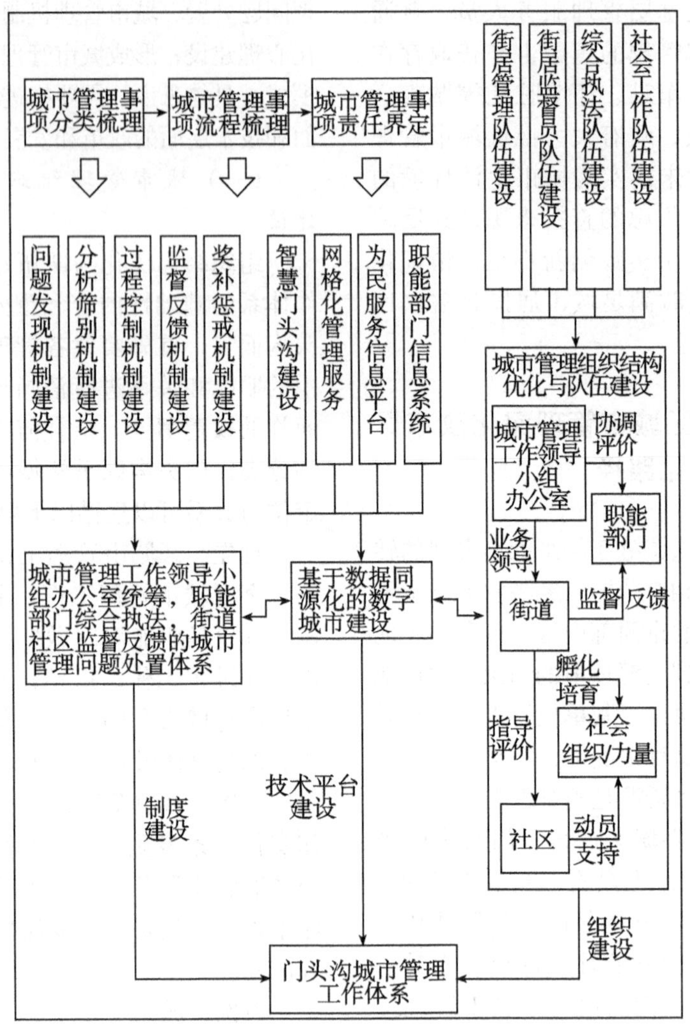

图4　门头沟区城市管理工作体系建设路径

总之，上述定位旨在形成主体多元、权责分明、监督有力的城市管理组织架构。同时还应抓好四支队伍的建设，即街居管理队伍、街居监督员队伍、综合执法队伍、社会工作队伍的建设。考虑到门头沟的经济发展水平和相对城市管理问题的相对单一性，监督员队伍建设可以充分动员社会力量以志愿服务的方式参与。

（二）城市管理问题处置体系建设

及时、有效处理与城市居民生活紧密相关的各类城市管理问题，做好城市基础设施与城市秩序维护工作，是门头沟当前城市管理工作的重点。结合上述组织结构的调整，门头沟可以着力建立由城市管理工作领导小组办公室统筹，职能部门综合管理执法，街道社区监督反馈的城市管理问题处置体系，具体来说需要抓好五大机制建设。

一是问题发现机制建设。继续完善为民服务热线等“被动式”问题发现平台，进一步依托街道社区监督员队伍建设和社会工作队伍建设，通过加强城市运行巡视查勘、落实居民意见征集、开展社会调查等方式，形成城市管理问题主动发现的机制，逐渐将“被动为主”的问题发现机制转变为“主动为主”的问题发现机制，从而降低城市居民不满情绪的发生概率。

二是问题分析筛别机制建设。城市管理问题分析筛别机制建设是目前门头沟城市管理工作的薄弱环节。问题筛别分析不能过多依靠工作人员的判断，而是要尽可能地通过建立科学化、标准化、精细化的事项分类体系和责任体系，依托精准高效的数字化交互平台，尽量去除问题分析筛别的专业化。

三是过程控制机制建设。过程控制是督促各城市管理主体依法高效履职的关键，应该遵循“流程清晰、责任明确、全过程留痕”的基本原则。数字化、网络化的信息平台无疑为过程控制机制建设提供了强有力的支撑，可以很好地为治理“庸、懒、散”提供依据，也可以弱化“管理服务质量常取决于相关管理服务人员态度”这一问题。

四是监督反馈机制建设。监督反馈机制建设同样是目前门头沟城市管理问题处置的薄弱环节。一方面，政府部门及派出机构要主动通过各种信息媒介向公众反馈城市管理问题处置过程和结果，与居民保持沟通，接受公众的监督；另一方面，要充分动员社会力量参与城市管理问题处置监督反馈工作，寻求居民的认同和支持。

五是奖惩机制建设。要有效整合相关资源，在权责体系逐步完善的基础上，基于科学、严格的评价制度，通过对城市管理各主体进行奖惩，督促各城市管理主体依法高效履职。北京市朝阳区建立了将包括党政机关、企事业单位甚至小商铺全面纳入评价的城市管理系统，对于门头沟具有一定的启发意义，尤其是将评价结果与职能部门资源获得和党政领导个人发展挂钩颇具成效。门头沟可以结合实际，重点对职能部门、街道、社区和社会组织建立奖惩机制。

（三）基于数据同源化的数字城市建设

城市管理问题处置体系建设从根本上说是推进一系列制度创新，这无疑需要技术平台的支撑。目前，门头沟在城市管理领域的信息技术平台建设已经取得若干进展，主要包括：建立了61696156为民服务信息平台，且尝试建立了城市管理问题处置派遣与督办制度；推进了网格化管理，对管理空间的无缝隙划分既可以落实管理责任，也为数字化管理打下了基础；启动了智慧城市建设试点工作，强化了互联网思维。

从实践来看，这些信息技术平台对于门头沟城市管理的作用尚未充分发挥出来，尤其是从全面系统推进城市管理制度创新的要求来看，无疑需要进一步整合。结合人口相对较少、流动人口比例相对较低、城市管理问题相对集中等实际，门头沟区可以将上述三大系统与各职能部门的数据进行整合，尝试建设数据同源化的数字化城市管理系统，为破解国内大多数城市面临的管理难题进行探索。

所谓数据同源化，即城市管理乃至社会管理工作全部依托同一个信息平台进行，政府相关部门在其职权范围内对于人口、房屋、单位等各类数据拥有不同的浏览、添加和更新权限，且所有数据操作设置留痕期和恢复期。同时，还可以进一步整合互联网络与手机终端的融合，使个人可以即时获知自己人口信息属性变化（被修改）和被查询情况，以进一步防止个人信息的误操作和非法操作。

实现数据同源在技术上并非难事，最大的阻力来自各相关政府部门。一旦信息同源管理，意味着这些部门的管理工作都完全置于数据平台的监督之下，将大大地限制其管理的权力。即使门头沟目前尚未做好推进数据同源化的准备，也至少应该在城市管理领域推进技术平台的整合，将为民服务信息平台、网格化管理平台和智慧城市建设结合起来，建立城市管理问题发现、立案、派遣、执行、反馈、结案全过程“闭环”处置的信息管理系统，同时通过数据的积累、统计，为监督、评价城市管理各主体提供科学依据，从而促进城市管理问题的高质量、高效率处置。

当然，不论数字化还是问题处置体系建设，最为重要的是结合门头沟发展实际做好城市管理事项分类梳理，事项流程梳理，以及各流程中相关主体的责任界定。

做好这些基础性工作，同步协调推进城市管理领域组织层面、制度层面、技术层面的改革，不仅可以全面深化城市管理改革，提升城市管理水平，而且对于门头沟区重塑政府与社会关系，率先形成适应经济社会转型的治理结构也具有十分重要的意义。

（此文作者为门头沟区委社会工委书记、区社会办主任）

关于房山区加强政府购买社会组织服务的实践与思考

于瑞林

近年来，房山区按照中央、市委关于加强社会建设、创新社会治理要求，把政府购买社会组织服务作为推进社会服务管理创新的重要举措。在抓住政策机遇、制定运作规划、策划包装项目、建立推进机制等方面进行了有效探索，在推动政府职能转变，整合利用社会资源，增加公共服务供给，激发社会组织活力，增强公众参与意识等方面取得了初步成效，积累了实践经验，但同时也面临着很多挑战和问题。

一、政府购买社会组织服务的概念和意义

政府购买社会组织服务是指，通过发挥市场机制作用，把政府直接向社会公众提供的一部分公共服务事项，按照一定的方式和程序，交由具备条件的社会组织承担，并由政府根据服务数量、质量和群众评价向其支付费用，是一种“政府承担、定项委托、合同管理、评估兑现”的新型政府提供公共服务方式。

政府购买社会组织公共服务的主要意义在于：

（1）有利于推动政府职能转变。长期以来，受计划经济的影响，政府提供基本公共服务主要借助特定的政府行政或者事业单位来实施，政府既是基本公共服务的提供者，也是基本公共服务的生产者。在实行政府购买公共服务的模式下，政府可以将部分原来由自己生产的公共服务交由符合条件的社会组织进行生产，逐步从生产公共服务领域退出，而把更多的时间和精力用于公共服务政策的决策和监督等方面，并推进政府实现由“养人办事”到“办事养人”的职能转变。

（2）有利于扩大社会服务的有效供给和覆盖面。社会组织的最大优势就在于它的专业性，在工作效率、运营成本和服务意识等方面往往具有一定优势，在各自服务领域中能够发挥提供服务、反映诉求、规范行为的作用。通过购买社会组织服务，可以使越来越多的群众享受到多样化、职业化、专业化的服务。

（3）有利于促进社会组织的健康发展。政府购买社会组织服务，把部分公共服务交由社会组织进行生产，社会组织可获得相应的政策支持和一定的经济收益，将会进一步激发广大社会组织的积极性和创造性，为社会组织发挥作用提供广阔空间和巨大推力，进一步促进社会组织的健康发展。

（4）有利于推进社会治理改革。通过政府购买社会组织服务，形成政府主导、社会组织实施，群众参与的社会服务体系，可以进一步理顺政府、市场、社会之间的关系，明确政府的责任，强化社会组织的公益属性，发挥市场的配置作用，各种力量协同作战，真正形成新型社会治理体制

和机制。

二、主要做法

（1）建立政府购买社会组织服务工作机制。经过实践，建立了以区社会建设工作领导小组办公室牵头，区团委、区残联等各区级“枢纽型”社会组织配合，以改善民生为重点、以社会需求为导向的项目征集服务平台，使得购买服务项目更加贴近房山实际，更加符合群众需求。制定了《房山区政府购买社会组织服务项目管理办法（试行）》，形成了申报、评审、立项、公示、评估、监管、验收的制度体系，使得购买服务工作更加规范、科学。同时出台了《房山区社会建设资金使用管理办法》，在制度建设、执行实施、监督审计和绩效管理等方面进行了规范，明确了支持方向、投入方式、申报使用流程、各部门职责，促进大额专项资金运行安全有效。

（2）加大政府购买社会组织服务投入力度。4 年来，累计投入 1631.1 万购买 104 个项目，市级社会建设专项资金 871.1 万，区级资金 760 万。其中 2010 年 161 万元购买 12 个项目，2011 年 129 万元购买 15 个项目，2012 年 568.1 万元购买 30 个项目，2013 年 773 万元购买 47 个项目。（图 1）

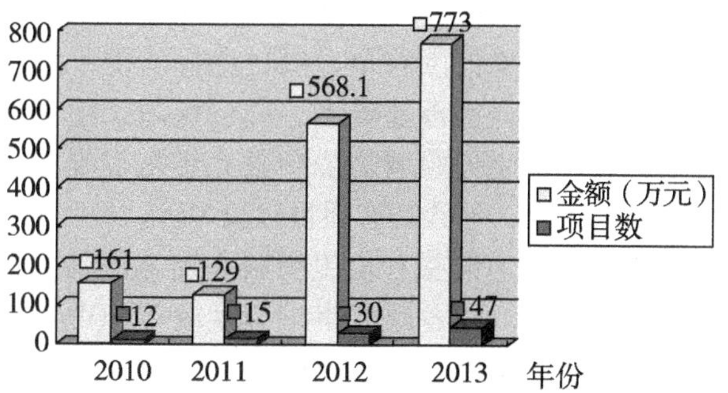

图 1　政府购买社会组织投入资金和项目数

从图 1 我们可以看出三个趋势：第一，政府购买社会组织资金投入成倍增长；第二，政府购买社会组织服务项目逐年增加；第三，单个项目涉及的资金量越来越大，大项目的示范效应和带动作用越来越明显。

（3）调研群众服务需求。为了更全面、更准确地掌握群众的服务需求，区委社会工委 2013 年 6 月份在社区（村）做了一次较大范围的“群众服务需求调查”，并建立群众需求数据库，包括社会基本公共服务、社区便民服务、社会公益服务等五大方面 50 个类别。调查发现，普通百姓对居家老年服务、青少年服务、社区环保服务的要求尤为强烈（图 2～图 4）。

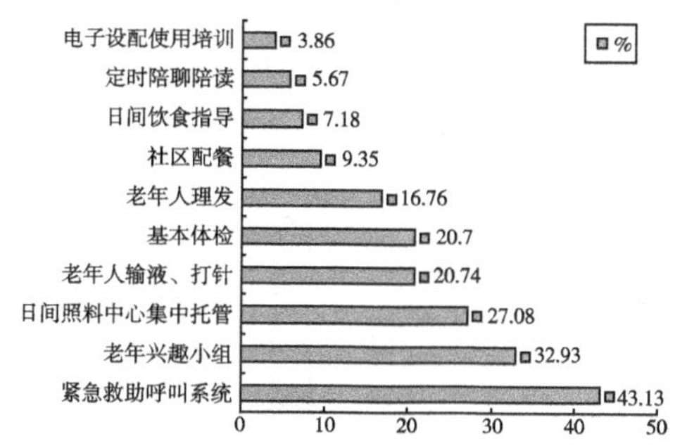

图 2　群众对老年人的服务需求

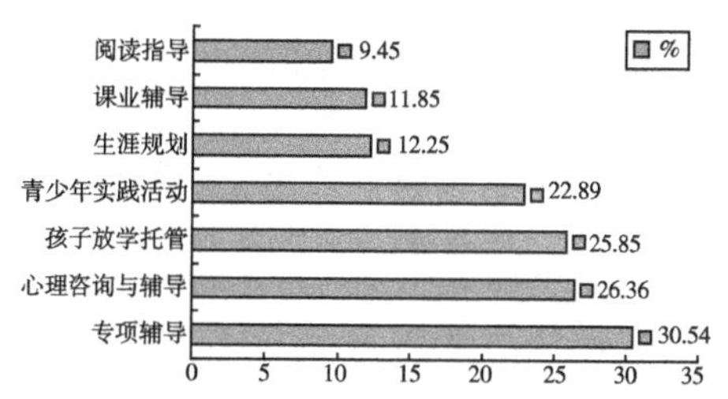

图 3　群众对青少年的服务需求

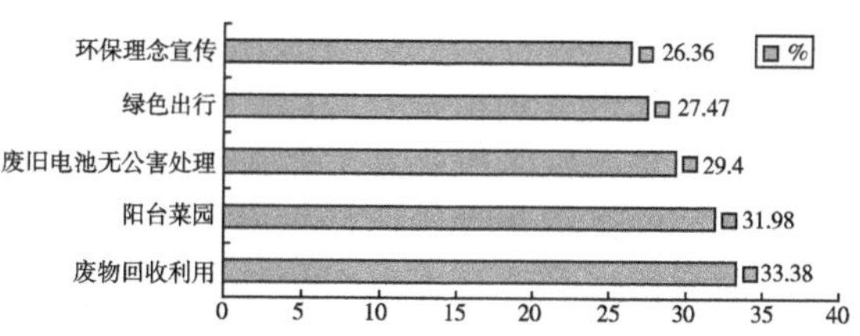

图 4　群众对社区环保的服务需求

为此，我们确定了“一老一小一环保”的政府购买社会组织服务方向。在城关街道建立了空巢老人居家养老智能化综合服务平台，启动青少年保护的“云呵护”工程。加强低碳社区建设，有计划地开展废品的回收利用、阳台菜园、废旧电池的无公害处理、绿色出行、环保理念宣传等项目。

（4）引导社会组织积极参与社会服务。通过政府购买社会组织服务工作的不断深入，吸引了越来越多的社会组织投入到社会建设工作中来，呈现出了社会组织参与数量和撬动社会资金规模逐年递增的态势。2010 年，30 家社会组织参与政府购买社会组织服务，撬动配套资金 30.29 万元。2011 年，40 家社会组织参与政府购买社会组织服务，撬动配套资金 105.8 万元。2012 年，65 家社会组织参与政府购买社会组织服务工作，共撬动配套资金 296 万元。2013 年，95 家社会组织参与政府购买社会组织服务工作，撬动配套资金 408.3 万元（图 5）。

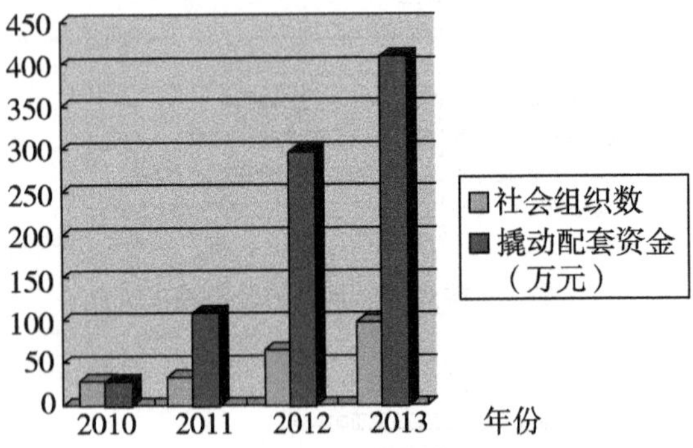

图 5　参与社会组织数目和撬动配套资金数量

从图 5 可以看出，2013 年参与的社会组织数，较最初的 2010 年增长了 3.3 倍。2013 年撬动的社会资金数，较最初的 2010 年增长了 13 倍。政策的引导作用和政府投入的带动作用进一步增强。

（5）把握专业化服务方向。我们根据房山城市化发展趋势和社会工作专业化发展方向，重点培育符合时代特征、房山特点的项目。如区私营个体经济协会实施的学雷锋志愿服务项目，荣获 2012 年北京市“十大公益服务品牌”，在全区掀起学雷锋活动的热潮。区社会工作者联合会实施的“拆迁地区社会关系重建”项目，会同中国银监会、北京消保局等单位的志愿者，在长阳、窦店等地区针对拆迁补偿户资金使用问题，举办“防范非法集资”理财讲座，让广大群众树立良好的理财观念，服务近 4000 人次。区食用菌协会实施的“食用菌就业帮扶”项目，开展田间学校，送技术下乡，通过创新培训方式、方法，提高 2000 余名会员及菌农的种养殖技术，直接带动 200 名农村劳动力就业。同时，通过项目的实施，也培育和扶持了一批专业性社会组织，尚民社工事务所、睿诚社工事务所、蒲公英社工事务所在心理疏导、法律援助和市民素质提升等方面提供的专业服务受到群众的热烈欢迎。

三、存在问题

（1）对政府购买社会组织服务的认识亟待提高。房山区政府购买社会组织服务工作虽然已经开展 4 年，但是，很多区直部门和社会组织对此还没有深刻的认识。具体表现为，政府各部门对自身职责还没有进行深入细致的梳理，对哪些职责属于公共服务，哪些公共服务职责可以通过政府购买方式来进行，还没有清晰、明确的界定和认识。社会组织的行政化倾向十分明显，缺乏参与社会服务的热情和活力。政府购买服务的年度财政经费预算还存在很大程度的不确定性，在经费的预算、拨付、额度、使用等环节上，还没有建立起一整套标准。

（2）政府购买社会组织服务项目亟待拓展。四年来，虽然购买了一些社会组织服务项目，但数量少，资金规模小，购买领域有限，购买对象范围狭窄，项目也仅限于一般的公共服务，而涉及养老、社会保障、社会救助等重要业务领域的公共服务还是很难在实践中看到，导致现有项目比较单薄。

（3）政府购买社会组织服务统筹协调力度亟待加大。随着政府审批制度改革和事业单位改革的不断深入，政府各部门可以通过委托或者采购等方式向社会组织转移职能越来越多，由于缺乏统筹，导致出现重复投入、效率不高等现象。

（4）社会组织自身建设亟待加强。受到传统体制的影响，房山区大部分社会组织发展仍然比较滞后，存在着整体规模不足，竞争意识薄弱，专业人才缺乏，服务水平不高等限制，难以承接较为复杂、涉及面广的社会公共服务。特别是专业性建设将是社会组织面临的最迫切的任务，如果不能迅速成长为一支新生力量，获得政府以及社会的信任，就很难获得更广阔的生存空间。

四、对策建议

（1）建立政府购买服务长效机制。充分发挥政府投入的引导作用，加大对重点领域、重点项目的资金支持力度。专项支持资金由区财政列支，纳入预算管理，列入社会建设专项资金管理，确保专款专用。随着房山区经济社会的发展，不断增加专项资金的额度，使政府购买社会组织公共服务制度化、常态化。

（2）加强政府购买公共服务的统筹协调。按照管办分离的模式和要求，政府购买公共服务必须在区政府的统一领导和协调下，由各部门通力合作、共同推动。要按照“一区一城”新房山建设的总要求，围绕逐步实现基本公共服务均等化的目标，加大政府对公共服务支持力度，逐步完善公共服务体系。推进政府购买社会组织服务同深化行政管理体制改革、事业单位改革、社会体制改革、社会服务管理创新工作紧密结合起来，有计划、有步骤地推进各项工作。

（3）拓宽社会组织服务内容。以居民需求为导向，深入挖掘政府购买社会组织服务项目，充分调动社会组织和群众两方面的积极性，以实现提高政府服务效能、节约服务成本、社会组织能量有效释放以及群众多样化需求有效满足的多方共赢局面。

（4）促进社会组织健康发展。制定《房山区社会组织发展规划纲要》，成立社会组织服务中心，扩大社会组织服务项目宣传，显著增强社会组织参与社会服务的功能，显著提升社会组织承接政府转移职能的能力。充分发挥“枢纽型”社会组织的骨干和龙头作用，先行先试，不断完善社会组织承接政府职能的管理制度，重点扶持一批具有示范导向作用的公益性社会组织，实现对政府公共职能有效承接。

（此文作者为房山区委社会工委书记、区社会办主任）

通州区社会组织发展及服务情况调查报告

张玉震

为深入贯彻落实党的群众路线教育实践活动，加速提升通州区社会组织服务能力，笔者选取通州区服务资质好、专业水准高、项目特色突出的社会组织进行了调研，全面了解掌握了通州区社会组织的发展现状，为今后通州区社会组织工作指明了方向。

一、通州区“枢纽型”社会组织

“枢纽型”社会组织是北京市社会组织管理创新的重要举措之一，旨在促进社会组织管理体制转型，帮助政府更好地掌握社会组织动态，更好地联系和服务于广大社会组织。通州区社工委根据市委市政府和市社工委的相关文件要求，从2010开始启动“枢纽型”社会组织的认定工作，至今有13家区级“枢纽型”社会组织和5家街道级“枢纽型”社会组织。

（1）“枢纽型”组织发挥了纽带作用，促进了政社互动。虽然全区十几家“枢纽型”组织发挥作用不尽相同，但传递政府有关社会组织的政策信息是大家的共同点，也是各个“枢纽型”组织发挥作用的主渠道。

（2）“枢纽型”组织发挥了平台作用，为所联系的社会组织提供政策指导、资源整合、经费扶持、规范建设等综合保障服务。访谈中各“枢纽型”社会组织普遍认为应当承担起培育、管理、服务的职责。大多数“枢纽型”组织都能够针对工作需要对所联系的社会组织开展培训、项目申报指导、整合更多资源为社会组织提供服务。

（3）“枢纽型”组织发挥了规模化社会动员作用，引导更多社会力量投身社会服务。“枢纽型”社会组织除了加强行业内部建设以外，还积极倡导联系单位针对群众迫切需求，开展服务项目，起到了较好的社会动员作用。如通州区农民专业合作社联合会开展“社区小菜园”活动，旨在解决居民买菜难问题。

（4）“枢纽型”社会组织管理体制机制不顺成为制约其发挥作用的主要问题。从全区来看，“枢纽型”组织发挥作用情况极不平衡。区级“枢纽型”组织作用发挥不及街道级“枢纽型”组织。多数区级“枢纽型”组织表示体制机制不顺，是导致枢纽作用难以发挥的主要原因。一是缺少顶层设计；二是“枢纽型”组织全部依托于政府或事业单位，行政性强，独立性弱；三是行政认定“枢纽型”组织，作用发挥缺少土壤。目前，通州区社会组织发展的生态体系还未建立，自下而上的“枢纽型”社会组织还没有出现。

上述原因导致区级“枢纽型”组织实际联系的在民政局注册的社会组织数量仅有 40 余家，不足全区登记社会组织数量的 20%。覆盖面较为有限。和原来双重管理相比，所联系的社会组织没有更大范围的突破，与“枢纽型”社会组织制度设计的目标还有较大距离。

二、通州区注册社会组织

（一）社会团体

依据 2013 年北京市社会组织年检报告数据，通州区参检社会团体共有 108 家，其中行业性社团 43 家，专业性社团 38 家，联合性社团 16 家，学术性社团 11 家。

（1）社团成立平均年限超过 9 年，运营规范性逐步提高。从成立时间看，最早的成立于 1992 年，至今已经有超过 20 年的历史，社团成立的峰值在 2005 年，有 20 家社团在这一年成立。总体而言，频率分布正态曲线相对于平滑，如图 1 所示。

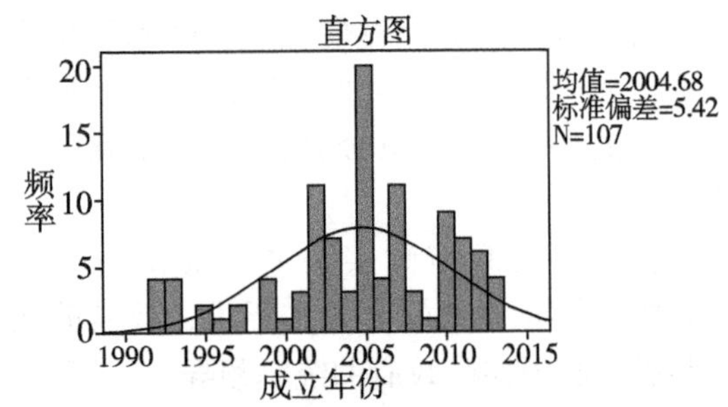

图 1　通州区社会团体成立时间频率直方图

机构运行的规范性逐年提高。2013 年没有一家社团受到行政处罚。有 99 家机构能够做到财务独立核算。2011 年接受年度财务审计的机构有 24 家，2012 年 27 家，2013 年 39 家。但在参检的 108 家机构中，占比不足四成，也显著低于全市平均水平。

（2）行业分布体现通州区经济社会发展特点，农业类、工商服务类、社会服务类社团数量位居前三。在参检的 108 家机构中，农业及农村发展类有 30 家，工商服务类有 22 家，这两类就占据了机构总数的近一半。

（3）从业人员逾千人，兼职人员占主体，近七成与业务主管单位合署办公。参检社团从业人员总数达到 1212 人，其中专职工作人员 273 人，兼职工作人员 939 人。平均每个社团从业人员超过 11 人，其中专职人员不足 3 人，兼职人员占据社会团体工作人员的主体。

（4）政府重视社会组织作用，以购买服务为代表的新型政社合作模式初见端倪。2013年参检社团当年累计收入超过3000万元，其中政府补助资金将近2000万元占首位，达到总额的66.7%。各级政府部门以购买服务、承办委托、政府资助等新型社会治理机制，对通州区13家社团投入资金达到256万余元。

（二）民办非企业单位

依据2013年北京市社会组织年检报告数据，通州区参检民办非企业单位共有138家，其中单位性质是法人的有128家，个体6家，合伙4家。

（1）平均成立时间8年有余，规范化建设水平相对滞后。成立时间最长21年，最短2年，平均8年有余，如图2所示。

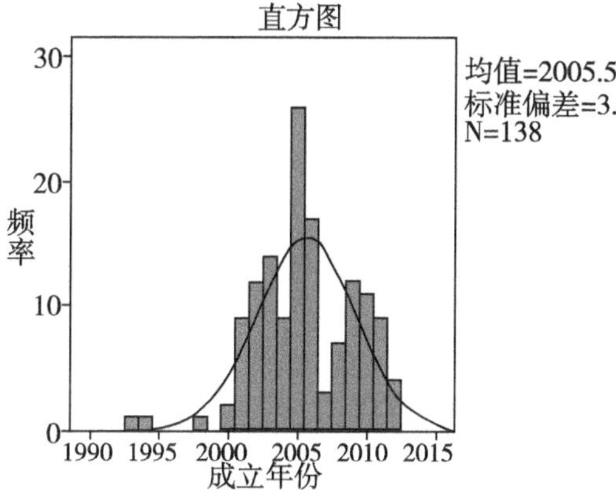

图2 通州区民办非企业单位成立时间频率直方图

（2）行业分布不平衡，教育类独大，社会服务类缺少。从行业分布来看，教育类民办非企业单位有99家，占总数的72%，高于全市平均水平。

（3）从业人员近4000，年富力强，但专业水平有待提高，志愿者参与不足。138家民办非企业单位从业人员3886人，其中专职工作人员3541人，兼职345人。从年龄结构看，35岁及以下的占43.7%，36～60岁的站51.4%，60岁以上的占4.9%。专职从业人员平均年龄不足40岁。

超过一半的从业人员具有大专以上学历，具有专业技术职称的1146人，占不到从业人员总数的三成。其中高级职称的253人，中级职称349人，初级职称544人。具有社工师资格的22人，其中高级社工师3人，中级11人，初级8人。

志愿者也是非营利机构使用的重要人力资源，从年检数据显示，仅有22家机构招募使用过志愿者。人数达到1595人，累计服务时间8617小时，低于全市和16个区县的平均水平，如图3所示。

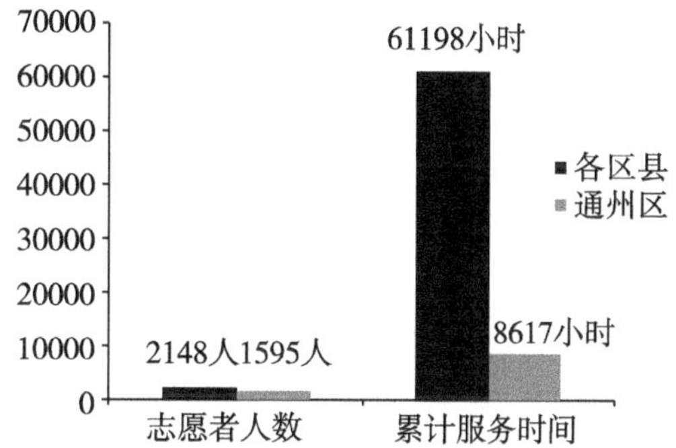

图3 通州区民办非企业单位志愿者参与情况与各区县对比图

（4）吸纳7000万余元社会资金投入公共服务事业，年营收3.5亿元，经营状况基本良好。138家参检民办非企业单位开办资金总额达到7111万余元。在一定程度上弥补了政府公共服务投入不足，撬动了多渠道社会资金投入群众需要的教育、文化、体育等公共服务事业中。

（5）多数机构在做好业务服务的同时，积极参加社会公益活动，但社会服务品牌机构较少。2013年共组织各类公益活动204次。

（三）主要问题

从调研的情况看，通州区登记注册社会组织发展状况和全市社会组织相比还有一定差距，对全区经济社会发展还有待进一步加强。

（1）现代公益理念滞后，政社分开，规范化建设有待加强。通州区社会组织普遍缺少现代公益理念，社会团体对业务主管单位的依赖性大，自主性、独立性弱。

（2）社会组织服务方式相对陈旧，特色

服务创新品牌少。综观通州区社会组织的服务方式，仍以传统运动式志愿服务为主，捐款捐物为辅。

(3) 行业分布不均，服务领域有空白。如前所述，社会团体和民办非企业单位中，社会服务类机构都比较少。多数机构仅是应时应景参与一些社会服务活动。

(4) 专业人才稀缺，广泛的志愿者参与机制有待完善。通州区社会组织从业人员整体情况尚可，但社会服务领域的专业人才急缺。

三、通州区社区社会组织

社区社会组织是在社区层面产生的，达不到现行条例登记标准的，从事社区公益事业的自发性组织。该类组织往往由居委会或居民牵头举办，在社区范围内开展活动，旨在满足社区居民和社区建设的不同需要。他们扎根基层，活跃在百姓中间，是提供社会服务的又一类供给主体。

(1) 发展势头良好，备案社区社会组织高于全市平均水平，居郊区县第二，但各街镇分布较不平衡。通州区各街道乡镇分布排名前三甲的分别是永乐店镇、玉桥街道和马驹桥镇，其备案社区社会组织数量占全区的56.9%。其余各街道乡镇备案社区社会组织数量不到总数的一半。各街道乡镇对社区社会组织的重视程度和管理力度还有较大差异。

(2) 服务领域涉及广泛，主要集中在社区安全、志愿服务、文化体育三项。从居委会反映的情况来看，社区社会组织服务领域覆盖面较广，从社区公共环境建设到针对不同居民群体的社会服务都有涉及。

(3) 缺少资金，依赖性大，专业性差是社区社会组织存在的主要问题。虽然居委会对社区社会组织的满意度评价较高，但考虑到一半甚至更高比例的社区社会组织负责人是居委会工作人员，该评价恐怕包含不少水分。

四、提高通州区社会组织发展水平与服务能力的对策建议

随着北京新的城市发展战略定位和建设国际一流和谐宜居之都目标的确立，北京城市发展进入了崭新阶段。通州区建设北京城市副中心也被赋予了更为丰富的内涵。社会组织作为与政府、市场同等的第三部门在促进经济发展、民主法制、社会治理上的作用日益显现，理应成为通州城市副中心建设中软实力的重要组成部分。结合现实问题和发展需要，课题组对提高通州区社会组织发展水平与服务能力提出如下建议。

(一) 重视社会组织作用，创新社会组织管理理念

(1) 各部门要高度重视社会组织在促进全区经济发展、社会治理、政府职能转变、服务民生等重要领域上的积极作用。社会组织是有序表达群众意愿的载体，是政府与社会的桥梁，是缓解社会矛盾的润滑剂。社会组织是承担政府职能转移的有效载体，是协助政府更好地服务民生的生力军。

(2) 相关管理部门要认真学习社会组织特点及规律，创新社会组织管理理念。针对部分领导干部对社会组织认识不足的问题，区委组织部要牵头在干部任职培训中增加社会组织相关内容培训，重点介绍社会组织特点、发展规律、前沿理论以及国内外政社合作经验。

(二) 转变政府职能，创新公共服务提供方式

(1) 简政放权，加大政府职能转移力度。区编办牵头选取试点政府部门，重新评估其工作职能，制定政府职能转移目录。凡社会能干好的，都要主动交给社会去干。

(2) 以政府购买服务为主，创新政府公共服务提供方式。按照《北京市人民政府办公厅关于政府向社会力量购买服务的实施意见》，制定《通州区向社会力量购买服务实施细则》，根据通州区特点和需要将部分公共

服务从“直接举办、直接提供”转为“购买服务、监督质量”，切实转变政府职能和角色，提高财政资金使用效率。

（三）制定社会组织发展规划，完善培育发展政策体系

（1）简化登记注册程序，充分释放社会活力。按照《社会团体登记管理条例》《民办非企业单位登记管理暂行条例》和中央及北京市相关政策要求，区民政局要进一步优化社会组织登记程序，落实对行业协会商会类、科技类、公益慈善类、城乡社区服务类社会组织直接登记。

（2）依据区域经济社会发展需要，优化社会组织发展布局。区社工委牵头，联合区民政局、发展改革委、财政局等部门编制《通州区“十三五”社会组织发展规划》。提出未来五年通州区社会组织发展的目标、任务和保障措施。

（3）积极打造区—街—居三级社会组织孵化培育体系。区社工委要建立区级社会组织服务中心，集培育孵化、项目发布、展览展示、资源配置、能力建设、交流宣传等功能于一体，并对全区社会组织孵化培育工作发挥引领和指导作用。

（4）完善社会组织参与社会管理和公共服务机制。通过转移职能、购买服务、重大事项咨询、征求意见等多种形式，支持社会组织参与社会管理和公共服务。

（5）加强规范化建设，完善监督管理体系。按照《北京市社会组织评估管理办法》，区民政局要遵循“政府指导、社会参与、独立运作”的原则，着力加强社会组织评估工作。成立社会组织评估委员会，负责组织协调社会组织评估工作、选聘评估机构、对评估结果进行评审并确定等级；成立复核委员会，负责社会组织评估的复核和对举报的裁定工作。

（四）分类管理，重点推进，营造社会组织生态体系

（1）对枢纽型社会组织着力完善顶层设计、加强政社分开，发挥其在社会组织生态体系中的支持性作用。进一步理顺枢纽型社会组织和业务主管单位的关系，针对同类事项明确划分相关委办局职能，形成管理与服务的合力。各认定枢纽性社会组织要担当起服务平台作用，在整合资源、沟通信息、能力建设、项目对接等方面切实为联系机构提供服务。

（2）对登记社会组织加强规范引导，培育品牌。区民政局除了加大规范化建设评估工作力度以外，还要加强对社会组织运营的日常监管。对政府管理的新动态、新要求，及时召开学习培训会议，保障社会组织的政策知情权。对容易出现违法违规的风险点，建立监测和提醒制度，对查明社会组织违法违规事项，严格依法依规惩处。

（3）对社区社会组织要完善管理体系，在资金、场地、人力上提高保障水平。针对社区社会组织备案不平衡的问题，区民政局要制定《通州区社区社会组织备案管理办法》，进一步理顺社区社会组织备案管理流程和各环节的责任部门。建立街镇培育孵化社区社会组织的工作体系，理顺街道居委会与社区社会组织的关系，明确各自地位和权利义务。街镇要设立专项资金，出台资金使用办法，借助街镇枢纽型社会组织，以购买服务等方式，扩大社区社会组织资金来源，并逐年加大支持力度。对驻区单位向居民开放活动场地的，给予物质、荣誉奖励或某些政策优惠。

（4）引入外来优秀社会组织，加速通州区社会组织生态体系建设。可通过社会组织服务供需洽谈会、公益创投大赛等形式，吸引更多有实力的社会组织为通州急需的公益领域设计服务项目。重点引入养老服务、文化体育服务组织和基金会、支持型社会组织到通州开展服务。

（此文作者为通州区社会办主任）

城市社区治理模式的探索与思考
——以空港街道裕祥花园社区为例

于庆丰

顺义区以空港街道裕祥花园社区为试点进行社区治理的探索和实践，初步形成了社区居民、物业企业、社会组织、街道、职能部门等各方共同参与的“多维度、精细化、全覆盖”社区治理模式。

一、基本情况

裕祥花园社区位于京承高速东侧、温榆河北岸，毗邻首都机场和新国际展览中心。社区成立于1997年，占地面积近11万平方米，总建筑面积12.9万平方米，住宅面积12.5万平方米，建有多层楼宇35栋，共有137个单元1227套住房，属于回迁房和商品房混住的老旧社区，社区问题较多，服务管理难度较大。现常住人口3000余人，其中流动人口1000余人，回迁户132户，外籍人口50余人，呈现出“出租房屋多、流动人口多、老年人多”和“整体环境差、基础设施差”的“三多两差”特点。

二、社区存在问题及成因

（一）历史遗留问题

（1）未预留居委会办公和居民活动用房。该社区建成于1997年，原设计开发未预留居委会办公用房和居民活动用房，导致社区居委会一直租用物业办公室，给居委会为民服务和开展文体活动带来诸多不便。

（2）水、电等基础设施老化。社区的供排水系统老化、锈蚀，管道有断裂现象；排雨排污设施设计不合理，生活污水系统与现有城市管网不配套、不兼容；供暖井盖老化；变压器容量较低，电路负荷大，短路、断电现象时有发生，影响居民正常生活。

（3）停车位不足。社区停车位为350余个，仅为居民汽车保有量的28%，导致机动车、自行车停放秩序混乱，违规占用消防通道，堵路现象严重，对社区安全造成影响。

（二）开发商问题

（1）无社区的配套经济用房。该社区开发建设单位为大龙房地产开发公司，未按有关规定将社区的配套经济用房移交物业，而是自行成立了独立的管理部门运营，使本应属于社区居民共同收益的、用于社区建设的经济来源被切断。

（2）公共维修资金收缴率低。社区共有1227户，仅有283户缴纳公共维修基金，缴存比例低，致使社区的共用部位和设施设备专项的维修养护资金缺乏。

（三）物业管理问题

（1）居民安全感低。社区常住人口3000余人，物业仅配备11名保安，数量不足、素质较低。技防方面，社区出入口、重点部位、主要道路未安装视频监控系统，单元未安装门禁设施，导致车辆、人员自由出入；社区未设立快递寄存点，快递人员随意出入。

（2）公共设施缺损。楼道窗户普遍污损，无人擦洗；楼梯扶手锈蚀；社区内路灯、休闲桌椅等缺失；社区路面、步道砖破损、空鼓现象严重；社区护栏损坏、掉漆，亟须维修、粉刷。

（3）居住环境较差。楼道内乱堆乱放严重，100余辆“僵尸自行车”占用楼道空间；墙面乱贴乱涂，小广告屡见不鲜，“牛皮癣”现象时常反弹；绿化覆盖率低，绿地有斑秃；垃圾清理不及时，装修垃圾随处堆放；分类垃圾桶站卫生差。

（四）社区居民问题

（1）居民自觉缴费意识较差。社区以老年人、低收入家庭居多，回迁居民占有一定比例，居民消费能力偏低，消费观念陈旧，有偿购买服务意识淡薄，不能按照规定及时缴纳物业、水、电等费用，对其他居民造成不良影响。

（2）居民共住共建观念不强。居民缺乏主人翁意识，志愿参与社区建设的热情不高；受旧有生活方式影响，部分居民在公共绿地种植，随意私搭乱建，且跟风现象严重。

（五）居委会问题

（1）居委会事务性工作繁重，作用发挥不到位。社区党支部、居委会、服务站，一套人马三块牌子，共13名工作人员，负责辖区内党建、信访司法、工会等200余项具体工作，会议多、考核多、材料多，导致社区工作人员忙于日常工作，没有更多精力服务居民，无法充分发挥联系居民的桥梁纽带作用。

（2）社区工作者队伍素质尚需提高。社区工作者工资待遇较低，发展空间有限，无法留住素质和能力水平较高的人员；系统全面的培训少，专业化理论和实践能力不高，解决问题方法简单、形式单一。

（3）居委会缺乏与区职能部门有效沟通协调机制。社区老年餐桌、家政公司入社区等工作需得到相关区职能部门的支持和批准才能设立，目前居委会与区职能部门沟通协调机制不顺畅，造成相应的服务站点无法及时建立。

（4）社区经费保障不足。居委会经费有限，且未建立“费随事转”的财政机制，无能力更好地满足居民个性化、多样化的需求。

（六）街道方面问题

（1）保障社区有序建设机制缺乏。街道缺少统筹协调机制，社区的诸多遗留问题牵涉区职能部门，大都在街道职能权限外，解决乏力；街道缺少条块融合机制，个别职能部门直接插手社区建设管理，出现问题又无担责单位，最终成为社区顽疾。

（2）保障社区基本运行经费短缺。街道作为政府派出机构，是财政拨款单位，专款专用。面对社区一些历史遗留问题和居民反映强烈的现实问题，如居民安装单元门禁的需求，资金需求较大，街道和社区因财力有限无力解决，无法更好地承担保障居民安全的责任。

（七）职能部门履职不到位问题

（1）未接通燃气天然气。社区居民仍然使用液化石油气，存在燃气安全隐患，造成日常生活不便。

（2）未实施楼体保温工程。

（3）未设置社区卫生服务站，日间照料室无专业人员。未纳入区卫生局卫生服务站建设计划，日常的保健医疗难以保障。社区为空巢老年人设置了日间照料室等养老设施，但无后续跟进措施、无专业人员服务，导致设施难以正常运行和有效使用。

（4）燃煤锅炉房急需改造升级。供暖仍由社区内的燃煤锅炉房承担，粉尘严重，污染环境，社区居民反映强烈。

（5）自来水表未改造成智能水表。

（八）政府层面问题

政府缺乏兜底保障机制。如上所述的锅炉房改造、楼体外墙粉刷和加保温层、自来水表未进行智能化改造等问题，居民反映强烈，街道、居委会多次与相关单位沟通，但仍无单位主动担责，亟须区政府兜底解决。

三、开展工作情况

（一）已经解决的问题

经空港街道多方协调，社区居委会协同物业企业等较好解决了社区在绿化、基础设施、环境、安防设施、停车秩序等方面存在的问题。

（1）解决了社区居委会用房的问题。区财政拨款573.4万元为社区居委会购置四套用房，共376.4平方米。

（2）解决了社区绿化问题。在社区新植碧桃、李子、黄杨等应季苗木近1300棵、月季花8000余株，安装绿化提示牌18块，有效改善了社区景观效果。

（3）解决了社区基础设施问题。更换高透灯罩、节能灯泡，改造路灯165个；修整社区内严重破损路面374平方米，停车场拆除便道砖更换水泥路面520平方米；改造南、北大门，砌花池，安装减速带、隔离墩以及保安岗亭，更换井盖15套并对破损井盖周边进行维修，添置15套休闲座椅及分类垃圾桶15组，更换94个供暖井盖。

（4）解决了社区安防设施问题。对社区南北大门进行升级改造，安装出入口车牌识别道闸系统；建立“四元共治”模式，按照政府70%、物业10%、街道10%、居民10%的出资比例为社区安装单元门禁，截至目前已经安装78个单元；在重点部位加装高清摄像头42个。

（5）解决了社区环境问题。全面清理32栋住宅楼137个单元楼道墙壁，粉刷楼梯外立面剥落严重的3栋楼，粉刷围栏1000延米，清除小广告2536处，修补、粉刷墙面近3万平方米；集中整治楼道杂物，清除破旧自行车113辆、堆积物368件，使社区楼道焕然一新、畅通无阻。

（6）解决了社区停车秩序问题。在社区各楼门前安装自行车泊车架90组，方便居民有序停放自行车。本着“充分利用、科学规划”原则，在社区各主要道路设置临时停车位，将原有直停式车位改为斜停式，重新规划标准停车位300余个，新增临时停车位近50个，实现车位扩容翻一番。

（7）解决了社会组织资金不到位的问题。截至目前，区社会办出资10万元、街道出资30万元，共同成立空港街道社会组织专项基金，加大对社区社会组织的培育和发展。

（二）正在解决的问题

（1）社区北门安装红绿灯的问题。街道、居委会协调相关职能部门，与交通中队多次实地踏查、商榷，最终决定安装红绿灯。现已经区交通局审批，区市政管委将于9月底前完成施工。

（2）综合代收代缴站点的建设问题。居委会积极与相关银行沟通，目前已完成综合代收代缴银行站点的建设，正在拓展银行其他产品在社区的服务试点。

（3）居民买菜不方便的问题。街道和居委会积极与相关商户联系，将在社区内建立便民蔬菜销售点，方便居民生活。

（4）居民家园意识的培养。制定居民公约、搭建“五色公益服务协会”平台，建立相应的评选机制和奖励激励机制，开展丰富多彩的宣传教育活动，引导居民参与社区建设。

（5）环境治理反弹的问题。建立社区环境督察机制，提高社区居民、物业企业参与社区建设治理的积极性、主动性。

（6）物业服务不到位的问题。运用经济调控手段，激活物业企业搞好物业服务的积极性和主动性。街道设立专项基金，通过“以奖代补”的形式，加大对优秀物业企业的奖励；组织和督促物业企业将服务内容、服务标准、服务费用、服务电话等事项进行公开公示，与居民良性沟通，更好地为社区居民服务。

（三）尚需解决的问题

（1）社区35栋楼体外立面尚未粉刷；楼体保温未列入区政府便民工程；燃煤锅炉房未改造。

解决思路：由区政府兜底统筹，区市政市容委负责具体落实，争取纳入区政府便民工程。

（2）天然气未入户；自来水表未进行智能化改造。

解决思路：由区政府兜底统筹，区住建委负责具体落实，争取纳入区政府实事工程。

（3）社区体育设施和儿童活动设施不足。

解决思路：街道继续争取区相关职能部门的支持，力争通过加强协调、各方联动予以解决。针对困难较大的，由区政府统筹兜底，推进职能部门具体落实。

（4）社区快递寄存点的建设。

解决思路：居委会与物业企业协调人力和物力资源，为居民提供方便，提高居民的满意度。

四、关于社区治理模式的思考

居民、物业、居委会、街道、区职能部门、区政府等，在社区治理中分别扮演不同角色，承担不同职责，需要每个角色找准定位，既相对独立又互相配合地开展工作，最终形成统筹协调、各方联动的工作机制，使社区治理真正走上良性运行的轨道。

（一）建立区政府统筹兜底的保障机制

（1）建立区社会办统筹社区事务的工作机制。

由区社会办牵头统筹，全面征集、认真梳理、系统研究社区存在的问题，按照责任主体系统研究、分析，形成处理意见，协调相关部门制订方案；针对较为突出、街道自身无力解决的问题，做好预算，纳入每年区政府重点工程、便民工程和实事工程，由相关部门负责项目落实，区政府负责“兜底埋单”，树立政府在群众中的威信，使每项工作都有人管、有人问、有实效，真正践行全心全意为人民服务的宗旨。

（2）建立行业监管部门负责兜底的工作机制。

一是由区住建委牵头负责。鉴于社区历史遗留问题和物业服务管理问题较为集中和突出，区政府应明确由区住建委牵头、区市政市容等相关部门配合，共同建立行业监管部门在社区工作兜底的运行机制，落实资金保障，兜底解决社区的实际困难和问题。

二是加强对物业企业的行业监管。探索建立物业统筹机制，将管理服务水平较低的物业企业逐步淘汰，引进“资质高、信誉好、服务佳”的物业企业对老旧小区实施统一的物业服务，形成老旧小区物业管理一盘棋的局面，有效缓解老旧小区物业服务水平差、百姓强烈不满的局面。加强物业企业管理，监督引导物业企业积极参与社区治安维稳、环境整治、为民服务、文化建设等社区建设。

三是保障社区的基本运行。区政府要在解决好社区的“历史欠账”的同时，加大政府对老旧社区的投入力度，建立社区物业日常运行经费保障机制，用于老旧小区基础设施建设、环境整治及为民办实事，及时应对和解决社区运行中的日常维护和突发问题，保障小区正常运转和居民的正常生活；建立居民素质教育的专项经费保障机制，用于开展各项评比活动，加大对居民的宣传教育，提升居民的素质。

（二）建立街道责权一致的管理服务机制

（1）建立条块融合的工作机制。建立小区移交机制，社区移交前由原所属单位及区职能部门将相关事宜与街道交接清晰；建立街道融合机制，区职能部门凡涉及社区的具体工作，必须征求所属街道意见，由街道统筹安排；建立街道统筹机制，配备与街道管辖范围一致的派驻机构，强化街道落实各项工作的专业力量和执法力量。

（2）建立财政保障机制。按照事权财权统一的原则，建立街道的财政保障机制，即按照辖区人口和面积拨付管理经费。

（三）建立社区治理体系现代化模式

（1）建立社区现代化治理的工作方法。

创建“一线工作法”，即要求社区工作者深入工作一线，问题在一线发现、思路在一线形成、矛盾在一线排除、感情在一线加深、作风在一线体现、威信在一线树立。通过一线工作法及时解决居民困难，努力实现居委会“为了一切居民、一切为了居民”的宗旨，变被动服务为主动服务，在服务中树立威信，让居民获得方便和实惠。

（2）建立社区现代化治理体系的指标体系。

社区通过“心桥信箱”、社区QQ群、微信公众平台、网上居委会等渠道，倾听居民心声，汇集居民需求，整理归纳成自下而上的“心桥目录”，将居民、物业、居委会、社会组织和政府职能部门全部纳入社会服务管理创新指标体系，打通居民实际需求与居委会、物业之间的壁垒，实现更好地为其服务。

一是对居民的教育管理。以“五色公益服务协会”社会组织为载体，组织发动居民参与社区建设，开展居民互助服务，形成社区公共事务大家管、大家干的良好局面，有效推进社区民主政治和居民自治。

二是对居委会的规范化管理。以落实社会服务管理指标体系为契机，推进居委会的规范化建设，使居委会有精力、有能力、有条件、有保障全身心投入并做好职责范围内的社区服务工作。规范居委会职能事务，紧紧围绕居委会“自我管理、自我服务、自我教育”的主要职责，积极发挥组织、协调、主导社区服务的作用；规范规章制度，做到基本制度健全、程序流程清楚；规范队伍管理，做到居委会干部依法选举产生、社区工作者职业化管理，强化技能培训；规范保障措施，确保社区工作经费落实，建立并落实福利待遇的激励机制，提高居委会推进社区服务治理工作的能力与水平。

三是对物业企业的服务管理。将物业管理服务的基本内容纳入社会服务管理创新指标体系，运用社会服务管理创新核心指标体系的加权平均模式，以物业企业服务居民的深度、强度、受益人群的广度来确定权重，按照月度、季度、年度的不同频度制定相应的评分标准和目标，监督物业企业不断提高服务居民的能力和水平。

（3）建立社区现代化运行机制和平台。

一是建立“三位一体”捆绑式社区服务机制，即居民、居委会、物业企业三方共同参与社区服务管理。居委会是协调方，物业企业是主要服务方，居民既是被服务方同时又是服务参与方，三者分工有序，团结合作，相互监督，共享社区资源，共商社区问题，通过信息联通，搭建服务网络，促进物业管理更规范、居民与物业的关系更融洽、社区环境秩序更良好。

二是搭建社区“五色管理”工作平台。该系统的核心内容包括社区实事、五色管理两个模块。①社区实事模块，该模块是社区从群众中征集上来的现实需求形成的实事指标库，做到对社区实事定性、定量、定时和定责，确保社区实事指标得到推进和落实。②五色管理模块，该模块是社区对“五色公益协会”参与者的综合管理平台，是对居民参与社区治理积极性的评价，由系统自动计算出每名参与者的考核结果，加强社区居委会的治理能力和治理体系的现代化建设。

综上所述，空港街道裕祥花园社区经过探索实践，实现了社区治理的“横向到边、纵向到底”，初步形成了“多维度、精细化、全覆盖”的社区治理模式，有效提高了社区治理的能力和水平，为全区街道和社区提供了经验和示范。

（此文作者为顺义区委常委、常务副区长）

关于顺义区街道管辖社区物业管理的现状及对策建议

张友生

自20世纪90年代末顺义区开始引入“物业管理”参与社区建设以来，经过近20年的发展历程，物业管理这种服务管理模式已经被大多数居民所认可，并在社区环境建设、治安维稳等工作中发挥着重要作用。但是，随着社区居民对物业服务需求的不断提高、物业服务成本的不断上涨以及部分社区基础设施的日益老化，社区居民对物业服务的满意度明显下降，社区居民与物业服务企业之间的矛盾日益显现，影响了社区居民的生活质量和和谐社区建设。针对当前物业管理工作中存在的问题，区社会办于近期对顺义区社区物业管理现状进行了摸底和调研，就如何加强和完善顺义区社区物业管理工作提出一些对策与建议。

一、顺义区街道管辖社区物业管理现状

目前，顺义区6个街道管辖社区共71个（除太平、前进社区），其中政府直管社区12个，物业管理社区49个，物业管理试点社区3个，开发建设单位自管社区5个，属地自管社区2个。各社区共成立业主委员会12个（主要在别墅区）。具体情况如下。

（1）政府直管社区（12个）。全区共有政府直管社区12个，分别是光明街道幸福东区，胜利街道建南一、建南二、建北一、建北二、建北三、胜利小区、幸福西街，石园街道石园东区、石园西区、五里仓一、五里仓二社区。

（2）物业管理社区（49个）。全区共有49个社区实施物业管理，由82家物业服务企业提供服务。

（3）物业管理试点社区（3个）。胜利街道义宾南区、义宾北区和双兴南区。

（4）单位（属地）自管社区（7个）。其中由开发建设单位负责管理的社区5个，分别是光明街道双拥社区、东兴三社区，胜利街道义宾街社区，石园街道燕京、轻汽社区；由属地负责管理的社区2个，包括石园街道石园南区和旺泉街道前进花园社区。

（5）业主委员会成立情况。全区共成立业主委员会12个，分布在空港街道天房一社区的丽喜花园、丽斯花园、天竺花园，天房二社区的欧陆苑、优山美地、莱蒙湖，莲竹花园社区的米兰花园，双龙源社区的龙湾别墅，三山新新家园社区的水青庭，双丰街道富力湾社区的龙苑别墅，胜利街道龙府社区，旺泉街道牡丹苑社区。

二、当前街道管辖社区物业管理存在的主要问题

（1）政府直管社区存在的主要问题。顺义区12个政府直管社区共256栋居民楼，其中245栋居民楼及社区内的环境、设施由市政部门承担了“物业服务”工作，包括：社区环境卫生、绿化、水电气暖维修、外墙保温改造以及道路硬化等；有11栋居民楼因原建设单位仍然存在，不在直管范围之内，由建设单位负责日常管理和服务工作。这类社区主要存在4个问题：一是同一社区内服务水平不同。由华厦集团、铁十六局一处、供销社、邮政局、公路三段等单位自管的11栋居民楼内卫生保洁、管线维修改造等日常服务工作由各单位负责提供，而这些单位普遍没有物业管理部门，无法提供及时、专业的服务。二是基础设施维修周期长。由于政府直管社区的基础设施维护、维修工作普遍采取按计划、分批次的方式实施，很多社区的道路破损、休闲桌椅损坏等需要等待很长时间，特别是管线老化等问题无法得到及时解决。三是保洁人员数量不足。一般每个政府直管社区的保洁人员为7~8名，负责15~20栋居民楼及社区道路的保洁工作，劳动强度大、工资待遇低，工作质量无法保证。四是安保服务欠规范。社区保安人员年龄普遍偏大、人员流动快、责任心不强，保安工作形同虚设。

（2）物业管理社区存在的主要问题。已经实施物业管理的49个社区，物业服务管理水平良莠不齐，且普遍存在运营困难、服务质量下降等问题。一是属地职责难履行。“三定方案”规定街道办事处负责指导、监督、检查小区物业管理，但除空港街道以外，各街道办事处不参与物业服务企业的考核和资质评定，因此在实际工作中很难形成有效的监管。二是物业管理模式多样化。实施物业管理的社区中，普遍存在一个社区由多家物业公司管理、单位自管与物业管理并存、属

地管理与物业管理并存等多种模式。物业管理模式的多样化也带来物业服务的差异化，如在区开展的老旧小区外墙保温、节能窗改造工作中，旺泉街道的铁十六局社区就不在改造范围之内。三是物业公司管理不到位。鉴于物业服务行业普遍面临物业费收缴标准低以及收缴比例低等难题，物业服务企业顾及服务管理成本，难以提供优质的服务，导致服务水平下降。四是物业管理区域划分欠规范。按照《北京市物业管理办法》规定，"物业主要配套设施设备和相关场地共用的，应当划分为一个物业管理区域"，但在光明街道的东兴三社区，仅16栋居民楼就有1个物业公司和5家社会单位在分别管理，物业服务管理不规范的问题比较突出。五是普通商品住宅小区物业服务企业普遍面临亏损难题。造成物业服务企业亏损的原因主要包括：收费标准低、物业费收缴比例低、服务成本和人工成本提高等。例如，旺泉街道西辛社区，宏城花园社区，双丰街道马坡花园一区、马坡花园二区，等社区的物业费收缴标准长期保持在0.35元/平方米至0.7元/平方米的水平，物业服务企业很难营利，物业服务企业运营困难必然导致服务水平下降和物业费难收缴，由此形成了连锁反应和恶性循环。物业费收缴比例低，物业服务企业常年亏损。近期，各街道办事处对顺义区近80家物业服务企业2013年运营情况进行了调查摸底，统计数据显示，48.8%物业服务企业物业费收缴比例在80%以下，物业费收缴难已经成为物业管理工作中较为突出的现象和问题。此外，物业服务成本提高也是造成物业服务企业运营困难的一个重要原因，从目前了解的情况来看，即使像万科这样物业费收缴比例在99%的物业公司，2013年的亏损额也在80万元左右。六是居民思想观念难转变。部分小区居民享受惯了福利管房的种种好处，对物业服务有抵触情绪，不愿缴纳物业费；回迁小区的居民更是不愿缴纳物业管理费用，大多数回迁小区的物业费都由原村委会负责缴纳。

(3) 物业管理试点社区存在的主要问题。从2008年开始，顺义区先后在胜利街道义宾南区、义宾北区、双兴南区进行物业管理试点工作，但居民抵触情绪较高，不愿缴纳物业费，物业费收缴比例仅为2% ~3%。目前，三个试点社区运行已经6年，每年区政府和区住建委都要投入大量资金用于基础设施维护和改造，扶持物业服务企业的发展。

(4) 单位（属地）自管社区存在的主要问题。单位或属地自管的社区服务水平较差，如胜利街道义宾街社区主要管辖铁路东、西侧的平房区，属铁路部门产权，该社区既无物业也无保洁，仅靠居民志愿者清扫，且此区域与大市政顺接不畅，经常出现卫生脏乱、污水外流等现象。

三、加强顺义区物业管理工作的对策及建议

物业管理是一项关系民生、面向千家万户的系统工程，工作绩效和服务质量直接影响着人民群众的切身利益，针对顺义区物业管理工作面临的各种困境以及存在问题，建议从以下几个方面加强管理。

(1) 研究制定物业管理意见。区相关职能部门要在充分调查、广泛征集意见的基础上，结合顺义区多种物业模式并存、居民物业消费意识和能力不强的特点，围绕物业服务收费标准、服务内容以及发挥街道、社区的综合协调作用等问题研究制定符合顺义区实际的物业管理意见，进一步明确相关主管部门、街道办事处、社区、建设单位以及物业服务企业的职责，从体制上厘清各部门之间的关系，进一步加强和完善我区物业管理工作。

(2) 规范物业服务市场。提高物业管理市场的准入门槛，努力引入物业管理的市场竞争机制；加强物业管理市场整顿，对不具备物业服务资质、不按规定提供物业服务的企业，坚决吊销执照，注销上岗资格证书，维护良好的市场秩序；规范划分物业管理区

域，对多家物业服务企业共同提供物业服务以及物业管理与单位自管并存的社区实施统一、规范的物业管理；建立属地政府参与物业管理的检查考核机制，加强属地对物业服务企业的监督与指导。

（3）分类推进物业服务市场化。根据不同社区情况和推向市场化运作的难易程度，结合区政府关于社区物业管理的相关配套政策，将全区的社区划分为几个类别，制订出各类社区推进物业服务工作的时间进度表和物业服务模式。对于政府直管社区，采用“先改造，后转型”的方式推进物业服务市场化；对于物业服务区域划分不规范的社区，对物业服务区域进行规范和整合，选聘具备资质的物业服务企业提供服务，提高物业服务水平；对于目前村级资产没有分配的社区，采取居民按标准缴纳物业服务费，村级资产给予适当补贴过渡的方式，逐渐培养居民“花钱购买物业服务”的意识。同时，通过教育培训、宣传引导、开展文体活动等各种方式促进居民转变观念，逐渐引导和培养居民对购买物业服务的认同。

（4）建立市场化的收费机制。鉴于目前物业收费矛盾凸显，尤其是普通商品住宅小区物业收费标准低已经严重影响物业服务企业正常运行的现状，应采取分类指导，分等定级收费，做到公开合理、质价相符，协助物业服务企业摆脱长期亏损的现状。

（5）建立对物业服务企业的奖励扶持机制。针对顺义区物业服务企业大多亏损的实际，应当采取适当调整物业服务收费指导价，减、免、缓税费，政府给予适当补贴等办法，扶持物业服务企业发展；对于刚刚起步的物业服务企业的发展提供支持，运用财政、税收、价格等杠杆为其发展提供必要的支持，增强物业服务企业的发展动力和活力。

（6）加强业主与物业服务企业之间的沟通。在没有成立业主委员会的社区，依托社区居委会，积极搭建居民与物业服务企业沟通交流的平台，主动了解居民诉求，及时化解物业纠纷和矛盾；推行物业服务公示制度，组织和督促物业服务企业将服务内容、服务标准、服务费用、服务电话等事项进行公开公示，促进企业实现标准化服务、规范化经营。

（7）加强物业管理法律法规宣传。物业主管部门和物业服务企业应充分利用新闻媒体、行业媒体、社区宣传阵地等载体，深入宣传《北京市物业管理办法》等有关法律法规，总结推广物业服务行业好的做法和成功经验，提高企业的诚信度和公信力，营造全社会共同关心、支持、参与社区物业管理的良好氛围，推动整个物业服务行业健康、有序发展。

（此文作者为时任顺义区委社会工委书记、区社会办主任）

关于开展学校社会工作的几点思考

徐湘涛

学校社会工作作为社会工作的分支之一，将社会工作专业的原则、方法及技巧应用于教育机构及其设施中，通过与家长、学校、社区的互动，解决学生问题，促进学生的成长，形成“家庭—学校—社区”的良好关系，构筑教、学、成长的和谐环境，使学生更好地去适应社会。但正如其他领域的社会工作，学校社会工作实务和教育在中国也必须思考这样的问题：在中国本土，社会工作者应该如何开展学校社会工作？应该如何与学校本身的教育系统磨合，从而更好地发挥学校社工的作用？自2011年来，昌平区社会办联合北京昌平温心社工师事务所，依托政府购买服务项目，以昌平区前锋学校为基地，一直从事学校社会工作服务，从学校社工项目实施开始，一直对此问题进行着思考和探索。以下是结合昌平区社会办的实践所做的关于学校社工服务本土化的几点经验性的思考和认识。

一、介入前应注意的几个问题

（一）自觉意识到学校社会工作介入学校教育中的必要性和紧迫性

作为学校社会工作的介入者和干预者，在介入和干预之前，必须静下心郑重其事地问一下自己，这么去做的真正的动机是什么，仅仅是为了申请项目获得资金支持博得眼球，还是真正地意识到在当前学校教育体系中引入社工服务理念的必要性和紧迫性？对这个问题的思考，关系到对服务的投入度，只有全身心地投入，才能在当前在对学校社会工作还没有得到广泛认同的环境中坚持前行，从而为学校社会工作的发展赢得一片天。

（二）对当前学校教育面临的挑战性和复杂性做好充分的思想准备

随着社会的发展，适龄学生中出现了诸多问题，如人际交往困难、情绪不稳定、行为习惯不良、心理压力过大以及自卑抑郁倾向者增多等等。而且，问题越来越趋于多样化、复杂化甚至极端化，这对当前学校教育工作提出了极大的挑战。传统的学生工作模式主要是以思想教育为主导，集体管理为主要方式，工作方法偏重于训导式、灌输式和规范式的学生工作模式，结果往往忽视学生的主动性和参与性，忽视对学生的个别辅导和服务，不太关注学生的情绪变化、内心世界及社会生态系统，这很不利于学生人格的全面发展，也使德育工作效果受到了限制。因此，改变传统的学生工作方法，适应当前社会发展新趋势，创新学生工作方法可谓迫在眉睫。

（三）正确认识学校社会工作与德育工作的关系

就我国而言，学校社会工作还处于起步阶段，如何嵌入到当下的学校教育模式中，使之与当下的学校教育模式融为一体，是学校社会工作介入学校之前必须思考的问题之一。从学校运行的现行模式上来分析，学校德育工作从某种程度上而言可以称为本土化的学校社会工作，与所谓的专业学校社会工作有一个共同的目标，就是促进学生心灵的改变和人格的成长，只是借用的方法有所不同而已。鉴于此，我们认为，在现有学校体制下，在学校社会工作介入学校的起步阶段，学校社会工作应暂时归属于学校德育范畴，刚刚介入时，其工作重点应在全力配合学校德育工作的基础上，引进学校社会工作的技术和方法，使之成为学校德育工作的有效补充。

（四）认识到学校社会工作的独特之处

一方面，应认识到学校德育工作与学校社会工作二者在理念和目标上有很多相通之处；另一方面，也应该认识到之所以引入社工理念，在学校开展社会工作服务，原因在于社工工作思路与方法对学校工作，特别是对学校德育工作的促进与创新。我们在配合和支持学校德育工作，增进学校绩效的同时，一定不要被学校德育体系所绑架，要提前做好慢慢地将学校社工的理念渗透进学校教育中的心理准备。

二、介入初期应注意的几个问题

（一）切忌过于宣扬学校社会工作的独特性和专业性，不应特立独行

介入初期，往往容易犯的一个错误是因担心服务学校的不认同不接纳而过分地强调你有多专业，多独特。实际上，你是否专业是否独特并不是学校关注的焦点，其最实际的考虑是你来了，学校是否又多了一份额外的工作，如果让学校感觉到的是，不管你自认为有多专业多独特，一般情况下都不会让

你介入，即使强行通过行政干预的手段进驻学校，效果也是相当的不理想。我们在项目一期开展的学校就最终因此而中途流产。在吸取失败教训的基础上，项目二期重新启动，这次启动后，我们明确一思路，本着“帮忙不添乱的原则”，自觉地把学校社工服务纳入到学校德育工作体系中，在了解学校德育工作的总体思路和框架的基础上，从社工视角，协助、配合、支持、策划相关德育活动的主题内容和形式，收到了意想不到的效果，也很快得到校方的认可和支持。

（二）选择合适的活动形式作为尽快建立工作关系的切入点

作为专业社工，我们都知道和服务对象建立信任友好的合作关系的重要性。而且，一般情况下，从项目审批下来到结项，不到一年的时间，时间紧任务重，没有太多的时间让你慢慢地按部就班地去和服务对象建立工作关系，所以，一定要选择让校方主管领导很快就能看到成效的合适的活动形式，为尽快介入学校开展下一阶段的活动赢得入场券。选择这样的活动应至少考虑以下几点：①活动应该具有趣味性和大众性，老师、学生、学校社工都能一起参与且乐意参与；②活动不能过于简单，要带有一定的挑战性和突破性；③体验中能带来对自我成长和自我认识的思考；④能带入学校社工服务的个别理念、方法和技巧，但不必要做过多的专业性的引导。在基于以上考虑的基础上，项目组最终确定在学校开展的第一次公开的活动是目前社会上极为流行的素质拓展。但为了区别于一般素质拓展，我们特聘请从事青少年社会工作服务的相关专家在青少年拓展基地开展此次活动。通过此次活动，相关主管领导、老师、学生、学校社工、志愿者很快消除隔阂和陌生感，而且至少有 4 名学生发生了显著变化，这为我们下一步活动的顺利开展开启了一扇窗。

（三）在与校方初步建立关系的基础上，适度地进行“社工进学校的宣传”

让在校师生了解社工，必要的宣传是不可缺少的，也是相对便捷的途径之一。一般情况下，宣传不会占用校方特别的时间和特别的地方，在项目组成员的精心策划和组织下，主要在每周的升旗仪式时或校运会的时间，进行了“学校社工进××”校园宣传活动。宣传内容包括如何与社工进行心灵的对接，如何与同学相处、与父母沟通、与老师交流，如何进行自主学习和自我管理，如何进行自我心理调节、等当前中学生普遍面临的困扰话题。同时，我们开通社工热线，希望学生们在遇到困扰时，能及时与社工进行沟通与交流。通过此次宣传，使学校师生进一步了解了学校社会工作，进一步熟知社工，也进一步对自己如何处理学习和生活中的困扰有了初步的认识，得到了学校领导和老师们的认可。

（四）应确定介入的重点对象和内容，面不宜铺得太大

在介入的初期阶段，应确定介入的重点，面不宜铺得太大。项目组在充分考虑服务学校总体情况的基础上，认为介入的重点对象应放在高一年级的在校生，并对高一学生展开需求调查和评估。了解案主的真正需求既是社会工作项目实施的出发点，又是其归宿点。为了准确、全面地了解高一学生的需求情况，在精心设计调查问卷和访谈提纲的基础上，项目组成员从以下三个层面展开需求调查和评估。

一是召开校方主管领导、高一年级班主任及中学心理咨询老师恳谈会，目的是了解校方的需求、校方对我们的期望以及校方眼中的高一学生中普遍存在的问题。

二是向高一年级全体学生发放“中学生生活需求调查问卷”，目的是了解学生如何认识自己当前的压力和困惑。

三是向部分家长进行电话访谈，了解家长在教育方面的困惑及孩子有可能存在的问题。

在进行需求调查和评估的基础上，项目组认真详细地撰写了前锋学校中学生需求调查报告。并根据调查结果与校方进行协商，

最终确定项目实施总方案。

三、介入全面展开时应注意的问题

介入全面展开时，总体上在遵循与德育工作步调一致的原则上，在增进学校德育工作绩效的同时，逐步渗透学校社会工作的理念和方法的独到之处，让服务对象逐步接纳和认可这一方法。在这一阶段，笔者认为需要注意的有：

（一）应注意整合运用社工服务方法，服务形式和内容做到点面结合

在服务过程中，整合运用社会工作的三大基本方法：个案工作、小组工作、社区工作开展服务，并在满足重点服务对象高一学生特殊需求的基础上，注意结合满足其他群体的普遍需求。服务开展的具体架构如图1所示：

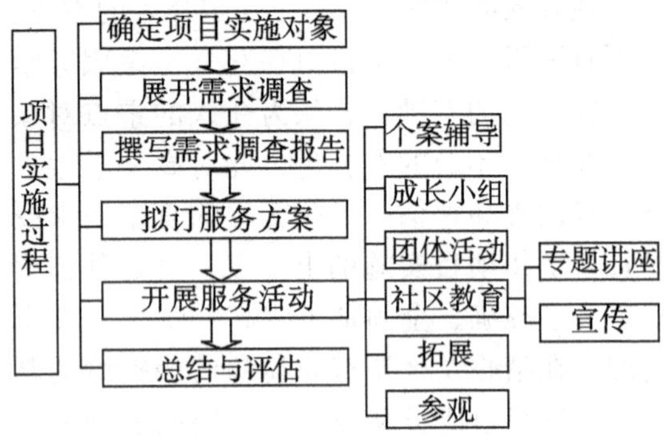

图1

（二）在介入全面展开时总体上还应该注意的事项

（1）在整个服务过程中，从服务对象的需求出发，设计和开展有针对性的服务活动。

（2）在服务活动中自始至终践行社会工作的基本理念：助人自助、尊重、平等、理解、接纳、正义等。

（3）活动游戏的选择应契合活动主题。

（4）项目组人员之间的分工应更明确。

（5）活动的开展是项目实施的重要载体，每一次活动时间、地点、内容和形式的选择都在一定程度上影响着服务效能。因此，每次活动开始之前，项目组成员都要召开多次商讨会，认真考虑活动的每一个环节和细节，在遵循项目活动总方案的基础上，策划和制订更翔实的具有实操性的执行计划，以保证服务最大可能地达到预期效能，同时，做好每一次活动的评估和反馈。

（6）应重视如何运用好校班主任、德育老师及心理咨询老师的资源。

总之，在项目服务过程中自始至终贯穿“社会工作”专业的理念和方法，初步尝试把学校社会工作的理念和方法引入到学校教育中，在促进学校社会工作与德育工作的融合中，探索着前进了一小步。这种互补模式使得学校社会工作受到服务对象的认可，同时更好满足服务对象的需求，自下而上地反映服务对象的需求。在活动中改变了工作人员和工作对象的关系，从传统的“灌输式”向社工倡导的“参与式”互动模式转变。服务对象从被动参与到主动参与，通过参与者互动增进了感情，提高了服务效果。

当然，在学校德育工作中引入社会工作理念和方法，促进学校德育工作的发展与创新，这是一个仍需探索并提升总结经验的过程，也是需要教育部门和学校敞开胸怀不断坚持发展的长期任务。相信，只要我们按照以人为本和德智体全面发展的教育目标要求，善于在实践中运用和总结新的理论和工作方法，敢于坚持把社会工作的新型理念和方法融入到学校德育工作中去，我们就一定能够创建并形成和谐文明的校园环境，培养出让家长放心并能够适应祖国和人民需要的德智体全面发展的学生来。

（此文作者为昌平区社会办副主任）

关于基层网格化工作的调研报告

张德广

按照区领导指示，由区委社会工委牵头，与区网格办、区综治办、区经信委组成网格化基层工作调研组，于3月17日至18日前往天宫院街道海子角东里社区和海子角社区及亦庄地区办事处对全区网格化基层工作推进情况进行调研。通过调研，我们发现了网格化工作在基层推动过程中存在的问题，经过几家单位的分析讨论，确定了造成这些问题的主要原因，并初步提出了解决办法。具体调研报告如下。

一、发现的问题

（一）多系统并行，各系统情况不一

目前，社区需要进行信息录入工作的信息系统至少有6套，分别为96156社区信息管理应用系统、计生系统、流动人口和出租房屋管理系统、大兴区社会服务管理综合信息系统、大兴区城市管理系统和3月份新部署的大兴区村庄社区化综合管理系统。从权属上看，96156、计生、流管三个系统为市级或全国性质的信息系统，其他均为区级系统，区级系统在统筹和数据交换方面更具操作性；从运行时间上看，96156、计生、流管三个系统已在基层运行较长时间，其他系统在基层运行时间较短，时间为1~2年，需要进一步培训以提升操作水平；从数据构成方面看，村庄社区化综合管理系统严格按照人、地、事、物、组织、情的结构进行了数据库的搭建，而其他系统的数据结构在区分和查询方面都不够便捷，存在上手难、操作烦琐的问题。

（二）基层重复录入数据，增大了工作量

正由于多系统同时运行，导致有大量的基础数据需要在多个系统重复录入，大大增加了基层的工作量。社区需要分配大量的精力在数据录入工作上，无暇顾及社区服务。其中，市级系统：96156系统、计生系统、流管系统的数据更新周期为1个月。社区需要每月将新增和变更的信息整理录入上报。如计生和流管系统通常需要安排人员到街道办事处录入。区级系统：社会服务管理系统已基本完成基础数据的录入工作，还未形成明确的更新制度。城市管理系统应用于城市部件和事件管理，没有基础数据录入工作。综治系统刚刚完成系统培训，并要求社区开始录入基础数据。

（三）部分社区未接通电子政务网

据社区反映，有相当一部分社区未接通电子政务网，导致无法使用各种信息系统。网未通导致：社区的基础数据无法通畅地上传；社区工作者也无法享受到信息系统所带来的便利以及工作流程的优化。据了解，目前大兴区5个街道、5个地区办事处共有150余个社区，其中接通电子政务网的社区不足一半。

（四）城管系统疑难问题大量积压在街道社区

城市管理系统的运行情况存在以下问题：一是有大量的疑难问题没有权属单位认领，积压在街道和社区，给社区工作造成了很大压力；二是社区为了保证事件的高办结率，只上报易解决和可解决的事件，甚至出现做假刷高办结率的情况。社会服务管理系统中也遇到了类似的情况，目前有林校路街道和清源街道的部分社区开展了居民诉求事件办理功能的试点应用，从系统数据来看，社区录入的事件记录均为日常业务，办结率近乎100%，系统并没有起到采集居民诉求的作用。

（五）社会服务管理系统数据需有部门接受处理，同时系统本身需提升优化

社会服务管理系统的运行情况存在以下问题：一是系统优化问题。我们在调研的过程中发现，社区工作人员对社会服务管理系统的建设提出了一些意见，建议社会服务管理系统在一些细节上需要改进和优化。例如，技术关联问题、目录排序问题等。二是使用问题。社会服务管理系统设计之初没有配备手持终端，居民诉求只能通过手工输入事件到该系统，逐级处理上报。此外，为了增加采集居民诉求的渠道，社会工委通过与智慧社区工作相结合，在大兴区社会服务网手机客户端中集成了居民诉求采集模块。居民安装该手机应用后即可自行上传诉求，然后社会服务管理系统通过专用接口从大兴区社会服务网后台读取数据。目前使用该系统较好的街道是林校路街道和清源街道，事件上报率高，在社区、街道层面解决。但区内缺少诉求上报、分配和沉淀的明确制度，一方面暂时没有部门接收管理这些诉求数据，另一方面系统也无法设置相应的处理流程，目前这一部分诉求数据只能积压在系统后台。

二、分析原因

（一）数据共享无通道，系统之间有壁垒

从市区两级系统对比分析：就基础数据来讲，96156系统的数据最全，计生、流动人口、出租房屋等信息均已涵盖。但网格化管理所形成的网格管理数据以及居民诉求和事件办理模块所形成的诉求和事件数据均不在96156范围内。例如，社会服务管理系统的基础数据基本上采用了与96156系统相同的标准，而综治系统除了基础信息之外，还需要采集工厂、员工等数据，也不在96156范围之内。

从各部门数据看：数据项相同的较多，但根据各部门的业务需求，同类基础数据之间，在采集项目、数据类型等方面存在较大差异。比如：村庄社区化系统和社会服务管理系统的人口数据进行比较，村庄社区化系统需要采集的项目有50项，社会服务管理系统则有38项，其中，重合的项目仅有18项。而满足数据类型相同、两平台可以共享的数据项为0。

从国家、市区政策看：市级或国家级的系统无法直接调取数据与区级系统进行共享，往往要通过街道级职能科室根据业务需求或工作部署，要求社区级进行数据调取再转存入其他系统，同样增加了基层工作量。当前网格化工作在基层存在的问题是政府信息化建设过程中必定会出现的一个阶段。

根据以上三点原因，我们发现各个部门各自为政，根据需要建立信息系统，缺乏统一规划，数据共享无通道，系统之间有壁垒，从而形成信息孤岛，增加了基层工作人员的重复劳动。

（二）各部门系统业务性强，缺乏数据统筹

各信息系统都是根据各部门业务需求进行建设的，其宗旨是满足各部门业务在信息化方面的实现，以提升工作效率、促进工作落实。然而当各系统在社区级实际落地后，并没有考虑到社区“上面千条线、下面一根针”的工作局面，同一名社区工作人员在不同系统中录入同一类数据时，面临的是“名字一样、长相差不多，但是爸妈不一样”的情况，即使是同类数据，但根据各系统数据项要求不同，还要反复核对，甚至反复采集再录入。缺乏一个数据统筹单位，提供统一的数据参数。

（三）信息系统环境不完善，各街道重视程度不够

第一，有一些社区之前已经接通政务网，但由于社区办公用房搬迁，需要重新架设网。第二，还有一些社区办公环境拥挤，暂时不具备安装政务网的条件，需等待办公用房的改善。第三，随着城市化进程的推进，大兴区每年都会新增一些社区，这些社区也都需要架设政务网络，需要区级相关部门制定相应的长效机制加以解决。第四，通网资金多与信息系统

建设项目捆绑，如此次95个社区的政务网建设奖金就包含在社会服务管理系统中。项目不招标签约，政务网络建设奖金就不到位，无法及时地给社区安装。第五，各街道对于信息系统的认识大多停留在自动化办公，完成上级单位交办的事项，并不认可信息系统可以促进社会管理，所以在实际工作中，往往积极性不高，对各社区的工作情况关心不够，要求提的多，实际问题解决的少。

（四）各委办局对网格化工作理解不到位

首先，针对城管系统疑难问题大量积压在街道社区层面的问题，我们分析的原因是各委办局对网格化工作的理解不到位，实施网格化工作的意义就在于将各相关部门的力量下沉至社区，然后通过信息系统按照权属职责直接将任务分配至相关部门处理，从而打破各委办局总给社区压活的局面，解放社区力量，以更好地为老百姓服务。其次，职责下沉不到位。全区的网格化工作培训会已经针对委办局进行培训，但委办局的职责没有实质性地下沉到网格化工作当中去。最后，考核主体的问题。网格化工作被考核的主体应该是各相关部门、权属单位，而非社区。如果将社区作为考核单位，社区为了追求漂亮的数据，势必会做出瞒报做假等行为；而权属单位作为事件处理的主体，却不被考核，会出现推诿扯皮等现象。

三、工作建议

（1）加强培训。以往培训都以社区级工作人员为主，旨在加强系统操作能力，今后要对街道级开展主管领导、职能科室科长、工作人员多层级培训，以深化街道对信息系统的认识、提升街道级工作人员对基层的指导能力。

（2）加强下沉。区网格中心应系统地对需要下沉工作的委办局的主管领导及科室进行分批培训，将网格化工作的意义、工作要求、工作步骤、工作方法等逐一讲解透彻，利于工作的快速推进。

（3）技术解决。一是通过调研，我们发现96156的数据是可以通过社区端口导出和导入；二是建议由区经信委搭建数据项目最全的数据信息库，制定统一的数据交换标准，然后根据各信息系统的专长，确定唯一可信的数据源，然后进行交换共享；三是同时开发村社级、镇街级工具，满足各系统的数据项要求，自由导入导出、实现一次采集录入，多系统按安全级别自选数据使用，最大限度地帮助基层解决同类数据反复工作的这一难题。

（4）通网问题。建议社工委将每年新增的和办公用房发生变动的社区数量，提供给经信委，由经信委申请专项资金预算，不再与信息系统建设项目捆绑。或由社工委直接将政务网络的安装费用计算在办公用房的费用内一并申请，社区搬迁一个，安装一个。

（5）提升管理。第一，需要一个部门做好各系统之间、技术保障与属地工作实际之间的协调统筹，将各自的数据共享出来，这才是打破信息孤岛的关键所在。第二，要建立合理的考核制度。第三，区内应统一事件、部件的合理分配。目前，城市管理系统中的部件事件直接上报到区网格中心，直接由网格中心分配；建议社会服务管理系统的事件也应从社区、街道这样一级一级过滤上传到区网格中心。第四，关于各系统的优化升级技术支持应由经信委统一负责跟踪服务。

（此文作者为大兴区委社会工委书记、区社会办主任）

大兴区社会办多措并举全力推进老旧小区自我服务管理

鲁大春

近年来，老旧小区设施陈旧、物业服务不到位、缴费率低等问题逐步凸显，物业与业主矛盾日益严重，大部分老旧小区物业已经退出，社区基本生活需求由属地代管，成为政府的沉重负担。针对这一现象，大兴区探索实施了老旧小区自我服务管理，旨在实现制度的规范化、服务的社会化、管理的精细化。

一、夯实基础，突出特色创建

老旧小区服务管理是城市发展过程中遇到的一个新课题，经过初步摸底，大兴区现有无物业、自管物业的老旧小区46个643栋楼39608户110903居民，在全区324个建成小区中占有相当大的比重。这些老旧小区无论是在前期设计，还是在管理模式、运作机制等方面，都与居民日益增长的居住生活需求有较大的差距，且老旧小区中低收入群体、困难群体高度集聚，改变民生的需求更为迫切。

针对老旧小区的管理症结，在充分征求住建委和属地意见的基础上，大兴区制订了《大兴区老旧小区自我服务管理实施方案》。同时在区社会办的统筹指导下，成立大兴区老旧小区自我服务管理指导中心，以政府购买社会组织服务的方式，对老旧小区自我服务工作进行全面指导。结合大兴区老旧小区的实际情况，物业服务费用问题主要采取三结合方式解决，即：居民缴纳一部分，产权单位补贴一部分，属地奖励支持一部分，多方努力解决小区物业管理的收费问题，一些有条件的小区尝试了通过经营的方式，补贴小区服务管理费用，如：兴丰街道的富强东里社区离医院很近，小区开放了小区停车场收取外来车辆的停车费，补贴本小区的服务开支。各小区分别成立自管委员会，负责小区内的基础物业服务，挖掘社区能人加入到社区自管委员会，为社区做贡献；同时聘用本小区内的下岗工人做社区的保洁、保安等，为低收入人员增加收入。社区自管的收费远远低于聘请专业的物业公司，且小区自管会定期公布费用的收支情况，小区居民绝大部分都很认同这种方式。

二、全面统筹，有序推进工作

在分析大兴区上报的46个无物业、自管物业小区整体情况的基础上，经过实地走访考察，综合对比选出12个物业管理问题严重的老旧小区作为2014年的第一批纳入自我服务管理的老旧小区，并已将名单上报区政府，列为2014年度的政府实事工程。其中，天宫院街道辛店小区、清源街道滨河西里北区、枣园北里这3个小区已经完成了前期的部署及入户工作，以与居民息息相关的卫生费为突破口，向每户居民收取260元/年小区管理基本费用，经过居委会全面的说服引导和属地前期服务工作的接入，社区环境有效改善，居民基本接受收费。

2013年12月份，大兴区组织各街道赴老旧小区管理经验丰富的朝阳区进行考察学习，交流经验。同时，大兴区也有相对比较成型的自管组织，如：天宫院街道海子角社区的“夕阳红”自管组织，已历经了十几年的探索，总结了一套自管的方法。各街道、社区之间通过深入的学习交流经验，形成了各具特色的老旧小区自管方法，探索出了一条小区自管的新途径。

三、继续深化，建立长效机制

一是强化宣传，营造氛围。随着老旧小区自管工作的逐步深入，要通过信息、专刊、手机报、电台媒体等方式进行广泛的宣传，形成舆论氛围。通过宣传让居民转变观念，建立“社区是我家，维护靠大家”的概念，淡化凡事都由属地埋单，自己坐享其成，坚决不交物业费的思想，逐步实现市场化运行，减轻属地的压力。

二是建章立制，完善管理。在相关试点社区，建立六项章程，即：建立老旧小区自我服务管理指导手册、老旧小区自我服务管理组织章程、老旧小区自我服务管理居民组织公约、老旧小区自我服务管理组织制度、老旧小区自我服务管理组织标准、老旧小区自我服务管理组织岗位职责。

三是督导检查，拓展服务。12 个试点自管工作运行一段时间之后，大兴区社会办组织相关部门进行联合督导检查，适时开展后续小区的自管工作，全面提升大兴区的老旧小区自我服务管理水平。

（此文作者为大兴区委社会工委委员、区社会办副主任）

平谷区群众参与社区服务管理情况的调查

李 军

社区建设的最高目标就是通过整合社区资源、强化社区功能、增强社区活力、培育社区归属感等活动，使居民与社区之间建立起协调发展、和谐有序的平衡关系。因此，群众的广泛参与在社区建设中具有非常重要的意义。近年来，在各级党委、政府的高度重视下，平谷区群众参与社区服务管理的形式、内容、渠道都有了一定的拓展，取得了初步的成效。但工作中我们也发现，群众参与社区服务管理还存在着积极性不高、内容单一、渠道不畅等诸多问题。近期，我们通过调查问卷、召开座谈会和深入社区走访等形式，对全区群众参与社区服务管理情况进行了一次专题调研，认真分析了平谷区群众参与社区服务管理的现状和突出问题，也提出了一些对策和建议，具体情况如下。

一、群众参与社区服务管理的现状

（1）群众参与社区服务管理的渠道逐步拓宽。在社区建设和管理中，除了三年一次的居民委员会选举外，居民日常议事和参与社区决策的制度也有所完善。全区 27 个社区全部建立了《社区居民会议制度》《社区事务公开制度》《社区听证会制度》，在社区日常事务管理和决策过程中充分听取社区居民的意见和建议，有效提升了社区管理和服务水平。特别是在 2012 年的社区居委会选举过程中，平谷区 27 个社区中的 9 个社区采取户代表直接投票的方式选举居委会成员，增强了社区居民的主人翁意识，深化了居民对社区的认同感和归属感。

（2）群众参与社区服务管理的形式和内容得以扩展。从参与形式来看，居民不再只是被动地响应居委会的号召、执行居委会的决定，已经可以通过自己的代表主动地参与到社区公共事务的决策中来。如太和园社区新平北路 5 号院成立了业主委员会，充分调动广大业主参与社区服务管理的积极性，通过群策群力、群控群防，有效地降低了盗窃、居民纠纷等案件的发生率。从参与的内容来看，不再仅限于一些简单的健身娱乐活动，而是逐步向社区政治（如选举）、社区文化、社区服务、社区治安、社区环境等多方面发展。如区委社会工委以“自愿参与、义务服务、适当资助”为原则，组织开展了以“爱心献社会，真情暖人间”为主题的社区志愿互助服务活动，涉及 32 项服务内容，惠及

2000多个家庭7600余人次，赢得了社区居民的普遍认可。截至2013年底，社区志愿者人数达到社区常住人口的9%。

（3）社区社会组织建设取得初步成效。各社区建立了一大批社区志愿者组织，加强了一些社区中介组织的建设，从而推进了社区建设中互助型社会组织结构物的完善和规范化发展。2010年，平谷区制定了《中共北京市平谷区委关于社会组织建设与管理的实施意见》，努力探索社会组织管理新体制，不断优化社会组织发展环境，目前，全区已有社区社会组织94家。此外，我们采取试点先行、稳步推进的模式，在滨河、兴谷两个街道和渔阳地区逐步完善市民劝导队工作例会、督察通报、协调处理、考评培训等工作制度，成立了市民劝导队28支，劝导队员约7800人。2012年至2013年共劝导环境卫生、市容市貌、治安秩序、经营秩序、安全稳定等各类不文明行为1.6万余起。

二、群众参与社区服务管理存在的主要问题

（1）群众参与社区服务管理的积极性不高。一是主体单一。目前的参与主体还是以社区居民个人为主，而实际上，社区是一个社会共同体，参与主体还应包括驻区机关单位、企业和各类社会组织。社区内的行政机关拥有很多资源，但对于社区事务的参与度有限。尤其是企业，作为经济单位，对社区的感情和参与热情还比较欠缺。而社会组织作为主体来参与社区建设也明显偏少。二是分布不均衡。从年龄上看，表现为老年人参与的人数多，中青年人参与的少；从收入和文化程度来看，表现为收入高的、文化程度高的人群参与的少，收入较少、文化程度较低的弱势群体参与的人数多。社区开展的活动也有意识地向这部分人群侧重，比如组织老年秧歌队，向低保居民提供志愿服务等，而占居民主体的中青年参与社区活动明显偏少。三是代表性不强。在社区各类选举中，选民往往以退休人员和失业人员为主，虽然从登记数量来看，参与率很高，但绝大多数在职的中青年被排除在外，并不能代表所有社区居民的意愿。

（2）群众参与社区服务管理的程度不高。一是参与深度有限。群众参与社区服务管理还主要局限于参与社区居委会选举、捐款捐物、环境整治、治安巡逻、文娱活动等一般性社区活动，对制定社区整体规划、决定居民群体利益的重大问题的决策性参与比较少。二是参与率不高。社区成员是社区建设、管理的主体，他们必须参与社区建设、管理的全过程。但当前社区服务管理的参与只是少数管理者如街道办事处、社区居委会的事务，相当一部分居民的参与意识还比较薄弱，不愿参与到社区事务中来。三是民主监督的权利受限。普通居民很少能有机会参与社区事务，由于无从知晓，更无法进行有效的监督。如各社区每年年终邀请居民代表到居委会通报一年来的工作情况和下年工作计划，没人会提出异议，会议往往在掌声中结束。

（3）群众参与社区服务管理的渠道不畅。一是群众参与制度尚不规范。目前，群众参与社区事务的制度尚不健全，“谁来参与”（参与主体）、“参与什么”（参与的内容）和“怎样参与”（参与的途径或形式）都没有明确的条文规定。二是群众参与的被动性较大。常常是街道或居委会感到有必要了，就召集全体或部分社区成员开会、布置、传达，或者是政府有关部门提了要求，街道或居委会就赶快组织社区成员落实。即使是召开居民代表会或社区成员联席会议时，什么时候开会，讨论什么议题，也都是由社区居委会决定。这种被动性参与造成的直接后果是社区成员参与率和参与层次较低。

三、国内群众参与社区服务管理的主要模式

（1）上海模式。它强调市、区两级的部

分管理职能分离，重心向街道聚集，引导社区内企事业单位、社会团体、社区居民等主体发挥自身作用，构建社会参与、民主自治、社区服务市场化的社区管理体制。重点是强化街道层面（第三级）的行政权力和行政职能，实现城市基层社会有效管理。通过推动市、区两级政府及职能部门的权力下放和分权，实现管理重心下移。为此，逐步扩大街道管理权限，配套下放人、财、物的支配权，重组“街道办”所设机构，建立“街道办”综合执法管理队伍，强化“街道办”的行政管理职能，上海模式通过在街道建立“大部制”，加快了区街的角色定位，理顺了居委会与街道的关系，打造了一支专业化、职业化的社会工作者队伍，但在推进社区建设过程中也面临社区建设与管理过分倚重政府力量，难以形成条块结合、以块为主的管理格局，基层机构与社区自治组织之间的关系尚未理顺，街居一体也模糊了行政组织与自治组织的行为边界。

（2）沈阳模式。主要包括三个方面内容：一是社区定位。从有利于推进民主和优化资源配置出发，将社区定位在小于街道办事处、大于原来居委会的层面上。二是社区划分。依据居民居住的地缘关系、心理认同感等社区构成要素，按照有利于群众自治和管理、优化资源配置、提高工作效能的原则，将社区划分为4种类型：按照居民居住和单位自然地域划分的“板块型社区”，以封闭型的居民小区为单位“小区型社区”，以职工家属聚居区为主体的“单位型社区”和根据功能特点划分的“功能型社区”。三是社区组织体系。这个组织体系包括决策层、执行层、议事层和领导层。决策层为社区成员代表大会，由社区居民和社区单位代表组成，定期讨论决定社区重大事项。执行层为社区管理委员会，它与规模调整后的居委会实行一套班子、两块牌子，由招选人员、户籍民警、物业管理公司负责人组成，对社区成员代表大会负责并报告工作，其职能是教育、服务、管理和监督。议事层为社区协商议事委员会，由社区内人大代表、政协委员、知名人士、居民代表、单位代表等组成，在社区代表大会闭会期间行使对社区事务的协商、议事职能，有权对社区管理委员会的工作进行监督。领导层为社区党组织，即根据党章规定，设立社区党委、总支和支部。

（3）江汉模式。主要内容：一是理顺关系。明确居委会与街道、政府部门的关系是指导与协助、服务与监督的关系，不是行政上下级的关系。二是明确职能。政府部门负责行政管理，承担行政任务，居委会负责社区自治，不再与街道签目标责任状。三是政府部门面向社区实现工作重心下移。四是费随事转，责权利配套。五是建立评议考核监督机制。江汉模式是以主动转变政府职能为核心特征，在体制创新中体现“小政府、大社会”的理念，不仅重构了社区微观组织体系及运行机制，而且转变了区、街政府部门的职能和行政运行机制，试图建立社区自治系统与政府行政系统的共生机制，形成政府自觉依法行政、社区组织自主管理、社区人自愿参与相结合的治理模式，并在制度变迁上选择渐进式的道路，即将社区建设规划为三个阶段：近期新型社区培育阶段、中期现代社区发展阶段和远期社区自治完善阶段。

（4）三种群众参与社区管理模式的比较。政府主导型模式（上海模式）缺乏对社会发展趋势的战略考虑，因而难以解决好社区发展的长久动力问题；自治型模式（沈阳模式）符合历史发展方向，但完全从西方的理论出发，没有认识到我国的国情，在目前依然缺乏推动的主体和资源；混合型模式（江汉模式）是政府主导型和自治型的折中，在政府推动下培育社会，在社会发展下规范政府，价值取向是自治，政府的介入是必需的过渡。

四、强化居民参与社区服务管理的对策和建议

（1）积极引导，不断增强群众参与意

识。一是大力培育公民精神。通过宣传教育，让社区居民对社区公共规范、公共原则产生认同感。同时，引导社区居民积极加入各类社区自治组织，通过自我教育、自我管理和自我服务，在实践中培育公民精神。二是营造浓厚的参与氛围。通过设计社区标识、宣传表扬社区内的好人好事、发动居民参与讨论等形式，强化社区居民的参与意识，逐步形成“社区是我家，建设靠大家”的良好氛围。三是创新宣传方式方法。针对社区居民因年龄、教育程度、收入等方面存在的差异，开展多种形式的宣传教育，使社区各类群体都能接受。同时，要积极发掘和培育社区居民中的优秀典型，发挥示范带头作用，引导居民参与到社区建设中来。

（2）加强培训，不断提升群众参与能力。在知识经济时代，如果不具备一定的科学文化素养，即使有参与的热情，政府也搭建了一定的平台，群众还是不能高效地参与到社区服务管理中来，这就要求我们必须提升社区居民的科学文化素养。一是加强制度培训。居民参与社区事务离不开相关的工作制度和流程，如选举工作流程、社区评议流程、社区议事规程等，要通过培训让居民切实了解和掌握，保证其顺利、高效地参与社区服务管理。二是加强技能培训。通过开办社区大讲堂、社区老年大学等形式，为社区居民提供法律知识、电脑操作等方面的专业技能培训，提升居民综合素质。三是创新培训载体。针对社区不同群体的特点，通过网络学习、集中授课、兴趣小组等形式，提升培训的效果。

（3）形成合力，大力培育社区社会组织。社区内的各类社会组织的培育和发展有利于加强社区成员之间的沟通，能够将分散的利益诉求加以集中，从而激发群众参与的热情，提升参与的效率。一是构建三级社会组织网络体系。积极创造条件，简化社区社会组织备案程序，鼓励在区社会办和各街道层面进行备案，逐步形成区级、街道、社区三级联动的社区社会组织网络体系。二是加强社区社会组织自身能力建设。加强社会组织管理人员培训，提高参与意识和维护居民权益的能力，提升社会组织项目包装、策划的专业化水平，促进社区社会组织更好地参与社区建设。三是完善培育和扶持政策。制定相关优惠政策，优化发展环境，积极解决社区社会组织发展中遇到的困难和问题，推动社区社会组织开展各类公益活动，逐步发展壮大。

（4）互帮互助，开展志愿服务活动。一是扶持志愿者组织。一方面建立健全社区居民参与志愿服务的激励机制，保证志愿者数量；另一方面，通过政府购买公共服务的形式，将一些项目委托给志愿者组织，促进其发展。二是打造志愿服务活动品牌。推动志愿服务组织结合各自特点和群众需求，提供特色鲜明、符合百姓实际需求的志愿服务活动项目。三是增强居民认同感。通过举办志愿者征文、演讲、评比、表彰、志愿服务月等多种形式的活动，利用电视、广播、报纸等新闻媒体，广泛宣传志愿者开展志愿服务的事迹，增强社区居民对志愿服务活动重要意义的认同感。

（5）拓宽主体，开展共驻共建活动。一是建立共建工作制度。建立联席会议制度，由社区牵头，定期组织召开驻社区单位参加的工作联席会，相互沟通情况，共同研究社区建设的有关问题，联合开展相关工作。二是促进驻社区单位开放公共设施。制定相关的政策和制度，推动驻社区单位将服务性、公益性事业和文化、体育、教育等活动场所、设施向社区开发，使社区内的资源得到充分利用和共享。三是实现互惠共赢。一方面，引导驻社区单位积极参与社区建设，对社区工作提供支持、帮助和指导，解决社区实际困难；另一方面，社区也要积极主动地帮助驻社区单位协调解决实际问题，努力为其创造良好的工作环境。

（此文作者为平谷区社会办副主任、调研员）

网格化服务管理在推进基层社会治理中的探索与实践

赵海军

为贯彻落实党的十八届三中全会提出的“以网格化管理、社会化服务为方向，健全基层综合服务管理平台”的要求，怀柔区委、区政府结合北京市要求和区域实际情况，将网格化服务管理从城区延伸到农村，通过“系统覆盖、做实网格、三网融合”的建设，开拓了立足京郊实际的网格化体系建设良好局面。

一、网格化服务管理在怀柔区的实践

2012年，怀柔区明确了“一个网络系统、两级指挥中心、三级工作平台、四级信息支撑、若干大小网格”的网格化服务管理体系总体建设思路，经过两年多的探索，逐步成型。

（一）筑牢系统功能，推动多网融合

“网格化”，顾名思义，既有“网”又有“格”，“网”是技术基础，“格”是范围考量。怀柔区网格化服务管理系统以提升基层社会治理水平为目标，以“融合”的理念整合各类信息资源，涵盖人口和房屋管理、社会管理、社会服务、组织管理、统计评价、视频监控、数据交换等功能。结合区域特殊需求，重点突出了“闭合处置”和“人房管理”两大功能作用。

1．闭合处置

以解决城乡居民反映的社会问题为当前任务，怀柔区网格化系统紧紧抓住“信息采集、源头发现、问题核实、任务派遣、问题处置、核查反馈”6个关键环节，规范处置流程，将117个委办局和16个镇乡（街道）纳入处置系统，统一为分指挥中心和网格长配置手持终端机，实现电脑平台和手机信息的交互，方便网格长在巡查发现问题时，第一时间将问题情况记录并上报平台。对每一个群众举报和网格员上报的问题，网格化平台从事件受理到核查反馈，在事件限定时限内全程跟踪流程执行情况，实现“环环有专人负责、事事能倒查责任”。

2．人房管理

2014年APEC会议在怀柔召开，环境建设和社会维稳工作变得愈加重要，而对出租房屋和流动人口的管控更成为重中之重。因此，怀柔区网格化系统在进行基础地图及人、地、物、事、组织等数据库建设的基础上，加强了对人口和房屋信息的动态管理。在人口管理上，细化基础人口信息3类、重点监控人口信息12类和重点服务人口信息13类；在房屋管理上，按照自住房屋、出租房屋、空置房屋、危房险户等标准进行详细归类，并且强化村委会（居委会）对人口、房屋信息的实时收集和更新。在人口和房屋数据基础上，通过人户关联，实现以人找房和以房找人的功能，加强对重点人群和出租房屋的精细化管理，也便于及时为弱势群众提供专门服务，实现重点场所全掌握、重点人员全摸清、重点服务全方位。

（二）科学划分网格，形成上下联动

有了“网”后，就要科学划定管理单位的“格”。怀柔区以村和社区为基础，兼顾包括景区、开发区在内的特殊管理单位，在三级网格化平台建立的基础上，因地制宜划分四级管理网格。

1．建立三级平台

全区建立起1个区级指挥中心、17个镇乡（街道、开发区）分指挥中心及316个村（社区）网格化协调处置中心的三级网格化

平台模式。区网格化平台负责统筹协调本区服务管理网格化的各项工作，全面掌握各类社会服务管理对象的基础数据，全天候受理服务管理事项，及时指挥监督各部门履职情况。镇乡（街道、开发区）网格化平台主要负责所辖区域内各网格服务管理综合协调工作，与区级指挥中心对接，实现区域联动；与网格对接，实现上下联动；与部门对接，实现条块联动。其中率先在北京市探索了开发区指挥调度平台的模式，进一步实现了网格化服务管理的全覆盖。村（社区）网格化平台主要负责网格内服务管理事项的指挥、协调、派遣、督察、考核、反馈、汇总、上报等工作。

2. 划分四级网格

按照“规模适度、无缝覆盖、动态调整”的原则，兼顾自然地理、行政区划等实际情况，将社区、村、旅游景区、经济开发区划分为一级网格351个。在一级网格基础上，社区以楼院为单元划分二级网格，以楼栋为单元划分三级网格；村以自然村或约定俗成的片区为单元划分二级网格，以小街小巷为单位划分三级网格。全区共划分出二级网格1221个，三级网格4571个。在志愿力量充足而实际工作又需要的情况下，有的社区和村进一步缩小管理单位，社区以楼门为单位、村以相邻户为单位将网格划分到四级。同时，为加强对城市问题易发的主干道路和小街小巷的管理，在城区划分出21个城市街路网格进行专门管理，从而实现网格管理无死角、无盲区。

（三）整合各类力量，凝聚治理合力

怀柔区作为北京市的生态涵养发展区和文化科技高端产业新区，财力与城区相比较弱，在暂时无法组建起政府全额负担的专岗网格员队伍的情况下，通过统筹辖区专业力量，整合各类协管力量，调动一切志愿力量，着重解决网格内管理力量分散，条块责任不清、职能交叉、效率不高等问题，基本形成了专业人员、协管人员、群众共同参与的网格化力量配置模式。

1. 统筹专业力量

一方面实行全员负责、全员治理，打破村（社区）两委干部原有事务分割、各管一摊、互不相干的工作模式，实现全区2520名基层干部及专职人员全部进网格，对包片网格事务全权负责，培养基层干部由专一、单干向全职、全能转变。另一方面将城管、工商、公安、消防、司法、工会、残联、民防、水务、农业等10类下沉到镇乡、街道的1166名职能部门人员配置到一级网格担任副网格长，明确具体网格职责，协助网格长管理网格，提供专业管理和业务指导。

2. 整合协管力量

打破原有分工，统筹各类协管力量，提倡“一人多责、身兼数职”，鼓励减员增效。将流动人口管理员、劳动保障协管员、残疾人协管员、居家养老助残员等正规就业协管员配置到村（社区）网格化协调处置中心工作，加强正规化管理，提供专门服务；将动物防疫员、文化志愿管理员、卫生保洁员、管水员等享受数额不等政策性补贴的协管员配置到二级网格内作为主要巡查和服务力量。通过整合，已实现3700名协管员入网格工作。

3. 发挥志愿力量

动员志愿者广泛参与网格化服务管理，将楼门长、居民小组长、村（居）民代表、党员及志愿者等11492人配置到三级网格，成为发现报告问题的主要力量。尤其是充分调动起了农村党员参与村庄建设的积极性，通过为党员具体划定3～10户“网格责任区”，将党员联系户制度落到实处，使工作力量与社会力量形成有效衔接，将党员的先锋模范作用在网格内充分发挥出来。

（四）突出问题导向，规范运行机制

充分发挥村庄（社区）在社会服务管理中的基础性作用，规范工作标准，加强制度建设，健全运行机制，将情况掌握在基层，将问题解决在基层。

1. 规范报告和处置机制

“网格化”的首要功能是发现和解决服

务管理中存在的漏洞和问题。通过规范巡查、报告、处置制度，网格巡查员能够定期到网格责任区内进行巡查，了解和听取群众的意见、诉求，及时发现服务管理中存在的问题，掌握网格内的动态信息和突发事件。一般性工作由网格员现场处理，登记备案；协调性工作由网格员现场受理，带回村委会（居委会）协商处理，处理结果报镇乡（街道）分指挥中心；突发性事件由网格员逐级上报，现场跟踪，并协助相关部门妥善处置。

2. 加强网格制度建设

为保证网格化工作规范运行，在每个村（社区）网格化协调处置中心建立起中心人员岗位职责、应急处置报告、舆情分析决策、社情民意征集、公示公告、绩效考核等完整系统的网格化体系运行制度，并运用广播、宣传折页、公开栏、电子显示屏等多种手段发布信息、宣传引导，形成以制度管人、以制度办事、以制度考核的网格化工作局面。

3. 突出重点治理内容

为了解决网格内的突出问题，各村（社区）依托网格化平台，围绕辖区内服务管理的重点内容和全区工作重点，梳理了违法建设管理、环境管理、社区物业管理、公共安全管理、社会稳定管理、流动人口管理、出租房屋管理、应急管理、公共服务管理、社会领域党建等10个方面的治理重点，通过不断规范和完善，逐步形成社会治理的长效机制。

（五）动员全员参与，健全响应机制

网格化服务管理要具有长久生命力，既需要科学的顶层设计，部门间的通力协作，更关键的是要发挥群众的作用。怀柔区以多项手段疏通公众参与渠道，努力实现全员参与和广泛监督。

1. 动员全员参与

通过开通网格化服务热线、设置政府信息网站反映窗口、设立QQ群和“社情民意”举报箱、开办电视台和报纸专栏等方式，在使群众的诉求能够得到快捷便利的反映时，也营造全员参与社会治理的浓厚氛围，提高广大群众对网格化服务管理的参与度和认同感。立足城乡居民生活需求，编制了包含网格化社会服务管理、便民利民服务、政府公共服务、法律法规等4大类550条信息的《怀柔区城乡居民社会服务手册》，向辖区居民和企事业单位发放10万册，动员引领了行政事业单位、社会组织、经济组织、社会工作者、志愿者和城乡居民积极参与社会治理工作，提供社会服务。

2. 强化群众监督

在加强内部监督的同时，多管齐下发挥群众的监督作用。一是网格化指挥中心对于群众反映的问题做到“有来有回”，在事件处置结束后及时对群众进行回访，针对群众意见不断改进和完善工作。二是动员引导城乡居民共同参与评价网格服务管理工作，将村（居）民对村庄（社区）治理成效的评价纳入网格员考核依据中，提高网格员工作绩效。三是在村（社区）里推选有威信、有责任心、敢说真话的老干部或老党员成为网格义务监督员，对网格工作人员的日常工作情况进行监督和反馈。

二、网格化服务管理在怀柔区的推行成效

通过两年多的网格化体系建设探索和实践，怀柔区规范整合了基层各类力量，促进了多元参与，激发了社会活力，提高了基层自治水平，保障了网格化平台社会效应的发挥，使“网格化”逐渐成为基层社会治理的重要平台和手段。

（一）提升了管理的精细化和服务的精准化水平

怀柔区在社会治理中充分利用网格化平台的优势，提升了管理的精细化和服务的精准化。一方面通过各种信息手段，确定信息采集、发现报告、处置流程、考核评价的标准化，有效遏制了办事部门之间相互推诿、办事人员拖拉散漫等不良现象发生，使得服

务管理问题的发现和处置更加高效。另一方面通过解决群众各类诉求，及时收集研判舆情，“网格化”的作用从解决显性问题发展到预防隐性问题发生，从静态管理到动态管理，由单一管理向综合服务管理转变，促使了管理长效机制逐步建立，也加快推进了城乡基本公共服务均等化建设。

（二）推进了各类资源的整合和共享

怀柔区网格化平台通过统筹各项资源，使信息、人力等不断优化整合，实现了共建共享，发挥出了资源的最大效应。一是通过对各类基层力量的优化配置，逐步建立起了专业化的网格巡查队伍和协调处置队伍。尤其在解决协管力量整合的老大难问题上做出了有益尝试，将协管力量纳入网格统一担任社会管理员，管理权由各职能部门转移到具体使用的村委会（居委会），按格定岗，科学考核，促进了协管员积极履职，提高了工作效率，也弥补了目前怀柔区专岗网格员缺失的困境。二是以多网融合为目标，整合各系统部门掌握的信息资源，将社会服务管理、城市管理、社会治安维稳等工作融合进一个系统，简化工作程序，降低工作成本，初步实现了资源整合、系统对接、数据共享、工作融入。

（三）激发了公众参与公共事务的热情

通过网格化服务管理，激发了基层各类力量的活力，促进了全员参与社会治理。一方面，因为公众参与渠道的畅通，群众有问题、有困难既可以通过网络和服务热线等方式反映，也可以随时当面与网格长进行交谈和讨论，寻求帮助和解决方案，在为群众办实事的同时，有效引导了公众诉求朝着理性、有序的方向健康发展。另一方面，随着网格化服务管理模式深入千家万户，各类社会组织和普通群众开始主动争当网格巡逻员、信息员、宣传员，帮助政府发现服务管理存在的漏洞，无形中成为政府的“耳朵”和“眼睛”，让“群众看得见管不了、政府管得了看不见”的问题逐步得到解决，极大地提高了城乡居民参与基层社会治理的主动性和自觉性，推动了社会治理主体由单一向多元转变。

（四）提高了基层组织的自治水平

网格化服务管理既是政府将社会管理权力逐渐下移到基层组织的结果，也是基层组织自律自治的提升过程。怀柔区在网格化服务管理中把办好群众最需要的事情作为首要内容，发挥村和社区基层党组织的核心作用，依法有序地引导了村委会（居委会）、村务监督委员会（社区业主委员会）、社团组织、经济合作组织以及党员参与网格服务管理，增强了基层党组织在群众中的号召力、凝聚力、亲和力。同时，网格管理的方法也促使基层管理人员转变了工作方式，从坐着等群众反映问题到主动送服务上门，将居民反映和网格员收集的情况作为第一信号，第一时间开展工作，尽量将各类问题解决在萌芽状态。覆盖基层的民情沟通之网、为民服务之网初步形成，党群干群关系进一步融洽，基层治理水平和自治能力得到较大的提升。

（五）促进了社会治理体制的创新

网格化作为新型的治理手段和推进社会体制改革的重要抓手，在实现社会治理体制和治理能力现代化中起到了催化剂作用。通过实施网格化服务管理，更加明确了不同层级管理主体的具体服务管理职能，在划清部门权责，兼顾“条”的专业功能和“块”的统筹作用的基础上，更加注重了“条”“块”融合和管理部门之间的互动和协作。通过落实工作责任，合理分配管理任务，提高业务高效协同，逐步清理了社会管理的盲区和死角。同时，随着网格化服务管理的深入开展，也逐渐暴露出了街道、社区职能不清，与专业职能部门职责界定不准等问题。立足于现代治理需求，重新界定街道、社区的管理权限、职责和内容，剥离街道和专业职能部门的权利和责任变得更加重要，这就在一定程度上加快推动了街道、社区的体制改革步伐。

三、推进怀柔区网格化服务管理的未来方向

网格化服务管理作为创新社会治理体制的新手段、新工具，在推进社会良性发展中开始发挥显性效能并展现出巨大潜能。但必须客观冷静认识到的是，网格化服务管理不是“万能钥匙”，不能解决所有社会发展问题，如何立足区域实际，对其善加利用，需要政府、自治组织、社会组织、驻区单位、公众等多方主体的参与探索和实践。怀柔区的网格化服务管理目前仍面临诸多现实难题，比如街道行政管理体制障碍、网格化技术系统建设成本较高，机构人员编制难以解决，政府与社会组织的职责边界划分，各级管理主体服务效果的融合等，都是不能不考虑和需要解决的问题。

基于网格化服务管理已取得的基础性成果，怀柔区在未来将继续因地制宜，加强网格化体系的顶层制度设计，分层次、分阶段逐步完善5个方面的工作：一是改革街道管理体制，落实网格化运行的责权利保障，科学定位网格化体系内相关机构的性质和人员的身份，保证网格化组织的长期稳定；二是以“网格化”为手段，促使环境综合整治、社会维稳安保、大气污染治理等各项专项整治工作由“运动式整治”向“常态化管理”转变，进一步固化社会服务管理长效机制；三是继续整合各类信息资源，推进多网融合，节约行政成本，建设覆盖全面、层级共享的综合服务管理信息系统；四是将“网格化”从目前的以管理为主延伸到服务、管理并重，推进智慧城市建设；五是创新工作机制，使各管理主体进一步打破各自为政的思想，并充分发挥镇乡（街道）在网格化服务管理中承上启下的作用。总之，以符合怀柔区人文地理特点和经济社会发展的方式，最大限度发挥网格化服务管理的优势，不断完善社会服务管理，实现基层社会治理的精细化、科学化。

（此文作者为怀柔区委社会工委书记、区社会办主任）

为建设和谐宜居的首善之区提供强大的社会人才支撑

——密云县社区工作者队伍建设的实践与思考

张志华

社区工作者是指在社区党组织、社区居委会和社区服务站专职从事社区管理和服务、并于街道（地区）办事处签订服务协议的工作人员。当前，社区工作者在社区建设、网格化管理、便民服务、志愿服务和社会领域党建等工作中发挥着越来越重要的作用，已成为参与社会建设和社会治理的重要人才队伍。特别是近年来，社区工作者趋于年轻化、知识化、专业化，同时也面临社会认知程度不高、薪酬待遇较低、晋升空间有限、作用发挥不充分等问题。在这样的背景下，加强和改进社区工作者队伍建设，加大优秀年轻社区工作者培养选拔力度，为建设和谐宜居的首善之区提供强大的社会人才支撑，已成为密云县社会建设工作面临的重大课题。

一、加强和改进社区工作者队伍建设的重要意义

加强和改进社区工作者队伍建设，对创新社会治理、加强社会建设、营造和谐稳定的社会环境具有重大而深远的意义。

（1）加强和改进社区工作者队伍建设，是深化社会治理体制改革的重要举措。在当前加快推进社会治理体系和治理能力现代化的背景下，社区工作者直接从事为占人口多数的社区居民提供精细管理和贴心服务，他们综合运用专业知识，整合社区资源，动员社会参与，在第一线预防和解决社会问题，促进社会和谐，是社会治理的重要力量。因此，加强和改进社区工作者队伍建设，有利于夯实基层基础，有利于强化社区治理，有利于促进社区和谐稳定。

（2）加强和改进社区工作者队伍建设，是建设和谐宜居首善之区的迫切需要。当前，密云县已进入全面建设和谐宜居的首善之区的全新发展阶段，为实现“生态环境全市最好，民生不断改善，社会事业繁荣发展，社会和谐稳定，人民安居乐业”的目标任务，城市是重心，社区是关键。要建设和谐宜居的社区，就需要以社区工作者为代表和主力的基层社会治理队伍用科学态度、先进理念、专业知识去管理城市、服务群众，就需要依托社区工作者推动社区公共事务和公益事业迈上新的台阶。因此，各级党委、政府要进一步提高认识，完善社区工作者选拔、使用、管理、激励机制，培养造就一支高素质、专家型的城市服务管理团队。

（3）加强和改进社区工作者队伍建设，是践行党的群众路线，为群众提供更加优质高效服务的有效途径。新的形势和任务要求我们不断探索群众工作的新途径和新方法，不断提高群众工作水平。加强和改进社区工作者队伍建设，在群众工作中引入专业理念和方法，吸纳更多专业社会工作人才进入基层干部队伍，充分发挥他们从事矛盾调处、心理疏导等方面的独特优势和专业才能，为群众提供更加丰富和优质的服务，有利于创新群众工作机制，改进群众工作方法，有利于更好地宣传、教育、动员、指导群众参与社会建设和社会治理，以此赢得群众的信任和支持，巩固党的执政地位。

二、密云县社区工作者队伍整体情况

截至2014年8月底，密云县共有社区工作者625人。其中，鼓楼街道364人，果园街道182人，檀营地区39人，县网格办、县社会办等其他县直部门40人。社区工作者队伍主要呈现以下特点。

（1）人员队伍不断壮大。随着城市建设的不断发展，密云县城市社区从2009年的32个增加到目前的45个，社区工作者从2009年的328人，递增到目前的625人，年均增长18%。目前，社区工作者队伍已成为行政、事业以外主要的社会治理力量。

（2）队伍结构进一步优化。自2010年实施“大学生社工计划”以来，共选聘344名大学生到社区工作。目前，密云县社区工作者平均年龄为35岁，与2009年相比下降11岁。“80后”社区工作者384人，占总人数的61.4%，大专以上学历社工563名，占总人数的90.1%，其中，本科学历227名，研究生学历3名。取得国家社会工作者职业水平证书的社区工作者154人，占总人数的24.6%。130名大学生社工进入社区“两委”班子，4名优秀社工担任了党代表，3名当选了人大代表。

（3）待遇水平不断提升。按照全市统一安排，分两次提高社区工作者待遇，月应发工资平均涨幅达1500元。目前，社区工作者正职月平均实际收入为2800~3100元，副职为2600~2900元，一般工作人员为2400~2700元。同时，为鼓励社区工作者提高专业化水平，规定社区工作者获得助理社会工作师、社会工作师职业水平证书的，分别每人每月补贴200元和300元；对考核合格及以上等次的社工每年增长一次年限补贴，增长幅度为每人每月50元。

三、密云县社区工作者队伍建设的主要做法和存在问题

密云县社区工作者管理由县社会办牵头，县社会办、县编办分工负责，用人街道（地区）共同参与。其中，县社会办负责全县社区工作者招录、任免、调动和统筹管理；县编办负责对社区工作者编制总量控制、核定和审批；街道（地区）办事处负责社区工作者的内部调转和日常管理。全县社区工作者队伍管理实现了规范化的有序管理。

（1）搭建学习教育平台，提高社区工作者综合素质。按照“缺什么、补什么”的原则，结合工作实际，对全体社工实施分层级培训。针对社区党组织、居委会、服务站班子成员，加强领导能力建设、管理创新知识培训，着力提升管理水平，增强创新意识。针对在岗社区工作者，加强社区工作形势教育、社区工作技能培训，着力提高社区工作者的大局意识及解决实际问题的能力。针对新上任社区工作者，加强岗前培训，帮助他们尽快熟悉业务知识，迅速适应工作岗位。为确保培训质量，专门印发《社区工作者培训手册》，详细记录每名社工参训时间和学习内容等，作为社区工作者考核评优、提拔任职的重要依据。

（2）搭建规范管理平台，维护社区工作者队伍稳定。建立个人档案，全面记录社区工作者的基本情况和工作动态。出台《密云县社区工作者管理办法（试行）》《密云县社区工作者考核办法（试行）》《密云县社区工作者行为守则》《密云县社区工作者考勤管理及休假制度》《密云县社区工作者首问责任制》《密云县社区工作者离职、调动管理办法》等系列文件，进一步完善了社区工作者招录任用、教育培训、档案管理、考核激励等机制，为维护队伍稳定提供了政策保障。

（3）搭建能力提升平台，提高社区工作者业务能力。一是科学设岗。本着“一人一岗，一岗多能”原则，对社区居委会、社区服务站的专职工作者进行岗位划分，鼓励有能力者兼岗、轮岗。如在民政与社会救助、劳动与社会保障、人口与计划生育等重点岗位进行轮换，全面提升社区工作者综合业务能力。二是开设“比武大擂台”。每季度组织社区工作者进行“政策法规功”“个案处理功”“业务能力功”“综合岗位功”等基本功大比武。通过学习和交流，引导和鼓励社区工作者多角度、全方位掌握业务知识。

（4）搭建成长成才平台，培养、选拔优秀年轻社区干部。一是与县委组织部、县人保局等单位共同下发了《关于加强社区党组织、居委会、服务站领导干部任职管理的意见》，按照精减职数、人员，提高工作效率的原则，合理设置社区党组织、居委会、服务站领导干部职数，确定社区服务站专职工作者达到5人以上的，可增设副站长1人，同时可根据具体情况适度交叉任职。二是从思想政治、业务能力、群众基础、学历水平等方面规定社区服务站干部任职条件，明确服务站干部须从社区工作者中产生，保证了社区干部队伍的延续性和稳定性。三是按照密云县科级干部选拔任用程序，在选举或招录社区工作者中研究确定拟任人选后，报县委组织部、县委社会工委、县民政局会商审批备案，确保了选任环节公正公平和任职程序规范有序。四是建立社区后备干部人才库。每个社区重点培养2~3名30岁以下、本科以上学历的工作人员，作为后备干部人选，按照一定比例进入社区两委班子、服务站任职。同时，将连续两年被评为先进的大学生社区工作者纳入社区工作者人才库重点培养。

（5）搭建沟通交流平台，展示社区工作者风采。一是定期召开社区工作者座谈会。组织社区工作者代表畅谈社区工作认识和体会，进一步了解社区工作者思想、工作、生活状况和需求。二是成立社区工作者俱乐部。以职业能力培训、歌咏比赛、联谊交友和开展志愿服务活动等形式，积极引导社区工作者开展自我服务和回馈社会活动，丰富社区工作者业余文化生活。三是充分发挥现代化

信息技术优势。为每个社区开通微博、创建社区工作者 QQ 群，实现信息畅通和资源共享；启用“密云县乐群社区工作者俱乐部”微信公众平台，为联系、服务、宣传全县社区工作者搭建信息化平台。

（6）搭建社会认知平台，提高社区工作者社会关注度。组织开展“社工之星”评选活动，表彰一批有思想、勤钻研、精业务的社区工作者典型。在《密云报》、密云电视台、密云社会建设网等媒体上广泛报道其先进事迹，树立社区工作者的良好形象，引起了社会各界对社区工作者的广泛关注。

与此同时，也应当看到，虽然近几年社区工作者队伍建设取得了初步成效，但与城区特别是中心城区相比，总体基础仍比较薄弱，还存在一些问题和挑战。

一是社会认知度较低，社区工作者职业声望、社会地位和收入水平都处在一个较低的层次。由于密云县社区建设起步较晚，社区服务需求没有得到有效的开发，社区工作者自身的作用发挥不够明显，相关的宣传引导不够充分。这就导致社区居民对社区党组织、居委会、服务站职责职能认知不够，相当一部分社区居民对社区工作者的认知仍停留在“居委会大妈”的阶段。同时，社区工作者待遇偏低，不足社会平均工资的 70%。这就使一部分社区工作者特别是年轻社区工作者对职业前景信心不足，工作缺乏积极性，甚至造成部分年轻社区工作者流动到行政、事业和企业单位，造成优秀人才流失。

二是社区工作者年龄结构有待优化。全县社区工作者队伍中 45 岁以上的有 120 人，占总数的 19.2%，部分年龄偏大、学历偏低、创新意识和服务意识相对薄弱的社区工作者，难以避免激情不足、事业心减退，在一定程度上影响了队伍素质的提升。

三是社区工作者专业化水平有待提高。全县社区工作者队伍中，社会工作专业毕业生仅 12 人，取得国家社会工作者职业水平证书的占总人数的 24.6%，社会工作专业人员较少，成为社区工作人才队伍发展的瓶颈。同时，大多数社区工作者都未经过社会工作专业学习，工作方式方法和理念相对落后，日常工作尚能应付，难以提供个性化、多样化、系统化服务。

四是社区工作者职业晋升空间有限。目前，每个社区的社工编为 13 人，配 1 ~ 2 名正职和 1 名副职，“官兵比”为 2∶11 或 3∶10，社区工作者能够成长为社区党组织书记、居委会主任、服务站站长的机会较少。即使当到社区正职，由于政策约束也就遇到了职业“天花板”，失去了上升空间。因此，很难留住和吸引高素质人才，部分社区工作者把社区工作作为职业生涯的跳板，开拓进取意识不强。

四、加强和改进社区工作者队伍建设的几点建议

（1）加大对优秀年轻社区工作者的培养选拔力度。2013 年 6 月，习近平总书记在全国组织会议上讲话再次强调加强和改进年轻干部工作，提出“培养选拔年轻干部，事关党的事业薪火相传，事关国家长治久安”。习总书记的要求同样适用于年轻社工。在提升理论素养方面，一是加强学历教育，鼓励年轻社工参加专升本、在职研究生的考试和进修，为他们提供学习时间和学习补助，鼓励更多的年轻社工重新走进大学，重点引导和鼓励他们学习社会工作专业，切实提升他们的专业素质和理论修养。二是广泛开展专项培训，采取聘请专家讲课、老社工传帮带等方式，重点培训年轻社工沟通交流、矛盾纠纷化解、居民心理疏导等方面的专业技能。三是鼓励、激励年轻社工在县内外媒体发表社区建设、社会治理方面的理论和经验文章，引导他们及时总结经验，勤思考、会思考。在提升实践操作方面，一是放手让年轻社工牵头组织社区活动，把他们派到社区建设和服务居民的第一线去，让他们在实践锻炼中增强党性、改进作风、磨炼意志、陶冶情操、提升境界、增长才干。二是在社区内、社区

间定期组织网格化事件发现和处置、志愿服务的劳动竞赛和为居民办证、办事、服务的技能比武，建立相应的考评激励机制，为年轻社工在基层成长成才搭建广阔平台。

（2）畅通社区工作者流动和选拔渠道。一是在社区党组织、居委会换届选举中，搭建平台，让年轻社工用演讲、服务技能展示等方式，向社区党员、居民展示才华，进一步扩大优秀年轻社工的选拔任用比例。二是通过政策引导各级党政机关、事业单位招录、招聘社会服务相关职位工作人员和选拔干部时，在同等条件下要优先录用具有丰富基层实践经验的社区工作者。注重把政治素质好、熟悉社会服务与管理的优秀社工吸纳进基层党员干部队伍，选拔进基层党组织领导班子，支持有突出贡献的社区工作者进入人大、政协参政议政。三是探索在行政、事业招考中拿出一定比例的名额面向社区工作者定向招录。四是将社区工作者纳入全县人才序列，选拔优秀社区正职进入镇街党政领导班子。

（3）适当提高社区工作者待遇，加强物质保障和精神激励。进一步优化工资结构，合理调整社区工作者工资水平，建立健全社区工作者待遇自然增长机制，将群众满意度高、专业素质强、业绩突出的社工评为年度“社工之星”，采取以奖代补的形式，实现收入与绩效挂钩。对社区建设做出突出贡献的社工予以适当的经济奖励和精神鼓励，起到拴心留人、激发工作热情的作用。

（4）切实提高社区工作者荣誉感、自豪感。一是宣传引导。通过广播、电视、报纸、网络等媒体，广泛宣传社区工作者的先进事迹和重要作用，拍摄社区工作者专题片并在密云电视台、社区户外电子屏播放，在全县党政机关、企事业单位和广大社区居民中营造“尊重知识、尊重人才”的浓厚氛围。二是示范带动。在条件成熟时，探索从学历高、实践经验丰富的社区工作者中择优组建专家型社区治理团队，培养社区工作者先进典型，并通过典型引领使社工特别是年轻社工清楚行业的发展前景、行业需求，做到留人留心。三是自我认可。通过座谈、走访慰问等途径，帮助社工放平心态，提高服务意识和履职水平。四是加强关怀。开展文体交流、关爱社工心理健康、困难帮扶活动，让有需要的社工感受到温暖。

（此文作者为密云县委社会工委书记、县社会办主任）

关于延庆县志愿者队伍建设的调研

马向东

2009年3月，市委、市政府制定印发了《关于进一步加强和改进志愿者工作的意见》，明确了转化奥运志愿者工作成果、健全志愿服务长效机制的工作战略，提出了力争经过3～5年的努力，全市公众志愿服务参与率达到20%以上，注册志愿者总数不少于200万人，志愿者每人每年提供志愿服务时间超过50小时的目标，以及实现“志愿者工作体制不断完善、志愿者组织不断壮大、志愿者队伍结构不断优化、志愿服务项目不断丰富、志愿服务理念深入人心、志愿服务成果广泛共享”的宏伟蓝图。

顺应形势发展需要，延庆县近年来大力推动志愿服务工作，志愿者队伍建设取得了长足发展。近年来，延庆县志愿者服务工作紧紧围绕全县中心工作，以重要活动、重大事件、社会需求为重点，着力创新活动载体和实践项目，已基本形成了重大活动志愿服务、应急志愿服务和经常性志愿服务三大服务项目体系，志愿服务覆盖的领域不断深化。

一、基本情况

（一）志愿者队伍基本情况

全县共有各类志愿者队伍177支，登记注册志愿者12305人，主要分为青年志愿者队伍、社区志愿者队伍、妇联志愿者队伍、综治志愿者队伍以及其他委办局组织建立的各类志愿者队伍。其中团县委青年志愿者队伍组建各类志愿服务队34支，注册志愿者达到5000人，社区志愿者队伍74支，志愿者4678人。巾帼志愿者队伍39支，成员1227人。其他志愿者队伍30支，成员1400人。志愿服务涵盖治安巡逻、绿化美化、便民服务、政策宣传、爱心帮困、扶老助残、应急演练、家庭救护、文化体育、法律咨询、环境维护、民事调解等12余项内容。

（二）志愿者服务相关组织机构情况

目前，延庆县志愿者队伍大部分属于团县委、文明办、综治办、民政局、社会工委、妇联等部门归口管理，但是仅有团县委设有事业单位性质的延庆县志愿服务指导中心以及社会团体性质的延庆县志愿者协会作为专门的机构进行志愿者的日常管理，其中仅有志愿服务指导中心设有一名科长和两名科员作为专职人员负责青年志愿者工作，其他部门志愿者管理工作均由业务科室兼管，没有专门的工作经费以及相应的政策支持。总体来讲，我县志愿者管理工作的组织机构还不健全，专职工作人员不足，对志愿服务工作的引导管理力度不足。

（三）志愿者服务活动开展情况

多年来，在“两节”等重要节日，在“两会”“十八届三中全会”等重要时期，在“全国公路自行车赛冠军赛”“环京自行车赛”等延庆重大活动，在“11·3”延庆暴雪等关键时刻，在满足居民日益增长的服务需求等方面，广大志愿者都发挥了积极作用，为社会和谐稳定做出了积极贡献，为游客和市民提供了热情周到的服务，在应急救灾中发挥了巨大作用，在日常生活中实现了居民自治管理与政府行政管理的良性互动和有效对接，赢得了社会的广泛认同和好评。

一是以经常性志愿服务为提升，增强社区凝聚力。志愿者队伍自觉践行“奉献、友爱、互助、进步”的现代志愿服务理念，深入开展学雷锋志愿服务活动，积极投身敬老助残、扶弱助困、帮教助学、环保宣传、心理辅导和科技、文化等各类城乡志愿服务活动，全县形成了一大批形式新颖、内涵丰富、特色鲜明、实效明显的重点和品牌项目，社会影响和作用日益扩大。百泉街道“爱相随”巾帼志愿者服务协会共有妇女志愿者82人，几年来为社区空巢老人、残疾人、孩子提供志愿服务41万多小时，上门服务10万余次。儒林街道“青苹果”志愿者服务队一年来共解答法律咨询182人次，调解纠纷18件，协助办理法律援助22次，成功化解纠纷32起，成功预防群体上访18起。香水园街道“关爱空巢老人”在职党员志愿者服务队与48名孤寡老人、空巢老人、失独老人结对帮扶，为其提供心理慰藉、代买代卖等服务。

二是以活动志愿服务为基础，有效维护社会稳定。全县志愿者队伍在各类重大活动中发挥着积极的作用，在重大节日、“两会”期间，三个街道成立以来共有25000余人次在社区内进行巡逻和大门值守，提供服务时间超过200万小时，实现重大活动和重大节日期间的和谐、稳定。全县志愿者圆满完成元宵节花会展演、自行车骑游大会、端午文化节龙舟下水仪式、中国生态文化高峰论坛、国际展览局官方考察世园会园址、北京国际航空展、北京国际马球公开赛、环京赛、新年倒计时、新年登高活动、十一届世界葡萄大会等各种重大活动的秩序维护、文明引导、现场服务、语言翻译等工作，为游客和市民提供了热情周到的服务。其良好的精神面貌、娴熟的服务技能，受到了广大市民及活动举办方的高度赞扬。

三是以应急志愿服务为补充，丰富城市应急体系。2012年11月3日，延庆县突降大雪，全县共有11000余人次的志愿者积极参与扫雪铲冰，为辖区内彻夜抗雪救灾的环卫、园林等救灾人员送去热水、食品和热豆浆，为空巢老人、孤残人员等特殊人群提供帮扶救助。蓝天救援志愿服务队成立以来，出色完成了“7·21”小五台救援、“7·29”及“8·7”十三陵水库溺水打捞、“11·3”延庆暴雪等多次救援任务，成功救援30多人，尤其是2012年11月8日《新京报》对其在“11·3”暴雪延庆九里梁的救援行动进行了专题报道，受到了社会各界的广泛关注和赞誉。延庆县志愿服务应急体制在突发灾害面前发挥了积极作用，在应急救灾中取得了明显成效。

二、存在问题

近年来，延庆县志愿服务活动比较活跃，也取得了一些成绩，但距离和谐社会建设的要求还有差距，志愿者工作顺应形势的能力尚待提高。从目前来看，延庆县志愿者队伍建设仍处于初级发展阶段，随着城市管理体制以及社会结构的深刻变动，志愿者队伍建设潜在的问题也逐渐凸显出来。制约和影响志愿者工作规范化、长效化发展的因素主要有以下几点。

（一）延庆县志愿者队伍成员数量少，结构不合理

从国外社区志愿者队伍发展经验来看，志愿者服务已经成为社会调节国家与市场之间关系和社会政策不可或缺的组成部分。美国、加拿大、英国、德国、新西兰、北欧、巴西和中国香港参与志愿服务活动的人数与总人口的比例分别为56%、31%、48%、34%、48%、35%、50%和20%。美国官方统计资料表明，在1980年至1990年，18岁以上的成年人参加志愿者活动约占到美国成年人的50%，1990年志愿者组织数量总数超过100万个。北京市实名注册志愿者人数达234万人，占人口总数的11.3%。朝阳区、西城区等其他区县志愿者人数也达到了人口总数的8%～12%，而延庆县实名注册的志愿者人数仅为1.2万人，占人口总数的4%。其中由于多头统计，实际志愿者数量将远低于这一比例。同时，志愿者队伍存在“五多、五少”现象，即退休人员较多，在职人员相对少；年龄大的较多，年轻的相对少；女性较多，男性相对少；提供一般服务的较多，技能服务的相对少；行政指派的多，自助服务的少。志愿者队伍人数少、组成结构不平衡这些问题的存在，限制了志愿者活动领域的拓展和服务水平的提高。

（二）志愿者队伍及人员的技能水平低，服务领域单一

志愿者的服务技能与服务水平，决定着志愿服务工作的质量。目前，延庆县志愿者队伍整体技能水平不高，知识基础薄弱。志愿者队伍建设过分追求数量和速度，致使出现未培训上岗、人员流失严重等问题，同时由于缺乏培训，志愿者活动品牌单一，服务项目局限于治安巡逻、环境卫生等简单服务，一些如应急救助、医疗救助、心理疏导、心理慰藉等专业技能的服务较少，即使能提供也只能属于低等级的服务，对于被服务者的深层次需要还无法满足。

（三）志愿者队伍和人员的管理不规范，尚未形成品牌

目前，延庆县志愿者队伍中，青年志愿者由团委负责，巾帼志愿者由妇联负责，社区志愿者由民政局负责。志愿者队伍管理体制出现多头管理状态，缺乏统一的管理体制，志愿者队伍管理中的报名、培训、认定等环节处于多头交织的状态，如团县委只负责青年志愿者队伍，其他愿意从事青少年志愿服务的人员无法及时找到发挥作用的平台，志愿者队伍的培训大多是临时性发起，缺少常规性和规范化的培训活动，同时各志愿者队伍的服务时间认定标准不统一或者不规范。这些情况一方面造成志愿服务范围不广，另一方面也影响了部分志愿者参与志愿服务的

积极性。而民间自发组织的志愿者队伍存在管理不严格，活动组织分散，没有机制体制保障等问题。并且延庆县尚未建立相对统一的志愿服务供需平台，缺乏必要的协调机制和联动机制。不同层次、不同行业的志愿者受直属主管部门的管理制约，缺乏行动的统一性，志愿服务不能规模化和长期化，尚未形成品牌化的志愿者队伍。

（四）志愿者队伍建设保障机制不健全，活动难度较大

目前，延庆县各志愿者队伍主管单位由于缺少专职人员、专门的财力保障以及必要的设备设施，在推进志愿者工作时创新思维不足，组织和发起志愿服务活动存在不少困难。志愿服务组织通过自身的项目运作形成品牌吸引社会资金的能力不足，同时，企业投入和社会捐赠的积极性总体不高，造成志愿者团队受制于物力、财力等因素，工作创新难度大，开展志愿服务中出现流于形式的现象或者存在短期行为，一些常态志愿服务和专业志愿服务不能实施或实施不到位，部分民间团体最终也“昙花一现”。

同时，由于缺乏资金，延庆县志愿者激励体系也不完善。志愿者的特点之一是自愿性，他们选择参加志愿活动具有较强的自由度。在这种情况下，要调动志愿者的工作积极性，就需要依靠各种激励措施。同时志愿者在参与志愿服务的过程中，自身权益也应受到合理保护，需要提供必要的物质保障。目前，延庆县还没有完善的志愿者激励体系，部分重大志愿者项目会针对每次活动酌情发放交通补助、通信补助，购买商业保险。但是大部分志愿服务活动缺少必要的保障和奖励机制，导致部分志愿者成员积极性不高，服务持续性不长。

（五）志愿服务的理念培育不到位，志愿服务氛围不足

一是政府行政化干预过多，志愿服务组织自主性弱。延庆县志愿服务组织开展的活动很多都是配合上级政府的任务要求或配合社会性的大型活动开展的，以社区为本位的、日常性活动相对较少。绝大多数志愿服务组织习惯于“一声令下，万马奔腾”，自主性弱。这使得志愿者组织的独立性与自主性较差，居民参与志愿服务的主动性和积极性较低，志愿者组织难以发挥灵活性、创新性的优势，志愿者工作不能完全体现志愿服务的理念与内涵。二是志愿者队伍不稳定，人才流失，尤其是骨干人才流失严重。近年来延庆县志愿者以项目化方式进行管理，即针对每一次具体的志愿服务项目进行专门的招募、注册、管理以及培训，项目结束后，志愿者队伍即告解散，志愿者资源面临流失。这种方式造成志愿者身份不明确，推出项目时招募成为志愿者，项目结束后就地解散。这样的工作现状不利于志愿服务工作的常态化、专业化发展，不利于提高志愿服务水平，不利于在区域内形成良好的志愿服务氛围。三是宣传力度不到位。目前延庆县还缺少针对志愿者队伍的系统宣传，居民对志愿者行动的性质、服务内容都不是很了解，存在着不少认识上的误区，如认为志愿服务就应该是全免费的，志愿者活动是青年人的事等，这就造成志愿者示范作用发挥不够明显，难以引起全社会的关注，激发人们参与的热情。

三、工作建议

（一）建立全县志愿者服务统筹机制

一是参照北京市建立志愿者联合会的经验，加快筹建延庆县志愿者联合会，明确牵头单位，确定专人，拨付专项经费负责规划、指导、组织、协调全县志愿服务工作。二是加快志愿者注册、供需、认定平台的建设。可充分利用现有志愿北京网站，实现延庆县志愿者的网上注册管理，建立志愿者技能信息库，即时公布各类项目的志愿服务需求，项目负责人和志愿者可根据志愿服务的内容、时间以及自身情况进行双向选择，由此实现志愿者资源的合理、高效配置。

（二）加强志愿者技能培训

加强志愿者的专项培训，努力把志愿服

务朝专业化方向发展。依托志愿者培训导师团、各类培训机构和专业志愿服务队等培训资源，针对志愿者的特长和需求，定期举办通用、专业、骨干志愿者培训营、志愿服务网络课堂等培训活动。培养具有专业技能的高素质志愿者队伍，使志愿者队伍不但具有专门的知识和技能，而且具有更高的服务意识和服务能力，能够真正从专业角度解决需要帮助人群的实际困难，进一步提高志愿服务的水平和质量。尝试建立专业志愿者档案库，在外来务工人员帮扶、法律咨询、外语翻译等要求较高的服务项目上，组织更多的、更专业的志愿者，保证志愿者在关键时刻做到能服务、会服务、服务好。

（三）大力推广普及志愿服务理念

志愿服务理念决定着志愿服务事业的影响力和生命力，要进一步加大宣传志愿服务理念的力度，通过电视、报纸、网络等多种形式加强对“奉献、友爱、互助、进步”志愿者服务理念的宣传力度，通过社会征集和专业设计相结合的方式，结合区域特点和工作实际，推出延庆县志愿者的标识、口号、旗帜以及主题歌，形成延庆县志愿者特有的文化。通过宣传让更多的人了解志愿服务，激发更多的人加入到志愿者服务的队伍中来。要倡导志愿服务理念，加强公民参与志愿服务的意识和社会责任感，拓展服务对象的范围，挖掘新颖的志愿服务方式。最大限度地调动各方资源，使居民自发地参与志愿服务，让志愿服务融入到日常生活之中，使志愿服务理念更加深入人心。

（四）打造志愿服务品牌项目

按照“财政拨一点，服务单位出一点，社会捐一点”的经费筹集方法，通过政府建立统一的志愿者专项资金，出台可行的政策鼓励社会机构、企事业单位、热心人士捐助资金或者提供场地，要求服务单位补助相应的资金。通过这些方式确保志愿服务活动的长效开展。同时按照党政关注、社会需求、志愿者积极参与的原则，进一步加强志愿服务项目的调研、设计、论证和实施，努力在群众急需、志愿者能为的结合点上寻找新的突破口，不断推出既有较大社会影响的长远性重大项目，又具有行业特点、领域特点的特色项目、短期项目，发挥项目的品牌效应，突出活动意义，增强吸引力，吸引更多的居民积极参与志愿服务活动，引领广大群众积极投身到建设美丽延庆的伟大事业之中。

（五）完善激励保障体系

完善以精神激励为主、物质奖励为辅的志愿者表彰激励机制。建立全县统一的志愿者服务档案，记录志愿者服务情况。并建立“志愿服务储蓄银行”机制和“服务换服务”的交换机制，提高群众参与志愿服务的积极性。引入金牌志愿者星级评定体系，以每年参与志愿服务的时间为参考，评选出“十大金牌志愿者”，并推出“十佳金牌志愿服务集体”“十佳金牌志愿服务项目”等系列品牌。探索志愿者升学、就业、晋升的优先激励，倡导快乐生活激励等，引导全社会关注志愿服务，尊重和爱戴志愿者。同时，对志愿者服务过程中的权益予以保障，聘请法律顾问给予指导和讲解，提高志愿者的法律意识，通过多样化的探索，逐渐形成系统化的志愿者权益保障体系。

志愿者队伍建设对我们来说是一项长期的、持续的任务。美丽延庆和绿色北京示范区的建设需要志愿者的实践，延庆县一系列绿色发展大事更离不开志愿者的行动。延庆县志愿者事业的发展需要全社会的广泛关注和支持，需要每个人付诸行动。

（此文作者为延庆县社会办副主任）

·附　　录·

中共北京市委社会工作委员会
北京市社会建设工作办公室
领　导　介　绍

宋贵伦

职　　务： 中共北京市委社会工作委员会书记、北京市社会建设工作办公室主任、北京市社会建设工作领导小组办公室主任。

个人基本信息： 1960年2月出生，男，汉族，河北新河人，中共党员，第十一届全国人大代表，北京市第十三、十四届人大代表，中共北京市十一届市委委员，第十届市纪委委员，北京师范大学本科毕业，北京市委党校在职研究生毕业，研究员。

工 作 履 历： 曾任中共中央文献研究室秘书处秘书、理论研究组助理研究员，中共中央宣传部办公厅副处级秘书，西城区委宣传部副部长（挂职锻炼）、常务副部长（正处级）、部长，市委宣传部助理巡视员、副部长，市委宣传部副部长，市社会科学界联合会党组书记、常务副主席。

工 作 分 工： 负责全面工作。

赵小卫

职　　务： 北京市社会建设工作领导小组办公室副主任，市政协委员、社法委副主任。

个人基本信息： 1952年2月出生，男，汉族，北京市人，中共党员，中央党校在职研究生毕业。

工 作 履 历： 曾任市委研究室政治处副处长、处长，市委研究室副巡视员，市委社会工委委员、市社会办副主任，市委社会工委副书记、市社会办副主任，市委社会工委委员（正局级）。

工 作 分 工： 负责市社会建设工作领导小组办公室有关工作。

张　坚

职　　　　务：中共北京市委社会工作委员会副书记、北京市社会建设工作办公室副主任。

个人基本信息：1957年2月出生，男，汉族，江苏淮阴人，中共党员，中国人民大学本科毕业，副研究员。

工 作 履 历：曾任市政府研究室社会处副处长、处长，北京经济技术投资开发总公司副经理，市政府研究室助理巡视员，北京奥组委总体策划部副部长、部长，市委社会工委委员、市社会办副主任。

工 作 分 工：分管研究室（政策法规处）、北京社会心理研究所。

陈建领

职　　　　务：中共北京市委社会工作委员会委员，北京市社会建设工作办公室副主任兼机关党委书记、工会主席。

个人基本信息：1964年2月出生，男，汉族，河南夏邑人，中共党员，中央党校硕士研究生毕业，研究员。

工 作 履 历：曾任海淀区人事局副局长，市委组织部研究室副主任、主任，市委组织部副局级组织员兼区县干部处处长和北京市人力资源研究中心主任。

工 作 分 工：分管党建工作处、机关党委（工会），代管社会组织工作处。

刘占山

职　　　　务：中共北京市委社会工作委员会委员、北京市社会建设工作办公室副主任。

个人基本信息：1962年4月出生，男，汉族，北京市人，中共党员，北京市委党校研究生毕业，高级政工师，高级人力资源管理师（IPMA－CP）。

工 作 履 历：曾任昌平县阳坊镇党委副书记、镇长，昌平县黑山寨乡党委书记，昌平县委组织部副部长（正处级），昌平县委宣传部常务副部长（正处级），昌平区委宣传部常务副部长，昌平区委城乡建设工委书记、城建委主任，昌平区委建设工委书记、建委主任，市市政工程总公司副经理，市政路桥控股（集团）有限公司副总经理，平谷区委常委、组织部长。

工 作 分 工：分管人事处、社会工作队伍建设处。

王丽竹

职　　　务： 中共北京市委社会工作委员会委员、北京市社会建设工作办公室副主任。

个人基本信息： 1956 年 12 月出生，女，汉族，河北南宫人，中共党员，东南大学本科毕业。

工 作 履 历： 曾任市政府文教办秘书处副处长，市政府办公厅卫生体育处副处长、区政处（军事处）副处长、综合处（军事处）处长，市政府办公厅副巡视员，市委社会工委委员、市社会办副巡视员。

工 作 分 工： 分管北京市社会建设信息中心和网格化社会服务管理体系建设工作。

王智玲

职　　　务： 中共北京市委社会工作委员会委员、北京市社会建设工作办公室副主任。

个人基本信息： 1957 年 3 月出生，女，汉族，河北易县人，中共党员，中央党校在职研究生毕业，高级政工师。

工 作 履 历： 曾任朝阳区团结湖街道办事处副主任，朝阳区小关街道办事处主任，朝阳区亚运村街道办事处主任、工委书记，朝阳区街道办主任、街工委书记，朝阳区委社会工委书记，朝阳区区长助理、朝阳区委社会工委书记，市委社会工委委员、市社会办副巡视员。

工 作 分 工： 分管社区建设处、社会动员工作处（志愿者工作处）。

赵济贵

职　　　务： 中共北京市委社会工作委员会委员、北京市社会建设工作办公室副巡视员。

个人基本信息： 1963 年 3 月出生，男，汉族，河北清苑人，中共党员，中共中央党校硕士生班毕业。

工 作 履 历： 曾任密云县精神文明建设办公室副主任，市政府办公厅区政处（军事处）助理调研员、综合处（军事处）助理调研员，拉萨市政府副秘书长（援藏），市政府办公厅综合处（军事处）调研员、副处长，市政府调研处调研员、副处长，市政府调研处处长，市委社会工委、市社会办机关党委专职副书记、党建工作处处长。

工 作 分 工： 分管办公室工作。

张青之

职　　　务： 北京市社会建设工作办公室副巡视员。

个人基本信息： 1963 年 11 月出生，男，汉族，江苏赣榆人，中共党员，国防大学硕士研究生毕业。

工 作 履 历： 曾任 54691 部队副政委，总后勤部政治部宣传部副团职干事、正团职干事、副师职干事，总后勤部干部轮训大队副大队长。

工 作 分 工： 协助分管北京社会心理研究所。

北京市区县社会工作机构及负责人

单位名称：中共北京市东城区委社会工作委员会　北京市东城区社会建设工作办公室

书记主任：赵小平（2014. 1—2014. 12）

单位地址：北京市东城区什锦花园胡同23号

联系电话：010－64031118－8740

办公传真：010－64031118－8740

邮政编码：100007

单位名称：中共北京市西城区委社会工作委员会　北京市西城区社会建设工作办公室

书记主任：艾　丽（2014. 1—2014. 12）

单位地址：北京市西城区西直门内大街275号

联系电话：010－82141123

办公传真：010－82141124

邮政编码：100035

单位名称：中共北京市朝阳区委社会工作委员会　北京市朝阳区社会建设工作办公室

书　　记：张永新（2014. 1—2014. 12）

主　　任：赵年生（2014. 1—2014. 12）

单位地址：北京市朝阳区日坛北街33号

联系电话：010－65099333

办公传真：010－65099334

邮政编码：100020

单位名称：中共北京市海淀区委社会工作委员会　北京市海淀区社会建设工作办公室

书　　记：高峰（2014. 1—2014. 12）

主　　任：陈刚（2014. 1—2014. 12）

单位地址：北京市海淀区长春桥路17号

联系电话：010－82510637

办公传真：010－82579250

邮政编码：100089

单位名称：中共北京市丰台区委社会工作委员会　北京市丰台区社会建设工作办公室

书记主任：王珮琦（2014. 1—2014. 12）

单位地址：北京市丰台区丰台镇北大街9号院

联系电话：010－83656681

办公传真：010－63852710

邮政编码：100071

单位名称：中共北京市石景山区委社会工作委员会　北京市石景山区社会建设工作办公室

书记主任：沈代平（2014. 1—2014. 12）

单位地址：北京市石景山路18号

联系电话：010－88699851

办公传真：010－88699851

邮政编码：100043

单位名称：中共北京市门头沟区委社会工作委员会　北京市门头沟区社会建设工作办公室

书记主任：王培兰（2014. 1—2014. 12）

单位地址：北京市门头沟区新桥大街36号

联系电话：010－69861008

办公传真：010－69844023

邮政编码：102300

单位名称：中共北京市房山区委社会工作委员会　北京市房山区社会建设工作办公室

书记主任：于瑞林（2014. 1—2014. 12）

单位地址：北京市房山区良乡工业开发区金光路1号

联系电话：010－69370379

办公传真：010－69370378

邮政编码：102488

单位名称：中共北京市通州区委社会工作委员会　北京市通州区社会建设工作办公室
书　　记：宁秋君（2014.1—2014.12）
主　　任：张玉震（2014.1—2014.12）
单位地址：北京市通州区新华东街192号
联系电话：010－80880715
办公传真：010－80880715
邮政编码：101100

单位名称：中共北京市顺义区委社会工作委员会　北京市顺义区社会建设工作办公室
书记主任：张友生（2014.1—2014.11）
书记主任：张守旺（2014.11—2014.12）
单位地址：北京市顺义区府前东街2号顺建大厦7层
联系电话：010－89442437
办公传真：010－89442437
邮政编码：101300

单位名称：中共北京市昌平区委社会工作委员会　北京市昌平区社会建设工作办公室
书记主任：刘向东（2014.1—2014.12）
单位地址：北京市昌平区政府街23号昌平区民政局10层
联系电话：010－69717193
办公传真：010－69717193
邮政编码：102200

单位名称：中共北京市大兴区委社会工作委员会　北京市大兴区社会建设工作办公室
书记主任：张德广（2014.1—2014.12）
单位地址：北京市大兴区兴政街17号东配楼
联系电话：010－69265780
办公传真：010－69265295
邮政编码：102600

单位名称：中共北京市平谷区委社会工作委员会　北京市平谷区社会建设工作办公室
书记主任：王东日（2014.1—2014.12）
单位地址：北京市平谷区府前西街17号
联系电话：010－69983239
办公传真：010－69983239
邮政编码：101200

单位名称：中共北京市怀柔区委社会工作委员会　北京市怀柔区社会建设工作办公室
书记主任：赵海军（2014.1—2014.12）
单位地址：北京市怀柔区青春路26号（怀柔区总工会院内西楼3层）
联系电话：010－69685027
办公传真：010－69685027
邮政编码：101400

单位名称：中共北京市密云县委社会工作委员会　北京市密云县社会建设工作办公室
书记主任：张志华（2014.1—2014.12）
单位地址：北京市密云县鼓楼西大街3号
联系电话：010－69059001
办公传真：010－69053804
邮政编码：101500

单位名称：中共北京市延庆县委社会工作委员会　北京市延庆县社会建设工作办公室
书记主任：鲁振中（2014.1—2014.12）
单位地址：北京市延庆县妫水北街70号
联系电话：010－69176928
办公传真：010－69177830
邮政编码：102100

北京市社会建设研究基地名单

研究基地名称	重点研究方向
清华大学“北京城市发展与社会建设研究院”	宜居北京
中国人民大学“北京社会建设研究院”	人文北京
首都师范大学“首都新农村社会与文化建设研究中心”	新农村社会建设
北京市社会科学院“北京社会治理研究中心”	社会治理
中国青年政治学院“北京社会工作人才发展研究院”	社工人才
北京工业大学“北京社会建设研究院”	社会建设理论与实践
北京师范大学“北京社会建设研究院”	社会政策
北京城市学院“北京社会建设研究院”	社会舆情
国家行政学院社会和文化教研部合作共建单位	社会建设与社会治理创新
北京交通大学“北京社会建设研究院”	社会诚信
北京联合大学“北京社会建设研究院”	社区自治
中央财经大学“北京社会建设研究中心”	社会心理
北京国际城市发展研究院“北京社会发展研究中心”	社会改革与城市管理创新
国家创新与发展战略研究会“社会建设与社会治理研究中心”	社会建设、治理与改革
北京市委党校“北京社会建设研究会”	社会建设
美国二十一世纪学会“北京·芝加哥社会发展比较研究中心”	社会发展比较研究、社会建设

北京市各区县出台的社会建设工作相关文件目录

区县名称	文件名称	文号
东城区	2014年社会建设工作要点	东社委发〔2014〕3号
	印发2014年社工教育培训项目的通知	东社委发〔2014〕7号
	关于社区工作者带薪年休假的通知	东社委发〔2014〕8号
	关于印发《社区工作者健康体检制度》的通知	东社委发〔2014〕9号
	2014年贯彻落实党风廉政建设责任制、推进反腐败工作的主要思路	东社委文〔2014〕1号
	关于印发《东城区社会治理体制机制改革专项小组工作方案》《东城区社会治理体制机制改革工作规则》的通知	东社治改组发〔2014〕1号
	区委社会工委深入开展党的群众路线教育实践活动工作方案	东社会群组发〔2014〕1号
	区委社会工委所属党组织党的群众路线教育实践活动工作方案	东社会群组发〔2014〕2号
西城区	关于印发《西城区2014年全响应社会服务管理工作要点》的通知	西社领发〔2014〕1号
	关于印发《西城区关于进一步加强全响应网格管理工作的方案》的通知	西社领发〔2014〕2号
	关于印发《西城区关于进一步加强和改进社区服务群众工作的指导意见》的通知	西社领发〔2014〕3号
	关于印发《西城区"邻里互助守望幸福"综合包户志愿服务行动实施方案》的通知	西社领发〔2014〕4号
	关于印发《西城区2014年社区建设工作要点》的通知	西社领发〔2014〕5号
	关于印发《北京市西城区全响应网格化社会服务管理信息化建设规划》的通知	西社领发〔2014〕6号
	关于进一步引导社会单位资源开放推进区域共建共享的指导意见	京西发〔2014〕9号
朝阳区	关于统筹推进党政群共商共治工作的指导意见（试行）	京朝发〔2014〕5号
	关于印发2014年办好重要民生实事分工方案的通知	朝政办发〔2014〕10号
	关于社区、非公经济组织和社会组织党组织开展党的群众路线教育实践活动的指导意见	朝社委发〔2014〕3号
	关于印发《关于加强基层服务型党组织建设的实施意见》的通知	朝社委发〔2014〕4号
	关于进一步规范街道系统行政服务和执法监管窗口单位工作的意见（试行）	朝社委发〔2014〕5号
	关于对基层服务型党组织优秀服务品牌项目进行资金支持的决定	朝社委发〔2014〕11号
	2014年小区家园计划推进方案	朝社办发〔2014〕12号

续表

区县名称	文件名称	文号
海淀区	北京市海淀区人民政府办公室印发《关于进一步规范协管员队伍管理的办法（试行）》的通知	海政办发〔2014〕65号
	关于深入开展党的群众路线教育实践活动的实施意见	海社委发〔2014〕1号
	深入开展党的群众路线教育实践活动工作方案	海社委发〔2014〕2号
	2014年度街道系统组织工作要点	海社委发〔2014〕3号
	社区志愿服务站规范提升工作方案	海社委发〔2014〕4号
	专题民主生活会方案	海社委发〔2014〕5号
	2013年度区委社会工委、区社会办绩效考核奖励工作方案	海社委发〔2014〕6号
	区委社会工委（区社会办）机关党支部专题组织生活会和民主评议党员工作方案	海社委发〔2014〕7号
	商务楼宇“五站合一”工作站检查推进月实施方案	海社委发〔2014〕8号
	关于进一步加强街道系统基层服务型党组织建设的实施方案	海社委发〔2014〕9号
	关于划拨2013年社区建设重点项目奖励经费的通知	海社办发〔2014〕1号
	关于用以奖代补的形式扶持2013年度取得成绩的社会组织的决定	海社办发〔2014〕2号
	关于进一步规范社区居委会工作人员配置办法的通知	海社办发〔2014〕3号
	关于做好2014年面向随军家属定向招聘社区工作者后续管理有关工作的通知	海社办发〔2014〕4号
	关于增设社区工作者季度绩效奖金的通知	海社办发〔2014〕5号
	关于进一步加强社区居民自治工作的通知	海社办发〔2014〕6号
	关于做好2014年度先进社区居委会、先进居委会主任评比表彰工作的通知	海社办发〔2014〕7号
丰台区	区委办公室、区人民政府办公室印发《丰台区关于加快推进社会组织改革与发展的实施意见》的通知	京丰办发〔2014〕15号
	区社会办、区发展改革委关于市社会办、市发展改革委就社区用房规范化建设项目后续工作推进方案的报告	丰社办文〔2014〕46号
	关于印发《丰台区2014年社会领域党建工作要点》的通知	丰社委发〔2014〕47号
	关于推进商务楼宇志愿服务站建设的通知	丰社委发〔2014〕71号
石景山区	关于印发《石景山区2014年社会建设工作要点》的通知	石社字〔2014〕1号
	关于印发《2014年石景山区社会领域纪念建党93周年活动工作方案》的通知	石社字〔2014〕8号
	关于印发《石景山区社区志愿服务站规范提升工作方案》的通知	石社字〔2014〕15号
	2014年公开招聘安全生产社区工作者工作方案	石社字〔2014〕18号
	商务楼宇“五站合一”建设集中推进月实施方案	石社字〔2014〕22号
	关于表彰2013年度先进社区居委会及先进社区居委会主任的决定	石社领办〔2014〕1号
	关于表彰2013年度“十佳大学生社工”的决定	石社领办〔2014〕2号
	关于印发《石景山区关于开展老旧小区自我服务管理试点工作的意见》的通知	石社领办〔2014〕3号
	2014年公开招聘社区工作者工作方案	石社领办〔2014〕4号

续表

区县名称	文件名称	文号
石景山区	关于表彰党建示范社区、商务楼宇工作站示范点、先进个人、党建精品项目、优秀非公有制企业结对共建单位的决定	石社领办〔2014〕5号
	关于建立街道“枢纽型”社会组织工作体系的通知	石社领办〔2014〕6号
门头沟区	关于印发门头沟区城市管理工作体系建设方案的通知	门政办发〔2014〕14号
	社区垃圾分类“户分类、社区收集、区运输”模式实施方案	门政办发〔2014〕26号
	街道地区管理委员会“7个中心”运行规则	门社领办发〔2014〕5号
	2014年服务型街道行动计划	门社领办发〔2014〕6号
	关于深入推进十二类人群精细化服务管理的实施方案暨“健康生命阳光生活”活动计划	门社领办发〔2014〕8号
	2014年社会领域党建工作要点	门社委发〔2014〕2号
	关于深入学习贯彻习近平总书记兰考讲话精神在街道系统党员干部中开展“接通线、捅破纸、拆掉墙”密切联系群众大讨论活动的实施方案	门社委发〔2014〕3号
	社区志愿服务站规范提升工作方案	门社委发〔2014〕11号
	关于进一步深化楼门文化建设的实施方案	门社办发〔2014〕4号
	社区“一居多品”创建活动实施方案	门社办发〔2014〕5号
	2014年政府购买社会组织服务“爱心公益”行动实施方案	门社办发〔2014〕6号
	关于开展“城市管理提升年”活动的实施方案	门城领办发〔2014〕1号
	关于推进社区分类管理工作方案	门城领办发〔2014〕2号
	关于开展“一街一景”特色街巷创建活动的实施方案	门城领办发〔2014〕3号
房山区	印发《关于加强社会工作专业人才队伍建设的意见》的通知	京房办发〔2014〕12号
	区委社工委2014年工作要点	房社委〔2014〕1号
	关于开展党的群众路线教育实践活动的实施方案	房社委〔2014〕2号
	关于在直管“两新”组织党组织及全体党员中开展党的群众路线教育实践活动的指导方案	房社委〔2014〕3号
通州区	关于深入开展创建文明示范小区活动的实施意见	通社委发〔2014〕2号
	社会建设调查研究工作意见	通社委发〔2014〕3号
	2014年社会组织工作要点	通社委发〔2014〕4号
	2014年社会工作队伍建设工作要点	通社委发〔2014〕5号
	2014年网格化社会服务管理工作意见	通社委发〔2014〕6号
	2014年社会领域党建工作意见	通社委发〔2014〕7号
	2014年社区建设工作要点	通社委发〔2014〕8号
	2014年机关干部队伍及党风廉政建设意见	通社委发〔2014〕9号
	关于印发《2014年党风廉政建设和反腐败工作任务分工意见》的通知	通社委发〔2014〕10号

续表

区县名称	文件名称	文号
通州区	关于加强监督检查工作的意见	通社委发〔2014〕12号
	关于印发《通州区街道、乡镇社会工作党委办公会议议事规则（试行）》的通知	通社委发〔2014〕13号
	2013年社会建设工作总结	通社领办发〔2014〕1号
	2014年社会建设工作意见	通社领办发〔2014〕2号
	关于进一步深化楼门文化建设的实施意见	通社领办发〔2014〕3号
	关于印发北京市通州区社会建设工作领导小组办公室《关于在全区开展2014年社区节系列活动的通知》	通社领办发〔2014〕4号
	关于印发《社会服务管理创新项目管理办法（试行）》的通知	通社领办发〔2014〕5号
	楼门文化建设优秀项目评选推荐活动方案	通社领办发〔2014〕6号
	关于加强通州区楼门长队伍建设的指导意见	通社领办发〔2014〕7号
	关于表彰2014年度楼门文化建设工作先进社区和优秀楼门长的决定	通社领办发〔2014〕8号
顺义区	关于印发《中共北京市顺义区委关于在全区深入开展党的群众路线教育实践活动的实施方案》的通知	京顺发〔2014〕2号
	关于认真学习贯彻中央市委全会精神全面深化改革的意见	京顺发〔2014〕3号
	关于印发《区委全面深化改革领导小组组成人员及办事机构设置方案》的通知	京顺发〔2014〕4号
	区委办公室、区政府办公室关于印发《中共北京市顺义区空港街道工作委员会北京市顺义区空港街道办事处主要职责内设机构和人员编制规定》的通知	京顺办发〔2014〕1号
	区委办公室、区政府办公室关于转发《顺义区关于进一步加强环境建设的工作意见》《顺义区环境建设问责办法（试行）》《顺义区环境建设综合考核评价办法》的通知	京顺办发〔2014〕12号
	关于印发《2014年政府折子工程》的通知	顺政发〔2014〕7号
	关于印发《新型农村合作医疗制度实施意见》的通知	顺政发〔2014〕8号
	关于印发《顺义区医疗卫生服务水平提升三年行动计划（2014—2016年）》的通知	顺政发〔2014〕23号
	关于印发《新型农村合作医疗制度实施细则》的通知	顺政办发〔2014〕11号
	关于印发《推进国际语言环境建设实施意见》的通知	顺政办发〔2014〕12号
	关于印发《安全社区建设工作方案》的通知	顺政办发〔2014〕14号
	转发区教委关于推进中小学校体育卫生工作三年行动计划（2014—2016年）的通知	顺政办发〔2014〕16号
	转发区民政局关于建立城乡社区居民委员会意见的通知	顺政办发〔2014〕28号
	关于印发《进一步加强政务公开和信息发布工作积极推进社会沟通互动实施意见》的通知	顺政办发〔2014〕37号
	关于进一步规范社区社会组织联合会及社区社会组织建设的指导意见	社建领办〔2014〕3号

续表

区县名称	文件名称	文号
顺义区	关于2014年度使用北京市社会建设专项资金购买社会组织服务项目的实施方案	社建领办〔2014〕4号
	关于2014年度使用区级社会建设专项资金购买社会组织服务项目的实施方案	社建领办〔2014〕5号
昌平区	关于印发《昌平区委社会工委开展党的群众路线教育实践活动工作方案》的通知	昌社委发〔2014〕1号
	关于印发《昌平区社区志愿服务站规范提升工作方案》的通知	昌社委发〔2014〕2号
	关于开展第二批北京市智慧社区验收认定工作的通知	昌社办发〔2014〕1号
	关于开展第三批北京市智慧社区申报工作的通知	昌社办发〔2014〕2号
	关于2014年党风廉政建设责任制专项检查自查情况的报告	昌社委报〔2014〕6号
	2014年上半年工作总结	昌社委文〔2014〕1号
	2014年工作总结及2015年工作计划	昌社委文〔2014〕2号
	关于政府向社会力量购买服务的实施意见	昌政办发〔2014〕46号
大兴区	关于深入推进工商工作社会化的实施意见	京兴社领办文〔2014〕3号
	关于政府购买公共服务目录工作的通知	京兴社领办文〔2014〕4号
	关于印发《大兴区离退休党员干部担任非公有制经济组织党建工作指导员管理办法（试行）》的通知	京兴社委文〔2014〕7号
平谷区	关于转发《北京市2013—2014年度冬季社区扫雪铲冰应急预案》的通知	京平社发〔2014〕1号
	关于深入开展党的群众路线教育实践活动的实施方案	京平社发〔2014〕2号
	2014年社会领域党建工作要点	京平社发〔2014〕3号
	非公有制经济组织党建工作指导员考评办法	京平社发〔2014〕4号
	区委社会工委关于印发《平谷区社会领域党的群众路线教育实践活动督导组工作职责》的通知	京平社发〔2014〕5号
	关于社会领域党组织在群众路线教育实践活动中开展“八个一”活动的通知	京平社发〔2014〕6号
	关于建立党的群众路线教育实践活动联系点的工作安排	京平社发〔2014〕7号
	关于开展社会领域基层服务型党组织建设征文活动的通知	京平社发〔2014〕8号
	落实“解民需、办实事”折子工程——“温暖工程”项目工作实施方案	京平社发〔2014〕10号
	关于做好在职党员到社区报到接纳工作的通知	京平社发〔2014〕15号
	关于表彰社会领域先进基层党组织、先进党务工作者、党员和社区党员楼（单元）长的通报	京平社发〔2014〕16号
	党的群众路线教育实践活动，“四风”突出问题专项整治方案	京平社发〔2014〕17号
	关于加强社会领域党建工作专项资金管理和使用的通知	京平社发〔2014〕18号
	关于在社会领域基层党组织中召开专题组织生活会的通知	京平社发〔2014〕19号

续表

区县名称	文件名称	文号
平谷区	社会领域党建信息员队伍管理办法	京平社发〔2014〕20号
	关于印发《平谷区2014年度使用市级社会建设资金购买社会组织服务监督管理办法》的通知	京平社领办发〔2014〕5号
	关于表彰2014年度信息化工作先进个人和先进单位的通报	京平社领办发〔2014〕6号
	关于推进网格化社会服务管理体系建设工作的通知	京平社领办发〔2014〕7号
怀柔区	北京市怀柔区社会建设工作领导小组关于印发《怀柔区服务APEC会议社会动员工作方案》的通知	怀社领发〔2014〕1号
	北京市怀柔区社会建设工作领导小组办公室关于印发《2014年怀柔区社会建设工作要点》的通知	怀社领办发〔2014〕20号
	中共北京市怀柔区委社会工作委员会关于新设立的社区居委会同步成立社区党组织的通知	怀社委发〔2014〕4号
	关于开展“庸懒散”和“工作人员对待群众来访态度生硬、推诿扯皮以及利用便民服务谋取不正当利益”“工作人员‘吃拿卡要’作风粗暴、暗箱操作、以权谋私”专项整治工作的通知	怀社委发〔2014〕5号
	中共北京市怀柔区委社会工作委员会深入开展党的群众路线教育实践活动工作方案	怀社委发〔2014〕6号
	关于印发《2014年区委社会工委（区社会办）重点工作项目书》的通知	怀社委发〔2014〕8号
	2014年社区党组织建设工作要点	怀社委发〔2014〕11号
	关于推进机关精细化管理的实施方案	怀社委发〔2014〕10号
	关于印发《2014年社区（农村）扫雪铲冰社会动员应急预案》的通知	怀社办发〔2014〕1号
	关于将市非紧急救助（12345市长热线）怀柔分中心工作纳入网格化管理的意见	怀社办发〔2014〕45号
	2014年度应急工作总结和2015年度应急工作计划	怀社办发〔2014〕52号
	关于推行社区“大党委制”工作的通知	京怀组字〔2014〕37号
密云县	关于发布《北京市密云县网格化社会服务管理标准》的通知	密办发〔2014〕2号
	关于组织社区工作者任职资格考试的通知	密社委字〔2014〕6号
	关于印发《镇级社区服务站机构设置及其主要职责》的通知	密社领办发〔2014〕1号
	2014年社会建设工作考核办法	密社领办发〔2014〕2号
	《北京市密云县网格化社会服务管理标准》培训方案	密社领办发〔2014〕4号
	2014年社会建设工作要点	密社领办发〔2014〕5号
	关于加强社会动员工作推进和谐社区建设的意见	密社领发〔2014〕2号
	关于推进全县非公有制企业党组织全覆盖工作的通知	密社委字〔2014〕8号
	关于印发2014年新建非公有制企业党组织任务的通知	密社委发〔2014〕4号
延庆县	党的群众路线教育实践活动工作方案	延社委文〔2014〕2号
	2014年社会领域党建工作要点	延社委文〔2014〕9号
	2014年关于廉政风险防控管理方案	延社委文〔2014〕10号
	2014年社会建设工作要点	延社委文〔2014〕11号

续表

区县名称	文件名称	文号
延庆县	社工学雷锋志愿服务“春风行动”活动安排	延社委文〔2014〕14号
	2014年社工文化节活动方案	延社委文〔2014〕15号
	关于进一步规范街道、社区市民劝导队工作的通知	延社委文〔2014〕19号
	社会组织公益行系列活动方案	延社办文〔2014〕13号

北京市、区县社会建设工作统计表

2014年“首都最美社工”名单

姓名	工作单位及职务
任力欣	大兴区朗润社会工作事务所主任
张　刃	北京社会心理研究所助理研究员
黄　锂	朝阳区玖诚社会工作服务中心主任
马　里	延庆县大榆树镇社区居委会副主任
关　婷	北京大学人民医院医务社会工作志愿服务工作部副部长
刘　战	东城区助人社会工作事务所总干事、执行主任
韩　青	丰台区马家堡街道时代风帆商务楼宇党委专职副书记、工作站站长
王艳蕊	石景山区乐龄老年社会工作服务中心主任
张生泉	密云县果园街道果园西里社区党总支书记、社区居委会主任
彭立新	朝阳区亚运村街道安慧里社区党委书记
胡　蕊	西城区社会工作者联合会会员部负责人

2014年“首都优秀社工”名单

姓名	工作单位及职务
杨立新	东城区东花市街道东花市南里社区党委书记、居委会主任
李　媛	东城区交道口街道菊儿社区党总支书记、居委会主任
秦　来	东城区景山街道魏家社区党委书记、居委会主任
高晥雯	西城区悦群社会工作事务所项目主管
周　瀛	西城区广安门外街道红莲中里社区居委会主任、党委副书记
黄　红	朝阳区惠心社会工作事务所专业督导
王蓓蓓	朝阳区曙康社会工作事务所执行主任
李秀稳	朝阳区潘家园街道松榆西里社区居委会主任
贾玉梅	海淀区八里庄街道美丽园社区党支部书记、居委会主任
梅何霞	海淀区睿搏社会工作事务所支部书记、办公室主任
刘　羽	海淀区超越社会工作事务所人力资源部、案件管理部部长、项目主管
刘庆红	海淀区北太平庄街道志强北园社区党委书记、居委会主任
王　杨	丰台区乐助社会工作事务所理事长
郑梓赓	丰台区瑞丰社会工作事务所总干事

续表

姓名	工作单位及职务
王翠香	石景山区八角街道杨庄南区社区党委书记、居委会主任
马维娜	石景山区苹果园街道苹三社区居委会主任
于秀银	门头沟区东辛房街道石门营新区五区社区党支部书记、居委会主任
马志慧	门头沟区大峪街道南路二社区党委书记、居委会主任
罗玉洪	房山区拱辰街道北关东路社区党总支副书记、居委会副主任
苏春婷	房山区长阳镇长龙苑社区居委会副主任
霍宝军	通州区新华街道如意社区党总支书记、居委会主任
郭卫东	通州区中仓街道小园社区党总支书记、居委会主任
张　怡	顺义区绿港社会工作事务所项目主管
赵　华	顺义区空港街道裕祥花园社区党支部书记、居委会主任、服务站站长
王　芳	顺义区胜利街道怡馨家园第一社区居委会副主任
苗广义	昌平区南口镇水厂路社区居委会主任
刘伯华	昌平区天通苑南街道清水园社区党支部书记
杜　勇	大兴区观音寺街道盛嘉华苑社区党支部书记、居委会主任
高九新	大兴区兴丰街道康居社区党支部书记、居委会主任
熊玉香	平谷区兴谷街道光明社区党支部书记、居委会主任、服务站站长
张亚军	平谷区滨河街道金谷园社区党总支书记、居委会主任
王　平	怀柔区龙山街道迎宾路社区党总支书记、居委会主任
刘海音	怀柔区泉河街道金台园社区党委书记、居委会主任
巨　羲	密云县鼓楼街道车站路南社区党总支书记、居委会主任
康　征	延庆县百泉街道上都首府家园社区党支部书记、居委会主任
郭少莲	大兴区观音寺街道观音寺社区妇联主席、居委会副主任
关　涛	北京血友之家罕见病关爱中心主任
高宝凤	朝阳区玉华残障人士康养服务中心副主任
余　跳	北京青少年社团发展促进中心项目管理部主管

2013 年度“十大感动社区人物”

姓名	工作单位及职务
王荣贵	房山区电力设备总厂社区居委会主任
韩堆堆	西城区什刹海街道白米社区公厕保洁员
汤　仪	朝阳区管庄乡网店经营者
李高峰	朝阳区八里庄街道无限社区来京务工人员
王艳蕊	石景区山八宝山街道永乐西社区志愿者
王　涛	西城区月坛街道公安社区居民
葛立梅	海淀区甘家口三环北路 82 号院退休职工
孙茂芳	北京军区总医院原副政委
葛明洋	申通快递密云县快递工作人员
窦　珍	丰台区翠林三里社区居民

2014年全市“一刻钟社区服务圈”示范点名单（共207个）

区县名称	示范点
东城区（12个）	东华门街道正义路社区服务圈
	永外街道革新里社区服务圈
	体育馆路街道东厅社区服务圈
	和平里街道青年湖社区服务圈
	安定门街道交北头条社区服务圈
	龙潭街道公共文化服务圈
	景山街道景山东街社区服务圈
	天坛街道永定门内健康圈
	建国门街道站东社区服务圈
	北新桥街道九道湾社区服务圈
	崇外街道西花市南里社区服务圈
	东花市街道忠实里社区服务圈
西城区（10个）	德胜街道安德路服务圈
	什刹海街道爱民街服务圈
	什刹海街道景山服务圈
	什刹海街道护国寺服务圈
	西长安街街道便民生活圈
	金融街街道新华社服务圈
	展览路街道德宝社区服务圈
	广内街道核桃园老年餐吧服务圈
	牛街街道春风社区服务圈
	白纸坊街道东南服务圈
海淀区（79个）	万寿路街道太平路27号社区服务圈
	万寿路街道复兴路28号社区服务圈
	羊坊店街道科技部社区服务圈
	羊坊店街道复兴路23号社区服务圈
	羊坊店街道中联部社区服务圈
	八里庄街道定慧东里社区服务圈
	八里庄街道颐慧佳园社区服务圈
	八里庄街道永安东里社区服务圈
	田村路街道东营房社区服务圈

区县名称	示范点
海淀区（79个）	田村路街道乐府家园社区服务圈
	田村路街道永达社区服务圈
	田村路街道金沟河社区服务圈
	紫竹院街道魏韦社区服务圈
	紫竹院街道北外社区服务圈
	紫竹院街道厂洼二社区服务圈
	紫竹院街道紫竹社区服务圈
	紫竹院街道魏南社区服务圈
	紫竹院街道法华寺社区服务圈
	紫竹院街道三虎桥社区服务圈
	北下关街道中关村南大街40号社区服务圈
	北下关街道皂君西里社区服务圈
	北下关街道农科院社区服务圈
	北下关街道皂君庙社区服务圈
	北下关街道皂君东里社区服务圈
	北太平庄街道明光村社区服务圈
	北太平庄街道金晖嘉园社区服务圈
	海淀街道航空港社区服务圈
	海淀街道稻香园西里社区服务圈
	海淀街道海淀南路北社区服务圈
	海淀街道三义庙社区服务圈
	海淀街道苏州街路社区服务圈
	海淀街道万泉庄南社区服务圈
	海淀街道万泉庄北社区服务圈
	中关村街道东南社区服务圈
	中关村街道东里北社区服务圈
	中关村街道知东社区服务圈
	学院路街道地大一社区服务圈
	学院路街道展春园社区服务圈
	学院路街道第二干休所服务圈
	学院路街道六道口社区服务圈

续表

区县名称	示范点
海淀区（79个）	花园路街道邮科社区服务圈
	花园路街道塔院干休所社区服务圈
	花园路街道冠城园社区服务圈
	花园路街道北航社区服务圈
	花园路街道牤牛桥社区服务圈
	花园路街道北医社区服务圈
	花园路街道晴冬园社区服务圈
	清河街道怡美家园社区服务圈
	清河街道美和园社区服务圈
	清河街道安宁东路社区服务圈
	清河街道智学苑社区服务圈
	西三旗街道永泰庄社区服务圈
	西三旗街道小营联合社区服务圈
	西三旗街道建材城联合社区服务圈
	马连洼街道农科社区服务圈
	马连洼街道古月园社区服务圈
	马连洼街道梅园社区服务圈
	马连洼街道农大社区服务圈
	上地街道上地东里第一社区服务圈
	上地街道东馨园社区服务圈
	上地街道马连洼北路1号院社区服务圈
	上地街道树村社区服务圈
	上地街道万树园社区服务圈
	上地街道上地东里第二社区服务圈
	上地街道上地八一社区服务圈
	青龙桥街道遗光寺社区服务圈
	青龙桥街道军科社区服务圈
	青龙桥街道西苑医院社区服务圈
	香山街道南植社区服务圈
	永定路街道七街坊社区服务圈
	清华园街道西北社区服务圈
	温泉镇颐阳二区社区服务圈
	曙光街道晴雪园社区服务圈
	曙光街道曙光花园社区服务圈
	西北旺镇西六里屯社区服务圈

区县名称	示范点
海淀区（79个）	苏家坨镇稻香湖社区服务圈
	四季青镇西山社区服务圈
	东升镇奥北社区服务圈
	东升镇前屯社区服务圈
丰台区（7个）	卢沟桥街道金一社区服务圈
	新村街道万柳园、万柳西园社区服务圈
	新村街道银地、风格与林社区服务圈
	长辛店街道东山坡社区服务圈
	长辛店街道北关社区服务圈
	马家堡街道镇国寺社区服务圈
	大红门街道石榴园社区服务圈
石景山区（6个）	八宝山街道沁山水社区服务圈
	八角街道“阳光暮年服务社”社区服务圈
	八角街道“燕保京原家园”社区服务圈
	古城街道古城现代嘉园社区服务圈
	五里坨街道现天翠阳光社区服务圈
	五里坨街道隆恩颐园社区服务圈
门头沟区（6个）	大峪街道南路一社区服务圈
	大峪街道增产路东区社区服务圈
	大台街道玉皇庙社区服务圈
	永定镇信园社区服务圈
	龙泉镇峪新社区服务圈
	龙泉镇龙泉务社区服务圈
房山区（8个）	城关街道南沿里社区服务圈
	城关街道万宁桥社区服务圈
	西潞街道太平庄西里社区服务圈
	长阳镇加州水郡北区社区服务圈
	燕山迎风街道迎风四里社区服务圈
	燕山星城街道星城第六社区服务圈
	拱辰街道宜春里社区服务圈
	拱辰街道伟业嘉园社区服务圈
通州区（15个）	玉桥街道新通国际社区服务圈
	玉桥街道运河东大街社区服务圈
	玉桥街道玉桥东里南社区服务圈
	中仓街道中仓社区服务圈

续表

区县名称	示范点
通州区（15个）	中仓街道小园社区服务圈
	中仓街道白将军社区服务圈
	北苑街道京贸国际社区服务圈
	北苑街道帅府社区服务圈
	北苑街道天时名苑社区服务圈
	北苑街道五里店社区服务圈
	梨园镇大方居社区服务圈
	梨园镇翠屏南里社区服务圈
	潞城镇紫荆雅园社区服务圈
	永顺镇潞邑社区服务圈
	永顺镇东潞苑西区社区服务圈
顺义区（2个）	空港街道香蜜湾中粮社区服务圈
	空港街道天竺新新翠竹社区服务圈
昌平区（23个）	城北街道灰厂路社区服务圈
	城北街道裕祥社区服务圈
	城北街道国通家园社区服务圈
	城北街道南关社区服务圈
	城南街道介山社区服务圈
	城南街道畅春阁社区服务圈
	回龙观镇龙博苑社区服务圈
	回龙观镇龙泽苑东区社区服务圈
	回龙观镇金榜园社区服务圈
	回龙观镇万润家园社区服务圈
	北七家镇燕城苑社区服务圈
	天南街道天通苑第二社区服务圈
	天南街道东辰社区服务圈
	天北街道天通西苑第二社区服务圈
	天北街道天通中苑第一社区服务圈
	霍营街道霍营第三社区服务圈
	霍营街道霍营第四社区服务圈
	东小口镇森林大第社区服务圈
	沙河镇沙阳路社区服务圈
	南口镇南口村社区服务圈
	马池口镇念头社区服务圈
	百善镇百善社区服务商圈
	小汤山镇龙脉花园社区服务圈
大兴区（20个）	清源街道清源西里社区服务圈
	清源街道绿地社区服务圈

区县名称	示范点
大兴区（20个）	清源街道滨河北里社区服务圈
	兴丰街道黄村东里社区服务圈
	兴丰街道清城南区社区服务圈
	林校路街道义和庄南里社区服务圈
	林校路街道车站北里社区服务圈
	观音寺街道观音寺北里社区服务圈
	观音寺街道开发区社区服务圈
	黄村地区长丰园三区社区服务圈
	黄村地区郁花园三里社区服务圈
	西红门地区福星花园社区服务圈
	西红门地区福盛社区服务圈
	亦庄地区富源里社区服务圈
	亦庄地区晓康社区服务圈
	瀛海地区南海家园社区服务圈
	旧宫地区清和园社区服务圈
	旧宫地区清逸西园社区服务圈
	旧宫地区德茂佳苑社区服务圈
	青云店镇青云里社区服务圈
平谷区（2个）	渔阳地区海关西园社区服务圈
	兴谷街道园丁社区服务圈
密云县（12个）	鼓楼街道向阳西社区服务圈
	鼓楼街道宾阳社区服务圈
	鼓楼街道行宫南社区服务圈
	鼓楼街道车站路南社区服务圈
	鼓楼街道太扬家园社区服务圈
	鼓楼街道长安西社区服务圈
	鼓楼街道车站路社区服务圈
	鼓楼街道鼓楼南社区服务圈
	鼓楼街道云秀花园社区服务圈
	果园街道新北路社区服务圈
	果园街道学府花园社区服务圈
	果园街道瑞和园社区服务圈
延庆县（5个）	百泉街道振兴北社区服务圈
	儒林街道格兰二期社区服务圈
	儒林街道儒林苑社区服务圈
	香水园街道泰安社区服务圈
	香水园街道东外社区服务圈

2014 年全市社区规范化建设示范点名单（共 120 个）

区县名称	示范点
东城区（10 个）	和平里街道民旺社区
	景山街道黄城根北街社区
	建国门街道外交部街社区
	东四街道南门仓社区
	北新桥街道北新仓社区
	体育馆路街道东玉北街社区
	天坛街道永内东街西里社区
	永外街道永建里社区
	东直门街道东外大街北社区
	东花市街道广外南里社区
西城区（8 个）	大栅栏街道三井社区
	德胜街道新外大街北社区
	新街口街道育德社区
	金融街街道受水河社区
	陶然亭街道新兴里社区
	展览路街道阜外西社区
	白纸坊街道新安中里社区
	广外街道莲花河社区
朝阳区（20 个）	双井街道双花园社区
	劲松街道劲松西社区
	建外街道永安里东社区
	酒仙桥街道怡思苑社区
	和平街街道十四区社区
	望京街道望京西园三社区
	三里屯街道幸福一村社区
	八里庄街道延静里社区
	东湖街道南湖东园北社区
	香河园街道光熙门北里北社区
	高碑店地区太平庄南社区
	东风地区石佛营东社区
	将台地区芳园里社区

区县名称	示范点
朝阳区（20 个）	东坝地区朝阳新城社区
	金盏地区金泽家园社区
	太阳宫地区惠忠庵社区
	崔各庄地区京旺家园二社区
	小关街道惠新里社区
	香河园街道西坝河西里社区
	八里庄街道朝阳无限社区
海淀区（16 个）	万寿路街道五棵松紫金长安社区
	羊坊店街道水科院南院社区
	甘家口街道潘庄社区
	八里庄街道美丽园社区
	田村路街道玉海园二里社区
	北太平庄街道首都体院社区
	海淀街道康桥蜂鸟园社区
	学院路街道东王庄社区
	花园路街道北极寺社区
	西三旗街道富力桃园社区
	马连洼街道天秀花园社区
	上地街道紫城嘉园社区
	曙光街道怡丽北园社区
	苏家坨镇北分瑞利社区
	清华园街道荷青苑社区
	清河街道长城润滑油社区
丰台区（11 个）	东高地街道万源西里社区
	丰台街道丰益花园社区
	卢沟桥街道丰台路口社区
	宛平地区城南第二社区
	云岗街道云西路社区
	和义街道和义东里第三社区
	大红门街道世华水岸社区
	南苑街道红房子社区

续表

区县名称	示范点
丰台区（11个）	太平桥街道菜户营社区
	方庄地区芳古园一区第二社区
	方庄地区芳古园一区第一社区
石景山区（6个）	八宝山街道玉泉西里中社区
	八角街道时代花园社区
	古城街道西路南社区
	苹果园街道下庄社区
	金顶街街道金一区社区
	广宁街道新立街社区
门头沟区（4个）	大峪街道双峪社区
	大峪街道剧场东街社区
	龙泉镇梨园社区
	王平镇色树坟社区
房山区（5个）	城关街道永安西里社区
	拱辰街道昊天小区社区
	长阳镇加州水郡东社区
	长阳镇碧波园社区
	燕山星城街道星城第七社区
通州区（5个）	玉桥街道柳馨园社区
	中仓街道运河湾社区
	中仓街道星河社区
	北苑街道果园西社区
	潞城镇水仙园社区
顺义区（6个）	光明街道裕龙五区社区
	胜利街道胜利社区
	旺泉街道前进花园社区
	双丰街道富力湾社区
	石园街道石园东苑社区
	空港街道蓝星花园社区

区县名称	示范点
昌平区（7个）	城北街道嘉和园社区
	城南街道龙山锦园社区
	回龙观地区新龙城社区
	天南街道奥北中心社区
	天北街道天通北苑第二社区
	沙河镇南一社区
	南口镇南农社区
大兴区（6个）	兴丰街道瑞康家园社区
	林校路街道饮马井社区
	观音寺街道首座御园社区
	天宫院街道海子角社区
	新丰街道富强西里社区
	清源街道康秀园社区
平谷区（5个）	滨河街道金谷园社区
	滨河街道建西社区
	兴谷街道乐园西社区
	兴谷街道新星社区
	兴谷街道金乡西社区
怀柔区（3个）	龙山街道丽湖社区
	泉河街道馥郁苑社区
	泉河街道新贤家园社区
密云县（4个）	鼓楼街道行宫社区
	鼓楼街道阳光家园社区
	果园街道康居社区
	鼓楼街道北源里社区
延庆县（4个）	百泉街道颖泽州社区
	儒林街道悦安居社区
	香水园街道石河营西社区
	香水园街道新兴西社区

2014 年全市老旧小区自我服务管理试点名单（共 113 个）

区县名称	示范点
东城区（8 个）	交道口街道菊儿社区
	东华门街道韶九社区
	建国门街道赵家楼社区
	朝阳门街道史家社区
	东直门街道东外大街社区
	体育馆路街道长青园社区
	景山街道钟鼓社区
	和平里街道兴化社区
西城区（9 个）	西长安街街道义达里社区
	新街口街道西四北六条社区
	新街口街道玉桃园社区
	展览路街道黄瓜园 10 号院社区
	展览路街道朝阳庵社区中科院小区
	月坛街道真武庙五里社区
	广内街道长椿街社区
	广外街道红莲中里社区
	陶然亭街道红土店儒福里 42 号院社区
朝阳区（15 个）	奥运村街道大羊坊社区
	亚运村街道华严北里西社区
	大屯街道安慧东里社区
	小关街道惠新里社区
	酒仙桥街道电子球场路社区
	安贞街道安华里社区
	和平街街道和平家园社区
	和平街街道胜古庄社区
	团结湖街道一二条社区
	团结湖街道中路南社区
	六里屯街道碧水园社区
	呼家楼街道呼北社区
	双井街道九龙南社区
	双井街道广和里社区
朝阳区（15 个）	潘家园街道武圣农光社区
海淀区（14 个）	八里庄街道八里庄北里社区
	田村路街道阜一社区
	北下关街道大慧寺社区
	北太平庄街道志强北园社区
	中关村街道知春路西里社区学院路街道西王庄社区
	学院路街道志新社区
	清河街道毛纺南社区
	西三旗街道建材西里社区
	上地街道上地西里社区
	青龙桥街道骚子营社区
	永定路街道六街坊西社区
	清华园街道东楼社区
	香山街道六号院社区
	上庄镇上庄家园社区
丰台区（5 个）	西罗园街道角门东里二社区
	右安门街道玉林东里一社区
	东铁匠营街道蒲安里第一社区
	马家堡街道马家堡西里三社区
	右安门街道翠林社区
石景山区（7 个）	八宝山街道永东北社区
	鲁谷社区依翠园北社区
	老山街道中国科学院大学社区
	八角街道八角南路社区
	金顶街街道模式口西里北社区
	苹果园街道西井社区
	广宁街道高井路社区
门头沟区（2 个）	大峪街道龙泉花园社区
	城子街道市场街社区

续表

区县名称	示范点
房山区（5个）	拱辰街道文化路社区
	西潞街道苏庄二里社区
	新镇街道东平街社区
	周口店镇鑫山矿社区
	燕山地区向阳凤凰亭社区
通州区（4个）	新华街道天桥湾社区
	玉桥街道玉桥北里社区
	中仓街道中上园社区
	北苑街道后南仓社区
顺义区（11个）	光明街道裕龙花园社区
	光明街道滨河第一社区
	胜利街道建新北区第一社区
	胜利街道建新北区第三社区
	石园街道石园北区第一社区
	石园街道五里仓第一社区
	旺泉街道西辛社区
	旺泉街道西辛北区社区
	双丰街道马坡花园第二社区
	空港街道莲竹花园社区
	空港街道万科城市花园社区
昌平区（4个）	城北街道西环里社区
	回龙观地区龙兴园社区
	霍营街道华龙苑中里社区
	沙河镇站前路社区
大兴区（10个）	清源街道滨河东里社区
	清源街道枣园北里社区
	兴丰街道兴华中里社区

区县名称	示范点
大兴区（10个）	观音寺街道双河北里社区
	观音寺街道双河南里社区
	观音寺街观音寺南里社区
	林校路街道林校北里社区
	林校路街道兴政中里社区
	天宫院街道海子角南里社区
	西红门地区金华园社区
平谷区（5个）	滨河街道滨河社区
	滨河街道平粮社区
	兴谷街道光明社区
	兴谷街道兴谷园社区
	渔阳地区建兰社区
怀柔区（6个）	龙山街道望怀社区
	泉河街道开放路社区
	泉河街道于家园二区社区
	龙山街道车站路社区
	龙山街道南华园四区社区
	龙山街道南华园一区社区
密云县（1个）	果园街道果园西里社区
延庆县（7个）	百泉街道湖南社区
	百泉街道国润家园社区
	儒林街道温泉西里社区
	儒林街道胜芳园社区
	香水园街道川北西社区
	香水园街道新兴东社区
	香水园街道恒安社区

2014年全市村级社会服务试点名单（共113个）

区县名称	示范点
朝阳区（18个）	黑庄户地区大鲁店二村
	黑庄户地区小鲁店村
	黑庄户地区郎辛庄村
	黑庄户地区万子营西村
	黑庄户地区双桥南村
	黑庄户地区四合庄村
	崔各庄地区南皋村
	崔各庄地区东辛店村
	崔各庄地区奶西村
	平房地区石各庄村
	平房地区平房村
	孙河地区沙子营村
	孙河地区下辛堡村
	王四营地区南花园村
	十八里店地区西直河村
	管庄地区管庄村
	三间房地区北双桥村
	三间房地区西柳村
海淀区（5个）	四季青镇宝山村
	苏家坨镇七王坟村
	上庄镇皂甲屯村
	东升镇马坊村
	东升镇塔院村
门头沟区（5个）	龙泉镇琉璃渠村
	龙泉镇东辛房村
	王平镇南涧村
	清水镇洪水口村
	潭柘寺镇赵家台村
房山区（12个）	城关街道南关村
	城关街道南街村
	拱辰街道五街村

区县名称	示范点
房山区（12个）	河北镇半壁店村
	阎村镇张庄村
	周口店镇山口村
	琉璃河镇三街村
	琉璃河镇祖村
	韩村河镇赵各庄村
	良乡镇后石羊村
	张坊镇张坊村
	十渡镇九渡村
通州区（6个）	梨园镇大稿村
	梨园镇小稿村
	永顺镇新建村
	永顺镇范庄村
	马驹桥镇房辛店村
	漷县镇漷县村
顺义区（16个）	天竺镇小王辛庄村
	李遂镇柳各庄村
	李遂镇崇各庄村
	牛栏山镇禾丰村
	牛栏山镇前晏子村
	牛栏山镇后晏子村
	牛栏山镇卢正卷村
	北石槽镇下西市村
	北小营镇北小营村
	马坡镇马卷村
	马坡镇白各庄村
	马坡镇秦武姚村
	赵全营镇北郎中村
	木林镇魏家店村
	杨镇田家营村
	张镇驻马店村

续表

区县名称	示范点
昌平区（3个）	阳坊镇东贯市村
	南口镇辛力庄村
	十三陵镇石头园村
大兴区（6个）	魏善庄镇赵庄子
	北臧村镇巴园子村
	长子营镇赤鲁村
	西红门镇新三余村
	青云店镇孝义营村
	黄村镇狼垡二村
平谷区（5个）	金海湖镇海子村
	金海湖镇洙水村
	金海湖镇黑水湾村
	镇罗营镇大庙峪村
	镇罗营镇张家台村
怀柔区（10个）	怀柔镇大屯村
	北房镇大罗山村
	桥梓镇前辛庄村
	庙城镇刘两河村
	九渡河镇局里村
	渤海镇六渡河村
	雁栖镇陈各庄村
	怀北镇西庄村
	汤河口镇大榆树村
	喇叭沟门满族乡中榆树店村
密云县（15个）	密云镇大唐庄村
	河南寨镇宁村

区县名称	示范点
密云县（15个）	十里堡镇靳各寨村
	西田各庄镇西田各庄村
	穆家峪镇后栗园村
	穆家峪镇荆稍坟村
	巨各庄镇牛角峪村
	东邵渠镇界牌村
	东邵渠镇高各庄村
	北庄镇东庄村
	高岭镇郝家台村
	石城镇石塘路村
	冯家峪镇西白莲峪村
	不老屯镇学各庄村
	古北口镇司马台村
延庆县（12个）	永宁镇孔化营村
	永宁镇利民街村
	永宁镇西关村
	大榆树镇高庙屯村
	井庄镇东小营村
	旧县镇旧县村
	沈家营镇北老君堂村
	沈家营镇孙庄村
	张山营镇龙聚山庄村
	千家店镇六道河村
	千家店镇水泉沟村
	珍珠泉乡水泉子村

2014年度北京社会组织公益服务优秀品牌

奖项	品牌名称
金奖（10个）	应急救援在身边
	“欢乐抗癌”关爱行动
	法学法律专家基层公益行
	蓝丝带助残行动
	“五彩鹿”儿童行为矫正活动
	“心目图书馆”助盲系列活动
	巧娘工作室
	新青年城市学堂
	寻找最美慈善义工
	仁合公益法律援助
银奖（30个）	助力“三农”
	志愿北京之“蓝天行动”
	“第三调解室”电视化解矛盾纠纷
	公益星期六
	星光青春保护行动
	“黄金四分钟”急救知识普及行
	《法治进行时》免费法律咨询
	九万里·儿童安全训练营
	咿呀总动员
	“北京市体育大会”——群众健身活动
	假如给我三天黑暗
	“巧娘”进社区
	我手我心——听力康复行动
	“暖·聚合”社会组织服务职工行动
	5·6民族团结日
	“超越迷途”司法社工公益行
	“快乐3点半”爱童行动
	成长接力——流动人口子女关怀行动
	天通苑大学堂
	幸福“心”工程
	润心工程

奖项	品牌名称
银奖（30个）	残疾人增能整合行动
	西部旅程送温暖
	青少年社区成长空间
	“普法温暖回家路”法律宣传活动
	“家和万事兴”调解之家
	义工社区公益行
	公益反哺家园志愿行动
	“不倒翁”助老服务
	朗润心理咨询服务
铜奖（60个）	“义＋益”立体化劳动法律援助
	绿色出行3510在行动
	私营个体学雷锋
	助力春运慈善义工在行动
	放心肉类食品社区行
	“玖久缘”文化养老
	世界无车日公益环保宣传行
	公益法律援助行动
	京剧启蒙国粹传承工程
	益心工程——心脏病救助行动
	民办教育园丁奖
	关爱老人一元理发
	工业产品放心行
	轮椅大步走
	“如心”心理关怀行动
	“外展”青少年救助服务
	“温馨夕阳红”失独老人关爱行动
	“守望幸福”自闭儿童关爱行动
	厉莉爱心志愿服务
	便民餐饮居家行
	“清源”便民服务工程
	“优乐奇”儿童公益书屋

续表

奖项	品牌名称
铜奖（60个）	青春暖心行动
	“电子保姆”助老服务
	北京市心理援助热线
	“v－team”听力言语康复行动
	蔚蓝图书馆
	七彩阳光魔法课堂
	青少年网瘾防治行动
	职工健步走
	“云呵护”未成年人自护教育
	科普益民进社区
	女性素质提升综合工程
	“一千零一个愿望”助童行动
	司堃范爱心公益行
	名企名优产品进社区
	巾帼亲情服务
	外来务工人员子女科学素养提升计划
	五谷盛开艺术花
	如意民乐送温暖
	字典工程
	金玫瑰巾帼志愿服务
	摄影服务进山区
	档案见证北京文化讲堂
	社区为老服务探访活动
	“爱洒无声”社区融合教育行
	“逐梦未来”儿童成长计划
	朝夕相处校外辅导工程
	金色亲情服务
	“送医上门”服务
	“鲁班”传承——古建技艺培训活动
	文艺便民进社区
	“六助老人”居家养老服务
	水源防火墙·扮靓母亲河
	“墨墨的祝福”爱心行动
	侨界空巢老人关爱行动
	“新芽计划”大学生人才发展工程
	端午诗会
	服务进社区名人大讲堂
	毕马威安康社区行

北京市社会建设工作获奖情况

单位或个人	表彰奖励名称
市委社会工委、市社会办	“社会工作行业组织发展与建设年”倡议活动优胜奖
市委社会工委、市社会办	“我的社工一日”征文活动优秀组织奖
市委社会工委、市社会办	“首届全国社工知识网络竞答赛”最佳组织奖
市委社会工委、市社会办	2014年度首都社会治安综合治理优秀单位
市委社会工委、市社会办	2010—2014中国智慧城市发展5周年贡献单位
市委社会工委、市社会办办公室（人事处）	北京市“三八”红旗集体
市委社会工委、市社会办办公室（人事处）	北京市军队转业干部安置工作先进集体
市委社会工委、市社会办研究室（政策法规处）、社会动员工作处（志愿者工作处）	《首都社会治理方式创新研究》荣获北京市2014年首都综治工作重点调研课题一等奖
市委社会工委、市社会办党建工作处	《北京市社会领域流动党员服务管理工作问题研究》荣获市党建研究会2014年度课题结项评审二等奖
市委社会工委、市社会办社会组织工作处、社会动员工作处（志愿者工作处）	《我市社会组织参与维稳工作的主要做法及机制探讨》荣获北京市2014年度维稳调研工作优秀调研报告二等奖
北京社会心理研究所	年度课题《北京社会心态调查研究》荣获北京市第十一届优秀调查研究成果二等奖
王丽竹（市委社会工委、市社会办）	2010—2014中国智慧城市发展5周年贡献人物
李研（市委社会工委、市社会办）	北京市先进军转工作者
杨柏生（市委社会工委、市社会办）	第五批“首都市民学习之星”
刘彦平（市委社会工委、市社会办）	北京市侨联工作先进个人
武剑（市委社会工委、市社会办）	2014年北京市“三八”红旗奖章
西城区委社会工委、区社会办	构建“全响应式”社会服务管理格局案例荣获2014零点民声金铃奖——倾听民意政府奖之“广纳百言奖”
朝阳区	民政部全国社区治理和服务创建实验区
朝阳区	民政部2013年度中国社区治理十大创新成果
朝阳区	《人民日报》首届中国治理创新100佳经验
朝阳区	中国社会工作协会社区工作委员会全国城乡一体化幸福社区建设示范单位
朝阳区	民政部全国和谐社区建设示范城区
朝阳区	中国社会工作协会社区工作委员会全国社区服务性党组织建设示范城区
朝阳区委社会工委、区社会办	中国社会工作协会“第二届全国社区社会建设自主创新百花奖”金奖

续表

单位或个人	表彰奖励名称
朝阳区委社会工委	《城市街道基层党建工作体系建设问题研究报告》荣获北京市党建研究会三等奖
朝阳区社会办	2013 年度首都城市环境建设样板单位
朝阳区社会办	2014 中国城市管理进步奖
朝阳区社会办	“北京市万名社区工作者培训”优秀组织奖
朝阳区社会办	2013—2014 年度北京市交通工作先进集体
丰台区委社会工委、区社会办	“北京市万名社区工作者培训”优秀组织奖
房山区委社会工委	北京市区县机关档案工作测评市级优秀单位
房山区委社会工委	2014 年度北京市共青团“达标创优”竞赛活动五四红旗团支部
通州区委社会工委党建科	《社团参与街道治理服务创新的经验与启示》调研报告荣获北京市党建研究会 2014 年优秀自选课题二等奖
顺义区委社会工委、区社会办	北京市“社会组织公益行”系列活动组织奖
顺义区委社会工委、区社会办	“北京市万名社区工作者培训”优秀组织奖
顺义区政府法制办	全国“六五”普法中期先进区
顺义区社区教育中心	北京市建设学习型城市工作示范区
顺义区城管执法监察局	2013 年度首都学雷锋志愿服务示范岗
顺义区科委	2013 年全国县（市）科技进步考核先进县（市）
顺义区人力资源和社会保障局	2013 年度充分就业区
顺义区民政局	全国社会组织建设创新示范区
顺义区民政局	全国殡葬改革示范单位
顺义区民政局	全国民政工作宣传先进单位
顺义区民政局	全国敬老模范单位
顺义区民政局	第二届“中华慈善突出贡献（组织）奖”
平谷区滨河街道	市级“三八”红旗集体
平谷区金谷东园社区	首都绿化美化花园式社区
平谷区金海社区	国家级科普社区、综合减灾示范社区
平谷区建西社区	北京市体育生活化社区
怀柔区泉河街道办事处	北京市社区治理和服务创新实验区
怀柔区泉河街道办事处	全国社区服务型党组织建设示范街道
密云县综治办	全国社会管理综合治理先进集体
密云县鼓楼街道车站路社区	全国和谐社区建设示范社区
密云县鼓楼街道鼓楼社区	全国和谐社区建设示范社区
密云县鼓楼街道办事处	全国“六五”普法中期先进单位、全国和谐社区建设示范街道
密云县溪翁庄镇文化服务中心	2014 年全国优秀文化站

续表

单位或个人	表彰奖励名称
密云县溪翁庄镇渔街联合团支部	全国“五四”红旗团支部
密云县溪翁庄镇农村经济经营服务中心	2013 年度全国农村固定观察点先进基层单位
密云县冯家峪镇	2013 年度北京市生活垃圾分类街道乡镇贡献奖
延庆县委社会工委	首都城市环境建设样板单位
戴键（北京中关村社会组织联合会）	第五批“首都市民学习之星”
韩青（丰台区马家堡街道时代风帆商务楼宇工作站）	第五批“首都市民学习之星”
孙育宁（闪联信息技术工程中心有限公司）	第五批“首都市民学习之星”
高旭明（北京博龙阳光新能源高科技开发有限公司）	第五批“首都市民学习之星”
王海青（石景山区鲁谷社区五芳园社区居委会）	第五批“首都市民学习之星”
兰凌燕（东城区崇外街道西花市南里南区社区）	北京市“三八”红旗奖章
李青（朝阳区委社会工委、区社会办）	北京市“三八”红旗奖章
刘毅（朝阳区委社会工委、区社会办）	北京市“三八”红旗奖章
袁连华（朝阳区委社会工委、区社会办）	北京市“三八”红旗奖章
岳安荣（朝阳区委社会工委、区社会办）	北京市“三八”红旗奖章
邓澄（朝阳区委社会工委、区社会办）	北京市“三八”红旗奖章
赵星（石景山区小飞象训练发展中心）	第二十八届北京市青年五四奖章
李志红（平谷区）	首都志愿者之星
王玉荣（平谷区）	北京市优秀科普宣传员
郭继光（平谷区）	全国社工一日征文优秀奖
杨雅芳（平谷区）	全国社工一日征文优秀奖

2014年社会建设调研报告和理论文章目录（选编）

报告或文章题目	作者	作者单位、职务
关于新中国成立以来“社会治理”历史经验和前景展望的一点思考——兼谈当前抓紧相关调研工作的重要性	郑必坚	中共中央党校学术委员会主任、原常务副校长，国家创新与发展战略研究会会长
积极推进社会治理体制创新	魏礼群	国务院研究室原主任、党组书记，国家行政学院原党委书记、常务副院长，北京师范大学中国社会管理研究院院长
切实维护人民群众利益　创新社会治理体制	李金华	第十一届全国政协副主席
充分发挥工会组织在社会治理中的活力与作用	赵世洪	中华全国总工会书记处书记、党组成员
社会组织与创新社会治理体制	李培林	中国社会科学院副院长、学部委员
努力推进法治社会的法治文化建设	李　林	中国社会科学院学部委员、法学研究所所长
关于社会工作标准化建设的两点思考	柳　拯	民政部区划地名司司长
充分发挥社会工作专业人才在社会治理中的作用	王金华	民政部社会工作司司长
政社分开是现代社会组织体制构建的核心	李　勇	民政部民间组织管理局副局长
行业协会市场化改革与转型发展	张　涛	国务院国资委行业协会联系办公室副主任
民办社工服务机构发展中的十个反思	卢　磊	民政部社会工作研究中心助理研究员、中国社会科学院研究生院MSW教育中心督导
关于创新社会治理体制中顶层设计与底层设计的若干思考	赵蓬奇	中国社会工作协会副会长兼秘书长
当前发展专业社会工作要理好六个问题——以广东省为例	刘　洪	广东省民政厅党组书记、厅长
治理方式现代化：内涵、特征及类型	丁元竹	国家行政学院决策咨询部副主任、教授
中国信访制度：起源、发展与改革	龚维斌	国家行政学院应急管理培训中心主任、教授
论社会组织多维性规范管理体系的构建	马庆钰 井峰岩	国家行政学院社会与文化教研部副主任、教授、博士生导师；国家行政学院博士生
怎样理解创新社会治理体制	李　强	清华大学社会科学学院院长
“福利流失”与“关系损耗”：北京市保障性住房社区的智力挑战	晋　军	清华大学社会学系副主任、副教授
关于全面深化社会治理创新、激发社会活力的建议	王　名	清华大学公共管理学院NGO研究所所长、教授、博士生导师
社会组织发展与社会创新	王　名 朱晓红	清华大学公共管理学院NGO研究所所长、教授、博士生导师；清华大学公共管理学院NGO研究所博士后，华北电力大学人文学院副教授
以统一立法解决现行社会组织分类中的问题	贾西津	清华大学公共管理学院NGO研究所副教授

续表

报告或文章题目	作者	作者单位、职务
社会治理结构的进化与社会工作的服务型治理	王思斌	北京大学社会学系教授、北京大学中国社会工作研究中心主任
社会工作在创新社会治理体系中的地位和作用	王思斌	北京大学社会学系教授、北京大学中国社会工作研究中心主任
“理想类型”与本土特质——对社会治理的一种社会学分析	郑杭生	中国人民大学社会学理论与方法研究中心原主任、教授，中国社会学会原名誉会长
关于解决社区养老服务供需失衡问题的对策思考	姜向群	中国人民大学社会与人口学院教授
论社会工作的组织模式问题	陈　涛	中国青年政治学院社会工作学院常务副院长，中国社会工作研究中心主任、教授、博士生导师
学校社会工作的模式变迁：美国的经验及启示	田国秀	首都师范大学政法学院社会学与社会工作系教授、博士生导师
党和政府推进社会组织党建工作的历史沿革初探（1927—2014）	徐振强	中国城市科学研究会
政府购买社会工作服务：现状、问题与对策	李全彩	中国矿业大学文学与法政学院社会工作系副教授
让党建与民主政治良性互动	郑长忠	复旦大学政党建设与国家发展研究中心常务副主任
城市社区社会组织该如何培育发展	韩俊魁	北京师范大学社会学系副教授
北京市加快居家养老立法的对策	唐莹莹	北京联合大学人大制度研究所副研究员
社会工作介入社会救助：策略与方法	杨　荣	北京工业大学人文学院、首都社会建设与社会管理协同创新中心副教授
首都流动的“风景”与治理对策分析——基于房山区流动摊贩现状调查	刘玲玲 刘承水	北京城市学院副教授；北京城市学院校长助理、科研处处长、教授
论政府购买公共服务背景下社会工作机构能力建设的五个基本问题	林顺利	河北大学政法学院副教授
香港社会企业的发展经验及启示	陈雅丽	中共广东省委党校副教授
制度建构：“枢纽型”社会组织的行动逻辑	沈荣华 鹿　斌	苏州大学地方政府研究所所长、教授； 苏州大学行政管理专业硕士研究生

2014年全国社会建设工作重要事件（摘录）

【加强青少年事务社工人才队伍建设意见出台】 1月10日，共青团中央、中央综治委预防青少年违法犯罪专项组等6部门印发《关于加强青少年事务社会工作专业人才队伍建设的意见》（以下简称《意见》）。该《意见》分为加强青少年事务社会工作专业人才队伍建设的意义，加强青少年事务社会工作专业人才队伍建设的指导思想、工作原则和主要目标，青少年事务社会工作专业人才的主要服务领域，加强青少年事务社会工作专业人才队伍建设的主要任务，加强青少年事务社会工作专业人才队伍建设的工作要求5部分。

【中央财政支持社会组织参与社会服务项目立项】 1月29日，民政部发出《关于2014年中央财政支持社会组织参与社会服务项目立项通知》，经专家委员会评审和项目管理工作领导小组批准，2014年中央财政支持社会组织参与社会服务项目共立项448个。

【“全国社会组织建设创新示范区”确认】 2月8日，民政部印发《关于确认北京市西城区等70个地区为“全国社会组织建设创新示范区”的通知》，在各地自愿申报、省级（计划单列市）初审推荐基础上，经综合评审，确认北京市西城区等70个地区为“全国社会组织建设创新示范区”，有效期自通知下发之日起至2017年12月底。

【购买社会服务指导目录发布】 2月10日，民政部发布《2014年民政部购买社会服务指导目录》。该目录涵盖社会救助、社会福利、慈善事业、社会组织管理、社会工作等9类17个服务项目。

【全国性社会团体分支机构、代表机构登记行政审批项目取消】 2月26日，民政部印发《关于贯彻落实国务院〈取消全国性社会团体分支机构、代表机构登记行政审批项目的决定〉有关问题的通知》。取消对全国性社会团体分支机构、代表机构设立登记、变更登记和注销登记的行政审批项目。

【社会工作主题宣传普及活动开展】 3月4日，民政部办公厅印发《关于开展2014年国际社工日主题宣传活动的通知》。通知要求，为做好3月18日国际社工日主题宣传活动，弘扬社会工作精神，传播社会工作知识，展示社会工作者风采，关爱社会工作者成长，提升社会工作职业地位，提高广大公众对社会工作的知晓度、认同度和参与度，切实推动社会工作走入社会、走进大众、走向基层，努力营造社会工作发展的良好舆论氛围和社会环境，从2014年起，每年围绕国际社工日，各级民政部门集中组织开展一次社会工作主题宣传普及活动。

【首批全国社会工作领军人才选拔】 3月18日，民政部在北京启动2014年国际社工日主题宣传活动，并宣布将选拔首批全国社会工作领军人才。首批全国社会工作领军人才选拔对象为城乡社区、公益类事业单位和社会组织中从事社会工作管理与服务，取得突出成果，做出突出成绩，在业内具有较大影响力的优秀人才。经严格选拔，共计42人入选首批全国专业社会工作领军人才名单，其中北京市协作者社会工作发展中心李涛、北京市救助管理事务中心王昌伦入选。

【“社会救助与社会工作介入”研讨会召开】 3月29日，“社会救助与社会工作介入”研讨会在北京大学召开。此次研讨会由中国社会工作教育协会主办、中国社会报社（中国社会工作杂志）协办。来自北京大学、南开大学、中国青年政治学院等高校的专家就社会工作介入社会救助的角色、路径、政策要点等专业问题发表了许多有价值的观点。中国社会工作教育协会会长王思斌就社会工作参与社会救助的角色和作用发表观点，南开大学社会工作与社会政策系主任关信平从制度和政策要点的角度考虑社会工作如何介入社会救助。其他专家分别从低保、教育、医疗等不同领域的救助工作表述各自看法。此外，来自工作一线的社工机构分享了各自的实务经验和困境反思。

【《进一步加快推进民办社会工作服务机构发展的意见》出台】 4月9日，民政部出台《进一步加快推进民办社会工作服务机构发展的意见》（以下简称《意见》），以进一步发挥民办社工服务机构在吸纳使用社会工作专业人才，提供专业化、个性化社会工作服务，创新社会治理方面的重要作用。该《意见》明确，完善民办社会工作服务机构管理制度，加强民办社会工作服务机构能力建设，切实发挥社会工作行业组织促进民办社会工作服务机构发展的功能作用，建立健全民办社会工作服务机构支持保障体系，加强对民办社会工作服务机构发展的组织领导。到2020年，在全国发展8万家管理规范、服务专业、作用明显、公信力强的民办社会工作服务机构，有效承接政府社会服务职能，满足人民群众专业化、个性化社会工作服务需求。建立50个国家级民办社会工作服务机构孵化基地。加大对民办社工服务机构扶持力度。

【广州社工委首批“枢纽型”社会组织发布】 5月8日，广州市社会工作委员会发布广州市第一批“枢纽型”社会组织名单，并向广州商业总会等16家社会组织颁发广州市“枢纽型”社会组织牌匾，通过委托、合作、资助等多种形式，鼓励和支持“枢纽型”社会组织参与课题研究、项目开发，重点培育一批社会创新项目、加大扶持力度。

【深圳社会组织总部正式运营】 5月9日，全国首个社会组织总部——深圳社会组织总部基地（福田）正式启动运营。该总部基地位于深圳市福田区中心区，总面积约3500平方米。目前已有壹基金公益基金会、创意谷公益文化发展中心、企创非营利组织发展中心、马洪经济研究发展基金会等20多家社会组织入驻，融合了政府、社会组织、基金会、企业、金融机构、媒体等多方资源，为创新社会治理，实现政府职能转移发挥了积极作用。

【首届地方党政领导社会组织工作研究班举办】 5月25日至30日，受中组部委托，民政部在云南省昆明市举办首届全国地方党政领导干部社会组织工作专题研究班。研究班围绕推进国家治理体系和治理能力现代化、深化社会组织改革发展等内容，对来自全国25个省（自治区、直辖市）的地市级领导干部进行培训。同时，中央党校、国家行政学院也举办多期针对中高级领导干部的社会组织工作培训班。通过培训，提高了党政领导干部对社会组织性质、地位和作用的认识，对推进社会组织管理制度改革起到了积极促进作用。

【全国社会组织法人库项目获批立项】 6月14日，国务院颁布《社会信用体系建设规划纲要（2014—2020年）》，提出依托法人单位信息资源库，加快完善社会组织登记管理信息。10月29日，国家发展改革委正式批复国家法人单位信息资源库项目（一期），中央向全国社会组织法人库直接投资，重点建设部省两级社会组织数据中心和登记管理业务系统，实现信息及时汇总、动态更新，推动各级登记管理机关规范化、精细化管理，以大数据分析等方式为社会组织管理创新提供有力支撑。

【退（离）休领导干部在社会团体兼职新规出台】 6月25日，经中央批准，中央组织部下发《关于规范退（离）休领导干部在社会团体兼职问题的通知》，对退（离）休领导干部兼任社会团体职务的数量、届数、年龄、审批程序以及兼任社会团体职务的退（离）休领导干部的职责、领取薪酬等情况做出严格规定。

【社会组织工作双周协商座谈会召开】 7月24日，全国政协在京召开社会组织工作双周协商座谈会，全国政协主席俞正声主持会议并讲话。广大政协委员和专家学者在深入调研基础上，围绕更好发挥社会组织在社会治理中的作用，积极建言献策，提出很多真知灼见。会议强调社会组织广泛代表着各阶层和团体的权益，是进行社会协商的重要载体，也是推动实现社会治理的有益力量，建议通过加强立法、完善相关培育扶持政策进一步发挥社会组织在社会治理中的作用。

【全国青少年事务社工队伍建设推进会在京召开】 8月21日，为贯彻落实《关于加强青少年事务社会工作专业人才队伍建设的意见》（以下简称《意见》），民政部、团中央联合召开全国青少年事务社会工作专业人才队伍建设推进会，交流青少年社会工作经验，部署全国青少年事务社会工作专业人才队伍建设工作。这是自2014年初团中央、民政部等6个部委联合出台《意见》后，第一次在全国范围内就加强青少年事务社会工作专业人才队伍建设进行部署。会上，200余名来自全国各省（自治区、直辖市）、新疆生产建设兵团共青团和民政部门的有关负责人及专家学者、基层工作者，还就推进青少年事务社会工作专业人才队伍建设进行了讨论。北京、上海、广东、成都、南宁和北京协作者社会工作发展中心分别介绍了开展青少年社会工作的经验做法与思考建议。

【鲁甸地震灾区社会工作服务支援计划启动】 9月5日，民政部启动鲁甸地震灾区社会工作服务支援计划，旨在统筹社会工作专业力量，为灾区群众提供心理援助与社会支持服务。这是民政部作为社会工作业务主管部门，首次有组织、有计划地实施灾害社会工作服务支援计划。此次社会工作服务支援团下设五支社会工作服务队和一个社会工作督导培训组。社会工作督导培训组依托社会工作专家力量组建，先期将有10余名专家对灾区社会工作服务进行专业督导，对灾区有关干部、社会工作者和志愿者进行培训。

【《中共中央关于全面推进依法治国若干重大问题的决定》通过】 10月23日，中国共产党第十八届中央委员会第四次全体会议通过《中共中央关于全面推进依法治国若干重大问题的决定》（以下简称《决定》）。该《决定》提出要增强全民法治观念，推进法治社会建设，从推动全社会树立法治意识，推进多层次多领域依法治理，建设完备的法律服务体系，健全依法维权和化解纠纷机制四个方面提出要求。并在加强重点领域立法中，提出加快保障和改善民生、推进社会治理体制创新法律制度建设。

【加强社会组织立法首次提出】 10月23日，党的十八届四中全会通过《中共中央关于全面推进依法治国若干重大问题的决定》（以下简称《决定》），全文8次提及“社会组织”，在11个部分20余处对社会组织改革发展和作用发挥做出新部署、提出新要求。该《决定》强调社会组织必须以宪法作为根本活动准则，明确提出积极发挥社会组织在立法协商、普法和守法、推进法治社会建设等方面的作用，并首次明确提出“加强社会组织立法”，对加强社会组织法治化建设，更好发挥社会组织作用具有里程碑意义。

【第二批全国和谐社区建设示范单位确定】 10月31日，民政部印发《关于确定全国和谐社区建设示范单位的通知》。在各地自查申报、省级考察推荐基础上，经第三方独立评审和民政部部长办公会议研究，民政部确定江苏省南京市等14个城市为全国和谐社区建设示范城市、北京市东城区等140个城区为全国和谐社区建设示范城区、北京市东城区东花市街道等200个街道为全国和谐社区建设示范街道、北京市东城区崇文门外街道新怡家园社区等1000个社区为全国和谐社区建设示范社区。

【湖北省首个青年社会组织孵化器建成】 11

月 22 日，武汉市建成湖北省首个青年社会组织综合服务平台，选址市青少年宫“青年之家”内，面积近 100 平方米。该平台将为落户青年社会组织提供政策咨询、活动指导、公益培训、宣传展示、资金扶持等窗口服务，并组织入孵社会组织广泛开展“创意集市”、环保骑行、爱心助学等活动。同时，积极推进社区服务、社区托管等政府购买服务项目与专业的社会组织对接。

【规范慈善组织发展指导意见出台】 12 月 18 日，国务院下发《关于促进慈善事业健康发展的指导意见》（以下简称《意见》），对促进慈善事业健康发展做出系统安排，这是我国慈善领域第一个以国务院名义出台的规范性、纲领性文件。该《意见》明确了慈善组织的重要地位，指出慈善组织发挥着筹集和分配慈善资源、提供慈善服务的重要作用，是现代慈善业的运作主体。强调要坚持培育和规范并重，对慈善组织自我管理、开展募捐活动、使用捐赠款物、信息公开等提出一系列明确要求，为慈善组织发展壮大、规范透明运行提供了有力保证。

【《儿童社会工作服务指南》《社会工作服务项目绩效评估指南》行业标准发布】 12 月 24 日，民政部发布《关于〈儿童社会工作服务指南〉〈社会工作服务项目绩效评估指南〉行业标准的公告》，批准发布该 2 项推荐性行业标准。其中，《儿童社会工作服务指南》规定了儿童社会工作服务原则、服务范围和类别、服务流程、服务技巧、督导、服务管理和人员要求等，适用于为有需要的儿童提供的社会工作服务。《社会工作服务项目绩效评估指南》规定了社会工作服务项目绩效评估目标、原则、主体、内容、方法和程序，适用于财政性资金购买社会工作服务项目评估。

【杭州市进一步激发社会组织活力政策出台】 12 月 25 日，杭州市委、市政府印发《关于进一步激发社会组织活力，推进我市社会治理创新的若干意见》，在创新社会组织社会服务、创新社会组织规范运行体系、创新社会组织扶持培育、创新社会组织监督管理、加强组织领导等方面做了系统安排和全面部署，有力推进了社会组织明确权责、依法自治、发挥作用，推进城市治理体系和治理能力现代化，成为推动杭州社会组织发展的纲领性文件。

【全国非公有制企业党建论坛举办】 12 月 26 日，全国非公有制企业党建论坛暨“万丰奥特”杯非公有制企业党建主题征文交流研讨会在绍兴新昌县召开。本次论坛由全国党建研究会非公有制经济组织党建研究专委会主办。主题是“创新增强非公有制企业党建青春活力，充分发挥党组织在职工群众中的政治核心作用和企业发展中的政治引领作用”。广西壮族自治区、陕西省、万丰奥特控股集团等 6 家单位和 2 名党建专家围绕论坛主题交流发言。全国党建研究会副会长、中组部原秘书长高士琦参加会议并讲话。